王志冲译尼古拉·奥斯特洛夫斯基全集

书信集（上）

［苏］尼古拉·奥斯特洛夫斯基　著
王志冲　译

图书在版编目（CIP）数据

尼古拉·奥斯特洛夫斯基书信集：全二册/（苏）尼古拉·奥斯特洛夫斯基著；王志冲译. --北京：华夏出版社，2017.7
（王志冲译尼古拉·奥斯特洛夫斯基全集）
ISBN 978-7-5080-8942-3

Ⅰ.①尼… Ⅱ.①尼…②王… Ⅲ.①奥斯特洛夫斯基（Ostrovsky, Nikolai Alexeevich 1904-1936）—书信集 Ⅳ.①K835.125.6

中国版本图书馆 CIP 数据核字（2016）第 217385 号

尼古拉·奥斯特洛夫斯基书信集（上、下）

作　　者	[苏] 尼古拉·奥斯特洛夫斯基
译　　者	王志冲
责任编辑	刘　晨
出版发行	华夏出版社
经　　销	新华书店
印　　装	三河市万龙印装有限公司
版　　次	2017 年 7 月北京第 1 版 2017 年 7 月北京第 1 次印刷
开　　本	880×1230　1/32 开
印　　张	31.5
字　　数	786 千字
定　　价	99.00 元（全二册）

华夏出版社　地址：北京市东直门外香河园北里 4 号　邮编：100028
网址：www.hxph.com.cn　电话：（010）64663331（转）
若发现本版图书有印装质量问题，请与我社营销中心联系调换。

目 录

1. 给父亲（约1915年，舍佩托夫卡） ………… 1
2. 给别莲富斯（1922年10月3日，舍佩托夫卡） ………… 2
3. 给别莲富斯（1923年3月20日，舍佩托夫卡） ………… 7
4. 给别莲富斯（1924年3月25日，舍佩托夫卡） ………… 10
5. 给别莲富斯
   （1924年8月8日，伊贾斯拉夫市舍佩托夫卡） ………… 12
6. 给乌克兰共产党（布）舍佩托夫卡区委书记
   （1924年11月15日，哈尔科夫） ………… 14
7. 家　书（1925年3月23日，哈尔科夫） ………… 16
8. 给父亲（1925年4月8日，哈尔科夫） ………… 17
9. 给哥哥（1925年4月15日，哈尔科夫） ………… 18
10. 给二姐（1925年5月，哈尔科夫） ………… 20
11. 家　书（1925年5月25日，哈尔科夫） ………… 21
12. 给泽别尔（1925年6月26日，舍佩托夫卡） ………… 23
13. 给罗德金娜（1925年9月4日，斯拉维扬斯克） ………… 24
14. 给罗德金娜（1925年9月11日，斯拉维扬斯克） ………… 26
15. 给达维多娃（1925年9月13日，斯拉维扬斯克） ………… 28
16. 给罗德金娜（1925年9月30日，斯拉维扬斯克） ………… 33
17. 给罗德金娜（1925年10月4日，哈尔科夫） ………… 34
18. 给罗德金娜（1925年10月12日，哈尔科夫） ………… 35
19. 给罗德金娜（1925年10月25日，哈尔科夫） ………… 38
20. 给罗德金娜（1925年10月31日，哈尔科夫） ………… 40

21. 给罗德金娜等（1925年11月19日，哈尔科夫）……… 41
22. 给罗德金娜（1925年11月28日，哈尔科夫）……… 42
23. 给罗德金娜（1925年12月24日，哈尔科夫）……… 43
24. 给父亲（1925年，哈尔科夫）……… 45
25. 给父亲（1926年1月23日，哈尔科夫）……… 46
26. 给罗德金娜（1926年2月13日，哈尔科夫）……… 47
27. 给达维多娃（1926年5月19日，叶夫帕托里亚）……… 49
28. 给诺维科夫（1926年5月20日，叶夫帕托里亚）……… 51
29. 给罗德金娜（1926年5月24日，叶夫帕托里亚）……… 53
30. 给达维多娃（1926年5月26日，"迈纳克"）……… 55
31. 给诺维科夫（1926年6月23日，叶夫帕托里亚）……… 59
32. 给达维多娃（1926年7月3日，叶夫帕托里亚）……… 61
33. 家　书（1926年8月28日，哈尔科夫）……… 62
34. 给诺维科夫（1926年9月3日，莫斯科）……… 63
35. 给诺维科夫（1926年10月14日，新罗西斯克）……… 64
36. 给达维多娃（1926年10月22日，新罗西斯克）……… 65
37. 家　书（1926年10月24日，新罗西斯克）……… 67
38. 给哥哥（1926年11月2日，新罗西斯克）……… 68
39. 给诺维科夫（1926年12月4日，新罗西斯克）……… 70
40. 给达维多娃（1926年12月18日，新罗西斯克）……… 71
41. 给诺维科夫（1926年12月30日，新罗西斯克）……… 73
42. 给罗德金娜（1926年12月30日，新罗西斯克）……… 75
43. 给霍鲁任科（1927年，新罗西斯克）……… 77
44. 给达维多娃（1927年1月7日，新罗西斯克）……… 78
45. 给诺维科夫（1927年1月26日，新罗西斯克）……… 80
46. 给罗德金娜（1927年2月5日，新罗西斯克）……… 81

47. 给诺维科夫（1927年3月30日，新罗西斯克） ………… 83

48. 给诺维科夫（1927年5月20日，新罗西斯克） ………… 84

49. 给诺维科夫（1927年6月29日，"温泉"） …………… 86

50. 给诺维科夫（1927年7月9日，"温泉"） ……………… 88

51. 给诺维科夫（1927年7月21日，"温泉"） …………… 90

52. 给玛丽娅·潘琴科（1927年8月6日，"温泉"） ……… 91

53. 给诺维科夫（1927年10月22日，新罗西斯克） ……… 92

54. 给诺维科夫（1927年11月12日，新罗西斯克） ……… 94

55. 给诺维科夫（1927年12月16日，新罗西斯克） ……… 95

56. 给诺维科夫（1927年12月23日，新罗西斯克） ……… 96

57. 给普塔辛斯基（1928年2月1日，新罗西斯克） ……… 98

58. 给诺维科夫（1928年2月17日，新罗西斯克） ……… 99

59. 给诺维科夫（1928年3月5日，新罗西斯克） ………… 102

60. 给诺维科夫（1928年4月5日，新罗西斯克） ………… 104

61. 给诺维科夫（1928年5月5日，新罗西斯克） ………… 105

62. 家　书（1928年6月20日，老马采斯塔） …………… 107

63. 给诺维科夫（1928年6月20日，老马采斯塔） ……… 109

64. 给哥哥（1928年6月，老马采斯塔） ………………… 110

65. 给日吉廖娃（1928年8月1日，老马采斯塔） ………… 111

66. 给日吉廖娃（1928年8月8日，索契） ………………… 112

67. 给日吉廖娃（1928年8月20日，索契） ……………… 115

68. 给诺维科夫（1928年8月22日，索契） ……………… 118

69. 给日吉廖娃（1928年8月25日，索契） ……………… 119

70. 给日吉廖娃（1928年9月10日，索契） ……………… 122

71. 给日吉廖娃（1928年9月21日，索契） ……………… 125

72. 给日吉廖娃（1928年9月27日，索契） ……………… 127

73. 给哥哥（1928年9月28日，索契） …………………… 131
74. 给哥哥（1928年9月29日，索契） …………………… 132
75. 给日吉廖娃（1928年10月29日，索契） …………… 133
76. 给哥哥（1928年11月1日，索契） …………………… 136
77. 给诺维科夫（1928年11月2日，索契） ……………… 137
78. 给日吉廖娃（1928年11月，索契） …………………… 139
79. 给日吉廖娃（1928年11月16日，索契） …………… 141
80. 给诺维科夫（1928年11月19日，索契） …………… 144
81. 给日吉廖娃（1928年11月21日，索契） …………… 146
82. 给日吉廖娃（1928年11月26日，索契） …………… 148
83. 给诺维科夫（1928年11月28日，索契） …………… 151
84. 给父亲（1928年11月30日，索契） …………………… 152
85. 给诺维科夫（1928年12月12日，索契） …………… 153
86. 给日吉廖娃（1928年12月12日，索契） …………… 154
87. 给日吉廖娃（1929年1月14—15日，索契） ……… 159
88. 给诺维科夫（1929年1月29日，索契） ……………… 163
89. 给日吉廖娃（1929年1月30日，索契） ……………… 165
90. 给诺维科夫（1929年2月2日，索契） ………………… 167
91. 给日吉廖娃（1929年2月20日，索契） ……………… 169
92. 给诺维科夫（1929年3月4日，索契） ………………… 170
93. 给日吉廖娃（1929年3月16日，索契） ……………… 171
94. 给哥哥（1929年3月18日，索契） …………………… 172
95. 给诺维科夫（1929年3月19日，索契） ……………… 173
96. 给诺维科夫（1929年3月25日，索契） ……………… 175
97. 给日吉廖娃（1929年4月21日，索契） ……………… 176
98. 给诺维科夫（1929年4月22日，索契） ……………… 179

99. 给日吉廖娃（1929年5月7日，索契） …………………… 182
100. 给诺维科夫（1929年5月11日，索契） …………………… 184
101. 给日吉廖娃（1929年5月16日，索契） …………………… 185
102. 给诺维科夫（1929年5月27日，索契） …………………… 186
103. 给诺维科夫（1929年6月4日，索契） …………………… 190
104. 给诺维科夫（1929年6月16日，索契） …………………… 195
105. 给诺维科夫（1929年7月13日，索契） …………………… 197
106. 给日吉廖娃（1929年9月30日，索契） …………………… 199
107. 家　书（1929年9月，索契） …………………… 201
108. 给利雅霍维奇（1929年10月26日，索契） …………………… 202
109. 给利雅霍维奇（1929年11月24日，莫斯科） …………………… 203
110. 给日吉廖娃（1930年1月1日，莫斯科） …………………… 205
111. 给利雅霍维奇（1930年1月9—10日，莫斯科） ……… 207
112. 给诺维科夫和卡拉锡（1930年1月10日，莫斯科） …… 209
113. 家　书（1930年1月12日，莫斯科） …………………… 210
114. 给诺维科夫（1930年2月7日，莫斯科） …………………… 211
115. 给日吉廖娃（1930年2月22日，莫斯科） …………………… 213
116. 给堪切莉玛赫尔（1930年3月，莫斯科） …………………… 215
117. 给日吉廖娃（1930年4月3日，莫斯科） …………………… 216
118. 给日吉廖娃（1930年4月22日，莫斯科） …………………… 217
119. 给利雅霍维奇（1930年4月30日，莫斯科） …………………… 219
120. 给日吉廖娃（1930年5月11日，索契） …………………… 221
121. 给利雅霍维奇（1930年5月11日，索契） …………………… 222
122. 给诺维科夫（1930年5月16日，索契） …………………… 223
123. 给诺维科娃（1930年5月，索契） …………………… 225
124. 给诺维科夫（1930年5月22日，索契） …………………… 227

125. 给日吉廖娃（1930年6月1日，索契）………………… 229
126. 给日吉廖娃（1930年6月20日，索契）………………… 231
127. 给诺维科夫（1930年6月23日，索契）………………… 232
128. 给罗德金娜（1930年7月6日，索契）…………………… 233
129. 给日吉廖娃（1930年7月16日，索契）………………… 235
130. 给诺维科夫（1930年7月16日，索契）………………… 237
131. 给诺维科夫（1930年8月26日，索契）………………… 238
132. 给日吉廖娃（1930年9月10日，索契）………………… 239
133. 给诺维科夫（1930年9月11日，索契）………………… 241
134. 给日吉廖娃（1930年10月3日，老马采斯塔）………… 243
135. 给利雅霍维奇（1930年10月8日，老马采斯塔）……… 245
136. 给诺维科夫（1930年10月17日，索契）………………… 246
137. 给诺维科夫（1930年11月22日，莫斯科）……………… 247
138. 给利雅霍维奇（1931年，莫斯科）………………………… 248
139. 给日吉廖娃（1931年1月，莫斯科）……………………… 249
140. 给利雅霍维奇、诺维科夫和卡拉锡
    （1931年1月25日，莫斯科）……………………………… 250
141. 给利雅霍维奇（1931年5月7日，莫斯科）……………… 252
142. 给诺维科夫（1931年5月26日，莫斯科）………………… 253
143. 给利雅霍维奇（1931年5月28日，莫斯科）……………… 254
144. 给日吉廖娃（1931年6月，莫斯科）……………………… 255
145. 给利雅霍维奇（1931年6月14日，莫斯科）……………… 256
146. 给日吉廖娃（1931年6月28日，莫斯科）………………… 258
147. 给诺维科夫和利雅霍维奇（1931年7月4日，莫斯科）…… 260
148. 给利雅霍维奇（1931年7月27日，莫斯科）……………… 262
149. 给诺维科夫（1931年8月11日，莫斯科）………………… 264

150. 给利雅霍维奇（1931年8月，莫斯科） …………… 266
151. 给日吉廖娃（1931年10月25日，莫斯科） ………… 267
152. 给日吉廖娃（1931年11月16日，莫斯科） ………… 269
153. 给日吉廖娃（1931年12月9日，莫斯科） …………… 270
154. 给日吉廖娃（1931年12月28日，莫斯科） ………… 272
155. 给日吉廖娃（1932年1月13日，莫斯科） …………… 274
156. 给编辑部（1932年1月，莫斯科） ………………… 275
157. 给日吉廖娃（1932年1月23日，莫斯科） …………… 277
158. 给日吉廖娃（1932年1月31日，莫斯科） …………… 278
159. 给诺维科娃（1932年2月7日，莫斯科） …………… 280
160. 给利雅霍维奇（1932年2月17日，莫斯科） ………… 281
161. 给日吉廖娃（1932年2月22日，莫斯科） …………… 282
162. 给诺维科夫夫妇（1932年2月23日，莫斯科） ……… 284
163. 给日吉廖娃（1932年3月10日，莫斯科） …………… 286
164. 给诺维科夫夫妇（1932年3月10日，莫斯科） ……… 288
165. 给日吉廖娃（1932年3月27日，莫斯科） …………… 290
166. 给日吉廖娃（1932年3月27日，莫斯科） …………… 291
167. 给日吉廖娃（1932年3月27日，莫斯科） …………… 292
168. 给诺维科夫夫妇（1932年4月4日，莫斯科） ……… 293
169. 给日吉廖娃（1932年5月7日，莫斯科） …………… 295
170. 给利雅霍维奇（1932年5月15日，莫斯科） ………… 297
171. 给日吉廖娃（1932年5月20日，莫斯科） …………… 298
172. 给达维多娃（1932年6月3日，莫斯科） …………… 300
173. 给日吉廖娃（1932年6月5日，莫斯科） …………… 301
174. 给日吉廖娃（1932年6月20日，莫斯科） …………… 303
175. 给卡拉瓦耶娃（1932年6月26日，莫斯科） ………… 304

176. 给阿列克谢耶娃（1932年7月5日，索契） …… 305
177. 给日吉廖娃（1932年7月21日，索契） …… 306
178. 给卡拉瓦耶娃（1932年7月23日，索契） …… 307
179. 给阿列克谢耶娃（1932年7月26日，索契） …… 309
180. 给日吉廖娃（1932年8月1日，索契） …… 310
181. 给卡拉瓦耶娃（1932年8月5日，索契） …… 311
182. 给日吉廖娃（1932年8月7日，索契） …… 312
183. 给阿列克谢耶娃（1932年8月26日，索契） …… 313
184. 给诺维科夫夫妇（1932年8月27日，索契） …… 314
185. 给日吉廖娃（1932年10月2日，索契） …… 315
186. 给利雅霍维奇（1932年10月4日，索契） …… 316
187. 给阿列克谢耶娃（1932年11月初，索契） …… 317
188. 给诺维科夫夫妇（1932年11月8日，索契） …… 318
189. 给日吉廖娃（1932年12月16日，索契） …… 320
190. 给日吉廖娃（1932年12月22日，索契） …… 322
191. 给卡拉瓦耶娃（1932年12月27日，索契） …… 323
192. 给斯杰西娜（1933年1月6日，索契） …… 325
193. 给芬克利什捷因、阿别兹加乌兹
（1933年1月13日，索契） …… 326
194. 给阿列克谢耶娃（1933年1月16日，索契） …… 328
195. 给日吉廖娃（1933年1月29日，索契） …… 329
196. 给日吉廖娃（1933年2月22日，索契） …… 330
197. 给日吉廖娃（1933年3月6日，索契） …… 331
198. 家　书（1933年3月14日，索契） …… 333
199. 给芬克利什捷因（1933年4月19日，索契） …… 334
200. 给卡拉瓦耶娃（1933年4月20日，索契） …… 335

201. 给日吉廖娃（1933 年 4 月 29 日，索契）………… 336
202. 家　书（1933 年 5 月 6 日，索契）……………… 337
203. 给切尔诺科佐夫（1933 年 5 月 15 日，索契）…… 338
204. 给阿列克谢耶娃（1933 年 5 月 18 日，索契）…… 340
205. 给卡拉瓦耶娃（1933 年 6 月 1 日，索契）……… 341
206. 给卡拉瓦耶娃（1933 年 6 月 10 日，索契）…… 344
207. 给日吉廖娃（1933 年 6 月 10 日，索契）……… 345
208. 给诺维科夫（1933 年 6 月 15 日，索契）……… 346
209. 给日吉廖娃（1933 年 6 月 22 日，索契）……… 348
210. 给阿列克谢耶娃（1933 年 7 月 6 日，索契）…… 350
211. 给诺维科夫（1933 年 7 月 17 日，索契）……… 351
212. 给卡拉瓦耶娃（1933 年 8 月 11 日，索契）…… 353
213. 给诺维科夫（1933 年 8 月 23 日，索契）……… 354
214. 给诺维科夫（1933 年 8 月 28 日，索契）……… 355
215. 给诺维科夫（1933 年 9 月 13 日，索契）……… 357
216. 给芬克利什捷因（1933 年 9 月中旬，索契）…… 359
217. 给德米特利耶娃（1933 年 9 月 16 日，索契）… 360
218. 给诺维科夫（1933 年 9 月，索契）……………… 361
219. 给阿列克谢耶娃（1933 年 10 月 5 日，索契）… 363
220. 给芬克利什捷因（1933 年 10 月 6 日，索契）… 364
221. 给利雅霍维奇（1933 年 10 月 15 日，索契）… 365
222. 给诺维科夫（1933 年 10 月 23 日，索契）…… 366
223. 给日吉廖娃（1933 年 10 月 25 日，索契）…… 367
224. 给卡拉瓦耶娃（1933 年 10 月 25 日，索契）… 368
225. 给芬克利什捷因（1933 年 10 月 31 日，索契）… 369
226. 给日吉廖娃（1933 年 11 月 8 日，索契）……… 370

227. 给利雅霍维奇（1933年11月10日，索契）……… 371
228. 给诺维科夫（1933年11月29日，索契）………… 372
229. 给菲格纳（1933年12月9日，索契）…………… 374
230. 给切尔诺科佐夫（1933年12月15日，索契）…… 376
231. 给卡拉瓦耶娃（1933年12月25日，索契）……… 377
232. 给普济列夫斯基（1933年12月26日，索契）…… 380
233. 给诺维科夫（1933年12月26日，索契）………… 381
234. 给日吉廖娃（1933年12月26日，索契）………… 383
235. 给芬克利什捷因（1933年12月27日，索契）…… 384
236. 给芬克利什捷因（1934年1月6日，索契）……… 386
237. 给普济列夫斯基（1934年1月16日，索契）…… 388
238. 给芬克利什捷因（1934年1月19日，索契）…… 390
239. 给利雅霍维奇（1934年1月25日，索契）……… 391
240. 给斯杰西娜（1934年2月7日，索契）…………… 392
241. 给日吉廖娃（1934年2月7日，索契）…………… 393
242. 给斯杰西娜（1934年2月8日，索契）…………… 395
243. 给德米特里耶娃（1934年2月9日，索契）……… 397
244. 给斯杰西娜（1934年2月14日，索契）………… 399
245. 给日吉廖娃（1934年2月16日，索契）………… 400
246. 给青年布尔什维克出版社特罗菲莫夫
    （1934年3月1日，索契）……………………… 401
247. 给芬克利什捷因夫妇（1934年3月22日，索契）……… 402
248. 给诺维科夫夫妇（1934年3月，索契）…………… 404
249. 给卡拉瓦耶娃（1934年4月1日，索契）………… 405
250. 给芬克利什捷因（1934年4月8日，索契）……… 407
251. 给诺维科夫夫妇（1934年4月8日，索契）……… 409

252. 给特罗菲莫夫（1934年4月9日，索契） ………… 411
253. 给卡拉瓦耶娃（1934年4月11日，索契） ………… 413
254. 给诺维科夫（1934年4月15日，索契） ………… 415
255. 给斯杰西娜（1934年4月19日，索契） ………… 417
256. 给《文学百科全书》编辑部
　　（1934年4月22日，索契） ………… 419
257. 给特罗菲莫夫（1934年4月24日，索契） ………… 420
258. 给特罗菲莫夫（1934年4月28日，索契） ………… 421
259. 给芬克利什捷因夫妇（1934年4月30日，索契）… 422
260. 给日吉廖娃（1934年5月9日，索契） ………… 423
261. 给卡拉瓦耶娃（1934年5月14日，索契） ………… 425
262. 给芬克利什捷因（1934年5月14日，索契） ………… 429
263. 给波德加叶茨卡娅（1934年5月14日，索契） ………… 431
264. 给波德加叶茨卡娅（1934年5月27日，索契） ………… 432
265. 给芬克利什捷因夫妇（1934年春，索契） ………… 434
266. 给诺维科夫（1934年6月7日，索契） ………… 436
267. 给特罗菲莫夫（1934年6月7日，索契） ………… 439
268. 给特罗菲莫夫（1934年6月9日，索契） ………… 440
269. 给芬克利什捷因（1934年6月13日，索契） ………… 442
270. 给诺维科夫（1934年6月15日，索契） ………… 443
271. 给芬克利什捷因（1934年6月18日，索契） ………… 444
272. 给绥拉菲莫维奇（1934年6月18日，索契） ………… 446
273. 给诺维科夫（1934年6月18日，索契） ………… 447
274. 给诺维科夫（1934年6月19日，索契） ………… 448
275. 给丛刊《青年时代》责任秘书
　　（1934年6月21日，索契） ………… 449

276. 给利雅霍维奇（1934年6月24日，索契）………… 450

277. 给日吉廖娃（1934年6月26日，索契）………… 452

278. 给芬克利什捷因（1934年7月1日，索契）……… 454

279. 给诺维科娃（1934年7月4日，索契）…………… 456

280. 给特罗菲莫夫（1934年7月7日，索契）………… 457

281. 给特罗菲莫夫（1934年7月16日，索契）……… 459

282. 给特罗菲莫夫（1934年7月21日，索契）……… 460

283. 给芬克利什捷因（1934年7月24日，索契）…… 462

284. 给特罗菲莫夫（1934年7月25日，索契）……… 464

285. 给卡拉瓦耶娃（1934年7月，索契）……………… 465

286. 给普济列夫斯基（1934年8月1日，索契）…… 467

287. 给芬克利什捷因（1934年8月11日，索契）…… 468

288. 给绥拉菲莫维奇（1934年8月11日，索契）…… 470

289. 给特罗菲莫夫（1934.年8月16日，索契）……… 472

290. 给利雅霍维奇（1934年8月19日，索契）……… 475

291. 给特罗菲莫夫（1934年8月20日，索契）……… 477

292. 给吉贝茨（1934年8月21日，索契）…………… 478

293. 给阿列克谢耶娃（1934年8月25日，索契）…… 480

294. 给特罗菲莫夫（1934年8月27日，索契）……… 481

295. 给卡拉瓦耶娃（1934年8月29日，索契）……… 482

296. 给芬克利什捷因（1934年8月29日，索契）…… 483

297. 给索尔达托夫（1934年9月1日，索契）……… 484

298. 给利雅霍维奇（1934年9月5日，索契）……… 486

299. 给罗德金娜（1934年9月8日，索契）…………… 487

300. 给芬克利什捷因夫妇（1934年9月12日，索契）……… 489

1. 给父亲①

(约1915年,舍佩托夫卡)②

亲爱的爸爸:

　　我活着,谢天谢地,而且身体挺棒,希望你也一样。我进了小城的学校。爸爸,我想念你。

---

　　① 阿列克谢·伊凡诺维奇·奥斯特洛夫斯基(1855—1936),尼古拉·阿列克谢耶维奇·奥斯特洛夫斯基的父亲。
　　② 信首圆括号内的日期地点,系俄文版《尼古拉·奥斯特洛夫斯基文集》的编委会所加。作者自写的在信末右下方,偶有缺失。两者也可能稍有出入。

2. 给别莲富斯[①]

（1922年10月3日，舍佩托夫卡）

柳茜小姐：

在别尔姜斯克向您道别，我曾说过会写信给您，等我感到大限临近……或者觉得空虚。空虚感出现得非常明显，大脑毫不思索，在一些下意识的举动与行为之间，突然清醒过来，强烈地感触到这片空虚。无疑，这是一种病兆，并非躯体上，而是精神上的。

柳茜！已经三年了，我周期性地发作，动脑子的热情冷却殆尽，只想逃往某处，一去不返。我从一千多俄里[②]之外给您写信。请相信我，柳茜，写的是肺腑之言，真的，是我这身心俱疲者率直的倾诉。还要告诉您，我确实变得这么时好时坏，会做以前根本不肯做的事，即在任何人面前敞开心扉。由于自尊心使然，我不想感受无奈的遗憾或勾起一种近期对一切事情都产生过的、病态的疏远感。

这类特别的感觉在我体内复苏，并存留至今，我在分析其特点。它让我有时陷入痛苦的思索，觉得昔日的心境是亲切的，但因为这种感觉的躁动而况味大变。您多半知道，这就是那种令人心烦意乱的遗憾，根本不可能领略到哪怕一丁点儿正是自己熟悉的那种幸福。为数

[①] 别莲富斯·柳德米拉·弗拉季米罗夫娜（柳茜、柳茜克），别尔姜斯克疗养院主任医生的女儿。1922年8—9月间，奥斯特洛夫斯基在那里养病时和她相识。此后，两人再也没见过面。柳德米拉这样回忆往事：尼古拉·奥斯特洛夫斯基"总是不说话，闷闷不乐，避开年轻人和热闹的人群，更喜欢书而不是周围的伙伴……柯里亚以其成熟、严肃和对生活的追求而有别于同龄人……我尽量使他忘掉忧愁，逗他乐，唤起他对生活的爱"。

[②] 1俄里等于1.06公里。

不少的女性，我是话不投机的，因为她们没有一丝一毫自然的美好情感。即便有，也已被千百种陈规陋习所毒化，诸如虚妄的信仰、虚假的责任感、虚伪的礼法礼数，等等。无论她在我心目中多么珍贵，我也绝对无法跨越所有这些障碍。我缺乏能力和耐心，去克服人们给自己设置的一切障碍，去凑近昙花一现的幸福。

柳茜，想到这一点，我再也不能为您描述自己的情感了。而您，柳茜，由于短暂的忘却，我在整整一段时间内，不得不重新陷入思索，感受着悲观失望。当初，我在学校里的一次行动使人怀疑我是否具备健全的思考力。在和我们一位医生的谈话中，我得知人在少年时代，往往不由自主地产生忧郁感、绝望情绪，从而引发各式各样强烈的渴求，要弄清楚生命的意义，要随心所欲地生活，向往自由自在、无拘无束。谁过深地沉溺于这类思考，并转而在生活中探索，每一步得到过于粗略的解释，那么这样的傻瓜，在此地，在只为求得一饱而活着的人群中，是没有立足之地的。他可能太脆弱，容易遭受所谓悲观失望症的伤害。

柳茜，我的朋友，别把我当成小男孩，什么也不干，只会坐在那儿，垂头丧气，胡思乱想，什么海市蜃楼和绝对自由，什么平等和友爱。1920年，热血沸腾，渴望实现幻想，我投奔了部队，不过很快就明白，消灭某一个人，并不等于捍卫住了自由乃至其他许多东西。

柳茜，我不给您描述自己对您的感觉。因为这些感觉朦胧得很，有时琢磨一阵，不禁苦笑，如果能哭，真要委屈地哭出来。还这么年轻，不愿意浑浑噩噩，总想好好地生活，可觉得自己活得像个老人，已经享受完一生的欢乐，只剩下对往昔幸福日子的回忆。其实，我没有那样的日子，甚至一位黑眼珠的姑娘，好些天占据了我的整个身心——这也没留下别的什么，而只有对往事深切的遗憾。由此我意识到，那份温柔，那种孩童般的、纯洁的少年时代的迷恋时刻，仿佛是慈悲的命运赐给不幸者的礼物。再也不会有这样的恩赐，因为活下来的人太少了。

当初，我曾向一位姑娘提出建立友谊，总以为对方很快就能理解我，理解我的心愿。那时我还笨得像块木头疙瘩，因为没能看出她们虽然具有女性的形貌，却满脑子装着偏见陋习和虚情假意。我不明白，我深思苦索，为什么她竟会想到过后对我说，她不理解，我干吗白费那么多口舌，其实三言两语就可说透的。事后，她告诉女伴们，我怎么也鼓不起勇气，向她表白爱慕之情，反倒含混不清地扯了一通连自个儿也搞不懂的、关于生活目标的大道理。后来我才得知，自己在她们眼里有多傻，所以摒弃了这类友谊。她至今也不明白，我当时怎样隐约地预感到她不理解我。再后来，我和她偶然相遇，从她嘴里听到了她曾说过我的话，也知道了她曾怎样行事。别的很多人也会这样行事，因为大家已经遵循着相同的逻辑——绝对世俗的逻辑：既有男女，便有爱情；既有爱情，便有婚姻；既然只是开个玩笑，那就不过是一场感情游戏而已。

您是自我中心主义者，柳茜。您爱自己，爱自身的利益。您爱上一个人，仅仅是为了自己。您做一切事情，都遵循自我中心主义的原则。您得承认确实如此。您和自己所爱的人分手，或许会郁郁不乐，但并非由于同情对方，而是因为自己丧失了一次终身幸福的可能，或者说您将寂寞无聊。我说这些，不是为了自己。柳茜，我和您萍水相逢，短暂相处，因而现在只能使您一笑置之。甚至我还不晓得是一脸怎样的笑。我的反应则完全不同，显然要强烈些，因为当火车驶离时，人家说我脸色煞白。但这没啥，柳茜。我绝没有玷污对您的回忆，最后一天您那含情脉脉的双眸，有时会呈现在我的面前；当我从冷漠中惊醒，似乎在睡梦里听见您的"热情洋溢的心声"，这是曾切近地在耳畔响起过的。

柳茜，当您读着此信时，我确知您全然不会理解我近日沉陷其中的痛楚。我自己也知道，一个人平静下来，就不会为任何事情苦恼。心平气和的人，读到像我写的这类信函，决不会理解打开心扉、袒露心房隐秘角落的那个人，正如何思潮澎湃。柳茜，在我心目中，您既如此遥远又何等亲近，我那最美好的欢愉时光，永远留存为一段记忆——并无特异之处，却把生活的愿望表露得如此鲜明，如此直率、真切，没有任何遮掩，使正在实现生活目标的我觉得不同寻常。恰恰是对您，我坦陈萦绕心头的一切。

朋友，您知道有种人被称为"用情专一者"，我也是其中的一个，真让我无可奈何。这一点，我清清楚楚地感觉出来。我希望生活依旧，为了不至于滑下斜坡，不至于过早地摔跤趴下，我竭力不让感情成熟。虽然我的生活刚刚开始，但这种情况毕竟非比寻常，必须小心谨慎。不过，这也是由于我已经热爱一种思想，这种童话般的思想那么美妙和崇高，我们和庸碌之人为伍，便永远难以企及。对上帝的失望曾使我偏离正路，险些滑倒。于是我看出，如果仍然这样为情所困，那就足以使我……柳茜，我曾经活得和所有的伙伴一个样，现在也会老样子，每个星期都迷恋上什么，一点也不理解如今我觉得亲切的人。已经丧失的，我不惋惜；我给您写信，柳茜，我不抱怨命运，也知道规律——弱者不敌强者的自然规律。我不服输，而努力以另一种方式退出。

如今我独自待在这里，待在沃伦省的舍佩托夫卡，距波兰边界5俄里。这小城镇地处僻陋，泥泞不堪，通行不便。栖息在此的鼹鼠只知道刨土翻地。我和妈妈几乎单独住在郊区，现在她已步行130俄里，去了我姐姐家，至少两星期后才可能返回。我病着，步履艰难，满腹郁闷，耳畔响起歌曲《丽沃奇卡》的片段时，心情变得沉甸甸的，真怕会发生什么意外。

原本我可能进小城苏维埃开办的中等技术学校二年级,但由于学校提高了教学水准,我在那里被编入一年级。学校今后要改建为通信线路工程学院。但不知怎么的,此事显得如此陌生,如此遥远,学校改建的设想提出了,必须拿主意,但犹豫不决,搁置下来,不知道以后会怎样。这是将来的事情,四五年以后,早着呢。现在将面临的问题是要不要继续闯荡,任凭"勃朗宁"乌黑的枪口对准着,随时准备一命呜呼。

柳茜,您在远方。亲爱的柳茜,至少现在请您相信,我不是在这儿胡思乱想。真的,此事不必多费心思。"此事"并非立即就会碰到,要等以后。柳茜,我期待着您的来信,或许是最后一封。我在期待,那么急切地期待,是您无法想象的,纵然信中只有一句问候的话也好。柳茜,您写信吧。我"一定等候",但愿不至于太久。请寄往给您的地址。这是在基辅的,虽然我目前住在舍佩托夫卡,但很快就想去基辅。

再见,柳茜。

确切些说,是天各一方了。

尼·奥斯特洛夫斯基①
1922 年 10 月 3 日

P. S.② 您的妹妹,我忘了她的名字。她和护士卓雅·弗拉德一同工作,您对我谈起过她。请向她转达玛克思·安菲洛夫的问候。安菲洛夫是我的朋友,和您的妹妹挺熟。向卓雅·弗拉德致意。

尼·阿·奥

---

① 尼古拉·阿列克谢耶维奇·奥斯特洛夫斯基(柯里亚,1904—1936)。
② P. S. 是英文 Post – Script 的缩写,意为"附笔、又及"。

3. 给别莲富斯

（1923年3月20日，舍佩托夫卡）

亲爱的、遥远的柳茜克：

现在，过了这么久，我终于能写信到偏僻的、沉闷的别尔姜斯克，告诉您这远方的朋友一个消息：生活尚未把我完全压垮，虽然重重地摔了一跤，但毕竟站了起来。柳茜，人真是一种生命力好强的动物，必须往死里打，才会当即呜呼哀哉。柳茜，不知你（我以"你"相称，这样觉得你更亲近）是否晓得我自打接到你的信以来的情形。不知为什么，但我是在等待，一直把想做的事情搁置着。疾病迫使我卧床三个月，和死神搏斗。善于自我保护的躯体，抓住每一个可能获救的机会，终于赢得胜利，使我现在可以谈论自己为何活着和往后打算干什么，等等。如果我有意把一团乱麻般驳杂纷乱的思想感情细细道来，那恐怕得用一大捆纸，即使如此，也难以理清其脉络。种种思想感情似乎倏然冒出，稍纵即逝，可总会留下繁杂的轨辙，犹如梦魇总会留下点什么。不知怎的，我很担心，为了摆脱这些浓重的阴影，我会不会落到更糟糕的境地，可别把健全的思考力也给弄丢了。柳茜，最痛苦的是，我过星期日几乎总是以回忆往事开始，这种回忆仿佛一个噩梦、一场重病，使我战栗。许多人不要命地追求横财和个人幸福，在他们中间冒出几个像我似的以世俗观点看来如此不正常的人，那是怎样的形象呵。

柳茜，就以你为例吧。你正是那群讲求实际利益的自我中心主义者的最佳代表之一。你自己也能认定，有些人的思想在你们眼里显得多么格格不入，而且如此怪异、愚钝和不合情理，这些人所心驰神往的东西，不大会让你怦然心动，产生某种模糊的渴望。

得了，柳茜，我有的是时间，来琢磨这事儿，但与其涂满信纸而毫无益处，倒不如用三言两语讲讲自己吧。由于上述情况，我离开了学校。也许你并不知道怎么回事，因为除了安菲洛夫，没有谁会写信给你……

现在我不住在基辅，而是在沃伦省伊贾斯拉夫县的舍佩托夫卡，离波兰国境线仅数俄里之遥。我交了几个朋友，因为没有他们会更糟。我竭力理清乱糟糟的思绪。一段时间的住院治疗，在我身上留下了印痕。如今我这人是一副病病歪歪的模样，新增的两条横皱纹使我的脸色平添三分阴郁，痛苦的手术造成的严重贫血和由于病上加病而再次发作的膝部肿胀，都在日渐加剧。

这不，我还想请你帮个忙呢，柳茜。虽然我看过许多医生，甚至有很好的医生，多少也了解一点膝部的病症，但我仍然要求你，柳茜，向你爸爸讨教，让他讲出所掌握的全部情况。柳茜，你不知道，在脱臼部位压力下的膝关节慢性水肿，在疗养地有所好转，但留下了后遗症，还有将近一年半前突发的那场伤寒，几乎已经痊愈，如今又都卷土重来。其根子在于儿童时期的淋巴腺结核。这便是我从所有的埃斯枯拉皮俄斯①那里听来的全部情况，其实我对他们一点也不信。然而，好朋友，我请你全面地问问你的父亲，再写信告诉我。一定要讲真情，柳茜，如果满纸假话，那还是不写的好。

刚才还觉得这事儿你办不了，却又托你办这事儿。你要知道，这就是新出现的毛病。这毛病，不大不小，只要有精力和意志力，是可以克服的。

---

① 埃斯枯拉皮俄斯是希腊神话中的医神，在尼·奥斯特洛夫斯基笔下，为对医生的戏称。

我仿佛刚刚摆脱死神又面临着斗争。对这一切已厌烦得很。柳茜，立刻写信给我吧，除非你已忘记了。亲爱的柳茜，我非常想知道你生活得怎样，你那儿有什么新的情况。这段时间，我感受多多，可能是你所难以想象的。

　　真叫奇怪，但在淫风炽盛的基辅，确实有男孩子十岁就追逐异性的。我却甚至没有吻过任何女子，除了……我也从未试着钟情于女性。只有一次，那是在和你相熟的时日，柳茜。现在我想，柳茜，假如真有上帝，而且他允许舀取一小勺个人幸福和个人快乐之水，那索性让我自己当回上帝吧。我可以享受这样的愉悦。不过，柳茜，必须久久地寻找，才能找到另一个柳茜。这样的柳茜寥若晨星。

　　祝你健康，柳茜克，有时想起我，就写写信吧。最好这会儿就写。我等着，柳茜。要知道，在我的心目中，你是我的姐妹，清纯可爱的小妹妹。

　　问候卓雅。来信吧。

柯里亚·奥斯特洛夫斯基

　　地址：沃伦省伊贾斯拉夫市舍佩托夫卡区，利瓦德斯街52号。尼·阿·奥斯特洛夫斯基收

4. 给别莲富斯

（1924年3月25日，舍佩托夫卡）

柳茜：

  远方的、几乎被遗忘的，但由于数分钟的回忆便光彩四射的、可爱的柳茜。生活［缺损］① 把我们分隔得如此遥远，但回忆却如此鲜活。您该记得，我曾对您说，在生活中最艰难的时日，我会想起您的。对，想起了，给您写信了，其实我不知道，您在不在那儿，在不在别尔姜斯克。

  我们暌隔已久，而且或许将永难重逢。相遇，相识，是那么糊里糊涂的；确切些说，因为糊里糊涂，彼此才并不相知。我觉得您还生疏，而我的心绪，您也感到陌生。然而，冥冥之中有什么东西，让我们糊里糊涂地靠近，随即又远离，只留下回忆。我记得那火车站，记得您如何离去，记得平生头一次的苦涩心情。您的身影远去，眼前一片空茫，然后又是生活中的斗争，艰辛的孤军奋战。还记得一些什么，但相当模糊，相当浅淡。我记得您的头发黑黑的，眼珠也黑黑的。我不了解女性，她们也不接近我。若不是来了个您，我大概永远不会体悟到一种感觉，那么隐隐约约，那么朦朦胧胧，只在脑海中留下您在车站上离去的身影，还有在您临行前的短促时刻，姑娘仅有一次的爱抚。遗憾的是仅有一次。我并不像幻想家似的观察世事。生活过于真切地折磨我，而在您那里所获得的又太朦胧，而今我只回忆起往事的一些碎片……

---

  ① 方括号表示此处有脱漏、缺损。有时在括号内补足所缺的字、句。

昨日的学生，现今的共青团员——我热爱党。是党在动员千百万赤贫如洗而心地纯洁的群众。我愿为党贡献最后的力量、最后的希望。我本人是无产者、工人的儿子，生命虽短促，却全身心地投入党的活动，我因而有权在被称为共产主义的大家庭中占有一席之地。我不知道您的思想（大概，您置身于敌对的阵营），然而我的信不是写给顽固的资产者或小市民，而是写给那个当初从车站离去的、可爱又可亲的柳茜的。目前，我主持一个党小组。人数虽少却团结紧密。但那种名叫悲观失望的病症再次使我心乱如麻，于是我写信给当时离去的您——唯一的，遥远的柳茜。最亲爱的，我给您写信，是最惬意之事。如果您还保存着哪怕一点点的记忆，那就写信吧。我仍将等候。我给自己稔熟的柳茜写信，或许当初的那个柳茜会回复。请赶紧写，投入邮箱吧。否则的话，只怕得一年以后，我才能获知远方朋友的消息。请转达对卓雅·弗拉德的问候。请来信，要不然，过一两个月，我就离开舍佩托夫卡了。

尼·奥斯特洛夫斯基

等着柳茜的回信和照片。

夏季，党委会安排我去疗养院。可能正巧前往别尔姜斯克。不过还没确定。朋友，请寄张照片来，小小的就可以。请立刻写信吧，别犹豫不决，别等脑子里想到回信再写。柳茜，有个要求：我希望看到可爱的柳茜。您未必会拒绝寄张照片吧。如果有必要，我看看便寄回。

候复。

地址：沃伦省舍佩托夫卡，利瓦德斯街52号。

尼古拉·奥斯特洛夫斯基收

5. 给别莲富斯

（1924年8月8日，伊贾斯拉夫市舍佩托夫卡）

　　我们的通信过于稀少，我不确知，但总感觉到越来越生分。的确，相距太远，最后一次见面是在两年之前。现实情况如此，不过尽管断断续续，联系并未终止。但实际上，要是有人向您或向我打听对方的近况，我们多半都答不上来。我接到您最近的那封信时，不禁感到失望：信中谈自己、谈自己的生活情况，实在太少了。真要不愿意写，那又当别论。然而，隔那么久才写一次信，大可向袒露心曲的对方谈谈近况。请写写您在南方过得如何，疗养地是否仍保持原样；在非同一般的人生中，您有没有邂逅并朦胧地钟情于某个没脑子的朝圣者。我就曾像这么个人，在生活的围墙内丧失目标，至今烙印犹在。

　　我只写信告诉您一个人，当年有位姑娘意外地出现在我的生活中，打那以后，我连一分钟也没再得到过那样的爱抚。我在十分艰难、十分严酷的环境中长大，没有任何使生活增添亮色的东西。严峻的生活如此灰暗，没什么可以谈论的。我三番五次磕磕绊绊，总是独自前行。没有谁知道，我三番五次跌倒，撞得生疼。独自一人，没有朋友，动辄迷失方向。不过我磕磕绊绊，是由于向往共同的美好生活，而并非向往个人的美好生活。我们人数众多，出身贫寒，希望为自身也为同一营垒的弟兄们争取美好人生。我们奋起斗争，积极投入，有的捐躯（许多人如此），有的率领其他弟兄，朝着目标前进。

　　问我如今还留下什么亲切的、珍贵的［缺损］只有党，以及跟随着党的人们。

　　您在信里问我，党给我什么呢？给我自己所没有的，即由我们所推动的、强大的、宏伟的事业。我们只热爱它，为它献出整个身心。不错，我们的个人生活过于黯淡，为了不背离立场，需要忍受太多的痛苦，但这对我们是微不足道的。只要着手工作，只要党带领所有为党贡献一切的人们前进，我们的任何痛苦便都烟消云散。

我不知道您是怎么想的。可能这方面我们格格不入，但问题不在这里。您知道，此地众多的同志把我视为伙伴，视为干部，如果他们当中有谁得悉我这个才二十岁、平时硬气得和年龄不相称的人，竟写信给某人，给可能身在另一营垒的远方姑娘，而且在如此谈论，那人家会怎么想呵。我之所以写信给您，是因为在我的个人生活中，您是唯一曾给予我爱抚的姑娘。如今您在远方，显得生分了，我不给您写什么爱情之类的话。现在对我而言，这已很遥远，只是留有记忆。那是我个人生活中的一幕情景，完全成了我的隐私，很多人并不知情。

谁说得准呵，假如我们现在相逢，也许会彼此视同陌路。什么都可能的。现今，有时遇到某种情形，我感觉出来，某位女性出于美好的情愫，有一种亲近的表示，我却总是冷若冰霜，拒人于千里之外的样子（当然，这种情形极少）。原因是我认为，不应该把别人拖进我的激情之火正在燃尽的生活。有时候心里很不好受，为什么我难得看到别人表露的好感，却非推拒不可。得出了结论：像磁石般吸引人的女性，真不该出生成长于我在其中长大的、疯狂般的环境。

如今我在伊贾斯拉夫市舍佩托夫卡区工作，任乌克兰列宁共青团的一名区委书记。不久我将被派往南方，或许我们能会面。如果可能，请立刻写信，并答应我的唯一要求——寄一张小小的照片。

地址：沃伦省伊贾斯拉夫市舍佩托夫卡区。乌克兰列宁共青团区委书记。

尼·奥斯特洛夫斯基
1924 年 8 月 8 日

6. 给乌克兰共产党（布）舍佩托夫卡区委书记
（1924 年 11 月 15 日，哈尔科夫）

亲爱的同志：

我曾在舍佩托夫卡［近郊］上班，在伊贾斯拉夫市委搞共青团工作。

根据医［疗］委［员］① 会的决定，我得到两个月的假期，由区党委上报省党委，以便获得治疗。由于省保健局的疗养地缺少床位，省委让［共青］团委上报乌克兰［共青］团中央，后者通过卫生人民委员会，把我送往哈尔科夫的医疗器械研究所附属医院②。我必须在此处住一年左右，接受治疗。获悉自己得在此处度过这么多的时日，我便通过同志们要求在哈尔科夫的省党委登记，但我作为并非工作而是治病的临时居住者，党委没让我登记。因此，得到了在哈尔科夫的省党委的答复后，我向您提出，自己应当保留在舍佩托夫卡区党委的登记，使我在你们那儿的手续完备。我已给团区委书记尼基金寄去两份关于我治病期限的证明，并要求把其中一份转交给您，这样我在这里住下的手续才算办妥。目前我上着石膏，绑着绷带，行走不便，所以请您函告结果。如果出现什么困难，请来信告知，我可以请求中央［委员会］或省委解决此事，而不至于让我在治病期间不由自主地游

---

① 信中有时用了简称，或规范或不规范。俄文版《尼古拉·奥斯特洛夫斯基文集》的编委会以方括号［ ］补足。

② 从 1924 年 9 月 2 日至 1925 年 6 月 24 日，再从 1925 年 10 月 1 日至 1926 年 5 月 15 日，奥斯特洛夫斯基去哈尔科夫，在乌克兰国立第一医疗器械研究所附属医院治病。

离于党团组织之外①。附上写好地址的信封，请立刻回信给我。对您还有一个要求：请在复函中附寄给我一份临时证明，写清我是党员。我将迅速把我的候补党员卡挂号寄给您。由于我的假期早已过了，请对我所提的一切作复。

地址：哈尔科夫市普希金街 72 号，医疗器械研究所附属医院 21 号病房。尼古拉·阿列克谢耶维奇·奥斯特洛夫斯基收。

1924 年 11 月 15 日　哈尔科夫

请告诉我，是否收到了医疗器械研究所共青团委的证明文件——又及。

---

① 1923 年 10 月 27 日，尼·奥斯特洛夫斯基被批准为乌克兰共产党（布）预备党员；1924 年 8 月 9 日转正。去哈尔科夫治病期间，他尚未领取到党证。

7. 家 书

（1925年3月23日，哈尔科夫）

亲爱的父母亲：

来信早已收到，但治疗的状况使我没能回复。

亲爱的父亲，我很担心你的手，确切些说是你的手指。望多加保养，别让它再发病。我的好父亲，我牵挂你。现在，你要知道，每当接到你们的信，我总盼着看见三个人的署名——妈妈、卡佳①和你。所以，你别忘了在寄给我的每封信上写些字，三言两语也好。

正在给我用最猛烈的方法治疗，当然，反应也强烈。双脚肿胀消退了许多，只是得忍着点儿疼痛，不过这没什么大不了。我这会儿在写信，恰恰是刚刚注射了碘仿和其他一些辅助药物，可见不舒服的感觉确实没什么大不了。无论如何，有望年底回家看你们了。以前可不大敢这样奢望。但愿像俗话说的，会时来运转。

好了，多来信吧。告诉米佳②，让他也写写信，要不我一直挂念着。就此搁笔，下回再写。问候大家，问候瓦尼亚③和邻居们。

就这样，再见吧。

爱你们的儿子　柯里亚

1925年3月23日　哈尔科夫

请来信，我等着。

妈妈，附上邮票三张。

---

① 奥斯特洛夫斯卡娅·奥里加·奥西波夫娜（1875—1947），尼·奥斯特洛夫斯基的母亲；奥斯特洛夫斯卡娅·叶卡捷丽娜·阿列克谢耶夫娜（卡佳、卡图尼娅，1898—1965），尼·奥斯特洛夫斯基的二姐。

② 德米特里·阿列克谢耶维奇·奥斯特洛夫斯基（米佳、米秋哈，1900—1963），尼·奥斯特洛夫斯基的哥哥。

③ 伊万·索科洛夫（瓦尼亚、万卡），尼·奥斯特洛夫斯基的二姐夫。

8. 给父亲

(1925年4月8日，哈尔科夫)

我亲爱的父亲：

　　我给你写信，我的慈祥的老人家，是要把自己的近况和将来告诉你。目前，我在接受治疗，上次信里讲过的，他们往我的两个膝关节里注射碘仿和其他药物。这很疼。三四天发冷发热，然后渐渐缓和过来，于是照样儿再次注射。这是下猛药，虽然难以忍受，然而是唯一有效的方法。肿胀消退了很多，眼下稍微还有一些。由于体质十分虚弱，正在考虑送我去疗养院。看来，尽管这挺不容易办到，但机会还是有的。5月15日，疗养季开始。事情究竟如何，不久便可见分晓。教授①下了结论，说必须如此，咱们想想办法。然而，一旦顺利地争取到了，那么可能不止一个月，而是整整三个月，甚至将近一年。这样的话，亲爱的父亲，只要运气好，康复了，活蹦乱跳地回到家中，那我就要在亲爱的党内开始工作，并且帮助你们。我常在你们的来信中读到抑郁的字句，诉说家里的贫穷困苦。我的心情不由变得非常非常沉重、憋闷。在这儿治病，可谓苦苦挣扎，忍受一切，接读你们的来信，我悲愁得无以复加。

　　亲爱的爸爸妈妈，我向你们保证，你们只要再稍稍忍耐，等到年底，我就可能回来了。那时情况会好转，我会给你们足够的资助。我把所能有的一切都给你们。我亲爱的老人家，我什么也不需要，我是共产党员，通通给你们。

柯里亚
1925年4月8日　哈尔科夫

---

① 指韦格涅尔教授，哈尔科夫的医疗器械研究所附属医院的主任医生。

9. 给哥哥

(1925年4月15日,哈尔科夫)

我爱和爱我的好哥哥米佳:

昨天接到你的信,这就急着回复了。

亲爱的米佳,你在信中为我焦虑,表露了那么深厚的手足之情。我一直知道,过去、现在和将来,你的感情始终如此。

亲爱的米佳,我手捧来函,再次深信,你对我怀着割不断的骨肉深情。亲爱的,谢谢你。

不过我得告诉你,我的境况没有你所听说的那么糟糕。至于锯掉双脚,那是韦格涅尔教授赴德返回之前出现过的一种建议,是他的助手——另外几位医生想出来的,打算在别无他法、万不得已时这样做。明摆着的,我这辈子宁肯脑门上挨一枪也绝对不截肢。锯掉双脚,岂不成了废人一个。幸亏这仅仅是建议,而且是早在五个月以前的事儿,目前正用新方法治疗,肿胀几乎全部消退。只剩一丁点儿了。今天打最后一针,因为这种疗法结束了。对了,告诉你一个新消息:依据教授的诊断,我必须前往疗养院。我写信给[乌克兰共青团]中央,乌克兰卫生人民委员会中央下达了相关的指示。昨天,审核委员会已通过我去疗养院的决定。明天我能得知去哪儿。至于要去,那已是肯定的。5月15日出发。教授从5月15日开始,一直在斯拉维扬斯克的疗养院工作,主持外科。他要我也去那里,以便他能观察。他开给我一纸证明,说我需要前往斯拉维扬斯克。我去那里,多半会和他相遇。明天我将知道结果。为了让委员会的人瞧瞧,近几天他们扶我站起来,往前走。我真的可以走了。

亲爱的哥哥,你看情况多好。我心想事成。去疗养院,可能不止一个月,而是三个月。别人通常待一个半月,而教授说:"不到应该离开疗养院的时候,我不会放您走的。"亲爱的,一切顺利。截肢是提也不必提了。哦,我真要在那儿歇上一阵!我去那儿,准能去那儿的。此事明天写信告知,可今天也按捺不住,为了不让你焦急,我此刻就写一封。我和一位同志,一位党员、好朋友,结伴同行。亲爱的哥哥,我终于产生了切实的希望,健健康康地回到你们中间。

亲爱的哥哥,我急切地盼着和你见面,一起工作!你向爸爸妈妈和姐姐们转告上述情况吧。我的现状就是这样!你还不知道,等我回家的时候(可能在年底),中央答应给我一些钱——150 至 200 卢布。因此暂时够用,然后我将工作。亲爱的哥哥,我对你什么也不隐瞒,而且永远不会隐瞒。作为共产党员,说句心里话,我的前景变得光明些了。

我将函告一切。

你的柯里亚
1925 年 4 月 15 日

10. 给二姐

（1925年5月，哈尔科夫）

亲爱的卡佳：

我非常非常心疼，卡图尼娅，妈妈竟然这样做——宁愿步行250俄里，而不写信告诉我，她需要花那么几个卢布。其实这是我可以替她搞到的。我觉得太愧疚，心头沉重。她何苦如此呢？

卡图尼娅，你不晓得，我身体这么虚弱，读着妈妈的信，禁不住浑身哆嗦。是的，非常非常心疼。我太不懂事理，过错无法弥补。对，正是这样，卡图尼娅，几乎全怪我的一封信。所有新的情况，我将写信告知。去疗养院的事，5月15日定下了。委员会指定的地点不是斯拉维扬斯克（教授将在那儿工作），而是黑海岸的叶夫帕托里亚。我最终弄清楚后，会函告的。

你的弟弟柯里亚

11. 家　书

（1925年5月25日，哈尔科夫）

亲爱的父亲、卡佳和瓦尼亚：

这么久没写信给你们，是由于要去疗养院，事情杂七杂八，忙得很；加上总的来说，情况尚未明确，而我想等一切朗时函告。

现在，这事儿基本上肯定了。我此刻还在哈尔科夫，在［研究］所附属医院里。钱领到160卢布，去疗养院住一个月够花了。所以，什么时候想走就可以走。

为什么不立即动身呢？因为我参加了全乌克兰苏维埃大会，沃伦省的团委委员全部出席的①。他们答应为我争取一个沃伦的疗养名额。所以我在等候，或许能获得这个名额，那么就不必花掉已经领取的钱了。要用哈尔科夫的钱来支付路费不可能，因为在这里我是外来者，而本市自己的病员就相当多。

告诉你们吧，我自己行走不便，所以派了一位同志——一位党员，帮我张罗。他也是［研究］所里的病人，不料这家伙为自己搞到了名额便启程离去，我则留了下来。不过，我当即自个儿下床，费了九牛二虎之力，领取到160卢布。累坏了，可钱有了，这就是说，想走就能走，是前往叶夫帕托里亚。床位费每月132卢布，其余的用作旅费。

如果沃伦给我一个名额或一笔汇款，那么我能在疗养院待两个半月左右。

我在这儿走动，晒太阳，晒得像个黑人。一旦康复，我便能工作。沃伦省的同志们，包括塔拉布林②，都没有忘记我。

---

①　第四届全乌克兰苏维埃大会于1925年5月7—10日举行。尼·奥斯特洛夫斯基于1924年6月当选为共青团沃伦省委候补委员。

②　塔拉布林，乌克兰共产党（布）日托米尔区委书记。

这儿阳光灼热。我们在自己的"日光浴场",光着身子晒太阳。

去疗养院是极难争取到的。很高兴,我拿到了,可以自己做主了,打算去哪儿,什么时候去,都行。

教授启程到疗养院去工作了,留在这儿的是主任医生米哈伊尔·伊万诺维奇·西坚科①。他像爱亲生儿子一样爱我。

盛夏将至。虽然尚有些肿胀,但我非常有可能康复。

要是获悉沃伦方面没什么结果,我准备去南方。只要有乌克兰共产党(布)中央保健委员会的指令,沃伦省委就得安排我去疗养地。我正在等候这份指令。6月1日,这里要举行全乌克兰共青团大会。我将知道情况如何。获得帮助很好,没有也就算了,我在这里晒晒太阳,然后前往叶夫帕托里亚。

问候大家,问候米佳和我所有亲爱的人。来信目前可寄到这儿,动身去疗养院时,我给你们发个电报(55戈比②)。我给爸爸和米佳订了报纸。

目前一切顺利。曾写信给妈妈。接到科泽洛夫斯卡娅③的复信,说妈妈在埃拉斯特④那里。

就这样,祝万事如意。

爱你们的柯里亚·奥斯特洛夫斯基

亲爱的,你们写信吧,我等着。祝万事如意。瓦尼亚情况如何,我很想知道。

---

① 米哈伊尔·伊万诺维奇·西坚科,哈尔科夫的医疗器械研究所附属医院医生。
② 100戈比等于1卢布。
③ 科泽洛夫斯卡娅,尼·奥斯特洛夫斯基的姨妈。
④ 埃拉斯特·米扬德,尼·奥斯特洛夫斯基的大姐夫,即娜杰日达·奥斯特洛夫斯卡娅·阿列克谢耶夫娜(娜佳)的丈夫。

12. 给泽别尔①

（1925年6月26日，舍佩托夫卡）

我忘了（没记住）您的姓，因此就这样写信了。您情况如何？一切依然不好，还是已熬过一段痛苦的时日。您不再呻吟了吧？没错儿，离开您的病房时，我曾表示自己将会写信。写什么和怎样写，那阵子连我自个儿也没考虑过。但我会写的，虽然自己也不禁发笑，因为写信的对象是一位见过两次，仅十分钟，几乎还不熟悉的病友。况且，第二次见面就像没见，因为显然我出现得不是时候，那段时间一般不容许探视。是的，给您写些乏味的日常琐事，显得古怪又无聊，讲些别的事情吧……"既然写开头，写完才罢休"……我们的确是普通的年轻人，但我以为聊鸡毛蒜皮的事儿没意思，而谈别的，谈分手以来的生活情形又头绪纷乱。[缺损]因此，对我和对您而言（我在写信时，您在拆阅时），都感到尴尬——我重述旧事，您觉得小伙子在犯傻。

我来了，跟别人一样，以最不起眼的方式来了。遇到些老人。这儿有可以聊聊的事情，但沉闷令人伤感。要描述一番，挑选不到合适的字句。其他的得看今后，一切在前方，一切在未来。一切取决于是攀登上山，抑或走下坡路。我希望（我们被教得这样思考）攀登上山。

目前我一切都好，我的朋友。（二十分钟，十次挫折——共产主义高速度。）您未必会给我回信。我也不盼望。这是懒劲儿等使然。祝您康复。您具有五倍于我们的潜在精力。

尼·奥斯特洛夫斯基

（页边添字：）我住在郊区，密林旁，偏僻处。

---

① 泽别尔·索菲娅·安东诺夫娜，尼·奥斯特洛夫斯基的病友。1925年，两人在哈尔科夫的医疗器械研究所附属医院治病时相识。

13. 给罗德金娜①

（1925年9月4日，斯拉维扬斯克）

玛尼娅和玛尔克西娜②：

你们好！我在斯拉维扬斯克。独个儿住着别墅，有两个空落落的大房间，和西坚科比邻而居。情况就这样。院长办公室在对面。房间免费提供。伙食每月30卢布。在工人合作社办的食堂里吃三顿。治疗暂时好像由米哈［伊尔］·伊万［诺维奇］作为科学研究来进行。他这个知识分子是名气很大的医生。因此，我目前是黏在这儿了，不会跟傻瓜似的飞离，返回哈尔科夫。

不知道在这儿要待多久，或许两个月，或许更多时日，会写信详告的。暂且像在营地一样，床上只有一块垫子。夜间冷，我睡觉不脱衣服。既没有被子，也没有床单。不过，两三天后都会安顿好，眼前就这么凑合着吧。据说从前有时情形还要糟糕。这不，凭着党证，我总算在这儿待下了。但愿在疗养院里日子过得像样些。今天开始接受浴疗。周围是树林，静悄悄的。昨天到过城里。我哪儿也不去——累得要命。米哈［伊尔］·伊万［诺维奇］的妻子在这儿；他的儿子也在，是个可爱的小伙子。不知怎么一来，我出现在这里，跟施了魔法似的。这么着，你终于不要再为残疾人操心了。你别慈悲为怀，把像我这样的"赞助对象"撂跑拉倒。我暂时没有自己的地址。玛尼娅，

---

① 罗德金娜·玛丽娅·玛尔科夫娜（玛尼娅、穆霞、玛丽卡、玛涅奇卡），共青团干部，在哈尔科夫和尼·奥斯特洛夫斯基认识后，成为朋友。她是《钢铁是怎样炼成的》一书中多拉·罗德金娜的原型。

② 玛尔克西娜，罗德金娜·玛丽娅的妹妹。

如果你要写信，可以寄给西坚科，他会转给我的。现在我和他一同去疗养院，必须在那儿办妥手续。疗养院主任是个年轻人。他来自沃伦省的党组织，在那里工作过，把我当老乡接待。唉，他们这里并不十分欢迎像我这样的"房客"，但人活一辈子，至少要做一次不受欢迎者吧。玛尼娅，我给舍佩托夫卡的父母和你写信。我告诉母亲，你会向她函告一切，因为说真的，我不知道，和我妈妈有关的那件事①，你是怎样决定的。玛尼娅，你打算怎么安排，直接写信告诉她吧。行就行，不行就不行，直言相告，别让她，别让这老太太摸不着头脑。目前她多半住在舍佩托夫卡，正等着消息。你觉得怎样方便就怎样好了。玛尼娅，我这儿的情况近日就会明朗化。

令我高兴的是，接到你们的来信，不是一封，而是一连串……不，错了，是一大沓。翻阅了一下，其中有洛扎的。

无论我如何心绪不佳，可只要一想起你，想起玛尔克西娜，便会快乐些。就写到这儿，因为新的情况尚未完全确定，有关国际国内形势的完整报告以后再写吧。问候彼得·库希②。

地址：顿涅茨克省，斯拉维扬斯克市，国立疗养院，伊凡·阿帕连科老别墅，米·伊·西坚科收，转尼·奥斯特洛夫斯基。

1925 年 9 月 4 日

---

① 指尼·奥斯特洛夫斯基的母亲前往切尔卡瑟，去罗德金娜家。

② 彼得·库希（彼佳），共青团干部，1925—1926 年在第聂伯罗彼得罗夫斯克省的小镇"浪子地"工作。1924—1925 年到医疗器械研究所附属医院治病，和尼·奥斯特洛夫斯基成了朋友。在后来的一些信件中，尼·奥斯特洛夫斯基戏称他为"波兰浪子彼得罗哈"、"粗野的波兰浪子"、"俊美的波兰浪子"等。

14. 给罗德金娜

(1925年9月11日,斯拉维扬斯克)

穆霞:

你好!昨天接到你的信。告诉你吧,正是你早于所有的人,做出了回应。

我在这儿,孤身一人,见有信来自外界,就觉得十分欣喜。穆霞,我又感到十分失落,因为无法见到你。何况,也许我们再也不会重逢。什么情况都可能发生,谁知道生活之路将拐向何处。刚刚冒出一个朋友,一个可亲的同志,随即又消失了。难道给你写封信,就能把告别时想对你诉说的一切都表达清楚吗?穆霞,那不可能。你知道,我要告诉你:对我来说,当前这段时日是最艰难的,而像你这样为我个人做了好事的朋友,如今又不在。

谁知道我们能不能摆脱自己置身其间的氛围。我个人不大抱希望,但真要出现了希望,那么或许有朝一日,我们的生活之路会彼此相联,双方相遇重逢。我们回忆往昔。可能出现另一种因缘,我的一个亲人①会和你的全家人相处一段日子。我想无论如何,你不至于刚一启程离开,便立即中断了友谊,也不会忘了一个挺好的小伙子,他虽然让你烦心,但终究是朋友。穆霞,是吗?玛尔克西娜和你一起动身,这很好。你为她指出共产主义的方向,她正成长为一名党的工作者。我却是被强行拉开。不说了,穆霞。

不知道我将怎样乘车前往哈尔科夫,车站上已不会有令我感到亲

---

① 指他自己的母亲。

近的红头巾。

穆霞，我亲爱的好友，我只要你相信一点，过去和现在，我都认定你是关系亲密的好人。就说这些吧。你倒讲讲看，怎么搞的，交了些朋友，好像是为了他们随后便离去，让你独自留下。

请向瓦尼亚①转达我的问候。穆霞，你以后可得写写自己生活中一次次的转折，目前则保重身体吧。常言说得好，要保持健康的身体，别牢记难听的话语。问候玛尔克西娜和沃沃奇卡②。便条转交给库希。穆霞，再见了。

致以共产主义的敬礼！

你的朋友

柯里亚·奥斯特洛夫斯基

玛尔克西娜，别忘记写信，谈一切，听见了吗？

1925年9月11日，斯拉维扬斯克

---

① 伊凡·普塔幸斯基·尼基福洛维奇（瓦尼亚、瓦涅奇卡、瓦纽沙），罗德金娜的丈夫。他是部队政委，1923—1925年生活在哈尔科夫，通过妻子罗德金娜，与尼·奥斯特洛夫斯基认识。

② 沃沃奇卡（沃涅奇卡），是罗德金娜的儿子，当时三岁。

15. 给达维多娃[①]

(1925年9月13日,斯拉维扬斯克)

加洛奇卡:

你好!来信收到,加利娅……我明白了,亲爱的朋友,你遇到过令人不快的沟沟坎坎。我曾琢磨,是什么妨碍你平静地生活,显而易见,绝不仅仅是每天每日繁杂艰辛的劳动。你已经在为改变这种状况而努力。有别的因素,但我不知道。或许可以隐约地猜出,可太模糊。这方面你什么也没写。

对,我会来到哈尔科夫和你见面,这将是在制定我今后活动的时间表之后。可能生活之路要歪向一边——重回研究所附属医院。对此,我在做最坏的打算。尤其是因为要进的是现今的研究所附属医院。

加利娅,我从未刻意让自己朋友中的某一个对我缕述一切,毫无隐瞒。然而,朋友在我面前一吐为快的情形自然而然地出现过,这是因为和我有着同志关系的对方,觉得我正是那种可以互诉心曲的伙伴。没错儿,有时心情沉抑,要吐露积郁心头的烦恼,简直难以启齿。这我理解。可是加利娅,你记得吧,当时我来到附属医院,最初的一些日子里,和你还不熟,但仍然向你倾吐了苦恼郁闷的事情,那是由于初次见面就感觉到,你是一位善解人意的姑娘,可以对你诉说个人的、

[①] 达维多娃·安娜·帕夫洛夫娜(加洛奇卡、加利娅、加尔卡,1902—1977),护士。安娜是俄文名字,乌克兰文中为甘娜,由此变化为爱称加洛奇卡、加利娅等。达维多娃在回忆录中说尼·奥斯特洛夫斯基:"能走动的病人常常坐在他的病房里,直到熄灯。""……很喜欢音乐和歌曲,特别是乌克兰的民乐民歌。""去过我们家几次,认识了我的母亲。""对他最微小的关心,他都很珍视,并给予双倍的回报。"

杂乱的、搅得心神不宁的思想。的确,假如可能的话,重要的是帮助。我能够帮上什么吗?如果能够,那么,加利娅,可以用什么方式呢?在你逗留于南方的那段时间之前,我不会返回。这段时间或许所有的谜底都会揭开,不过我也可能猜错。见了面再聊聊。

我不善于,或者说不准备向你表达联系你我的友好感情。但我知道,也感觉得到,我们的友谊尚不牢固。我在其中觉察到(目前仅仅从你那方面觉察到),有一种疏远,有三分隔膜。你没有找到,也并不盼着有一条途径,能使你把我当成朋友,接近我。自然,这一点或许你没有细想。其实,我这个小伙子倒一直是以共产主义的态度关注着你的。就谈这些。

加利娅,我不再提这一点了。

无论如何,我们总是朋友,即使并非百分之百,那么至少是百分之五十的朋友吧。我自己也不晓得为什么要这样讲。这个想法是自然而然地从我的意识中径直冒出的。你在信里要我写写自己的"生活",如果这也可算是生活的话。下面就写几句。

我1日乘车离开叶夫帕托里亚。它(叶夫帕托里亚)给了我什么呢?不清楚,但可能吧,我的体质稍有改善。我在自我安慰,其实体重减轻了4俄磅①。不过,现在胸部倒是疼得没那么厉害了。

最后一段时间,医生几乎是硬把我拖进共产党员的圈子。我便不知不觉地和一些人成了朋友,尤其是几个来自莫斯科的小伙子和姑娘。我的疗养生活在这小小的圈子里度过。我在叶夫帕托里亚一直承受着毫不缓解的思想压力,十分苦恼。莫斯科的朋友们找到方法,使这种压力减轻,有时全然消失。那是个好的群体,彼此理解、关切、亲密无间。我以感激的心情怀念那些伙伴。

---

① 1俄磅等于409.5克。

在圈子里大家有时争论得十分激烈。我也曾面红耳赤,加利娅,不过我比别人先平静下来。

乘着帆船,在海上远航,同舟共济。分手时确实依依不舍。

高级专家们观察我的脑袋。一连串的诊断。总而言之,一切通过,只需要一个地方,空间小些无妨等等,等等。

加利娅,这类诊断你太熟知了!结核病几乎使申克等所有的教授望而生畏。总是让我走两步。只要两步,因为事实明摆着——我离了双拐寸步难行。

我先到哈尔科夫。找了米哈伊尔·伊万诺维奇。他终于也发话:"怎么搞的,不像 t. b. c①,偏偏是 t. b. c——不是小病,忽视不得。需要治疗,不能当儿戏。需要进行泥疗。这就得去斯拉维扬斯克。"

于是我到了斯拉维扬斯克。党证起了作用,我花不多的钱,在疗养院里安顿下来。费用极低。

的确,许多人,几乎所有的人都说,是米哈[伊尔]·伊万[诺维奇]促成一切的。他帮助我离开哈尔科夫,他硬让我去"疗管"②以及其他部门。我自己是不想四处奔波的。不管怎样,这医生挺棒。在这里,我将待到 10 月 1 日。在接受泥疗。已经接受五次[天然盐水]浴疗和三次泥疗。总共得接受十五次泥疗和九次浴疗。我单独住一间房,老是一个人。

读读,写写。周围寂静无声。哪儿也不走,仅仅去接受治疗,随即返回。这样过了一天又一天。如此长久不变的孤单寂寞,令我心头郁闷沉重。一条走廊好长好长,我的房间在长廊尽头,什么声响也传送不到。唯一能从外界到达我这儿的是信件。仅此而已。

---

① t. b. c,"肺结核"的英文缩写。
② "疗管",疗养地管理处的简称。

天气闷沉沉的,这也影响了我的情绪。

尽管单人独处,心情抑郁,可这并未促使我去靠近人群。现在我不是集体主义者,而是个残疾人。层层思虑,团团愁绪,你是无法体会的。泥疗以后,得动手术。

可能要去莫斯科。我心里升起一个愿望,用什么方法中止这种辗转求医的过程。心烦意乱。日思夜想,要去工作。加利娅,于是我来了傻劲儿!一味固执、自闭。我把自己闭锁得严严实实。一个人抵拒所有的人,不管不顾地向前,奋斗,不多愁善感,也不怨天尤人,如同我当初曾奋斗过一样。趁着对生活、对工作尚抱有信心,怀有憧憬,随后我将留意各种成功的机遇。把心思全放在某个朋友身上是不可能的了。

但我心情沉郁,这是可以告诉你的。近期我可能回归当初单人独处时的那种生活,并且痛苦不堪,因为没有做出多大的努力,来使自己恢复到前一段时日的健康状况。加利娅,你比别人更理解我的奋斗是多么艰难。桀骜不驯、诡计多端的病魔挡住去路,与它的斗争目前还没什么成效。

看来,我描述自身的情况,信笔涂抹了好几张纸,汇报过多了,加利娅。还能写什么呢?就此打住吧。我在启程前看到过妈妈。是顺便去的,心里在想会不会赶巧在家里碰到你。

研究所的附属医院里,这段时间吵闹不休,大小纠纷不断。气氛紧张不安,像个议会。如果掺和进去,那可真要命了。就此打住吧(第二次了)。

加洛奇卡,再见。请转达一个长长的问候——从斯拉维扬斯克到哈尔科夫的问候——给你的妹妹穆拉①。

问候妈妈。10月1日我在哈尔科夫，别忘了。

柯里亚·奥斯特洛夫斯基
1925 年 9 月 13 日

斯拉维扬斯克　南方疗养院 20 号房间

---

① 玛丽娅·帕夫洛夫娜·达维多娃（穆拉），安娜的妹妹，哈尔科夫歌剧院的合唱队员。尼·奥斯特洛夫斯基去达维多娃·安娜家做客时，喜欢听穆拉唱歌。

16. 给罗德金娜

（1925年9月30日，斯拉维扬斯克）

穆霞，你好：

　　今天彼得刚从哈尔科夫捎来你的信，而我此刻正在等候去哈尔科夫的火车，并写信给你。我一切都是老样子，没什么特别的事情。治疗结束了，以后看结果如何。我要去研究所附属医院。

　　一直等你的消息，终于接到信了。我妈妈已经在想，你是否改变主意，或做出了其他决定。我马上给她去信。她的地址是：沃伦省舍佩托夫卡，利瓦德街52号，奥里加·奥斯特洛夫斯卡娅收。

　　到了哈尔科夫，我向你函告一切。

　　你如果可以考虑，立刻给我妈妈写信吧。她已来信表示，若是你那儿的工作不落实，她要乘车返回利波韦茨，进食堂。你去封信，她会来的。小家伙怎么样？玛尔克西娜和瓦尼亚怎么样？请来信详告。我将从研究所附属医院发信详告。车站上实在不便写信，时间也不够。泥疗是很难忍受的，常会昏昏沉沉，好在结束了。此时疲惫不堪，浑身无力。到了医院，我得休息一阵。

　　好，暂且就写这些。

　　库希动了手术。他感觉良好。我目前没有这方面的任何打算。再次想到，在哈尔科夫，你，罗德金娜，已经不会来接我。

　　问候瓦尼亚和玛尔克西娜。穆霞，祝万事如意。

　　写写信吧。

你的朋友　柯里亚·奥斯特洛夫斯基
1925年9月30日夜10时　斯拉维扬斯克

17. 给罗德金娜

（1925年10月4日，哈尔科夫）

  我已经躺在研究所附属医院里。给你写了封信，详告一切。妈妈的地址：沃伦省舍佩托夫卡，利瓦德街52号。可你不知道，我在哈尔科夫遇见了舒尔卡①，是刚下火车，在卫生人民委员会附近遇见的。他带我去看济娜。我在济娜家稍坐片刻。舒尔卡没有工作，在闲逛，到哪儿就在哪儿过夜，甚至在街心公园。我告诉他，用什么方法可有助于找份工作。他自己一筹莫展。我让他帮我把写给你和我妈妈的信投入邮箱。但我担心他会忘了这事儿，所以想还是自己来投。有一封已经给了他。你收到与否，来信时告诉我。

  其他种种，以后函告。我给妈妈去过信。暂时没什么新消息。以后我函告一切。问候沃沃奇卡和玛尔克西娜。

  祝万事顺利。致以共产主义的敬礼。

柯里亚
1925年10月4日

---

① 亚历山大·普塔辛斯基（舒拉、舒尔卡），罗德金娜的小叔子。

18. 给罗德金娜

（1925年10月12日，哈尔科夫）

穆霞：

我问候你们——你，瓦尼亚和玛尔克西娜！

接到来信，这就回复。等你的消息很久了。我的情况如下：1日车抵哈尔科夫，并……没什么人来迎候。未见罗德金娜……来到研究所附属医院，放下行李，前往卫生人民委员会。当即和卫生人民委员会的官僚主义者唇枪舌剑，斗争一场。长话短说吧。为了一个工人的事情，我和达尔希茨卡娅①争执起来，结果她报复了，不愿意把我安排进研究所附属医院，硬是搁置不办。事情闹到中央一个联合委员会。这个委员会做出决定，我住院治病，由沃伦省承担费用。向沃伦方面征询意见——毫无回应，时间却在逝去。米哈[伊尔]·伊万[诺维奇]让我睡院长的床铺，直至事情有个结果，以免我在一些小旅馆里辗转反侧。可这也无济于事。卫生人民委员会内，官僚主义者官官相护，抱成团跟我作对。我斥责他们，但尽量不暴躁。事情拖了八天，直至我找到中央监察委员会。这不，又是一场争执。大家反应迅速，语中带刺，要么连话也懒得讲。最后，中央监察委员会让我不用再反复申述，以致精神备受折磨。不过，虽然事情有了结果，可八天中我疲劳已极，虚弱不堪，甚而头一次晕厥过去。这伙浑蛋，竟使我如此怒气攻心。现在一切停当，但我健康遭到损害，体质下降了许多，神经则深受刺激。如今在休息。

---

① 达尔希茨卡娅，哈尔科夫卫生人民委员会工人医疗处的工作人员。

坏事转化成好事。现在我每天躺一阵睡一觉。我和库希,还有党内〔同志〕波利亚科夫①,在同一间病房,非常安静,相当友好。但我身体很差,不过也还过得去。

彼得一切都好。他向你问候。我接到母亲来函,她在等你的信。我去了济娜家,遇到过舒尔卡。他没有工作,在哈尔科夫闲逛。济娜没忘记我,顺路来看望过几次,有时和丈夫一起来,有时独自来。她骂你啦,因为你不写信给她。

这儿的日常生活情形,你熟知,不赘述。西卓夫②没有得逞,仍旧絮叨个不停。去过他那儿。起先要我19日去,可我23日去找库希。在那儿,我们和西卓夫无话可说——形同陌路。库希手术顺利,二十天起床,两个月后将神采飞扬。瓦里亚在哈尔科夫,但没来过,大概忘了应该如何待人接物。

穆霞,以上是我们的"国内形势",至于国际形势,无可奉告。今后的数十天或上百天,将呆板乏味,那是一种怎样的日子,你知道的。你瞧,我们没有忘记你,你也一样。祝愿你心想事成。确实盼着瓦尼亚来到哈尔科夫时,别忘了72号③。你转告一下。请他别顺便前来探望,那可会使我感到遗憾。不过我想他会来的。

你在切尔卡瑟无论生活得怎样,那儿终究不是哈尔科夫。显然,两处不可相提并论。可惜的是,女孩不再学习了。我说的是玛尔克西娜。向她转达我的问候吧。你那无法无天的沃沃奇卡怎么样?在你这个妈妈的全力溺爱之下,他多半成了小霸王。

---

① 波利亚科夫,哈尔科夫工艺学院的学生和院办工厂的主任。
② 亚历山大·西卓夫在哈尔科夫治病期间,曾骗取也在治病的尼·奥斯特洛夫斯基得到的疗养津贴。
③ 指普希金大街72号,即医院所在地。

我稍微看点东西，更多的时候是睡觉。接受泥疗，弄得精疲力竭，现在正让精力渐渐恢复过来。真正的疗效，明摆着不会出现，然而是否能稍有改善，暂且还不清楚。

　　穆霞，以上差不多就是我和我们这儿的全部情况。有了新的消息，我会一一告知，目前诸事顺利。穆霞，来信吧，谈谈你们的生活里、你的工作中，以及其他方面的所有新鲜事儿。

　　P. S. 等妈妈到达，我在切尔卡瑟将确实地有了"亲属"。盼望你不会一直留在那里。或许生活的车轮还将改变方向。

　　亲爱的同志们，再见了。

　　别忘了我们。

　　致以共产主义的敬礼。

柯里亚·奥斯特洛夫斯基
1925 年 10 月 12 日

　　济娜此刻在我这儿。她来探望。她要我问一下——沃沃奇卡如果没有大衣，那么量了尺码寄给她。她希望你给她写信，瓦尼亚来时上她家去。他来时，写封信给我。——又及

19. 给罗德金娜

（1925年10月25日，哈尔科夫）

穆霞：

问候你，问候瓦尼亚、玛尔克西娜和小霸王。

来信收到，但发生了一些事情，未能回复。我的右膝盖动了手术，剔去所有的废物，整个膝盖撕开了；现在我躺着，同时开始慢慢地习惯于挪动脚步。手术有希望取得效果。等着瞧吧。

我忍受过的那些痛苦，叙述起来枯燥无味。反正我既不呻吟，也不干号——对，作为小伙子，我挺了过来。现在恢复正常了，卧床，吃喝。你不知道，我胃口大得多么惊人。吃东西，一个顶十二个水手，我可从未这样狼吞虎咽——真是奇了怪了！对，这差不多就是全部近况，除了我写信告诉过你的、在卫生人民委员会里的那些小小的不愉快。

济娜可好啦，常来我这儿，走得相当勤。她带来各种蜜饯、烤饼，直到我不准她再带。令我们大家高兴的是舒拉当上锅炉工，挣55卢布，而且不再乱花钱了。看来，小伙子确实走上了正道。如今他生活有保障了。

我们这儿，其他都是老样子。前天我拆了线，挪步学走，确实目前步子很小很小。不过，以后会好的。我们的日子过得刻板——每天一个样。我妈妈有信来。她接到了你们的［信］，正在做准备。亲爱的朋友，你们那儿怎么样？生活得如何？祝诸事顺利。我绝对相信，瓦纽沙会跑到我这儿来，简要地讲述你们——我远方的朋友们的生活情形。大伙儿经常想起你。我多么希望，当艰难困苦的时候，你会出现在哈尔科夫。不过，那一切都熬过来了。一些考验刚过去，另一些会接踵而至，没完没了，最重要的是谁成为胜利者——病魔还是我。我想是我。

穆霞，有谁知道呵！我在默默地斗争。你理解吧？

这儿，没有任何人从我嘴里听到过哪怕一句抱怨的话，而且永远听不到。

假如顺顺当当，那么一个半月后将第二次施行膝部手术。因此，不久可见分晓，但愿成功。否则，斗争将这样进行下去，旷日持久。

玛尔克西娜在做什么？她在切尔卡瑟前景如何？我在斯维扬斯克时，她曾写信给我，要我多吃东西。你转告她吧，如今我胃口大开特开，吃得超过她规定的150%。这是大好事，有助于我早日康复。

我正躺着写字，不舒服。哦，穆霞，就先写到这儿吧。你也别忘了我们。来信吧，谈谈你碰到哪些新情况，我来函即复。

这次迟复是由于动了手术——没力气握笔，不过我知道济娜会写信的。

全写完了。亲爱的切尔卡瑟的朋友们，再见。但愿时来运转，盼着还能相聚谈论往事。向大家致以共产主义的敬礼。

柯里亚·奥斯特洛夫斯基
1925年10月　哈尔科夫

教授不在，去了德国。他不在，日子过得松快些。今天济娜要来我这儿，也许还有达尼亚。瓦里亚没顺便来过，可你该记得他应承过的——随口说说，不作数。

随他去吧，这不重要。

20. 给罗德金娜

（1925年10月31日，哈尔科夫）

你们好，穆霞、瓦尼亚和玛尔克西娜同志。问候沃沃奇卡！

我和彼佳接到了你的信。穆霞，关于我妈妈的事儿，关于你的情况，我完全同意你的看法。我把一切写信告诉了妈妈，所以问题就这么定了。你一开始工作，在新的大住宅里安顿好，就写封信。如果需要家庭女工，她会来的。我想她会来的。车钱由我自己汇给她，知道吗？这么着，我认为通通谈清楚了。

你们在那儿生活得怎样？有什么新的情况？我直挺挺地躺着，最大的遗憾，是无法自己前往乌克兰共产党（布）省委会。不过，玛尼娅，我会想方设法，或者拜托某个党内同志，尽量办妥此事。可惜的是自己去不了。但愿此事迅速办成。

济娜有时顺便过来，没忘了我。舒拉上班，反正总在哈尔科夫。一切是老样子，没什么可写的。一切都没变。

问候大家。来信详谈近况吧。

穆霞，祝诸事顺利。向你转达"沙里的"（来自乌克兰语——忠实的）① 彼佳的问候。

致以共产主义的敬礼。

柯里亚·奥斯特洛夫斯基

---

① 圆括号内，为尼·奥斯特洛夫斯基自注。

21. 给罗德金娜等

（1925年11月19日，哈尔科夫）

亲爱的朋友穆霞、瓦尼亚和玛尔克西娜：

接到来信，现在就回复。彼佳去了浪子地，要待十天左右。我和波利亚科夫留下。我们过得很好。我已在拄着双拐行走，人在胖起来。只是病魔还没有落荒而逃，还需要多次手术。有时感到寂寞、沉重，但一切都能忍受。我在等候瓦里亚，将很高兴和他见面、交谈。为他已由市委安置妥当而欣喜。

接到母亲来信，今天汇出了去你那儿的路费。所以，穆霞，你别费心给她寄钱了。什么时候你需要她，立刻去封信，她会登门的。清楚了吧？穆霞，我经常想起你，而且总是把你当成朋友，当成亲近的好人。就此搁笔，不写什么了。这就是说，我不久便会写封长信，详详细细，琐琐碎碎，什么都不遗漏。

问候玛尔克西娜。

穆霞，来信吧，别忘了小弟。

致以共产主义的敬礼。

柯里亚·奥斯特洛夫斯基

1925年11月19日 哈尔科夫

22. 给罗德金娜

（1925年11月28日，哈尔科夫）

穆霞：

你好！昨天接到来信，现在回复。你怪我信写得又少又短。但是，穆霞，你知道，我们的生活单调乏味，没什么可写的。唠唠叨叨净扯些鸡毛蒜皮的琐事则没意思。这会儿，给你略微谈些各方面的情形。

首先是彼佳。他乘车回去，在家人中间休息，留下我和波利亚科夫两个人。日子一天天地过，刻板无味。我卧床，一天天好转，也稍有反复，跟你在的时候一样。看看报纸，有时想出些别的消遣方法。有个叫普罗科片科的人常进来闲聊。他挺爱瞎吹，不过是个不得罪人的小伙子。济娜有时顺道过来，没忘了我。这样的日子一天接一天。

今晚八点，工作狂韦格涅尔医生从德国回来。你知道大家等候着他，总是战战兢兢的。他一到来，我忐忑不安。米哈［伊尔］·伊万［诺维奇］当主任医生那阵子，我觉得心里很踏实，这老头儿却开始搞些新花样。嘿，简直跟疯了似的。

我妈妈大概已经在你那儿。你们在切尔卡瑟生活得如何？如今，我的两个亲近的人待在一起了，所以联系将更巩固、更紧密。我非常希望你们相处得如同一家人，而且长期如此。只是目前只会给你增加负担，但愿情况很快改变。

只要有了些新的消息，我将函告一切。

向大家问候。

　　　　　　　　　你的朋友　柯里亚·奥斯特洛夫斯基
　　　　　　　　　1925年11月28日　哈尔科夫

告诉我新住宅的地址。

来信吧，穆霞，谈谈自己所有的情形和新鲜事儿。

23. 给罗德金娜

（1925年12月24日，哈尔科夫）

穆霞同志：

接到了你的信，现在复函作答。

得悉我妈妈离开你们那儿回家了，我很不愉快。你知道的，尊敬的同志，我把你，乃至把你的家庭成员，都视作亲人一般；而且毫无疑问，我认定你是我最亲密的同志。在相熟的时日里，我们是彼此信任的。

我在母亲跟前提起你、介绍你的时候，也是对她这么讲的。现在事情弄成这种样子。虽然你说我母亲写信给我谈了此事，其实我从母亲那里并未获知她为什么回家的任何情况，所以即便看了你的信，依然一点也不知道她返回的原因。你说她去你处，不是为了工作，而是有件事要征求你的意见。绝非如此。假如我妈妈这样说过，那也可能是她的托词，能让你不至于吃惊。你还没把自己的事情处理妥帖，新住宅里又住得那么挤，却急着让我妈妈前去。我在信中一再跟你说，只要你的工作有了保证，一切必需的条件成熟，我妈妈去你那儿干活的事就水到渠成。现在结果是这样，我深表遗憾，但事到如今，没有必要追究是谁的错了。

你接着写道，原因是我汇钱给妈妈。明摆着的情况，是她要我汇钱，我立刻照办。因此，以后再这么说是完全不必了——我已经觉得其中并不存在任何误解。听我说，玛丽卡同志，烦劳你函告，我妈妈在你那儿拿过多少钱。就此打住。这件事，我们从今不必再提。有什么可说的，这怪事儿让大家感到很别扭。我失去了最后的力量，筋疲力尽了，因为最近又遇到一件事，雪上加霜。有消息传来，我的父亲正病得奄奄一息。所以，给你写这封信，我正沉陷于极大的忧虑之中。你托人问候，都已转达到了。我的感觉很不好，此事就别再提了吧。

就写这些。玛尼娅，你知道，我们作为共产党员，彼此间的一切都可以开诚布公地谈。不过，我从妈妈那儿稍有觉察，她心里清楚得很，你的妹妹玛尔克西娜对待我母亲，完全不是对待老年人所应持的态度。这多半也是她离开的一个缘由，因为提及瓦尼亚时，她说这绝对是个好人。就这样吧。

祝你健康。若有得罪之处，尚希见谅。非常遗憾，可毫无办法。

致以共产主义的敬礼。

尼·奥斯特洛夫斯基
1925年12月24日

济娜在等你的信。

24. 给父亲

（1925年，哈尔科夫）

［缺损］我在等候中度日。爸爸，我知道你日子过得很难，我对你也帮得很少。两星期后，我会得到一小笔钱。我寄给你，虽然不多，但可以买些烟抽。我让米佳转给你。唉，爸爸，我亲爱的老爷子。妈妈的来信总使我十分痛苦，亲爱的爸爸，你真不知道我有多么痛苦呵。我一直知道，你在那儿过着怎样的日子，所以一直心头沉重，非常沉重。我的好爸爸，因为我没有力量。我身体虚弱，这样的消息使我难过得受不了。但愿能摆脱疾病的魔爪，那么你也可以安度晚年，否则我们全完了。等着吧，我会写信告知一切的。我们将见面，过上幸福的日子。

我是接到妈妈的来函就写此信的。

你的儿子　柯里亚

25. 给父亲

（1926 年 1 月 23 日，哈尔科夫）

  我接到了你们寄来的甜果酱［缺损］再也别寄这样的包裹了。因为我不需要任何吃的东西，所以那绝对是浪费。

  我这儿一切老样子，没啥新鲜事儿。每天，我在城里，在附属医院周围走动一个半小时，呼吸新鲜空气。接到过米佳的信。你们大家生活得怎么样？请来信谈谈你们那里的近况。有个亲戚——彼得拉·哈尔科夫斯卡娅，不久，将到达舍佩托夫卡，她会捎去关于我的新情况。亲爱的父亲和大家身体健康吗？问候瓦尼亚。真不知给你们写点什么，所以如果我有一段时间不写信，请别责怪。这儿的一天和另一天，相似得仿佛在按照时刻表度过的，因此新鲜事儿少之又少。亲爱的，你们保重身体。有什么新情况，我会写信的。问候大家。

你们的柯里亚

26. 给罗德金娜

（1926年2月13日，哈尔科夫）

穆霞同志：

我接到你的来信，理应回复如下。和我妈妈有关的那场误会，显然产生了影响，也就是说，使我们彼此疏远，没再继续谈什么。我们的友谊，虽然曾那么美好，但似乎到了尽头。现在，我面对着你的信件，其中的你，依旧是那个穆霞同志。尽管发生了那事儿，信中却在提醒我，你还保存着对我的友谊之碎片。无论如何，我忘不了我们昔日的交往、昔日的友情。当时我把你这位同志、共产党员，当成最亲近的人，不会瞬间变脸的。如今我看到，你正在设法弥合嫌隙。倘若咱们有机会相遇，那么可以弄清楚尚不明白的细节之类，到那时我们将认定问题已经解决。

现在略谈几句自己的近况吧。遗憾的是，我没有任何赏心悦事能向你夸耀。原本就多病多灾，现今又雪上加霜：在斯拉维扬斯克时脱臼的左臂，和肩胛骨粘连，如今动弹不得。对我而言，这是非常严酷的，因为被剥夺了挂着双拐行走的最基本条件。病情一天比一天糟。此刻我躺着，动弹不了，已有两周。手臂火烧火燎地疼，平静不下来。第二次手术未必会做——我体力不支，而研究所附属医院5月底将关闭大修，人员得转移。去哪儿，我还不清楚。但以目前这种丧失了行动能力的状况来看，向何处转移，今后怎么办，都成了摆在我面前的问题。动过手术的那条腿，完全无法挪步。因此，有了双重困难——一手脚动弹不得和第二个膝盖日益肿胀。

总之，正如俗话所说的，我时运不济。

医院里的生活和过去完全一样，没有任何变化。老病员纷纷离去，留下我这"老将"，形单影只。

关于西卓夫，讲几句吧。长话短说——原来他不是党员，是个骗子。波利亚科夫跟他干上了，和我联名写信到中央监察委员会，然后信从那里转到检察院。西卓夫根本没有党证，他是一个检查机构的装订工。这个坏家伙拿着我的一些证件，一次次跑党的中央委员会。这不，他从这儿离开了——一笔欠债也没还，逃之夭夭。

是的，穆霞，我们都上过他的当。

米哈［伊尔］·伊凡［诺维奇］3月份去德国，进修六个月。济娜没来我这儿，已经太久了，原因不明。市苏维埃没有谁在这儿露过面。寂寞得很，有时心情郁闷。

我那年迈的老爷子，身体越来越差。有件高兴的事情，我哥哥工作顺利，他现今成了舍佩托夫卡区苏维埃主席——将会超过我的。

几天前，库希曾来这里。他撑着双拐，行走不便，但积极地做共青团的工作，在村里当团支部书记。小伙子真棒。没有人来探视，也接不到谁的信。眼下我的情形便是如此。写得手疼了。

诚挚地问候瓦纽沙。来信谈谈自己的生活吧。我等着。

致以共产主义的敬礼。

尼·奥斯特洛夫斯基
1926年2月13日　哈尔科夫

27. 给达维多娃

（1926年5月19日，叶夫帕托里亚）

加利娅：

你好！我已住进疗养院，安顿妥当。"迈纳克"疗养院，远离市区及其他疗养院，安安静静。

我和四个性格各异的共产党员同住。他们都是优秀的年轻人。我希望与他们友好相处。已经接受过两次天然盐水浴疗，不久要进行泥疗。天气变化莫测，有风，没有太阳，夜间冷。

我遵医嘱，整日卧床。治疗是坐在轮椅车上，被推来推去的，所以自己并不疲劳。有一点很好（不知能否长久保持），即胃口大得出奇。怎么会有这么大的胃口？给我什么东西，我一概吃个精光。伙食量足味美。周围全是工人和谈得来的年轻人，没有暴发户。所以，大家相处得很融洽。自我感觉不错。治疗时，那条来回必经之路颠簸得厉害。主要的近况就这些，你来信谈谈自己的情形吧。

请向你妈妈转达我的问候。你若愿意，有什么高兴事儿，就写信告诉我。

我离开哈尔科夫，并不完全是由于必须如此。错就错在我和你的一次交谈。你知道，加利娅，有件事我反复思索，就是你和其他一些人议论那个女孩①。我虽然并不了解她的经历，可不知怎的，内心深处总无法相信，这个怪女孩是受某种不好的、荒唐的想法所支配的。说她赞成一夫多妻，我觉得太不可思议，鬼才晓得怎样解开这个谜团。

---

① 指哈尔科夫的医疗器械研究所附属医院小卖部售货员托霞·戈罗德茨卡娅。

你是知道我的,加利娅,只要认定了友谊的存在,这份友谊便会长期保持着,我就不会轻率地撕毁,即使知道应当中止了,也不愿亲手撕毁。不过,假如有谁在我面前,像议论她那样地议论你,我会心头沉重,因为无法解开谜团,得出这样或那样的结论。你只做出了一种显得勉强的、不确定的推断。你若是能够帮助我思考,请提出见解。

这便是我要告诉你的一些想法。在这儿,在静谧的环境里,我可以思索各类问题。只要你是真正的朋友,而不是口头敷衍的人,那就来信吧。我是怀着率直的、纯真的、同志式的感情与人交往,而且赞赏同志式的坦诚。否则,这岂不成了闹哄哄的儿戏。你能够帮助我确定两者的区别。

就此搁笔。祝一切顺遂。

柯里亚·奥斯特洛夫斯基
1926 年 5 月 19 日

P. S. 请转达对凡娜·叶夫谢叶夫娜①的问候。

克里木,叶夫帕托里亚
"迈纳克"疗养院泥疗部 21 号病房

---

① 凡娜·叶夫谢叶夫娜·埃利亚什别尔格,住院医生。

28. 给诺维科夫①

（1926年5月20日，叶夫帕托里亚）

彼得鲁什卡：

你好！我在疗养院里安顿得舒舒服服了，给你写信。

疗养院远离市区（相距3俄里），一片寂静，满目苍翠。伙食供应充足，我的胃口大得惊人，吃得好不痛快。我卧床，每次治疗，都坐着轮椅被来回推送，呼吸呼吸新鲜空气。平日天气阴沉恼人，今天却很好，阳光普照，暖暖和和，真正的南方气候。我在这儿要待到7月1日，然后出发，去新罗西斯克待一段时间，和在那儿的亲属见面。你知道，我来到哈尔科夫两个半月，决定留在这座城市工作，因为返回省里毫无益处，我不会获得实际资助，也不会被安排个岗位。在哈尔科夫则不同，［乌克兰列宁共青团］中央可能让我干一份力所能及的轻松工作。已经接受了浴疗，很快要进行泥疗。

你理应骂我，因为我没乘车去你那儿，不过你已经晓得是怎么回事了——临行前，我深陷在附属医院中。你来找过我，偏巧没遇见。但无论你怎么想，我或许还会惹你厌烦，因为只要你不骂我，我一到哈尔科夫，头几天里就会去看你。

接到信就复函谈谈情况吧。

你在那儿，老在［研究］所［的附属医院］外转来转去，关于我，可能听到各种出乎你意料的讲法，这些咱们以后聊。住在这儿，

---

① 诺维科夫·彼得·尼科拉耶维奇（彼得鲁什卡、彼佳、彼得鲁尼、彼得鲁什、彼得鲁沙、彼得罗、彼杰奇卡、彼士巧克、彼图首克），尼·奥斯特洛夫斯基的密友。

显然也不错,而且我可以悄悄地干点什么。要不然,我确实是完全不工作了。

你去弗洛尔·瓦西里耶维奇①那儿的话,请向老人转达我的衷心问候,并简略地告诉他,我是怎样安顿下来的。以上便是我主要的近况。假如你感兴趣,我以后拿到了我们叶夫帕托里亚疗养地的一些照片,就给你寄去。来信吧,你是怎么考虑的:去疗养地还是不去?到哪儿?什么时候?好,其他情况,以后函告。

祝一切都好。

你的朋友　柯里亚·奥斯特洛夫斯基
1926年5月20日克里木,叶夫帕托里亚,
"迈纳克"疗养院泥疗部21号病房

---

①　弗洛尔·瓦西里耶维奇·鲁卡舍夫,医疗器械研究所附属医院的医士。

29. 给罗德金娜

(1926年5月24日,叶夫帕托里亚)

亲爱的穆霞同志:

我很久没给你写信,不过你已预料到会有这么一段时间。

这里,我函告主要的情况。乌克兰共产党(布)中央给了我在这儿的一张床位,到7月1日,为期一个半月。从5月16日起,我就在这里了。生活得很好。疗养院远离市区,环境安静。

全是铁路工人和金属工业工人,也有一些党的工作人员。我整天坐在摇椅上呼吸新鲜空气。在接受浴疗,很快就要进行泥疗。伙食好,和去年在"公社战士"疗养院不同,下下国际象棋,看看报纸,我和三个共产党员同住一间病房——都是优秀的年轻人①。总之,目前一切都很好。天气也晴朗。我"卧床",去哪儿也不走路,而是坐在轮椅上,被推来推去。

在我即将离开哈尔科夫之前,5月14日,瓦利娅·劳琳②第一次来到我这儿。我们和她交谈,回忆旧事,回忆去年在叶夫帕托里亚的生活。那时的病友,如今只有我一个在这里。

穆霞,你知道,如今你我似乎不像去年那么亲密了。真没想到,会弄成这种样子。然而,我忘不了昔日的友谊,忘不了你的关切,总之忘不了感受到的一切美好的东西,但现今咱们之间产生了某种隔阂。我经常回想当时你怎样在车站上接我——在哈尔科夫,你是我唯一关

---

① 三个同室病友是费杰尼奥夫、魏曼和埃布纳。在《钢铁是怎样炼成的》一书中,费杰尼奥夫被改为列杰尼奥夫。

② 瓦利娅·劳琳,女共青团员。1925年,她在克里木的"公社战士"疗养院与尼·奥斯特洛夫斯基相识,成为好友。

系密切的人。确实如此！唉，不说了。

　　如果你提得起兴趣写信，那么告诉我生活和工作的近况和今后的打算吧。我想 7 月 1 日以后乘车去新罗西斯克，和在那儿的亲属见面。稍作逗留后，从那儿前往哈尔科夫。我有意在哈尔科夫住下。到别处去没什么意义，人家恐怕不会替我妥善安排。而在哈尔科夫，团中央会帮助我找到一份"坐机关当老爷"的轻松活儿，我可以默默地工作和生活。我预计能挣一百卢布，维持生活。我要找个老婆，否则缺乏支撑，难免夭亡。双翅剪断，空有凌云之志，也将只能这么打发日子了。以上便是想告诉你的基本情形。你怎么样？不准备去南方吗？瓦尼亚的生活和工作情况如何？向他转达我的问候吧。如果愿意，希写信详告一切。我在这里，仅有的乐事就是读朋友的来信。

　　库希·彼得在乌克兰共青团的一个区委工作。8 月，他要前往哈尔科夫的［医疗器械研究所附属］医院动手术。为了大修，医院关闭四个月。米哈［伊尔］·伊万［诺维奇］去了德国。我的两个老人在艰辛度日。哥哥到市苏维埃工作，任副主席。

　　我的党证，你去年好不容易帮我查找到的，再次下落不明。为了付党费，我寄给舍佩托夫卡的干部处，那儿的人说转到哈尔科夫去了。这下，我在这里，既向干部处，又向中央委员会反复查询，没有结果，遗失了。我到南方，没带着党证。真叫人懊丧。你不在，无法帮我查到；我还说过自己丢不了的呢。就此打住。

　　致以共产主义的敬礼。

柯里亚·奥斯特洛夫斯基
1926 年 5 月 24 日

　　地址：克里木，叶夫帕托里亚，
　　"迈纳克"疗养院泥疗部 21 号病房
　　奥斯特洛夫斯基　收

30. 给达维多娃

（1926年5月26日，"迈纳克"）

加利娅：

我刚收到你的和家里人的信。两封信带给我的喜悦不多。加利娅，你真不知道，我脑子里乱糟糟的，出于本能，盲目地摸索一条正确的道路有多艰难。

先说说你的信吧。你我成为朋友，已经很久了。作为个性独特的姑娘，你和我建立友谊之初，正是我最困苦郁闷之时。你头一个明确地、率直地谈论我，谈论托霞和我。因此，我不可能不听听你的。如果换个人这么说，准会被我撵出病房。然而，我过去认为，现在也认为你是我的朋友，任何时候，任何方面，都应当相信能找到正确的道路。正是现在，要么在艰难的环境中坚定信念，要么在哈尔科夫医院二十二个月的耽搁中丧失了信心，可我得承认，自己尚在摸索着寻觅道路，而且一再碰壁，撞得好疼。加利娅，我能否找到一条正确的道路，自己也不知道，没信心（这多么令人羞惭）。

那个怪女孩让包括阿利沙等在内的各色各样的人，议论我们的私人情况。她还继续讲着蠢话——我从来信得悉这一点，心头十分沉重。假如她不是这恶劣环境中的一名女售货员，缺乏还远非纯粹的、无产阶级的鉴别力，那么我读到和听到的一切（什么100卢布哇等等，主要是这些私人的事情被七嘴八舌，渲染得一塌糊涂），会成为影响我们相互关系的决定性因素。但还有尚未解开的谜。不知怎么的，这影影绰绰地激起了纷乱的猜测，似乎我想寻求到一点依傍，哪怕只会让生活悄悄地前进一点也好，然而我寻求不到，反而招致一片混乱和喧嚣，使我惊倒在地，呜呼哀哉。

倘若我孔武有力，事情就会大不相同。对，我向你提出的问题，确实没有得到答复（你的原话：不查究，不轻信，不驳斥），但你再次说了一遍。对，加利娅，"扯谎公司"的流言蜚语一文不值。凡此种种，无非都是同一根市侩习气链条上的一节。你我不应该听他们的。就说这些了。加利娅，我心烦意乱！

更糟糕的是必须亲自做出决定。我多么希望了解真情实况哟！那个怪女孩被轩然大波所包围，我真为她感到忧虑，因为直率地告诉你，加利娅，我是要维护她的。从某种程度上说，我无法想象，一个女孩子怎么能跟她似的公然宣称自己爱我，并且直截了当地做出结论。本来，这是可以搞得云山雾罩的。加利娅，瞧我这人，体力上已贫困得如同乞丐。唉，心余力绌。

为了寻求道路，我耗费了多少精力。加尔卡，你继续给我来信，写吧，那么我会不再如此郁闷。无论如何，我将做出决定。不过那是个怎样的决定，我还不能对你说。

接着谈吧。在收到你的信的同时，还收到了哥哥的来函。这也使我激动不安。加利娅，此信的内容出乎我意料。有人往我家里写信，讲述一切，而且加以抹黑、丑化。加利娅，听我说，我绝对了解并且相信，这不是你干的。肯定正是那一伙人。他们有什么权利干涉我的生活，而且乱打乱咬呢？我如果能够，恐怕会不顾后果，狠命回击的。如今那边怎样胡搅蛮缠，我无意缕述。总而言之，简而言之，他们让我亲友中的党员，建议我克制，别自以为是地行动，所有发生过的事情要汇报；为此，要我治疗结束后，乘车去舍佩托夫卡，而不是去哈尔科夫；甚至预先警告，我若不向他们把情况解释清楚，他们就要通过党组织来办这件事。他们的来信，字里行间透露出一种隐忧，觉得凡是我所做的事儿，几乎都是心理疾病发作的结果，至少我是个神经不正常的人。基于这一点，他们——所有培养我成长、引领我进入共产主义大家庭的人，而今破天荒头一次紧急干涉我的个人生活。最令我难堪的，是我最好的师友、共产党员、我最尊敬的利西岑①，这个党中央的委员，也持尖锐批评的态度。是的，他们并不轻信人家写在信上的、一切针对托霞的污言秽语，但这也引起紧张。

加利娅，亲爱的姑娘，他们正是这样兴风作浪的。我不好受，由于遭到责难，我起来反抗。我愿以生命为代价，赢取独立自主的权利。然而这些人，全是我非常亲近的，他们是我生活中的引导者，我不能不听取他们的意见。要知道，我一向服从多数，一向认为他们的决定是正确的，因为他们过去引导，现在引导，都是基于一种心愿，即让我成为正直的、忠诚的、以劳动为生的小伙子。

于是我服从他们——进行汇报。可实际上我还不熟悉那个成了所谓朋友的怪女孩。如果问我是否知道她，我回答说不知道，那么这将成为他们得出反对结论的决定性因素。这个结论我理应服从。唉，我成窝囊废了。

这是我唯一的烦心事儿。要不然，我在这里的日子过得极其满意。你问起健康状况。不错，仍是老样子，可此地的环境非常好。我们有五个卧病的共产党员成了一伙儿。一个德国人，来自共产国际执委会；一个爱沙尼亚人，来自国际革命战士救援会中央委员会；还有我们三个俄罗斯人。这伙人中，我最年轻。看看外国报纸，他们念，还给我们翻译。

惹人喜爱的德国小伙子埃默纳②，是1911年入党的德国共产党党

---

① 尼古拉·尼古拉耶维奇·利西岑，别列兹多夫执委会主席，是尼·奥斯特洛夫斯基的入党介绍人。

② 笔误，应为埃布纳。

员、党中央委员、议会成员。这个聪明的"异人",俄语说得简直让俄罗斯人听不懂。他在俄罗斯逗留八个月。跟他在一起,时间不知不觉便过去了。爱沙尼亚人是俄罗斯联邦内贸部人民委员。两个俄罗斯人是党的干部。

气候宜人。我们差不多整天呼吸着新鲜空气,下下国际象棋。起先我打败所有的人,但最近数日自己成了败将,所以暂停。我变得心不在焉,下着棋,思想开小差,输得狼狈不堪。

不久将接受泥疗。让我准备了很长时间,因为体质太弱。明天称体重。你记得我,真好。这儿挺舒适。但万一不……

加尔卡,来信吧。我在这儿提及的事情,你的看法如何,都写下来。

问候妈妈和穆拉。向安娜·瓦西里耶夫娜致意,并把她的地址告诉我。你近况如何?住在哪里?仍旧在[研究]所[里的]附属医院吗?

我还想给你写很多。不过主要的已谈了。加利娅,来信吧,想写什么全写出来。祝诸事顺遂。

柯里亚

1926 年 5 月 26 日

问候凡娜·叶夫谢叶夫娜。

31. 给诺维科夫

（1926年6月23日，叶夫帕托里亚）

亲爱的彼佳！

这么久没给你复信，你就原谅我的粗疏吧。不过，问题已经解决。

你要我说说，100卢布是否能够住一个月并进行泥疗。100卢布少了点儿，但120卢布足够了。每次浴疗，凡是工会会员，只需付2卢布80戈比。伙食包在哪儿，可自己做主。因此，到这里来并不太担心。你来吧，可惜有一点——你什么时候拿到病假单还不清楚。为了延长我的治疗期限，他们已向乌克兰列宁共青团中央发了公函。我们在等回音。或许我会在这里再待一个月。那样的话，咱俩会相遇。彼佳，你打算什么时候乘车到来，下次来信，写清具体日子吧。我过得还不错，在接受泥疗和其他各种浴疗（除了"月光浴"）。我们这儿有一群优秀的年轻人。看看书报，睡睡觉。此处远离大海（1俄里半），在那儿划船、散步，非常开心。我则卧床，哪儿也不去。

你在哈尔科夫，日子过得如何？你这个家伙根本不用拄拐杖，一步步走得挺神气。到了这儿，你可以和节日休闲的、"慵困无聊"的女同胞们眉来眼去。所以，我担心你的疗效会等于零（在"月光"之旅中迷失了自己）。怎么样？我讲得没道理吗？以后看事实吧。

你信上说，库希这个"波兰浪子"写信，跟你说了些话，我却没有收到他的片言只字。

弗洛尔如果没有离去，请向他转达衷心的问候，还有安娜·帕夫洛夫娜也一样。你何时光临，希来信告知。

好了，近况只有这些。我在下下棋呀什么的。我们会在哈尔科夫见面。只要你愿意,我会在你那儿抛锚停泊。我到了哈尔科夫要弄清楚,自己将在哪儿上班(基本上能上班的话)。行了,祝你一切顺利。彼得鲁什卡,别狠狠地骂我(轻轻地骂两句可以)。我没有忘记你,也不会忘记你,虽然从制造闹剧的角度看,你是一个特级捣蛋鬼。

嘿,就这样了,其余的事儿咱俩不妨以后慢慢聊。这儿先祝你诸事顺遂。

你的尼·奥斯特洛夫斯基
1926年6月23日
叶夫帕托里亚,"迈纳克"疗养院

32. 给达维多娃

（1926年7月3日，叶夫帕托里亚）

亲爱的加尔卡！

很久没写信给你。你知道为什么的。对，不想提那笔"外快"。现在可以提交总结报告了。医生们确定，我必须在这里再住一个月。这个决定已寄给中央委员会，目前我留在此地等回家。

泥疗结束。现在多半可以转院了，转到"海滨"疗养院去，躺在沙滩上，接受日光浴。那儿会快乐些——大海不会阴沉沉的，像这里。

健康状况没有好转。其实应该预料到。我心里明白，全是泥疗闹的，脊椎炎加重了。X光片显示……第二块椎骨出现炎症，是真正的慢性脊椎炎。你知道，这是极糟糕的现象。屋漏偏遭连夜雨。这使得生活的车轮更加偏向一边。加尔卡，你是否觉察到，我是发掘出种种新疾病的高手！我寻思，用不了多久，自己还会有所发现，大发其病。那可要病海无边喽……

另一条战线近况很好。在这条意志的战线上，犹豫和软弱被彻底歼灭。我打上了句号，打上了奥斯特洛夫斯基专用的漂亮句号。说得更明白些，优柔寡断的荒唐事情（这使我羞惭和郁闷），决不再做。清晰的、明朗的曲调奏响了。就说这些吧。

现在回过头来谈谈为了生存、为了重新工作而进行的斗争吧。前线异常吃紧，消耗着好不容易才积聚的兵力，这儿正严重减员。谁战胜谁［的问题］尚未解决，不过敌方（病魔）获得了强大的增援（慢性脊椎炎）。

写信谈谈自己的近况吧。等着你的来信。其他事情，我以后函告。

柯里亚

1926年7月3日

33. 家　书

（1926 年 8 月 28 日，哈尔科夫）

亲爱的：

　　寄给你们几份我用不着的证件，请替我保管好。我若需要，会写信给你们，那时请寄回。

　　明天下午三点，我前往莫斯科，将从那里向你们详告一切。亲爱的，先祝你们万事如意。

你们的柯里亚
1926 年 8 月 28 日，哈尔科夫

34. 给诺维科夫

（1926年9月3日，莫斯科）

彼得：

你好！我到了莫斯科，暂时在休息。一路顺风，只是临行前你告诉我的门牌号码弄得我晕头转向。钥匙及时送到了，我已经想砸锁啦。

问候卡拉锡、吉佳和"男低音"①。你在那边折腾得如何？

我的信转给波利亚科夫了吧？这类新情况没有什么不能告诉你的——没有，至于今后怎么样，这问题尚未提上议事日程。苏联幅员辽阔，立足之地总会有的。我看看书报睡睡觉。埃布纳不久要回德国——他行走不便，去哪儿也不行。

就这么些情况。倘若偶尔有给我的信，你写上玛尔塔②的地址转来：米雅斯尼茨门，鹅舍胡同25号301室。

尼·奥斯特洛夫斯基
1926年9月3日　莫斯科

---

① 三个人都是尼·奥斯特洛夫斯基在哈尔科夫的朋友。其中，蒙塞·卡拉锡·叶非莫维奇（蒙西卡、木夏、卡拉西克，1901—1969）在烟厂工作，"男低音"是米哈伊尔·佩尔塔的外号。

② 玛尔塔·普琳（1895—1968），拉脱维亚人，革命家，曾是尼·奥斯特洛夫斯基的女友。她是《钢铁是怎样炼成的》一书中劳琳的原型。

35. 给诺维科夫

(1926年10月14日，新罗西斯克)

亲爱的彼佳：

生活得怎么样？我要在这儿窝一年①。活着，离不开病床。脊椎不让我活动。

彼得，你告诉我，米哈［伊］·伊万［诺维奇］从德国回来了，目前住在哪儿？得跟他通信，要不然，这病情更弄不清楚了。

可能需要穿矫形胸衣。肺结核。t. b. c。专家们认定的。你懂吗？跟弗洛尔·瓦西里耶维奇聊聊，听他怎么讲。接到过库希的信。达维多娃·安［娜］·帕夫［洛夫娜］住在哪儿？你在做什么？难道至今还在闲逛？

向蒙西卡他们致意。四处转悠的家伙，你来信谈谈近况吧。我不常写信，你可别狠狠地骂人——我卧病在床啊。这儿暖暖的，像夏季。阳光灿烂，鸟语花香……行了，其他都微不足道。健康状况糟糕得很。大病小痛不断。睡不好觉。但食欲大振。一口气能吃十二个生鸡蛋！！！能吃四分之一俄磅黄油加两杯牛奶等。哇！你要说什么？我真有这么厉害！

尼·奥斯特洛夫斯基
1926年10月14日

问候弗洛尔·瓦西里耶维奇和凡娜·叶夫谢叶夫娜。让安娜·帕夫洛夫娜写信来。

---

① 尼·奥斯特洛夫斯基按照母亲的意思，于1926年7月，从叶夫帕托里亚前往新罗西斯克，来到她的好友柳保芙·伊凡诺夫娜·马秋克家中；8月，尼·奥斯特洛夫斯基去哈尔科夫，然后去莫斯科；9月又离开首都，重返新罗西斯克，并住到1928年6月。

36. 给达维多娃

（1926年10月22日，新罗西斯克）

亲爱的加洛奇卡：

昨天接到了你从莫斯科发出的一封信①。在哈尔科夫时，我寂寞得要命，如果知道你的住址，我肯定连连给你发信，多得使你受不了。

不过，遗憾的是你太平无事。

那个〔研究〕所让人讨厌得很，我每次和诺维科夫乘车从旁经过，都会扭过脸去——我实在憎恨。

有两年时间，我把自己的生命浪费了，疗效一点也没有。我多么想看到你。但那个〔研究〕所〔的附属医院〕关门大吉。你信上说整个8月在柳博京。真没办法。我有〔意〕乘车去找凡娜·叶夫谢叶夫娜，却也没去成。总之，我在哈尔科夫的那段日子过得沉闷忧郁。

在莫斯科呢，我平生头一回歇了一阵。生活在一群亲如家人的青年中间，如饥似渴地读书，读新作品，只恨时间太短促——总共才二十一天②。为什么我重回新罗西斯克？我一身是病，那些医生又赶我到南方住。在这儿至少待一年。否则，留在莫斯科的话，我的肺结核必定发作。

这儿暖和——一个个大晴天，阳光灿烂，还看不到秋色。偶尔刮起东北风，凉凉的。要在这儿待到明年4月，然后去距此40俄里的疗养地

---

① 达维多娃的信是玛尔塔·普琳由莫斯科转寄的。
② 1926年8月30日，尼·奥斯特洛夫斯基去莫斯科，希望找医学权威求治，然后留在那儿工作。他在玛尔塔·普琳的寓所借住二十一天。《钢铁是怎样炼成的》一书写了此事，普琳改为劳琳，借住改为十九天。

阿纳帕。我将在那边的海滨住到秋季，看看健康状况如何。倘若体力略有恢复，我上班工作去。倘若不行，就必须考虑考虑往后怎么办。加洛奇卡，我担心的是脊椎。它疼得厉害。相比之下，别的疾病似乎微不足道了。夜里老是睡不好觉。由于手脚酸麻，仰卧不行；侧睡则腰部剧痛。自己怎么也无法翻身，得别人帮忙。几乎不能行走了。一天挪动十步也极其费劲。慢性脊椎炎已经确诊，只是尚未弄清楚属于哪一种。

加洛奇卡，来信告诉我，米哈［伊尔］·伊万［诺维奇］在不在［研究］所［附属医院］里？我想写信给他，详告病情，问问能否做矫形胸衣，因为脊背出了问题。你遇到凡娜·叶夫谢叶夫娜的时候，跟她谈一下，听听她对于穿矫形胸衣有什么看法。不知道穿上会不会有用？你瞧，病况捉摸不定。忽冷忽热的症状，怎么也摆脱不掉。这段时间，每况愈下，而不是在恢复。

为了不至于过早崩溃，需要坚强的意志。当一切显得灰暗时，日子经常过得郁郁不乐，但基本上自己能控制。带着斗争硝烟和建设热情的生活太吸引人，真让人无法轻生。无论怎样，至少永远怀着新的希望，纵然道路坎坷，但我会工作的。目前，生活在连连打击我，而我还手无力。不过仍有一线希望——看明年夏季在海滨疗养地如何。但愿出现转机，那就好了。

来信谈谈我们共同的熟人近况如何？他们在哪儿？怎么搞的，那个［研究］所［附属医院］还没开门？你不在上班吗？问候你的妈妈和妹妹，还有凡娜·叶夫谢叶夫娜。我会再写信的。眼下体力不支，写得又少又差。握你的手，加洛奇卡。

来信吧。

尼·奥斯特洛夫斯基（柯里亚）
1926 年 10 月 22 日

来函地址：港口城市新罗西斯克，公路街 27 号。

37. 家 书

（1926年10月24日，新罗西斯克）

亲爱的老爷子和卡图尼娅：

我及时收到了文件①。谢谢。该做的事，我全做了。我在这里小住。枕头和军大衣用不着了。军大衣卖掉吧，妈妈，如果还值几个钱，就买些你那里需要的东西。我不要穿了。我生了点小病。脊椎比脚更疼一些。我卧床，不走动。玛尔采夏②和廖利娅③像护士一样照料我，好在我也要求不高。整天躺着，看看书报。健康状况，坦白说，很糟糕，怎么也没有好转。我在等明年夏季，那时我和柳保芙④要去海边，去阿纳帕。我很久没给你们去信——请原谅。可没什么好写的。自己的病痛不愿意写。我对这些病痛厌烦透顶。好消息则根本没有。一天又一天，日子过得单调乏味。

亲爱的老爷子，你在那儿生活得如何？短短地写几句吧。

向大家问候。亲爱的，祝你们万事如意。

你们的柯里亚

1926年10月24日，新罗西斯克

P.S. 卡图尼娅，你接到杂志了吧？

---

① 指第33封信中，尼·奥斯特洛夫斯基寄回去让家人保管的那些证件。
② 玛尔采夏·潘倩科，尼·奥斯特洛夫斯基的岳母的表姐。
③ 廖利娅·马秋克（廖莲卡），尼·奥斯特洛夫斯基的大姨子。
④ 柳保芙·伊凡诺夫娜·马秋克，尼·奥斯特洛夫斯基的岳母。

38. 给哥哥

（1926年11月2日，新罗西斯克）

亲爱的米佳：

今天接到你的信。立即回复。亲爱的好哥哥，你用不着为我担心。我的近况的确糟糕——病得厉害，还有其他事情。不过，这些你全都早已知道。至于明年夏季之前，我不会呜呼哀哉，也是真的。怎么办呢，毫无办法，不得不老是躺着，无可奈何。

亲爱的哥哥，你知道，我毫无疑问是对你有啥说啥的。万一大事不好，我准会写信告诉你，不藏着掖着，因为应该了解情况的，如果不是你——我的胞兄，那是谁呢？你这次信上提及妈妈要来我这儿。哎呀，米佳，你倒说说，老人家看到我这副模样，能不哭天抹泪吗？结果是她受折磨，也让我受折磨。你总该知道，妈妈上了年纪，见事情不顺，会急成什么样儿。我的身板，如今成了这么一辆汽车，稍有颠簸就会散架。对我来说，焦虑比死还难受。我当然希望见到妈妈，可她到这儿来，带着一肚子悲酸、一身病痛，而且由万卡陪着，结果只能使我心烦。我这个病号，去一些医院，来来回回地折腾，偶尔还会忍不住喊叫几声。米佳，你跟妈妈聊聊，恐怕她还没想到这种情形。另外，这么来一次，她太累了，车钱也挺贵。如果情况已经糟到极点，那又当别论，否则大家就镇静吧。毕竟我生病也不是一天两天了，到明年夏季之前的这段日子，我能挺住。以后，就以后再瞧着办。米秋哈，你让妈妈来，实在多此一举，弄得合家紧张。我这儿没什么危急的情况。我意志坚强，不灰心丧气。你知道，我不会窝窝囊囊，正在竭力挺住。没错儿，有时候感到很艰难，可谁不艰难呢？人人艰难。

我在这里得到精心照料,她们待我像亲人一样。所以说有人照料,而且很周到。

这里还暖和,阳光灿烂。你们那儿大概已是真正的秋凉了。你已经在上班了吧?哪儿?干什么?钳工?还是售票员?咱们家的老人和其他成员情况如何?来信谈谈所有的事情。我多想聊些自己的事儿,偏偏无事可聊,提起笔来不知道写什么。一天又一天,日子过得差不多。

我对玛尔塔详细地谈到过你。她知道你的全部经历。她是个好朋友,在别人困难的时候,会以自身的意志力给予支持,她是老布尔什维克了。你愿意的话,不妨写信去,和她谈谈心。我的病况她都了解,是在医院时,医生们向她和盘托出的,她会在信中详细地告诉你。她是忠诚的共产党员,你若了解她了,会成为好友的。她的地址:莫斯科,中心区,米雅斯尼茨门,鹅舍胡同,25 号 301 室普琳·玛尔塔同志收。我对你谈了她,你印象如何,你对你胞弟的情况还想知道些什么,等等,都可以写信和她交流。

好了,祝你一切都好。倘若去信,也告诉我一下。

你的弟弟 柯里亚

11 月 2 日　新罗西斯克

39. 给诺维科夫

（1926年12月4日，新罗西斯克）

亲爱的彼佳：

你这家伙，骂我一通也白搭，我依旧不会写长信给你的——我病了。好得快的话，我就写长长的一大篇。目前体力不支。并非偷懒，而是疼痛使我无法握笔。你们的集体来信收到了。我给吉佳、卡拉锡和佩尔塔送上"火热的"问候。我曾给米哈［伊尔］·伊万［诺维奇］去过信，但没有回音。

就这样吧，向弗洛尔·瓦西［里耶维奇］致意。我很快会写信给他。如果你遇到安娜·帕夫洛夫娜，替我狠狠地剋她——她不写信。彼得来了信，他在工作，没任何压力。其他的事儿，我保证以后再写。彼得鲁什卡，别骂我，别说我懒得像猪。

尼·奥斯特洛夫斯基

40. 给达维多娃

（1926年12月18日，新罗西斯克）

亲爱的加洛奇卡：

　　总算接到你的信了——原以为你把我忘了，不想写信。我可给你写过两封了。一封寄往［研究］所里［的附属医院］，一封寄往兹米约夫市，却不见回复片言只字。我已函告诺维科夫，要他遇到你时，为这事儿好好剋你一顿。

　　嘿，算了，咱们忘掉这件旧事儿吧。

　　我向你简略地讲述一下自己的生活。健康状况，确实无可奈何地在变坏，逐渐地、缓慢地变，但的确在变坏。不久前，左臂和左肩丧失了活动能力。你知道的，我的右［肩］关节强直了，如今是左边的。关节火烧火燎地疼啊疼啊，然后便僵化了。

　　现在我自己连梳梳头也不行，这让人多么难受就不说了。近日，肿胀的右大腿火烧火燎地疼，我已经感觉到，自己没办法使它往旁边挪动。用不了多久，它肯定会僵直。

　　那样的话，不久前还听使唤的那些关节也会动弹不得，整个儿僵直。

　　这将导致什么样的后果，你心里雪亮。我也知道的。我留意，我看出，自己最后一线勉强行走的希望正被病魔逐渐侵蚀。无可奈何，有什么办法能遏止这一经久不断的进程呢？不用多久，它会抵达终点的。椎骨疼痛，不仅在腰部，还有背部的第六块。由此可以推测到，要么是又有一两块椎骨坏死了，要么并非胸椎结核，而是一种与其他关节相同的病变进程。

夜间盗汗，淋漓不止。因为不得不整夜只朝右边侧卧，极不舒服。仰卧或压着肿胀的左大腿睡也不行。白天则一直朝天躺着，已经完全无法行走，整日整夜卧床。以上是为你大致描述一下现状。心情郁闷。我曾写信给米哈［伊尔］·伊万［诺维奇］，可他没回信——遗憾。但有什么办法呢，算了。我平时就讨厌医务人员。如今身患痼疾，更厌恶他们。我给你写信，如果视你为医务人员，而不是一位可亲的、善解人意的女青年，那么你会读到令人不快的字句。

加洛奇卡，有时疼得相当厉害，但我默默忍受，对谁也不诉说，抱怨的感觉仿佛麻木了。变得面无表情，而心中经常郁郁不乐。

加洛奇卡！你提到精力和意志。我的孩子气的好朋友！精力和意志。后者我有，但前者缺失。它被肉体上的痛苦消磨殆尽。只要这种肉体上的痛苦有所缓解，我便"轻松"一些。否则，有时我不得不紧紧地咬着牙，以免像狼似的拉长声音狂叫。

有关普琳的事情，你怎么知道的？大概是诺维科夫对你讲的吧？下次我写信告诉你。总之这是我过早遭受摧残的生命中未掀开的一页。你工作之余，若能抽点时间，请来信，偶尔写一封也好。

米哈［伊尔］·伊万［诺维奇］不回信，我就不托你谢他了。问候凡娜·叶夫谢叶夫娜，还有你的妈妈和姐姐。我知道，你是个好心肠的、怪怪的女孩子。上回你讲了那番话，使我们联系得更加密切。为此我紧握你的手，我的可亲的加洛奇卡，"小老太太"。

尼·奥斯特洛夫斯基

1926 年 12 月 18 日

41. 给诺维科夫

（1926年12月30日，新罗西斯克）

亲爱的彼佳！

不给你写信，是因为我有事儿而且糟糕透顶。我在走下坡路。精力消耗得一天不如一天，实在毫无办法。彼佳，实话实说，这阵子我好不郁闷。玛尔塔来过这儿，逗留四天，走了——工作太忙。如同一阵旋风，她带来莫斯科的生活和建设的气息，转眼又走了。

妈妈在我这儿已有两个月，明天也要离开。剩下我一个人，孤苦伶仃。你知道，在我周围的，虽然是些很好的人，但有市侩气，显得隔膜。

彼佳，正是在这种时候，你给我多写些信吧，那么我会心情舒畅些。要不然，真有一种没人搭理的感觉。

问候吉佳、佩尔塔和卡拉锡。

我终于收到了达维多娃的信。

总的来说，我的状况不容乐观。心中似乎郁结着块垒，沉甸甸的。意志，至今遏抑着种种苦痛的意志，正在明显地削弱。所以我担心一旦崩溃，自己会做出蠢事来。彼得，你别忘了我，写些乐意写的东西，什么意外的惊险事情哪，迷恋的兴趣爱好哇，等等，谈谈所有我所熟悉的人。总之，你找些题目。有时候你挺像个文学家的嘛。

看样子，你在原先的地方工作。库希来过两封信。只是他大概要去哈尔科夫。你晓得波利亚科夫在哈尔科夫治病吗？倘若你不难打听到他在叶卡捷琳诺斯拉夫街的住址、门牌号，来信告诉我——我要去信，但不知道门牌号。

你们那里气候如何？我们这儿倾盆大雨已连下三天。此地没有冬季，就是雨水多。什么时候刮起东北风，那就怎么也躲不掉。不过，我是抛锚了，不急着要去哪儿。

握你的手。

尼·奥斯特洛夫斯基
1926 年 12 月 30 日

地址：港口城市新罗西斯克　公路街 27 号

42. 给罗德金娜

（1926年12月30日，新罗西斯克）

玛丽娅同志：

你好！我欠了你的情：似乎懒得像猪，没回你的信。然而，你若知道我的情形——健康状况，就不至于责怪我了。明天妈妈要走，她在我这里待了两个月。如果你在舍佩托夫卡有机会和她见面，她会详细地告诉你的。我的情况不妙，在走下坡路。与你知道我的那些时日相比，体质又衰弱多了。如今，即使拄着双拐也迈不开步。走路是别想了；白天黑夜躺在床上，下不了地；手臂和肩胛黏连，举不起来；左右胳膊一个样；自己连梳梳头发也不行，等等。总之不如意。精神方面，仍是老样子。脊椎显然损坏了，而且这个过程尚在进行，我默默地忍受着疼痛。可以说，这种折磨人的、连续不断的痛苦，有时在把我往死胡同里逼。我正逐渐失去所有的朋友。除了莫斯科，我几乎哪儿也没有朋友了。有一位同志，共产党员，圣诞节来探望我，看到了我的病况。他在12月26日走了——紧接着，妈妈明天要走，又将让我独自留下。往后的几个月，天天酷似，千篇一律，刻板枯燥，灰暗乏味。在这儿，我甚至不熟悉任何一个可以谈心的共产党员。在我周围，虽然是些很好的人，但有市侩气。我觉得自己像个"没人搭理的孤儿"。彼佳·库希很少来信，他在"浪子地"的乌克兰共青团区委工作，是个积极的小伙子。他正考虑再次去［研究所］附属医院动手术。不知道是否真会去。

至于哈尔科夫的其他年轻朋友，我连一点近况也不知道。

你不妨设法和我妈妈见个面，聊聊。来信谈谈自己的生活和工作，谈谈你们的一般情况吧。万一我并不每次及时复信，那么不要责怪，那一定是体力不支的缘故。这儿阴雨连绵，不过的确一直是暖和的。你记得在哈尔科夫的那些日子吗？要是我能哪怕稍微走两步路，那该多么舒心。可惜这已不可能了。来信说说大家的情形吧，我会高兴的。

问候瓦尼亚。

紧握你的手。

柯里亚·奥斯特洛夫斯基
1926 年 12 月 30 日

港口城市新罗西斯克

公路街 27 号，给我。

43. 给霍鲁任科①

（1927年②，新罗西斯克）

霍鲁任科同志：

潘琴科③多半给你写信介绍过我了。我请你有便来我这儿一次，咱们认识一下，谈谈。

我老闲着，请过来吧。在这儿，我是个"外人"，在组织里没有熟悉的同志。主要是书籍。我就是要谈书的事儿。

致以共产主义的敬礼！

尼·奥斯特洛夫斯基

公路街27号。

---

① 霍鲁任科·德米特里·帕夫洛维奇（米佳），供职于图书馆，曾为尼·奥斯特洛夫斯基上门送书。

② 尼·奥斯特洛夫斯基和霍鲁任科初次相识于1927年。他的这封短信未写日期。此信公开发表时，曾注明"1926"年，因此，我国以前翻译过来，亦注明1926年。

③ 维克多·潘琴科，新罗西斯克水运员工图书馆馆长。

44. 给达维多娃

(1927年1月7日，新罗西斯克)

亲爱的加洛奇卡：

刚接到你的信。我已记不得近日是否发过一信给你，但此刻又写了。得告诉你，我什么时候感到郁闷，就设法缓解，给仅剩的几个朋友写信。不管怎么说，他们能使我与外面的世界接上联系。平时，这种联系被狠狠地切断了。我在这里答复你的几个问题。

我没有朋友，这是指咱们所认同的那种朋友。没错儿，周围的人对我都很好——这是个典型的小市民家庭，我和他们频繁接触，生活上得到周全的照料，然而无法从他们那儿获取自己的大家庭所能给予的东西。我和党员弟兄们的联系被割断，这是一件令我烦恼的事情。已有数月之久，我没面对面地见到任何一个党内同志，疏远了生龙活虎的建设场景，疏远了朝气蓬勃的党内活动，而不得不生活和周旋（假如在病榻上也能周旋、也算生活的话）于一个小圈子。由于不言而喻的原因，这个小圈子根本不可能满足我内心的渴求。

你知道，我还希望你真诚地相信，在我心目中，党几乎等于一切。如今，我甚至不能像在哈尔科夫那样比较接近党的活动，正是这种处境使我心头郁闷，脑海中一片莫名的空虚。冒出一种陌生的思绪，不妨称之为"得过且过"。这是因为有时日子过得实在无聊，各种不健康的、灰暗的念头和打算会乘虚而入。你比谁都理解，一个人假如并不缺乏理性，并不目光短浅、自私自利、蠢头蠢脑，并不苟且偷生、苟延残喘，而对实际生活能够洞幽察微，那么他难免会非常非常不如意。

假如在几年前，生活于现今的环境，那我会轻松得多。我会像大多数人一样安之若素。可如今不同了，经常有暴躁的时刻，这并不丢人现眼。毕竟我已为生存而奋斗了三年，每次都被击败，步步后退。若不是把战斗到最后一刻这个坚定理念当作做人的根本，那我早已开枪打死自己了。我可以这样活着，因为把这种生存状态视为殊死斗争的一个阶段，而并不会长此以往，永远如此。

你回忆一下，当初你我怎样建立友谊。那是我刚到［研究所的］附属医院。往事难忘。那阵子我犹如一头小狼，被抓住并且关进了笼子。如今是精疲力竭，气息奄奄。只有我们，只有像我这样疯狂般热爱生活、热爱斗争、热爱工作（建设一个美好得多的新世界的工作）的人，只有我们这些洞察全部生活底蕴的人，即使仅剩一线希望，也不会轻生自尽。今年夏季，一切可见分晓。

我自己觉得要病情好转，希望渺茫，不过想再瞧瞧。纸短言长，下一封信接着写吧。此刻我累了。来信吧，凡娜·叶夫［谢叶夫娜］在哪儿工作？木霞·阿勃拉莫夫娜呢？万达·雅诺夫娜①依旧留在［研究所的］附属医院吗？加洛奇卡，一封封来信透露出你多么温良。虽然我们分属于两个天地②，但总有什么在使我们亲近。我的小老太太，娇柔苗条的小老太太，紧握你的小手。

当然，你要给我写信哦，因为我现在过的日子更黯淡了些。

尼·奥斯特洛夫斯基

1927年1月7日　新罗西斯克

问候你的妈妈，问候弗洛尔和凡娜·叶夫谢叶夫娜。

——————

① 木霞·阿勃拉莫夫娜和万达·雅诺夫娜都是医生。
② 尼·奥斯特洛夫斯基这样说，是由于达维多娃的出身与经历和他不同。达维多娃出身于破落的贵族家庭，母亲是神父的女儿。她本人勤奋好学，认识尼·奥斯特洛夫斯基时是护士，后为医生。

45. 给诺维科夫

（1927年1月26日，新罗西斯克）

彼得鲁什卡：

我的写信速度又比你慢了。你又开始凿凿有据地说我落后于生活了。可我是怎样的处境呵，纵然能撑双拐也撑不上的。打住，不跟你耍嘴皮子了。

收到了你寄的《共产》①，谢谢想到我。

波兰浪子跟椋鸟似的，"刷"的一下子飞离了哈尔科夫便杳无音信。确实是只椋鸟！你给他写信，他却一声不吭。

这里，我另纸写了几句话给吉佳和卡拉锡，你转给他们②。——我想稍稍惹恼一下卡拉锡。没错儿。

哎，彼得鲁什，我这儿其他一切都是老样子，不过体质更弱了。你那儿呢，显然万事如意。既然身体健康，那就什么也不用说了。我会写信的，但倘若有时回信不够及时，可别责骂我。反正这有可能，然而我是永远不会忘记你的。

四个月内，我仅仅一次，见到一个共产党员，是联共（布）省委干部处派他给我送登记表来的。

那些哥们儿呢——尽管我发信不止一回，谁也不来看看我。总不能说他们的同志感情高度升华了吧。

握你的手。来信吧。问候佩尔塔。你让他啥时候练好了拳击，赏两拳给卡拉锡。

尼·奥斯特洛夫斯基
1927年1月26日

---

① 《共产》指乌克兰共产党（布）中央委员会机关报《共产党员》。
② 这里提及的另一页信纸，未见。

46. 给罗德金娜

（1927年2月5日，新罗西斯克）

亲爱的穆霞和瓦尼亚：

你们的来信收到了，怎么是从波尔塔瓦市寄出的呢？我立即复函。

穆霞！我承认自己久久沉默，错了。不过，你肯定不会学我的样子，因为这失礼。好，咱们闲聊吧。

彼得·库希音讯全无，已经两个多月。在最后的一封信里，他谈到在共青团区委工作。这小伙子虽然很受足疾的折磨，但在积极求进步。

穆霞，我向你透露一个大秘密，是他来信中告诉我的。你在他跟前可别一不小心提到，否则他会十分恼火。他信上说，在那儿结识了一位健康美丽的好姑娘，建立了亲密的同志关系。然而，友谊进展到爱情阶段时，他不敢谈婚论嫁，因为正如他所写的，"怯阵了，怕对付不了她"。跟你说吧，接到彼得的这封信，我差点儿笑死。你准喜欢他的憨实，他担心"对付不了"，说是那姑娘体格健壮，而且感情火辣辣。这个"额前一簇毛"① 也真叫怪。我去信笑骂他一通，劝他别这么怯生生的，既然天公作美，定能水到渠成。打那以后，他没再来信。想必他不至于生我的气。1926年，他已成了联共（布）党员。他的地址：乌克兰共产党扎波罗热州浪子地委员会库希同志收。彼得·库希的情形，我知道的就这些，最近如何，则不清楚了。

哈尔科夫方面，韦格涅尔去了莫斯科，如今西坚科当上了研究所所长。附属医院的医生几乎仍是原班人马。瓦利娅·劳琳给我来过信，我也回了。她仍是老样子，高级速记班毕业，可能要去什么地方工作。

---

① "额前一簇毛"是对彼得·库希的戏称。这个称呼曾较多地用于乌克兰男子，因旧时乌克兰男子往往在剃光头顶的囟门上留下一绺头发。

不知你是否知道研究所［附属医院］的医生杰尼索夫，他于1927年1月8日去世了。

我还是老样子。健康状况糟得很。穆霞，我衰弱无力，苍白得厉害，干瘦得厉害。白天黑夜，一直躺着，寸步难行。胃口倒了。报纸、书籍，大量阅读——这是唯一的乐趣。见不着共产党员，他们没想来。也就是说，这儿并非哈尔科夫，而是偏远之地，他们傍晚宁可聚会喝酒，也不愿意探望患病的［同志］。日子就这么一天天过去，色彩单调，热火朝天的生活被遮住隔开。只有并未枯竭的生命信念——令我强烈地向往建设场景、向往党的队伍的生命信念，总在支撑着我。但有时体质如此虚弱，使得我眼前黯淡、心情压抑。

最感郁闷和苦恼的，是我的同志——共产党员、共青团员们不想来我这里。有些年了，我教他们要团结友爱，要讲同志情义，不料一旦被病魔搞得卧床不起，就怎么也不能吸引他们过来了。然而，我在对此做出回应。我懂得生命的规则，并未垂头丧气，像旧知识分子那样怨天尤人。背景昏暗，需要意志、意志，第三仍是意志。关节怎么会黏合呢？发炎了，然后就黏合，跟库希的大腿一样。如今没有一个关节是健全的。把你自己的，还有儿子的照片寄来。听见了吧，一定要寄来。我哥哥打算来看我。你如果到舍佩托夫卡，顺便去一下他那儿，妈妈也在，她会给你讲述我的情形，详详细细。问候瓦尼亚。有什么新情况和要求，来信吧。得到朋友们的消息，总是高兴的。

好，祝万事如意。亲爱的穆霞，代我握握瓦纽沙的手。

致以共产主义的敬礼。

柯里亚·奥斯特洛夫斯基
1927年2月5日

有什么新情况，我会写信的。
寄照片来。

47. 给诺维科夫

(1927年3月30日，新罗西斯克)

彼得：

你在信上尽扯些意志呀，春天哪，等等。我坐着，准确点说是躺着，不急于上哪儿去。没错儿，开始飘来一股春天的气息。听我说，老兄，你怎么回事儿，夏季真会来阿纳帕吗？哄人，你这家伙脸也不红。你们全都讲话不算数。可你真来的话，将大获惊喜。我要教会你下国际象棋。快来吧，好朋友。你不知道，我会托你办件麻烦特大的事儿。位于德米特罗夫街17号的社保银行不给我汇钱，这些坏家伙。我寄去所有必需的证件，但他们不哼不哈。我已写了批评信。不知你可否顺便时去找他们，查问一下怎么回事。不是愉快的差使，然而必须这样做。帮忙办一办吧。

你的柯里亚

问候卡拉锡他们。

48. 给诺维科夫

（1927年5月20日，新罗西斯克）

亲爱的彼得鲁尼：

久未写信，对不起，朋友。我累坏了。跌宕起伏，变化多端，我这儿遇上了复杂的状况。简直无法去舍佩托夫卡。不过现在事情基本办妥，6月1日我出发前往硫黄浴疗养区，那地方就叫"温泉"。那是位于高加索的僻静处所，离此200俄里，和克拉斯诺达尔相距约50俄里，是个怪异的去处。峰峦重叠，难以通行，林木茂盛，突现一个个硫黄温泉。曾向一位"专家级"医生咨询，他建议前往该地，而不是去阿纳帕。

再一次接受治疗，试试看。这是最后一搏。

然而，困难的是钱。这件极其麻烦的事情要托你解决。德米特罗夫街17号的社保银行的那帮家伙，至今没把有关支付残疾人抚恤金的材料寄给新罗西斯克的社保银行，这儿便拒绝付钱！哈尔科夫的坏蛋磨洋工，至今已拖延数月。他们自毁形象，也砸了银行的招牌。这里已发去电报，索取材料，可迟迟未见寄来。我还要给他们写一封信，和这封给你的信同时寄出。

彼得鲁尼，你接到信，尽快跑一趟，找他们问问，这事情怎么会弄得如此错综复杂？我6月1日必须出发去疗养区，正在为此做准备。哥哥会来送我前往（有一段50俄里的路，得乘汽车）。我实在动弹不得，寸步难行，可那家社保银行确实不像样。全都高高在上！既然要摆脱哈尔科夫的羁绊，我不得不来麻烦你——这或许是最后一件相关的事了。不过，亲爱的同志，帮我办妥吧。

问候彼得·库希。我收到过他的信,会复函的。但这阵子杂事缠身,没可能写。

握你的手,彼佳,办好我托你的事吧。

你的柯里亚·奥斯特洛夫斯基
1927 年 5 月 20 日

49. 给诺维科夫

（1927年6月29日，"温泉"）

亲爱的彼佳：

久未写信。最近这段时间，被从一处搬到另一处，不断地吃苦头。无法在信纸上如实地详细描写这些日子一波三折的变故，但可简述如下。

我无论如何也得离开新罗西斯克。经济和政治方面的观点不同，闹得不可开交，使我没有可能在那个曾经居住的屋子里生活下去。由于我的缘故，家庭成员和父亲冲突不止。这个"一家之长"是仇视我的。

为了离开这令人难以忍受的环境，我决定向新罗西斯克社保银行借出（预支）120卢布，再一次启程，到这儿接受硫黄浴疗。母亲陪我同来。结果造成了具有悲剧色彩的境况。

疗养区与克拉斯诺达尔市相距65俄里，一条高加索的僻静土路崎岖不平。花40卢布，雇了一辆汽车。我不能行走，躺在折叠床上，被塞进车厢。一路驶来，不断颠簸与冲撞，猛烈得我禁受不了，晕厥过去九次。不省人事的我被送进疗养院，安排好床位。汽车这一路上开了六个小时！亲爱的，我无法为你原原本本地描述这一场噩梦。我是连别人伸手拍打一下也会疼痛的，这却是一次野蛮驾车、不人道的旅程。我上当了，人家不说那儿没有修筑完好的公路——至于野蛮［缺损］在疗养院里，我苏醒了，经过一个星期，元气才渐渐恢复。目前正接受浴疗——硫黄浴疗，已六次，需要三十八次。但此时陷入了另一种具有悲剧色彩的境况。一个人在疗养院住下治病，每月110卢布——像膳宿公寓。嘿,那我母亲呢?乘车到达后,我口袋里剩下65卢布。去浴疗由马车接送,月费45卢布。那么吃呢?还有浴疗费每次75戈比,总之,我掉进了洞穴,不晓得怎样才能爬出去[缺损]。我给联共(布)区委去信,没有任何回音。唉,如今我正在寻找出路。眼前,仿佛纸币在飘飘浮浮,我只有一星期的最低食宿医疗费。亲爱的彼佳,你哪儿知道,我实话实说,任何时候我都没有像如今这么身处窘境。情况在发展,我交付了到7月5日为止的费用,显然我将被迁出疗养院,而且一文不名。到那时,精神上焦灼紧张,痛苦会达到极点……船到桥门自会直吧。瞧瞧,我的老兄,情况便是这样。你可知道,波利亚科夫是否还住在哈尔科夫?接到信马上回复,因为我和朋友们音讯不通了。眼前正是这么个死胡同,我一筹莫展。一星期后,囊空如洗,真不知道怎么办。

你抓紧时间来的话,还能在这儿遇到我。倘若库希在哈尔科夫,这封信也转给他看看,我要给他写信,实在没有力气了。

握你的手,彼佳。

你的奥斯特洛夫斯基
1927年6月29日

库班省(北高加索)
"温泉"疗养区
"疗管"第一疗养院6号病房。

50. 给诺维科夫

（1927 年 7 月 9 日，"温泉"）

亲爱的彼得鲁尼：

刚从邮递员手中收到 25 张钞票。这是从哪儿来的？怎么回事儿？我没想到什么地方给我"小额补助"。却原来哈尔科夫还有个心肠软得不得了的怪人。

没错儿，我写信告诉过你，自己不知怎么一来，闯入了死胡同。你的一笔钱来了，仿佛计算过的，而且及时。眼下恰好需要这么一笔钱。我不说感谢之类的话了。怎么会这样巧，你心里完全清楚。我只是握握你的手。

现在给你写一下当前的状况。我的确身无分文了。你的这笔钱足以支付两个半星期的费用，而我将在两个星期后收到抚恤金 35 卢布。这么着，至少最近一个月内不存在什么死胡同了。这可真是帮了大忙。

我上次信上提及，联共（布）区委没有立即给予资助。现在到了确实必须资助的时候，他们做出了如下决定：

1. 提供浴疗，费用由区委承担；2. 向疗养院院长建议，为我安排明亮的大间病房，费用从疗养区基金中拨付。这样一来，情况好了，整个夏季，到 9 月 15 日，可以改善健康状况，可以进行多次浴疗。这个问题几乎可说已经得到同意，因为库班卫生处处长也参加联共（布）区委的会议，他关照疗养院院长照办。近日我会看到结果。

那样的话，对我来说，困难在于如何获得两个星期的口粮费，以便维持到领取抚恤金的日子。如同约定了似的，你的一笔钱出现了。如今通通摆平，精神上也不焦灼紧张了。

你知道，一次梦魇般的旅程使我疲惫不堪，这次经济方面的折腾，更让我心力交瘁，神经衰弱。主要是一种无助的感觉。你躺着，动弹不得，自己哪儿也去不了。你支派别人干些什么，最后发觉——一团糟。

但凡此种种，先搁下不说［缺损］

彼得鲁尼，你答应过到阿纳帕疗养。那里有海。这里没有。是的，可以休息休息，治疗治疗。硫黄温泉（大自然怀抱中的温泉），对你的病大有好处。浴疗、林木、花草、溪流、舟船……不过你究竟想不想进入此处——这高加索的僻静所在，来信告知吧。

尼·奥斯特洛夫斯基

1927 年 7 月 9 日

库班，"温泉"

"疗管"第一疗养院 6 号病房。

51. 给诺维科夫

（1927 年 7 月 21 日，"温泉"）

亲爱的彼佳：

为什么你沉默至今？怎么搞的，死掉还是结婚了？把钱寄来，然后自己不吭声。那你倒不如寄一封厚厚的信来的好。给我写吧，拖久了你寄也没处寄了。

［缺损］为什么沉默？来信说说，你会不会到我这儿来疗养？我一拿到钱，就还给你。来信吧。

你的奥斯特洛夫斯基

彼佳，你写信来，否则太不够意思了。

52. 给玛丽娅·潘琴科①
（1927年8月6日，"温泉"）

玛丽娅：

向你问好。

你大概产生一种想法：我离开了新［罗西斯克］，便忘了所有的人，因为没写信。由于接受浴疗，我的手疲软无力。这使我放弃握笔写信的尝试。这可并非托词。我知道维克多去了列［宁格勒］，真想问问，高校的事儿他怎么办成的。你或许从我们的"女同胞"② 那里听说了此地的一切状况，包括目前所有鸡毛蒜皮的事情。现在柳保③要来，我将和老太太待在一起。以后得从"温泉"前往克拉斯诺达尔，这是极其艰辛的旅程。好在目前心脏尚在跳动，可见生命尚未结束，咱们会看到时来运转的。

信写得简短。太困难了。

你今后也需要奋斗。养精蓄锐吧，因为奋斗必得耗费许多力量，缺乏潜能，加倍艰难。

我还要接受六七次浴疗，最后休息一阵就上路。

握你的手。

尼·奥斯特洛夫斯基
1927年8月6日，"温泉"

问候 Г. Л.④

---

① 玛丽娅·潘琴科，尼·奥斯特洛夫斯基妻子家的亲戚。
② "女同胞"，指尼·奥斯特洛夫斯基的妻子、大姨子等。
③ 即柳保芙·伊凡诺夫娜·马秋克，尼·奥斯特洛夫斯基的岳母。
④ Г. Л. 潘琴科，玛丽娅·潘琴科的丈夫。

53. 给诺维科夫

(1927年10月22日,新罗西斯克)

亲爱的彼得:

我们的通信时断时续——有什么办法呢,我可不写检讨。不过,自己心里清楚得很,你会责怪,会冷淡,"怎么搞的,听说你变成了懒懒散散的家伙!"我没听到这类特别的、新鲜的评断。我一直躺着哎,挖苦的话伤人心。我怎么着也站不起来。各种琐事弄得我焦灼不安,不晓得冬季将住在哪里。现在明确了——就留在此地。说笑归说笑,我要写作是认真的,只是不知道会写成怎样的作品。我确实在夜以继日地阅读。书有许许多多——跟一家大图书馆联系上了。我如饥似渴地读,科学读物和文学作品交替着看,让大脑得到舒解。全都是新书。棒极了!若没有这些书,我宁肯开枪打死自己,像条没了腿的狗,虽然不管怎样,我这种处境的人,最终难免自行了断,像个寄生虫。这话尽管带有戏谑的成分,其实我是一本正经的。你不要针对这番表白,冲我讲什么充满哲理的话——智慧的说教听起来枯燥无味。好朋友,你能怎么样,既然对吃喝、对女人不感兴趣,你拿什么来充填自己的日子?拿什么?你说。你至今在岸旁徘徊。哎,亲爱的,想想吧,彼佳,倘若我有你那样的体格,那早已东西南北,跑遍苏联十次了。我不是神父——不会编写教堂赞美诗,可周围热火朝天,爬也得爬上马背呀。虽然你也动过手术,还是赶紧上马吧,以免将来落得个形单影只。假如我当初留在哈尔科夫,并且有了一份工作,那就大不相同——真是遗憾。你有咱们的波兰浪子彼得鲁哈的消息吗?这家伙太惜墨如金。如果你去信,请告诉他,我还活着。

我发了一封有关西卓夫的信。在这儿，在北高加索地区，他成了出名的大坏蛋后出逃，久久没了踪影。信由一位我熟悉的山区医生转出去，他叫沙赫特·彼得。

现在再说一件事。我有个朋友［缺损］

握你的手，亲爱的。回信吧。问候弗洛尔和安娜。

你的柯里亚·奥斯特洛夫斯基
1927 年 10 月 22 日，新罗西斯克

如果你发生"经济危机"，来信告知。我汇出部分还款。好朋友，别硬撑着不说。

附一张明信片，收到即请投入邮箱。——又及。

54. 给诺维科夫

（1927年11月12日，新罗西斯克）

老兄，你说说，现在是谁该剋谁？啊？你这家伙倒好，我看清楚了，你爱剋我，其实自己比我差劲儿三百七十倍。我有一阵子不写信，你就怎么着？如同上了年纪的婆娘，唠叨个没完。我可不愿意跟你似的，变成碎嘴子。你呀，没头脑的朋友，坐下吧，写出发生在你自己和周围人身上的种种新鲜事儿。

我在装一只收音机，把最后几个小钱也花光了。你呢，只晓得为自己装。要推己及人嘛。彼得鲁什卡，你是我的好朋友（白白夸你，其实你自己也不相信自己好）。快来信吧，谈点开心的事情，否则我一头扎进书堆，和哥们儿断了联系啦。

尼·奥斯特洛夫斯基

55. 给诺维科夫

（1927年12月16日，新罗西斯克）

彼佳：

　　握你的手。一切都收到。

　　我依旧不知道库希在哪儿工作。这家伙是否给你写信说了什么？

　　我的收音机在正常工作——听得到全世界，包括哈尔科夫。其他一切，我将写信详告。向凡娜·叶夫谢叶夫娜转达问候吧。你把她的地址告诉我，我要给她稍微写几句。你可晓得罗德金娜在哈尔科夫的住处？我目前诸事如意。

尼·奥斯特洛夫斯基

　　一切非常感谢。其他我将函告。

56. 给诺维科夫

（1927年12月23日，新罗西斯克）

尊敬的彼得鲁沙同志：

我当然赞同你的申明，即必须摒弃明信片式的、敷衍了事的复信，要据实描述生活。就得这样。我活着，但不健康。体质中等偏上，也就是说，在当前情况下还算不错。这是主要的。然后……在疗养区住过以后，也就是说，在接受硫黄浴疗以后，膝部的肿胀虽然缓慢，但的确在开始消退。糟糕的是吃得极少（胃口倒得厉害）。

我装了一只无线电收音机（中等功率的收音机，小型蓄电池组）。能很清晰地收听到莫斯科、哈尔科夫、罗斯托夫、梯弗里斯（请来小铺中吃无核葡萄干）、列宁格勒、华沙、布拉格、柏林，等等，等等。我绝对满意，尽管干这件事，花去的钱不少于100卢布。如果没有收音机，我活着意趣索然——这一点你理解吗？毫无疑问，你百分之百同意我的想法。多亏有了这收音机，我才能任情率性，决定暂时忘掉尚未归还"三张十卢布大钞"，那是你怀着真挚的友谊，盛情借给我的。既然你来信说不必急着归还，那我就还有足够的时间来纠正自己的疏忽。然后，你似乎仍旧生活得像个孤儿。同志，这种状态还要继续保持到何年何月！啊？

然后，我已经向联共（布）干部处递交了申请书，要进斯维尔德洛夫共产主义函授大学。我将卧床学习，作业寄到莫斯科去批改。

然后，我的确要问你（虽然还早了些），明年，1928年夏季，你可能到离苏呼米10俄里的马采斯塔来吗（那里有热带的大自然风光，有硫黄浴疗）？我极想钻到那儿去，但愿成功，或者辩证地表达，但愿总的情况被打上"+"号（并非十字架，而是正号）。那样的话，咱俩就会见面。

你还是把凡娜·叶夫谢叶夫娜的地址告诉我吧。我想给她写封短信。她是惹人喜爱的，却置身于令人极其憎恶的医疗器械［缺损］……彼佳，你该记得，1924 年我到达那里，入住 21 号病房，还在病床上做些体操动作，出院时却步履艰难，像爬一样。我竟然落到这帮人手里，简直撞见鬼了。

我常常听到："您好！这里是哈尔科夫广播电台！"好朋友，你拐进电台播音室去，冲着全苏联大喊一通，让我也听见吧。

来信清楚地告诉我，库希·彼得鲁什卡这个波兰浪子，这个美男子，躲到哪儿去了？这家伙不给我片言只语。你和卡拉锡①、狗鱼（吉佳）、鳊鱼（佩尔塔）仍像以前那样碰头吗？

大致上就这些了。还有些琐事，不值得留意。信中有几处"不规范的"表达方式，不过谁都知道，那是老一辈人惯用的。

向所有该问候的人转达我的问候。就这样了，祝一切顺利。

柯里亚

1927 年 12 月 23 日

如果现在你留存着即便是一张小小的照片，寄来给我瞧瞧，必要的话，我可寄回。我想看看你如今什么模样。我自己不拍照，所以没法儿寄照片给你。

---

① "卡拉锡"这个名字，本身有鲫鱼的含义。

57. 给普塔辛斯基

（1928年2月1日，新罗西斯克）

普塔辛斯基：

把玛尼娅的地址告诉我吧。我知道她在哈尔科夫，但住在哪里呢？难道又将音讯不通了？玛尼娅写信，总是代表大家——既代表孩子，也代表你，还包括罗托。我移居海边，健康状况差之又差。不能走路。在读斯维尔德洛夫共产主义函授大学。我有一只收音机，收听到全世界。或许还能够上班工作。这要到明年夏季见分晓。

祝万事如意。

尼·奥斯特洛夫斯基

1928年2月1日

我的地址，你转告玛尼娅，并让她写信给我。
港口城市新罗西斯克　公路街27号
尼·阿·奥斯特洛夫斯基收

58. 给诺维科夫

（1928年2月17日，新罗西斯克）

亲爱的（近万次地呼叫）彼佳：

你大概松了口气，以为我把你给忘了。哦，不，亲爱的，但告诉你吧，今天这封信并不托你办事——这可过早地让你气定神闲了。

我已经记不得谁欠谁的情了，就是说，记不得谁先责怪对方的。不过，我生怕这回轮到你埋怨挖苦，所以赶紧先发制人，调门喊得更高。

你的"家庭照"收到了，不过……你答应过给张个人全身照的。这里的人们虽然没见过你，可对你太了解了。关于你的情况，我绘声绘色地讲过一个个有头有尾的英雄主义的长篇故事，不少内容是添枝加叶的。我给你增添了两任不需增添的妻子，把你描述成能使芳心迷醉的人，待字闺中的姑娘对一个如此万事亨通的年轻人兴味浓浓。唉，我不编行吗？人家就爱听这些。所以，给我独自一人的照片吧。同志哎，为什么没在信上告诉我，你得了胃炎，怎么回事？莫非你接受了我的有关家庭生活的宣教？你真像梦游症患者一样糊涂。我深信，得用"家庭观念"来治你的病。

照片上的你挺瘦，挺苍白的。希望你赶紧养胖养好，行吗？来信谈谈，在像个悲凉老汉的哈尔科夫听到些什么。无论你怎么说，乌克兰还是在吸引着我。我捧着收音机，久久地收听哈尔科夫的广播。波兰浪子这个疏懒失礼的人，你那儿居然也没有他的任何消息吗？真想不到！这家伙神出鬼没，"钻到地底下"去啦。

彼佳，听我说。你在信里写着，自己有个1928年休假计划——漫游全苏联。是不是停留于某地……比如停留于马采斯塔更好些？动动脑子吧，彼佳，还是已经反复思考，拿定了主意？彼佳，你再想想。我到现在也记不起来，自己究竟给凡娜·叶夫谢叶夫娜写过信没有。既觉得写过了，又仿佛没写过——脑子里糊里糊涂。你给我描述一天的休假生活吧。三驾马车的哲学家①打不打算跟以前一样，在你那里聚会？我今年秋季多半将去乌克兰，居住于舍佩托夫卡。因为在这儿找不到栖身之地。我四处流浪。

你们那里大概周围已白雪皑皑，这儿却连一片雪花也见不到。

彼得鲁什卡，我迷上了收音机，热衷于无线电技术。手边的收音机，我在安装放大器，忙得不亦乐乎。这东西让人能收听得清清楚楚。自己的抚恤金微薄得很，但我想方设法，要装配成这只收音机。当然，如同每个入迷的人一样，有了放大器，心里会踏实，然后还得如痴如醉地搞功率与之相匹配的蓄电池。干电池不耐用。蓄电池虽然价格贵些，但装配妥帖，能使用较长时间。

同时，我在付出成效显著的努力，广泛地阅读，而且进了斯维尔德洛夫共产主义函授大学。

另外，身旁有个可爱的、怪怪的女友②。因此，我和其他缠绵病榻者不同，日子过得并不太忧郁，但还是发疯般地渴望站起来走路。如果没有上述种种状况，我早就一枪毙了自己。

然而，我和同志们联系稀少。彼得鲁什卡，你多多来信吧，虽然你从我的信件中得到的喜悦不多（不过，让你操心的事儿和托你去办

---

① 指以前信中已多次提及的三个朋友——蒙塞·卡拉锡·叶非莫维奇（鲫鱼）、吉佳·卡茨（狗鱼）和米哈伊尔·佩尔塔（鳊鱼、男低音）。

② 拉依萨·奥斯特洛夫斯卡娅·鲍尔菲里耶芙娜（拉娅、拉英卡、拉耶切克、拉耶奇卡、拉彦卡、拉尤莎），尼·奥斯特洛夫斯基的妻子。

的烦心事儿等，倒是不少）。反正你就把这当成自愿承担的社会工作吧。

来信说说，咱们夏季真能会面吗？

紧握你的手。

你的柯里亚·奥斯特洛夫斯基
1928 年 2 月 17 日

P. S. 我绝对相信，你会寄来全身照的，所以提醒一下，要拍得认真些。（替你拍照的是德国人吗？）

向年老的弗洛尔转达我的问候。

59. 给诺维科夫

（1928年3月5日，新罗西斯克）

百看不厌的彼得鲁沙：

我该挨骂，确实早已收到十分期盼的"尊容"和信，可瞧瞧，我目瞪口呆不吭声。老兄，生活中这样的事儿屡见不鲜：想想应当如何，比如可爱的彼杰奇卡理应面清白秀，用不着涂脂抹粉哪什么的，可接到照片一看，天哪，大失所望。丑八怪一个。有什么办法呵。[缺损]

现在不妨谈谈实际情形。你白白寄来照片。我日复一日，讲述你的英雄故事，但出现了这么一张烂照片，简直毁了你的形象。人家说，这像个薄情寡义的家伙，有位夫人（七个孩子的母亲），为了他投入迈纳克咸湖自尽，等等。我记起你的完美的大学生形象，是我胡诌，把你美化了十五倍。

言归正传，我还做了些别的事儿。大量阅读，在斯维尔德洛夫函授大学念欧美历史，我作业做得不多。没错儿，从八点到十二点，我全神贯注地收听奥斯塔普·维什尼亚的播音，笑得喘不过气儿来。

对了，亲爱的彼佳！（领悟一下！领悟一下！真的，既然连声叫"亲爱的"必定有什么事儿，要粘住你，粘住你不放。）我需要买装到收音机里的蓄电池。干电池太不耐用。这里缺货。如果可以，你下班后顺便去一趟电器商场，或者家用电器商店，问问他们有没有蓄电池，酸性或碱性的4伏特，20安时、10安时的。另纸抄寄。

我要写信给弗洛尔。他是个可爱的老人。

我们这儿现在很冷。老是刮东北风。简直像真正的冬季。夏末我要去乌克兰，去舍佩托夫卡。除了你，几乎没有谁写信给我。

你提到最高国民经济委员会的工作。令人感兴趣的是，如何使用国民经济学院的毕业生。例如，你目前的工作和专业对口吗？等着你的回信。我依然考虑夏季去马采斯塔——不知能否办到。

稍过些日子，等我这儿情况明朗后，再谈论咱们见面的事儿。或许，我哪儿也去不成。我非常希望和你会面，因为去了乌克兰，去了像舍佩托夫卡那样偏僻的地方以后，咱们未必还有机会相见。

握你的手。

柯里亚
1928年3月5日

酸性（或碱性）蓄电池

4伏特　　10安时

4伏特　　20安时

（用于"微型"电子管）

从商品价目表上看，4伏特20安时的蓄电池，售价22卢布。最好买到碱性蓄电池，但未必有。然后是一对耳机，售价好像是15戈比。这些东西，有的话，你买了寄来。钱我准备好了。问一下应当怎么购买。我把钱汇给你，由你买下，还是让他们邮寄？

这样一来，你又得办事了。（琐琐碎碎何时了？谁也不知道。）

柯里亚

你最近打听一下，因为没了能量，收音机很快会变成哑巴，我一筹莫展。

柯里亚

60. 给诺维科夫

（1928年4月5日，新罗西斯克）

亲爱的彼得鲁什：

一只眼睛发炎了，自己没办法写，只能简单地告诉你，蓄电池已收到。都买了。不过，彼坚卡，有一种零件还得补买。那么着，就很圆满了。收音机很完美，经久耐用。害了眼病，炎症很快会消失的，因此这段时间没给任何人写过什么。等着吧，不久，等眼睛好使了，我要写长长的信，详谈一切。这会儿先握握你的手，向所有理应问候的人转达我的问候吧。嘿，我一定要给你写一封又厚又重的信！！！此刻先再见吧。你问遭抢劫的科莉娜什么时候去世的。我回答你，她作为一个布尔什维克，生命力极强，还能长期坚持。

尼·奥斯特洛夫斯基

柯里亚眼睛看不清，所以由我代笔——叶莲娜①。

---

① 叶莲娜（莲诺奇卡、莲娜），尼·奥斯特洛夫斯基的妻舅沃洛佳的妻子。

61. 给诺维科夫

（1928 年 5 月 5 日，新罗西斯克）

哥们儿彼得鲁什：

我这个懒虫无可救药，让天雷打死我吧。没有让人原谅的理由。用什么来辩解？绞尽脑汁也想不出来。只能承认：禀性难移。眼疾早已痊愈，我却没有写信。本段结束。

气候恶劣。又下雨，又寒冷，还算什么南方呢！健康状况仍是老样子。夏季那事儿的前景，有了眉目。省委给我一张床位，但在哪个疗养区，我目前还不知道。可能在马采斯塔。我会写信，真的，会写信，再相信我一次吧。我一定函告。

我依旧不能走路。收音机使用正常，蓄电池质量很好。嘿，很满意。

你终于在信上写了夏季往哪个方向去，咱们兴许会见面。

讨厌的眼睛害病，超过一个半月，这段时间我浪费了。一本书也没看，一件事也没做，共产主义函授大学的功课落后了一个半月。现在必须赶上去，但医生吓唬我，说如果眼睛过度疲劳，会第二次发炎的。我身上所有的器官在狠毒地怠工，这伙坏东西悍然拒绝尽职尽责……［缺损］

库希给我来了信，这个浑球儿，不过我也是浑球儿，"忘了"给他复信。但我真心实意地打算写信给自己尊敬的弗洛尔，可不知怎么的，有时候就是懒得要命，不想提笔。你是否知道，达维多娃、帕莉梅莉①和其他熟人，仍在普希金街 72 号的研究所 [附属医院] 上班吗？

彼佳，为什么你不在家里装一只检波收音机呢？才花 20 卢布，收听效果呱呱叫。当然，哈尔科夫电台的声音更清晰。

《真理报》上说，联共（布）中央通过决议，要对黑海（新罗西斯克）地区的党组织进行清洗，你大概读到了吧？咬人的狗夹紧尾巴了，正直的弟兄们开怀大笑。

握手。

你的柯里亚

1928 年 5 月 5 日

---

① 帕莉梅莉当时和达维多娃一样，也是护士。

62. 家 书①

（1928年6月20日，老马采斯塔）

中午十二点。

我亲爱的人们：

我以电报式的文字告知所有情况。

首先，接受了第一次浴疗（五分钟）。相当讲究！并非简单的泉水浴！为重病号准备了好大的浴疗房。用圈椅、担架，抬进浴疗房——既宽舒又惬意。

疗养所坐落于高山上，林木环抱，处处棕榈、鲜花，赏心悦目。我真是福星高照！浴疗房在下面，两百步的距离，由敞篷马车上下载送。护士们水平高超！既不颠簸也不碰撞！在男女护工当中，我已经交了几个朋友。护士们年轻，会给我读《真理报》和一切其他东西。所谓"其他"，你们可别胡乱猜疑哦。

然后——医生诊察过了。马采斯塔的浴疗应该有效的。什么都谈妥了。五天以后，浴疗时将进行按摩，白天用特制的圈椅送到棕榈树底下。缺漏的日子还要补上。已经做出决定，要治疗一个半至两个月，并上报给联共（布）黑海地区委员会。如今吃饭已有人监督。那是一位护士——她督促病人多吃。很快她就发觉我胃口不大。其实，和往日饿着肚子跑回家时所吃的相比，我如今要多三倍。天天喂五顿，喂肥了好杀——哦，我好惨哪！

给我安排的邻床病友梅尔库洛夫，这个老布尔什维克，莫斯科监

---

① 此信是寄往新罗西斯克妻子家的。尼·奥斯特洛夫斯基前往疗养院后，母亲和二姐卡图尼娅仍暂住于此。

察委员会主席团的成员,是优秀的同志,谈起来很投缘。

  这不,没有一件事情不如意!我睡得香。夜里一片死静,整个白天窗户敞开。我正是在这样的地方歇着。亲爱的卡图尼娅,可惜你不在这儿。这儿可比苏呼米漂亮。我可亲的好二姐,只要一想到你命途坎坷,我就心头沉闷。我对你,对大家,有个要求:给我来信吧。别舍不得纸,我的亲人们。这将带给我喜悦。什么都写出来:好的和坏的,啥也别隐瞒。我等着你们的信,三言两语也好。虽然双眼在疼,我也会复信的。

  廖莲卡和拉耶切克,幸亏你们没有陪伴我走水路。尽管可看的景物不少,但并非一帆风顺,惬意称心,而是遇上了暴风雨……[缺损]

  真希望你们也舍弃那可憎恨的窝,在这儿,在一个和睦的家庭里歇上一阵——在峰峦间,在宁静中。

  吻你们。

柯里亚

1928 年 6 月 20 日

索契,老马采斯塔

第五疗养院

63. 给诺维科夫

（1928 年 6 月 20 日，老马采斯塔）

亲爱的彼佳：

我躺在这里，两眼害病，无法写字。亲爱的，你来信吧。这儿景色优美，有峰峦，有棕榈，还有很好的浴疗。你八成儿会来的吧？我将在这里待一个半月。其他情况，以后函告。好朋友，别骂我不哼不哈。以后写信详谈一切。

握手。

你的柯里亚

黑海。索契。疗养区。老马采斯塔。
第五疗养院第二病房。

64. 给哥哥

（1928年6月，老马采斯塔）

亲爱的米佳：

　　我正躺在床上，好哥哥。要在这里住一个半月。自我感觉挺好。期待着咱们的见面，那时可以谈论一切。写信来告知所有情况吧。有人念给我听的。函告你能来多长时间。咱们全家和和睦睦，相亲相爱。就这样吧，再见。

你的弟弟、朋友　柯里亚

65. 给日吉廖娃[①]

（1928年8月1日，老马采斯塔）

亲爱的淑拉！

你走了才一天。

仅仅一天。

后天我将转到城里去，不过我的一个个日子太空虚、太呆板。

像我这种流浪者，不宜和人们处熟，更糟的是培育出友谊，培育出同志感情，因为每当生活使这些朋友离去的时候，我总会心绪忧郁。不说了。

我会常常写信的，什么都告诉你。可别责怪我文字粗陋。

潘科夫[②]正坐在我旁边说话，我却在想：你在哪儿乘车赶路，正思索着什么。

淑拉，亲爱的朋友，我对你了解得不多，可觉得十分亲近。就说这些。

等着详谈一切的长信吧。

尼·奥斯特洛夫斯基
8月1日

---

① 亚历山德拉·阿列克谢耶夫娜·日吉廖娃（淑拉、淑拉奇卡、淑洛奇卡、淑琳卡、淑洛切克，1982—1956），女革命家，1928年和尼·奥斯特洛夫斯基相识于老马采斯塔第五疗养院。她做过地下工作，曾被流放到西伯利亚。她被以真名写入《钢铁是怎样炼成的》一书。

② 米哈伊尔·瓦西里耶维奇·潘科夫（1893—1939），作家，1928年和尼·奥斯特洛夫斯基相识于老马采斯塔第五疗养院。当时，他在乌克兰教育人民委员会工作。他被以真名写入《钢铁是怎样炼成的》一书。

66. 给日吉廖娃

（1928年8月8日，索契）

淑拉同志：

向你问候！这封信是我亲笔写的。让我们讲好［如下一点］。你知道，我自己看信很困难了。因此，一般来信都由拉娅念给我听。在咱们的信函往来中，如果你的有些信件，其中可能含有这样那样的党内消息或通知，总之是不宜泄露、应由我自己读，非常可能连拉娅也不该知道的，那么，你在这类信函上注明"亲阅"，我就会亲自读。

亲爱的淑拉，反正你心里一清二楚，如果我自个儿的想法和决定，要告诉你的，却非得通过别人的手写下来，那我宁肯什么也不写；倘若不能亲手写出，而要让一个人听了写下，那么无论是你还是我，都会宁肯啥都不写的。你说是吗？

其次，你写信，一开头别管我叫"奥斯特洛夫斯基同志"。瞧瞧我对你的称呼，就比较简单、比较亲近："淑拉同志"。当然，这是细枝末节，不过你也写得亲切一点吧。

收到了你从莫斯科寄出的信。我理解你在我的社会保障问题方面所采取的一道道步骤①。然而，让你这样再次从列宁格勒乘车前往莫斯科，我觉得很过意不去。归根结底，我是登记于当地的社保银行的。昨天有医生来过，进行体检并复查。他做出结论，认为目前我已百分之百地丧失了劳动力，而且定为一级残疾（这是最高一级，需要别人的护理）。现在，我将和社保银行的工作人员商谈抚恤金的数额。和医

---

① 日吉廖娃在为提高尼·奥斯特洛夫斯基的抚恤金而奔走。

生的初步交谈,是一件极其无聊而烦心的事情。非得东拉西扯,老半天也没接触到社保……说什么申诉期限已过,为何不早些交验证件,等等。总之,我要很快地弄清一个个必须经过的关卡,然后去闯,目前则尽量争取拿到30至50卢布,维持近期的生活。淑洛奇卡,这儿的苏维埃机构仍沿袭老的一套,死气沉沉。他们感到,不是今天就是明天,就要被撵走的,所以魂不守舍地干着活儿。

沃利梅尔①老是不在机关,不是跑东就是跑西。我还没被固定地安排到党支部之前,先挂在区委,因为我第一次要休息了,何况眼疾也不让我工作。住房面积小小的,但窗多,光线足。拉娅在院子里做饭。房东是木匠,一个挺好的小伙子,相处得不错。附近有个车站。有位医生住得不远,社保银行也很近,因此我们没有呜呼哀哉。最好的一点是体质有所改善,已经能够不用别人帮助,倚坐在床上。估计不久便可以侧卧。我相信,大概今年还能挂着拐杖站起来。我离开马采斯塔时,开始吃得多些了,一昼夜美美地睡十二个小时,不像在疗养院那会儿,要醒来一百次。总而言之,只要健康状况有所好转,其他都无所谓。每逢星期日,我放拉娅一天假。我硬让她去浴场闲待着,好在即使她不在,我也能凑合着过一长段时间。应该坦率地告诉你,淑洛奇卡,拉娅很怀念新罗西斯克,怀念友伴。

在这儿还没有朋友,和党支部成员不大熟悉,一起读读报而已。顺便说说,拉娅告诉我,在疗养区,还有这里也是,一些老脑筋的庸俗的人,瞪着眼睛看她,怎么也不相信我们是夫妻。看样子,拉娅被这种人缠得很不愉快,尤其是因为有些粗鄙的壮汉,怪腔怪调地问:"难道您在他这儿干活,是为了拿10个卢布?难道这是上面给你们安

---

① 沃利梅尔·科斯坚科,联共(布)索契市委书记。他是《钢铁是怎样炼成的》一书中的人物、区委书记沃利梅尔的原型。

排的？"等等。我个人觉得无聊，嗤之以鼻，可女孩儿家没敢以牙还牙地斥责，而是一肚子气恼。她跑到我跟前说："那个人还是党员呢。柯里亚，共产党员怎么能这样像狗似的乱叫？"生活还没有使她受过一次大的打击，她考虑事情比较简单……为什么关于拉娅我写了这么多，因为心里忐忑不安，唯恐她思念娘家人，闷闷不乐，那样的话，我就不得不让她离去，而找一个同志般的护工。你知道的，这将很困难。谁晓得那会是怎样的一个人？我和拉娅谈过，她表示反对，说："你把我当成什么人了？既然我对你，也对淑拉承诺过，我就将付出努力，直到你恢复健康，决不离开。你能康复，咱俩喜出望外；你若死去，我会紧随你。瞧吧，咱俩将活着，往前走得很远，毫不后悔。"

现在对你提出要求了。

淑拉同志，我完全相信，你会利用一部分休息时间，来给我写信，谈工作，谈生活，以及你们大家的近况。这将成为我与外面的世界联系的纽带，也是有力的精神支持。

谁知道呢，只要病魔不把我赶进棺材，机会有的是——咱们会在亲爱的党内，在另一种战斗或工作的环境中相遇。我这个孤独的流浪者，只是由于还抱着这样的希望才活着。

等候你的消息。

尼·奥斯特洛夫斯基
1928 年 8 月 8 日

67. 给日吉廖娃

（1928年8月20日，索契）

淑拉同志：

亲爱的朋友，我告诉你的，全是我这儿所发生的一些鸡毛蒜皮般的新闻。信中有模糊不清和词不达意的地方，你别吃惊，因为我完全看不见自己所写的东西。

昨天，切尔诺科佐夫和妻子①来过。他俩乘车离开了本市。他已康复，不撑拐杖也可以稍微走走。

切尔诺科佐夫在我这里写好一封给市委书记的信。这位书记没去马采斯塔探视切尔诺科佐夫，一直在外面东跑西跑，找不到他的踪影。明天他要来我这儿，拉娅会趁此机会把信交给他。然后，切尔［诺科佐夫］得从家里再写信给他，力争办成许诺过的事情。

潘科夫带着一位美女来过。他俩也乘车离开了本市。他一个劲儿地冲着我嚷嚷，要把社保银行告上法庭，取得"生活费"，也就是索取没给足的钱。我表示，自己不是个爱打官司的人，所以决不提起诉讼。他骂我傻瓜。尽管如此，我和他仍然依依惜别。那位穿紧身翻领短衫的美女却还坐在一边，低眉垂眼，嘟着涂抹口红的嘴唇。

拉耶奇卡8月25日要去参加本区人民食品企业工会职工代表大

---

① 切尔诺科佐夫·赫利桑夫·帕夫洛维奇（1895—1966），1912年起的老共产党员，1928年在老马采斯塔第五疗养院里和尼·奥斯特洛夫斯基相识，成为朋友。他是《钢铁是怎样炼成的》一书中同姓人物的原型。他的妻子是斯科芙雅·安德列叶夫娜·切尔诺科佐娃。在现实生活中，切尔诺科佐夫十分关心尼·奥斯特洛夫斯基。1948年，他写过回忆文章《爱他如子》。

会。她已经开始被社会工作所吸引。

她去了几次浴场,情绪有所好转。我不知道能否持久。

我和同志们缺乏联系。

健康状况略有改善,在床上可以坐两三个小时。拉娅很快就费劲地把坐在椅子上的我拉到凉台那儿。糟糕的是眼睛,一点也看不清自己写着的、别人念着的东西。右眼只剩下2%的视力,左眼是15%。

我最不喜欢写信对任何人谈论自己的疾病,但还是写了这么一小段,让你了解。

接下来得稍微诉诉苦了。

你和切尔诺科佐夫走了以后,我越发"孤苦伶仃"。总的来说,我的精神状态差了一些。当然,这是短暂的忧伤。我早已暗自发誓,不再建立真正的朋友圈子,因为我总是失去他们(这是说,并非精神上的距离,而是地域上的暌隔)。而且对于朋友的离去,我的心总会做出反应(有个医生失口对我说,我有心脏病和肺部黏膜炎)。

不管他是不是搞错失言,反正这不会使我惊慌失措。——即便有三十三种病(只要不是社会病,而是心脏病),只要腿能走就好,其他病都无所谓了。瞧,我就是这样,每当思念你,思念切尔诺科佐夫,有时候就会随口胡扯。

你的来信,我全部收到。希望你纵然忙得不可开交,也别忘了我。

过去几年的所有朋友,我逐个失去,而两个新结识的朋友——你和"老爷子"①,与你们的友谊,我不愿也不能失去了,因为你们的信件帮助我感知人群鲜活的气息,触摸到我们党进行工作的脉搏。

此处,社会生活经过了这番振荡之后,尚未复苏,组织尚未从清洗中复原——这段时日,50%的组织落水了,新生力量暂时还没有声

---

① "老爷子"是尼·奥斯特洛夫斯基对切尔诺科佐夫的昵称、戏称。

势浩大地涌入。只要我仍剩下一点点的行走能力和视力，我也会有所作为的。我在旁观——这是事实。然而，目前我的确接触不到一个活蹦乱跳的人。

向你的宝贝儿子转达我的问候，告诉他，明年夏天我等候他和你一块儿来；告诉他，我爱他，也爱他的妈妈。

握你们的手，包括大人小孩。

代表拉娅致以衷心的问候。

奥斯特洛夫斯基

8月20日　索契

68. 给诺维科夫

（1928年8月22日，索契）

彼佳，我亲爱的哥们儿：

当你被抓去见上帝的时候，你怎样强词夺理、自我辩解？你无话可说！你是正确的，一百个正确——你不从哈尔科夫或克里木写信，冲着我的臀部发出尖利的讥刺之箭，是为了使我用不着抱头鼠窜。哦，不错不错，我用不着向彼佳诉说什么慢性炎症发作之类的了……

迁居到索契，要在这儿过冬，住到下一个治疗期。10月1日前，我的地址就是写着的那个，以后我会函告新的。健康状况"在好转"，就是说，依旧卧床（虽然感觉好些了）。

这儿，正如你所知道的，经历了一次大振荡，创伤尚未治愈。50%的组织落水了。索契病后正在逐渐康复。我在马采斯塔待了一个半月——反正胖了些吧。我也遭到清洗了，其实我在黑海地区没干啥错事坏事，但仍被清洗——清洗了胃。作为光吃不干活的家伙，我通过委员会得到了去马采斯塔的休养证。因此，我不拒绝一年中把胃清洗六次。

以上全是开玩笑。正经话是但愿明年在马采斯塔会有抬脚行走的可能……

亲爱的哥们儿，等着你的来信，别生气也别骂人——人家没得罪你。明确了，来年夏季你将在我这儿，在索契。这儿景色优美……还有个要求，你在那边，在克里木，别欺负少女，别紧盯少妇。

柯里亚

69. 给日吉廖娃

（1928年8月25日，索契）

亲爱的淑拉：

我独自躺着。拉娅去参加本区的人民食品企业工会职工代表大会。在社会工作方面，拉娅被吸收去做事，那是前进了一步。这种事情一点一点地吸引她，显然我就得逐渐更多地独个儿留在家里。不过，这方面不存在什么讨价还价的余地，何况拉娅正面临着成为联共（布）候补党员的问题——她快二十三岁了，在共青团内已是最后一年，所以我正帮她在政治上做好必须的准备。

作为一名女工（体力劳动四年），她无疑会被吸纳，况且现在党组织将以一批工人来充实。

我在提高政治觉悟、自己成为党员以后，吸引过一群男女工人入党，可惜如今和他们没有任何联系。不过据我所知，他们现今全都成了优秀的党员。[从组织关系上讲]有些原先身处共产[主义]运动之外的人，由于我个人付出的努力，也被吸收进我们的大家庭——这在我内心，始终是一种快乐。

确实有些同志，回忆不起是否曾有一次，进行过点拨、培养，进而引领别人入党。这些同志在形式上做过入党介绍人，但两者不可相提并论。

现在我病倒了，恶劣的疾病使我有休息的可能。但这段时日，我把自己大部分的热情献给了，并继续献给周围的几个工人（包括拉娅）。我要让他们的工人意识觉醒并增强，为争取新生活而投入斗争。于是我看到了这样做的效果，也看到了一种事实——在节节推进的斗争中，又有一两个忠诚的党员和我们并肩作战。这都是区区小事，微不足道，然而做大事，我心有余而力不足了。就谈这些。

现在聊聊日常生活。

接到了你的信（议论叶曼［利扬］·雅罗斯［拉夫斯基］① 的）。淑拉，你别焦躁。雅罗斯拉夫斯基举例说明，党没有可能治愈所有伤残的同志，多半是正确的。这话他仅仅是对你说的，何况我今年在疗养区得到那么大的帮助。我个人以为，现在你千万不要去找斯米多维奇同志②。首先，种种不正确的做法（抚恤金等问题）要获得纠正，除非官僚主义作风不再延绵不绝，否则根本办不到。那时，我将不得不向中央监察委员会和工农检察人民委员部求助，获取推动力。但目前还不必惊动这些部门。

至于今年的第二次治疗，那是一种令人昏昏欲睡的舒适享受。这也是事实。

淑拉同志，你想想看，沃利梅尔整天整天地在外转悠。切尔诺科佐夫18日留了一封信给他，拉娅已经跑了六七回，可看不见他的影子。直到今天，他才出现。拉娅已经跑去参加职工代［表大会］，顺便找他——这位同志总得表表态吧？

对你这个好友，我实话直说，在本地的一片混乱中，我担心他们能否兑现诺言，配给我一处公房。这事儿我跟切尔诺科佐夫谈过。他认为党委书记是个说话算数的年轻人，不可能食言。那咱们就拭目以待吧。

淑拉同志，你工作中冒出某个问题，社会上有这样那样的新鲜事

---

① 叶曼利扬·雅罗斯拉夫斯基（1878—1934），苏联国务和党的活动家，科学院院士。

② 索菲娅·斯米多维奇（1872—1934），俄国革命运动女活动家。

儿，都请来信聊聊，把这些生动的故事片段告诉我吧。

我这可恶的双目依然禀性不改，暗中捣乱——我在写信，但打死我也看不清所写的东西。只怕写得字上叠字，你怎么也辨认不出，因此要骂我，那就请皇恩大赦吧。

谢谢寄来《真理报》。你知道的，此地却是这么一个情形：有一期，缺一期——简直不像话。

还有一件事麻烦你：到书店里买一本结算簿，索契买不到（这儿许多东西缺货，有也贵，像在巴黎），再请寄几份申请表格（这些都可以夹在《星火》里，作为印刷品寄出。10 戈比）。

好友，请原谅我的啰嗦。

紧握你的手。

向你的宝贝儿子问好。

柯里亚

1928 年 8 月 25 日　索契

拉娅嘱转达问候。

70. 给日吉廖娃

（1928年9月10日，索契）

亲爱的好友！

接到来函。此前的信也都妥收。关于房子的，你大概已收到一封。

拉娅明天要去看看那房子。现在告诉你一些有关社保银行的事情——我不愿意风风火火地对什么人都谈这种情况，但要简略地告诉你。

我向地区社保银行主席团递交了一份申请书，以共产主义的坦诚态度，向他们提供全部事实、全部经济状况，请求重新审核抚恤金问题，发给最低生活费60卢布。当然，我在信中并未多费笔墨，并未诉诸感情，而是写清简略的事例。我先算出以下数字：

拉娅	12卢布
社保银行	2卢布
工会	1卢布

伙食和冬季取暖费，以及种种零星开支，需要45卢布——这就是60卢布。其中没有任何文化［缺损］方面的需要（书籍报刊之类）。这是无产者的最低生活水准。我向社保银行职员提出的正是这个数目。

我绝对不会让自己变成令人厌恶的财迷——这里提出的是"最低生活水准"。以我们的友谊之深，可以告诉你，我挨过最近一年的日子，全是靠着变卖仅剩的东西，即大衣、衬衫、裤子、皮鞋、藏书，因而今后的日子怎么过，得看银行的同志怎么决定。证明材料混乱不堪，我不细说了，但的确弄不到所需要的。

从乌克兰，从工作过的那个地区得到一纸证明，确认我的月薪为67卢布。情况是这样的。工作必须满三个月，而我在最后的岗位上只干了两个月。这么着,在我当共青团区委书记的地方,从档案里找出一份报表,载明我领取67卢布。其实,这是偶然找出的数目,也有可能找到15卢布的单子,因为我们作为积极分子,也曾拿过这个数——当时党委的钱柜里只有这点现金就拿这点,而并不按照正式的工资定额领取。然而,如今那里的工作人员提供材料,依据的就是其他不了解实情的人所做的报表。显然,以此为根据,我无权要求他们另做结论。这是钱的事儿,他们不能凭空相信我的话。因为这儿闻得出自私自利的味道,而确定钱数是需要证明材料的。正因如此,我才把这份申请书寄给地区社保银行;即使当初拿的是67卢布,那么抚恤金至少也该有45卢布。如今我在为抚恤金的事情忙碌。那材料是1925年12月的。

淑拉,你知道我躺在医院里,动过九次手术,我没有领取到什么钱——仅从党委收到过相当于两个月工资的数额。从治病的角度看,我没有从社保银行收到过任何款项。不过,到了1926年夏季,必须去疗养院治疗,中央终于做了这么个决定:由乌克兰社保总行为我拨出250卢布,作为克里木的床位费(他们那儿怎么处理的,我不知道)。我躺在医院里,半死不活,而正是从1926年起,我开始领到每月35卢布的抚恤金。

我的残疾证上写明:1925年12月19日核准,从1925年1月起支付(如此看来,发给的床位费差不多就是这段时间的抚恤金)。

我应该很快就会从区里得到回复的,那时我将告诉你那些同志的决定。这个残疾问题令我厌烦。我曾度过那么多痛苦的时刻,遇到种种艰难,都挺住了。即便得到一些利益,也抵不过所忍受的折磨。

我多么不愿意提出钱的问题,但如今生活抓住我的衣领,把我往地上摁,迫使我解决尖锐的难题,即目前如何度日。

亲爱的淑拉,我直率地问你——如果我的国家贫穷(确实如此),

社保银行里没钱，我有什么权利伸手要钱？但如果有这笔钱，我也理当提出要这笔钱，那么你，你们大家说说看，为什么我被生活逼得走投无路了，却还得去设法弄一大堆证明？莫非重要的是证明，而不是活生生的人？也就是说，假如我上班时工资很高，那么即便病倒了，仍然拿很多。然而我们的工人同志，一旦丧失劳动力，就将得到极少的钱。这表明，他们，在工作中健康被损害得厉害的人，可能挨饿，而我们的工资曾经较高的人，却能吃饱。我们这方面的法规是错误的。在劳动中致残、缠绵病榻、痛苦不堪者，无论是领导干部还是女清洁工，都应当获得相同的待遇。即使社保银行的人不给予我丝毫帮助，我也绝对不让自己或任何别人继续忙碌，找政府部门，要求解决我个人的生活保障问题。宁可艰难，我也不再自我折磨了。就谈这些吧。

我活着，怀有希望，相信虽系病残之躯，还能站立起来，稍具活动能力，进而可以在亲爱的国家里自食其力，而不必伸手要钱；相信还能在建设、工作和斗争中，为我们工人做主的国家，贡献出下半生的力量，而其余的一切，都令人烦躁、厌恶。这是人类的一个过渡阶段。货币是该憎恨的。

我想，在不久的将来，我们会注意到社保工作的不公正之处。

紧握你的手，亲爱的淑拉。党把你派往正是需要你的地方去，这太好了。问候你的儿子，我会给他写信的。

柯里亚
1928 年 9 月 10 日

71. 给日吉廖娃

（1928年9月21日，索契）

亲爱的挚友淑拉：

不要怪我不写信。我肾炎发作，刚刚死去又活来。增添的疾病，那么愚蠢、那么折磨人地潜入了这些时日。我自己也觉得诧异，疾病简直对我情有独钟。哦，淑洛奇卡，让这些疾病见鬼去吧。我寄给你社保银行的全部材料，你粗粗看一遍，然后按地址转寄给哈尔科夫的潘科夫：哈尔科夫市，教育人民委员部，潘科夫收。我觉得，他能够和社保银行的同志们交换意见，并得到答复，因为说实在的，我将可能一无所获。

为什么寄给你呢？我希望你看过一遍后，作为这个领域的干部，请告诉我，这种会使人神经衰弱的事情，我是否值得再搞下去。有关我工作和工资的证明材料，我收到的是确切的，之所以依然寄给你，是由于其他材料我短期内未必拿得到。第一，我在1925年以前就工作了；第二，现在看来，没有可能在档案中查找出所需的资料，那些蠢货烧毁了我个人的资料，其中包括自1919年起的所有工作、包括部队和契卡的首长出具的证明文件，以及当过工人的相关材料，等等。亲爱的淑拉，你想想，被烧掉了，我还怎么拿得到，更何况我正缠绵病榻。那伙浑蛋！

我请你写信谈谈对这件麻烦事情的看法。房子还没有。拉娅全身心地投入了工作。

你给莫斯科的米拉去封信，说"几句温暖的话"吧。这老太太没给我回信。

紧紧地、紧紧地握你的手。问候你的宝贝儿子。等恢复了体力，我会写信给他的。

拉娅嘱问候。

尼古拉·奥斯特洛夫斯基
1928 年 9 月 21 日

72. 给日吉廖娃

（1928年9月27日，索契）

亲爱的淑拉：

刚刚接读你9月22日的来函。我发出过一封东拉西扯、会使你烦心的信。这样的信，往往是我在激动不安的时刻写的，而你又不得不读。不过，这种信不多。好在咱们临别时讲好可能会出现这类信件的。

我当然了解你，知道你看到那些材料，会做出正确的分析，发现所有浅薄浮躁的东西后，抓住该讲的、讲得对的内容。正是这个缘故，我有时会写些让自己忐忑不安、心潮澎湃的事情。读着（准确些说是听拉娅读，我无法完全看清你那纤细的字体）你关于社保事业的阐述，我仿佛听见你沉稳地、清晰地讲解相关的一切情形。

我把跟惹祸的抚恤金有关的全部往来信函寄给你。我已经打趣地说过，将来能恢复工作的话，我要供养一个残疾人，让他待在银行里，只是为了给这段苦难的历程安上光明的结尾。我琢磨，在劳动者社保的宏伟事业里，在别处怎么也看不到的、工人社保工作正步步推进时，因循守旧这种弊病，在机关内泛滥成灾了。如果只是我个人有时遇上，那么不算最糟糕。不，淑洛奇卡，好朋友，你清楚地知道，这些时日，这些月份，我很有保障。哪怕置身于偏僻之地，淑拉，仍是有钱汇来的。我又收到了15卢布。

亲爱的淑拉，你不知道，我对你既敬又爱，程度之深，恐怕是你所没想到的。我写信给你，已经谈及金钱之类的事情。我完全明白，如果没有这种支撑，目前我必定十分困苦。我对你的感情，是对一位女革命家的感情，可我也曾闭塞得很。但愿我能和你在同一支队伍里工作、战斗，那么我将说不出地高兴。［缺损］我想，自己写信给你，以激烈的言词谈论有关以工资额来定抚恤金之法规的社会不公正，你不会因此而责怪我；我也相信，虽然我一时情急，在集体中突出了个人的利益，但你不会指责我自私……［缺损］

我生活在希望中，盼着很快就获得上班工作的机会。那样一来，社保问题便自行消失。但原先的问题仍然存在。

我没有从银行收到法定的、作为暂时丧失劳动力处理的、四个月的津贴。工资委员会认为……［缺损］115卢布。这大大高于我此时要求的数额。最近四年，肚子饿得厉害，如今，若非得到你的帮助，我只能依然穷得厉害……［缺损］家徒四壁的无产者有什么办法呢？我为什么写这几行？原因如下：你那些关于社保工作的布尔什维克主义的阐述，审视的并非某些个人的局部问题，也不是我们工人政权的并未僵化的法规。你情不自禁地表明，这类琐碎事情使人多么心烦意乱。淑拉，但愿我们夏季会面，是在比较光明的日子。

另有一事，我要告诉你。我的一位女性朋友①（可记得我曾对你讲过，自己有一番辛酸的情感经历），她是个积极分子，1916年起的联共（布）党员，30岁。她是我最亲近的同志之一，而且存在过一段个人感情。当时她在马采斯塔治病，无意间得知我的情况，然后我们偶然相遇。有两年半没见面了。再次相见犹如亲人重逢，真好。她有了丈夫，是个挺不错的同志。虽然出现了个人悲剧——他是反对派，被开除出联共（布）……［缺损］许多"痛苦和愁闷"……他倾向于

---

① 指玛尔塔·普琳。

托洛茨基［缺损］①

　　淑洛奇卡同志！我恐怕无法向你表达清楚自己所有的想法。不过，她在我这儿逗留一昼夜后就返回莫斯科，她这一走，我心里怅然若失，郁闷不堪。

　　淑拉，我亲近的好友，毕竟你是我党内的大姐，我要告诉你，有时仿佛被忧愁以有力的双手紧抓不放，我会想起那时局纷扰、生活艰难的少年时代，除了亲生母亲，没有谁爱抚过我，但在严酷的战斗岁月里，倒从未有过这种忧愁。只有如今，当生活把我逼到墙角，此时此刻，我会想起那些亲近的妇女同志，她们爱护我们，把我们当成兄弟，当成朋友。我深信，自己纵然成了残疾人，也必将回归生活，重新工作。假如没有这种信念，我早已把自己给崩了。当然我也晓得，青春与强健是不复存在了。但愿早日回归热火朝天的生活。你别责怪我情感冲动。淑拉，别责怪我吧。

柯里亚

　　邮递员刚刚来过。淑洛奇卡，这是怎么了？你有意无意地把苏联国家银行的职能搁到自己肩上了。

　　亲爱的淑拉，你这样做，可确实会把我变成一个爱打官司的人喽。为了拿到大笔的钱，我不得不打官司，才能把钱还给你哦。

　　嘿，这全是开玩笑。我个人憎恨金钱。按照我的看法，这些纸币是人类最可耻的发明。淑拉，我深深地憎恨金钱。我曾百思不得其解，

---

　　① 这里提及玛尔塔·普琳的丈夫。在其他书里（比如特列古勃所著《活生生的保尔·柯察金》）出现的她，并未结婚。我认为此信所述，真实可信，即她有过一次短暂的婚姻。极可能由于涉及敏感的政治问题，别处才回避了。在 2007 年出版的拙著《还你一个真实的保尔》中，还说普琳"一生未嫁"，现在看来，也错了。尚可参看本书第 87 封信中的相关段落。

怎么自己一些战友的生命——极其美好的生命，相继毁灭，只是由于缺少几张肮脏的、沾满病菌的纸币。

亲爱的淑拉，正是因为这个缘故，我一说到钱的问题，措辞才那么激烈。

唯有从你那儿，从一位布尔什维克、一位朋友那儿，我获得的并非金钱，而是珍贵的、无法以金钱来衡量的、同志式的帮助。

柯里亚
1928 年 9 月 27 日

73. 给哥哥

（1928年9月28日，索契）

亲爱的米佳：

我10月8日将写一封私密的长信给你①，只让你一个人看的，寄的是存局待取信件。你10月15日去一趟，会拿到这封信的——信内是聊聊我们这一家人，聊聊未来。我写得清楚，可能用钢笔。

此信你烧掉。

我在等妈妈。让她来吧。或许咱们可以搞个联盟。

柯里亚

---

① 此信未搜集到。

74. 给哥哥

(1928年9月29日，索契)

亲爱的好哥哥：

刚刚得悉你的心爱的女儿玛鲁霞的死讯，深感哀伤。既然一个鲜活的小生命已经不存在了，语言还有什么意义呢？然而，作为你爱的和爱你的胞弟，我理解你的悲痛欲绝，但仍然不得不用语言来安慰你——你的悲痛就是我的悲痛。

同时我知道，即使不说这话，只要紧紧地，紧紧地握住你那工人的手，就等于向你表示，我热烈地、真诚地爱你——我生活中的挚友和奋斗中的同志。努力克制心的狂跳，让神经坚强起来，让感情经受住考验吧，因为在今后的严酷斗争中，咱们还将失去许多亲人，有可能连我们自己也将牺牲。

记住吧，在这里，在遥远的索契，你最好的朋友的一颗亲切的心正怦怦跳动。

尼古拉·奥斯特洛夫斯基

1928年9月29日

75. 给日吉廖娃

（1928年10月29日，索契）

亲爱的同志：

你的来信怎么稀少了呢？显然，工作繁忙，占去了所有的时间。我觉得你的这些信，一封封间隔很久，大概是因为如今没有别人给我写信，或者我只跟你曾联系密切，几乎把自己每天的状况都告诉你，只是由于失明才没写得更多。可能这一封接一封的信件让你看得厌倦，而且花去了宝贵的时间。不过，真那样的话，你也该直言相告。无论是你或我，都用不着过分客气。既然感到厌倦就说一声，我也好稍稍管住自己，完全不写办不到，但可以写得不那么勤。

言归正传。已经三天了，我生活得像大老板——大房间，阳光充足，三扇窗子，有电灯，甚至有自来水（不过得自己压）。在这儿我可以舒畅地呼吸，享受已有二十六天没见到的阳光。我曾居住的那个地窖，在躯体上和精神上，都使我感到十分压抑。我要留在这里过冬。

原因有两个：

1. 和昔日的房产主的斗争尚未结束。我们只争取到一幢房屋，他们还固守着另一幢（同一个院子里的9号）。工人们要求尽量把这件事情进行到底，他们不赞同我搬走。

2. ［他们打算］让我迁入市内的一所屋子，为此要撵走非法搬进这所屋子的一户工人（普通的青工）家庭。根据三个月来的了解，我心知肚明，此处谁也没有可能"合法地"得到住房，所以要把一个失业工人及其家属撵出一所屋子，然后让我迁入，我拒绝了。

现在这住处邻近"红色莫斯科"疗养院。的确，拉娅去开会路挺远，但这也没办法。

然而，淑洛奇卡，这地方多棒哟！好朋友！好朋友，夏季咱们休息一阵。瞧着吧，淑洛奇卡，要是你不带着宝贝儿子到这里来，我准得跟你大吵一架——走十分钟就到海边，即使腿短的人也不会走累的。这比去马采斯塔的浴疗区更近。这儿是个大花园。淑洛奇卡，你要知道，哪怕你在马采斯塔接受治疗，同时你的宝贝儿子可以在离我家200俄丈①的海滨浴场闲待着，然后你从疗养院回到这儿休息。我说的是实在话。你一定要把我这封信的这一部分念给宝贝儿子听，让他吵得你安静不下来，直到你们乘上从列宁格勒至索契的火车为止。廖尼亚吵得你安静不下来才好呢，要不然，你会"忘了"，或者找个诸如此类的借口不来了。

我住地窖的时候，请你们去那儿——那是笑话。现在我是大老板，拥有（以我的狭小视野而论）一个好大的房间。

我的信件你看得清楚吗？

下面谈另一件事。淑拉，我如今才感觉到，自个儿被这里和资本家们纠缠不休的麻烦事儿搅得累坏了。这里有多少穿不透的墙呵！这里确实存在着用旧世界碎片构筑的胡蜂窝；这里需要整整一队先进的布尔什维克，积极分子，阶级立场坚定乃至刚强坚毅、不屈不挠的人。如果我能跟你面谈，我会讲清一切，但在纸上难以尽述。我激动亢奋，烦躁得快要神经错乱了。我焦灼不安，因为无法亲自奔忙，扼住面色灰黄的官僚主义者的咽喉。然而，尽管机关衙门非但不给予帮助，反而竭力遏制工人们搅动霉烂窝巢的意愿——尽管如此，我们并未白费力气。我们已经从昔日的矿主们那里夺得八套住房。

十七个人有了住所，而且我相信，我们将把那些白匪般的坏蛋撵

---

① 1俄丈等于2.13米。

出另一幢房屋。为了达到目的,必须运用计谋。昨天开过住户会,其中有两名党员。这两个人住着舒适的房间。他们说:"算了吧,反正你们不会有任何结果。至于我们——我们那破屋子挨着边沿,人在害病,又累得很——让这些斗争通通见鬼去吧。"

要是你听见昨天我怎样斥责他们,那该多好。当时迫使他们赞同用这样的一条"计"。我们让一个生结核病的贫苦工人带着妻子和一堆孩子住进共用厨房(在地下室里的),然后立即开始投诉区房管所、执委会和检察部门等,提出让一个当过红军战士的、患病的无产者,在地下室栖身,是不可容忍的。这第一发炮弹,瞄准的是第二套住房(在底楼的)。那房子由女资本家巴勃金娜住着,我们向委员会提出要求,使贫苦工人的一家迁入了资产阶级住宅里的一个宽舒的房间。既然打开了缺口,我们要把坏蛋通通撵走。

工人们有顾虑,"怕干扰一些事情,即所谓破坏了和领导同志的良好关系"。也许我错了,但我心里想不通:一个领导同志让自己四岁和七岁的孩子学法语(每月花50卢布),玩自家的钢琴(价值1500卢布),等等,这样好不好呢?

也有一些瞬间,出现契诃夫作品中的场景。比如我们挤走、撵跑残剩的资本家们,有个"法国女人"叫喊起来:"我这就去报告夫人……咱们走着瞧。"或者说:"这种做法,夫人会恼怒的……"[缺损]

1928 年 10 月 29 日
索契,普希金大街 9 号

76. 给哥哥

（1928年11月1日，索契）

亲爱的米佳：

我想求你下面这件事情：你如果手头有富余的20到25卢布，请寄给我。如果没有，我另行设法。我在等候莫斯科的社保总行对我的抚恤金做出裁决。可眼下就必须买劈柴等。

只要收到增加了的抚恤金，我很快就能归还这笔钱。

以上便是我求你的事情。

我们等待着妈妈。你们那儿，生活和工作情况如何？这里的生活和工作情况，留给我的印象很差。有些年轻干部被阿谀奉承者和敷衍塞责者包围住了。面对异己分子，我们的人缺失无产阶级疾恶如仇的态度。我在这里全身心地投入斗争。我的精力正在逐渐消损，躺着做不了工作，所以心里非常难受。我亲爱的哥哥，还有大量工作，还有许多斗争，必须更坚定不移地举起列宁的旗帜。

在党内，有些地方发现了右倾……因为党员干部要背弃列宁遗训，为所欲为。我们——工人共产党员，必须和这种人进行严酷的斗争。所有主张与资产阶级妥协的人，都该狠狠地打击。同时，也必须甩掉那些官僚习气严重、已蜕变成败类的人。党召唤我们斗争，我们应该割除赘瘤，可这里比比皆是。

拉娅嘱问候。

柯里亚

1928年11月1日

77. 给诺维科夫

（1928年11月2日，索契）

亲爱的彼佳：

我给你写信这么少的原因，你可知道？我又当头遭到无情的一击——右眼完全瞎了。1920年，弹片击穿我右眉上方的颅骨，并伤着了眼睛，但还有十分之四的视力，如今却完全瞎了。将近三个月，两眼发炎（它们神经相连，一只疼，另一只也跟着疼）。所以我有四个月没能看报看书看信了。写信是猜着写，看不清一行一行，只好用尺拦着，以免一行写到另一行上去。左眼剩下5%，即二十分之一的视力。需做手术，嵌入人造眼球，然后戴蓝眼镜。

如今，我老是戴着墨镜。彼佳，我无法看书，心里多么憋闷。共产主义大学念不成了。我已经表示由于失明，不能继续学习，而且不知预后如何，万一连一只眼睛的视力也无法恢复，我将不得不解决十分严峻的问题。到那时，活着还有什么指望？作为布尔什维克，我应当做个了断，枪毙……［缺损］肉体，这躯壳放弃所有的阵地，不论对谁，不论对社会还是我自己，都毫无用处了。［缺损］这些蠢笨的细胞不愿意工作了，我憎恨它们。按秉性而言，我需要钢铁般的、摧毁不了的细胞，而不是这种脓包。医生向我承诺，左眼动过手术后，视力将恢复到可以阅读的程度。但我信不过——他们没有一个不自称医术高明，其实是窝囊废。

这不，纵然个人处境如此恶劣，我依旧专注地投入斗争。你知道，在我们党内，右倾已构成一种危险，即背弃布尔什维克的坚定立场，倒向资产阶级。我们决不允许一个败类或一伙败类破坏列宁的遗训。

我要是有力量就好了，可以工作，可以斗争，否则只会写几个字，干着急。有些家伙肥头胖耳了，到处是趋炎附势之徒。必须摘除所有的赘瘤，更多地吸纳工人的新鲜力量，让无产阶级布尔什维克的大家庭更加稳固。真想给你多讲述一些，可惜没有力气了。

亲爱的彼佳，我只剩下了一件乐事——听收音机。如果没有收音机，也就没有乐趣，生活将枯燥、沉闷。我从未富有过，从小过着吃了上顿没下顿的日子；如今作为一个病人，也吃不起必需的营养品，这都无所谓。然而要我断绝"精神食粮"，我难以忍受。

彼佳，又要麻烦你了。我装好一只收音机，忐忑不安地等待着，蓦地听见了"您好，您好"，随即是一通叽哩呱啦的话。莫斯科等城市距离遥远，哥们儿，我的一灯机只有配上两灯机用的放大器才听得清楚，目前只收听到沿岸的一家电台。我咒骂，喊上帝，全不管用，可听度仍然没有提高。彼佳，现在我请你跑一趟国营缝纫机商店——那里销售收音机的——打听一下用于两灯机的放大器卖多少钱，还有微型灯泡，再问问他们能不能邮寄给我。如果能，你来函告知。彼佳，这事儿一办妥，赶快写信给我。彼佳，别以为我对摆弄收音机入迷得跟发疯似的。并非如此。不过你想想看，我在精神和躯体上都已被逼到了绝境。收音机在这阳光灿烂的索契，成了我唯一的乐趣、唯一的朋友。这里有那么多残存的坏蛋。因此，彼佳，你知道的，我在等待亲密的同志，在等待你谈生活和工作的信。

紧握你的手。明年夏季，你如果不到我这儿来，那可太不够意思了。向所有的哥们儿转达问候吧。地址：索契市，普希金大街9号1室。

你的柯里亚
1928年11月2日

78. 给日吉廖娃

（1928年11月，索契）

亲爱的淑拉：

我简短地报告以下新情况。

斗争的第一阶段——撵走资产阶级的阶段结束了。必须平静一阵子，因为激烈的冲突使我消耗了大量精力。胜利属于我们。住宅里只留下一个敌人——我那蓄意挑衅的邻居。困兽犹斗，这条母狗不让我们生火取暖，因此我待在冷冷的房间里。幸亏目前天气极好，要不然我会冻死。这些恶棍中，有个人朝我的窗子扔石头，目标是我的脑袋。然而瞄不准，仅仅砸碎了玻璃。这已经不是头一次进攻了。拉娅刚走，他们认定我病残无力，就用石头扔我。这是没用的挑衅，也算一种报复吧，这样的小动作不能把我怎么样。我可真累坏了，成了机关衙门所厌恨的人。那些官僚主义者竭尽全力和稀泥。我两次受到攻击，便予以反击，结果是暂且登记备案了事。右倾在这里有明显的反映。这里，工作和斗争是大量的，但其中没有我的一份。写信申述不必了，因为好像寄去，是为了让那些人蔑视地冷笑，把信撕掉。你知道，在纸上讲述一切是不可能的，我们见了面再详谈吧。我相信，你会赞同我主张的政治组织路线，而目前我已耗尽了一点一滴的力量，必须沉静下来。

现在，议事日程中出现了各种日常生活问题，纯粹是个人性质的，比如买个电炉、装只收音机之类，我要通过这些事情让生活走上正轨。

你得给我写封长信，谈谈党内生活。我完全不了解时事了。失明使我无法阅读，而拉娅又为社会工作忙得团团转。

我终于追究到了我家开支的取之不尽的源头。我这傻瓜居然没想想，微薄的抚恤金怎么能维持日常开支。最后，我对拉娅进行"契卡"式的盘诘，反复查问，弄清了如下情况：瓦西里耶夫岛上的国家银行分行，连续不断地向我们提供资助。[缺损]日吉廖娃同志，对这件事您要说什么？我若是教徒，会念一段《圣经》表示感谢，但我是唯物主义者，只能紧紧地、紧紧地握你的手。

尼古拉
1928 年 11 月

向廖涅奇卡问候，让他有时来信谈谈自己的各种小事情。

P. S. 我求你办件事儿。到电器商店去探问一下，他们有没有电炉，什么价钱。问清楚了，赶快函告。如果有售，你能否发一份这样的电报给我：电文中只写价钱。那么，我就知道他们那儿有货，也了解了价格。我已被允许使用电炉，希望买到。这是急事儿，因为天冷起来了，如果写信到国营电器商场去问，会等上几个月才有回应。如果你不答复，我就知道没有电炉。

尼古拉

79. 给日吉廖娃

（1928年11月16日，索契）

亲爱的淑拉：

你的信件都已收到。我曾为没见你来信而不安，只怕你对频繁通信厌烦了。

现在我得承认猜错。今天给你发一份电报，关于电炉——电压110伏特。你说你们那儿卖19卢布。这炉子虽然费电较多，但升温快。有的炉子耗电较少，售价11卢布，但国营电器商场里恐怕找不到，因为苏联不生产这种电炉。罗斯托夫和哈尔科夫那边也答复我，任何电炉都没有。因此我写信给你了。我已被允许使用电炉，据说电费也不会比木柴贵。这儿每车木柴卖10卢布，一个冬天要用四车。这超过了使用电炉的费用。

更何况我们没地方可以生火取暖。邻居是个"白党"，他不让人用木柴生火，自己也不生公用炉子取暖。为了把我逼走，或者仅仅由于既无可奈何又想对布尔什维克出一口恶气，他宁愿自己家里装只铁炉子。算我幸运，当前天气好得出奇，阳光灿烂，只是夜里冷些，但白天温暖如春。天将变冷，我将陷入困境，色厉内荏的坏蛋都会趁机扑过来。瞧瞧，阶级斗争在怎样的范围内进行着。

我无法在信中给你讲述此处所发生的一切，这是有一大堆理由的。我只写了十分之一，其余的等我有可能时写，或者等我们见面时聊，或者等到布尔什维克的扫帚把所有的污泥浊水清除干净之日。

我多么希望马上和你交谈——在布尔什维克同志中间休息一阵，让绷紧的弦松弛一下。由于精神上和体力上疲惫无力，我有时难以表达清楚。淑拉,你想象一下,周围在进行斗争,你却被绳捆索绑,只得眼睁睁地观望。

当然,问题不在于我,不在于什么房间、炉子,等等——凡此种种,说过去就过去了。不,问题是存在着右倾的危险,这在此地表现得相当明显。

你读过雅罗斯拉夫斯基同志在中央监察委员会最近一次全体会议上的报告。他讲到黑海地区的机关里坐着的,有30%是和我们敌对的分子。毫无疑问,这一点雅罗斯拉夫斯基并未夸大。我这里不说什么"马屁精",什么"官僚主义者",什么"不想破坏与上级的关系",等等。

以后有时间,我写得具体些。重要的是,在这偏僻的一隅之地缺乏无产者的干部。

我个人在体力上已陷入绝境,储积的力量消耗殆尽。近几个月来,生活得不正常,亢奋不已。其实我应当养精蓄锐,以便做个对我们的党——我们亲爱的党的有用之人。

拉娅老是吓唬我,说要写信给你,描述我的现状,还狠狠地责怪我,还抬出你来吓唬我——她觉得你是我唯一"惧怕"的人。我跟她谈了很多,允诺就在我已经取得的"成果"上打住。头部内伤的剧痛、每分钟一百二十八次的心跳,比什么都厉害地促使我如此。

写吧,亲爱的淑拉,写吧,我的挚友,我需要你的来信。向廖尼亚转达我的问候。

柯里亚
1928年11月16日

现在我要讲几句,关于我的同志拉娅,关于她的成长。当我观察着这个年轻的女工如何成长、成熟的时候,淑拉,我便忘了自己所有的痛苦。我是她政治上的辅导者。如今她全身心投入工作。目睹一个新人在成长，我满心欢喜。只要列举她担任的职务，你就可以判断一切了。她是公共饮食业工会代表、小组长、妇女部代表、全市大会的记录员，大会上当选为工会理事会候补委员，工人检察院[①]分部负责人……如今，任何一个白天和晚间都要开会，或有其他事情要处理。她跑回家来，喜滋滋的样子，带着一大堆任务。于是，我们两个一同研究、解决这些问题。近日正在准备市苏维埃的改选，她东跑西跑，到处奔忙。什么时候在市苏维埃中，充满朝气的工人们龙腾虎跃，那就好了。

我一点也不想拖拉娅的后腿，而是尽心竭力，支持这个成长中的无产者。只是有一种状况不可避免——那就是我的孤独。好在我原本就知道，现今也知道，自己理应帮助拉娅以整个身心投入社会工作。

她即将成为联共（布）党员。我向她提出种种建议。在这里，我虽然受到打击，但并没有被当作挺差劲的小伙子。实际上，沃利梅尔同志是唯一的年轻人，他的脾气像我。

柯里亚

[①] 工人检察院存在于 1920—1934 年。

80. 给诺维科夫

（1928年11月19日，索契）

亲爱的彼佳：

刚收到你的信。如果不是每写一封都使我眼部剧痛，我会频繁地给你写的。但如今只能量力而行了。你问我可不可以拄着拐杖走路。我从1926年12月开始仰面卧床，动弹不得，起不了床，也无法自己翻个身。眼部出现粘连，要施行手术，切开角膜……

让这些病痛见鬼去吧。我写着病名，就觉得厌烦、憎恨。一个令人哀伤的事实是五个月来，我什么也没读过了。我想方设法，要找到精神食粮，让极度贫乏的生活即便稍稍充填一些内容也是好的。彼佳，因为你了解我决不肯虚耗自己的生命。如果你在这里，我会对你讲述许多。我要扔下一切，直至明年夏天，盼望你来到这里，来到我身旁。这儿是个美丽的好地方，可以休息一阵，比叶夫帕托里亚更舒适。我知道你到我这儿来只有10%的可能，90%尚在云里雾里，捉摸不定。

假如咱们能住在一起，那么你在组织上已进入布尔什维克的生活圈子，你的生命中也将注入许多鲜活的东西。不用说，这对你今后的战斗也是有益的。提到组织上［我是指从组织上加入联共（布）］，目前对你而言还有困难，但我希望你别半途而废，要每天不忘，坚毅地争取。可惜我并非资深党员，但凭着五年党龄，我随时准备为你写介绍信——你觉得有必要，而在当地找不着人的话，我保证做到。不过，从你那方面来说，积极参加社会工作是必需的。否则，一个职员不会被吸收。这方面你有哪些想法，写信来详细谈谈。你参加列宁共青团吧（快让自己年轻些），凭着十年团龄，我能为你做个相当有力的介绍。

向弗洛尔·瓦西［里耶维奇］转达深切的问候，就说我过着俭朴的日子，等等。

彼佳，现在又得谈谈收音机。我曾写信让你打听一下适用于二灯机的放大器。据说这种放大器售价 28 卢布，需要两只"微型"灯泡，每只 3 卢布 25 戈比。还要有一只备用。我的收音机没有放大器收听不到。在这儿，在［缺损］索契，什么也买不着，连普通的铜丝也无货供应。我被这收音机的事儿弄得焦头烂额，连觉也睡不稳。没有收音机，卧床的日子真不好打发（这儿的小官僚，没有任何一个顺便拐进来）。正是这个缘故，我想起了多灾多难的彼佳，再次让你劳神费力。只有托你办才行，因为咱们的机关接到咨询函，咱们的商场接到邮购信，都要过三年六个月才给予回复——这么漫长的时间，我早已升入天堂，倾听大地上的广播节目喽。

这么着，彼得鲁什卡，你打听到什么，通通告诉我。你要知道，我将天天盼着你的这封信。我有一件"相当挺括的"灰色西服上装，已经找到买主。我要卖掉它，反正目前不穿。到了夏季，得外出的话，我卖掉收音机，买件西服，以后再卖掉……如此循环往复。你知道有一首歌，叫《神父有条狗》。嘿，套用在这里蛮恰当，哭笑不得哦。

如今我身边留存着"不可出售的"手枪和党证——这些是"积压物资"。其余的轻巧东西，都已归入易耗物品。

有关我的抚恤金的材料，正隐藏在遥远的莫斯科一些官僚主义者厚厚密密的文件堆里。眼前我继续活着，依靠的是固有的、不屈不挠的意志。这就是青春、异常的倔强劲儿、火热的心和对三天两头儿的打击的沉着应对。

紧紧握手。等候回复。

你的柯里亚

1928 年 11 月 19 日

81. 给日吉廖娃

（1928年11月21日，索契）

亲爱的挚友淑洛奇卡：

你10月12日的信收到了。我简短地答复，因为每写一个字，眼睛都疼得厉害。我看不见，是摸索着写的。

是这样的，我在此地全身心地投入了阶级斗争。白党和资产阶级的残余在这里包围着我们。我们住房管理处掌管在敌人——神父的儿子、昔日的房产主手中。我和拉娅了解全部情况，组织工人和此地的住户，要求改选住房管理处。所有的异己分子都发疯了，挖空心思，竭力捣乱——接连两次，搅散了会议。群情激奋。直到最后，第三次，全体工人和共产党员，聚集在我的屋子里，以压倒多数选出一位热情、能干的女性，当住宅管理处主席。住宅管理处由我们掌控了。然后付出努力，争夺第二幢房屋……

关于贵族邻居的情况，我已写信反映。他家三口，住六间屋子，还有厨房等。在执委会里，有人持消极态度，替他们辩解——这里缺少坚定执行布尔什维克路线的工作人员，所以要打开缺口也难。然而，我将用所有的时间扑上去，不断出击，直到成功。问题不在于我一个人，这是阶级斗争——把异己分子和敌人撵出舒适的住所。这些昔日的矿主等坏家伙，都把我当作眼中钉，工人们却更紧密地抱成团了。

淑拉，想想看，比如有这么个人，他们一家只讲法语和德语。他是一副昔日老爷的派头，是唱歌剧的，等等，全是高贵的人。我们的同志，八户工人和党员的家庭首战告捷。

接着是争取让一些工人家庭从地下室搬进昔日神父的宽敞住屋。

在执委会和地区事业局里，我们得不到任何支持。看来，沃利梅尔同志是个很好的布尔什维克，可惜性格懦弱。

坦率地告诉你，我已开始和机关衙门做斗争，而且在那里逐渐招致几个敌手。不过，既然已经开始，我会继续干下去。如果我由于在等候干部分配好些的房子，便不想惊扰他们，那么工人兄弟就会管我叫熊包。但我已经发出两封措辞激烈的信。要是再打不开缺口，我们就通过检察所和国家政治管理处等机构发起进攻。你想想看，大院里面，三口人住六间屋子，还带前厅、浴室、厨房以及有取暖设备的卫生间——就在一旁，工人们住在地下室里。那儿弹着钢琴，这儿是下岗失业、一贫如洗。什么和主任、主席、书记保持"良好"关系，让这种关系见鬼去吧。我竭尽全力，要让这儿，至少让小小的一隅，工人能够获胜。

亲爱的好友淑拉，这伙资产阶级的蛀虫四处奔走，钻头觅缝，在国家机关内寻求靠山，这激起我们的愤怒。我们反映，资本家住着国家的屋子——让他们挤紧些吧。有人厚颜无耻地答复我们："那里并没有多余的使用面积嘛。"

淑拉！在这里，尽管缠绵病榻，心情沉郁，但我把这一切置诸脑后；尽管有许多焦躁和激愤，但我的生活增添了内容。这是因为一群工人，如同亲人般团结在我周围，进行着斗争，而我也投身其中。

亲爱的朋友，等着你的信。

柯里亚
1928 年 11 月 21 日

82. 给日吉廖娃

（1928 年 11 月 26 日，索契）

亲爱的淑拉：

我原本不该立即给你写这封信的，因为写的时候情感冲动，亢奋不已，然而我恰恰要在这一刻写信给你。

就在几分钟之前，使用同一走廊的邻居，共产党员（红旗勋章获得者），殴打自己的妻子——女工卓雅。她为了躲开拳头，逃进了我的屋子。她把这里当作躲开凶狠丈夫的唯一避难所。丈夫也立刻追赶到这儿，但我请他退出去。没错儿，我还补充一句，如果他在这里打人，那么我的"勃朗宁"手枪会向他连续射击。顺便提一下，这正是我以前的信件内提及的、在此居住的党员中的一个。在阶级斗争问题上，这里出现了工贼行为，而他们的思想实质，通过一贯殴打妻子——无自卫能力的女工——这样的事实，你便看得清清楚楚了。

当然，他们不喜欢我，回避我。殴打妻子的状况，我写信反映到妇女部和监察委员会，但石沉大海，毫无回音。这倒也不奇怪，正是这个打老婆的坏党员（他管着一个赌场），手里拿着勋章，把醉醺醺的索契地区监察委员会的特派员送出赌场。这个特派员在赌场里打碎了窗玻璃，砸坏了一些物品。亲爱的淑洛奇卡，在两星期前，党委会刚刚选定此人担任地区监察委员会的特派员，这家伙已经酗酒闹事，使得市侩和白党们大为高兴。

我们党和苏维埃政权的威信被严重损害，却没有人设法重新树立。

我竭力要回归已经习惯的平静生活，恢复消耗了的精力。我必须克制意愿，掌握航线，暂时休整，不让体质被彻底摧毁。淑拉，我的心脏开始"像年轻人一样地"跳动，也就是迅急而猛烈，所以我得让它平缓下来。

我亲爱的同志，你稍微多写些信给我吧（如果时间允许的话），我精神上会得到支持，因为我，淑洛奇卡，纵然自身在抵拒，仍有一些时日心力交瘁，郁郁不乐。到目前为止，我不断地克服这些沉闷焦灼的心绪，但一次又一次，我觉得越来越难。

一旦我失去自己生活的主要基础，即丧失了重返斗争行列的希望，那么对我来说，那将是终点站了。

有时候我抱憾地想，自己有多少精力，多少布尔什维克的、极大的顽强劲儿在耗费掉，为的是不撞进死胡同；倘若这些精力、这种顽强劲儿全用在生产上，那准会获得相当可观的效益。

我亲爱的淑洛奇卡，你想象一下吧，小伙子需要多大的力量才能挺住呵，毕竟是动弹不得、双目失明，几乎孤独一人（拉娅日夜做自己的工作，忙得团团转），而且经常失眠。我的周围，有些人晃来晃去，体壮如牛，而血冷似鱼，没精打采，一脸冷漠，内心空虚，魂不守舍。他们说出话来，带着霉味。我厌恶这些家伙，弄不明白，在如此紧张的时期，一个健康的人怎么会寂寞无聊。

我从未这样过日子，以后也不会这样。

我真希望见到你，说说话——你是我非常信任的人之一。你是永不背离、永不忘记列宁遗训的人之一。你是我年长的党内朋友，而处于目前境遇的我，往往渴求同志情谊。我为自己确定了道路——我知道咱们正在往哪儿走和怎样走。我不会在交叉路口彷徨不定。不，我知道各种……［字迹模糊难辨］的不可避免，也了解我们肌体上存在着脓包溃疡，但有时仍盼着在像你这样的朋友圈子里喘息片刻。就谈这些吧。

读到你信上说戒烟了。简直不敢相信——真能持久不变？

淑洛奇卡！我请你别再汇钱了，这可是你压缩自己的开支省出来的。关于抚恤金的情形，这里什么也探问不到。有一点，能够使我高兴——只要他们确认47卢布，并且补足前一段时间的差额，我就可以用这差额来归还你的友情资助。到了明年夏季，我将和你，和你的廖尼亚见面。收音机的事儿不写了，等装配成功，再告知一切，告知是否收听得到列宁格勒。

问候你的宝贝儿子。

你的柯里亚

1928年11月26日

83. 给诺维科夫

（1928 年 11 月 28 日，索契）

亲爱的彼佳：

　　收到了你 11 月 23 日的来信。亲爱的哥们儿，从信上看，我托你代买的放大器，你准备自己花钱买了寄给我。瞧瞧，多亏我成了颇具特色的穷光蛋，你才有可能再次显示自身的慷慨大方。我不会让你因此而紧缩自己本月的开支。你问我要不要汇些钱来，我的回答是不要。这绝对是真心话。我目前拿 32 卢布 50 戈比的抚恤金，和母亲两个人过。然而，收音机是一种精神支柱，没了它就如同撞进了死胡同。你信上问缺少什么。什么都有。唯一的缺憾是我的蓄电池太差劲，每个月得充三次电。此处一昼夜仅供电八小时，也就是说，蓄电池每次充电需要四昼夜。这么着，收音机我将每月收听十八天，而十二天哑然无声，因为在充电。有朝一日我发大财，就一定购买两套电池。这要花许多钱，暂时先凑合着听吧。所以，哥们儿，现在有了放大器就满足了。我可不会详细地告诉你，在多雨的冬季，自己如何僵卧着，连收音机也不能听。如今你别买这些东西，因为并非一笔小数目。

　　你来信稍微多谈些个人的生活情形吧，要不然，彼佳，我瞎猜也没用。

　　等着你的信。

柯里亚
1928 年 11 月 28 日

84. 给父亲

（1928 年 11 月 30 日，索契）

亲爱的爸爸：

　　妈妈经常对我讲你们大家在那里的情形。我十分了解，所以虽然很艰难，还是决定给你写这封信。我将写得简短。

　　我请求你坚持不懈地做出努力，维护咱们家的米佳的安宁和休息。如有必要你发电报吧，这样显得强烈些，那种地方一般是敷衍了事的。必须坚决反对对米佳的恬不知耻的剥削，必须让他下班后得到应有的休息和安宁。你得操这份心，提防着点儿，因为你知道的，米佳为人厚道，可能屈从于压力。你在那儿要像咱们的政委似的，必须反击小资产阶级。我个人深信，米佳要摆脱逆流，获得完全的自由，除非他和塔尼娅①的家庭决裂，和塔尼娅决裂，才有可能。确实如此，将来要办到这样，否则，他难以成为百分之百的布尔什维克。

　　一定得做到彻底分离，做到经济尤其是住房的分离。你们多读点报纸，多休息。

　　亲爱的爸爸，这便是我请求你做的事。我难以经常写信——眼睛疼。

　　我们经济上百分之百够用。只有一件倒霉事儿，就是生病。信读给卡佳听听。问候亲爱的她。

柯里亚

---

① 塔尼娅，尼·奥斯特洛夫斯基的哥哥米佳（德米特里）的妻子。

85. 给诺维科夫

(1928年12月12日,索契)

亲爱的彼佳:

收到了放大器。大大的快乐,小小的烦恼。一个微型灯泡是坏的,不亮。

亲爱的彼佳!我打心眼儿里感谢你。我还会写信的,反正厚着脸皮托你办各种事儿,不怕再惹得你烦。

柯里亚

86. 给日吉廖娃

(1928年12月12日,索契)

亲爱的挚友淑拉:

你的信,人家刚给我读完。我们这儿发生那么多的事情,冒出那么多的新闻,即使写一封又厚又重的信,也无法通通表述清楚。拉娅单独写她自己的事。

情况是这样的。这里有一个委员会正在工作,清洗苏维埃机关。边区法院院长任主席,加上其他人。前天和昨天,我家客人成堆。委员会的全体成员都来过。有沃利梅尔,有区委委员,还有来自国家政治保安局的同志。

人流不断,蜂拥而至。他们忙于从我们的政府机关里清除各种坏蛋。

我自然无法详细叙述。等你夏天来了以后,我们再议论,不过主要的情况可以说一说。

我写信到莫斯科、边区等处,所反映的情况,已由委员会调查明白,并且当着我的面做了补充。没有得到证实的只有一件,其余的所有事情都水落石出,并正在处理。同志们亲自到来,确认了我身处的环境,如有人要使我受冻着凉,对着窗子扔石头,还有许多更为重要的问题,有些与我个人无关,却带有社会性。

我的目标和行动被认为是正确的、符合党性的,种种卑劣的指控都不堪一击。什么"反对派的倾向"之类,根本是无中生有——这便是我从同志们那里得到的结论。

沃利梅尔狠狠地剋我,怪我向他反映情况如此之少。他留给我一个很好的印象。你该记得，我在给你的信中对他的评价很好。

他们将把无耻的白党从这儿撵走，还允诺把女矿主赶出公馆。针对我的情况，他们已嘱咐卫生局，让医生定期上门服务。

关于抚恤金，也在社保很行里找出了罗斯托夫发来的、提高至每月43卢布的证明。为什么提高至43卢布，我也不清楚。不过确实提高了，到18日，我会领取43卢布的。

他们让我和积极的工人党员建立了联系。这些党员将会来访，告知党内的活动情况，使我不至于隔膜。

原来，区委里还留着尼古拉耶娃①同志的一封跟我有关的信——他们将向她汇报全部处理过程。此外，乌克兰共产党中央也发来过跟我有关的信。

这些信函全都叮咛当地的同志不要忘了我。

当别人为我念这些信的时候，我心潮起伏，激动不已。

我由衷地认为，如此关怀，我受之有愧。

他们考虑到我的健康状况，坚决拒绝我抓一个学习小组，还责怪我过于急躁。在认真地研究了所有的资料后，他们和我交谈得十分友好。我只有和你、和切尔诺［科佐夫］，才能这样谈心。

沃利梅尔要外出休假一个月。他答应返回就来看我。他问起过你，说你写信给他，叙述详尽，理由充足。他承认，由于工作太忙，远没有依照来信的意见做好一切。他竟然同索菲娅·斯米多维奇同志谈过话。斯米多维奇同志知道你，还谈了很多事——此刻我不写，因为那些是不宜公开的。

我读了你的信。你要我治好神经衰弱，别再狂热地进行斗争。同

---

① 尼古拉耶娃（1893—1944），著名的党务活动家，其时任联共（布）中央委员。

志们也正是这样劝告我。凡是必须做的，一定要做好。有的暂且做不到，反正全部材料都已清楚，我也应该定下心来了。现在我能照办，能做到。我可以允诺，因为乱麻已解开，真相已大白。

当然，亲爱的淑拉，我不应当像个小孩子，以为所有的事都会瞬间变好。往往是好话多多，悦耳动听，但啥也不干，使人高兴不起来。不过，我精神上获得了莫大的安慰。我看见了真正的布尔什维克，铁环也把我箍得没那么紧了。只有现在，我才感觉出自己消耗了多少精力，意识到我是个盲人。

我和这个委员会，和区委的同志们，有过一番论争——在思想层面上，一个党员是否应该拥有钢琴，并且教孩子学习法语，等等。我遭到狠狠的抨击（据说是无政府工团主义的语调）。剩下了我独自一人。

这里也在进行干部的调动，但依我看，不是急剧的调动，而是"心平气和"的——同志们说，当前开展的，并非"组织上，而是思想上的、对右倾的斗争"等。我个人认为，做出组织结论是不可避免的。这一时刻很快就将到来。同志们对我讲："你如果以另一种方式说话，那就不是二十四岁了。"结论性的话是："起来吧，积聚一些精力吧，工作多的是，会让你忙得不可开交，但你得养精蓄锐呀。"

谈了很多联共（布）党内全面清洗的情况，其他问题也谈了不少。亲爱的朋友，这就是近些日子的大致情形。

现在谈另一件事——你不知道的，妈妈来到了我这里。

正如我所预料的，老太太终于得知了我的真实状况，便乘车赶来了。我不描述，也无法描述那悲伤的相逢时刻，但你自己想象得出，那是一种怎样的情景：流泪、伤心，也有分开五年后见面的喜悦，等等。总之，她在我这里住下了。老人家毕竟已经干不了重活儿，不能再做洗衣工、厨娘、打杂女佣之类；我呢，也恰恰得考虑一下，别让自己白天黑夜都独个儿待着——就让老人家在我身边，精神上得到休息，下意识的眷恋之情是挥之不去的。

拉娅不可能在干体力活儿方面为我匀出足够的时间。她被选为市苏维埃的代表。显然，她是以当罐头食品厂女工为起点的。因为暂时没有房子，拉娅可能仍然住在我这儿。她政治上成熟了。她必须在厂里当女工，在集体中劳动，因为以前做家庭女工终究并非一种职业。我的妈妈也是积极分子、妇女部的代表，正如她自己说的，活到老了，总算看见了光明。

我还会写信的。

柯里亚

淑洛奇卡，我可怎么也不会答复你的一些问题——生怕信中的文字，你一点也分辨不清，因为我看不见，是摸索着写的。

电炉很暖和，不过这么一张填不满的大嘴巴，恰似饿着肚子的怪兽，在吞噬电力，我还不晓得要付多少电费，但肯定厉害。不过，把白党女邻居撵走后，可以跟新邻居打交道（将有个党员迁入）。和一些邻居争执，确有其事。然而有一点好，即大部分工人是我的朋友，其他人也就闹不起来。他们每只25瓦的电灯，付1个卢布，其余的电费由我支付。这一切都会安排妥的。

现在谈一下收音机。倘若你在这儿，准会揪住耳朵叫我傻瓜。想想看吧，一个瞎子，什么也看不见，却打算用七零八碎的东西拼装成收音机。这可是让明眼人干也会大汗淋漓的。我花了多少心血！摸索着干活难上加难。真要累死人了！等这件费时费力的事儿结束，一个灯泡的收音机装成，我这辈子决不再干这类傻事儿。

在索契这鬼地方，连螺丝钉也买不到，更别提别的东西了。收音机的效果时好时差——听听还行。我心里明白，只要在信上告诉你我这儿缺少什么，你就又会出钱买了寄来。以后不能让你没完没了地资助我了。

淑洛奇卡，我真怕由于这个问题，我在你的亲属们那儿名声不佳。为了使收音机"活跃"起来，我需要一个干电池组，80伏的（8卢布90戈比）和十个接头焊片（1卢布）。

你瞧，淑拉，我真够厚皮老脸的——这清楚地证明，我比一个发誓戒酒又立即喝得烂醉如泥的酒鬼更糟糕。

柯里亚

1928年12月12日

87. 给日吉廖娃

(1929年1月14—15日，索契)

亲爱的淑拉：

今天才能给你写信——之前没有力气。

最近几个星期，我忍受着许多肉体上的痛苦，好朋友，我不会对你多谈这些，但提一下主要的：肺炎，忍不住的呕吐，比在马采斯塔见面时严重得多。淑拉，我亲爱的同志，当时我们海阔天空地聊。但愿我活到夏天，情绪不再大起大落，也不再闹什么别的病。

目前我半死不活，但体力在恢复，而可以给你写信这个事实，表明我正在死而复苏。

当然，我不能一下子什么都写清楚，不过在今天的信里，我要告诉你：现在我们三个人住在另一幢屋子里，地址：索契，沃依柯夫街39号。靠近市中心，有两个房间（这事儿，拉娅会写得详详细细，可我为了节省体力，从略了）。紧挨着火车站。等你带着廖尼亚来这儿的时候，你不妨好好休息一阵子：我有三十二平方米的居住面积，单独的入口，等等。

淑洛奇卡，你可好些日子没写信了——看样子，又全身心投入了工作。

你不知道，淑拉，我急切地拿起铅笔，但感到沉甸甸的，好累好累。要和你沟通，却又下不了决心，开不了头。这是由于此刻状况不佳。这种情形总是出现在一场激烈的战斗之后，在肉体和精神上，我都忍受着折磨。仿佛蓄电池，我放出了所有的电能，暂时还没有充电。

1月15日，我继续写信。

声名狼藉的巴边科被国家政治保安局逮捕了。他是1919年起的联共（布）党员，公用事业处主任、市苏维埃主席团和区执委会成员、区党委委员等。原来他是白党的反间谍组织人员、军官，枪杀过我们的布尔什维克同志。这个坏蛋骗过大家，窃居要职。这是重大的失误。毕竟坏蛋当上了领导。索契市也够倒霉的。白党未必仅此一个。

很快将有一次全面清洗。这儿，布尔什维克的扫帚要动起来了。

我不明白，一些出名的、由于犯下一连串严重罪行而被清洗出去的干部，为什么又冒出来。他们依旧在那儿当官。比如昔日疗管所所长史梅列夫，如今是地区社保银行的官僚。还有其他人，为数不少。

我收到了利别尔曼同志从莫斯科寄来的回信，相当尖刻、粗暴。情况如下：

此处的检察员了解了我和社保银行的争执，认为按照法律，我有权领取新老抚恤金之间的差额。在此处的社保银行里，我遭到拒绝。于是，我把全部相关材料寄给利别尔曼，要求判断清楚，如果有此权力，那么请向此处发个指令。结果，利别尔曼回复了我，打官腔，逞威风。原函我给你逐字抄录：

（社保总行发函。黑海地区，索契市，普希金街。收件人：我。）

经地区社保银行核查，您的来信，并非表示要纠正本人的错误看法，而是请求破例提高您的抚恤金数额。鉴于此前从未有过重新计算之事，况且您的抚恤金数额的最初计算完全符合法规，因此满足您的要求，向您补发往日的抚恤金，是缺乏任何根据的。

组织部长　利别尔曼

"破例"一词，打上了着重号。你瞧，就是这么写的。

淑洛奇卡，我认为关于抚恤金的事情已经了结。写出来只是为了使你知道一下。希望你让我保持平静，别再提及此事。

我要偿还欠款的愿望,依然是一个愿望。

莫斯科的一位女性朋友①,是我不多的知己之一(我们之间有着亲密的友谊)。你知道的,我信中提起过。她有个同志(丈夫)。我不认识他,他认识我——是的。他们两个为政治问题发生冲突。由于没完没了的争争吵吵,她写信给我这个党员朋友,详谈一切,痛苦地说,分道扬镳,连友谊和一般的联系也不得不断绝了。糟糕的是,那个男的砸坏她的桌子,取走她的信件,还给我寄来愚蠢的便条,不仅不像一个党员所写,而且那卑劣的咒骂,不是布尔什维克的口吻,而是市侩的腔调。我有两封给她的信,内中谈及这儿的一些阴暗面,这家伙抓在手里,加以利用,为托洛茨基的观点服务。

那一套胡说八道,令我十分不快,只是从这样一个角度——女性朋友旁边的此人,身为1916年起的联共(布)党员,却如此不堪。一个光荣的布尔什维克,竟然如此粗鄙。

淑洛奇卡,这便是我们日常生活中一片小小的阴影。

有时我想,如果你现今在这儿就好了,当生活变得黯淡的时候,我要对你讲述许多事情。

只写信告诉你一个人(你能正确地理解),如今我遇到一个关口。我消耗大量精力,要让自己挺住。不管多么奇怪,反正我日益孤单寂寞。无论是母亲,还是拉娅,都不理解,也感觉不出这种突如其来的忧闷。在她们眼里,我只是个精疲力竭的人。可她们两个是我的亲属呵。

近些日子,拉娅从早晨七点到深夜十二点不见人影。她在失业群体中工作,办起一个食堂,自己做清洁工。社会工作占去了整天的时间。夜半十二点到一点、等茶室的食堂打烊后才回家,倒头就睡,直

---

① 指玛尔塔·普琳。

至清早六点半起床,又急匆匆地赶去,忙碌到深夜。工资25卢布,她要在那儿干一个月。

淑洛奇卡,我不清楚,也许我想得不对,但总是隐隐约约地觉得——不管多么奇怪——拉娅在社会工作中成长得越快,每天占用的时间越多,我们的感情交流便越少。有些意识形态方面的争论,虽然分歧微小,也拉开我们的距离。我不是说自己怎样怎样。我不晓得为什么,然而隐隐约约地感觉到。

我整天整天默不作声。如今在这儿,在新住处,我闷闷不乐,简直没可能集中精力。正因如此,我只能勉强表露一点忧悒。

亲爱的朋友,今天就是这么个状况。

我亲爱的同志,这种时候握笔写信,是不大适宜的,不过,就让这封信至少从某种角度反映出我的企求。你如果在这儿就好了,那我可以稍稍……〔缺损〕触摸到你的手。

淑拉奇卡,你来信吧,聊聊自己的情况。我知道自个儿不能念,也不会随意地口述上面对你谈的内容。

等这过渡期结束——日子由乌黑即使仅仅转为灰暗也好,我那和主人一样沉默的收音机将活跃起来。"安静"的日子将转为"清洗"的时刻。我要重新投入战斗——或许是最后的战斗。

柯里亚
1929年1月14日

88. 给诺维科夫

（1929年1月29日，索契）

亲爱的彼佳：

我亲爱的好朋友，我肺炎发作，刚刚死而复苏，勉强保命。我住在新屋子里。地址：索契，沃依柯夫街39号。目前没有力气多写，好在你会谅解的。在肉体和精神上，我忍受着极大伤痛。你总记得《布琼尼进行曲》——"我们的全部生命是战斗"，这百分之百符合我的现状。

我亲爱的彼佳！夏天，我们会面（我们应该会面）——我有一间单独的、挺好的房间——那时我会有多少事情要告诉你。如今，我的健康所剩无几。至于眼睛，差不多全瞎了，看不到自己写的字。我确信，在挺好的条件下，冬季我能挨过去，也能坚持到夏季。绝大部分体力已消耗殆尽。彼佳，你想象一下，眼睛就是生活的喜悦，可双目失明了。精力方面，我遭到猛攻，节节败退，溃不成军；只有我的心脏，怎么也没被制伏，仍在强劲地搏动。彼佳，一方面，体内犹存能量——来自布尔什维克的、高质量的完美装置；另一方面，整个系统，包括手、脚、眼睛，等等，等等，已遭到摧毁，这两者的组合，令人多么悲苦。

我不能给你写信，体温41.6℃，没办法写。现在全过去了。我的确从未忘记有你这么一个朋友。你的明信片只是证实了一点：你也珍惜同志式的友谊。既然我屡次收到这样要言不烦，既诚恳又亲切的信函，证实你对一个小伙子怀着同志式的友谊，深切而牢固。这小伙子曾当过战士，但能够支撑住躯体的一切，被严酷的阶级斗争烈火焚毁了。我九死一生，仍然处于往昔伤病的桎梏之中。我又和另一位朋友——收音机亲近起来。我收到过你寄的放大器。你问我的就是这个吧？你问我是否收到了可装在收音机上的破东西。我早已收到你寄的放大器，还有两只灯泡。

然而，放大器不是破东西，而是极好的零件。其他东西，则什么也没收到过。彼佳，我寄给你17卢布，请赶紧替我买个"小矮人"扬声器。钱我明天通过邮局汇出。"小矮人"的价格是16卢布80戈比。重要的是，别让他们把破损了的给你，然后你就寄给我。亲爱的彼佳，除了你，没有谁能帮我办好此事。这小巧的扬声器会把生活的气息送进我的房间——我是如此抑郁和烦忧，而且孤独一人，因而觉得渴望听到空中的声音是理所当然的。

在经济上，我亏欠了你不少，但这用不着常挂在嘴上。如今我分明体悟到，当命悬于一线之时，我们对身外之物的关切，显得毫无意义。

亲爱的彼佳，请你在为我买"小矮人"的时候，再买两只"微型"灯泡。这灯泡钱就不汇给你了——我已囊空如洗。可这样买东西难道是头一回？总是让你破费。

我等着你的信和"小矮人"。我累了，彼佳！

柯里亚
1929年1月29日

89. 给日吉廖娃

（1929 年 1 月 30 日，索契）

亲爱的淑洛奇卡：

我已经焦急起来了——几乎有三十四天之久，没接到你的片言只字啦。这是为什么？莫非工作占去了你所有的业余时间？

上回写了新地址给你，这里再写一遍：索契，沃依柯夫街39号。不过，写着旧地址的信函，我们也都收得到。

我们这儿已是暖洋洋的春天，偶尔，早晨还春寒料峭。

从写前一封信到现在，我的生活没任何变化。

相同的一天天，没什么可描述的——区别也有，那便是有时候"禁锢躯体的锁"稍稍松动，呼吸便轻松一些。

八天以后眼睛要动手术。我自己不大相信能重见光明，但该做的事还得做，以免将来后悔，在这个阵地上未能抵抗到底。

我非常清楚自身的状况，谁也没有像我自个儿似的心知肚明。我并不于事无补地焦灼不安，甚至仿佛随时会发生悲剧，但确实了然于胸。

不久前，给我注射了两次樟脑：尽管心脏还不错，仍然需要樟脑来支持。如今好得多了，仅仅有些心律不齐而已。

我自己相信能够活到夏天——到了夏天，再预测往后吧。

我亲爱的淑洛奇卡同志，咱们还会见面，还会谈许多事情。可以聊得畅快、尽兴。

我单独住着一间敞亮的屋子，十二平方米，三扇窗。拉娅和妈妈另住一间，二十二平方米，带壁炉的。有劈柴供应，住房里暖暖和和，和拉娅几乎互不照面儿了：她清早六点半出门，我在睡觉，深夜十一点至十二点回家，我也在睡觉。3月，她将加入联共（布）党。

这阵子，区党委对我很好，是一种真正的同志式的关心。送来劈柴，派来公家的医生——索柯洛夫同志。这是个和蔼可亲的人，不同于那些险些把我毁了的家伙。

你不知道，有个穿街走巷的医生，上门来对我说："你什么都可以吃，没关系的。这甚至是必需的。"我总共才吃了一小块黑面包，却折腾了六天六夜。我请这种医生再也别来了。

沃利梅尔外出休假。党组织内部缺乏团结气氛，争争吵吵。

我如今是百事不沾边，置身局外。有的人显然觉察到我是个局外人，所以态度平和，甚至跟我套近乎。有两三个同志，还有妇女部主任——很关心人的索勃蔻同志，也会顺路来我这里。

然而医生不让我说话，尤其是目前。因此我整天整天地独自待着，疯了一般，恣意幻想那伟大的全球起义。

我亲爱的淑拉，紧紧地握你的手。

尼古拉

1929年1月30日

90. 给诺维科夫

（1929年2月2日，索契）

我亲爱的彼得鲁什：

刚拆开看了你寄来的收音机零件。一切完好无损。对我来说，这包裹就是个大喜讯。你知道原因的。用不着跟你解释，你深切地理解，收音机在我的心目中就是唯一的大快乐。现在，多亏有你的积极帮助，我拥有了一台节目丰富的收音机。在索契，它具有极好的收听效果。"小矮人"小巧玲珑，使得我的家人——母亲和拉娅，也有可能听广播。这么着，愿望实现了。我们几乎可以收听到整个苏联和欧洲。

我亲爱的好朋友，我无语地握你亲人般的手。我只是想奢侈一回，买80伏的电池组。这并非必须，只是为了当蓄电池在充电的时候不至于中断收听。我重复一遍——这已经是一种奢侈，而并非必须。其实，就我的体质而言，暂停收听简直是有益的，因为听着广播，我要到深夜两点以后才入睡。可怜的索契无线电爱好者好不羡慕。他们说："奥斯特洛夫斯基运气多好，他在哈尔科夫的朋友神通广大，我们的朋友可差劲儿啦。"我当即建议爱好者中的一个，以一条腿跟我换。这下他们全尴尬地不吱声了。好，不说这个了。

是我的妈妈在代笔写信。

亲爱的彼佳！我得提醒一下，你曾经答应过一件事——夏季，你和女友一起，或至少你自己，要来我这儿。写信告诉我吧，我可以百分之百地相信你会到来。关于本人的健康，我什么也不写了，因为没有变化。不久要给我眼睛动手术，争取恢复一些视力。你向弗洛尔·瓦西里耶维奇转达我的问候。等眼睛不疼了，我会写封长信去的。

现在谈下面一件事。你说说，卡拉锡和其他哥们儿怎样看待你从组织上入党的消极态度，他们又在怎样做工作，让你积极起来。我希望这样：你先了解一下某个党支部，经常去走走，在那儿帮着干些事情，和他们相处融洽。再探问一下，卡拉锡或别人是否已替你拿到一些必需的表格。如果没有，来信告知，我替你要来。你填满了寄给我。我郑重地写上介绍文字，再寄回给你。然后，你另外找四位同志。你身边有没有联共（布）党章？熟悉一下序言吧。要紧的是，彼佳，作为职员，必须多做社会工作。你就这样开始提高觉悟吧。

要知道，通过一级级严格的审查是必不可少的。在某个关口甚至会感到委屈和痛苦。这一切应该预料到。这完全正常。锲而不舍，不灰心失望，准能获得党籍。你能实现这个目标的。要不然，人家会嘲笑你老也入不了党，而且他们嘲笑得对。我也会嘲笑你，毫不客气。这并不矛盾。我坚信，倘使我留在哈尔科夫工作，你早已领到党证，并且在我们的队列中战斗、工作，绝不比别人差。

无论你怎么想，继续抱着这种消极的态度可不行。你每每行动拖沓，的确让我觉得奇怪和恼火。今后有的是一场场战斗。谁知道呢，你可能还将不得不飞身上马。

嗨，来我这儿吧，咱俩吵上一架。

这会儿先紧紧握你的手。问候朋友们。

柯里亚·奥斯特洛夫斯基
1929 年 2 月 2 日
索契，沃依柯夫街 39 号

是我妈妈代笔写信——我的眼睛正受到围攻。

多多来信吧。我的"小矮人"扬声大叫了："您好！您好！这里是莫斯科广播电台！"

91. 给日吉廖娃

（1929年2月20日，索契）

亲爱的淑洛奇卡：

你总算有回音了。现在我才明白，为什么这么久杳无音信。原来你去农村工作，而且生了病。

你信上谈到医生和治疗，我一切照办。化验单已送去，不是今天就是明天医生会来看我。我的胃病之谜解开了，全是由于滴了眼药水"阿托品"的缘故。不滴时胃就不疼，胃口也开了。可就是没有一个医生诊察出这一点。现在说说眼睛吧。我在变成瞎子。淑拉，已经差不多什么也看不见了。不久我将完全失明。对我来说，那是大祸临头。

假如你那儿有当医生的朋友，能从替我治眼的医生那儿了解我的病情，然后找著名的眼科专家谈一谈，那倒很好。此地的这个眼科医生太年轻。在考虑使用汞制剂，静脉注射，借以增强体质。要不要让他们注射，我拿不定主意，因为怀疑是否有效。

亲爱的淑洛奇卡，我已写信告诉你，自己情绪低落有好一阵了。这个阶段还在延续。随着失明程度的加深，心情越发沉闷。我还有能力自我控制，不至于崩溃。但是，可以调遣的力量，也只有这么一点了。想想吧，亲爱的挚友，当你带着宝贝儿子来到我们这儿的时候，我已看不见你了。我可能有一段时间无法写信，好在你会谅解的。

潘琴科出国去了。

问候并握手。

柯里亚
1929年2月20日

母亲和拉娅问候你们。拉娅将于3月8日加入联共（布）党。

92. 给诺维科夫

（1929 年 3 月 4 日，索契）

亲爱的彼佳：

你寄来的包裹，内有 80 伏的电池组，早已收到。本想自己写回信给你的，但两眼发炎厉害，睁也睁不开。现在我是真正的富农，装配了一灯机的是中农。如果我的健康状况像我的收音机这么好，那就是没病没灾啦。

来信告知目前情况和长远打算吧，告知你夏季确实要来这里，抑或仅仅是逗我乐。希望相信我，我是打心眼里盼着见到你。倘若夫妻双双一同来，那就更好了。

你有没有顺路拐到普希金街 72 号去过？熟人当中有谁仍在那儿工作？务必探问一下，科夫西茨·穆霞·阿达莫夫娜在上班吗？我想写信给为我治疗过的医生，问问我的眼睛是怎么回事，怎么会失明的？代我问候弗洛尔·瓦西里耶维奇，还有那三个哥们儿。

紧握你的手。

柯里亚·奥斯特洛夫斯基

尊敬的诺维科夫同志！虽然我没见过您，但看到了您对柯里亚的友谊。请接受我的感谢。

奥斯特洛夫斯卡娅·奥里加·奥西波夫娜①

---

① 即奥斯特洛夫斯基的母亲。

93. 给日吉廖娃

（1929 年 3 月 16 日，索契）

亲爱的淑洛奇卡：

我写些情况，是不希望你转告别人的。

我要求你，来信多写一点党内的生活，多写一点我在报纸上读不到的内容。利别尔曼在莫斯科受审了。原来这是个用心险恶的、霉烂的官僚。谈论他也恶心。清洗出去后，党可以顺畅地深呼吸了。沃利梅尔已有两个月不在这儿。他一直到处跑。好像要跑到老也不回来。这是个优秀的布尔什维克。我和党组织的联系非常少。这并非我的过错。如果奉承某一个人，那么来探望的人会多些，但实际上我不可能这样。此地有个很好的女布尔什维克——妇女部主任。她曾是雇农，在群众当中，尤其在女工当中，口碑极好。可惜，惹是生非者在这里没人管，组织内部不齐心协力。有人溜须拍马，搬弄是非，却没有谁挺身而出，坦诚地指出缺点错误。

拉娅已是候补党员。她被安排进了党支部。她问候好心肠的你。

告诉你吧。你的电炉确实帮助了我们，使我们避免了受冻着凉。你想，150 普特①劈柴［缺损］恶劣的天气。

现在你提到自己的一位朋友。你对她说吧，只要她有愿望，就让她和我熟悉起来好了。我觉得，你的朋友也可以成为我的朋友。真的。或者你告诉她，让她写信来。既然你写信惜墨如金，你的朋友们会叙述有关你的一切情况。［此信缺失结尾］

---

① 1 普特等于 16.3 公斤。

94. 给哥哥

（1929年3月18日，索契）

巴黎公社纪念日。

(1929年3月18日)①

亲爱的哥哥，我向你热烈地问候！

拉娅由装卸工人党支部全体大会通过，被吸收为联共（布）候补党员。她一步又一步，和工人群众越走越近。她目前干的是清洁工，被选为市苏维埃委员、工会理事会候补理事、妇女部书记、家庭女工全权工会代表、工人检察院委员，在军事训练班结业后，如今又是工人检察院的军训员。还有许多呢，比如市苏维埃工农检察院一个分部的委员，等等。这么着，她便早晨7点外出，深夜12点回来（午饭两小时）。

在某些方面仍有许多冲突和斗争（旧世界的残渣时而泛起）。但联共（布）节节胜利。好哥哥，咱俩有很多话可谈，不过等见面的时候吧。你能不能得到一个月的假期？否则，寥寥数日怎么行？

热烈地问候卡佳和少先队员②，以及他们整整一代人。

柯里亚

巴黎公社纪念日

1929年3月18日

---

① 1871年3月18日，巴黎工人举行起义，建立了人类历史上第一个无产阶级专政的政权。

② 少先队员，应该是指哥哥米佳（德米特里）的孩子。

95. 给诺维科夫

（1929年3月19日，索契）

亲爱的彼佳：

我今后给你写信，会像电报般简明扼要——不发玄妙的空论，舍弃文学的辞藻，因为我体力不支，已无法长时间写字，根本看不出自己所写的东西，摸索着瞎写。

这就开始。信收到。我会同志式地接待你那不幸的、患病的熟人①。她可在此休息一阵，接受诊察。走海路等于谋杀：现有九至十二级的风暴。这样吧，我等着——让她要来时函告——会有人去接她的。我住得靠近车站（沃依柯夫街39号），我住处的标志——大大的天线。你最好8月到来——争取给你五天假期。

现托你办件事，注意了：在哈尔科夫，在"阿斯托里亚"旅馆，118房间，住着我在马采斯塔疗养院认识的一位负责干部潘科夫。他好像供职于教育人民委员部，还是报纸编辑。这样，你去找他——他即将出国——对他说，你是我的朋友，而且会来索契，会到我家；说我写信托你，务必去看他，问问是否安康，若他出国，则要个地址。收音机的事，对他只字莫提。如果他让你转交给我什么书籍或蓄电池组，那么你收下，可能的话，交给你的那个熟人，让她带来。潘科夫

---

① 这是指利雅霍维奇·洛扎·包里索夫娜（洛卓奇卡、洛宗卡）。1929年，她去索契治病，与尼·奥斯特洛夫斯基相识，直至去世前，一直是奥斯特洛夫斯基的好友。她曾告诉诺维科夫："我太感激你了，因为你介绍我认识了一个这么好、心灵如水晶般纯净的人……他那躯体已失去自由，却有一个完全强健的头脑。它充满激越的思想，蕴藏着无穷的力量，流露出那么淳朴的诙谐，施放着年轻人特有的激情。"

是非常优秀的年轻人，允诺过给我寄各种收音机零件——但愿他没忘——不过你要管住舌头，别多言多语，说你曾卖掉短裤，资助我买各种零件。就这事儿，快帮我办妥。

  我知道你很敏感，受不了遭人白眼、怀疑，等等。归根结底，此时你要绝对抓紧……让人家斜着眼睛看好了。你要用事实证明，他们斜眼斜错了方向。人家的目光关你什么事？你要坚定不移地付出努力，更加靠拢正进行宏伟建设的无产阶级，做一名先进的战士。这么做，你是具有思想基础的，不是耍手腕。这样的话，还有什么问题？

  我十分希望你在来此之前，把通向党的道路铺平。你已在接近某个党支部。咱们抱着希望等待吧。

  紧紧握手。

柯里亚
1929 年 3 月 19 日

96. 给诺维科夫

（1929年3月25日，索契）

亲爱的彼佳：

好朋友，你要相信我，身边没有人能帮忙写信给你——各忙各的去了。你看看，我亲自动笔了。

日吉廖娃同志将于9月3日前往列宁格勒。你去她那儿一趟，她会代我讲述一切，这比任何信件都强。洛扎问我："彼佳为什么生我的气呢？"你彼佳也问我同样的问题。她将于9月3日来我这儿十天。我去莫斯科，大概不会早于10月15日至20日，不会更早的。去马采斯塔，大概是在10月15日。潘科夫到过雅尔塔，到过利瓦季亚。洛扎去过他那儿。拉耶奇卡病得不轻，8月26日起去休养所。由于同样的原因，我没写信给塔玛拉。等洛扎到了这里，我就动员此处的朋友负责帮忙。亲爱的彼士巧克！对你，我还从未生过气，我的沉默也是不得已。新情况多得很，可无法在信中尽述。我一直有个愿望——到莫斯科和你同住。若能实现，我会十分愉快。这里气温四十至四十二度，呼吸不畅。霍鲁仁科给你去信吗？我在等候洛扎。她会向我讲二十箩筐的故事，而且讲得眉飞色舞，因为一年来她积聚了那么多的谈资。你们之间在打内战，这不好。

彼佳，我累了。

握你的手……

你的柯里亚

97. 给日吉廖娃

（1929年4月21日，索契）

亲爱的淑洛奇卡：

我们刚刚念了你1929年4月12日的来信。从某种角度讲，如今我相当闭塞，零零星星地知道一些最新的情况，也理解你为什么不写这些。

非常遗憾，我和当上领导的年轻人缺乏联系，偶尔顺路进来的人又是自己也稀里糊涂的。打从11月以后，支书一次也没来过我这儿。他们不上我家，我的治疗等问题就没人可以谈谈。我并不指望谈得心情十分舒畅，也不急着自个儿大伤脑筋，反正到年底还早着呢。这个问题我自己尚未考虑好，也还没跟正在严酷地崩溃的计划"经济"相联系。

毕竟刚从一个半月的艰难时日中缓解过来。那段日子，双目发炎，疼得钻心，痛苦不堪，焦躁不安，疯了似的。当时，一直待在黑咕隆咚的屋子里，没一点光亮，至少有十五个夜间，躺在那儿，难以入梦。这明显地损害了体质。目前患流行性感冒又已经两天了。忽而热，忽而冷，能去哪里？能跟谁说说？

精力消耗在这些接连不断、没完没了的疾病上，我似乎成了专职病人。假如能把这些精力的1%用于劳动生产，那么车床边的先进工作者恐怕也追不上我。可惜，我的愿望全成了肥皂泡。

有一个事实，糟糕的事实，但回避也回避不了的——1929年开头，我依然生活在1928年延伸过来的阴影中。这阴影只要再浓重些，就可能把生命给涂抹掉了。如今这条命只剩下10%，一旦勾销，便将化为乌有。正是这阴影,可能会干扰我们8月的夏季会面——某种正在发炎的细胞无组织无纪律,最好的大脑也无法让它们服从命令听指挥。我绝对真诚、毫不造作地告诉你,这使我感到身心俱疲。人家都认为,未必会发展到如此程度,而我仍要这么说,因为渴望看到你,因为觉得我们会见面的。

我写过两封信给奥里加·沃依采霍夫斯卡娅①,没有回音。与此相关,我产生一种不祥的预感,潘科夫同志没有来信,多半已出了国。总之,谁也不给我写信。我由于眼疾,除了你,也不给谁写。

我这儿有时聚集着一些年轻的干部,不过目前人数不多,也不经常。我狠狠地剥削他们的视力,要他们念报纸、念党的刊物等。对每个到来的人,我的口头禅是:"念吧!"他们一直念到舌头打嘟噜,发音不清。我如饥似渴地吞咽一切,不让自己落后。"念吧"这口头禅,是一视同仁,对大家都说的。应该讲,也有人感到厌烦。但我终究又对变化着的社会生活有所了解。

我交给拉娅一个战斗任务——让我认识一些共青团员。我先是循循善诱,说服他们,然后以铁石心肠,剥削他们。其实这对双方有利,但他们很快就不耐烦了——年轻人不喜欢替别人念报纸刊物。这一招收效甚微。

欢迎寄来《布尔什维克》杂志。寄吧,淑洛奇卡,再寄吧!

前面我写过,自己这条命只剩下10%了。不难猜出,付出种种努力全是为了维持10%的生命。哑了的收音机开口了。虽然晚了些,并且装配艰辛,但在不是头痛欲裂的日子,我总是听到"您好,您好,

---

① 奥里加·沃依采霍夫斯卡娅,当时在乌克兰苏维埃社会主义共和国的科学院担任译员。后来,尼·奥斯特洛夫斯基有意请她把长篇小说《钢铁是怎样炼成的》译成乌克兰文。

这里是莫斯科广播电台"。

给廖尼亚写几句。

亲爱的廖涅奇卡：

妈妈信上说，你一直没忘记黑海。你们那波罗的海好是好，可黑海更要好得多。这儿有棕榈树，气候温暖，几乎像在热带国家似的。好朋友，你想象一下，巨大的山峰，顶上都戴着雪帽，多美呀！怪不得你夜间做梦也看到这些。你的妈妈淑拉却有完全不同的想法哦。所以，你交给自己一个战斗任务吧：等妈妈一得到假期，而且身体很棒，你就发起进攻，宣传鼓动，强烈要求去南方旅游。妈妈在信里讲到过去，她有一个要好的朋友。这样吧，和那个阿姨结成一伙，共同战斗，直到坐进由列宁格勒开往索契的火车车厢，再宣布停战。努力吧，为了乘上火车，从列宁格勒出发，决不朝左或朝右偏离一点点，直达索契。小弟弟，干不干？

8月再见。

紧握你的手和你妈妈的手。

尼·奥斯特洛夫斯基

1929年4月21日

98. 给诺维科夫

（1929年4月22日，索契）

亲爱的彼佳：

　　来信收悉，同时还收到了教育人民委员部的信，同志们问我是否接到哈尔科夫广播电台寄出的两套蓄电池组。现在我也要高呼提高劳动纪律。彼佳，你想想看，某个粗心大意的搬运工把80伏的蓄电池组碰撞得七零八碎。我真恨不能把那蠢货的脑袋也撞碎。亲爱的哥们儿，你绝对是全苏联罕见的好人。我的每一次委托和请求，你都毫不拖延，又迅速又准确地办妥。洛扎要来此地，我请你在她启程之前，去一趟教育人民委员部，把我的信转交给沙加拉①同志。我在信中提了个关于灯泡的小小要求。如果他们照办，那么你把灯光交给洛扎带来。你在信中说共青团中央书记曾汇钱给我，你去见科瑟洛夫②同志，告诉他，我没有收到任何汇款。让他查问一下——或许是弄错了。书籍也没有收到过。这样的话，我还得等候洛扎的到来。你郑重其事地嘱咐她，让她别从索契旁边一溜而过。你可留点神，别顺嘴乱说，编造什么怪吓人的故事往我身上扣。要不然，你会浓墨重彩，把我描绘成绿林好汉的。记得那个倒霉的库希吧，曾猝不及防，被人家胡编乱造，硬说他有了老婆，还生了个孩子。顺便问问，你知不知道这个忘了朋友的家伙如今在什么地方？

　　彼得鲁沙，告诉你吧，你那怪异的夏季旅游线路，先到土耳其，然后打算去土伦、悉尼和圣弗朗西斯科——我从来信得知这样的幻想，

---

① 沙加拉，当时是乌克兰教育人民委员部政教处书记。
② 科瑟洛夫，当时是共青团中央办公室主任。

真怀疑在你的旅途中是否还有索契这么个偏僻的小地方？咱俩见面的机会在减少。讲讲看，好朋友，你这是患上了旅游妄想症吧？你老实说，打算正常买票还是逃票？要是决定逃票，那么万一被检票员从厕所里拖出，问你"怎么会到这儿来的"，你不妨一脸无辜地回答："来呼吸呼吸新鲜空气。"可惜我没有多少经验能传授给你。

你还是来吧，咱俩研究研究。8月，我多半会从疗养院返回索契。不久前才从身心疲惫中缓解过来，昨天刚刚摆脱了流行性感冒或别的鬼毛病。究竟是什么，我自己也闹不清。今天我总算有可能、有力气口述一封信给你。当然，这封信里我无法详述在头脑中沸腾的一切。不过，再次求你，当洛扎要来的时候，你先写封信，以便我能接待她。更有一事——你在入党的道路上可别放松努力。

亲爱的彼得鲁沙，你设法搞一份带图形的收音机价目表和一份收音机零部件的最新价目表。如果搞到，交由洛扎带来。你知道有句谚语："只要孩子不哭闹，要啥玩具都办到……"我就是这么个"宝宝"，你才像妈，以后还有要烦你的呢。

紧紧握你的手，哥们儿。你和洛扎给我写信吧。向咱们所有的朋友致意。顺便问一下，卡拉锡在什么浑水里游，是否经常上你的钩？还是这条可恶的鱼儿压根儿没待在哈尔科夫？我原本打算汇钱，托你买一个我们的工厂最近生产出来的音色清亮的"极品1号"扬声器。这东西卖30卢布，可我手头只有20卢布。根据大量经验，亲爱的彼佳同志，你会立即买了扬声器寄来，然后怨天怨地。所以我最好稍迟些一次性汇出全额钱款，让你，亲爱的彼杰奇卡，替我买妥这东西。回忆起咱俩开心的相遇，好不愁闷。这促使我默默地提出一个要求——你再也别破费给我寄送小邮包了。

就这样吧，亲爱的同志，祝万事如意。

你的尼古拉

1929年4月22日

索契，沃依柯夫街39号

（受奥斯特洛夫斯基之托代笔复信——负责任的秘书斯米尔诺娃①）

---

① 阿·斯米尔诺娃，女共青团员，得空时经常帮尼·奥斯特洛夫斯基念书报杂志、写信。

99. 给日吉廖娃

（1929年5月7日，索契）

亲爱的淑洛奇卡：

转去潘科夫的一封信和［社保］总行的一纸公文。同志们怂恿我再次给社保总行去信。

奥里加目前怎么样，你知道吗？她没出什么意外吧？

亲爱的好朋友，你情况如何？

承认吧，朋友，你可信写得很少哦。由于实际困难，我也写得不多。

拉娅在利沃耶尔当洗碗工，被选进了工会基层委员会。区党委把有关吸收她为联共（布）候补党员的材料退回支部，并这样指示：她可以作为职员入党——须有五名推荐者，有两年候补期，等等。她是作为女工被党支部吸收的。我将和同志们谈谈。区党委的做法不对头。洗碗工算什么职员？她情绪低落，秋季前打算去罗斯托夫的工厂，或者试试到这里来。

跟以前一样，我如今看不见任何一个党内的同志。执委会主席被撤掉了。

城里麇集着疗养的人。

天气特好。

物价飞涨了五倍。

出乎意料，但确实如此——我这总的健康状况好些了，睡眠正常。然而眼睛，视而不见的、可恨的眼睛，一直在折磨人。

党委委员们由一个小伙子捎来口信，让我不用怀疑他们将在马采斯塔为我搞到一张床位，因为有边区委员会的指示。但这并非那么简单，不过，至少有句话总是好的。

淑洛奇卡，你可别忘了我在等你，你得来。在脑袋上钻个洞之前，我希望和你见个面。

妈妈和拉娅问候你。

柯里亚

100. 给诺维科夫

（1929 年 5 月 11 日，索契）

亲爱的彼得鲁什卡：

　　洛扎已到，抢在人家还没开骂之前，我先写点什么。一下子可能写不全，不过最主要的尽量汇报。如果知道你去列宁格勒，我会让你去找一个同志，她能告诉你许多情况。如今我日常生活中的任何琐事，自己都办不了。这些我全让洛扎代劳。她也并不推却。

　　洛扎说你得了一种新毛病。每当经过卢森堡广场，就急速地离开国营缝纫机商场，奔向莫斯科大街，进入无线电商店；而每当接到索契的来信，就喝一小杯缬草酊，早早钻进被窝。据说，有两件事情你是不相信的：一是卡拉锡什么时候兑现了诺言，二是柯里亚不再摆弄那破收音机，不再让他烦心了。

　　我问过洛扎，可不可以相信你将会到这里来，她的回答是肯定的。不知道自己为什么怀疑这事儿，实际上你一次也没骗过我。你绝不是那个卡拉锡。没多少时间能让你犹豫不决了，咱俩要一块儿回顾、审视分手以来那段漫长的时日。彼佳，总之不知怎么的，我今天心思难以集中。改天我和洛卓奇卡一道，洋洋洒洒，写封长信。不过，往往言不在多，表示关切的方式更重要。有时寥寥数语即可。

　　紧紧握你的手。

你的尼古拉
1929 年 5 月 11 日

　　P. S. 请你去一趟国营缝纫机商场。如果找得到"极品 1 号"扬声器，那就买下，同时别买蓄电池了。

101. 给日吉廖娃

（1929年5月16日，索契）

亲爱的淑拉同志：

即使抱着最宽容的态度，也能够说你不常写信，但你有用之不竭的理由——工作。我报告两三个小小的新消息：

切尔诺科佐夫从5月8日起在马采斯塔治疗。他答应来作客。他走路不拄拐杖，保持着朝气蓬勃的模样。总之，看来很快要重返工作岗位了。他的妻子病得很重，留在家里。切尔诺科佐夫来马采斯塔之前，是躺在罗斯托夫的医院里。

奥里加·沃依采霍夫斯卡娅活着，来过一封信。她自我感觉挺糟糕，字里行间透露出哀愁、疲惫。看样子，这位同志缺少朋友。她在信上说，所有的朋友都把她给忘了。估计她不仅仅是给我发了信，大概你也收到了，淑洛奇卡，给她写信吧，让一个疲弱的同志重振精神。目前她显然正在度过一段凄苦的日子。

我这儿没有令人兴味浓浓的新消息。看不见当地的同志到我家来。我珍藏着在马采斯塔治病的一些同志的"允诺联系"的信。

你来信吧，哪怕只是短笺，描述一下你的近况也好。

妈妈和拉娅让我转达问候。告诉廖尼亚，让他给我写封短短的信。

到8月已经剩下不多几天了。

再见。

柯里亚·奥斯特洛夫斯基

102. 给诺维科夫

（1929 年 5 月 27 日，索契）

亲爱的彼佳：

洛扎为我念了你的航空明信片。念着，她心上跟猫爪子在抓似的。聊聊货品匮乏的情况，有助于减轻烦闷。真希望某个"大买卖人"迷恋上收音机，得了坐骨神经痛，不能坐沙发，只好跑来跑去，忙个不停。

现在咱们谈谈正经的。你在信上说，蓄电池组有货，多半是 80 伏、2.5 安时的。你说售价 80 卢布。这东西可不应该买。随它去吧。目前，这不适合咱们。我倒是写过 80 伏、2.5 安时的蓄电池组。国营缝纫机商场最近的价目表上，它的售价是 30 卢布。这适合咱们……〔缺损〕在哈尔科夫，显然买不到这样的蓄电池组。对，买不到，这样的买不到。

由此可见，连"极品 1 号"扬声器也是无货供应。真叫人气恼、懊丧。

那么你们哈尔科夫有什么呢？"小矮人"扬声器吧？吱吱嘎嘎乱叫，像痛苦的醉鬼似的、在最关键的时刻啸鸣不止的那种扬声器？总是以一副自惭形秽的模样，表明是建设的过渡时期的产物，袒露着制造部门的各类弊病的那种扬声器？可怜的小矮人！它如果能够倾吐满腹忧愁，倾吐郁结于心的所有怨愤，那么它准会如同 1917 至 1920 年间粗壮的波罗的海水兵，"操着刚硬的俄语"，"温厚地"回忆自己来到世间的、悠久的家谱……

刚刚由列宁格勒的工厂生产出来的"极品 1 号"扬声器，据说是非常出色的器件。这堪称咱们取得的胜利。等着吧,它可能会出现于哈尔科夫的市场。个别集市上,商人早就在以三倍的高价出售。他们自称是"随行就市"。

老兄,你瞧瞧,竟有这么倒腾的。听到此类传闻,真让人恨得直咬牙。必须此刻就确定一条底线。亲爱的好朋友,"微型"小灯泡,你替我买三只吧。

如今,彼佳,我生怕你在考虑买老的"极品"。但我写的是新的、刚生产出来的"极品1号"——这是苏联的光荣和骄傲。所以,既然有希望,那就还是等上一阵再买。

千万别去那破烂的国营缝纫机商场,你去另一家商店。好像开设在劳动宫底楼。你到那儿问问80伏、1.5安时的蓄电池组,再问问"极品1号"扬声器。

如果这些器件你都打听到了,而且价钱不贵,那就发封航空信。"收音机工程"就要大功告成了。

我估计此刻你已喝下蓖麻油或缬草酊(也可能是其他安神催眠效果更佳的东西),钻进了被窝。尊敬的同志……反对洛扎的假材料的编撰者,我在经过深思熟虑后,荣幸地通知阁下,当前各种偏差都对你自己不利。

我和洛扎开始激烈地冲突。争执缘于下述问题上的意见分歧:她执拗地要我相信,1928年底,你患上了收音机恐惧症和收音机痴迷症。(瞎扯哦,是他自己这样讲,硬叫我写的。①)我则坚决地要她相信,这是一根广播天线杆,连同奥斯特洛夫斯基(即本人)这钟楼般的躯体,一块儿砸到你脑袋的结果。

我恼怒地拒绝把我视为和稀泥者的种种指责。其实恰恰相反,我

---

① 这是代笔者洛扎的插话。

在和洛扎,和她的托洛茨基倾向,做最不妥协的斗争。状况甚至发展到肢体冲突,以致第二天我在左眼底下贴了膏药,因为出现了相当大的青紫斑……(彼佳,你想象一下我得亲手写出这些字句时的尴尬模样。)

洛卓奇卡呢,她患了急性的神经衰弱。在打架的过程中,我确信她是个热心的托洛茨基拥护者。

彼佳,你想想看——她,说得轻微些,有胆量要我相信,托洛茨基先生是个引人注目的黑发男子,披着两俄尺①长的、蓬松丰厚的、迷人的头发,决不朝"方石板地"上擤鼻涕,而是用手帕捂着鼻子。我则要她相信,此人由于脑袋瓜古怪而愚蠢,已经是个秃顶男人,他被从苏联挤出去,是由于邋里邋遢,由于无论把他安插在哪儿,他都到一处弄脏一片……

然后,对牙齿也意见不同:我说托洛茨基是镶假牙的,她却说即使镶着两只金牙,也算不了什么;我表示可惜没把他残留的一些牙齿拔掉。洛扎面红耳赤,火冒八丈。

如果我说,托洛茨基穿的裤子是"牛仔裤",她偏说是"马裤"。总而言之,你看看,这是一位不可救药的女士。一连串的问题,若要和她在整体上达成一致,那是没有任何可能的……

至于我的青紫斑,那倒没什么,争吵时难免会弄出来的。不过哥们儿,你若硬说这是我在丑化她,那可冤枉。

然后,老兄,拜托了,你写得明白些,第二条"又及"究竟指的是谁。洛扎说指我,我说是指她。她还困惑地耸耸肩膀,说跟她毫无关系,说自己的"笨脑袋"根本无法理解你那套名词深奥、充满智慧的中国哲学般的话,为此她绞尽脑汁,播弄自己"无产阶级的牙齿和

---

① 1俄尺相当于0.71米。

舌头",千方百计地要证实,这是直接与我有关的。

至于卡拉锡——真叫人失望。要么这样,你捆住他的双手双脚,精细地打包,托运过来(当然,得保个险),但愿他怎么折腾也没在半路上滑落出去,那样我们才有可能在此地看到他。

在这封给你的信上,洛扎断然拒绝根据我的口授写清楚,我希望你娶妻结婚是她在怂恿……(瞎说,真的,他瞎说。)

同志,亲爱的,就谈这些了。这里是索契广播电台。广播到此结束。苏联的广播工作者万岁!托洛茨基反对派滚开吧!更高地举起单身汉的旗帜(不过你自己在准备娶妻成家)!在浑水里扑腾的卡拉锡可耻!"哈尔科夫—索契"夏季之旅万岁!

编辑　尼古拉

极端负责任的秘书　洛扎

1929 年 5 月 27 日

103. 给诺维科夫

（1929年6月4日，索契）

亲爱的彼佳：

此信纯粹是"事务性"的，没有任何"文学性"。口号是节省洛扎的时间和精力。她哼呀嗨哟，长吁短叹，表明自己需要节省这些。好，我告知正在摆弄什么。

1. БВ型单管收音机；

2. YH^{2}型双管放大器。

亲爱的彼佳！现在我得向你彻底坦白。所谓双管放大器，只有一只灯泡是亮的；第二只变压器修不好——第二个线圈撕破了。咱们的产品就是如此蹩脚。在这里，在收音机咨询处，问问产品质量，他们耍嘴皮子，推三阻四——连我这无法亲自前去的人也最终被缠得晕头转向，疲惫不堪。这情况我信上不细说了，以免你也陪着生气。

当地的"无线电迷"把我的"微型"灯泡给烧毁了，蓄电池也弄坏了。这给了我一个很好的教训，往后任凭是谁，也决不能把收音机交给人家。为了这事儿，洛卓奇卡把我骂得狗血喷头。

彼佳，你打听价钱，破费买器件，我心存感激，不过此刻不需要说什么。可能你不晓得，但彼佳，按专业我还是个电工呢。因此，跟电有关的活儿，我能动手干。那本《无线电爱好者》真好，全是无线电方面的信息。此处根本没有这种杂志。

我的收音机修好了。收听效果差强人意，只是放大器勉强工作，电力不足。目前不需要买4伏的蓄电池。我得到了莫斯科和列宁格勒蓄电池托拉斯的价目表。在哈尔科夫，则1.5安时、80伏的蓄电池无货供应。这就清楚了：乌克兰的"沙文主义者"全都压根儿不从莫斯科和列宁格勒购入无线电产品。

结论便这样得出：倘若你对在哈尔科夫买到"极品1号"扬声器抱有希望——即使只抱着一丁点儿希望，那咱们就等着吧。要不然，就得冲到莫斯科去。倘若买不到我所写的、价格为30卢布的蓄电池组，那也没办法，咱们再等等。无论如何别买80卢布的高价物品（我写清楚这一点，因为谁知道你的脑袋瓜里会冒出怎样的念头）。

彼坚卡，倘若你还没寄出小灯泡，那么很希望买了伏特毫安表（售价7卢布10戈比），一并寄来。此处也有货供应，但出售要增添50%的附加费。

人家告诉你，80伏的干电池组可使用一年。胡扯！漫天大谎。不能充电的呀！我要的那种可以充电数次。

你要我写写洛扎的情形。正好她要罢工呢，我得把这事儿给同志们说说。是这样的：1. 总的健康状况和自我感觉，可以认为还挺不错。2. 有时候情绪起伏不定（悲观、疲弱）。3. 由于我狠狠剥削（阅读书报杂志，写信，交换意见，等等），出现了恐纸病的症状。4. 我个人十分沮丧，耳朵里越来越多地听到一些词语——狠心的剥削者呀，不要强人所难哪。这还表现在下述方面：她不断地换住处，搬得离我越来越远，以后总有一天会从索契溜掉。我将伤心不已。她是我的全权秘书。在我心目中，她是难得的人才。5. 她显示着北高加索高校的，不，北高加索高校一个女生的霸道，令人吃惊……目前双方论战不止，硝烟弥漫……

（你瞧，彼得鲁什，我成了尼古拉手中的驯服工具喽，不得不他说我听，把关于我本人的种种讲法一一写下。）①

---

① 括号内是代笔者洛扎的插话。

这是第一次情况汇报。以后我将连续报告态势的发展，你可以猜想出远方的情形。总的来说，洛扎这女孩子挺棒，晒得黑黝黝的，在极佳的气候条件下，她将"肥头胖耳"。

你向弗洛尔·瓦西里耶维奇·鲁卡舍夫和他的儿子转达我的问候吧。让这老人放心。你告诉他，我的青紫斑是随口瞎说的。如果讲实话（这并不表示，我以前讲的是假话），那么情况是这样：并非我提防洛卓奇卡，而是她躲着我，小心翼翼地在我那小棍儿的活动半径范围之外走来走去。

关于机场，总得说两句。机场离我们家很近。从我这屋子的窗口望出去，能清晰地观看飞机漂亮的降落。即使降落并不顺当，出危险的可能也不大。

卡拉锡的事情就别写了吧。回想起这条鱼儿，我就总是胃里疼得厉害，似乎咽下了一根鱼刺。

好啦，信要顺利地写完了（我已经7次听到洛扎的惊叫："哦，哎哟"和"哇，天哪"——你想想，女孩子呼唤老天爷了。确实让她吃大苦头喽）。

我亲爱的朋友，祝你万事如意。给我们来信吧，常写、多写些，最好寄平信。否则，像你5月28日寄出的那封航空信，拖延到6月2日晚间十点钟才收到。平信呢，同平常的物品一样，简简单单地寄来，比较快；而你有一封等着回复的航空信，我们的确至今还没收到。无线电杂志收到了。

再见。

你的尼古拉

负责任的秘书　洛扎

1929年6月4日　索契

过两天，彼得，我会告诉你尼古拉的全部情形。他的哥哥德米特里应该是明天抵达。重要的是，我得和他一起决定某些问题。我打算事先不让尼古拉知道，把一切都办妥，反正你是了解他的……唉，有些想法，再也没有谁可以商量。他去马采斯塔的事情是这样的：我们乘车去马采斯塔，见他的一位老同志（按年龄算也比他大）。那是一位政府委员。从他那儿取一封给边区委员会书记的信，然后拉了边区委员会书记，一块儿回到尼古拉的家里。稍过几天，他再和"疗管"主任和两位教授来柯里亚这儿，商定出发的时间。做好这件事，会在6月15日左右。另外，我跟替尼古拉治眼病的医生谈过一次。医生认为，这受了他整个病理过程的影响，即做出了诊断——中毒性多发关节炎。他说动个手术很容易，但成功与否不能保证，同时他也不愿承担道义上的责任。他答应开个证明——做出诊断，并写明手术的特点。这份证明我本想给你寄去，以便你找个专家咨询一下，不过收到了潘科夫从柏林寄出的信，信中希望寄去这种证明。我把证明寄给了他，而把信的内容告诉你。目前，关于你的朋友，我能给你说的，只有这些。我重复一遍，过两天，我得到其他消息，会再告诉你的。

彼得鲁什，别为我现在不去顿涅茨克的游泳池而不开心。机会并没有完全丧失。仅仅是时间问题。好朋友，就这样，耐心些吧。

关于自己的情况，给你说些什么呢？尼古拉写过了（当然，是我代笔的，也只能如此）。我极其忧郁……若不是这里有个尼古拉在，我早就投水自尽了。

你打算什么时候来？8月初？8月底？否则，恐怕在你到达索契之前，我已离开了。

哈努霞已向我转告了你的问候。来信谈谈自己的事儿吧。

代我向所有的熟人致意。

祝万事顺遂。

洛扎
1929 年 6 月 4 日

彼坚卡：

  今天给尼古拉念了一本薄薄的书《草原的风》，我们觉得非常带劲儿。如果你没读过，就读一读，并且谈谈感想。柯里亚非常希望如此。他听的时候，激动得呼吸急促。

104. 给诺维科夫

（1929 年 6 月 16 日，索契）

亲爱的彼得鲁什：

如同骤降大雪，卡拉锡突然撞来，这是他的一次计划外行动。这条屡屡让人失望的鱼儿①此时躺躺睡睡，我和洛扎给你写信。

卡拉锡在我这儿暂住。他一到来，屋子里的气氛顿时变得活跃而欢快。洛扎、拉娅、卡拉锡这些淘气鬼，连死人也会被他们逗笑的。

昨天，我们试用卡拉锡捎来的"极品"扬声器。这么柔和、这么清晰的广播声音，我们可从未听到过，但有时传出打雷般的轰响。大家兴致勃勃地收听这美妙的播音。高质量的器件呵，彼得鲁什！近日彻底沉默的"小矮人"扬声器，被放置在积灰的屋角，既委屈又忌妒地望着后来者，看它如何把自己排挤出局，在那儿称王称霸，唯我独尊……卡拉西克起劲地帮我安装机子，捎带着清理出一些电线和尖套儿。美中不足的是"微型"灯泡。可我想，这不久也能解决。

现在我答复你最近的来函涉及的一些问题。洛扎卸下了 50% 至 60% 的重负。小女孩因而神采飞扬，乐不可支。我曾断言，她的住处离我越来越远是错的——原来她住得更近了，可谓近在咫尺。

托洛茨基主义最终被铲除了，因为洛扎从报上得知，托洛茨基剃光头发，刮掉胡须，完全成了个秃顶。

卡拉锡一口拒绝结婚。问他为什么，他也回答了。不过他的言与行自相矛盾到极点——这条鱼儿睡眼惺忪中听见走廊里有我的女邻居

---

① "卡拉锡"有"鲫鱼"的意思。

195

尼诺奇卡的声响，便敏捷地甩动鳍片，游了过去，绕着女孩子转了七圈，把周围的水搅浑。

（信末是我的亲笔签名，因为我，一个男子汉，缺乏请洛扎代签的勇气。）

现在说说机场。答应你的苦苦请求，我来描述一下机场的位置。你走出我家，往左，走半俄里，到了西多尔金住过的地方，拐个弯，再走半俄里，右拐，便是"隧道"。若非遇到暴雨，可别钻隧道，小心碰上打劫的，被扒光衣服。再走半俄里，看见马克夏奇基·舒尔卡家的屋子。你背朝这屋子，机场就很近了。从那里走半俄里，会发现一条小河。其实也算不上什么河——一个大水潭而已。机场近在眼前啦。笔直走，还有3俄里半，但那路坎坷不平，走起来不舒服；你走另一条路，反正那里会有人指点……（卡拉锡正在一边吃东西，狼吞虎咽。）

再见吧，亲爱的朋友！如果尚未答复所有的问题，以后再补充。

对了，伏特毫安表买不到的话，就随他去。此时此刻你多半在想，这个人不装配好收音机是死不瞑目的。

你的尼古拉
负责任的秘书洛扎
1929年6月16日　索契

105. 给诺维科夫

（1929 年 7 月 13 日，索契）

彼佳同志：

我已从马采斯塔返回，此刻择要汇报。我的健康状况，总的来说还不错。眼疾依旧糟糕。

环顾周围的同志，仍然模模糊糊，没什么变化。

估计去莫斯科，将在 9 月 1 日或 15 日。在这以前，权威的专家们会休假归来。我非常希望你给我一个抵达的确切日期。

亲爱的彼佳，你在信上说，怎么搞的，拉娅保持沉默。其实不然，她根本没有沉默。她不属于那种沉静安分的人。底楼的住户给房管所部门打报告，指责我，因为天花板上有砖头往下掉；炉灶烟囱坍塌，墙上灰泥剥落。这些都是洛扎、拉娅和尼娜做的好事。哦，三位一体，密不可分，不喜欢安宁。

拉娅不给你写信，是因为对人不熟悉，胆怯。在这里，你这个人的形象被多种油彩涂抹得确实可能怪吓人的。只有洛扎，把你夸得跟纯金似的，在你身上仅仅找出一种缺点——你从小养成习惯，用钝剃刀在喉结那儿刮来刮去。

彼佳，你得理解，这样的，还有诸如此类的评述，使可怜的拉娅皮肤上起一层鸡皮疙瘩。她是挺胆小的呀。夜里，她从不独自睡……害怕哦……

我终于修好了收音机，晚上试听！一切停当，大家看到我的收音机内灯泡幽幽地闪亮……

彼得鲁什，你问问卡拉锡，勃朗宁手枪怎么样了，是已彻底报废了吧？

我想，这封信你们会大家看看的，我和我的秘书就节省点精力与时间了。

第一份汇报先写到这儿。

盼望很快和你用不着借助于纸笔，直接交谈，谈得兴奋不已。

和你，和木夏，紧紧地握手。

你的尼古拉

106. 给日吉廖娃

（1929年9月30日，索契）

亲爱的淑洛奇卡：

现在我们整装待发。马雷舍夫①那儿，寄了信也发了电报。没有回音。我们等着。我尚未拿定主意，马雷舍夫不来回音的话，我究竟要不要启程。这一点明天可见分晓。万一马雷舍夫不在莫斯科，我们冒冒失失赶去，会很尴尬的。

我的眼睛严重发炎，已有十天，偏偏是在要出发之前。拉娅拿到了党证，也挑起了妇女部基层组织负责人的重担。当前，索契的领导层中人心惶惶。中央监察委员会的一个专门小组将对索契进行清洗。眼下，这里有省委员会、省监察委员会、边区监察委员会在开展工作。我寄给你一些本市和周边地区的剪报。在昨天的市党委大会上，甚至有人提出沃利梅尔以及其他人的党性问题。今天，中央监察委员的专门小组将决定他们的命运——是否留在党内。

自我批评以暴风骤雨般的速度开展。报刊恢复了活力，成了真正的布尔什维克的喉舌。一连串的大小事件正在抖搂出来。当然，有人企图打个人的小算盘。在这时，几乎所有的头头脑脑都卷了进去。被遗忘已久的事情翻腾出来，在全新的光束照耀下纤毫毕现。总之，这

---

① 马雷舍夫，下诺夫哥罗德集市委员会主任。1928年，尼·奥斯特洛夫斯基和他在索契的疗养院里相识。马雷舍夫曾出力协助，安排奥斯特洛夫斯基到莫斯科住院治疗。

是一个缩微的列宁格勒①。边区委员会引用过我以前同头头脑脑斗争的材料，这些材料可以回答各种最严厉的指责。

我把这些材料全部寄上，为的是再次向你证明自己在这儿进行过激烈争斗是有道理的。

令我深感痛苦的，是无法参加全面铺开的、如火如荼的斗争。

我觉得，自己居住在索契而无所作为，不应受到责难。我正在本市、在小小的索契这一隅之地，被撇在旁边，啥也不知道。

亲爱的同志，紧握你的手！

在前面等候着我的是困厄与不幸，我有足够的力量迎战。只要生活给我一个微笑，纵然是苦笑，我也将一次再次地奋斗下去。

向"列宁格勒小男孩"②问好。他或许以为我是个板着脸的叔叔，正对我十分恼火呢。

附上"区委会"③的亲笔信。我母亲诚挚地、热情地向你问候。

柯里亚

1929年9月30日索契

我也热情地、诚挚地问候。——洛扎。

---

① 根据联共（布）党第十六次代表大会的决定，列宁格勒于1929年4月23日至29日进行清党。日吉廖娃参加过一个清党委员会的工作。奥斯特洛夫斯基所指的便是这种情况。

② 奥斯特洛夫斯基戏称日吉廖娃的十岁儿子廖尼亚为"列宁格勒小男孩"。

③ 基于谐音（"区委会"的音译为"拉依科姆"，奥斯特洛夫斯基的妻子名叫拉依萨），有时他以此戏称妻子。

107. 家 书

（1929 年 9 月，索契）

亲爱的老爸、米佳和卡佳！

　　我报告——妈妈已经成了妇女部的代表，接到了聘书，开始和拉娅一起参加妇女部乃至党支部的会议。她将逐渐地融入工人阶级的生活。谁知道呢，如果她有勇气，有求进步的愿望，那么连她也可能成为党员，是咱们家的第三个。

柯里亚

1929 年　索契

108. 给利雅霍维奇

（1929年10月26日，索契）

洛卓奇卡：

拉娅帮我念了你的来信。令人惊讶的是你对我们的近况毫无所知。但有什么办法呢？你又是个有主见的女性……我没法写信——这种无可奈何使我沮丧。我真希望你居住在索契，靠近我家，而并非在苏呼米。

向你的哥哥致意，并和他谈谈莫特的事儿吧。我会来的，那时咱们一同继续谈。如果这样安排，你觉得还算合适，那我很高兴。

写封长信来，告诉我所有的情况。我想给你多写些的，可没有力气了。

紧紧握手。

尼古拉

期待着许多好的信——非公文式的、充满友谊的信。这会给我带来一些愉悦的时间，知道不？接不到这样的信，我就只好期待。

当然，我相信，和我们相比，你将是一位文笔优美得多的作家，不过你要记住基本的一条——必须常写信给小伙子。

柯里亚

北高加索，索契市，沃依柯夫街39号。

109. 给利雅霍维奇

（1929年11月24日，莫斯科）

亲爱的洛卓奇卡：

赶在你启程之前写信。我想你前往苏呼米，会顺路去索契，到我母亲那儿小住。告诉你，洛扎，有可能我冬季也到索契去。如果你留在索契，那就太好了，咱们又可以在一块儿了。总之，你启程前给我来信谈一下这事儿。我真想在信上多谈些事情，可惜心有余而力不足。但你应该尽量多写。我等待着，并且将愉快地阅读来信。你每次坐下写信时，都要把我排在第一位哦。拉娅从11月起进厂工作，而且很快将通过清党审查。她现在要解决一个问题：给自己找个栖身之所。反正住在马雷舍夫的办公室，终究不妥当……我倒在想，即使我去了索契，最好拉娅仍长期留在莫斯科。她在这里，在劳动生产第一线磨炼着无产阶级的意志。这件事儿，我还没有和她一起研究决定。你多半知道彼佳已经结婚，这鬼东西居然一声不响。你要告诉我什么，全写下来吧。

现在我讲讲自己。目前眼睛不能做手术，必须等发炎的过程结束。我面临着一个问题：得向教授（阿维尔巴赫[①]和康恰罗夫斯基[②]）请教，弄清楚自己是否必须待在莫斯科。应该跟你说，我住在医院里，

[①] 阿维尔巴赫（1872—1944），眼科专家、院士。1929年，他替奥斯特洛夫斯基看过病。当时打算做眼科手术，但由于炎症加剧而无法施行，只切除了甲状旁腺，以求遏止双眼乃至全身的发炎过程。1936年2月，阿维尔巴赫教授再次提出做眼科手术的建议，奥斯特洛夫斯基拒绝了。

[②] 康恰罗夫斯基，国立莫斯科大学附属医院内科主任。

感到很郁闷。主要是没人帮着念念书报,所以不由怀念咱俩在一起读书看报的那些白天和晚间。

唉,我的私人秘书居住得太遥远了。那些任我狠狠剥削的幸福时光过去了!

共和国的大脑在百分之百地工作,阔步前进的步伐矫健而沉稳!

你的朋友如果上门做客,请向他们致意!等待着来信!拉娅向你表示同志式的热情问候!

尼古拉

1929 年 11 月 24 日　莫斯科

110. 给日吉廖娃

（1930年1月1日，莫斯科）

亲爱的淑拉！

趁米沙①去列宁格勒，我让他到你那儿跑一趟，所以写这封信。

曼杰列娃②来探望我，谈了党内的种种麻烦事儿，都是你不得不面对的。一副护耳收到了。我的痛苦在于，至今没能给你哪怕只写一封信，不过你知道我会说些什么来解释。拉娅昨天在单位里通过了清党审查。目前她没有什么错误，一切都被以同志式的态度通过。在工厂里，她被安排在文化委员会，担当起繁杂的任务。还在读党校。她忙得跟陀螺似的团团转，我难得看到她了，要三四天才碰一次面。不过，知道她全身心地投入，兴致勃勃地做好工作，我觉得快慰。我的老母亲留在索契，一个人过。她非常牵挂，盼望着我们回去。在那里，她受到袭扰。这方面的事儿，米沙会对你说的。曼杰列娃同志给你写过信。

关于是否转到克里姆林宫③去的问题，大概近日会决定。详细情形和我的近况，米沙将告诉你。现在我感到身体十分虚弱。医院里特别冷（八至九度），今日是难得的暖和天气。我住院和有关清党的情况，也由米沙转告。但愿米沙绘声绘色的叙述，比信上谈的要详尽些。

---

① 芬克利什捷因·米哈依尔·齐诺符杳维奇（米沙、米申卡、米舒奇卡），尼·奥斯特洛夫斯基的朋友。1929年12月，两人相识于莫斯科的第一医院。

② 曼杰列娃是列宁格勒的一位医生，日吉廖娃熟悉的。1929年她在索契和奥斯特洛夫斯基认识。

③ 指谈论中的转入属于克里姆林宫医疗管理局的某医院一事。

最后有一事相告：我渴望摆脱医院的环境。淑洛奇卡，我恰如蓄电池——电能已所剩无几，新的充电机会却一次也没有。

紧紧握你的手。"区委会"诚挚地问候你。向奥里加和"列宁格勒小男孩"问好。

尼古拉
1930 年 1 月 1 日

111. 给利雅霍维奇

(1930年1月9—10日,莫斯科)

亲爱的洛卓奇卡:

我总算逮住了莉扎①同志,让她帮忙,这才时隔三日又写出了这封信。真叫人伤感。首先要问:你在苏呼米收到过一封信吗?现在我开始依次叙述。我牢记着霍鲁任科的观点:友情的深浅并非取决于信件的多少。下面略谈近况。目前,两眼的发炎过程尚未结束,因此,进行眼科手术是不可能的。莫斯科的严冬,像捕鼠器似的,把我给抓住了。在医院里,我患上重感冒,发热发冷,延续一个星期。流行性感冒如同一条恶狗,带着各种并发症,扑将过来,害得我至今体温仍在37.6℃之上跳动。看样子,有种疾病留在了体内,不时发作。我的精力所剩无几(甚至连要跟记录此信的莉扎争论两句也没力气)。我拿定主意,无论如何要从医院里逃走,逃到哪儿去都行。住院期间的大量生活细节,我就不详述了。这些事情使我心烦意乱。我正周密考虑。要采取步骤,以便撤退。他们打算让我转院,到克里姆林宫所属的医院里去。可是只要有可能,我的目标仍然是逃离医院。

1月10日。写信意外中断,现在接着写下去。执笔者换了性别——是我的莫斯科朋友米沙·洛扎,你的来信我们全都收到。我久久沉默,没有回复,因此每接到一封信,我的内疚便增添一分。我曾试着要求在莫斯科分配一间屋子,洛扎,告诉你吧,明天拉娅就该带回关于我这要求的答复了。

---

① 莉扎,尼·奥斯特洛夫斯基在莫斯科的医院里一位同室病友的妻子。

这种企望几乎没有可能实现，不过我还是提出了。万一成功——就算放空炮吧——咱们就又能会面，又能念大量的报刊了。

我等候着你的好友。拉娅150%地忙，我跟她五天碰见一次。最近她通过了清党审查，正如预料的那样，情况很好，是以同志式的态度对待她的。你在信上说，伙伴们一个接一个地结婚了。那么，现在该轮到你喽，别装傻啦。日吉廖娃的来信我收到了。今后，你这个"小老太太"应当常写信，谈谈哈尔科夫的生活，谈谈咱们的朋友，而别计较我不函复。我清楚地记得你们每个人的模样。总的来说，我不会很快地忘掉谁，至于我无法给你们详细地写信，那并非我的过错，而是我的悲哀。拉娅也不给谁写信，于是各处传来责难。"区委会"累得不行。有关我的治疗问题，近日我会听到多种新的意见和建议。如果不尽快写信告诉你，我会心神不宁的。就这样吧，你常来信，多写些。这最重要，其他都无所谓。

紧握你的手。

尼古拉

1930年1月9日　莫斯科

P. S. 你的地址在拉娅那儿，我却想立刻发信。写了彼佳的地址，他会转给你的。拉娅向你问好。

尼古拉

112. 给诺维科夫和卡拉锡

（1930年1月10日，莫斯科）

亲爱的彼佳和木夏：

　　总的来看，你们是我挺好的哥们儿。可顺便说一下，你们悄悄儿地结婚，而我得从十来个人嘴里听到，就像获取惊人的消息一般，这可真让我遗憾。人家告诉我：彼佳结婚了，木夏结婚了，我得到这些惊人的喜讯，就像获取秘密情报一般。你们在来信中，对自己的事情保持缄默，却喜欢互相"揭发"。的确很难相信，你们由长不大的"顽劣儿童"变成了适应井然有序的家庭生活的人。成长吧，哥们儿，努力哟，努力哟……订个五年计划，生五个健壮的宝宝，只是不要四年就完成哦……这样的高速度可不行。向你们的爱人致以同志式的敬礼。我觉得，你们可以在信中介绍她们跟我认识。

　　有关医生哪、治疗哇、医院哪什么的，一堆麻烦事儿，我无意多谈。这话题谈起来没个完，令人厌烦……近日我在等待治疗方面的变化。有任何新情况，我一定告诉你们。拉娅忙得团团转，转速是每分钟五百圈。我们五六天碰一次面。她通过了清党审查。我熬过了一次流行性感冒，又打喷嚏又咳嗽，活像一只受凉的猫，现在身体虚弱。

　　亲爱的朋友，紧紧地、紧紧地握你们的手。当然，你们别忘了我，即使久不复函，你们也要来信哦，衡量友谊深浅的，并非信的数量，而是质量。

　　拉娅问候你们。

尼古拉

1930年1月10日　莫斯科

113. 家 书

（1930年1月12日，莫斯科）

亲爱的公社社员们：

我信写得少——写信很艰难。

热情地问候大家，问候每一个人。

我有个心愿——咱们的妈妈应该成为共产党员。她有这样的要求。如果我还能活上一年，那么一定要让她，咱家的女劳动者，实现这个愿望。我早就有这么个念头，但不知道她本人的想法。如今我负起责任——必须活着，直到妈妈入党的日子。那时候，咱全家都是布尔什维克了。

朋友们，我累了。别责怪我不写信。这并非我的过错。

热烈地、紧紧地握手。

致以共产主义的敬礼。

尼·奥斯特洛夫斯基

1930年1月12日 莫斯科

114. 给诺维科夫

（1930年2月7日，莫斯科）

亲爱的彼佳：

我将不为久不复函而辩解，说自己毫无过错。我可辩解得厌烦透了。就这样，亲爱的好朋友，我开始口述。我在莫斯科的情况意外地复杂，以致自己无法确定方向和做出安排，只能抱着希望，但愿第二天会出现转机。不妨择要略告于后：

1. 所有的医疗机构人满为患。连像我这样求医经验丰富的人也估摸错了，再次置身其中。2. 有关方面决定在莫斯科拨给我们一间屋子，一级级官僚作风明显的部分都已通过，现在转到最后一级——区执委会。人家口头表示，一个月后能得到屋子，然而在莫斯科，人们不仅不相信眼泪，而且不相信承诺。结果如何，我们拭目以待。估计困难的程度是100%。如果这样用百分比来表述，那么我可以说：给屋子的可能性，大致是90%的样子；近日或一个月左右给的可能性，有50%；不过也有意外交好运的。我盼着喜从天降。当然，指望喜从天降不是辩证唯物主义的思维方法，不过在这件事情上无妨如此。3. 我累极了，必须"充电"，恢复体力，以便做出安排，留在尘世。我这样身处逆境，即便要做出一个月的安排，也是办不到的事情。总之目前是乱糟糟的。现在，同志，谈谈快乐些的事儿吧。如果我无可奈何，得滞留于莫斯科，在最糟糕的情况下，要到3月份才能确知此事，那么很自然的，就产生了一个和你来做客有关的问题：必须商定咱们尚未谈妥的事情。说也奇怪，但一些要事咱们总会忘记或者仅仅简述，一笔带过。遗憾的是，咱们的哥们儿，像木夏，可能还有别人，在你我多次谈论的问题上，看法毫无改变。与此同时，我发信给木夏，让他记起咱们之间的一些承诺与约定。没错儿，小伙子结婚了，但第一个火热的高潮已经过去,他揉揉眼睛,看到当前世界的一切。当然,决不能特别责怪他——小伙子正处于由童年至成年的过渡期。彼佳,我和你谈过不止一次,在这件繁难的大事情上,同志式的推动和帮助是必需的。像你这么一个既朴实又敏感的年轻人,要投身于政治生活,确实需要如此的一首序曲。我再三寻思,倘若我居住在哈尔科夫,此事早已迎刃而解。于是我不由再次暗暗问自己,那些自认为是你的朋友的小伙子们,为什么没能做到这一点。时光在流逝,一个月又一个月,一年又一年地飞驰,这个问题却毫无进展。不管你爱不爱听,就是没进展,彼佳,但我得再次提醒你,这比自己的生命更珍贵。若不阔步向前,主要的态势不会有所发展。至于你不善于为自身的事情进行争取,这是大家都清楚的。我从自己的角度,在力所能及的范围内做着一切,当然,微不足道,聊胜于无而已。接下来的几个星期中,我将给你寄去一些公文纸和统计表,都是正式提出申请时需用的。我一定会向莫斯科委员会递交推荐信,并把所有的资料寄给你。但这些都是区区小事,努力工作和熟悉某个工人支部才是重要的。

你来信说,卡拉对你稍稍透露了工厂里当前的政治状况。这条鱼儿也真是的,其实他用不着稍稍透露,最好跨出实在的一步,即便极小的一步也行。那终归是一步,而并非站在原地不动,而且这不难做到,可……唉,我弄不懂,这些年轻的朋友为什么不这样做。你该知道,为了进入一个没人了解你的大家庭,你必须让这家庭中的某个成员跟你熟悉起来。咱们瞧瞧,或许该跨出最初的步子了。你要写信告诉我,究竟采取了什么步骤,还是裹足不前,依旧老样子。好在你跟这条鱼儿是常见面的,接到我的信后,稍过几天,你来封信好吗?如果冰块在移动,我将打心眼儿里高兴。

紧紧地握你的手。向你的爱人问好。

尼古拉

115. 给日吉廖娃

（1930年2月22日，莫斯科）

亲爱的淑洛奇卡：

你大概感到奇怪，自己特别关爱的人怎么沉默着，久不写信。淑洛奇卡，只要生活中稍有亮色，只要个人的状况稍有好转，我会立刻让你一同分享喜悦的。不过我有经验了，只要把目前的遭遇一一函告，我就会使你非常焦虑不安；我太了解你了，知道你会立刻对一切做出反应［缺损］……我不能这样做。像我这种朋友，总会让你担忧着急，因为现实是严酷的，不能接纳站立不稳的人。

我比别人更清晰地意识到、感触到近些时日的艰难困苦，总的来说，也没一件让我拿不定主意的难事。反正目前这几个月，顶多一年，在治疗眼疾的问题尚未明朗之前，我会活着的，哪怕每一天都度日如年。

亲爱的好友，有几个同志耍弄我，使我遭受小小的挫折和打击——但这也不足为奇。

俗话说得好：今天阴沉沉，明朝亮堂堂。

现在我想跟你谈下面这件事情——我的党内女孩拉耶切克的事情。她正要转为联共（布）正式党员。我为她写第二封推荐信，觉得稍有不便（第一封是一位支部委员为她写的）。需要写第二封了，可她在这儿工作得还很少。淑洛奇卡，如果你倒觉得这事情没什么不便之处，那么你为她写一封吧。这是走形式，可又非走不可。你给我个回音。

拉耶切克，我培养的好女孩——这是我向联共（布）交的最后党费,一个活生生的人——朴实、忠诚的女工,一名未来的战士。

淑洛奇卡,我累了。紧紧握你的手。

柯里亚

2月22日

向大家致意。向廖尼亚问好。

116. 给堪切莉玛赫尔①

（1930年3月，莫斯科）

薇拉同志：

您自己念念看！我的一只眼睛做了手术，很顺利，住处的情形也稍有改善。四个月后，给另一只眼睛动手术。

亲爱的同志，现在我谈谈以［下状况］。在这里，我和好几位杰出的教授交谈过，得到一些明确的指点。他们肯定地说，对于我们这样的患者，性生活能起很大的作用，有助于活动肢体，增强生命力并影响到神经系统。年轻人尤其如此。

亲爱的病友，这方面我很难谈得更多［缺损］。我缺失了曾有过的快感。我的同病相怜的朋友，您也一样。

如果生活给予你这种可能，那就要珍惜。来信谈谈自己的意见吧。

尼·奥

---

① 堪切莉玛赫尔·薇拉，索契的市民，视力正在丧失，又缠绵病榻。尼·奥斯特洛夫斯基得悉她的遭遇，有意劝导和帮助。

117. 给日吉廖娃

（1930年4月3日，莫斯科）

亲爱的淑拉：

3月22日给我做手术，切除了甲状旁腺。手术的痛苦熬过来了，目前正在好转。在莫斯科得到了房子。根据教授的理论，手术后我应该能逐渐复原。体力稍有恢复，我会给你写封长长的信。淑拉，很久未接来信，给我写几行字吧，谈谈你的情况。拉娅一直陪护着我。

紧握你的手。

尼古拉

1930年4月3日，莫斯科

打算4月15日去索契，忘掉噩梦般的几个月。

118. 给日吉廖娃

（1930年4月22日，莫斯科）

亲爱的淑拉：

"五一"节将至，向你祝贺。我出院了，搬到拨给我们的屋子。地址：莫斯科34街区苗尔特维胡同12号2楼。

打算5月2日动身去索契，不知是否来得及。按照列宁格勒的奥普佩利①教授的方法，把我的甲状旁腺切除了。局部麻醉，持续了一个半小时。手术后，九天极不舒服，发烧至四十度。

十分疲软，但有效——关节开始稍稍松动。

拉娅整夜整夜守候在我身边。我感觉得到，她累得不行。人家说她瘦了许多。

听有的医生反复地说，手术后我恰恰需要马采斯塔的浴疗，关节内的盐分将被吸收。我血液中的含钙量不正常，替代［缺损］

手术以后，两眼的发炎过程开始缓慢。将近一个月了，一次也没疼。发炎停止的话，阿维尔巴赫就可能施行手术。

淑洛奇卡，你怎么没有信来？你那里有什么情况吗？

其实你的烦心事儿，我全知道。可生活都是这样的。

我等候你的来信，即使短短一张便条也好。

淑拉，你说，难道咱们今年不能见面？

拉娅仍在那个厂工作。又给了她一个任务——管理流动图书馆。我占用了她那么多的时间，她赶来赶去忙坏了。

---

① 奥普佩利（1872—1932），外科医生，军医大学教授。

不久她便要转正，成为联共（布）正式党员。

真想给你多写些，可惜没有力气了。淑洛奇卡，我身体衰弱。问候你的朋友们。

紧紧握你的手。

尼古拉和拉娅

在莫斯科，我们连一个朋友也没有（有一个小伙子①，他去了你那儿）。

我十二个小时独自待着——拉娅直接生产八小时，来回途中三小时，还有一小时搞图书馆。这还不算党内的会议和文化委员会的会议。然而，和在医院里相比，我在这儿较好（心理方面）。没有任何人打搅我。

柯里亚

---

① 指芬克利什捷因·米哈依尔·齐诺符杳维奇（米沙）。

119. 给利雅霍维奇

（1930年4月30日，莫斯科）

亲爱的洛卓奇卡同志：

虽然没力气，我仍然拿起了笔。原本我就够烦恼的了，如今又添了一种烦恼——你们不来了。我等得你们好苦。当然，维系着我们大家的友谊是牢固的，这个事实用不着以大量信件来证明。就写这些。我要节省力气。

反正我总是当头挨了一击，便下意识地举手护住脑袋，等候下一次的打击。这是由于我刚刚离开索契，便成了各种拳击运动员练功夫的靶子。我说靶子，因为只能挨打，无力还手。我不想写忍受过的痛苦，什么动手术、发高烧，凡此种种，全都过去了。我变得沉闷、老成，而且无论显得多么奇怪，我确实更刚烈，看来是因为正在接近斗争之路的尽头。

教授、神经病理学家们言之凿凿地确定我患有严重的神经衰弱症。这没错儿，是令人后怕的八个月所导致的。有一点显而易见，洛卓奇卡，必须立即挪窝儿，要安静，要有亲人在身旁。亲人是谁？是母亲、拉娅、你、洛扎、彼佳、木夏、别尔谢涅夫、淑拉、哥哥米佳。总之，就是我确信对我怀着真情实意的人。好啦，一个严酷的阶段过去了。我摆脱了它，同时保住了最珍贵的——即一个清醒的头脑，恰似一座未毁坏的发电机，也就是一颗钢铸铁打的心，不过体力已损耗掉百分之九十九。

这封信就写了一整天。必须尽快到索契去，还有一个原因，是我在这里每天有十六个小时独自躺着。长期处于这种境况，后果不堪设想。拉娅在这种令人困惑的环境里消耗着所有的力量——一昼夜顶多睡四个小时。不说这些了。

我竭诚赞同你来莫斯科定居（我还将住在此地，当然，那是说我活得长的话）。在这里，你总能找到一份工作——正缺少你们这样的人才。有关参加乌克兰共产党（布）的问题，我还要和你谈谈。总之我建议你朝着这个方向做出努力——我这么说是极端负责的。

依我看，一个人如果不成为布尔什维克，那就意味着他整个儿算不上一名前进中的无产阶级先头部队的战士，而是后勤人员。我这样说，只有1917年至1920年的前线战士例外。明白吗？没有一个百分之百的新生活建设者，是不持有列宁的钢铁般的布尔什维克党的党证的。没有党证，生命暗淡。在如此前所未有的、伟大的时期，怎么能置身党外呢？晚些就晚些吧，一次次战斗过去了就过去吧，但将来还有战斗。置身党外，生活的乐趣何在？无论是家庭，无论是爱情，全都不能给人一种生活完美无缺的感觉。家庭，这是几个人；爱情，这是一个人；可党，这是一百六十万人。只为一个家而活着，这是动物般的利己主义；只为一个人而活着，这是低俗；只为自己而活着，这是卑怯。洛扎，奋进吧，纵然可能遭到打击，有时甚至是重重的，那也要认准目标，奔向联共（布）党。你的生活要丰富起来，要有方向，要明确为什么而活着。这并非轻而易举。你记住，为此必须多多努力。就说这些。

你得注意健康问题。丧失健康，等于丧失一切，丧失生活的全部。你瞧我吧，凡是你所向往的，我全部向往，然而丧失了力量——等于什么也没有了。还有，我们应该会面。你到我们这儿来度假，这是你的第二个家。如果你正面临着丧失劳动能力的危险，那么赶紧抛下一切工作，修补健康。这健康，是一名战士用什么也换不来的财富。

祝贺"五一"劳动节。问候大家。

尼古拉·奥斯特洛夫斯基

莫斯科34街区苗尔特维胡同12号2楼

120. 给日吉廖娃

（1930年5月11日，索契）

亲爱的淑洛奇卡：

我已抵索契。正在休息，要恢复元气。这儿气候炎热，感到挺暖和。我的妈妈心脏病犯了，很严重。前一阵，由于我离家求医，她独自过了八个月，又不断地牵肠挂肚，担惊受怕，终于病倒了。一位朋友的妻子①陪伴我离开莫斯科。在离开之前，我曾写信给你，不知可已收到？关于你的情形，亲爱的同志，我已有四个月毫无所知。我想在索契会得到你的信息。我还要写信给奥里加·沃依采霍夫斯卡娅。她可能知道你的近况。拉娅留在莫斯科。她的地址：莫斯科34街区苗尔特维胡同12号2楼，奥斯特洛夫斯卡娅收。

我已在信上提及，眼部疼痛厉害的炎症缓解了，关节却发生了小小的错位——这是手术的结果。在索契，领导层换人没完没了。严酷的清洗过去了，许多人丢了党证和权力。沃利梅尔受到严重警告处分，被从负责岗位上撤下，待在罗斯托夫，半年没有工作。我记不得是否在信中告诉过你，我是揣着"神经衰弱"诊断书离开莫斯科的。我感觉到，至今尚有这种疾病的症状。等到从旅途劳顿中完全恢复过来，我会立刻再给你写信的。现在紧紧握你的手。

尼古拉

P. S. 问候奥里加同志和"列宁格勒小男孩"。妈妈向你问好。

---

① 指芬克利什捷因的妻子。

121. 给利雅霍维奇

（1930年5月11日，索契）

亲爱的洛卓奇卡：

　　来信收到。发生了令人懊丧的错误。我们发信给你，都写了这个地址：顿涅茨—扎哈尔任夫斯克街8号。在那里，你找得到我们所有的信件。万一遗失了，真遗憾。

　　洛卓奇卡！彼得鲁什卡、卡拉锡和"强盗米沙"到什么时候才不要弄你呵！其实，他们对你胡说八道是明摆着的。早在莫斯科那会儿，他们就商量好了怎么"糊弄"你。这种状况，你得提防着点儿。

　　姐姐和哥哥将于6月1日到来。我真切地体察到住所的逼仄，这令我心头苦涩。你快给我新的地址，并告知是否找到了信件。索契天热。妈妈问你好。

　　紧紧握手。

尼古拉

1930年5月11日　索契

122. 给诺维科夫

（1930年5月16日，索契）

亲爱的彼佳：

拖我到索契的火车头尚未熄火，我获得的头一个消息，就是你在洛扎跟前胡诌的那些话所产生的影响。你胡说八道起来，堪称巧舌如簧，像个出色的演员。用不了多久，你即使讲真话，朋友们也不会相信你。你读读洛扎的信吧！其中有多少你们合伙胡诌所引发的问题。这些都得由我来补漏洞、说清楚。接着，莫斯科又传来消息。原来，拉娅临走之前，你们捉弄了她，使她吓得不轻。这是令人厌恨的事情。不过，木夏留在莫斯科了，他跟往常一样，确信是自己迟到了。拉娅写信告诉我那个乘务员的行为时，我不禁联想起1925年，我在旅途中，也有那么个家伙，不肯放我进车厢。直到我拔出勃朗宁，抵住这浑蛋的牙齿，问题才得到解决。后来，由国家政治保安局做了说明。

彼佳，告诉你吧，莫斯科的环境相当复杂，以致有许多事情我没能和你单独交谈。比如，你爱人的情形我一无所知。你应当简单地介绍一下，这是哥们儿之间最起码的道理。你的事儿成功了，我才从侧面听说，这太不像话。因此，我盼着你谈谈自己的爱人。然后，哥们儿，你静下心来好好考虑一下你爱人来索契，来我们这儿治病的事儿（我不晓得她的名字。朋友们只对我讲过有关她的一点点情况）。

索契的环境还没有复杂到我预料的严酷程度。

我的老母亲，心脏病严重，不过还有力气走动，其他都和常人相同。当前唯一的新闻，是我被彻底地清洗。索契是不能待了，否则一年要被清洗二十次①。

你可知道,我是揣着神经衰弱诊断书离开莫斯科的?在这里,睡得着了。但还没有一个清醒的头脑,晕晕乎乎的。有一件事,我不能怪你,就是你忘了给朋友们写信。遗憾的是我们都有这种缺点。

你如果读过《消息报》上基谢列夫的文章,一定觉察到针对中央委员会的进攻开始了。这一点,我曾对木夏说过,目前这是试探性的进攻。

党代会召开的前夕,形形色色的派别,在右派的带领下,将纷纷发言,进攻得越发猛烈。

在以后的信里,我将把这里发生的所有新闻都告诉你。目前我正从八个月的苦痛中恢复过来。

紧握你的手。

尼古拉
1930 年 5 月 16 日　索契

P. S. 请把我的信读给你爱人听,而且我把话说在头里,倘若你以后有事还瞒着我,那么空中将充满呼叫的电波——波长至少一千五百米。

---

① 戏言,指洗胃。

123. 给诺维科娃①

（1930年5月，索契）

彼佳的爱人，亲爱的同志：

多亏了彼得的傻头傻脑，我和您尚未真正认识（彼得经常如此健忘）。对于这种情形，我不多说什么。有个问题，我不得不直接向您提出。彼得在最近的一封信中告诉我："洛扎在我爱人跟前讲了索契的许多缺点。因［此］她的索契之行可以说是取消了。"我不晓得洛扎对您讲得多么恐怖。洛卓奇卡这个人，一般来说是性格外向的——她若开心，就两眼放光；她若冷淡，就一脸冰霜；她若沮丧，就灰头土脸。她既活泼好动，又主观偏执，还多愁善感。所以，我反对把索契说得一无是处，要辩解几句。在这方面，洛卓奇卡讲得不对。甚至最悲观的人也承认，索契地方不错，可以在这儿的海边惬意地休息（索契的高级旅馆的宣传栏上自豪地称此处为高加索的一块宝地）。待在哈尔科夫的人讲索契怎么怎么不好，真让人替索契委屈死了。最好您到这儿来，看看它的种种美妙之处，再判定谁讲得对。我觉得，这里某些物品匮乏，哈尔科夫的状况也一样，不过反正我们都活着，没死去。没错儿，很多情形取决于胃。请您回答我下面的问题：1. 是否确实有一个南方之旅的打算；2. 是否有意入住某地的疗养院；3. 请写出日常生活和经济条件方面，您对这里，对索契的最低要求是什么，怎样才能让您拿定主意到这儿来。

我冒昧地奉告如下几点。您来索契，我的老母亲将去车站接您，

---

① 诺维科娃·塔玛拉·鲍莉索夫娜（玛拉、玛洛奇卡、塔玛莉娅、塔玛洛奇卡），尼·奥斯特洛夫斯基的好友诺维科夫的妻子。

带您登山,到我的住处(这儿离火车站不远,让彼佳描述一下我的居所)。然后,有个小伙子,是彼得鲁什的朋友,会接待您的。这里的环境,不很好也不很差,主要是有大海和阳光。人们如果觉得烦躁,不妨躲到幽静的角落,爱躺多久便躺多久。

这样吧,您写封信,谈谈主要想法和最终的决定:来或不来。这将比彼佳的絮聒更加明确。

致以同志的敬礼。

尼·奥斯特洛夫斯基①

P. S. 请告知您的姓名。问这头傻熊②是白搭,总没问出来。

---

① 原信无日期。
② 指诺维科夫。

124. 给诺维科夫

（1930年5月22日，索契）

亲爱的彼佳：

我的二姐卡佳写信。她已经不是从舍佩托夫卡，而是从北高加索向你问候。你的信收到了。你说你爱人索契之行的念头已打消。我不赞同这个决定。我十分冒昧地直接和你的爱人商讨这一问题。只要她给回信，明确地表示不再考虑，那么这事儿就毫无疑问，"告吹"了。

彼佳，你该了解我的想法。你的朋友就是我的朋友，而且我很乐意和你的这个或那个朋友一起度过一个月或更多的时光。不过得告诉你以下情形。平日我的住处空空的，如今则热热闹闹。近期在我这儿做客的，有卡佳和她的女儿，拉娅的妈妈带着她的孙女，一位娇小的女性——莫斯科朋友米沙的爱人①；6月1日，有一个代表团将抵达——米佳团长率领着老婆孩子，第二个代表团是团长"区委会"加老人，最后一个代表团来自克里木，拉娅的姐姐廖利娅任团长。总数是14个，这些人都爱笑爱闹。

空前的聚会令我高兴、激动又担心——担心几个精力充沛的年轻人兴奋过头，打闹起来。这么多人聚在一起不容易。代表大会将于6月20日至25日举行。友好的聚会闹闹嚷嚷，然后又将复归于平静。始终陪伴我左右的是妈妈。

我的亲属都向你问候。

---

① 指阿别兹加乌兹·济莉娅·包里索夫娜（玛莲卡娅），米沙（即芬克利什捷因）的爱人。

紧紧握你的手。

尼古拉

1930年5月25日①,索契市

沃依柯夫街39号

---

① 25日与此信开头(右上方)的22日不一致。类似情况,不再加注。

125. 给日吉廖娃

（1930年6月1日，索契）

亲爱的淑洛奇卡：

你一直不写信！你那儿有什么情况？切尔诺科佐夫在马采斯塔治病。收到他的一封信。我让妈妈去他那儿，得知了他一年来的境况。潘科夫从雅尔塔来信。他的通信处：克里木，利瓦基亚，128号。信上说，他已从柏林返回，在国外收获很少。我还收到奥利加·沃依采霍夫斯卡娅的信，给她回了一封。她正打算今年来索契治病。我向每个人都问起过你，但他们全不知道你的情况，淑洛奇卡，可见你没给任何人写信。如果实在忙得抽不出时间，那至少可以拜托奥里加同志，让她简短地说明这一点。无声无息，如此之久，不是太叫人担心了吗？

我不写自己的近况，什么特别的事情也没有。手术以后尚未恢复元气，在马采斯塔的治疗，看样子毫无效果。所有老的和新的领导层人员全被撵走了。最近上台的［领导同志］不知道我，因此我也不考虑住院治疗［这种麻烦事儿］。

更糟糕的是，此处区审查委员会中的懒人们懒劲十足，懒得对我进行审查，致使我置身于党外（党代会后，未经审查者一律留在党外）①。这事儿牵涉到法规。当然，我对党贡献微薄。当然，收去党证并不能使我离开党。问题不在这里，然而这种懒劲多么令人憎恨，而

---

① 1929至1930年，党内进行第二次清洗。由于尼·奥斯特洛夫斯基长期住院，区委会没有对他进行审查，而未经审查的党员是一律被留在党的队伍之外的。为此，奥斯特洛夫斯基提出申诉，至1932年，根据联共（布）中央的指示，他在莫斯科通过了审查。

且我禁不住心烦意乱，毕竟离开莫斯科时我患有严重的神经衰弱症，正在努力摆脱不良的影响。

亲爱的淑洛奇卡！我一直等着你的信。

紧紧握你的手。

尼·奥斯特洛夫斯基

1930年6月1日

P. S. 向奥里加同志和你的儿子问好。

126. 给日吉廖娃

（1930年6月20日，索契）

亲爱的淑洛奇卡：

总算接到了你的信。我可已经嘱咐一位去列宁格勒的［同志①］，让他无论如何要找到你，了解清楚你那儿发生了什么状况。现在回答你的问题。切尔诺科佐夫来过我这儿数次。他在格罗兹尼工作，担任矿工［工会］主席。他的地址：格罗兹尼市，革命大道53号17室。他的妻子病得很重，躺在医院里，治疗心脏病。

我在马采斯塔的治疗，效果不明显，准确些说，是没有效果。躺了一阵子，和神经衰弱做斗争，但没能把它从脑子里驱逐出去。因此，我的信写得不是非常条理分明。党内的审查对我没有通过，原因在审查委员会的那些年轻人身上。他们懒惰。我向中央监察委员会提出申诉，他们说此事可以在莫斯科解决。按理说，患病的年轻党员不该逐出党内。我的朋友别尔谢涅夫在住院治病，没有联系上新的朋友。母亲患心脏病，勉强走动。十分遗憾的是，你我今年不会见面。

先写到这里。握你的手。

尼·奥斯特洛夫斯基
1930年6月20日

潘科夫在信里向你问候，并询问你的情况。他的住址：克里木，利瓦基亚，128号。

---

① 指诺维科夫。

127. 给诺维科夫

（1930 年 6 月 23 日，索契）

宝贝儿子彼得·尼科拉耶维奇：

我亲爱的孩子，你在列宁格勒好好过日子，要像个优秀青年。多长些学问，少看点轻歌剧。你姑妈日吉廖娃的住址：瓦西里耶夫岛 13 号公路 32 号 40 室。

亲爱的彼杰奇卡！我很高兴，你在拉娅跟前，为"肢体冲突"道了歉，你们便和解了。宝贝儿子，我一再告诉你，别人的妻子是不可以冒犯的，更甭说发生肢体冲突了。我以为你已经长大懂事儿，看来你没有老爸的照管还真不行。我怎么也不能原谅你，尚未得到老爸的允许便结了婚。唉，如今的孩子呀，真让人又是伤心又是担心。

来信吧，凡是有意思的事儿都写下来。多么希望 9 月能和你在一起过。告诉我，塔玛拉在哈尔科夫吧？我打算再写封信给她。我一切都是老样子。给符拉索娃写了张明信片。就谈这些吧。

紧紧握你的手。

你的老爸

尼古拉

1930 年 6 月 23 日

P. S. 妈妈和卡佳向你问好。今天收到洛扎的信。她说木夏不见了，不知道去了哪儿。多来信，多谈些正经事情，不要像上回的信里那样。你是上过学念过书的，留点神儿，可别还给了老师。

128. 给罗德金娜

（1930年7月6日，索契）

亲爱的玛涅奇卡：

我担心很多情况你没弄清楚。令人懊恼的是，你得和米佳一起来我们这儿。好在那时我将有可能和你长谈，并且请你完全原谅我的久不写信。希望在会面之前，你就表示原谅我。玛涅奇卡，也有另一种可能，即你我再也见不了面。但愿你既希望也有办法来我们这儿，哪怕短暂会面也好。挚友，怎么样？这能变成现实吗？

玛涅奇卡，现在可以告诉你，自己的思想要靠口授，让别人记录下来，再传达给收信者，那是困难的，不可能的。我几乎给谁也不去信，也正是这个原因。你肯定又去了咱们五年前待过的地方。我常回忆起咱们之间的友谊和那些小小的嫌隙。用不着以笔代言就好了，我真想此刻就向你讲述一件委屈的事儿，是你让我感受到那份儿委屈，而你自己并不知情。当时我觉得满腹委屈，如今回顾，却付之一笑，因为最错的是我，而且我没跟你讲。不过，那会儿我还是傻乎乎的。只要能够重逢，咱们可谈的多着呢。你病了，真叫人难受。你如此好动，如此活跃，我无法想象你患病的样子。

玛尼娅，你记得我们在叶夫帕托里亚一起度过的日子［缺损］……

自那以后，时光如水，匆匆流逝。你我都有了许多经历。任何信笺都无法传达一切，那是必须面谈的。玛尼娅，盼着你恢复健康。

穆霞，10月我去莫斯科，并将在那里居住。这儿，在索契，由于家庭情况，我不能留下。你常来信，多写些吧。我接读［信件］将由衷地高兴。米佳在我处做客，他向你问好。奥里加·奥西波夫娜从未忘记玛尼娅（她用乌克兰语问候你）。你的治疗情形如何，周围的环境如何，来信告诉我吧。洛卓奇卡这个年轻的女孩，一直在朝着自己的目标——做一名精通本行的建设者，步步向前。

就此打住了。来信吧，我的信你是否得花许多时间来辨认……〔缺损〕我希望亲手给朋友写信。

来信哦。

柯里亚
1930 年 7 月 6 日

129. 给日吉廖娃

（1930年7月16日，索契）

亲爱的淑洛奇卡：

刚读了你7月12日的来信。我敢说，拉娅肯定没及时函复，因为她患咽炎两个星期了。我们也没收到她的片言只字，所以你久久不见回信，也别诧异。

你的手疾要认真对待，今年能治愈的话，那就太好了。这病是怎么得的？

我的神经衰弱正在逐渐好转，症状可恶，也无法给你描述。从莫斯科返回时那种令人憎恨的情状，是已经没有了。不过，由于生活有时会带来一些苦恼，难以排解，也能导致旧病复发，但这一切有朝一日总会结束。我的头脑容不下任何乱七八糟的东西。工作效率百分之百，只是偶尔会呈现抑郁状态，自己怎么也无法排遣。反正人生总是纷扰不堪。我只记得有一段时光——去年，我有朋友们，有你。那是仅有的一些平静的日子，随即便开始了纵令健壮者也会病倒的生活。

9月底我想去莫斯科。拉彦卡作为一个党员，在工作、在成长，方向对、步子快。这女孩像小伙子一样干练。我和她亲密无间，日子过得很好。我一生的幸运就在于此。

看来，彼佳也去过你那儿了？真不好意思，他在你面前那样夸我。其实你很清楚，我不值得如此称赞。有了新情况，我会写信奉告一切的。你也别忘了自己的养子呵。

紧紧地、紧紧地握你的手。

尼古拉

1930 年 7 月 16 日

P. S. 妈妈和代笔写此信的二姐卡佳,向你致以衷心的问候。

你收到奥·沃依采霍夫斯卡娅的信了吗?

可听说一只母鸡卖 10 卢布?在这方面,只怕索契打破了全苏纪录。向"列宁格勒小男孩"和奥里加同志问好。

130. 给诺维科夫

（1930年7月16日，索契）

亲爱的彼佳：

宝贝儿子，你干吗久不写信？连个近况也不告知！

日吉廖娃来信说，你去过她那儿。令我大吃一惊的是，你说了我几句让人心头暖乎乎的话（我却以为会骂几句）。

既然我不知道你的任何情况，这里就谈自己吧。

我哥哥来了，又走了。此地没什么特别的消息。哥们儿当中没有谁给我写信。倒是洛卓奇卡有信来。我曾问过你塔玛拉目前在哪儿，为什么不回答？你知道，拉娅病了两个星期——严重的咽炎。她写过一些友好的信给你，相信你不会把她给忘了。我依旧盼着和你碰面，但愿你能来我这儿。我这封信有发出呼叫的意思：宝贝儿子，忘了老爸可不行呵，一个这么懂规矩的孩子，如今已有好长时日默不作声，活像含着一嘴巴水似的。

《真理报》收到，他们为我从早晨念到傍晚。

紧紧握你的手。

你的尼古拉

1930年7月16日

P. S. 妈妈和我衷心地问候您。多来信吧，否则，接不到您的信，柯里亚感到寂寞。米佳总共来了两个星期。再住下去钱不够花了。

——卡佳附言

131. 给诺维科夫

（1930年8月26日，索契）

亲爱的彼佳：

好朋友，真的，没有人代我执笔写信给你——都走开了，我自己握笔上阵。

日吉廖娃同志9月3日到莫斯科。你去看她一趟吧。她会替我讲述一切，这比写任何信件都强。洛扎问我："彼佳为什么生我的气？"彼佳你也向我提出同样的问题。洛扎9月3日要来我们这里，小住十天。我去莫斯科，多半不会早于10月15—20日，不会更早。去马采斯塔，我多半是在9月15日。潘科夫在雅尔塔，在利瓦基亚，洛扎到他那儿去过。拉耶奇卡病得厉害，8月26日住进疗养所。塔玛拉那边我没写信，也是这个原因。等洛扎一来，我欠朋友们的书信债都会一一还清。

彼图首克，亲爱的！我从未生过你的气，久不写信也是出于无奈。有许许多多新情况，但纸短言长没法写。我一直有个愿望——盼着在莫斯科和你同住一处。如果能成，真是一大乐事。这里气温达四十至四十二度，呼吸也费劲。霍鲁任科写信给你吗？我在等待洛扎，她会带给我二十箩筐的故事——一年时间，她准积存下大量资料！有一点不好：你们之间在打内战。

彼佳，我写累了。

握你的手。

你的柯里亚

1930年8月26日

132. 给日吉廖娃

（1930 年 9 月 10 日，索契）

亲爱的淑洛奇卡同志：

向你报告近况：洛扎 3 日到来，将于 14 日离去。

她为我带来一大堆新闻，热热闹闹，嘻嘻哈哈，还带来了书籍。

12 日我去疗养院。下过几场雨后，天气正常起来，又暖和了，甚至感到燠热。

疗养院里住着我的两个朋友——普济列夫斯基①和费杰尼奥夫②。他们帮助我转往马采斯塔。

卡佳由于治病被解雇了。她在另找工作。

我们正在准备离开此地，向往着去莫斯科。那儿等候着我们的是崭新的生活，是清新的空气。

洛扎一来，我就开始发信，恢复和朋友们前一阵中断了的联系。

尚未接到任何一个人的复函。

总之，我们可能于 10 月 20—25 日就离开这里，不会再晚。

彼佳·诺维科夫将去你处，你把所知道的、有关我的情况告诉他吧。

---

① 普济列夫斯基·亚历山大·约瑟福维奇（萨沙、萨申卡、萨史卡），尼·奥斯特洛夫斯基的战友，即《钢铁是怎样炼成的》一书中的普济列夫斯基团长的原型。

② 费杰尼奥夫·因诺肯季·帕夫洛维奇（1878—1946），1904 年入党，十月革命的参加者。1926 年，尼·奥斯特洛夫斯基在"迈纳克"疗养院和他初次见面，成为忘年交。费杰尼奥夫是《钢铁是怎样炼成的》一书中列杰尼奥夫的原型。

由于即将前去莫斯科，即将变换环境，我们一家人都向往着那个日子——车轮咔嚓咔嚓，驶离索契，越来越远，车厢传出一片告别声："再见！"……

因此，淑洛切克，目前一切都好。

你那儿有什么新情况，就来信谈谈吧。

无论出现什么好事坏事，我以后全写信告诉你，尽管知道你不可能常常回复。

紧紧握你的手。

向奥里加同志和"列宁格勒小男孩"问好。

尼古拉
1930 年 9 月 10 日　索契

133. 给诺维科夫

（1930年9月11日，索契）

［缺损］……过去八个月在莫斯科的混乱烦扰，我不会在信上对你讲述。真像活见鬼了！！！简直是一场噩梦、一摊鲜血。让我惊奇的是，我居然从死神身旁逃之夭夭，或者说死神居然从我的身旁逃之夭夭。

在经历了种种危难之后，这是一次罕见的体验，也可说是一次误会。又增添了一块大伤疤，并非得自战场，而是得自医院。不过……生命的发电机没有停息。电压的极限是一百千瓦特。除非心脏最后一次搏动了，发电机才可能停息……［缺损］

希望自己是有独特个性的人，即便是布尔什维克，是唯物主义者，并且渴盼成为钢铸铁打的人，他们有时也摆脱不了情丝万缕，甚至是迥异于钢铁的多愁善感……［缺损］

彼佳，我有个计划，目标是充实自己的生活，而其内容必须能证明人生的价值。

目前我还无法写出这是怎么一回事，因为还只是个设想。暂时简略地说说：这关系到我，关系到文学，关系到青年近卫军出版社。

这个计划很困难，很繁杂。假如能够逐步实现，咱们再谈。总的来说，我决不做无计划的事情。在前行的道路上，我不绕圈子，少走弯路。我清楚自己的步骤，因而不至于忽冷忽热。我生来就十分蔑视一种人——他们受到生活的严酷打击便哭天抹泪，而且歇斯底里发作，满屋子瞎跑乱撞。如今我被钉在床上，这并不表明我是个病号。这不准确！是胡说八道！我是完全健康的小伙子！我的双脚寸步难移，两眼视而不见——这纯粹是误会,是魔鬼开的、愚蠢的玩笑!只要此刻给我一条腿和一只眼睛(我不奢望更多),我准能表现良好,如同在我国建设的所有领域中奋斗着的任何人一样……[缺损]

尼古拉

1930 年 9 月 11 日

134. 给日吉廖娃

（1930年10月3日，老马采斯塔）

亲爱的淑洛奇卡：

接读来信，"嫌隙"冰释。我谈谈自己的情况。

奥里加·沃［依采霍夫斯卡娅］到索契，去过我们那儿。我正等待她到这里来。她气色很好。我在治病，整日整日在户外接受按摩。伙食极好。天气晴朗，我晒晒太阳。我贪婪地呼吸着清新的空气，等到推进病房的时候，总觉得怅然若失。

遇到一些老朋友。白天，我被推到椴树下，进入他们的圈子。大家读读报。

黑了些，胖了些。不可能不胖一些。

索契的屋子，我让两个无家可归的流浪女人暂住进去。妈妈在新马采斯塔治病——我卖掉皮上装，得到100卢布，她才可稍稍治一下累坏了的心脏。

我的妈妈是个令人尊敬的勤劳妇女。

卡图霞被选为妇女代表，显得年轻些了。

浴疗使体质改善［缺损］

我想念妻子——可爱的拉娅，她是相依为命的密友。

有时候，被束缚但仍充满活力的躯体中，苦痛和困惑企图冲破意志的包围。

小伙子支撑［缺损］……更有力地控制住狂暴的思绪。

我哼唱的歌谣，常常在这儿飘荡，大家公认我是个快乐的小伙子。毕竟心脏跳动了二十六年，青春和激情发电机从未停息。既然生活着，何必唉声叹气。淑洛奇卡，亲爱的挚友，我有许许多多话要对你说，然而，写字困难。我们很快就去莫斯科。

奥里加的事儿，淑洛奇卡，确实有些曲折。我理解你的担忧，只要小伙子配得上姑娘就行了。

淑洛奇卡，有位叫米佳①的朋友，他的情况，你该记得我跟你谈起过的。现在出了这么一件事：洛扎从克里木乘车到我这里来。米佳和她有书信来往，让她中途下车，去他的住处做客。女孩前往，在他那里住了两天。就在这两天中，她以身相许了。

小伙子才华出众，短短两天，已使姑娘委身于他，相聚随即分手。如今这些年轻人就是这样生活。这么快的速度，这么短的时间。

有谁在狂弹钢琴了。妨碍写信。

你的朋友　柯里亚
1930年10月3日　老马采斯塔

---

① 米佳即霍鲁任科·德米特里·帕夫洛维奇。

135. 给利雅霍维奇

（1930年10月8日，老马采斯塔）

洛卓奇卡：

我写得简短，像电报。在治病，在恢复。读了来信。普济列夫斯基这个老头儿把你的书全部带走了。我们在算着何时启程去莫斯科。我晒黑了些。我们在为出发做准备。住处的一间屋子，让两个来这儿治疗的残疾女孩住过，现在收回了。朋友们没有音讯。彼佳情况不明，他如今在哪儿？很快我就要旅途劳累，忙乱不堪。我会告诉你途经哈尔科夫的时间。紧握你的手。

问候大家。

尼古拉

1930年10月8日　老马采斯塔

136. 给诺维科夫

（1930年10月17日，索契）

亲爱的彼佳：

10月19日我启程去莫斯科。这座城市会怎样接待我呢？

健康状况似乎有所好转。等到了那里，我会写信详告一切。目前只能说，仍然希望疗效显著。这一阵我身旁的家人大忙特忙，所以没办法写得有条不紊。我的秘书全累得不行。

来信谈谈自己的事情吧。我将在莫斯科急切地等着你的消息，祝健康。

柯里亚

1930年10月17日 马采斯塔

137. 给诺维科夫

（1930年11月22日，莫斯科）

亲爱的彼图首克：

没有语言可以表达我的心情，也没有语言可以辩白。莫斯科吞噬时间，恰如鲨鱼。我的秘书只有早晨六点和夜里十二点在家，其他时间都在奔忙，一个也抓不到。不过，无论怎么样，我至少晓得你在哪里，晓得你还活着。这最重要。我得悉有一条"鱼儿"即将结婚。曾在百科全书里读到，鲫鱼繁殖力强，速度惊人，因此用不了多久，鱼子鱼孙将挤满哈尔科夫。木夏牢记着党的口号：为将来的建设者输送干部！

彼得罗！怎样为煤炭事业而奋斗，你写得多些，详细些。拉娅有一个烟斗要转送给你。

柯里亚

1930年11月22日　莫斯科

偶得烟斗。彼佳，挺适合你用的。由于奥斯特洛夫斯基同志的第一秘书①伏在桌上睡得酣畅淋漓，惊天动地的鼾声宣布自己已迷迷糊糊，浑然不知，我便抓过笔来，尽量让你记起我还活着。知道你成了真正的无产阶级——成了一名矿工，来信谈谈心里话吧。我们不写信，你不要生气。此刻已是深夜一点，奥斯特洛夫斯基同志的第二秘书已睡眼迷离，鼾声尚未响起，不过很快也会响起的。

我们大家由衷地问候你的爱人塔玛莉娅。

——拉娅

---

① 第一秘书指二姐卡佳。下面的"第二秘书"指拉娅自己。均为戏称。

138. 给利雅霍维奇

（1931年，莫斯科）

洛宗卡：

　　简短、扼要地写几句，我毫不怀疑你对我们的、诚挚而深厚的友谊。这种感情的价值超过黄金。你那开朗活泼的性格，总是让我们受到感染，心潮起伏。咱们相识于29年，从那时起，你在朝着布尔什维克的方向发展。句号①。这是事实。其他都是琐事。我从不依据琐事来判定人。有些人在琐事上无可指摘，而在根本上是一堆臭狗屎，那我的态度便截然相反了。最近数月，我受到两次重大打击。我不能也不愿在纸上叙述。你来信也别问及这些。作为共产党员，作为不认可对异己分子的任何妥协的共产党员，我承受了两次打击。我决不会因遭到双重打击而倒下，所以我还活着，我的心脏在搏动，节奏分明。句号。

　　六个月来，别人为我念的文字，大概是你三天就能看完的。这实在令人沮丧。因为我"心灵"饥渴、狂躁，而只能用蹩脚的收音机滋养它。

柯里亚
1931年

---

　　① 尼·奥斯特洛夫斯基由于逐渐失明，写信越来越多地是口授，请人代笔。他说"句号"，执笔者有时会直接写出。下同。

139. 给日吉廖娃

（1931年1月，莫斯科）

亲爱的淑洛奇卡：

我给你写过几句有关二姐家庭纠纷的事儿。她还是相信了丈夫的眼泪和改正错误的保证，离开我们，到丈夫那儿去了。对于我们家而言，这是一个很大的打击。

没错儿，她将争取上班，并且还企望维护做社会工作的自由和权利，然而，她确实什么也不考虑，离开了我们。

这场争执持续了一个月，弄得我们大家心力交瘁。亲爱的朋友，你瞧，像卡佳这样的人仍落后于时代呵。

现在，我们三个人友好相处。

淑洛奇卡，写信谈谈自己吧。我们永远不会忘记你的。希望来信告知一切。身体可好？那只手怎么样了？盼很快复函。

我担心你收不到我的信。

握你的手。

问候你，亲爱的朋友。来信吧，我们会立刻回复的。

你的奥斯特洛夫斯基全家人

140. 给利雅霍维奇、诺维科夫和卡拉锡

(1931年1月25日,莫斯科)

哈尔科夫的全权代表洛扎、彼佳和木夏:

依据节俭的原则,驾驭仅有的自由时间,我开始向全苏范围内呼叫。既然咱们讲定了纵令久久杳无音信也不骂人,那就照办,我不骂你们吧。可你们日子过得如何,总该详细地告诉我呀。我多想弄清楚,烟草业工作者木夏是否活着?这个不懂事的家伙!我们确实没有他的任何消息。

关于我们的生活情形实在没什么可说的,一切按所订的计划进行。

家里"减员"了,卡佳去了蠢材丈夫那儿。无话可说。

这一切都使我们气恼、烦躁。但咱们不谈这些吧。随他去!每个人都在走自己的路,有的走康庄大道,有的跌跌撞撞,朝着泥潭那边奔。

除了洛卓奇卡,我们没有任何朋友的消息。别尔谢涅夫住在莫斯科,难得来我们这儿一次,因为他成了飞行员①,常飞哈尔科夫——列宁格勒——下诺[夫哥罗德]等地。

柯里亚
"区委会"

奥里加·奥西波芙娜·奥斯特洛夫斯卡娅
1931年1月25日,莫斯科

---

① 别尔谢涅夫的哥哥是飞行员,他偶尔也搭乘哥哥的飞机。

附言：

  如果你们久久不来信，尼古拉就开始"发话"——真想知道彼佳为啥不吭一声？这样老不吱声，算怎么回事儿?！碰上一百个鬼了！朋友们，说实在的，虽然我们久不写信，你们也别老不动笔呀。我是当了一个小小的党支部的书记，忙得没有片刻空闲——根本不在家里待着。只有夜晚回家睡几个小时。

  来信吧，好朋友们，别忘了写。既然木夏家里添了"新人"，我在内部凭票证供应商店买到一份贺礼。①

---

  ① 附言系拉依萨所添加，未另具名。

141. 给利雅霍维奇

（1931年5月7日，莫斯科）

洛卓奇卡：

这阵子我的生活环境比任何时候都差。我和拉娅简直透不过气来。有时候，我觉得只有坚定意志、绷紧神经，才能忍受今天我们置身其间的境遇。你会理解的，透不过气来，不仅是由于空间窄小，还因为所接触的人，其心理活动异乎寻常。

洛扎，我开始写书了①。最初的一些片断，我寄给你，为的是听取友好的批评。倘若可能，你把它打印出来，寄还给我。嘿，小老太太，要是你跟我们在一起就好了，工作会进展神速。不过，尽管环境恶劣，我仍然开始创作了。信写到这儿被打断。

洛卓奇卡，我拜托你一件事情。女医生达维多娃·安娜·帕夫洛夫娜是我们的朋友。这位出色的女性，目前住在哈尔科夫。她来了封信。不通音讯已有五年。如果方便，你去她那儿一次。她想知道我的情况，你告诉她吧。我给她写信有困难。她是优秀的女孩。这里附上她的来信（但这一点你别让她知道）。

洛卓奇卡，别生"区委会"的气。她工作忙得团团转，烦心的事儿一大堆。

握手。

你的尼

5月7日

---

① 指创作长篇小说《钢铁是怎样炼成的》。

142. 给诺维科夫

（1931年5月26日，莫斯科）

[缺损]……彼图首克，我要一鼓作气，写完《钢铁是怎样炼成的》。然而，这西齐弗式①的工作困难重重——没有谁听我口述，记录下来。简直像活受罪，好在我犟得跟水牛似的，如今我评价一个人，只看他能否为我所用，能否给我实际的帮助。我甚至亲手写！！！每天夜里，等大家睡下，不再絮絮叨叨让我心烦，我便摸索着写。老天夺走了视力，可正是此刻，这是我迫切需要的……[缺损]

我把已写好的一些片断寄给你和在哈尔科夫的朋友们——这样行吗？唉，如果咱们住在一块儿，可以商量商量，那该多好！在挚友们当中，脑子就会灵一些。彼佳，朋友，你回答我，我需要依据手稿打印几页，你能不能帮我把这个片断打印出来呢？或者，这事情太麻烦吧？编辑部要求审读两三个片断，以便评断一下。这些老爷不接受活页本——去打印吧，要单面的！你会说，我连你也要剥削。可是彼图首克，哪怕你把我骂得狗血喷头，咱俩的友谊也不会削弱半分。

握你粗厚的手和塔玛拉纤细的手。

别忘了拜托你的事情。

柯里亚·奥斯特洛夫斯基
1931年5月26日

---

① 西齐弗，希腊神话中的科林斯王，因渎神受罚，把一块巨石推到山上，等它滚落下来，再推上去，永无止息。

143. 给利雅霍维奇

（1931年5月28日，莫斯科）

洛卓奇卡：

你，女孩子，可以帮我做的只有一件事。如果寄给你活页本——那上面是写好的一个片断，你能否为我打印？编辑部硬性规定——只能单面打印，两边要留出空白。我不多寄。如果你可以，帮我打打字吧。小女孩，我在艰苦的条件下工作。几乎没有停歇的时候。连夜里也在写——大家睡了，不干扰我。简直像活受罪，而不是写作。真愿意付出十分之九的生命，换取一位有四分之一像你的秘书。我干起了一种异常繁重的工作。大家反对我，但凭着驴一般的犟劲，我支撑着。最后结果会怎样，很难预料。我担心自己的劳动成果会塞满编辑的字纸篓。这不会让我感到意外。不过，假如并非在如此恶劣的条件下工作，结果可能要好得多。

你的尼古拉

1931年5月28日

144. 给日吉廖娃

(1931年6月,莫斯科)

亲爱的淑洛奇卡:

接到你的那封短信,至今已有半年,再也未见片言只字。我们谁也不知道你的任何情况。我依旧等候着你来函。

我们仍是老样子。我在继续写已开了头的书稿,就是我上次信里对你讲过的那本书。我多么希望你读读已写好的内容,即使只读一个片断也好。我可寄给你。是打印的,看起来容易。我盼着听取你的意见,可你一直没给我写回信。

淑洛奇卡!说说吧,为什么生我的气?为什么保持沉默?

紧紧握你的手。

尼·奥斯特洛夫斯基

145. 给利雅霍维奇

（1931年6月14日，莫斯科）

亲爱的洛扎：

刚刚念完了你的信，我立即回复。原稿不要寄往新罗西斯克了。

彼佳如果在最近的十至十二天内回来，那就把稿子留在他那儿，让他看看。前天，我将需要打印的原稿第三章寄给了彼得。你瞧，我也动员他干这活儿。当然，我知道，在彼得返回哈尔科夫之前，你就能读到这内容。是写在活页本上的，用墨水写的，挺好，挺清晰。像我们那边一样，莫斯科的纸张供应严重匮乏。

下星期我将拿到打印好的小说第二部第一章。描述的是1921年的基辅时期（共青团组织与经济困难、匪帮活动做斗争）。所有打印好的稿件都会寄给费杰尼奥夫。这是个老布尔什维克，你大概听说过他。他要把这些片断交给一位编辑朋友看看。在那里，将对小说的质量做出评价。

你觉得在索契浪费了许多时间，我颇有同感，不过说也没用了。

至于为什么我寄一份稿子给米佳·霍鲁仁科，现在就回答你：我允诺过让他看看作品的。他对我提及这话，那我认为自己必须说到做到。

非常可惜，彼佳不在。但愿他很快返回……

记得潘科夫曾向我承诺，在着手写小说方面，他会全力协助，然而，洛扎，坦率地跟你讲吧，我对这个高学历的欧洲人并无好感。不谈他了！总之，有些人嘴上功夫了得，做事就差远了。要是没人催着，这种人是瞎吹一通不动真格儿的。

奥里加·奥西波夫娜去了姐姐①那儿。

6月28日，拉娅开始休假。她要去疗养所两个星期，正渴盼着这个日子。

彼图首克在信上向我诉说，他登门从来没碰到过你。

小女孩儿，你是去哪儿玩了，啊？

你瞧，洛扎，我们开始常有书信来往了。

祝万事如意。

握手。

尼古拉
1931年6月14日

P. S. 第三章你看一下，多半在塔玛拉那里，打开纸包看吧。

拉娅向你问好。

附来的三张白纸，若是写满了字的，那我们会多么高兴。如果你以为我们缺少信纸，那可错了。信纸有。拉娅弄到十本活页纸。

秘书附言——

洛扎！莲诺奇卡托我向您问候，并送上最美好的祝愿。我也同样诚挚地祝愿。

沃·马秋克

---

① 指二姐卡佳。当时她住在弗雅兹姆。

146. 给日吉廖娃

（1931年6月28日，莫斯科）

亲爱的淑洛奇卡：

昨天彼得罗娃同志来过我们这里。关于她的要求，拉娅让我今天就写信讲清楚，她为了帮助侄女，已经尽了力。彼得罗娃同志今晚要来，了解拉娅和校长谈的结果。

隔了这么久才收到你的这封信，我们喜出望外。

主要是得悉你平安、强健。其他都不重要。

我想，往后咱们再也不会这样久久不通音讯了。

说说共同的朋友吧。

奥里加·沃依采霍夫斯卡娅没有任何消息。倘若你恢复了和她的联系，请告诉我。在编辑程序方面，我要向她讨教。事关我的创作。

潘科夫同样音信渺然。目前我正用得着这个年轻人。他曾表示，作为编辑，会在我创作之初，全力给予协助。能这样允诺，总归也是好的。淑洛奇卡，实言相告，这些年轻的高学历者过于"欧化"，我和他们的接触不是特别密切。没有工人般的友谊。

至于洛卓奇卡，她没嫁人，在工作。其他年轻朋友都老样子。就谈三个主要的，也就这些情况。

淑拉，希来信明示——你有没有空，或者说愿不愿意看看我的作品。如果有空或愿意，那么我会寄上一些片断的稿子。或许，你那儿的党员中有当编辑或做类似工作的，那就请他们看看，提出批评意见。

反正为了这件事情，我还将写信给你。

在莫斯科，我朋友很少。确切些说，只有两个——一个老布尔什维克①,一个年轻小伙子②。

紧紧握你的手。你的信我转寄给了奥［里加］·奥［西波夫娜］,她目前住在弗雅兹姆。

多写信联系。

尼·奥斯特洛夫斯基

1931年6月28日　莫斯科

---

① 指费杰尼奥夫。
② 指芬克利什捷因。

147. 给诺维科夫和利雅霍维奇

(1931 年 7 月 4 日,莫斯科)

彼佳、洛扎,亲爱的朋友:

已给洛扎寄出八十张［纸］。高价买来的——每张 15—20 戈比。亲爱的朋友,别怪我给你们添麻烦。你们真不知道我多累。我这儿有一堆文化高而不干任何事情的人,他们懒得要命,稍微动动手也不愿意。这样的人,过去从没见过。

总之,我激奋不已。感觉到精力在大量消耗［缺损］。唯有意志仍然坚定,并未削弱。否则,会变成精神病人或者更坏。

近二十天,什么也没写成,计划延迟了。我老在思索:"在如此恶劣的条件下写出的作品,质量怎么会高呢?"

为什么你们对稿子的质量连一句话也不说?期待你们的评论,期待着……

《钢铁是怎样炼成的》——写的是事实。全是事实。我想让人看看在战斗和建设中的青年工人。批评吧,谈谈质量吧。为什么一言不发?

彼佳,信也给洛扎、塔玛拉看看。

洛扎!你能来的话,真要夸你是好样儿的。我自己,也代表妈妈和拉娅,希望你来!等候着你,如同等候家庭成员一样。

拉娅要休假两星期,明天出发。你现在就来好了。

彼佳、哥们儿,写写信。

塔玛拉,你也写吧。我盼着。

我不去医院。拉娅反对。

洛扎，淑拉·日［吉廖娃］向你问好。给她去信，谈谈自己的情况吧。

有多少话要给你们讲，但不能再写了。

等待你们来信。捎上拉娅的问候。

请复函。

你们的奥斯特洛夫斯基

148. 给利雅霍维奇

（1931年7月27日，莫斯科）

亲爱的洛扎：

你1931年7月24日的来信，刚刚给我念了。你拿定主意来我们这儿作客，我们非常高兴。这是最主要的。收拾停当就来吧。那时可畅谈一切。你如果以为我为稿子焦虑，那可错了。没有焦虑。彼佳和你都在出力，我还焦虑什么。

完成了的第五章去打印了，第四章也在打印。目前，受环境影响，写作暂停。莫斯科燠热异常，说得唇焦舌燥也没能动员秘书们拿起笔来。她们热得气喘吁吁的。

"区委会"在上班。今日休息。符拉基米尔考进化学技术专校春季班，在读书。莲娜回娘家去了。日吉廖娃来了信。她现在是列宁格勒共产主义大学的副校长。我们跟她恢复了通信联系。她有八个月没来函。

洛扎，你可知潘科夫住在哈尔科夫吗？这个"欧洲人"允诺过在文学创作方面全力协助我，不料……你全知道的。

彼佳迁居到阿尔杰莫夫斯克——这是一种令人稍感不安的复杂情况。不晓得他本人对此事是怎样的看法，我正等着他的信。

小老太太，你瞧，客观上没有任何状况妨碍你来这儿。我们都向你问好。握手。

尼古拉

1931年7月27日，莫斯科

P. S.

1. 夏季我到莫斯科。
2. 眼睛动手术尚未决定。
3. 体质十分衰弱，不过……还能稍稍拖延些日子，再见。

149. 给诺维科夫

（1931年8月11日，莫斯科）

亲爱的彼佳：

妈妈刚刚给我念了你的信，这是我所久盼的。

好哇，你有了乖儿子！对一个人的出生，一般总是以老套的俗话来庆贺。我却可以这样说：当红军攻克欧洲、攻克纽约的时候，这男子汉应该至少是个营长。

可怜塔玛拉和自然生产的女性相比，大概多吃了不少苦头。等她到你那儿，代我握手问候一下。

彼佳，今后你有许多事儿要操心。如果说让人担忧，那便是你的健康。彼里塔来过我处，谈了自己，也谈到你："气色很差，瘦削，苍白。"

你在信上指出，我的作品中，抒情方面有枯燥和干巴巴的地方。讲得对，这是缺陷。写好的一部分，《红色处女地》的编辑正在审阅。令我喜出望外的，或者令我感到满意的是，得到的评价使人觉得不无希望。至于枯燥和干巴巴，那也是显而易见的。

彼佳，和进行创作有关的种种苦恼，我在信中难以对你尽述。没有可能打草稿。没有可能做修润。我让某个文学门外汉坐下记录时，心中焦愁之极。你想象一下，工作是怎样进行的无法描写。我一度陷入最糟糕的状态。年纪轻轻，懒劲十足。整天卧床，又不拿起笔来。这般得过且过的人怎能写出有价值的文学作品？有人说，你既无色情内容，又不插科打诨，这样的书谁会读？这样的寄生虫怎能揭示深切的感受，怎能展露为了重塑生命而奋斗的全部热情？不，绝无可能。

我怕这会断送了我，不，并非断送生命，而是断送创作。

你的话，关于一起生活、一同工作的话，令我激动。这不可能，将来大概也不可能。要真能那样该多好。我的朋友，一位老布尔什维克，应允我，将设法请高尔基①审读我写成的作品。亲爱的彼佳，请你把打印好的所有稿子寄来，以便和我手头的稿子一起，交给大师级的作家去评断。说文句烦冗、修改粗糙，是对的。不过我确实连修改也没有可能。拉娅整天忙碌。谁见过在这样的环境下写作的。杰出的大师也有修改作品五六遍的。而对我来讲，这只是愿望，能否做到，实在不好说。希望寄托在洛扎身上。这女孩一来，工作进程准能加快。如今是一个半月没写成一行字。唉！妈妈累了。她忧心忡忡。牵肠挂肚的事情一大堆，其中，最让她紧张又困惑的，就是我的创作。

问候朋友们。塔玛拉，你辛苦了。多么可爱的乖儿子正在你的怀中成长。

你们的尼古拉·奥斯特洛夫斯基
8月11日

彼佳，拜托你一件事：打印稿交一份给潘科夫审阅。你看可有必要、可有用处？他曾允诺在创作上全力帮我，并让我把书稿寄给他。你替我决定吧。

---

① 高尔基（1868—1936），原名阿列克谢·马克西莫维奇·彼什科夫，苏联俄罗斯作家，重要作品有《福玛·高尔杰耶夫》《没用人的一生》《童年》《在人间》《我的大学》《克里姆·萨姆金的一生》等。

150. 给利雅霍维奇

（1931年8月，莫斯科）

洛卓奇卡：

会面延搁，深感遗憾。算了，只要能来就好。我的作品，专家们读了一些片段。有些论断。第一，让继续写；第二，抒情枯涩；第三，文字粗陋；第四，要少用"过去时副动词"，少用"此人"、"此事"等。你和彼佳，还有别的一些朋友，都忙得晕头转向——这都怪我，硬让你们为我的创作奔忙。我无法抱怨龟爬般的速度。我怕你们生气，否则真要取回原稿，可不敢呵。我完成了的稿子，都在哈尔科夫那儿。我之所以这么磨磨蹭蹭，是在等待青［年］近［卫军出版］社一声令下，让我把写成的六章都寄给他们审阅。要不然，我干着急也白搭。流浪儿，你理解吗？

对我的创作有何意见，你只字未提。由此可见——十分糟糕，使你不愿意说什么。缺乏直言不讳的、布尔什维克式的勇气。嘿，你这个"自我批评者"！我可要求过的，得指出哪儿不行，为什么不行，责备吧，讽刺吧，挖苦吧，尖锐地批评所有笨拙的表达方式，所有拖沓、呆板、乏味的东西，一针见血地痛骂吧。可你怎么啦？一声不吭。我不能原谅你的这种态度。这不像公社，而是国会。对，不懂事的孩子，你该因此而挨打。我挺恼火。

柯里亚

151. 给日吉廖娃

（1931年10月25日，莫斯科）

亲爱的淑拉：

　　昨天接到你的挂号信。数周前给你写过一封长信，不知收到没有。此后，我确实没写过。要找个理由的话，是我在做一件极重要的工作。我殚精竭虑，要完成自己的创作，但置身于我这样的环境，这是千难万难的。尽管如此，作品还是写出来了。我写完九章，并打印好。目前正整理书稿，再次找出拼写上的错误，予以纠正。近日我会寄上全部打印稿，你自己先看一遍，然后，亲爱的朋友，请转交给经验丰富的文字专家，转交给将对我的劳动成果做出判断的编辑部。

　　你一看完，就来函谈谈发自内心的意见。当然，觉得作品不行也要直言相告。淑拉，我相信你的真诚。听说编辑部里存在着严重的官僚主义，那儿书稿积压着，尤其是文学突击手的作品。

　　你信中提及洛曼同志。如果他果真有意拨出时间审读书稿，那太好了。

　　淑洛奇卡，如果你无法促使编辑部审阅我的作品，或者总而言之，要办此事困难太大，那么请看过书稿后，就寄还给我。我将自己踏上"苦难的旅程"。

　　我得了重病，恢复过来才几天。体力不支，大大影响第九章的写作。已写成的和我所想写成的不一样。

　　这一章应该写得场景更广阔、精神更饱满、色彩更鲜亮。但是，淑洛奇卡，难道有谁，有哪怕一个同志，是置身于我这样的环境从事创作的呢？恐怕没有。

我的屋子里眼下住着八个人。妈妈大病过一场,至今走路还勉强。

拉娅的厂里没按计划完成生产任务,因此她白天黑夜在厂里忙。她久不写信也是这个缘故。早晨六点出门,夜里两点回家。

虽然不常写信给你,我们谁都没把你忘记,[大家都]向你问好。

这样的,淑洛奇卡,过几天,至多两星期后,你会收到我的书稿。我将焦急地等待着你来信,给予指正。

我对已写成的稿子持严格批评态度。毕竟这是我的处女作,缺点一定很多。如果它不被枪毙,不被认为毫无文学价值,那么对我来说,就如同一次革命成功。

就写这些,亲爱的同志,紧紧握你的手,书稿中不附信了。千万别忘记,我将急不可耐地等候着你的批评指正。

你的尼古拉·奥斯特洛夫斯基
10月25日 莫斯科

P. S. 目前在这儿的人,包括妈妈、卡佳、拉娅,当然还有我,都向你问好。

转给你一封洛扎的信。我把自己的推荐信寄给她了。对于她的要求,你怎样答复?她准能成为优秀的同志。倘若你写信给沃依采霍夫斯卡娅,代我问候她。我又和潘科夫失去了联系。不知道他在哈尔科夫的住址。

152. 给日吉廖娃

(1931 年 11 月 16 日，莫斯科)

亲爱的淑洛奇卡：

终于把书稿校了一遍，现在寄上，请看看，并转请行家审读，做出判断。总之，请出力支持。以前的信件中，我已提出具体要求。我将焦急地等候着结果。

稍后我写封长信给你。近日不写，因为累坏了。

我的家人都向你问好。母亲病着，卡佳和拉娅都忙，我不能差遣谁。

书稿怎么样，请直言相告，并谈谈你近况如何。

紧紧握你的手。

尼·奥斯特洛夫斯基
1931 年 11 月 16 日

153. 给日吉廖娃

（1931年12月9日，莫斯科）

亲爱的淑洛奇卡：

刚刚接到你的信，亲爱的！如果写信没这么难，朋友，我会写多少封给你呵。来信吧！我十分急切地期待着，期待着你谈谈对书稿的印象。

淑洛奇卡！我没有力气在信中描述一番书稿是在怎样的条件下写出来的。［缺损］淑洛奇卡，倘若创作环境并非艰苦得难以忍受，书稿会好得多，应该好得多。没人帮着记录，不得安静……需要什么，全都没有。我要考验一下自己，能否不变成党的累赘，只要不会这样，我决不开枪自杀。我认真地钻研文学，在这个领域，差不多是从零开始。我知道可以写得好一些。刻苦研习，殚精竭虑，必定能出精品。不过，至少得有这样的前提，即在编辑部里，我没有被简单地彻底否定，没有刚跨上几级台阶就被拒之门外。反正我对此做好了思想准备，因为意识到作品存在着种种弱点。你才了解我的不幸遭遇，编辑部却只盯住一点——质量。如此贫困，写东西更难。手稿让我花去245卢布。莫斯科无产阶级作家协会连稿纸也不卖给我。我买了15戈比一张的，打字员打印一页收费75戈比。这些因素使我的写作难上加难。

你对已写出的稿子印象不错，这令人鼓舞。我在如此无望的境况中写出的作品，你居然认为并不枯燥乏味，我觉得高兴。我的书稿，你可以全权处理。我绝对相信，你会竭尽全力，促使编辑部审阅稿子，做出判断。正是这一点，我已写过了。只有一个希望，书稿别在编辑部的密林里游荡三年。迷上文学创作的大有人在，编辑部里书稿堆积如山，能够脱颖而出的寥寥无几。

　　我等着你的长信。别怪我不常写，自己无法执笔，写封信也不容易。

　　你在来函中也谈谈柯察金吧。怎么样，我写一个青年工人、共青团员，还有几分真实可信吧？

　　请写写自己的情况，淑琳卡。我们期待着一封长信，而且十分希望和你会面。我们这儿冰天雪地，零下二十至二十四度。家里人全病病歪歪，拉英卡也一样。朋友们消息很少。紧紧握你的手。别忘了我们。还有，别不好意思，他们看了书稿，怎样奚落我的，你也说说吧。

尼古拉
12月9日

154. 给日吉廖娃

（1931年12月28日，莫斯科）

亲爱的淑洛奇卡：

想写信给你，只是我的字体怪异，七歪八斜，不知道你可辨认得清。哥哥从舍佩托夫卡来我这儿，住了六天。我的一部分书稿，在那里的积极分子大会上读过了。对作品的反响很好。小说涉及舍佩托夫卡城革命历史，他们表示欢迎。目前，全苏的共青团文学正在接受检阅。青年近卫军出版社建议我把书稿交由他们审读。但我决定等候你从列宁格勒来的回复。如果在列宁格勒被否定，那么在这里也一样。可惜卡曼古罗夫同志不在，他接替高尔基在《文艺学习》杂志的工作。他的评阅是值得重视的。

此刻我还没写信。由于近几个月的折腾，我累得不行。

我的哥哥，一个工人、坚定的布尔什维克，他的到来，创造了条件，使我和拉英卡在党性一致方面迈出最初的步伐。然而阴霾尚未消散，这种过失由许多令人痛苦的原因酿成。不幸的是，我心有余而力不足，无法驱除阴霾。

我还面临一种自己无力对抗的威胁。这就是我不能凭着两条健壮的腿站立，不能成为一名精力充沛、勇往直前的斗士。腿不能走，眼不能看，由此便出现了失去作为伴侣的拉娅的威胁。

淑洛奇卡，亲爱的朋友！钢铁般的意志不够，经受生活悲剧的毅力不够。不呻吟，不抱怨，忍住肉体痛苦的定力不够。甚至在黑夜［缺损］不够，心中熊熊燃烧的热情不够。

这是生活提醒我的。女子，最好的女子，我的好朋友——这女子希望、要求，作为她伴侣的这个人，应该是［缺损］……应该在疯狂般激情洋溢的时刻，像肯陶洛斯①一样驾驭她。

这种感情，犹如母性的感情，是可以理解的。凡是在战斗中九死一生，成了残疾人的，都必须记住这严酷的现实。

你能正确理解我的意思吗？

等着你来信。别忘了这个小弟。

柯里亚

---

① 肯陶洛斯，即古希腊神话中的半人马。

155. 给日吉廖娃

（1932年1月13日，莫斯科）

亲爱的淑洛奇卡：

我要写信给你。久久地盼着你的信，可至今还未见。我已猜准，我的书稿在编辑部遭到否定，你不忍心告诉我这个消息。其实，这事儿早在我的意料之中，你不用为难。不过，你久不来信，除了我的稿子被否定，也许还有一些客观原因。我们从报上得知你们那边闹水灾，连瓦西里［耶夫岛］也被淹了。

淑洛奇卡，朋友，你还是写封答应过写的长信，谈谈自己的生活和工作吧，为什么这方面惜墨如金呢？

我们的生活没有变化。

妈妈依旧向你问好，她老是患病。老太太身体日益衰弱。

我仍然相信，咱们1932年会碰面，那是令人非常高兴的。淑洛奇卡，说说看，这多半能实现吧？

大概我发出此信，你那边的消息也来了。我们正眼巴巴地等着呢。

没错儿，我成了个急性子的年轻人。这一点，我希望得到谅解。因为身心曾受到严重创伤，常常心潮汹涌。

紧紧地握你的手。

你的柯里亚·奥斯特洛夫斯基
1932年1月13日

156. 给编辑部[①]

（1932年1月，莫斯科）

我打算写书的时候，是想写成回忆录、随笔，把一连串的真实事件都写下来。然而，和考斯特洛夫[②]同志的会面，改变了这一意图。考斯特洛夫当时是《青年近卫军》的编辑，他建议以中篇或长篇小说的形式描述少年和青年工人的经历，写他们的童年和劳动，写他们后来怎样参加那一阶段的斗争。

我试图以文学形式反映确实发生过的事情，描绘一大批人，他们有的尚在工作，有的已经去世。

主要人物是我自己所熟悉的。我写时力求准确，展呈他们的种种优缺点。

事件发生在乌克兰的小城舍佩托夫卡（现今沃伦省的边境地区）。我希望展示工人子女的童年和青少年时代、早期的繁重劳动，讲述他们怎样得到引导，投身于阶级斗争。我只写事实，这也限制了我，有时候成了事实的俘虏。换一种写法吧，那会变成幻想，不再是真情实况。

人物的姓名，一部分是真的，一部分系杜撰。

1919年，舍佩托夫卡遭受彼得留拉党徒的蹂躏；1920年，波兰白

[①] 此信系附在《钢铁是怎样炼成的》第一部原稿中，送交《青年近卫军》杂志编辑部的。

[②] 塔拉斯·考斯特洛夫（1901—1930），1928—1929年期间，任《青年近卫军》杂志编辑。正是他建议奥斯特洛夫斯基别把丰富的素材写成回忆录之类，而要写成小说。

匪大搞腥风血雨的恐怖镇压，我们党的地下组织成员被绞死、遭枪杀；德国人入侵；机车上的工人打死德国兵，以及其他各种情节，都有健在的目击者和参加者。

我让他们看书稿中讲述他们参加过的一些事件的章节，他们对描写的真实性予以确认。

我做这项工作，只是希望我们的年轻人回想起书稿中所描述的事情。我甚至不标明它是中篇或长篇小说，而仅仅简单地称之为《钢铁是怎样炼成的》。在这封信里，我附上简略的自传。

1904年出生于工人家庭。12岁起做学徒工。受过初等教育，职业为助理电工。1919年入团，1924年入党。参加过国内战争。1915—1919年靠做工生活，当过锅炉工、木材场的工人、发电厂的见习司炉，等等。1921年，在基辅铁路工厂做工。1922年，参加突击劳动，修建运送原木的铁路支线，就在工地上得了重病，由感冒进而染上伤寒。由于大病初愈，1923年起脱离生产岗位，被派往边境地区另行任职。1923年，担任别列兹多夫民兵训练营政委。之后数年，担任过地区和省级的共青团领导职务。1927年，健康彻底损坏，经过数年困苦的抗争，依然成了残疾人，由乌克兰中央做出安排。他们多方设法，为我治疗，要让我重新工作，但至今未能办到。脱离了组织工作，我成了宣传鼓动者：抓些马克思主义学习小组，教育年轻的党员。我已被钉在床上，又经受住一次打击——双目失明。舍弃了学习小组，最近一年，全身心地投入著书的工作。体力丧失殆尽，只剩下不熄灭的青春活力，渴望为本党本阶级做些有益的事情。著书是企求用文学语言展露发生过的情景。从未写作过。

联共（布）党员（党证 No.0285973）

尼古拉·阿列克谢耶维奇·奥斯特洛夫斯基

157. 给日吉廖娃

（1932年1月23日，莫斯科）

亲爱的淑洛奇卡：

你怎么了？我在等你的答复。没生病吧？我忐忑不安，但愿你没遇到什么意外。在最近的信里——12月27日接到的那封信里，你让我等你1月2日或3日的来函，可至今未见。淑洛奇卡，写封信吧，即使三言两语也好。我渴盼着。

我们全家向你问候。

尼古拉

158. 给日吉廖娃

（1932年1月31日，莫斯科）

亲爱的淑洛奇卡：

　　昨天，30日，接到了你的信。亲爱的朋友，你不知道，听着读信的时候，我的心跳加快了速度。我暗想，莫非自己交上好运，要从书堆里抽身，转入正在战斗的队伍了？我自问，小伙子呀，你对党欠下债，莫非能偿还一部分，而不再徒劳地四处求医问药了吗？随即又给自己泼冷水："男子汉，少安毋躁，不要兴奋，倘若幻想过多，生活会让你吃苦头的。"因此，为了不至于乐极生悲，我往往缺乏自信。生活要求人只相信事实，但你的信，我确实听得十分激动，只是不想让谁看出这一点。可对你，我直言相告。

　　你没有为我写的信件而责怪我。我那些信写得简略，干巴巴的。妈妈久病不愈，姐姐也病病歪歪，她们因此郁郁闷闷。为了使她们振作起来、沉静下来，我每每感到很累。

　　我理解她们的弱点，才说这番话的。但有时候我自己心烦意乱，渴盼结识一些健壮、乐观的人。

　　拉英卡整天在工厂里。我拿定主意，如果稿子真能印刷成书，就和莫斯科无产阶级作家协会取得联系，目的是让我的屋子里出现热情奔放的年轻人。

　　我热衷于在舍佩托夫卡的青年中建立文学小组。

　　我的建议得到《十月之路》编辑部的采纳。该报有文学专页，每十天出一期。

　　自己尚未当上作家，却在指导一个文学小组了。我已收到最初的一些用乌克兰文写的诗歌，需要审读。淑洛奇卡，瞧瞧，这便是我这儿的新鲜事儿。

淑洛奇卡，多么希望和你见面！矛盾多多，苦恼多多，然而，亲爱的朋友，希望闪现了，希望就寄托在过上于人有益的创作生活。许多被忘却的人与事重又历历在目；与欢迎我的书稿的年轻人接近起来。令我感到可贵和激动的是，我所描绘的那座小城的青年们做出决议，支持我出书。教育学院的一群学生写信来说，他们正在研读这部书稿。

只要你3日或4日来信表示"首肯"，我就会对自己说："尼古拉，你获得了第二次生命。"

等着你的信。

尼·奥斯特洛夫斯基

159. 给诺维科娃

（1932年2月7日，莫斯科）

亲爱的朋友玛拉：

你瞧，当你丈夫不在家时，我连连发信给你，由此可见，即便最好的朋友，如果像我这样大写其信，也不可信任。以上是戏言。玛拉［缺损］

我收到了彼佳的明信片。他何时返回，我不清楚。蒙塞·卡拉锡——这是个水银和樟脑做成的人——刚离开我这儿，就忘了要替我买4伏和80伏的、用于收音机的干电池；过了四个月，遇到彼得，才想起此事。瞧，这个卡拉锡。瞧这家伙的记性！

玛拉，我还不能说，自己的书稿不会在编辑部里石沉大海。这份稿子已屡遭挫折。莫斯科的官僚作风比列宁格勒更厉害。列宁格勒市政教处向列联社①推荐这部书稿，让他们出版。所以，书稿正在列联社里经受最后的几番折腾。一天又一天，我等候着判定。生活用铁环钳制着我，我奋力挣脱。我试图从遥远的后方跃向本阶级战斗和劳动的前沿阵地。有人认为，布尔什维克身处几乎绝望的境地，便没有可能为党做有益的事情，这种观点错了。即使我的稿子在列联社里受到百般挑剔，我也会重新着手写作。这将是决定性的最后一次。我必须，我激情满怀地要获取投身于创作的"准入证"。纵然个人生活可能惨淡，但我的志气却会越发昂扬。

紧握您和彼佳的手。等着消息吧……我盼望……胜利。

尼古拉

1932年2月7日

---

① 列联社，即列宁格勒联合出版社。青年近卫军出版社的列宁格勒分社也在其中。

160. 给利雅霍维奇

（1932年2月17日，莫斯科）

亲爱的洛扎：

你久无来信。我的小老太太，你活着吧……抑或有谁欺负你？是那些不安生的小伙子吗？我要提醒你小心。关于我的书稿，至今我还没有做出最后的决定。它在编辑们那里的漫游尚在继续，若能给个日期也好呵。行家们说，要初次走通这条路，比变驴为马还难，所以虽有一连串好的传闻，我的第七感在提示，将会遭到灭顶之灾。

正因预感到这一点，我在准备转入反攻，即制定新的创作计划。我确实应当竭尽全力，使新的作品好一些，得到认可。以我的处境，这是千难万难的。但我必须这样做，而且一定会做成。

关于自己的个人生活，我这里不写。惨淡，孤独——没有亮色。

谈谈你的日常生活吧，为什么默不作声？妈妈和瘦弱的卡佳得了流行性感冒，病倒了。呻吟、咳嗽，没精打采的日子，不过会挨过去的。春天很快到来，我的朋友，可爱的太阳会温馨地微笑，紧锁的眉头将略微舒展。只要心脏尚在搏动，生命绝不会被扼杀。一个大活人投降当俘虏是可耻的。

握手。

等着你的信。

尼·奥斯特洛夫斯基
1932年2月17日

161. 给日吉廖娃

（1932年2月22日，莫斯科）

我亲爱的朋友淑洛奇卡：

我要和你分享来自文学战线的好消息。

昨天，费杰尼奥夫和《青年近卫军》杂志编辑柯洛索夫①同志来我这儿了。在莫斯科，我的书稿被研读过。柯洛索夫同志也读了。这不，他登门了，并且说："我们手头没有这样类似的稿件。书稿写得很好，你具备这方面的创作才华。我个人深受感动。我们可以出版。正在着手做些不大的修改。我会介绍你跟一些作家联系。在出书之前，我们要吸收你为莫斯科无产阶级作家协会会员。"他答应十天后来听回音。

这样的话，淑洛奇卡，即使列宁格勒不出，还有后备部队——有人爽快地要我出书。这尚未形成文字，还没签合同，而只是一次交谈，但几乎已胜利在望。几乎……列宁告诫过我们，别轻信诺言。

淑洛奇卡，咱们在列联社的事情怎样了——成功还是失败？我每天都在等着你的消息。我一直让你不得安静。你问，这个惹人厌烦的小伙子什么时候才会不再打扰你呢？我不知道。

我的作品激活了一些中断的联系。有人早就把我给忘了，现在我又接到他们的来信。劳动和奋斗万岁！无产阶级的部队，虽然过去也曾遇到艰难困苦，如今仍然丝毫松懈不得，但它始终在进攻，而我，柯里亚，挣脱铁环，进入了进攻不止的队伍。

---

① 柯洛索夫·马尔克·鲍利索维奇（1904—1989），作家，编辑，1929—1938年任《青年近卫军》杂志编辑部副主编。

我正努力钻研文学，并制定新的工作计划。但首先是学习，再学习……［缺损］

你的柯里亚

1932 年 2 月 22 日

162. 给诺维科夫夫妇

（1932年2月23日，莫斯科）

玛拉和彼佳：

我急于和你们分享令人愉快的消息。在文学战线上，前沿的碉堡拿下了。昨天①，费杰尼奥夫和《青年近卫军》杂志编辑柯洛索夫同志来过我处。作为青年近卫军出版社的代表，他［缺损］"我们将出版你的书稿。我们手头没有一部与此类似的稿子。我自己进行校阅。八天后到你这儿来，咱们订正一些细枝末节。你，奥斯特洛夫斯基，还能为党工作。等书弄好，和你签合同。出书之前，我们就让你成为莫斯科无产阶级作家协会会员，并且可以提供参考资料，帮你钻研文学。"

这是柯洛索夫同志讲的主要内容。这还没有写成文字，但毕竟已是75%的胜利。其余的25%要签订了合同才作数。

列宁曾告诫我们，不要轻信诺言。不过我信任柯洛索夫。如果书能面世，那么它此刻已在朝着目标渐行渐近。这可是咱们共同的胜利。彼佳，对不对？玛洛奇卡，对不对？在《钢铁是怎样炼成的》里面，包含着所有好朋友的辛劳。彼佳，你说过"你的书会成功出版的"，柯洛索夫也对我讲了这样的话。

彼佳，玛拉！握握大哥的手吧……

"夜色越浓星越亮……"我觉得这用在今天正合适。我的强烈的梦想在变成事实。我从遥远的后方转向前沿阵地。近两三年，我全身

---

① 有误，应为"前天"。

心投入创作。如果在我闭塞的生活中并非如此暗淡、如此昏黑，我的能力会强得多！然而，尽管这样，我仍应当努力工作。学习再学习。接下来要进行新的工作——写小说的第二部。布尔什维克可以工作，除非心脏停止了跳动。劳动和奋斗万岁！无产阶级势如破竹的进攻万岁！这个阶级克服一切艰难险阻，行进在通向社会主义的道路上。

你们的柯里亚·奥斯特洛夫斯基
1932 年 2 月 23 日

P.S. 一旦文学战线上大功告成，我会立即函告，并寄上最早收到的样书。不知怎么的，累得不行，跟散了架似的。我随时可能意外地遭到重击。着凉，咳嗽，好些了。

柯里亚·奥斯特洛夫斯基

163. 给日吉廖娃

（1932年3月10日，莫斯科）

我亲爱的朋友淑洛奇卡：

今天才有力气，首先给你写信。是这样的，我战胜了病魔，活下来了，正在迅速复原。我的朋友——费杰尼奥夫和米沙——竭尽全力救活我。中央委员会医疗委员会的医生给我治病。有十二天，体温高达三十九至四十度。

正在病得厉害时，费杰尼奥夫和柯洛索夫同志主张签出书合同。我表示同意，当即从柯洛索夫手里拿到200卢布。这真可谓雪中送炭。所有的食品，牛奶、黄油等等，都得去黑市买。

现在谈书。

合同签了。我应得2000卢布，先拿1000卢布，到8月1日（为纪念共青团诞生日而定的出书期）再给［另外的1000卢布］。接下来，青年近卫军出版社将于4月5日和我签订《钢铁是怎样炼成的》第二部的出版合同。出版社送我八十本书——研习文学的资料。

莫斯科无产阶级作家协会已吸收我为会员。等我病一好，柯洛索夫就来我这儿，我们一起审订书稿，看看哪儿得补充、修润。做这项工作，柯洛索夫从出版社得到250卢布。

青年近卫军出版社使我感受到置身于人人助我的氛围之中。

3月28日①在作家会馆，书稿通过审定，获得让人感到温暖的评语。没有一条苛刻的批评。

---

① 笔误，根据第164封信的内容，应为2月27日或之前某天。

生活之门为我敞开了。

我成了一名进攻中的战士。

淑拉,热烈地吻你的小弟柯里亚吧。我使劲地握你的手,十分珍惜你的友谊。在我的心目中,你亲如家人。

经常的忍饥挨饿和一贫如洗到此结束。现在有可能继续工作了,咱们也很快会碰面的。

我汇去车资,你来我这儿,逗留一天也好。

乌克兰那边传来消息,书还将以乌克兰文出版。你对列联社详细解释一下。

你的柯里亚

3 月 10 日

164. 给诺维科夫夫妇

（1932年3月10日，莫斯科）

我的好朋友彼佳和玛洛奇卡：

今天我才有力气写信。是这样的，2月22日我肺炎发作，到3月4日，一直在为生命而进行酷烈的斗争。接连发高烧——早晨三十九度，晚间四十度。为了挽救我的生命，采取了一切措施……我活过来了，正在迅速恢复。瘦得皮包骨，近日吃东西狼吞虎咽。

2月27日，病得厉害的时候，费杰尼奥夫和柯洛索夫到来，说书稿在作家会馆通过了审定，获得令人感到温暖的评语。青年近卫军出版社在和我签约。柯洛索夫当即给我200卢布，说是加点营养。他随即和费杰尼奥夫去编辑部办完签约手续，这样我就不会疲劳。出这本书，我可得2000卢布。已经拿到750卢布，其余的8月1日支付。出书之时，正是共青团诞生之日，决定印一千册。4月5日，青年近卫军出版社要和我签署《钢铁是怎样炼成的》第二部的出版合同，预付500卢布。然后，柯洛索夫近期要来商讨一些增添的内容——我和他花几天时间，审定书稿，以便付排。我已经被吸收为莫斯科无产阶级作家协会会员。疾病荒谬地大发作，拖延了我小说第二部的创作。

生活之门在我面前敞开了。我那成为斗争的积极参与者的强烈愿望，正在变成现实。进行创作，条件具备。四年的犹疑彷徨和半饥半饱的贫困状态到此结束。如今我的生活丰富到极点。憧憬着劳动、进步和成就！两位同志，紧握我的手吧！我的胜利也是你们的胜利！彼佳、玛拉，第一部书面世，就会赠给你们。我的心脏跳得多么强劲,听到了吗?彼佳,你我的友谊不会削弱,相反,正在增强。我善于珍惜友谊的纯洁。种种实际情况,转告洛扎吧。

你们的柯里亚·奥斯特洛夫斯基
1932 年 3 月 10 日　莫斯科

165. 给日吉廖娃

（1932年3月27日，莫斯科）

亲爱的，亲如家人的淑拉：

22日，第二次病危又度过了。我活着，正在复原。非常虚弱。这是格鲁布性肺炎，两次向我袭击，致使危在旦夕，真叫莫名其妙。不过这已经过去了。

接到我的信和电报了吧？等着你的回音。

淑洛奇卡，请寄回原稿，十分希望附有批评意见。

亲爱的淑拉，我那么突然，没打个招呼，就和青年近卫军出版社签了合同，你可千万别生气，好吗？其实，我已经函告了种种原因和当时的情况。你怎么个看法，盼来信告知。

编辑部3月里收支出现赤字——没钱了。但由于我缠绵病榻，他们格外照顾，所以本月我得到300卢布，吃得很好。

从4月15日起，书稿开始发表于《青年近卫军》杂志，8月出单行本！合同交给我了。

3月29日，柯洛索夫将来这儿，我们要为书的付印做准备。我总共可得2000卢布。

编辑部帮我在屋子里装了电话。

夏季，我将在莫斯科郊外度过。累了。等着，等着来信。赶紧写吧。

你的柯里亚
3月27日

166. 给日吉廖娃

（1932年3月27日，莫斯科）

①刚收到你的来函。由此得知，你没有接到我的长信，那是我在第一次病危过后所写的。这令人沮丧，因为我花了很大力气，在信中描述了近期这儿发生的种种情况。此刻，在今天的信里，我稍作补充。

书印5000册，8月1日面世。依据合同，从4月15日起，将连载于《青年近卫军》杂志。自然，原稿你不妨留作纪念，只要把批评意见寄来即可。

我在迅速复原。没时间理会病痛，得工作。

书名或许我们会更改。柯洛索夫已屡次打电话给费杰尼奥夫，询问奥斯特洛夫斯基能否工作，因为书稿必须在4月15日以前付梓。反正有任何情况我都会函告的。

看样子，你的来信我们没收到，因为刚知道你病了，而且是严重的流行性感冒。

紧紧握你的手。

你的柯里亚

1932年3月27日

我全家向你问候。

————————

① 原信此处无称呼。

167. 给日吉廖娃

（1932年3月27日，莫斯科）

亲爱的淑洛奇卡：

　　现在我觉得一切都清楚了。你给我和拉娅写过信，我们却没收到。我曾发电报给你，告知书稿已被接受，你多半也没收到。在3月27日的信里，我回答了你一连串的问题。你想到万一沃洛别耶夫着手印书，结果会怎样，因此从"青年近卫军"① 取回了一份底稿，这很对。我已签的合同明确规定我无权这样做。应当指出"青年近卫军"② 为我继续进行创作提供了条件。关于马采斯塔，我以后还将函告。虽然机会绝对有，我恐怕也不会前往。至于你动身去治疗，那毫无疑问；而你我在最短期内碰面，也是肯定的。反正咱们这方面不缺钱。

你的柯里亚
3月27日下午2时

---

① 指青年近卫军出版社列宁格勒分社。
② 指青年近卫军出版社（莫斯科）。

168. 给诺维科夫夫妇

（1932年4月4日，莫斯科）

彼佳和玛拉：

肺炎第二次大发作后，我还体质虚弱。瘦骨嶙峋的死神老太婆两次扼住我的咽喉，但我没有权利现在就死，因此在经过47天殊死搏斗之后，又活了过来。这就是久不写信的原因。

我的朋友，在这段时间里，我的书稿在这儿交了好运。我扼要地奉告。

4月15日，联共（布）中央和共青团中央的机关刊物《青年近卫军》，将刊登三个印张的书稿，在成书之前连载完毕。

还有，出版社预约我写第二部。朋友，我向你们承认，我为正在出现的种种情况感到惊讶和惭愧。书在出版以前，莫斯科文学界的上层人士（约五六十人）已知晓了。

前天我这儿有客人。安娜·卡拉瓦耶娃①前来相识。柯洛索夫、费杰尼奥夫，还有青年近卫军出版社青少年部的编辑安德列夫也来了。安娜·卡拉瓦耶娃是《青年近卫军》杂志的主编。我难得遇到像她这样聪慧并具有亲和力的女共产党员。出于谦虚，我没对他们讲述《钢铁是怎样炼成的》所得到的评语。在编辑部，有人要替单行本取名为"保尔·柯察金"，但我主张用原有的书名。然后，又有人想把此书称作"长篇小说"，我则坚持叫"中篇小说"。称"长篇"，太张扬。

---

① 安娜·卡拉瓦耶娃·亚力山德罗夫娜（1893—1979），作家，国家奖获得者。1931—1938年任《青年近卫军》杂志主编，赏识并支持尼·奥斯特洛夫斯基的文学创作。

我的屋子里活跃起来了。以前冷清清、空落落，如今常常挤满惹人喜欢的、才华横溢的客人。每一次相识都令人感奋，都会兴味浓浓地畅谈一两个小时。

大家知道我重病初愈，正在恢复中，因此目前只有"青年近卫军"① 的人登门。

伊拉的名字已改掉了②。句号。我累了。就略谈些别的吧。

来信说说廖利娅，关于［缺损］……我觉得木夏真像俗话所说的，不可救药了。现在谈一下洛扎。不知怎的，她使彼里塔心烦意乱。洛扎不知从哪儿听说，彼里塔在背后讲你的坏话，我不知道［缺损］……没有诋毁任何人。相反，米沙对彼佳不抱敌意，但玛拉在他那儿……［缺损］……洛扎太烦躁。不应该歪曲事实。句号。

目前我仅仅给三个朋友写信：日吉廖娃、你、我哥哥。写不动了。我的全家问候你们。

柯里亚

---

① 泛指《青年近卫军》杂志和青年近卫军出版社的人。
② 《钢铁是怎样炼成的》一书中的冬尼娅，在初稿内曾叫伊拉，后来尼·奥斯特洛夫斯基接受柯洛索夫的建议，改为现名。

169. 给日吉廖娃

（1932年5月7日，莫斯科）

亲爱的好友淑拉：

久未写信。没什么特别的新鲜事儿。健康状况依旧不大好。健康不健康不去管它，糟糕的是无法工作，没有力气。《青年近卫军》杂志第四期今天才出版，我头一次真切地感觉到小说有一部分印在了纸上。

淑洛奇卡，你该记得，我求过你，如果伙伴们在信里告诉过你对书稿的批评意见，那么你要转告，供我学习。这类意见，我怎么也无法得知。别人不转给我，或者说弄丢了，真不够意思。我在写第二部之前，希望了解第一部存在着哪些缺点错误，以免重蹈覆辙。

我跟编辑部打交道的事儿，全由费杰尼奥夫老人代劳。是弗尔图娜①把他派来帮我的。他是联共（布）党员，1904年入党，曾多次坐牢。他曾是骑兵部队的政委，现在主持着国家银行的涉外部门。他经常来我这儿神聊，是他把稿费给我捎来的。

拉娅出差去农村，现今廖尼亚的父亲是建筑工会中央委员会书记吧？

潘科夫这家伙突然有了消息。他在信里要我把作品寄去，说可以帮忙出乌克兰文本，甚至应承帮我买一架便携式打字机！！！他不久便要去国外的别墅。他能从国外捎来，但问题也来了：他的承诺，毕竟没有一次兑现过呵。有这么句话就让人心满意足了。

---

① 弗尔图娜，罗马神话中的幸运女神。

从 5 月 1 日起，我们这儿入夏了。天气很好，暖洋洋的。不过我们这幢房子在增高两层，大家议论纷纷，让人简直想逃到别处去。轰隆轰隆，烦死了。这样的音乐声会持续整个夏天。

等着你的信。如果列宁格勒买不到《青年近卫军》杂志，我可寄上手头的两期，是他们寄来供我校改的。来信详告一切吧。我久候着列宁格勒方面的消息。我们全家问候你。廖尼亚好吧？

你的尼古拉

我写的信你都看得清楚吗？这一点我早就想问的。你猜出这些字是否十分费劲？确实费劲的话，我会写得"工整"些。

170. 给利雅霍维奇

（1932年5月15日，莫斯科）

好朋友洛扎：

　　来信已读给我听了。非常非常遗憾，你没来我们这儿。我们是又等候到5月1日。这里没有特别的新消息。肺炎发作之后，我的健康状况糟糕得很。咳嗽猛烈。胸腔里喘个不停，简直像在拉风箱。

　　莫斯科的医生一次次地被派来。他们怪吓人地说我难逃此劫，但我在考虑去索契度过夏季。到那里我不会水土不服。这事儿难办，然而并非没有可能。

　　近几个月我没写出什么——体力不允许。《青年近卫军》杂志第四期，我寄给你和彼佳。印成的文字使我心烦。比如，未经我同意，刊登了我致编辑部的信，内附自传①。这缺乏尊重，不妥。然后，不管作者的意见，称作长篇小说，而不是中篇。此外，还有许多错误，包括印刷错误。凡此种种，都是由于校对疏忽，又没让我校一遍。

　　书8月出版（假如说话算数的话）。无论如何，这是个大胜利，如果能译成乌克兰文，我也将很高兴。

　　写累了。

　　握手。

尼古拉

---

①　指本书第156封信——"给编辑部"。

171. 给日吉廖娃

（1932年5月20日，莫斯科）

亲如家人的淑洛奇卡：

5月18日，费杰尼奥夫和安娜·卡拉瓦耶娃来过我这儿。后者是《青年近卫军》杂志的主编。谈得很多，面很广。这是一位才华出众的女性。

原来，共青团中央宣传部的同志们也读了我的长篇小说，对作品给了很好的评价。于是，他们决定支持我继续进行创作。卡拉瓦耶娃同志接受委托，前来了解，为了改善体质，我需要怎样的帮助（淑洛奇卡，我的健康状况糟糕得很）。我们三个人达成共识：

赶紧让我离开莫斯科，前往索契，先住疗养院（伏龙芝疗养院），然后进入住所。整个夏季留在索契，入冬之前到莫斯科。每年如此。卡拉瓦耶娃同志要我相信，凡此种种都将迅速办妥。团中央会给索契发电报，让那边拨给我住所，等等。卡拉瓦耶娃说："我们不能失去你——你还在工作、工作。"这次会面，使我心潮起伏。家人一般的淑洛奇卡，看样子，你我将在索契相逢。和你见面，我将多么高兴，我要热烈地拥抱你。

告诉我，你处可有《青［年］近［卫军］》杂志第四期？如果没有，我寄给你。编辑部未经我同意，在长篇小说（我曾坚持叫中篇）之前，刊登了我致编辑部的信，这不妥，跟广告似的。存在着印刷错误，校对粗疏。

长篇小说会在《青［年］近［卫军］》杂志连载五期。

书稿的结尾被删去。理由十足——纸张匮乏。为了节缩字数，做了删削，作品有点残缺不全。可没办法，这是第一步。

　　妈妈和我同去索契。如果那里有了住房，那么卡佳也会在那儿居住……［缺损］

　　等着你的信。有什么新情况，我都会函告的。

　　紧紧握手。

你的尼古拉
5月20日

我们全家热烈地问候。

172. 给达维多娃

（1932年6月3日，莫斯科）

亲爱的加利娅：

我没忘记你，但也没回过你的信。近日我要去索契。

我的健康状况糟糕透顶，严重的哮喘是由肺炎加胸膜炎引起的。因此，他们正要赶紧送我到南方去。

加洛奇卡，近几年的经历，我当然连叙述一部分也办不到，但可以告诉你，生活主要给予了我什么——给予了双目失明，给予了所有应该灵活的关节都动弹不得，给予了一个妻子。她是体格健壮、热情洋溢、现今二十四岁的共产党员。1927年，我在海滨找到了她，近日将失去①。

所失绝对小于所得。得到的是新的职业，从遥远的后方再次转入作战中的部队。

文学之门向我敞开。长篇小说《钢铁是怎样炼成的》，作为第一个劳动果实，已经刊登，从《青年近卫军》杂志第四期开始连载，8月出版单行本。

握手。

柯里亚
莫斯科，苗尔特维胡同12号2楼

---

① 拉依萨的父母不赞同女儿与尼·奥斯特洛夫斯基的婚姻。受此影响，拉依萨未与丈夫一同离开莫斯科，前往索契。所谓"失去"，即指此事。

173. 给日吉廖娃

（1932年6月5日，莫斯科）

亲爱的淑洛奇卡：

你久不来信，我担心你又病了。我多半近日会去索契，去疗养院。学你的样子，我开始咯血，体质虚弱。1932年，一开头就多病多痛。倘若身体健康，即使仅仅有点力气，能够写信，那也是令人欢欣的。

在共青团中央，我的书获得很高的评价。广播中朗读过片断。在文学战线上，一切都让人高兴，鼓舞人去生活，去劳动。一切都在召唤："像10万伏特的发电机似的，贡献光和热吧！"我憎恨疾病，如同憎恨阶级敌人一样。

青年近卫军出版社里，工作人员有所变动，出书推迟。他们不履行合同，不付钱。要不是有《青年近卫军》杂志，我又得半饥半饱。

现在，苏联列宁共青团在督促这些官僚主义者，我盼望他们把书给印出来。

如今我害怕跟他们签订第二份合同，即出版第二部的合同——担心他们骗人。以后得跟他们打官司吧？我比较喜欢列宁格勒的年轻人。

《青年近卫军》杂志第五期，连载我的长篇小说的，今天寄来了。

拉娅6月15日去娘家，住一个月。妈妈陪我。

昨天接到党内三人小组的决定，我已通过审查，恢复了组织生活①。

淑洛奇卡，目前我在等你的信，别忘了答复我，你能否去索契，

---

① 此事参见第125封信注释。

什么时候去。

  我亲爱的朋友，沉默不好，回答我吧。

  全家问候你。

  握你的手。

6月10—12日前，我在莫斯科。

尼·奥斯特洛夫斯基

174. 给日吉廖娃

（1932年6月20日，莫斯科）

亲爱的淑洛奇卡：

我白等了——没接到来函。如果有事耽搁，那还好，但如果病了，那可比不写信更糟糕。

简短地告知我这儿的新情况。

6月27日，我要去索契，进疗养院。

妈妈陪我前往，并留下。咳嗽得厉害，有时还咳血，体质虚弱，等等。我打算住在那里。莫斯科整个屋子充满潮气，让人受不了。

告诉我，你会去索契吗？

团中央有个关于出书的决定——书已经在排版，他们允诺于8月初面世。我的照片取去了。看样子，你所熟悉的"桀骜不驯者"的"尊容"，将污损稀缺的纸张，令读者不满。

虽然我在伙食方面平均花费200卢布，我们依旧吃不饱——市场上的价格涨得实在不像话。

27日以前，我等待着你的来信。妈妈、姐姐向你问候。拉娅已去阿纳巴，到娘家住四十天。

亲爱的，握你的手，别不回信。我只要体力略有恢复，就将工作。我的朋友，真希望在索契和你会面，即使稍稍拥抱一下也好。我得谈谈两年来的所有经历。

你的柯里亚·奥斯特洛夫斯基

6月20日

175. 给卡拉瓦耶娃

（1932年6月26日，莫斯科）

亲爱的安娜同志：

明天上午10时，我启程迁居南方。已尽可能积蓄一点力量，以便开始遥远的征程。

打算在索契居住到深秋。只要精力允许，我会坚持的。

总之一切顺利！

请转达对马尔克同志的问候。昨天收到乌克兰方面来信，《青年布尔什维克》正在把两期《青年近卫军》上的《钢铁是怎样炼成的》译成乌克兰文。我将从索契写信给你。

最后，亲爱的卡拉瓦耶娃同志，我要求你来函告知，对于就我而言是那么重大的住房问题，你是否觉得会有希望解决。这个繁难的问题让我大伤脑筋。毕竟在我的日常生活上，又添加了与妻子分开居住已有一年的困窘。句号。到南方来吧，让我们会面。

紧握你的手。

致以共产主义的敬礼！

尼·奥斯特洛夫斯基
1932年6月26日

176. 给阿列克谢耶娃[①]

（1932年7月5日，索契）

亲爱的加洛奇卡：

妈妈向你问好。

临行匆匆，未能与你道别。我躺在海滨的阳台上，凉飕飕的东北风扑打着脸庞。周围是南方疗养地的蓬勃生机——炽热的阳光，快乐的交谈，妇女们幸福的笑声。而我呢，紧咬嘴唇，默不作声。有人过来，搭讪了两三句话，便从沉着脸的小伙子身旁走开。人家以为我是凶巴巴的，就跟你初次和我会面时一样。我满腹郁闷。大海令我想起往昔，想起自己个人生活的艰辛困顿。我并不努力驱散愁闷，它正为我所用。目前我在写第二部一些忧郁的篇页。

我会给你写信，你也别忘了我。如今我身旁没有你那样的女孩子，一张巧嘴能祛除我的痛苦。

紧握你的手。再见了。8月1日前，我的地址：北高加索，索契，"红色莫斯科"疗养院，病员尼·奥斯特洛夫斯基收。

7月5日

[①] 阿列克谢耶娃·加利娜·马尔特诺夫娜（加洛奇卡、加鲁申卡、加琳卡），尼·奥斯特洛夫斯基1912—1932年住在莫斯科时的邻家女孩。未来作家口述，加利娜帮助他记录了《钢铁是怎样炼成的》第一部的数章，并且坚信他会成功。奥斯特洛夫斯基对这位堪称第一任"志愿秘书"的邻家女孩心怀感激，还把她写进了小说的第二部。

177. 给日吉廖娃[①]

（1932 年 7 月 21 日，索契）

亲爱的淑洛奇卡：

　　来信收到。在你启程之前，我不会离开索契。我简直无法去莫斯科，在那里会气喘。你我将碰面。这是我指日可待的一大乐事。我爱你的程度，是超过你所想象的。

　　我的体质曾极度下降，目前略微有点儿精神，费杰尼奥夫 8 月 1 日要来。妈妈暂时没有人照顾［缺损］……互相……现在只有一些初步设想。

　　倘若此地的区委会不遵照团中央的要求，为我创造生活和工作条件，那么我和妈妈就租一间屋子。眼下啥也干不了。跟朋友们断了联系。天气不怎么好，常下雨。

　　总之，再过四十天，我准能吻一下亲爱的朋友淑拉。

　　妈妈问候你。

你的尼古拉

[①] 此信与上一封，俄文原书中颠倒了，不符合按日期排列的原则。这里颠倒了过来。

178. 给卡拉瓦耶娃

（1932年7月23日，索契）

安娜同志：

我躺在海滨的阳台上。今日天气晴朗，阳光和煦，从海上吹来西南风。我写信向你问候。你是我的文学辅导老师，我牢记着和你会面的情形。到了这儿，我听人朗读《烟雾腾腾的地界》和《蓝盈盈的河湾》①，熟悉了你，填补了一段不说也罢的时间空白。在这里，遇到一个作家，不说名字了——不值得提。他知道你的。"谈谈吧，卡拉瓦耶娃最大的优点是什么？"回答——"她是漂亮女人，否则咱们所有的作家都算不上漂亮了。"我写到这个粗野的人，你可别生气。在我们共产党员看来，这种油腔滑调暴露出他内心的一角。有些傍晚，大阳台上挤满了人，种种低俗肮脏的故事，什么奇遇呀，趣事呀，像污水坑一样令人作呕。起劲地说笑的人，全是集市主任、火车站长什么的。这类污物散发着毒气。我非圣徒——在严酷的生活环境中成长起来，不是文质彬彬的，可这些自诩为共产党员的家伙，怎么浑身冒臭气呢？

我们跟这类现象进行斗争了吗？我把这种"臭味相投的人"记了下来。我会在第二部的"阴暗处"，用犀利的语言予以抨击。我的精力恢复得很慢，令人焦躁。昨天，医生使我不愉快。他们说：从12月到第二年的5月，您别考虑留在索契。淫雨连绵，而且东西发霉。总而言之，糟糕透顶。还出现了多雾的问题。唉，这种时候怎么还病痛不断？就谈到这儿吧。

---

① 《烟雾腾腾的地界》和《蓝盈盈的河湾》，都是安娜·卡拉瓦耶娃写的小说。

费杰尼奥夫同志和青年近卫军出版社签订了小说第二部的出版合同，并且代表我应承，作品的质量将超过第一部。我觉得这是光荣的任务，我要把十三年来党赋予我的力量全部调动起来，写好作品。躯体背叛了我，倒是热烈地搏动的心脏并未背叛，头脑也清明，所以在不眠之夜（经常难以入眠），脑海中呈现出场景和人物。亲爱的安娜同志，我的生命活动没有停息！

　　心脏发电机在全力运转。这表明咱们会胜利的。别笑信写得不工整。团区委的人来过我这儿，允诺给一间屋子。7月30日以后将函告。问候马尔克同志。

　　我自己执笔写的。

尼·奥斯特洛夫斯基
7月23日　索契

179. 给阿列克谢耶娃

（1932年7月26日，索契）

加洛奇卡：

你的第二封信刚收到。你的第一封信，充满着友谊和关切的，也捎来了。我得承认，以为小朋友把我给忘了。这是非常错误的。我没有权利旷日持久地装病哪什么的，像个懒洋洋的娇小姐。对，加洛奇卡，从8月2日开始，我百分之百地健康，我离开疗养院，不再病病歪歪，得工作了。决不能磨磨蹭蹭。要赶紧生活，即写作。把愁苦抛开。郁郁闷闷可不行。钢铸铁打的人不能这样窝囊。

还弄不清自己的正确地址，8月2日写信告诉你。你告诉霍鲁任科吧。我在等候费杰尼奥夫。加利娅，我将函告一切。我应表现得特别谦虚。除了《钢铁是怎样炼成的》，没有创作过长篇小说。

如果你在这里，我有信心在1933年1月前写完第二部，并开始搞一本新的长篇，书名叫《痛苦是怎样止息的》。

握你的小手。别怪我久不写信。

柯里亚
7月26日　索契

180. 给日吉廖娃

（1932 年 8 月 1 日，索契）

亲爱的淑洛奇卡：

我已经在自己的居所。市苏维埃给了屋子，靠近红色莫斯科［疗养］院。我的住址：高加索索契市滨海街 18 号 8 室。就在大海边，挨着图书馆。总之挺好。

我请求你，尽量设法拿到一张红［色］莫斯科疗养院的入住证。这疗养院近在咫尺，你的双脚不至于走得酸痛，我可以常常与亲爱的朋友会面。

万一你进入别的疗养院，那可令人遗憾和烦恼了。等着你。

我们这里没有什么特别的新鲜事儿。在写小说的第二部。第一［部］8 月底问世……快了，快了。

费杰尼奥夫到来，进了伏龙芝疗养院，明天将到我这里，捎来出书方面的最新消息。

很快就要会面了。信都收到。

握手。

妈妈热情地问你好。

你的柯里亚

1932 年 8 月 1 日

181. 给卡拉瓦耶娃

（1932年8月5日，索契）

亲爱的安娜同志：

我和妈妈住在靠近大海的地方。整天躺在院子里的大橡树底下，趁着天气晴朗，又有创作的冲动，进行写作。有力气劳动，而且大脑"雪亮"——这就再好不过了。

安娜同志，我正抓紧时间生活，以免将来为蹉跎岁月而感到惋惜。冲刺一度被荒唐的疾病所中止，现在重又开始了。祝愿我取得胜利吧。

盼着你来信，谈谈你为我细读作品后的感想。告诉我，等到写完小说第二部开头两章，是否可以寄上，请你提出批评意见？还是你不允许我这样掠夺你的工作时间？

我将不写很多信来打扰你，但写是仍然要写的。如果索尼娅①寄给我《青年近卫军》的纪念特刊，那就太好了。盼来信。

紧紧握手。

尼·奥斯特洛夫斯基

这封信看得清楚吗？我亲笔写的。

---

① 斯杰西娜·索菲娅·玛尔科夫娜（索尼娅、索涅奇卡），《青年近卫军》杂志编辑部的负责人。

182. 给日吉廖娃

（1932年8月7日，索契）

我亲如家人的淑洛奇卡：

我整天整天地躺在橡树底下，呼吸新鲜空气。开始工作了。

我需用第九章。请作为挂号邮件寄给我。等着你。

淑洛奇卡，你尽可能入住红色莫斯科疗养院，只有二十步距离呀。我们可以一起度过9月，那多好。我和妈妈盼你来。近日天气晴和，7月里却下过十八天雨。费杰尼奥夫同志来了，捎来新的消息。倘若有人问我："你所期盼的最快乐的事情是什么？"我会回答："淑洛奇卡到来。"句号。

就写到这儿。寄给我第九章吧。这章的一半（结尾），编辑部以纸张缺乏为理由，给删除了。我要把这部分移入第二部。

妈妈向你问好。写信吧。

你的柯里亚

8月7日　索契滨海街18号8室

你那里如有关于书稿的批评意见，寄给我吧。

183. 给阿列克谢耶娃

（1932年8月26日，索契）

亲爱的加利娅同志：

我正努力创作第二部的第一章。自己动手写。这是勉为其难。缺了你的一双灵巧的手，否则会飞快地写成一页又一页。

晴和的日子，我躺在院子里的橡树底下。房屋的二十步开外便是大海。安德列耶夫①同志来过我这儿，百分之百地成了朋友。加鲁申卡，我想托你办些麻烦事儿。你跑一趟，或者打电话到青〔年〕近〔卫军〕出版社去。新广场。少儿文学部。你探问一下，《钢铁》将于何时"炼成"？他们允诺过8月25日前出版的。其次，你给《青〔年〕近〔卫军〕》杂志编辑部打个电话，问问他们，要给我的第七和第八期刊物是否已寄往索契？或者，问问他们是否知道我的地址？就这两件事儿，够你忙的了。出版社的电话号码，你问卡佳，她的小本子里有。写信给我，谈谈一切，包括自己的生活情形。

握你的手。

尼古拉

8月26日　滨海街18号

---

① 安德列耶夫·谢尔盖·伊利奇，乌克兰列宁共青团中央书记。

184. 给诺维科夫夫妇

（1932 年 8 月 27 日，索契）

我亲爱的彼佳和塔玛拉：

邮局太不像话。我给你们写过两封信和一张明信片。收到的是一张［明信］片。

我没有力量同编辑部里那些马大哈打交道。各种文字错误有多少哇……［缺损］。

有一点可聊以自慰——这毕竟是我的书。谁也不会自寻烦恼。句号。

我在努力写第二部的第一章，浑身没什么力气。

工作条件太差，主要是一会儿就感到累。我在等书。一接到，会立刻寄上。机器好使吗？盼来长信。

我在索契大概要待一年。洛扎在哪儿？玛拉和你们的儿子怎么样？等着你们的信。我一定复函。握手。

妈妈向你们问好。

你们的柯里亚
索契　滨海街 18 号

185. 给日吉廖娃

(1932年10月2日,索契)

我亲爱的淑洛奇卡:

我们住着两间屋子,这儿可以长住。发尼娅·阿罗[诺夫娜]常来的。天气晴朗。健康状况好些。10月20日出书。拉娅在学习。我费劲地工作,困难重重,但在这儿必须认认真真地写作。

盼望着你——我心里一直牵挂着的朋友。非常盼望。我拒领抚恤金了,钱够花了。我终于又成了劳动者。

在此地,我以"作家"的身份,得到第一等的供应。目前,日常不会挨饿。妈妈老是生病,旅途劳累,把她折腾坏了。我在等哥哥,他多半又来不成。咱们不久将会面。纸短言长,快要碰头了,我将热烈地吻亲如家人的你。那时我会把没写在信上的情况都告诉你。很快就是11月了。只剩二十八天,转眼就到。

紧握你的手。

问候你全家。

你的柯里亚

10月2日　索契市胡桃大街29号

186. 给利雅霍维奇

（1932年10月4日，索契）

洛卓奇卡：

你好！我们没忘记你。信收到了。我自己写，没有秘书。拨给了两间屋子。你这让人操心的孩子。咱们年内不会碰面，真遗憾。我等过你，然后不等了。10月20日出书。最先拿到的样书，将寄给你和彼佳。

这儿阳光好，天气热。此刻是夜晚。淑拉11月来。冬季和夏季，我在索契度过。霍鲁任科进了高加索兵团。我的生活就是工作和友谊，其他一切都抛在旁边。

我变得沉稳些了。我们的生活要求意志坚强、百折不挠，要求对宏伟的、光辉的、切近的美好未来充满信心。否则，就会沮丧、沉沦。我知道，你那边的生存环境不好。索契有较大的居住面积，甚至床也宽大得能睡四个人。孩子，你来吧，在这里住上一阵。我是在一本正经地说笑话。你来吧，我盼你来函。你不写信，我也原谅你。

柯里亚

10月4日　索契　胡桃大街29号

187. 给阿列克谢耶娃

（1932年11月初，索契）

亲爱的加利娅：

致以"十月革命"十五周年的敬礼。我的生活内容就是创作长篇小说的第二部。改为"上夜班"，黎明即睡。夜间安静，没有声响。情景犹如电影般闪现，人物和场面不断呈露。保尔·柯察金，已经傻乎乎地击碎了自己对丽塔的感情，被派往修建铁路的工地，为能抢运木头而在冰天雪地里拼死拼活地大干，狂风怒号，雪团扑面，奥尔利克匪帮在周围出没，传来几乎难以分辨的脚步声。筑路工地的景象正是如此。

第一本书还在印刷中，大概11月6日面世。每个作者都会从出版社听到许多日期。没关系，现在反正只能再等几天。我会立刻寄上，让你看看。不用久等。

我的健康状况好多了，晒黑了些，总之成了个干活挺棒的小伙了。别笑我，你这孩子……

你没写写自己的情况。日子过得如何？米佳·霍鲁任科写信告诉你什么？

这里很热，正值金秋时节。奥里加·奥西波夫娜向你问好。我盼着你的一封长信。你久未来函，别忘了详细写写生活情形，写写挺小的痛苦和不大的喜悦。

就此打住。握手。

尼古拉

索契　胡桃大街29号

写小说的第二部，缺少一双巧手。

188. 给诺维科夫夫妇

（1932年11月8日，索契）

亲爱的彼佳和玛拉：

我承认，由于通信联系中断了许久，自己该受责怪，不过谁说我尼古拉忘了你们，我可要对他"严惩不贷"。我认定重要的是质量，而非数量。因此，朋友，"洗耳恭听"吧，我这个居无定所的人这就谈谈自身漫长经历中的一些片断。

书出版了①，出得挺好。没错儿，马大哈们免不了粗率地制造了一些愚蠢的文字错误。没有卡拉瓦耶娃的序言，留下空白的一页。

邮局送来一本书，迟了二十天。确切地说是拖延。目前我手头只有一本样书。国家出版社联合配售处作风拖拉的工作人员没有把我买的二十本寄来。书在上柜销售。印数一万零三百册，售价五卢布。硬封皮，钢铁般的颜色。在头一页上，不是别人，正是彼佳的好友以一张皱眉蹙额的丑脸扰乱读者的情绪。

我只要一拿到买的书，就立即给你和洛扎寄去。你认识的那个潘科夫主动关心，谈及要出乌［克兰］文版的长篇小说，好像是在青年近卫军出版社。我知道你对这个作家不大有好感，然而请顺便去普希金大街49号76室，找他交谈一下。出版社把《钢铁是怎样炼成的》作者样书寄给了他。不知他收到没有，我跟他的关系不太融洽。

我在工作，恰似马不停蹄，夜晚静静地写作，不受任何人、任何事的干扰。我自己写。我把全部精力投入创作，健康状况比5月6日

---

① 《钢铁是怎样炼成的》第一部，在莫斯科的青年近卫军出版社出版。

多少要好点儿。我寄给你打印的最初两章①,读一读,提出批评吧。

在索契,舒爽的天气结束了。秋雨连绵,气候恶劣的日子还在前面。关于物质方面的问题我不写,以免浪费纸张。应当做一个优秀的布尔什维克。自己的身躯动弹不得,有些字辨别不清。

紧握你们的手。

问候洛卓奇卡。她的哥哥阿勃拉姆为我家拍了照。你从他那里取一张照片吧。

尼·奥斯特洛夫斯基
11月28日　索契

---

① 指《钢铁是怎样炼成的》第二部的前两章。

189. 给日吉廖娃

（1932年12月16日，索契）

亲爱的好友淑拉：

我没写信，原因是在紧张地进行小说第二部的创作。昨天写完很重要的一章，今天是我的"休息日"。

自己出的那本书，近日我会收到莫斯科寄来的十册。亲如家人的朋友，届时我立即寄赠给你。

已经寄来一册样书。小说出得很好，不过，安娜·卡拉瓦耶娃的序言在印刷厂里丢失了。不久你便可以亲眼看到书。

共印一万零三百册，硬封皮。

小说的第二部，已写出四分之一。在努力提高质量。

关于我的书，有了一些评论文字。人家没怎么责难①。《青年近卫军》杂志即将刊登一篇重要的、有分量的文章。我在等待。

---

① 《钢铁是怎样炼成的》第一部出版后，首先在一些刊物上得到评说。如《文学作品》1932年第35—36期，登出勃科夫斯基的文章《一本激情洋溢的、战斗的书》。作者这样论述："长篇小说感情色彩鲜明的第一部出色地表达了国内战争期间布尔什维克青年的英雄主义特质。"又如《年轻人的书》1932年第12期，刊登柳比莫夫的文章《在共青团文学的积极分子行列中》。对于这篇既有赞扬也有批评的文字，尼·奥斯特洛夫斯基后来在《争取语言的纯洁》一文中予以回应。

三个人一起住在索契——我、妈妈和哥哥可爱的女儿济娜①——她十岁。这里冷了。健康状况目前还过得去，可以工作。我的妈妈老是哼哧哼哧地喘气儿，体力、精神都差得很。我们的生活费，至少300卢布。物价飞涨。库班怠工事件你是知道的。

到清党的时候，我已经是劳动者，而不是懒汉了。

有新的消息，我会写信的。

妈妈向你亲切地问候。

你的柯里亚
12月16日

---

① 济娜·奥斯特洛夫斯卡娅，是尼·奥斯特洛夫斯基的哥哥德米特里·阿列克谢耶维奇·奥斯特洛夫斯基的女儿。当时，叔叔口述，这小女孩帮着写信，还帮着读报纸，甚至替叔叔记录了《钢铁是怎样炼成的》第二部的数页。1941年，济娜中学毕业，志愿上前线。后来她在战斗中身负重伤，至1945年2月18日去世。济娜作战英勇，死后被追授了卫国战争勋章。

190. 给日吉廖娃

（1932年12月22日，索契）

亲爱的淑洛奇卡：

来函刚收到。请原谅我没有写信。我在工作，投入全部的精力。今天另给你寄去我的书。沃里夫①同志只要能来，我很高兴和他见面。

夏季我等着你，可等苦了！我愿意相信，咱们会在1933年相见。

我和拉娅，就像你和加夫利洛②同志，不过更……她乘车离开敖德萨，11月20日顺路到过这里。她是去探望一个让她帮助的同志。

我的工作环境很艰苦，但正在克服一切困难。寄上前面数章。渴望得到行家的指点。

妈妈老犯病，呻吟不止，真可怜。这非常影响我的情绪。千难万难，然而我在以顽强的精神排除种种障碍。我的日子过得艰难，不过，全部力量、全部生命，我注入了作品。我自己写，亲手写……

不要忘记我。如果你和我在一起，那该多好。亲如家人的朋友，我抓紧时间生活，趁着心脏尚在跳动，我希望写成。

你的柯里亚
12月22日

吻你。我将常写信。

我向您问好。近日将给您写封详细些的信。您的奥斯特洛夫斯卡娅③。

---

① 沃里夫，日吉廖娃的熟人。
② 日吉廖夫·加夫利洛（加沃利洛），日吉廖娃的丈夫。
③ 这是尼·奥斯特洛夫斯基的母亲所添写的。

191. 给卡拉瓦耶娃

（1932年12月27日，索契）

亲爱的安娜同志：

我把《钢铁是怎样炼成的》第二部整理好的两章寄给你们。可以对你说，是我战战兢兢地寄上，请你判定。指出吧，一条直线朝哪儿弯了，朝上还是朝下。这里指的是我的长篇小说第一部内容的艺术性等等。任何批评我都经受得起，不会跌倒的。批评只会帮助我消除缺点。一部分文字我尚未整理好。虽然非常想多写些，但我信守诺言，不以过多的信件惹得你厌烦。必须让读者节省时间，不能用废话连篇的"文学作品"来加重他们的负担。我奉上自己的一本书，借此向你和柯洛索夫表示敬意。我请马尔克同志去列宁共青团中央时，向柯萨列夫和萨尔塔诺夫①转交我送给他们的两本书。我正在兢兢业业地工作。常常会停顿下来，但那并非我的过错。我的工作愿望和实际成果可能不成比例，然而反正总在向前。你写的序言被不负责任地弄丢，这把我气坏了。我无法用语言来向你表达这种气恼。如果不计较文字方面的大量低级错误，这本书印得还是不错的，但出版社的同志没能尽职尽责，保证其质量。

我的健康状况允许我工作。索契冷起来了，不舒适。

胸中鼓荡着创作的激情，可由于缺少一双协助的手，往往无法把激情化为纸上的文字，这使我心中急得毛焦火辣。我的工作进度像乌

---

① 柯萨列夫·亚历山大·瓦西里耶维奇（萨沙，1903—1939），萨尔塔诺夫（1904—1937），都曾是苏联列宁共青团高级领导干部，枉遭迫害致死，后获平反。

龟爬行。一些形象尚未塑造完成,自己已经累了。我的"秘书队伍"流动性特强①。无奈呀,这里决不能依据苏维埃人民委员会关于旷工者的法令来处置。但受尽磨难的人依然活着!安娜同志,不要相信恶意的传闻,说什么我"百无聊赖",开始写缠绵悱恻的短篇小说了。我故意违拗医生们的种种预言,偏不急着死去,而是顽强地继续活着,还笑口常开。博学的埃斯枯拉皮俄斯们忽视了最主要的一点——他们的病人是用什么性质的材料造成的。材料的性质起决定作用。你所指导的人不仅活着,而且在工作。保尔·柯察金在1921年的热烈演说中表示:"装着发电机的心脏难道能不获胜吗?"这话也适用于我。

等着你的信。

记住,读完第二部的前两章,可得写信给我。

问候马尔克同志。

尼古拉·奥斯特洛夫斯基
1932 年 12 月 27 日
胡桃大街 29 号

---

① 尼·奥斯特洛夫斯基创作长篇小说《钢铁是怎样炼成的》第二部时,帮他记录的有热心的干部、退休老太太、出纳员和普通家庭妇女等多人,被称作"志愿秘书"。

192. 给斯杰西娜

（1933年1月6日，索契）

亲爱的索尼娅：

你写的便笺，十月、十一月合刊，我已收到。一天又一天，等待着第十二期。

索尼娅同志！我以下述请求来打扰您。我需要以下的证件——大致上包含这般内容的证件或证明信：编辑部确认，我是其成员或当前一段时日的固定作者，从编辑部领取到中等的酬金。

就我而言，这是一种必需的形式，便于交房租、交党费、会费、医疗费。眼下我像个没人管的流浪汉或个体手工业者。医生登门，往往问：您在哪儿工作？我略想了想，答道："在'青年近卫军'。"

"您手头有相关的证件吗？"

"没有。"

"那就抱歉了。我不能为您提供医疗帮助，因为我只为国家公职人员和享受免费医疗的投保人服务。"

我一般不常看医生，但为了今后避免类似的对话，请您把我的请求告诉柯洛索夫同志。倘若在法律上这是可能的，请他签发一份这样的证明。

以上便是我所提出的要求，盼您函复。

索尼娅同志！如果方便，请把证件和第十二期刊物一并寄来。

紧握你的手。

尼·奥斯特洛夫斯基口述

1933年1月6日

索契胡桃大街29号

193. 给芬克利什捷因、阿别兹加乌兹

（1933年1月13日，索契）

亲爱的米沙和玛莲卡娅：

你们的来信刚收到。邮局变得在拖革命的后腿了。这种糟糕的邮政部门可能掐断任何友善的通信联系。在我心目中，阿列克赛·伊凡诺维奇本人是个居心叵测者。邮政方面的差错失误，以前和现今，一再使我感到憋闷。弄丢了多少书报杂志，已屈指难数；电报往往延迟半年才到达；来自编辑部的、内有证件的重要函件渺无踪影，等等，种种劣迹，不说也罢。在无产阶级的英勇进军中，邮政部门拖后腿，起阻碍作用。

真遗憾，我的书你没找到。米申卡，你打电话给她吧。你的信，我仅仅接到发自基斯洛沃德斯克的一封，其余都石沉大海，米舒特卡，我怎么能不复信？那会让你急成什么样儿。我不会忘记朋友们，特别是你。不久前，为了维护生命，我经历了一场艰辛的斗争，你也热情地参与了。这一桩桩，我全铭刻在心；成了我的知己的人，他们的身影不会从我的脑海中消失。米舒特卡，这并非空话。此刻我是认真的，甚而略感沉郁，以致吝惜文字。希望你感觉到我双手紧握的温热。但愿我们的友谊存在着，更牢固。

现在稍稍谈些自己的情况。我的健康水平下降了，全怪前一阵这儿恶劣的居住条件。如今已不再面对遭受攻击过早致死的严重危险，也有了支付房租的基本储蓄。三个人居住，从实际上只有九平方米加到十八平方米；增配了两个居室，明天母亲和侄女就搬过去住。屋子的通风将得到改善。目前是用被子遮隔着，等装好了一扇门，我就便

于进行创作了。以前简直不像工作，倒像受罪。我写好的已有五印张，第二部总共十六印张。开支方面，或多或少，我还过得去。阿万索夫按月寄来 250 卢布，算中等酬金。瞧，这是我过去抚恤金的六倍。亲爱的朋友，别为我担心，你算算就知道，不存在经济危机，这方面能摆平。住房你也知道了，我成为两间屋子的"主人"。由此可见，米舒特卡，已经为你今年夏季到来准备了居室。

此外，我还成了一张特大双人床的"主人"，米沙，如果我是个尚未结婚的小伙子，那么会留半张给你的。床挺结实，吃得住重量。奥里加·奥西波夫娜没有个人的财物。作为家庭养鸡业的开始，她的那只黄毛母鸡，昨夜被人从板棚里偷走，惹得老太太伤心不已。

米舒特卡，主要情况，简述如上。有人在刊物上表扬小说，没谁责难。80% 的书进了海军的各个图书馆，我为此感到高兴。《青年近卫军》杂志即将开始连载小说的第二部。我盼着你们的回信，相信不会不答复的。

握手。我和我瘦弱的妈妈向你们问好。

你的尼古拉
1933 年 1 月 13 日

194. 给阿列克谢耶娃

（1933年1月16日，索契）

亲爱的加洛奇卡：

刚收到你的信。我也在想，咱俩还将一块儿工作。我希望返回莫斯科。《青年近卫军》把这个问题提交给团中央了。无非是需要住房。工作量大得很，会让咱俩忙得不亦乐乎的。我不愿意多谈索契的秘书，她们加在一起及不上你的一根手指头。我强调这一点，心里很难受的。她们简直是雇员。我支付给她们120卢布，她们却工作得兴味索然。写什么，怎样写，她们觉得无所谓，跟咱俩的合作截然不同。如今我认准了一点——我的秘书必须是我的朋友，而不是陌生人。换句话说，这个人必须和加利娅·阿列克谢耶娃相仿。

书在译成乌克兰文。霍鲁任科写信给我，他抱怨你不回他的信。关于自己的生活，你什么也不写。难道没什么可以谈谈的？我一直盼望你讲述自己的生活情况。什么时候你才会来了劲头，把大大小小的喜怒哀乐全部告诉我呢？倘若我确定，此信绝对会送到你本人手中，我准得把个人的生活情况写上几页。

长篇小说的第二部将比第一部多得多。5月之前一定要完成。5月出版。当能交稿时，我把稿子寄到你处，你抓紧时间看完，随即送往编辑部。

如果入夏以前我不返回莫斯科，那么谁知道呢？或许我们会在这儿，在亚热带的索契碰面。

尼·奥斯特洛夫斯基

1月16日 索契

195. 给日吉廖娃

（1933 年 1 月 29 日，索契）

我亲爱的淑洛奇卡：

12 月 25 日寄出的小包裹，收到了吧？里面是我的书。见到沃里夫同志了，很遗憾，总共只谈了两个小时。

我的健康状况又变糟了，发烧、感冒。二十天没写出一行。现在又进行创作了。评论者对我的书评价相当高。比如第十二期《年轻人的书》第二十页上的文章。

握你的手。

你的尼古拉
1 月 29 日　索契

盼来信。

196. 给日吉廖娃

（1933 年 2 月 22 日，索契）

亲爱的淑洛奇卡：

你这么久杳无音信，为什么呢？亲爱的朋友，求你了，即便只回复三言两语也好：活着，身体健康。

我正紧张地工作。等候来函。

你的尼古拉

197. 给日吉廖娃

（1933年3月6日，索契）

亲爱的淑洛奇卡：

终于接到了来信。好长时间没有你的音讯。很高兴你平安无事。我见到了沃里夫同志，他正是你所描述的样子。会面最多不过三小时。

我在认真地工作，即以全部精力投入创作，在写第五章。6月1日前得把书稿交给出版社。第二部的字数要比第一部多二分之一。出书之前，稿子将仅仅连载于《青年近卫军》杂志。总之，我的全部生命已倾注于《钢铁是怎样炼成的》第二部的创作。

我所剩无几的精力，消耗得比预料的要快。几个月天气恶劣，阴雨连绵，潮湿发霉，简直要了我的命。胸腔里奏响着进行曲，但坚定的意志不可动摇，劳动的渴望无法遏制。

我们这儿清党，有些基层组织清除了百分之六七十的人。党还没有过如此规模的清洗。废品和累赘被坚决地清扫出门，毫不容情，让人瞧着心里也舒服。

编辑部远不是按期支付稿酬的。吵吵闹闹领取稿费，在那里已经成了讨厌的老规矩。我可不能那样。这全是小事。偶尔还会半饥不饱，但钱是不得不积攒一些，收入也会增多。

有的集市，就是个屠宰场。实在不明白，怎么能这样漫天要价。最近一个月，个体农民大把大把地搂钱。这是小资产阶级的自发势力又一次显示其厚颜无耻、贪得无厌的嘴脸。1公斤黄油售价75卢布。我被指定在面向一些负责干部的凭票证供应商店内购物。但除了面包，那里什么也没有。我们买到面包，基本够吃：我——800克，妈妈和济娜各200克，行了。

我听说潘科夫写信给你，表示要邮寄一包食品给我，探问我需要什么；然而我不知道他的物质条件怎么样，也许自己也日子过得不宽裕，只是友善地客气一句。在以乌克兰文出书方面，他愿意出力帮助。就我而言，这已是一种精神上的极大满足。我在这里表态：完全放弃稿酬。我知道，你在这方面没有协助潘科夫的任何可能，彼佳·斯莫罗琴①也未必很熟悉乌克兰的书记。你就别为此事浪费精神了。

紧握你的手，我的亲如家人的挚友。若无意外，夏天我们能会面。

尼·奥斯特洛夫斯基

3月6日

问候沃里夫同志。

---

① 斯莫罗琴·彼得·伊万诺维奇（彼佳，1897—1939），彼得格勒无产阶级青年革命运动的一名老战士，1921—1924年任俄罗斯共青团中央第一书记。他枉遭迫害致死，后获平反。

198. 家　书

（1933年3月14日，索契）

亲爱的父亲和米佳：

联系邮购我的书，不妨试按以下地址：莫斯科鲁宾街2弄76号，国家出版社联合配售处。

让你们那里的配售处下属商店进书吧，说明该书描述舍佩托夫卡的事情，全城表现出特别的兴趣。不过，书大概已脱销；革命军事委员会为红军图书馆买去了80%。正在策划再印，出廉价的第二版。

5月内我要写完书稿的第二部，并交给编辑部。但愿玛丽娅·雅科夫列夫娜·罗让诺夫斯卡娅①已读过第一部。

别丢失了书。第一部的两册全收到了吧？

我正紧张地工作，已通过审查。在索契市，党组织中清除了百分之四十五的人，他们是废物、骗子、异己主义分子和丧失战斗力者。有些党支部，清除了百分之六七十的人。在党的肌体上，曾附着过多少寄生虫！党摆脱了他们，便健康、强壮，去迎接春天——一个夺取粮食丰收的关键性的春天。

握你们的手。

尼·奥斯特洛夫斯基
1933年3月14日　索契

---

① 玛丽娅·雅科夫列夫娜·罗让诺夫斯卡娅，舍佩托夫卡高级小学的一名女教师，尼·奥斯特洛夫斯基曾在那里念书，非常敬重她。《钢铁是怎样炼成的》一书中，保尔·柯察金的母亲就用了这位老师的名字。

199. 给芬克利什捷因

（1933 年 4 月 19 日，索契）

我亲爱的米沙：

我又写信给你了，虽然你长久地音讯全无，使得咱们的友谊似乎面临着危险。我得到一套住房，各种条件都很好。两间屋子——三十平方米。阳光、园子、阳台，等等。我在紧张地工作。［写好］七章，还有两章。尚未春暖花开。有雨，天冷。谁知道呵，米沙，到了夏季，或许你会决定来我这儿做客，那倒用得着《圣经》上的话：我家的门，永远为久盼的客人开着！！

我通过了党的审查，已置身于战斗的行列。在索契市，有43%的人被清除出了一级的党组织。一些废物和丧失战斗力的人被清洗了。如此坚决的清党，我还未经历过。

1932 年第三十五期和第三十六期的《文学作品》图书评论栏里登出祖勃科夫斯基的文章，是关于我的书的。文章的标题为《一部激情洋溢的、战斗的书》。这是一篇尖锐的文字，批评了我。我手头没有。青年近卫军杂志社的朋友在信上为我抄了一些片断。你可能有本事在哪儿"觅得"（?!）这册刊物吗？我很希望得到。或许，这不是文艺杂志，而是青年和少儿的文学刊物。

健康状况还过得去。妈妈老在犯病。大大小小的困难干扰写书，不过创作在继续。

紧握你和玛莲卡娅的手。

你的柯里亚·奥斯特洛夫斯基
4 月 19 日
新住址：索契市胡桃大街47 号4 室

200. 给卡拉瓦耶娃

（1933 年 4 月 20 日，索契）

亲爱的安娜同志：

我寄往杂志编辑部的六章，共计二百三十页。其余两章将于 5 月 15 日写完。出版社预先允诺给第二部十五印张的容量。书稿的主要部分已经在编辑部，我手头只剩下最后的章节。

我将期盼着你对《钢铁》第二部的判定。对小说第二部的质量，我并未估计过高。我看出它的种种缺点，并且心里明白，必须经过一次整段时间的苦学，才有可能提升到新的高度。

《钢铁》——这是我首次铸就的作品。它是在即使健壮者也难以适应的"公共宿舍般的环境中"创作而成的。幸运的是，我尚有足够的精力和对劳动的渴求。问题在于我能否争取到自己所必需的、三四年的生存时间。能够的话，就会创作出另一本小说。

寄上一篇书评，可能你已看到过，还有一份给组织委员会的申请书①，请方便时转达。

书稿的结尾要求殚精竭虑，我本人也确实在全神贯注地工作。不过，我的"秘书班子"太差劲儿。健康状况马马虎虎，不妨碍工作，我还能有什么更高的企求呢？

春天姗姗来迟。有雨，天冷，不过 5 月将阳光普照，随之而来的是崭新的力量和朝气。

握你的手。

尼·奥斯特洛夫斯基

1933 年 4 月 20 日　索契　胡桃大街 47 号 4 室

---

① 尼·奥斯特洛夫斯基申请参加苏联作协。

201. 给日吉廖娃

（1933年4月29日，索契）

亲爱的淑洛奇卡：

我搬入了新居，这儿比沃伊科夫街的好得多。只是你来看看我吧，否则又是"你哄人"或人又哄你了。

潘科夫从哈尔科夫来信，说乌克兰共青团中央决定以乌克兰文出版我的书，挺高兴。你久不去函，潘科夫稍感不快，给他写一封信吧。我正像牛似的在工作。5月内要写完书稿。

你的柯里亚·奥斯特洛夫斯基

1933年4月29日

索契胡桃大街47号4室

妈妈热情地向你问好。她等候着你。

202. 家　书

（1933年5月6日，索契）

亲爱的父亲和米佳：

　　告诉你们，我从哈尔科夫得悉：乌克兰共青团中央决定用我们感到亲切的乌克兰文出版我的书。此事很快就会办成。书今年6月底开印，要赶在共青团成立十五周年之时出版。在我的心目中，这是一大胜利。所以，我们不久便可看到用当地文字印的书了。生活和为社会主义而进行的斗争万岁！

　　致以共产主义的敬礼。

尼·奥斯特洛夫斯基
北高加索　索契市
胡桃大街47号4室

203. 给切尔诺科佐夫

（1933年5月15日，索契）

我亲爱的赫利桑夫·帕夫洛维奇：

今天得悉你在继续斗争，未被病魔拉出行列，我深感欣悦。我一直希望打听到你的情况，而这一消息是最好不过的了。格里岑科和奥季涅茨，以前在格罗兹尼认识的两位同志，亲切地讲述"老爷子"的事儿，即你的事儿，也谈及你的工作。

布尔什维克的友谊永远联结着你和我。咱们确实是布尔什维克青年近卫军和老一代近卫军的典型代表。我失去你的音讯已有三年，其间只有两次，在报纸上发现过你的名字。亲爱的同志，我作为"儿子"和朋友，热情地向你问候。还记得你写信到莫斯科，跟泽姆莉娅奇卡①同志是怎么说的吗？我可记得。你这样写："我深信不疑，奥斯特洛夫斯基同志虽然失明，身体也垮了，但他依然将对我们的党有用。"

我非常欣慰地奉告，你和许多老布尔什维克相信我仍能归队，仍能转入进攻中的无产阶级的前沿阵地——这一点，我用行动证明了。理应如此。任何疾患，任何苦难，绝不可能摧毁一个布尔什维克——过去、如今，他的整个生活便是斗争。我有三年没站起来了，是的，体力并未恢复，依然被钉在床上，但从遥远的后方转到了前沿。这是我唯一可能作战的场所——文学战线。

从1930年开始，我便努力地为《青年近卫军》杂志工作，仿佛成

---

① 泽姆莉娅奇卡（1876—1947），联共（布）中央监察委员会成员。

了它的文学编辑部成员。正是在此期间，创作着长篇小说，反映我们烽火连天的往昔——描述共青团在烈火中成长。1932 年，写完长篇小说《钢铁是怎样炼成的》第一部，先是连载于《青年近卫军》杂志（同年第四到九期），随即在同年 10 月出版了单行本。目前，我正在完成《钢铁是怎样炼成的》第二部的最后几章，时间的跨度为 1921—1930 年。7 月出第二个单行本。第一部的乌克兰文版在排印中。去年 7 月间，我患肺炎，九死一生，然后医生让我从莫斯科迁到索契。团中央对这次迁居给予了帮助。在这儿，我可以专心致志地写完第二部。

妈妈和我在一起。拉娅在莫斯科的罐头工厂做党的工作。这便是三年来的情况汇报。你若来到索契，别忘了看望我，否则我会抱憾终生的。

衷心地问候你的妻子。你去图书馆问问，能否借到我的书读一下。紧紧地、紧紧地握你的手。你爱戴的同志。

盼回函。

你的尼古拉·奥斯特洛夫斯基

1933 年 5 月 15 日

索契　胡桃大街 47 号 4 室

204. 给阿列克谢耶娃

（1933 年 5 月 18 日，索契）

亲爱的加利娅同志：

双方久久不通音信，真不应该。我来打破沉默。一直集中心思工作，在写小说第二部的最后一章。这一章应该是最鲜亮和令人激奋的。

坚持一年，耗尽精力——我累坏了。6 月 1 日，书稿将出现在莫斯科。休息一个月，随即着手创作新的作品。在这段艰辛的日子里，我一再想到你，想到你的一双金子般的手。我的秘书班子太差劲儿。

得到了很好的住所，院子里面、周围鲜花盛开。妈妈和正在帮我写这封信的 9 岁侄女住一间屋子，我住另一间。工作环境不错，无人干扰。

书要出乌克兰文版了。6 月份我将"休假"。歇一会儿，为撰写新书积蓄些力量。天气虽然暖和，可多雨，还没到阳光灿烂的夏日。

生活得怎么样？有什么高兴事儿，全写信告诉我吧。你看到过评论我的小说的文字吗？如果没有，要不要我寄一部分给你？第二部一出版，就会寄给你的。最后章内会有一些话语涉及加利娅·阿列克谢耶娃，是她帮助柯察金创作了《钢铁是怎样炼成的》。

握你的小手。

尼·奥斯特洛夫斯基

5 月 18 日

索契　胡桃大街 47 号 4 室

205. 给卡拉瓦耶娃

（1933年6月1日，索契）

亲爱的安娜同志：

收到了你的信。其内容我曾隐约地预感到。你的严肃批评，在根本上，在主要方面，我认为是正确的。必须认真地"梳理一番"——确实如此。就我而言，这是一项繁难的大工程。除非有一个前提——得到你同志式的帮助，我才可能满意地完成这项工作。

在创作上我克服了最初几步的困难。我已说得过多，不再赘言。什么时候接到你寄回的、打好标记的稿子，我立刻开始工作。我要求这样：用红铅笔划出基本妥帖的地方——按页勾一下即可，用黑铅笔划出明显不妥、必得舍弃的字句。

我将先着手修改前三章。亲爱的安娜同志，请审阅这些章节，打上标记。最好在天地头上扼要地写几行，指出不妥的原因。整个第二部的修改，我打算以后进行。

第一章。舍弃花里胡哨的字句，更深刻地研究一下"工人反对派"时期，更显明地描述年轻人如何受这种"假左派的欺骗"。我要展露共青团省委内部的斗争。

第二章。不做特别的改变。这里可以字斟句酌，弄得精炼些。如果你认为必要，我就把跟"冒牌"大学生相关的段落删掉。

第三章。更浓墨重彩地描写共青团如何参加斗争——反对破坏经济的活动，反对工人中间普遍存在的倒卖紧缺商品的活动。

第四章。要么全部删除，要么"推倒重来"。

第五章。托洛茨基。反对派。列宁之死和列宁的召唤①。此处要做最大量的修改，以求与你的指导相符。我特意让柯察金处在不特别显眼的位置，以免人家指责我让其余的人物作陪衬，过分突出这个主人公。现在，柯察金要行动。我试图以一连串生动的情景来展示为了党的总路线而进行的斗争。这里，我会付出最多的劳动。

其余各章将删去80%的"病句"之类，明显地节缩"家庭风波"等的篇幅。还有要删减的，便是一节粗陋的文字，用你的话来讲，那里震响着"庄严肃穆的声音"，像在念自己的墓志铭。我怎么会写出这种东西来的，连自己也弄不明白。这是逃过了我自己的检查的"劣质品"，必须销毁。作品基本上将缩减字数。

最后几章的主线，是呈现作为一名布尔什维克的保尔·柯察金，还有他的伙伴们的本色，去除花里胡哨。总之，写带自传性的小说是吃力不讨好的。成千上万的人会指着说："你塑造了一个现实生活中根本不存在的超级英雄。"

祖勃科夫斯基同志在自己的评论文章《一本激情洋溢的、战斗的书》中写道：柯察金解救朱赫来的情节显得不真实。你信上说"疾病太多"。其实柯察金②确实动过九次手术，书里却写了三次，我也觉得这已多了。由此可见，必须安排好事件，别具匠心地构思，避免长出丑陋的赘疣，使得书不会让人产生拔牙后空痛的感觉。

安娜同志，请你尽快寄出书稿。我要立即开始工作。你说你不会丧失对我的兴趣，你的确可以帮助我成长，包括协助修改第二部。我知道此话并非说说而已，我接受你的美意。这给了我胜利的信心。

---

① 列宁的召唤，指1924年，即列宁逝世的当年，苏共（布）吸收大批优秀工人入党一事。《钢铁是怎样炼成的》一书对此有所描述。

② 柯察金，这里应该是指柯察金在生活中的原型尼·奥斯特洛夫斯基。

没错,"客观原因"怎么也不能拿来当作质量低劣的挡箭牌。不过,安娜同志,我不把你看成编辑,而是看成文学辅导老师。不妨直言,我的日常生活环境在第二部书里留下了灰暗的印痕。

妈妈七个月来病势不轻,我险些儿失去她。前一阵住房条件恶劣(如今,在清洗委员会干预之后,甚至我并未提出申请,就配给住所,改善了环境。这住所适合我写作,空气也清新了)。这是起了作用的。我并非辩解,只是讲实情。

"青年近卫军"们对第二部书的意见,在我看来至关重要。这是司令部对我这小分队的评价。我想,自己和"青年近卫军"不会分开,直至生命结束。她是"我的"。

紧紧握手。

尼古拉·奥斯特洛夫斯基
1933 年 6 月 1 日

206. 给卡拉瓦耶娃

(1933年6月10日，索契)

亲爱的安娜同志：

6月6日，有位同志把写完了的《钢铁是怎样炼成的》第二部书稿捎往莫斯科，三百三十页。一份稿子交给青年近卫军出版社，最后三章则交给你①。出版社允诺给我十五印张。我将等着你的评语。安娜同志，别忘了，我是带着焦急的心情等着评语的。即便寥寥数句，哪怕仅仅是第二部留给你的大致印象也好，及格抑或不及格。

我以前寄给你的信里附有一份转交给苏联作家协会组织委员会的申请书，你能不能来信告知其下落？

目前我在"休假"。我歇着，也就是正读着一些文学新作。一个冬季累死了，如今到了夏天，死而复生了，积蓄着力量。

问候马尔克同志。

握你的手。

尼古拉·奥斯特洛夫斯基
6月10日
索契　胡桃大街47号

P. S. 今天是我们相识的一周年，我忘不了。

---

① 《钢铁是怎样炼成的》第二部，连载于《青年近卫军》杂志1934年第一至七期；1934年9月，在青年近卫军出版社出单行本，编辑史蓬特。

207. 给日吉廖娃

（1933年6月10日，索契）

我亲爱的挚友淑拉：

　　近几个月工作紧张，我只得久久没有写信。《钢铁是怎样炼成的》第二部书稿写完，三百三十页，寄往莫斯科了，累得要命。经过了多少个不眠之夜，我歇一阵。等缓过气儿来，会写封长信。快些来函谈谈自己的情形。咱们何时会面？我的新住所很好，两间屋子。等你的信，什么时间来？

　　妈妈问你好。

　　马上写信吧。

你的尼古拉
索契　胡桃大街47号

208. 给诺维科夫

（1933年6月15日，索契）

我亲爱的彼佳：

顷接来信，惊喜不已。没想到进展如此之快。我亲爱的朋友，我一而再、再而三地获得你对我的友情之深厚与美好的明证。事实是你并不在哈尔科夫。你就别坚决地、执拗地强攻出版社的窄胡同了。签约的事情可能拖到秋天，甚至新年。怎么说呢，我握你的手，什么话也显得多余了——有一则智慧的、深刻的唯物主义的谚语："不要一百个卢布，而要一百个朋友。"前句中的钱数我手头就有，至于朋友，的确没有一百个，总共只有五个，但每一个都是金不换的。

我当然会签任何一份合同的，纵然一个戈比的稿费不给也行，只要乌克兰文的书能够出版。不过，既然您①逼得克列巴诺夫②能速办此事，我就要托您全权处理，只要合同签下来［缺损］

我还从未像近日一般，如此饶有兴味并急不可待地等候着邮递员。尚未接到克列巴诺夫的信。

雨下个不停。济娜在写。我吹着口哨，吹《斗牛士之歌》中的一节。来信吧，你这家伙，快来信。我对尤尔卡③没什么要求。我早就估计他将来会当编辑。

看样子要写到明天了。你自己不妨想象一下，妈妈怎样兴致勃勃

---

① 尼·奥斯特洛夫斯基对诺维科夫几乎从来不称"您"。此处两次用"您"是例外，表示郑重其事。

② 克列巴诺夫，共青团中央青年布尔什维克出版社总编辑。

③ 尤尔卡（尤罗奇卡、尤罗米奇卡），诺维科夫和塔玛拉的儿子。

地听你的信。是济娜念,老太太听得低声感叹:"哦,彼佳,彼佳!这个人哪。"

问候塔玛拉。

你的尼古拉
6月15日下午4时

209. 给日吉廖娃

（1933年6月22日，索契）

亲爱的挚友淑洛奇卡：

我好久没给你写长信，原因是工作紧张。在文学战线上，我节节胜利，取得成绩，完成了《钢铁是怎样炼成的》第二部。稿子寄往莫斯科了，即将排印。第二部将于共青团成立十五周年纪念日面世。乌克兰［共青团］中央做出决定，要把第一和第二部合成一本，用乌克兰文出版。交给青年布尔什维克出版社（哈尔科夫市），于共青团成立十五周年纪念日问世。印数——一万册。潘科夫出过力，让书通过了出版社的窄胡同。平心而论，他和办事拖拉者、官僚主义者进行了顽强的斗争。今天我把书稿寄往乌克兰，这下我才有权利休息。

接到了你的信——数月来的第一封。你没写最主要的一件事——咱们何时会面。我不知道，比方说，你什么时候休假，夏季有怎样的计划。你答应过今夏来我们这儿的。疗养证领到没有？还是到索契治疗的事儿又要告吹？亲爱的同志，这些我全想知道。拉尤莎在莫斯科，在罐头工厂，当副组长。她是党委会委员。我和她的关系，就同你和加沃利洛一样。

我的情绪好得很。怎能不如此呢？一年的劳动结果不错。无论以速度或力度来衡量，我的作品都使我进入了第一线。至于小说的质量究竟如何，那要到将来才能显示出来。是的，我感到体力消耗殆尽，疲惫不堪，好在这种情况正在过去。

还没入夏，淫雨连绵。

妈妈向你问好。

得悉切尔诺科佐夫在格罗兹尼当工会主席。我曾去函,但还没回音。

第二部里,把你和切尔诺科佐夫写了进去。是的,这没有征得你们的同意,然而古老的谚语这样说:用笔写下的,用斧子也砍不掉喽。

今后我会常写信。我给自己"放假"啦。等着你复函,淑洛奇卡。

最近,生活水平明显提高,我和母亲、侄女都饿不着了。

紧握你的手。愿快些见面。

你的柯里亚·奥斯特洛夫斯基
1933 年 6 月 22 日
索契　胡桃大街 47 号 4 室

210. 给阿列克谢耶娃

（1933年7月6日，索契）

亲爱的加洛奇卡同志：

又中断了联系——久不通信。工作把我给俘虏了，占去全部时间，连我的亲属也很久得不到我的消息。在乌克兰，书将于9月面世，两部合并为厚厚一册。把作品译成乌克兰文，需要付出很大的劳动。这一年来紧张地工作，我真的累了，累到了极点。

应承过寄给你评论文章，现将手头的一份寄上，其他几份没有。你看一看，如果不需要，就寄回，想留下也行。1933年第五期《青年近卫军》杂志刊登了弗利德曼的一篇长文，评论我的书。你去图书馆借阅一下。遗憾的是我自己没有这本杂志——是邮局给耽误了。你还不晓得，第二部里有一页写加利娅·阿列克谢耶娃，她是柯察金同志的惹人喜爱的秘书。不会生气吧？［缺损］

加洛奇卡，买份文学报看看吧，那里有和《钢铁》相关的文章，可邮局没把文学报给我送来。国家联合出版社配售处在鲁比扬斯基路二支路16号。你不妨以我的名义探问一下，我的书什么地方能买到几本。

加洛奇卡，我忘不了你。是工作让我久未写信。但如果有朝一日我返回莫斯科，而在此以前你尚未变成一位"端庄的夫人"，那么咱俩还会一同工作的。真正的夏季刚刚开始。来信吧，多谈些，详细些。

握手。

尼古拉

妈妈和济娜问候你。

211. 给诺维科夫

（1933 年 7 月 17 日，索契）

我亲爱的彼佳：

刚读到你 7 月 13 日的明信片。

总算打上了句号。彼得鲁什，种种顽固的因循拖延作风使我烦躁不安。是我的幸运，也是我的朋友们的倒运，这一切都压到他们的肩头，我反而成了见证人，当然决非冷眼旁观。不管如何，为争取《钢铁》出版而进行的战斗已经结束，几个关键性的阵地拿下了。潘科夫问我战果如何，我暂不作答，等候你的消息。明天我给他去函详告。书一册已收到。

与《钢铁》相关的评论文章，手头有四篇，我近日打印出来，并按照你的建议，寄往白俄罗斯。可惜在明斯克没有熟悉的同志，能从白俄罗斯的出版社得到具体的答复。要不然的话，我会寄去书和评论文章的。不过，我仍在准备寄往白俄罗斯的资料。

不要试图从克列巴诺夫那儿得到书。这是小事一桩。根本不必为此和他谈。我为瓦休金斯基①搞到一册。

关于钱……如果用不着让人没完没了地来回奔走，用不着大伤脑筋，月底前可以拿到 500—800 卢布，那就轻松了。如今我手头钱不多，准确些说，有 54 卢布，可毕竟不再欠谁的债。当然，75% 的钱我目前不需用，但在这严峻的过渡时期，我们谁都会有亲近的人，是不可不帮助的。我妈妈就需要抓紧时间治病。正是这个缘故，我信上告

---

① 瓦休金斯基，乌克兰苏维埃社会主义共和国教育人民委员会共青团书记。

诉你的钱数是 500—800 卢布，这是目前需要花费的。

彼得鲁什，你对我也应当直言相告，你必须有多少钱，才不至于亏空，尽管所谓亏空是短期的（尽管仅仅涉及为尤罗奇卡增加营养）。这类情况，你来信从不提及，这就见外了。如果不是从我这儿，那么你能从谁那儿得到需用的钱呢？除非存心惹我生气，否则你就像我一再干过的那样干吧——我曾以共产主义的方式向你贷款，只借不还。好朋友之间可以和应该这样。

我将常写信了。向你的爱人问候。

紧紧握手。

你的柯里亚
7 月 17 日

212. 给卡拉瓦耶娃

（1933年8月11日，索契）

亲爱的安娜同志：

在接到你来信的同时，我也接到了青年近卫军出版社同志们的函件。我把此函件复印一份寄上。我立即着手修改书稿，但很快发现自己面临重重困难。彻底"大修"书稿，比重写还难。我自知眼下力不从心。一年多的紧张工作使我体力消耗殆尽。我鼓足余勇也只能细阅一遍，把书稿中含混不清之处理顺。前三章内，你用铅笔做的标记对我大有裨益。之后各章，我凭着"本能"，遣词改句。

我再说一遍，您的意见在我心中是关键性的。我承认，第二部书稿并非自己所预期的样子，而且毫无疑问，什么时候有了精力，我一定彻底修改全书。目前我遭遇两大障碍：一是疲劳，还有一连串事情，叠加在一起可统称为"经济危机"。正因如此，目前不得已而求其次，同意在根据青年近卫军出版社的要求做了修改后出书。8月25日我会结束这项工作，把稿子寄给出版社。

请早些复函告知，第二部书稿经过前述修改后，杂志是否可能刊登。倘若可能，8月25日稿子就寄给你。安娜同志，烦速函复。

不言而喻，此事使我心中焦灼万分。

致以共产主义的敬礼！

尼·奥斯特洛夫斯基
1933年8月11日
索契　胡桃大街47号4室

213. 给诺维科夫

（1933年8月23日，索契）

我亲爱的彼佳：

你来了吧？这就是说，我又有了一名"关爱者和卫护者"。彼佳在哈尔科夫——这个消息使我安心了。妈妈如何眉开眼笑，我就不说啦。

第二部的书稿获得了"青年近卫军"的赞许，但要求进行一些删减和修改，我已经做了。然而，要到10月才能从他们那儿领取稿酬。

明信片收到了。8月19日给克列巴诺夫寄去"青年近卫军"的一封快信和我所做的修改，并提醒他别忘了500卢布。我正处于"青黄不接"状态。

我将写一封长信。迁居情况怎样？

布琼尼①不久会来我这儿，已经和他的妹妹相识。

评论文章复印了，全寄上。

问候玛洛奇卡。

你的柯里亚

8月23日

---

① 布琼尼（1883—1973），苏联元帅，国内战争时期曾任骑兵军长和骑兵第一集团军司令（1919—1921）。

214. 给诺维科夫

（1933年8月28日，索契）

我亲爱的彼佳：

刚收到你24日的来信。

萨沙·柯萨列夫是共青团中央总书记。费杰尼奥夫是和柯洛索夫·马尔克一起到来的。柯洛索夫任《青年近卫军》杂志副主编，主编是安娜·卡拉瓦耶娃。在这方面，你们为什么争论起来？你们这么耗时费力，要搞出一份我的朋友的"总名单"，也使我有些惊讶。简单地说吧，我预感到，应该在这一切的背后寻觅你们的某些举措——为"改善我的生活"而采取的举措。我亲爱的彼佳，首先，我对你特别注意，毫无疑问，你对我关切得有些异常。唉，其实你大可不必耗费精力，想方设法为我争取什么，这样我倒安心适意。如今我不是在工作吗？是的！我付出劳动，因而得到不少钱吧？是的！如果我仍然会饿肚子，那只能怪自己，而不能怨我的党。你该不希望惹得我心中烦恼吧？那好，你就别去惊扰我的朋友们，虽然你只是打算集体行动，向政府或党中央提出申请，要求保障我的物质生活条件等等。亲爱的朋友，我以最坚决的态度反对这样做。

如果共青团需要证明文件，当作历史资料，那么十分扫兴：我从1919年起的个人证明文件很多——一百份以上的文件，被新罗西斯克区委会统计处的蠢货们给烧毁了。那是1927年开始使用卡片登记的时候。当时我缠绵病榻，无法"亲自搜寻"个人档案内的证明文件①。

---

① 第71封信谈及此事。

我身边剩下寥寥数页，可以整理一下：1. 关于曾任共青团沃伦州委会委员的证明，2. 是州委会委员的候选人；3. 共青团区委会委员——1924年全年。尚有：4. 革命军事委员会委员证明，我是共青团和红军警卫连的战士，参加过1920年1月对资产阶级的搜查行动。还有曾任共青团区委书记、军训班的政治教导员。最后是共青团中央和《青年近卫军》的几份证明：是长期的工作人员和作者。倘若他们确实需要，再告诉我一下，可以复印了交去。在联共（布）中央医疗委员会里，应该有一封完整的信，是一群布尔什维克于1926年8月间为我的治病问题写的，不过，在密如丛林的档案材料中当然是找不出来的了。

今天我写信给克列巴诺夫，要求与杂志编辑部的人商量，能否在其中的某一期刊登片段。如果你还没拿到我的书，我请他邮寄。

好像全谈了。

我仍在等着哈尔科夫和莫斯科出书，还有两个月——但愿能看到。

问候洛扎和塔玛拉。

洛扎大概在为我的一封信伤心。请她相信，这是没有恶意的，相反……对于脆弱的灵魂是必需的。

紧紧握手。

你的柯里亚

8月28日

215. 给诺维科夫

（1933年9月13日，索契）

亲爱的彼得鲁什：

刚接到你的信。你在信里批评我的"发疯般的观点"。你这信是费杰尼奥夫同志帮我念的（他不久前进了这儿的疗养院）。他一如既往，不仅支持你的意见，而且以其特有的沉静态度和逻辑思维，把我驳得体无完肤。此外，他怀着无可置疑的信念，表示无法认同我应对物质问题的做法，还指出妈妈身体虚弱，等等。他"命令"我向社保总行提出申请，要求根据近三年来的工资确定新的抚恤金。我应该承认他道出了严峻的实情。我自己可以尽量俭省，但母亲步履艰难。另有一些同志认定应该找疗养院，等等。我不给任何人写信，不向任何人求助，浪费精力，毫无意义。

这类事情我怎么着也不干。除了你，任何时候我也不会在信上告诉任何人。

彼得鲁什，我真想知道是谁在译书，这工作进度如何，克列巴诺夫会不会在10月前让书面世，抑或这只是说说而已？亲爱的朋友，来信告诉我这方面的情况。

布琼尼[该]到我这儿做客了。何时来，我即函告。

目前，我是一年来首次休息。院子里，大树下，我躺着，听人念新出版的文学作品，米沙·芬克利什捷因在我这儿逗留数日。他[从]莫斯科[来]。

洛扎认识我的朋友切尔诺科佐夫。他在车臣山区被匪徒残暴地砍死了①。我悲痛到极点。

好像就这些了。

你的来信,每次都带给我喜悦。

你见到克列巴诺夫,跟他说,别为我那封"出言不逊"的信生气。让他汇钱来,那就太平了;再问问他,已译出的部分,能否在哈尔科夫的某种杂志上刊登,即使仅仅一个片段也好。他和许多编辑熟悉。这是为了"集资"。

紧紧握手。

你的柯里亚

1933 年 9 月 13 日　索契

---

① 这是讹传。参见第 230 封信。

216. 给芬克利什捷因

（1933年9月中旬，索契）

亲爱的米沙：

布琼尼没到我这儿。出版社从莫斯科来了回音："把修改好的稿子交来，你就会拿到钱，否则我们一个戈比也不付！"

明天有人乘车去。书稿已准备好了，打印的。哪儿也没信来。

别担忧，老兄！"未来属于我们！"虽然常常头晕，但我的情绪是饱满的。再过二十天，胜利就将在我们手中。

我代表所有人祝你一切好。

你的尼古拉

217. 给德米特利耶娃①

（1933年9月16日，索契）

尊敬的德米特利耶娃同志：

拜读了大作《金色庄园》。得知您在索契，很希望和您会面。我从去年起也在索契居住。

本应我去拜访，遗憾的是因卧床而不可能。如果有意叙谈，希望能前来，我将感到高兴。

致以共产主义的敬礼！

尼·奥斯特洛夫斯基

（长篇小说《钢铁是怎样炼成的》作者）

9月16日

索契　胡桃大街47号

---

① 德米特利耶娃·瓦莲基娜·伊奥沃夫娜（1859—1947），作家。1933年，她在索契和尼·奥斯特洛夫斯基相识。她担任图书馆所办的一个文学小组的组长。她在回忆录中说尼·奥斯特洛夫斯基"从工人的儿子、锅炉工到前线的战士……为革命立过功，对党无限忠诚，热爱文学，渴望知识和事业……""他能支配较多的钱时，那种善良的慷慨，我不想说。他义不容辞地资助过经济上遇到困难的人，这些人到一定时候可能会讲出来的。"

218. 给诺维科夫

(1933年9月,索契)

亲爱的彼佳:

来信均收到。但愿明天能顺利地给你寄去十份证明文件和四篇评论文章的复印件。打字员耽搁了,我以急件发出。

你坚持继续搞一份朋友的名单。相信我吧,名单几乎已搜罗全了。哈尔科夫还有个利西岑·尼古拉·尼古拉耶维奇。他8岁便成为联共(布)党员,是红旗勋章获得者。他读完军事工程技术学院,现在是汽车拖拉机(可理解为坦克)厂的负责人。地址:哈尔科夫,扎莫基纳会让站,汽车拖拉机厂总车库,负责人(利西岑收)。1923年,曾在边境地区共事。小说第二部第四章的一部分篇幅是写他的。不久前,接到他寄来的一封信,友善而温暖。另外尚有一些,仅仅是熟人而已,我不能称他们为朋友。

现在谈谈"青[年]布[布尔什维克]"。彼佳,你怎么想——克列巴诺夫关于今年出书的承诺会不会兑现?我担心落空。他果真对你讲过"我将在杂志上刊载"吗?只怕这是一句空话。

我要寄给你一张小小的照片。可能出版社会突然想起登我的"肖像",那就用这张吧。

全都谈了。

目前我手头有钱,青年近卫军[出版社]汇来了一些。因此,彼得鲁沙,没出现危机。

你写到休息,写到自己休假。要不是在这儿,在索契,物价涨得如此厉害,那么你大可带着宝贝儿子到我这儿歇一阵。我的居室宽敞，环境良好，赏心悦目。歇上一阵，妙不可言。然而，只要想到伙食，就全泄气了。倘若你拿到疗养证（包括医疗与膳食的），那就太好了。自由市场——一幅百物飞涨的景象。来信告知你有几种可能吧。

你的柯里亚

219. 给阿列克谢耶娃

（1933年10月5日，索契）

亲爱的加利娅：

　　29日，共青团成立十五周年纪念日之前，年轻人把我搞得晕头转向。告诉你吧，我成了荣誉共青团员，重新焕发青春，变得跟你一样了。纪念日之前，索契地区所有的团支部和一些俱乐部都在研读我的书。

　　电台里在朗读这本书。支部书记们跑来："把您的书给我们吧！"但我手头没有。

　　请你帮忙：加洛奇卡，今天就跑一趟图书馆，即便只拿到一本我的书也好，快作为印刷品寄给我。图书馆说要付多少钱，我立即汇出。

　　除了你，我没把希望寄托在谁身上。

　　小说的第二部已在排印。其中，有些话还是称赞你的呢。

　　快些给我回音。我没有忘记你，只是工作占用了全部时间。

　　弄一本书来，加琳卡。一定。

　　握你的小手。

尼·奥斯特洛夫斯基
10月5日

妈妈向你问好。

220. 给芬克利什捷因

（1933年10月6日，索契）

亲爱的米申卡：

前不久，基尔松①带着秘书列文突然登门。基尔松是苏联作家协会理事会成员。他还是《成长》杂志主编和另外七家刊物的编委等。一次愉快的会面。在具体问题上达成了共识。第一，基尔松竭尽全力［缺损］……帮我一个月后在莫斯科找到住所；第二，协助推出小说的普及版；第三，他撰文评书，在《消息报》或《真理报》上发表。

我们分手时已成了朋友。我不能不信任他。他有些能量，我也愿意相信。他的地址：莫斯科市特罗伊茨基街6A幢5室。《成长》编辑部的电话1—16—84。编辑部秘书列文。

老弟，紧紧握你的手！

你的柯里亚

妈妈问你好。

我继续写信。十月革命节好！接到青年近卫军出版社阿维尔布赫的信。他说，书稿经过校订，要到11月方能面世——一拖再拖，真不像话。成立纪念日前，给我寄来了他们出版的十四本书。报纸记者胡扯，说在《青年近卫军》第十期（10月出版）上，卡拉瓦耶娃没有刊载我的书稿，说打算要塞进最后两期，或压根儿不登。暂时没有新消息。玛莲卡娅怪怨你，却没怒斥邮政部门。

1933年11月7日

---

① 基尔松（1902—1938），作家，俄罗斯无产阶级作家协会和全苏无产阶级作家协会联合会的领导人之一。

221. 给利雅霍维奇

（1933年10月15日，索契）

洛卓奇卡：

你寄自雅尔塔的信收到了。年轻人把我搞得晕头转向。告诉你吧，如今我成了共青团索契组织的荣誉团员。在共青团成立十五周年纪念日，本市各个支部都研读我的书，电台也朗读。书不够，简直大缺特缺。支部书记们跑来："您给书吧！"但我没有。洛卓奇卡，交给你一个战斗任务——你亲自或差别人，到一家大的图书馆去，即使仅仅找到一册也好。小姑娘，你赶紧寄给我。你准能办到的。

最近几个星期，我家里像俱乐部啦。区委呀，积极分子呀，在我这儿开会。我写点文章，还抓一个小组。小说的第二部即将出版。

妈妈向你问好。

尼·奥斯特洛夫斯基
1933年10月15日

222. 给诺维科夫

（1933年10月23日，索契）

我亲爱的彼佳：

我略写数行。前天接到日吉廖娃的信。前不久，她遇见自己的朋友——列宁电影厂的厂长。他到过莫斯科，告诉日吉廖娃，莫斯科的电影厂（不知是哪家）在拍电影《钢铁是怎样炼成的》。这事儿我可是头一次听说。我探问详情。今天接到莫斯科来信。我的朋友米沙匆忙函告，说我的书正被译成几种少数民族文字。他没写详情。

今年11月15日，日吉廖娃要来索契。我整个儿在为纪念日的事情忙碌。我是1919年起的共青团员，团证号：8144911。

你的柯里亚

你说我稚气未脱。不，我只是变得年轻，小了十岁，行事像个小青年。

无奈的是，生活不止一次重重地伤害了这青春年华，所受的痛苦超乎寻常。如今我的生命在征程中不断展示。生活有了目标，体力却所剩无几。打起精神发表一次短短的讲话，或者撰写一篇小小的文章，疲惫会沉重如铅，压向心头。精神与物质脱节，心有余而力不足。现在多么需要体力呀。

为共青团成立十五周年纪念日即将来临而向你祝贺。紧握你和塔玛拉的手。问候洛扎、阿勃拉姆、木夏和所有视我为友的人。

你的柯里亚

1933年10月23日 索契

223. 给日吉廖娃

（1933年10月25日，索契）

亲爱的淑洛奇卡：

你的信带给我许多喜悦：第一，你有回音了；第二，我们将会面。我承认，原先对会面已不抱任何希望。现在连对此写点什么也不想——反正见面在即。写信，而且是借别人之手——词不达意。

我简略地汇报。乌克兰团中央决定在成立纪念日奖励我（奖励什么不得而知，他们暂时保密）。莫斯科来信，说书正在译成几种少数民族文字。在纪念文集《共青团》内，他们把我的名字抬举得可高了，视我为兄弟姐妹中特别顽强的一个。索契的共青团组织调换了我那见证着战斗历程的老团证。父辈般的党证旁边，搁着小小的列宁共青团团证。它属于1919年入团的尼·奥斯特洛夫斯基，上面的编号为8144911。

有多少事情要对你讲述！三载暌隔，感受颇多。与你相见——这是即将实现的乐事。你恐怕把我忘了。时间擦抹掉我在你脑海中的身影，而相见会使淡忘的重新鲜活起来。探问一下有关电影的详情吧。亲爱的朋友，等着你。

你的柯里亚
10月25日

224. 给卡拉瓦耶娃

（1933年10月25日，索契）

亲爱的安娜同志：

共青团成立纪念日即将到来，我向你祝贺。这个日子临近了，生活也为我带来不少的欣喜。乌克兰共青团中央以暖人心房的话语回忆早期活动的兄弟中的一个。

"我们要奖励你。说吧，你希望得到什么呢？"来信中这样问。我回答：但愿就在今年，我的书以乌克兰文出版。青年布尔什维克出版社曾许诺于纪念日出书，可要食言了。他们无视［乌克兰共青团］中央定下的明确日期。我希望长篇小说以令人感到亲切的文字面世，没有别的要求。

偶然得悉书正在被拍成电影。没错儿，这情况我是听到的传闻，但已使我觉得纪念日令人激奋，并且感到亲切。

索契的团组织让我回归队列。如今，和党证摆在一起的，是列宁共青团的团证，编号8144911。十四年半以前，我的第一份团证编号不满一万。这些日子里，我和接我们班的青年们又亲密无间了。这使我的生命深切地感触到"活生生的人"。唯一的郁闷是"青年近卫军"的默不作声。我甚至似乎觉得马尔克在责怪我没有彻底修改小说的第二部。否则如何解释你的缄口不语呢？安娜同志，不该这么苛求。我的信——是对10月29日的祝贺。

紧紧握你的手。

尼古拉·奥斯特洛夫斯基

10月25日

索契　胡桃大街47号

225. 给芬克利什捷因

（1933年10月31日，索契）

我亲爱的米申卡：

刚收到乌克兰共青团中央的信和中央书记会议记录的摘抄。我是寄给你复印件。或许，这对你就抚恤金一事进行交涉有用。在乌克兰，在社会赡养人民委员会，我什么也没提出。如果你在莫斯科一无所获，那么再回过头来设法。除了这个，还有成立纪念日的事情。纪念册和乌克兰决定给我的奖励，都要庆祝大会结束后转交给我。奖励什么，同志们不说，暂时保密。

我异常焦躁地盼着你的信。老弟，别以久不复函来折磨我吧，否则我要发话啦。

玛莲卡娅自我感觉挺好。旅费有了着落。只要一接到钱，我马上汇给你，目前光是说空话，说大话。

米申卡，不要胆怯，我们将会成功，肯定如此！常写信吧，小老弟。走路时，电车上，民警局里，无论在哪儿，你都可以写的。握你的手。

柯里亚·奥斯特洛夫斯基

10月31日

妈妈问你好。哥哥米佳带着济娜走了。就这些。

书出来时，别忘了提醒出版社的年轻朋友们，除了作者的样书，另外要寄卖给我的二十五册。

让大家写信给国家出版社联合公司配售处吧，要他们寄书给我，是四十五册。我可是朋友多多，而且绝不能使哪一个感到扫兴。

226. 给日吉廖娃

（1933 年 11 月 8 日，索契）

我亲爱的淑洛奇卡：

咱们七天后会面。不知这张明信片你能否收到。不过我是想让你感受我等待你的那份焦灼心情。你一定要向朋友探问一下电影的事儿。

新近的情形我不写了，一切见面时详谈。气候很好，暖洋洋的，但变化无常。

紧紧握手。我焦急地等待着。倘若这回你又"骗我"，我会大失所望的。不要反复考虑了，来和你的小弟会面吧。妈妈也等急啦！

你的柯里亚

227. 给利雅霍维奇

（1933年11月10日，索契）

洛扎：

  为什么你默不作声？有什么高兴的事情，谈谈吧。你最近的一封信，还是半个月之前的呢。我猜你在各方面都遇到挫折，但这不是默不作声的理由。你说过，在中央图书馆里怎么也没能搞到书。这当然是小事一桩。我以急件寄给你一些证明文件。接到了吗？赶紧坐下写信吧。

  我没有收到哈尔科夫任何人的任何东西。译书进行得如何，也不知情。写吧，小姑娘，用文学笔法，详细些，什么都写好了。这是我感兴趣的。快写吧！这样使性子，忽而洋洋洒洒，忽而只字全无，可不行哦。

  11月15日，日吉廖娃要来。这好极了。你呢，信也不写——不好。我在变老——变得唠唠叨叨，吹毛求疵。

  问候朋友们！

  握手。

  快来信。

尼古拉

228. 给诺维科夫

（1933年11月29日，索契）

我亲爱的彼得鲁什：

你久无音讯，令我不安。要知道你我交好几年，我一直担心自己会无意中惹你生气，而你又不明说。近来，我在各方面的朋友音讯全无，致使我感到空落落的。我开始惊扰朋友们。头一个是你。

日吉廖娃在此地，在疗养院。她的来临，对我来说是一大乐事。原来，我和她共同的朋友，奥里加·沃依采霍夫斯卡娅，目前住在哈尔科夫。她的丈夫，好像是全乌克兰中央执委会书记。明天，我和淑拉写封信给她。地址使我们伤脑筋，写她丈夫的名字有些不妥吧。潘科夫和奥里加是老朋友。奥里加同志作为知识妇女，曾把多种中长篇小说译成乌克兰文。很可惜，我早先不知道她居住在哈尔科夫，要不然她翻译我的书，既不会拖延时日，质量也会顶呱呱。我还在考虑，我和淑拉要不要把信寄给你，由你转给奥里加同志。明天我跟淑拉商量。

昨天我致函克列巴诺夫，请他告诉我书译得怎么样，何时出版，同时请他汇来500卡尔博瓦涅茨①。并未申述理由，而是直截了当地写明急需花钱。这本身便是理由。事实是他不汇钱给我，我催讨也觉得理所当然。问题在于我妈妈病得厉害，必须不断地治疗和增加营养，然而"家道清贫"使这些没有任何可能。

彼佳，谈谈你所了解的有关翻译的情况吧，同时告诉我符拉兹里

---

① 卡尔博瓦涅茨，卢布的乌克兰语名称。

维①的住址。也许，克列巴诺夫为了摆脱而扯了谎，原稿在出版社里渐渐发霉。我不相信编辑了。他们骗我已有三十五次半［缺损］

我希望，非常希望知道"青年近卫军"什么时候让钢铁出炉。

有一些传闻，说2—3月间，在莫斯科，会替我安排好一所住房和一份编辑部的工作。目前，这不是难题。

费杰尼奥夫来信说，书正在被译成六种少［数］民［族］文字。

［缺损］

我很快就要着手写一篇短短的小说，参加广播竞赛。

本人的健康状况"差强人意"。但妈妈不断地呻吟，使我心神不宁。可怜的老人家，膝盖肿胀，举步艰难。

彼得鲁什，常给我来信哦。

你的柯里亚

1933 年 11 月 29 日　索契

向塔玛洛奇卡和乖儿子问好。

你的爱人身体好吗？我对她的情况一无所知。

---

① 符拉兹里维（1903—1938），散文家、翻译家。

229. 给菲格纳①

（1933年12月9日，索契）

亲爱的薇拉·尼古拉耶夫娜：

此时，听人念着您的书，我深受感动。薇拉·菲格纳，我既对您充满敬意，也为您感到骄傲。但愿我的信至少能略表微忱。

给您写信的人大概很多，我的这封可能在您记忆中消失。我写，是为了问候。

我的情况，由阿尼西莫夫②同志向您细谈。

我二十九岁。

曾是一名锅炉工。

小学没有念完。

十二岁起成为雇佣工人。

十五岁入团并参加革命军队。

作战两年。

两次身负重伤，一目失明。严重震伤。

然后又进工厂。做团工作。

二十八岁开始瘫痪，动弹不得，另一个眼睛也丧失视力。

五年紧张的劳动，成果是长篇小说的第一、第二部，描绘以往的岁月、躁动的青春。

---

① 菲格纳·薇拉·尼古拉耶夫娜（薇洛奇卡，1852—1942），俄国革命运动活动家、作家，民意党执行委员会委员，十月革命后投身于文学事业。

② 阿尼西莫夫（1876—1948），作家，1933年和1934年去过尼·奥斯特洛夫斯基处。

我是布尔什维克的青年近卫军之一。

坚强如钢的党组织培育了我们。

我们是暴风雨中诞生的。

正因如此，我才十分理解薇洛奇卡·菲格纳和她的令人难忘的作品《我要战斗！》，并激奋不已。

请接受热烈的问候，这问候来自您"党内的晚辈"［缺损］紧握您的手。

尼·奥斯特洛夫斯基

1933 年 12 月 9 日

北高加索地区索契市胡桃大街 47 号

230. 给切尔诺科佐夫

（1933年12月15日，索契）

亲爱的赫利桑夫·帕夫洛维奇：

我和淑拉得悉你健在，欣喜异常。淑拉在索契疗养，明天要返回列宁格勒。我们写这封信，表示慰问。

有一次，索契市苏维埃主席格利岑科（他是在格罗兹尼认识你的）来我这儿，说："切尔诺科佐夫在山区被车臣人砍死了。"你可以想象一下，这使我们多么震惊。原来是误传。近日，淑拉在疗养院里休息时，遇到无党派的工程师阿尼西莫夫。他来自格罗兹尼，说你活着，在上班。亲爱的同志，祝贺你。

我发过一封长信给你，谈谈自己三年来的生活，写了州工会理事会的地址，是否收到？你让身旁的年轻人去图书馆借我的书——长篇小说《钢铁是怎样炼成的》。这小说的第二部一出版，我就寄给你。大概要一个月以后。第二部里有些文字是写你的。我盼着你来信，并告知家庭地址。这地址我会转告回到列宁格勒的淑拉·日吉廖娃。你别忘了我在等候。何时接到你的信，我将复函详谈自己的情况。暂时只告诉你，我活着，健康状况一般，意志并不衰退。干了一年，似乎还不错。目前住在索契，以后会迁往莫斯科。

淑拉·日吉廖娃也生活得很好。她在共产主义大学工作，培养党的干部，教育年轻一代。你的爱人还记得我们吧，请向她转达我和淑拉·日吉廖娃的问候。

祝万事如意。

你的尼古拉·奥斯特洛夫斯基和淑拉·日吉廖娃
1933年12月15日 索契

231. 给卡拉瓦耶娃

（1933年12月25日，索契）

亲爱的安娜同志：

你的快信，有人念给我听了。这暮气沉沉的邮政部门再次伤害我——弄丢了你10月份的来信，同时还有索尼娅同志的一封信。我觉得邮政工作乱得一塌糊涂。丢失了你和索尼娅的信件，对我而言，绝不是无所谓的。我曾因此做出推测，而且我承认，这些推测使我心酸。这儿不得不笼统地说说我们关于创作问题的联系。亲爱的安娜同志，这种联系几乎缺失。十五个月中，你有一封信是充分展开批评的。我如饥似渴地希望搞清楚在创作过程中，哪儿处理得不妥，为什么。正是由于这个原因，我才逐章逐章地寄给你们稿子，并十次八次地恳请迅即反馈，并向我"射击"。你不妨想象一下你们带给我的忧烦。在战斗进行期间，指挥部调兵遣将，让进攻的队列井然有序。趁书尚未成型之前，向我猛烈开火吧……这是我求之不得的。我一辈子都向各条战线上比我见多识广的布尔什维克学习，求知欲永无止境。对那些把我教育成一名为我们的事业奋斗的合格战士的人们，我十分敬重。亲爱的同志，我也期盼着从你们那里得到同样的指导。

现在谈谈评论文章。书刚刚面世，作者正要着手写该书的第二部，此时出现的评论才具有价值。我看到这类文章时，却已经写完第二部，在新的章节中重复了老的失误。当然，安娜同志，怪只怪我们双方相距遥远。我们的那次会面，我至今未忘。当时的谈话，若速记下来，要用多少印张的纸呵。你记得自己说过的话吧："我们这儿不搞平均主义。"这在《青年近卫军》[杂志]和我的关系上可以得到印证。有位我不熟悉的同志，记不清是勃洛符曼还是别克盖尔，在一个会议上责备你们，在对待你们所培育出来的年轻人方面，"爱国主义精神"有所欠缺。基于本人所受到的关注，我不能讲这种话。《青年近卫军》[杂志]几乎每一期都不缺失几句温暖的话，鼓励获得你指导的人。你最近的一封信——它的到来，积雪也会为之消融——字里行间透出的热忱，带给我不少的欣喜，尤其可贵的，是激发起我创作的渴求。安娜同志，我这么动情，你不要吃惊。这是我的生存状态太异乎寻常的缘故。你说书稿将从1月起在杂志上连载，这话使我精神上感到极大的满足。不言而喻，如果你们拒绝刊登，在我看来，这便是一次失败。纵然在莫斯科和哈尔科夫出了书，也不能减弱这种挫败感。反正总是一个警示。我懂了，也思索过了。你在组织委员会的发言中说得对："出书一年比一年难。"不是由于关切不够，而是因为千百万读者的要求提高了。

我专注地学习。一个人很艰难，没有资料，没有行家。不过，我依然感觉到个人经验和文化知识的狭小框子在扩大。如果侥幸不死于某种疑难病症，那么我愿意相信，有朝一日，不会像第二部书稿那样带给你"烦恼"，而是让你欣慰。

最近三个月我是怎么过的？我在钻研文学，但从中抽出许多时间，交给年轻的朋友们。我由个体手工业者变成群众工作者。委员会常在我的屋子里开会。我担任党的积极分子小组组长，又担任区文化建设委员会主席，总之，直接参加党的实际工作。我成了个有用的小伙子。没错儿，消耗着许多力量，但活得更开心了。周围全是共青团员，文化战线上的工作做也做不完。几个市级的图书馆，无人照管，经费缺乏，统计混乱，目前正在恢复元气，变得有战斗力。建立了文学小组①,我尽心竭力,把这小组带好。党委和团委非常关心我和我的工作。党的积极分子经常在我身旁。我触摸到生活的脉搏。我自觉地把这几个月贡献给当地的实际工作,为的是感触今日的现实。

无法在一封信里详述一切。只要你不觉得乏味,我会再给你写信的。书还是读了很多。读过巴尔扎克的《搓纹革》、菲格纳的《回忆录》、格尔曼的《前奏》,还有《最后一个乌兑格人》《凶险的阶段》《安娜·卡列尼娜》《文学遗产》,以及多期《文学评论》、屠格涅夫的《贵族之家》,等等。非常希望来函指点,今后我最适合研读哪些书刊、什么题材的作品?你了解我,能够循循善诱的。依你看,我写什么——写什么主题的作品最容易成功?别忘了来函说说,你的见解一定很有意思。你让我为"读者与作者"栏目写稿,这个建议我正在考虑。

安娜同志,紧紧握你的手。衷心问候马尔克同志,明天我开始读他的短篇小说集。愿我们的创作友谊长存并且日益巩固!

尊敬你的尼古拉·奥斯特洛夫斯基
1933年12月25日
北高加索索契市胡桃大街47号

此信是我托人执笔的。

---

① 文学小组是隶属于"红色工会国际"(1921—1937年)的建筑工人俱乐部办的。

232. 给普济列夫斯基
（1933年12月26日，索契）

亲爱的亚历山大：

洛扎来信说，在中央委员会看见了你。老兄，我活着，盼望你到索契的我家做客。我不但活下来，而且已回归了正在作战的大军。写了篇小说《钢铁是怎样炼成的》第一、第二部。其中有数行美丽的文字，描述亚历山大·普济列夫斯基，描述一个挺棒的无产阶级战士。老兄，我爱你，而且盼着相见。希望看到你跟从前一样精力充沛。我的生活如今很好，离开后方，重上前线了。

你的尼·奥斯特洛夫斯基
1933年12月26日

北高加索　索契市胡桃大街47号

233. 给诺维科夫

（1933 年 12 月 26 日，索契）

我亲爱的彼得鲁什：

我报告新情况。是否收到了托你转交给奥里加·沃依采霍夫斯卡娅的信？潘科夫告知了她的地址：哈尔科夫，克拉西纳街 7 号。潘科夫在信上说，他认识符拉兹里维，和他谈论译书的事情。克列巴诺夫沉默着，不答复我的信。我向他索取 500 卢布，并要求告知出书的日期。

彼佳，关于个人抚恤金申请书的下落，你是否得知什么？事情是这样的：如果由于某种原因而难以成功，那你赶快告诉我。莫斯科方面来函，说倘若在乌克兰近期内无法解决问题，那么共青团中央、《青年近卫军》、作协组委会可向俄罗斯联邦教育人民委员部和社会赡养人民委员部提出要求。不过必须寄去全部材料。这是打算遇挫时采取的方法。正因为如此，我才希望了解目前情况怎么样。无论如何，这件事情得解决掉，得弄弄清楚。彼得鲁什，是这样吧？

报刊上又出现了一些评论长篇小说第一部的相关文字。《青年近卫军》杂志第五期的文章《新一代作家的一年成果》，《青［年］近［卫军］》第十期、十一期，《探照灯》杂志第十四期，还有《共青团真理报》。文章都是给予肯定评价的。

小说的第二部已在排印，即将面世。第一册我会立刻寄给你。莫斯科传来有意添印的消息，但我怕是误传。《青年近卫军》转来一些热情洋溢的信件，出版社文艺部的一位编辑①甚至这样写："拜读大作的第二部原稿，我欣喜万分。为此，请允许我握握您的手。"这样的话，听着舒服，如果指责［缺损］

天气恶劣，雨蒙蒙、潮滋滋，还飘雪。

妈妈一直在生病。现在她让我转达她的热情问候，说盼你夏季带上乖儿子来作客，最好阖家光临。我百分之百赞成她的主意。

明年1月4日，姐姐卡佳要带着女儿到来，住在这里。

你在克列巴诺夫的住所和他谈判，结果如何，我很想知道。我从新年开始工作。傻事儿干得心甘情愿。许多时间没花在主要的任务上。

关于迁居莫斯科，目前还没听到什么消息。要间屋子的事情，看来遇上困难了。

亲爱的朋友，我盼着来信。你怎么一点也不谈自己的生活状况：如今在哪儿工作，你和塔玛拉身体可好，以及其他很多事儿。

你发起了一场旨在改善我的生活现状的热闹的活动，在"世界"各个角落激起反响。当然，会有很大效果的。

等候你的来信。打探一下社会赡养人民委员部的动静吧。如果那儿拖着不办，那就取回全部重要的材料交给我。到时候莫斯科会完成你开了头的事情。

亲爱的好朋友彼得鲁什，我紧握你的手。妈妈和我向你的爱人问候。

你的至死不渝的朋友　尼古拉

1933年12月26日

北高加索　索契市胡桃大街47号

---

① 这里是指雷日科夫（1904—1937），他作为青年近卫军出版社文艺部的编辑，曾校阅《钢铁是怎样炼成的》。

234. 给日吉廖娃

（1933年12月26日，索契）

亲爱的淑洛奇卡：

急切地等着你的信，请详述莫斯科火车站上会面的情形。奥里加的住址：哈尔科夫克拉西纳街7号。我这里没有特别的新消息，天气恶劣，妈妈在生病。我具有百分之百的战斗力，能量充足，渴望工作。从新年起，发动进攻。我要写作。长篇小说的第二部，不日便会寄上。请探问一下拍电影的情形。来信说说你和拉尤莎谈话的经过。你一路顺风吧？妈妈和我问候你们大家。

你的至［死不渝的］小弟
奥·柯柳史卡[①]

[①] 奥·柯柳史卡即尼古拉·阿列克谢耶维奇·奥斯特洛夫斯基（柯里亚）。

235. 给芬克利什捷因

（1933年12月27日，索契）

亲爱的米沙：

我这儿有什么新情况呢？收到雷日科夫的两封信。序言没有。我花力气写出过。

书在排印中，曾有意把第一第二两部合并出版，没出成。纸张匮乏。答应不久即再版。

第二封信是这样开头的："拜读大作的第二部原稿，我欣喜万分。为此，请允许我握握您的手……"

这样的话，听着舒适。

接着他分析了书稿的种种优缺点。是一封有益的信！好信！总之并非矫揉造作的赞美诗，而是可供研习的资料。雷日科夫真棒！允诺在不定期文学丛刊《青春》上发表评论。他还建议以后为《青年近卫军》写稿。

接到卡拉瓦耶娃的信。有一封特别诚恳："尼古拉，不要生我们的气。虽然久未写信，我们是爱你的，不会忘记你。书稿将于1934年1月起连载。我们期盼着在杂志上刊登我的一些信件……"原来，他们写过信的，可被邮局耽搁了。

你瞧，大致情形不错。

接到作协组织委员会来函。为了提出特别抚恤金问题，他们需要一大堆资料。比如需赡养者的人数、三年来文学工作方面的酬金、关于健康状态的医学鉴定书、作者自传。组委会掌握了这样的资料，才能向教育人民委员部和社会赡养人民委员部提出要求。我正在搜集证明文件。联共（布）索契委员会发函支持《青年近卫军》杂志。我这儿没有作者自传，在费杰尼奥夫那里。

近日我把证明文件寄往莫斯科，交给卡拉瓦耶娃。她将转给组委会。她在信上说，这个问题要惊动基尔松。是他允诺汇钱的。我至今不知道谁决定用六种文字——少［数］民［族］文字出版。你若知道，一定要来信哦。

长篇小说的第二部，我要买五十册——你帮我办妥吧。

你一得到小说面世的消息，立刻发个电报来。

我从1月着手工作，"专注而持久"地干。

玛莲卡娅！把答应的那本书寄出吧！我太需要啦。

妈妈和我向你问好。

姐姐卡佳1月2日要到我们这儿来。书交给她捎来也可以。

我亲爱的朋友，紧握你们的手。

你们的奥·尼古拉

1933年12月27日

北高加索　索契市胡桃大街47号

236. 给芬克利什捷因

（1934年1月6日，索契）

亲爱的米申卡：

今天收到青年近卫军出版社寄来的有关稿酬的主要证明文件。这是作协组委会为了申请个人特别抚恤金之事而要求提供的。昨天，联共（布）索契委员会给《青年近卫军》编辑部的卡拉瓦耶娃寄去了所有证明文件，要求支持关于特别抚恤金的申请。寄出的材料中没有作者自传。这份东西，或者在你那儿，或者在费杰尼奥夫那儿。这是主要的文字，应该和其他证明材料放在一起的。我把出版社的证明寄给你，亲爱的朋友，请送去以下两种：作者自传和给《青年近卫军》的证明（新广场8号6楼）。

在给《青年近卫军》的夹子里，请取出一份现已不需要的文件（代之以已寄出的一份），这是青年近卫军出版社的账号，还有三份由邮局寄来的稿酬单存根。再次拜托你，带上编辑部的证明文件，不管有没有另附的信件，按照他们的决定查看一下，然后去作协的组织委员会（沃罗夫斯基大街52号），交给书记尤·别列卓夫斯基或总顾问克鲁替科夫，是他们来函索要的。你向别列卓夫斯基同志探询一下，作协是否已开始吸收会员，如果是的，那么请为我取一份表格。

我急切地盼你来信。书什么时候出？

接到过我的信吗？

你的柯里亚

玛莲卡娅，握你的手。

别列卓夫斯基 12 月 20 日来函,说组委会两三天内将汇给我 500 卢布,但今天已是 1 月 6 日,尚未见到钱(他们可能像哈尔科夫人一样,日前刚寄出汇款通知单)。

米沙,你写信吧,为什么久不作声?

237. 给普济列夫斯基

（1934年1月16日，索契）

亲爱的亚历山大：

来信收到。希望咱俩的联系不要断掉。这就看你的了。我很高兴和你会面。你说在书店里没找到书，这不奇怪。我找遍全苏联也没找到。有些异乎寻常，不过的确如此。《钢铁是怎样炼成的》第一部，印数一万册，这不多。第二版——大众版即将面世，印数十万册。

近日莫斯科要出版第二部，我一收到，立即寄给你。第一部没有了，全部分送光了。还有，哈尔科夫在4月份推出两部合一的乌克兰文版，一万册。此外，第一部曾连载于《青年近卫军》杂志，1932年第四到第九期。从今年1月开始，同一杂志还将刊登第二部。而且，亚历山大·普济列夫斯基的身影也出现在第二部的第一章里。在第一部的第八章里，我刻画你，是一位团长的形象（1920年，西南战线，乌曼地区）。你只能在一些图书馆里找到此书。

评论长篇小说的文章，你可以在1933年第十一、第十二期的《成长》杂志上，还有1933年第五期的《青年近卫军》杂志上找到。其他情形我不说了。以上告诉你的，便是在文学战线上的情形。

目前我勤奋工作，大量阅读。共青团员们围绕在身旁。生活急剧地改变了航道。健康状况不佳——脆弱得像卷烟纸，1932年差点儿死于肺炎。医生们把我撵出莫斯科，送往南方，吓唬我，说呼吸不到清新的空气，我会憋死的。所以，无论愿意不愿意，我只能住在索契，但心仍然向往着莫斯科。萨沙，我想你看到我的时候，会由于一个小兄弟并未向病魔投降而高兴，而使大家惊讶的，是我爬出既残又废的沼泽，跃上了康庄大道，不再白吃胜利的无产阶级的面包。最后添上半句话，是为了让你感动一下。

你把家庭地址写给我，向我介绍你的爱人吧。拿到我的作品时，你让她也读读，并写出自己的印象。

昨天接到哈尔科夫那边来信，得悉待在青年布尔什维克出版社里的民族主义分子暗中使坏，阻挠我的长篇小说出版。现在逮住了他们，事情就迅速进行了。

当然，我的书使彼得留拉党徒心里不舒服。

有新情况，我会告诉你。现在先祝你健康。

你的尼·奥斯特洛夫斯基

1934年1月16日

北高加索　索契市胡桃大街47号

238. 给芬克利什捷因

（1934年1月19日，索契）

亲爱的米沙：

我的乌克兰文版的书，被恶意阻挠出版，其原因我终于知晓了。我收到青年布尔什维克出版社新社长的信。原来，早先的领导班子由彼得留拉党徒和反革命分子组成，他们不断地出版具有民族主义倾向的书籍，而抵拒像我这样的反彼得留拉的著作。他们被揭露，遭挫败了。新领导在信上表示，此书于今年第二季度隆重出版。

原稿被从搁置已久的稿子堆里扒出来，拿去翻译了。我再次告诉你，联共（布）索契委员会已于1月4日把全部证明材料，连同个人特别抚恤金申请书，都寄给了《青年近卫军》编辑部，要求支持申请，并将全部材料转给苏联作协。证明材料中缺少最重要的一份——我的作者自传。我这里没有，在你那儿，或者在因诺肯季·帕夫洛维奇那儿。这么着吧，把自传和其他证明材料放在一起，留意一下，这全部材料是否由《青年近卫军》杂志转交给作协组委会，转交给书记别列卓夫斯基同志或总顾问克鲁替科夫同志。

组委会内也有办事拖拉的。1933年12月20日别列卓夫斯基和克鲁替科夫来函说："两三天后我们给您汇去500卢布。"已经过了一个月，但还没见汇来。

我直到现在也没收到你的信。这是为什么？我会函告所有新情况的。我身体不太舒适，以致本应开始的工作推迟了。

你的柯里亚

我们大家问候你和济莉娅

239. 给利雅霍维奇

（1934年1月25日，索契）

洛卓奇卡：

几个月过去，你连一封信也没来。我写过数封，但毫无回音。我知道，目前在召开党代会，你正紧张工作，可这样的话，你就在明信片上匆匆写几句嘛。请回答下列问题：1. 社会赡养人民委员部对抚恤金问题一般是怎么处理的？2. 彼佳为什么不答复我的信？他在哪儿？遇到什么状况？3. 你接到过我的信吗？

我接到普济列夫斯基的信，并回复了。

青年布尔什维克［出版］社临时代理社长也来了信。原先的［出版］社领导层曾盘踞着一伙反革命分子——由此弄清楚了，我的书为什么搁在那儿，如同呆滞物品。这书稿不合彼得留拉党徒的心意。

卡佳姐姐带着女儿来了，将在我们这儿住下。

我有点不舒适，所以信写得这么短。小姑娘，不要拖延，马上坐下复函，回答我提的问题。

长篇小说的第二部尚未问世。我在等候。此书的乌克兰文版，今年第二季度出来。从1934年1月开始，书稿在《青年近卫军》杂志连载。盼你回信。

尼古拉

P. S. 宽泛的问候。洛卓奇卡，我和妈妈问你好，妈妈和卡佳问你的家人好。

来信哦。

柯里亚

1934年1月25日　索契

240. 给斯杰西娜

（1934年2月7日，索契）

亲爱的索尼娅同志：

我写过两封信给你。内中有几个问题，是盼望答复的。我记得邮电部门的那些恶作剧，再次复述这些问题。联共（布）索契委员会给编辑部寄去一包证明材料，那是我请你转给作协组织委员会书记别列卓夫斯基的。同时，请你一拿到《青［年］近［卫军］》杂志第一期，就寄给我。看样子，杂志未能于党代会前夕出版。今天7号了，可没听到它出版的消息。

我要麻烦你的最后一件事是，请把有关往昔事例的证明寄给我。没有稿酬单没关系。这我暂且不一定需要。

紧紧握你的手。

尼·奥斯特洛夫斯基

1934年2月7日

亚速—黑海地区索契胡桃大街47号

P. S. 这是我托人写的。

241. 给日吉廖娃

（1934年2月7日，索契）

亲爱的淑洛奇卡：

无法表达我多么恼恨邮电部门。我发信数封，你都没收到。这种情形要持续到什么时候才是个头儿？真让人气不打一处来。你2月1日的信，我刚刚收到。从列宁格勒寄到这里，费时七天。

我重新开始报告情况，但愿这封信能到达。卡佳已在我们这里住了一个月。这儿一切还是老样子，只是好像成了惯例，大家轮流着患流行性感冒和其他病。流行性感冒使我原本要着手的创作拖延下来了。令人憎恨的疾病，弄得人不死不活。我突然从哈尔科夫方面得悉，那边的出版社里揭露出一个彼得留拉〔白卫〕军集团。他们故意违抗中央决定，不出版我的书。他们被揭露，主动权又回归到我们手中。新领导来信，说将于今年第二季度出书。瞧，这才是症结所在。在莫斯科，书还没出来。事情往往如此曲折。我所有的朋友都默不作声，不写片言只语。你的来信是唯一的例外。这种状况使我郁闷，今天我要全面地猛烈扫射。淑洛奇卡，我对你即便想生气也生不起来。无法生气是因为没有理由。无论生气抑或忘怀，都不可能。请记住这一点，而且决不要挂在嘴边。

现在说说你和什内杰尔曼①同志交谈的事情，当然，莫斯科方面束之高阁令我不快。但我已不是天真小男孩，知道不经过奋斗不会获胜。如今，什内杰尔曼同志有意亲自研读本书，那么很可能从他那儿

---

① 什内杰尔曼，是列宁格勒电影制片厂厂长。

听到权威的评价，了解情节是否适合拍电影，是否真能着手拍摄。基尔松来信说，此书大众版印十万册是有保证的，并正在译成多种少数民族文字。当然，我记住你讲述的情况。你的朋友——那位厂长，打通本位主义的死胡同，总是十分艰难，因此不敢相信这次会成功。然而一两年后，等书在全国出了名，这事情会水到渠成——我对此深信不疑。

你在信上要我寄书给你，甚而要两本。哪两本？长篇小说的第一部吧，因为第二部我还没出。明天我寄给你保价包裹，暂时只有一本《钢铁是怎样炼成的》第一部。

此书转交给［什内杰尔曼］同志吧，并请代表我，让他写出意见。一天又一天，我等待着莫斯科传来新消息。长篇小说的第二部，我一拿到就会给你寄去。我没有收到切尔诺科佐夫和沃依采霍夫斯卡娅的回信。亲爱的朋友，有情况我将详告。

我们全家问候你，我特别要问候友善的沃尔夫同志。再次请来信说说你和拉尤莎在火车站谈话的详情。

你的钱拉娅收到了，你的包裹我们尚未收到。

紧握你的手。

你的柯里亚
1934 年 2 月 7 日
亚速—黑海地区索契胡桃大街 47 号

242. 给斯杰西娜

（1934年2月8日，索契）

亲爱的索尼娅同志：

刚接到您和卡拉瓦耶娃的来函，字里行间充满着热情和友情。邮电部门像个昏聩蹒跚的老人，差点儿使我们之间产生嫌隙。我确实没有收到过您和安娜的信件。邮局给弄丢了，实在可恼。这儿的邮局早就欠下我的老账，曾带给我多少不愉快呵。最近的这封信，使所有的气恼冰消雪化。

现在您看出我完全得不到正确的信息，只能凭空推测。

长篇小说的第二部即将面世。一本作者样书会寄赠给我年轻的朋友索尼娅。此刻我写信，是以一大堆事务性的问题，准确些说，是以一大堆要求来麻烦您个人。

有些同志为我提出个人特别抚恤金的问题。我赞同他们的执着。今天我收到苏联作协组委会的快信，要求寄去所需的全部证明材料。其中要求提供最近三年来出版社和杂志社支付给我的款项总数的证明。我请您开具这样的一份东西。烦写清从1932年开始，包括1934年第一期季度的酬金总数。

或许，您偶尔会在刊物上看到我感兴趣的文章，那么请告诉我。肯定有一些评论我的长篇小说的文章，我没有读到，因为不知道刊登在哪里。在此地，在索契，很多情况无从得知。

现在我相信，您和我之间活跃的友好联系不会中断。我将记住您的家庭地址。

我想不再用公文式的一本正经的"您"，从今以"你"相称。

亲爱的索尼娅同志,我紧紧握你的手。人家管我叫尼古拉或柯里亚,以后来信,你也像我在最末一段称你一样,开始以你相称吧。

尼·奥斯特洛夫斯基

1934年2月8日

北高加索 索契市胡桃大街47号

信是我托人写的。

243. 给德米特里耶娃

（1934年2月9日，索契）

亲爱的瓦莲基娜·伊奥沃夫娜：

我这儿暂时没有特别的新消息。学您的样子吧，我得了一场流行性感冒，一个半月。

一天接一天，我盼望莫斯科传来决定性的信息。我大量阅读：每天不少于十八小时，如饥似渴。

除了一封信，目前我没有来自您那边的新消息。接到过阿尼西莫夫的信，回了一封，提出一堆问题，但尚无答复。

薇拉·尼古拉耶夫娜的健康状况，使我牵挂不已。这一点，来信时别忘了告诉我。

您访问了组织委员会，所得的个人印象看来是不错的。对苏联作协的招待会，您了解到什么？

科汉奇克①不久要去莫斯科——这位"诗人"要花两个半月的时间学习并奔忙。当然，他会去拜访您的。

请记住，亲爱的朋友，我没有忘记您，我们建立的友谊不可能烟消云散，这真是一件美好的事情。因此，您以后来信，要描述自己的生活情形。

我的文友们依旧每周一次聚会。我觉得自己有权代表他们向您问候。顺便告诉您，布尔玛托娃②同志来过信。我在第一封信里谈了一些近期的计划。

---

① 科汉奇克，文学小组成员，尼·奥斯特洛夫斯基的文友。
② 布尔玛托娃，建筑工人工会图书馆馆长。

如果您遇到菲格纳,请向她转达我衷心的问候。

如果您居然在哪里觅到我的书,那就太好了。

您的尼·奥斯特洛夫斯基

1934年2月9日

亚速—黑海地区索契胡桃大街47号

244. 给斯杰西娜

（1934年2月14日，索契）

亲爱的索尼娅同志：

编辑部汇来252卢布，我收到了。这次汇款速度之快，让我看出你的关照。费杰尼奥夫跟我讲述你为了让我拿到这笔小小的款子，怎样同财务部门的官僚作风做斗争。索涅奇卡！我请你寄给我34年第一期的杂志。在《文学报》上，我已得悉了它的内容。

请答复我关于抚恤金方面的问题，并寄来证明信。

我的信你收到没有？

握你的手。

尼·奥斯特洛夫斯基

245. 给日吉廖娃

（1934年2月16日，索契）

亲爱的淑洛奇卡：

　　2月10日，我寄给你保价包裹，内有100卢布和赠给什内杰尔曼同志的一本书。

　　接到过奥里加的一封令人愉快的信，她应允同时也写信给你。我一天又一天地等着书。你的包裹还没收到。盼来信详细讲述车站交谈内容。我们大家热烈地问候你。有什么新情况，我会函告的。什内杰尔曼意见如何，别忘了尽快告诉我。

你的柯里亚

246. 给青年布尔什维克出版社特罗菲莫夫[①]

（1934年3月1日，索契）

电 报

请改动人物的姓。均系杜撰。

奥斯特洛夫斯基

---

① 特罗菲莫夫·康斯坦丁·丹尼洛维奇，文艺学家、翻译家，时任乌克兰团中央青年布尔什维克出版社总编辑，后又任社长。

247. 给芬克利什捷因夫妇

（1934 年 3 月 22 日，索契）

亲爱的米沙和济莉娅：

我在写第一批信。身体正一天天复原。消灭各种食物数量之多，速度之迅猛，就我而言，史无前例。

你的电报已收到。卡佳会函告她的情形。我好像口授过什么，记不清了［缺损］

我患病时，情况很糟；渐渐复原，情况更糟，因为我吃，从清早到深夜，吃个不停。近日势头稍稍减弱。

在上次的信中，我请你和济莉娅不要去《青年近卫军》杂志编辑部商谈我的事情。再次请你们不要前往。我没有感觉到我的文学辅导老师们缺乏热情，不够关注，因此，倘若我的朋友为我提出这样那样的要求，我想象得到，他们会感到不悦，我也会因此而觉得难堪。记住，米申卡，决不要去编辑部。

接到出版社的一封信。雷日科夫已不当编辑，现在的编辑是女性，叫史蓬特。在如此重要的部门，随便地把人调来调去，太不负责了。作者和编辑还没来得及了解，就换了张新面孔——又得从头开始啦。

他们信上说，书"即将"出版。所谓即将，可能拖延五年；那儿不着急。

前面日子长着呢，下面还有一个新的世纪，着什么急呀。雷日科夫说，他们做好了一切，要让我的书最近就再版。他允诺写一篇评论，发在不定期文学刊物《青春》上［缺损］

有什么事儿，我都会写信。春天已来到门口。小老头儿，咱俩快见面了。别胆怯。咱们背后是苏维埃政权和全世界的无产阶级。

致以全集体农庄①的敬礼。

你的柯里亚

1934 年 3 月 22 日

索契胡桃大街 47 号

---

① 全集体农庄指自己的全家。

248. 给诺维科夫夫妇

（1934年3月，索契）

我亲爱的彼佳和塔玛拉：

我在写第一批信。熬过了令人憎恨的一个月。险些儿性命不保，但进棺材又算不得什么壮举［缺损］因此显而易见，我压根儿不同意领取通行证，去找亚当喝啤酒。体力正逐日恢复。我在消灭大量食物，使得为补充正迅速减少的储备而疲于奔命的亲属苦不堪言。

总之，大难不死，其他的一切难题都将迎刃而解。

简要地谈一下自己的工作。莫斯科来函，说书"即将"出版。党代会使出书推迟——要印相关的文件。在莫斯科，书译成了波兰文①、摩尔多瓦文［缺损］尚在译成其他文字。不过，出版社并未应承支付版税。他们利用了中央关于民族文字间翻译的决议。

关于在乌克兰出书（一部或两部合并）之事，你继续进行商洽吧，争取好些的结果。你是我的大使，我把希望寄托在你身上。照片，妈妈曾寄给你一张，但很差，最好能在克列巴诺夫那儿取到。我再寄给你一张，即用在第一部书里的，还有钱，所以你安排就是了。

不久以后，我写封长信给你。

此刻先紧握你的手。

尼·奥斯特洛夫斯基

---

① 作为少数民族之一，当时苏联有波兰人百余万，使用自己的语言文字。

249. 给卡拉瓦耶娃

（1934年4月1日，索契）

亲爱的安娜同志：

你的信，刚刚念给我听了。今天是个好日子：有你的来信，还有另外一封信——告诉我高尔基近日要发表文章，论述你所辅导的学生的所有谬误。我要挨剋了，安娜同志，在我的初次习作中，准有不少紊乱不清之处。我承认自己有些沉不住气，特别是在目前，正当这位文豪把猛烈的批评赏给某个"坐享荣誉"者的时候。没错儿，我自忖并不属于后者，但阿列克谢·马克西莫维奇的评语肯定会使人激奋。

回到你来信的主题吧。我很高兴为杂志写一篇关于语言的文章①。这是个挺大、挺迫切的题目，而且问题不仅存在于现今。自己原本也打算写这方面的东西，连内容也基本上构想完毕，即已做好了最主要的准备。我明天便开始写，一星期后打印出来，用快信寄往你家。

安娜同志，你大概知道我得了世界上最莫名其妙、最讨厌的病，九死一生。这种病不知从哪儿冒出来，让我给撞上了。一场殊死的搏斗，延续了整整一个月。现在都已过去，体力正逐日恢复。

关于新著②的题材，我以后写信跟你谈。你的设想太有意思了。"当代英雄"是震撼心灵的年轻人形象，描绘这类形象的题材是挖掘不尽的。安娜同志，和以往相比，我将更频繁地写信给你。有时我想叙述许多事情，畅谈构思。对于可从文艺作品、从世界文学遗产领域内选出的人物形象，我理解不深，还有文学创作技巧，我掌握不

---

① 指随即写成发表的《争取语言的纯洁》一文。
② 指长篇小说《暴风雨中诞生的》。

透——这种饥渴感实在是最折磨人的。

第一、第二期杂志收到。以后，你拿到了就让他们也立刻给我寄来。

读着前面的几章，我感觉到了你动用"剪刀"所造成的一个个小创口。"大学生匪帮"之类的内容是赘瘤，删得正确——我所指的并非这些。有些段落总觉得删削得太过分，而且仅仅是由于缺乏纸张。不过大体上还不错，例外的是存在着某些排印草率的错误，歪曲了原意。比如第二章内"得到全体电车工人的协助，这一切他们办好了"被印成"这一切他们卖掉了"。

安娜同志，我拜托你和马尔克，在出大众版的事情方面，予以协助。我收到数十封信，分别来自乌克兰和其他地区的共青团组织。到处是同样的诉说——书搞不到，在读者的海洋里，书被淹没了。大家几乎全是在《青年近卫军》杂志上读着这部长篇小说。例如舍佩托夫卡，甚至一册书也没有。

另有一事。安娜同志，你知道我有些朋友管我叫"共产主义化的空想家"，还有一些涉及经济乃至其他方面的不雅的绰号。背着我，他们可能啰啰嗦嗦，让你听得心烦。你要知道，这都令我不快。请别把他们的行动当成我的。

你的尼古拉·奥斯特洛夫斯基
1934年4月1日
索契　胡桃大街47号

250. 给芬克利什捷因

（1934年4月8日，索契）

亲爱的米沙：

我长话短说。只能用电报式的文体写信，简略而明晰。开始了。

本月2日接到基尔松的信。高尔基近日要发表文章，批评某个自吹自擂和性格乖戾的年轻人。挨骂免不了。这年轻人多处语句不通，大文豪理应就此训他一番。我颇感激动。

正写着《争取语言的纯洁》一文，是卡拉瓦耶娃的约稿，今日完成。今日接到青年近卫军［出版社］编辑来函。史蓬特写道："本书第二部将有12［印］张，删去5.5印张。两个月后面世。印数约一万五千册。"

印张——不满意，印数——还可以（但愿不骗我）。4月底他们会推出两部合一、多插图的精装版。甚至还有书套（后者未必可行，厚纸奇缺呀）。这以后，据说会出第三版——大众版。第二版是向作家代表大会献礼的。编辑史蓬特打算来我这里商量开个创作座谈会之事，为此得到了专门出差的机会。如果他们说话算数，这些都付诸实施，那就极好。列宁讲过，谁轻信诺言，谁就是不可救药的傻瓜。这我能对号入座，而且恐怕至死也就这样了。我舍不得花时间让体力慢慢儿恢复。无病呻吟者在咱们这里休想得到尊敬。咱们要到了另一个世界，上了天堂，再安享清福。那时的天堂里准保已实现无产阶级专政，咱们当然会优先获得疗养证之类的东西。

我们这里春意盎然，阳光和煦，夜莺和其他小鸟——总之，凡是善于抒情的飞禽，都在鸣啭歌唱。一句话，生机勃勃，气氛谐和。米申卡,别垂头丧气,只要我活着,你就不会闲着……有各种活计,各类任务,运送患病者呀,救助垂危者呀,以及多种多样的苦差事。没什么快乐可言,反正你命该如此啦。

就此打住。

握你和济[莉娅]的手。

你的尼古拉

1934年4月8日　索契

如果你果真持有购买证,可购此书第二部一百二十册,那么我要全部买下。估算过了,为了满足所有的亲友,至少需要一百二十五册。

妈妈和其他集体农庄庄员向你热烈问候。

251. 给诺维科夫夫妇

（1934年4月8日，索契）

亲爱的彼佳和塔玛拉：

收到一封信。你曾向我提出一连串的问题，等着答复。显然，那前一封信我没收到。

身体在逐渐好起来。

正为《青年近卫军》写《争取语言的纯洁》一文。是卡拉瓦耶娃的约稿。这以后要着手修改第一部的错谬之处，因为青年近卫军出版社将推出两部合一精装版，还有色彩鲜明的硬封皮，这是为作家代表大会准备的礼物。4月底这一版就付印。插图好几幅，印数一万五千至两万册，然后出第三版——廉价的大众版五万至十万册。所有这些消息，是《青年近卫军》的主编昨天写信告诉我的。他们在落实团中央的决定。长篇小说第二部的第一版两星期后问世。印数一万五千册。

不久前接到基尔松的信：高尔基将于近日发表文章，评论《钢铁是怎样炼成的》作者的创作。

生活在抚爱我，并召唤我奋斗。我呢，傻乎乎的，险些死于一场莫明其妙的病。

彼佳，日内我汇给你30—50卢布，请你跑一趟"红光"照相馆，在杰维烈夫广场，全乌克兰中央执委会对面，他们肯卖的话，买12090号的底片——那是我的照片，在第一批书里用过。拍摄于1926年5月。现在我手头连一张也没有了。莫斯科方面要得挺急。如果可能，你从克列巴诺夫那儿取回我穿皮夹克的照片，这正是出版社所索要的。

"红光"的也就是这张,可以添印。

　　对不起,这类琐事也托你办。但只有你能帮我做这件事。紧握你们的手。

尼古拉·奥斯特洛夫斯基
1934 年 4 月 8 日　索契

252. 给特罗菲莫夫

（1934年4月9日，索契）

尊敬的特罗菲莫夫同志：

前些日子，我身患重病，九死一生。现在这一切都过去了。体力逐日恢复，甚至在稍微做点工作了。我所牵挂的是第二部书的翻译工作进行得如何。请告诉我比较准确的出书日期。

您在给我的信上说，出书"不会迟于第二季度"。第二季度即4月、5月和6月。

到7月，我们将庆祝乌克兰共青团成立十五周年。亲爱的特罗菲莫夫同志，请您出把力，让这本书在纪念日之前到达广大读者手里。此事您办得到的。"没有这样的堡垒……"何况这儿根本谈不上堡垒。这完全取决于您，而您在自己的部门里不过是举手之劳。来封报喜信，让我快乐一下吧。莫斯科方面函告，长篇小说的第二部已在装订车间，近日我会收到首批样书，其中一册我会寄给您个人。

在莫斯科，此书已出了波兰文和摩尔多瓦文版，另有四种——白俄罗斯、鞑靼、格鲁吉亚和亚美尼亚文版的，正在翻译中。不久将出现高尔基的文章，评论长篇小说《钢铁是怎样炼成的》。这是组委会的同志告诉我的。阿列［克谢］·马克西莫维奇得到打字稿和第一本书。特罗菲莫夫同志，大文豪要剋我了，连您恐怕也会为我感到惭愧的。要知道老人正在把猛烈的批评赏给某个"坐享荣誉"者。是的，对我们，对文学青年，他不那么苛求。然而，总能聆听到一些什么，并有所裨益。

在作家代表大会召开之前，青年近卫军出版社要出版两部合一、插图精美的版本，秋季则将推出十万册廉价的大众版。

盼来信。就提笔吧，别跟以前那样延迟。

致以共产主义的敬礼！

尼·奥斯特洛夫斯基

1934年4月9日

索契　胡桃大街47号

253. 给卡拉瓦耶娃

（1934年4月11日，索契）

亲爱的安娜同志：

随信寄上拙稿《争取语言的纯洁》。我没奢望这类札记能发表，因为其中很少有具体的东西。为了搜集具体材料，需要年轻人写的书，需要摘引一些文字，等等，可我的状况是这样：别人帮我寻找所需的一页，得花一小时，但才过了十分钟，我已焦急得咬紧嘴唇。虽然命运对我如此凶狠，我可以大度宽容，然而夺去仅存的一只眼睛，实在太歹毒了。即便如此，老实说，和那些多半出于好奇而来我这里的人中的许多人相比，我要快乐得多，"幸运"得多。他们拥有健康的身躯，日子却过得平庸、乏味。他们虽然两眼能看，但目光冷漠，而且多半是忧郁的。他们大概以为我是不幸的人，暗想可千万别让自己落到如此的境地，我却在思索他们的可悲，觉得无论如何也决不同他们互换人生角色。

哦，算了，我这是妄谈哲理。

接到青年近卫军出版社编辑史蓬特来信。长篇小说的第二部即将面世。他们准备在作家代表大会召开前推出两部合一的版本。

史蓬特同志在信上说，她对领导提出，必须让我和她一起商量组织创作座谈会的问题。对我而言，这是必要的。我没有和出版社的人员会过面，连一次也没有。组织上没有安排过我们的联系，以致今后也难以保持。

书原应于去年6月问世。现将于1934年5月出版。这十个月，根据超商业精神签订的合同，我仅仅在不久前才从对方拿到530卢布。若不是你那边的稿酬，还有乌克兰［共青团］中央的帮助，我已陷入困境。你问我经济状况，是这样的：1月以前非常非常窘迫，目前好些，倘使出版社不再言而无信，那么还将得到改善。索契的物价比莫斯科贵一倍，无论怎样省吃俭用，我家四口人每月开销少于800卢布就难以维持。这是过的无产阶级式的日子。

安娜同志，请代表我和出版社管委会主任进行商议，让他们安排一位编辑来我这儿，要不然，找些冠冕堂皇的理由撕毁合同吧。如果你愿意，不妨试试说服他，要他承认，在签订合同时，以这种超商业的态度对待我，是不合理的。他们估计过低，把印数和印张都缩减至三分之一，连这样的稿酬，我也并未如期收到，而是拖延了一年。你们和出版社反正在同一幢房屋里，请你别忘了我的要求。

长篇小说的第二部什么时候出版了，你立刻找史蓬特同志，从第一批书中取一册，给你的女儿看一遍（她看过第一部吗？）。让她来信告知，觉得小说怎样。你知道小青年的评说直截了当，我乐意读这样的文字。你转告她，我希望接到她的信。

近日我在校阅第一部，删掉不自然的、多余的词语。

问候马尔克同志。紧握你的手。

明天，区委常委在我这儿开会，近期要召开全会。年轻人要我办某些事情，我可得遵守纪律。"共青团的荣誉"不允许自由散漫。

我已经三十岁了。安娜同志，我真不敢相信这一点。我们的现实生活在风驰电掣般前进。

你的尼古拉·奥斯洛特夫斯基

1934年4月11日

亚速—黑海地区索契胡桃大街47号

此信是我托人写的。

为什么索尼娅不复我的信？

254. 给诺维科夫

（1934年4月15日，索契）

亲爱的彼佳：

刚接到你的明信片。可见我寄给你的一些信被可恨的邮局丢失了。

邮局总是让我忐忑不安。从已接到的一些信的内容推测，你寄来的一部分信，我也没收到。我尽量做些说明。

请你跑一趟"红光"照相馆——在全乌克兰中央执委会对面。1926年我去那儿拍过照。只要他们卖，你就买下底片。就是用在第一部书里的那张。否则，添印也可以。照片编号：12090。那儿的底片，便是你信中提及的身穿皮夹克的照片。根据编号能找到，或者根据在克列巴诺夫那里的照片也行。后者我没记下编号。

已在信中告诉你，青年近卫军出版社决定再次出版我的书——两部合并，漂亮的硬封皮，作为对全苏作家代表大会的献礼。4月底，这第二版就将付印。我已在校阅第一部，消除排印上的误差和混乱，删掉不自然的、多余的词语，争取语言的纯洁。下这些功夫全是为了提高上述版本的质量。青［年］近［卫军］出版社编辑部要我迅速寄去一张"最好的"照片，也是由于精装版要用。这个版本有"插图多幅"。照片，无论好的差的，我手头全都没有。正因如此，我才向你求助。兄弟，主要是你设法去向克列巴诺夫索取那张照片。总之，亲爱的朋友，行动起来，争取在4月底前办成，拿到照片。

现在谈谈稿酬。好像你没弄懂我的意思。对于长篇小说第二部的稿酬，我是有保障的，我的皮包里藏着合同呢。我信上提及的并非这份合同，而是另一份关于多种民族文字的译本的合同。这不，我的书正被译成六种文字。问题来了，出版社依据全俄中央执委会的文件，出版这些译本而不支付稿费。作为破例，他们为这六种译本向我付了500卢布。由于这个缘故，我感到奇怪，你居然商谈成功，与青年布尔什维克出版社签了合同，等等。你签下的合同，是我拥有的所有合同中"最贵重的"。

不久前，我致函特罗菲莫夫，探问书在乌克兰何时出版……如果你处离出版社很近，那么顺便去了解一下情况如何。我手头不缺钱。就此打住。

问候塔玛洛奇卡和洛扎。

你们的柯里亚

255. 给斯杰西娜

（1934年4月19日，索契）

亲爱的索尼娅同志：

接到尊函和证明信，谢谢。我听从您的嘱咐，身体正日渐好转。今日的健康状况应该说相当不错。

我们这里春意盎然，不久，所有的白天将在院子里度过。我在工作。校改长篇小说的第一部，以便出第二版——争取语言的纯洁。凡是不自然的、粗糙的词语都删除。我大量阅读，紧张学习。没错儿，我的许多时间被年轻人占去，不过我也从他们身上感触到沸腾的生活、欢愉的青春。索尼娅，你夏季不来索契吗？打算怎样度过假期？编辑部工作人员的姓名，我不知道，请来信告知。我只认识你。听说有一位叫卡利姆。其他人我就毫无所知了。如果你们那儿保留着第二部的原稿，请寄给我归档。

请在下一封信里告诉我，第一、二、三期的稿费已汇出多少，每期的印张是多少。每次汇钱来，都得弄清楚，因为索契的邮局支付汇款，延迟三十至四十天，已非一次。而我，没有从你那里获知汇款的消息，就无法跟办事拖拉者交涉。有一回，出版社汇给我500卢布，他们延误了六个月，结果呢，原来是被寄到莫斯科去了。为了不至于紊乱不清，请每次函告。我从你那儿共收到：第一期的500卢布（预付）+256卢布，总计756卢布；第二期2—16页的536卢布。这是总数。第三期的尚未收到。

什么时候看到高尔基的评论，或得悉出现了某篇我会感兴趣的文字，请立即以快信寄给我。《青［年］近［卫军］》杂志1932年的第八期、第九期，登载着长篇小说第一部的结尾部分，这两期我原本是有的，但被人"长借不还"。该杂志连载着第一部的各期，在我这儿，自成一套，这下便残缺不全了。索涅奇卡，如果在旧书堆里翻捡到以上两期，我要求你寄给我。别忘了给索契的朋友写信哦。来自青年近卫军出版社的信（只要你们不在信中责骂）都是令人愉快的礼物。握你的手。向全体人员致敬。

尼·奥斯特洛夫斯基
1934 年 4 月 19 日
索契市　胡桃大街 47 号

此信是我托人写的。

256. 给《文学百科全书》编辑部

(1934年4月22日,索契)

　　遵照苏联作家协会组委会的嘱咐,我寄上《文学百科全书》所需要的作者生平资料。

　　奥斯特洛夫斯基·尼古拉·阿列克谢耶维奇,生于1904年。厨娘的儿子。初等教育程度。第一职业是电工助手。12岁开始当雇工。1924年起的联共(布)党员。老共青团员。在乌克兰共青团内,当了多年的积极干部。最近数载,重病缠身,卧床不起。双目失明已三年。

　　1932年,《青年近卫军》杂志连载我的长篇小说《钢铁是怎样炼成的》第一部。

　　同年[开始创作]长篇小说《钢铁是怎样炼成的》第二部,今年连载于上述同一家杂志,而乌克兰文、波兰文和摩尔多瓦文版的此书也已面世。

　　寄上资料——一些书评的复印件和一张照片。

　　致以共产主义的敬礼!

尼·奥斯特洛夫斯基
1934年4月22日
亚速—黑海地区索契市胡桃大街47号

　　此信是我托人写的。

257. 给特罗菲莫夫

（1934年4月24日，索契）

亲爱的特罗菲莫夫同志：

收到令人欣喜的大札，还有汇款。我和青年布尔什维克出版社的相互关系，在包括您在内的领导班子上任以后极大地改变了。我感受到深切的关心。通过您对我的态度，我也觉察到你们布尔什维克式的精诚团结。我的每封信、每一个问题，全得到迅速的、具体的答复。和这样的同志们合作真好。紧紧握您的手。相信书会在纪念日之前出版。

4月20日，我给您发过电报，内容如下：

"哈尔科夫，谢尔吉耶夫斯基第二广场。

"青年布尔什维克出版社，特罗菲莫夫收。

"谨将此书献给培养了我的乌克兰共青团成立十五周年纪念日。尼古拉·奥斯特洛夫斯基。"

现在只等出书了。特罗菲莫夫同志，除了作者的样书，请别忘了至少卖给我五十册。我这人朋友多、战友多，决不可让任何一个感到扫兴。书出来时，请您大力协助，使得报刊上出现批评性的"射击"。我如同需要空气一样需要批评。我刚刚步入文学殿堂，需要帮助，需要分析得失成败。这方面，您无疑是能出力的。我何时拿到高尔基的评论文章，会立即寄上复印件，供参考。如果您要我的照片，用于书内，请函告。

您的尼·奥斯特洛夫斯基

1934年4月24日　索契　胡桃大街47号

此信是我托人写的。

258. 给特罗菲莫夫

（1934年4月28日，索契）

亲爱的特罗菲莫夫同志：

刚收到您的电报。您说我的电报您已收到，并要求迅即寄去照片。

我这就用快信寄上。亲爱的同志，我有个请求。倘若可能，请保存好照片，因为这是从母亲那里拿来的最后一张。

接到作家瓦拉芙娃的一封友善的来信。

看来，书要起作用了——很快就能读到已译成令人觉得亲切的文字的小说。此书本应用这种文字写的。

紧握您的手。

尼·奥斯特洛夫斯基

1934年4月28日　索契

259. 给芬克利什捷因夫妇

（1934年4月30日，索契）

亲爱的米申卡和济莉娅：

又久不来信了，怎么回事呀？

不好的习惯应当改掉。你们有些日子没给我复函。你们也知道，所谓水滴石穿。抚恤金的事儿总算有了结果，每月支付120卢布。解释就不必了，根由始末你们通通知晓。

等待着五一节前出书，不料编辑部这次又食言。时间有的是，他们可不着急。我这儿似乎一切正常。

父亲来了，我们的集体农庄便有了五名成员。不妨说，虽然粗茶淡饭，但日子过得快快乐乐。

天气晴朗……总之挺热。

米沙，你说明一下，可购长篇小说第二部一百二十五册[①]的购买证你拿到了吗？为什么久不来信？

除了责怪你，再写些什么呢？米申卡，别装傻了，坐到桌后，拿起笔来写信吧。玛莲卡娅，你也没替我搞些书来。哦，孩子，一对孩子，叫我拿你们怎么办？明天是五一节，两个孩子，向你们祝贺节日。大概你们是想不着来封祝贺五一节的信，让我高兴高兴的！

柯里亚

[①] 本书第250封信已提及，但说是一百二十册。

260. 给日吉廖娃

（1934年5月9日，索契）

亲爱的淑洛奇卡：

我久未写信。你也一样。但我不怪你，因为信的数量并非评定我们友谊的标准。

我的健康状况很好。病了一场，已经完全复原。很快要着手工作。

这儿天气晴朗。没错儿，农田需要雨水，否则可能影响收成。

长篇小说第一部的第二版校改完毕，将于6月面世——两部合一的书，据编辑吹嘘，要出得豪华，甚至用硬封皮。他们想趁着迎接作家代表大会之时，显示出版单位的气派。

我等待着高尔基的评论。

前天，绥拉菲莫维奇[1]来看过我。

接到各地寄来的、很有意思的信件。有人说我是个很有天分的小伙子，只要不酗酒，不醉得傻乎乎，那么会有出息的。

总而言之，一切照旧。只可惜我没有变得聪明点儿。

冬季得搬到莫斯科去过。需要学习，需要专业水平的帮助和文学氛围，等等。

我正大量阅读。

你那边有什么新鲜事儿？什内杰尔曼同志怎么说？

我父亲来了。目前我们是五个人。

---

[1] 亚历山大·绥拉菲莫维奇（1863—1949），俄罗斯作家，代表作为《铁流》（1924）。他十分关心尼·奥斯特洛夫斯基，曾多次登门探望，花费时间，帮助和支持这个在特别艰苦的条件下进行创作的后辈。

非常高兴夏天能和你会面。淑琳卡,千万要来哦!

衷心问候沃尔夫同志。拉娅允诺8月来我们这儿的,不过多半不会来。

人民委员会核准每月支付给我120卢布个人特别抚恤金。

我们全家热情地向你问好。

我一天又一天地等待着第二本书。只要一接到,立即寄给你。

你的尼·奥斯特洛夫斯基
1934年5月9日
亚速—黑海地区索契市胡桃大街47号

261. 给卡拉瓦耶娃

（1934年5月14日，索契）

亲爱的安娜同志：

昨天我两次感到"意外惊喜"——一是收到你的来信，接着是扎尔卡①同志来访。你信中所提的问题，基本上已由马捷同志作复了。如果中央委员会的休养所有可能提供单间，那么这种安排我会挺满意的。我可以工作，一个个白天待在花园里，根据需要，吃些有营养的食物。告诉我吧，安娜同志，你从哪儿得知了我的一些小小的不愉快和日常生活中的琐碎事？我确实没写信对任何人谈及，包括对索尼娅同志。我曾告诉过你，有一段时日，就在不久前，我的经济基础相当糟糕，但这种情况已经成为往事。现在呢，从你那儿每月得到一笔可观的稿酬，出版社有时也汇来钱款。我无论如何都不能喊穷。否则就不是真话。钱如今花得不少，实际上是由于索契的物价贵得很，到集市上去买东西，没办法省钱。你知道，我不能拿供应之类的琐事去麻烦人家——无论是本地的干部，还是莫斯科的朋友和文学辅导老师们。不过，凡是大家得到的定量供应的东西，我的家属也都分配到一份。至于提出获得领导干部所享受的优惠供应，我是没有权利的。我不奢望，也不追逐，因为现今我的收入已比党的区委书记多一倍。因此，安娜同志，请不要通过中央委员会使得当地的领导觉得"为难"。这

---

① 马捷·扎尔卡（1896—1937），匈牙利作家，经由卡拉瓦耶娃的介绍，和尼·奥斯特洛夫斯基一见如故，惺惺相惜。他说奥斯特洛夫斯基"躺着、衰弱无力、视而不见等等，都是外表，而本质上他是壮士、勇士、青年战士"。在西班牙内战时期，马捷·扎尔卡化名"卢卡奇将军"参战，壮烈牺牲。

样做的结果,仿佛我向谁诉过苦,同志们便会对我不满了。好在我手里有钱,也就是说,心里不慌。

有过一次,我接受共青团员的建议,由他们设法,让我在"里维埃拉"疗养院搭伙,哪怕只吃一个月也好。前些日子,由于食物质量太差,得了厉害的胃病,险些儿丢了命,所以我有意搭伙。"里维埃拉"的食物味道好,营养丰富,一个月付 450 卢布,值得。他们让我吃了十天便中止了。这使我久久后悔借人家的光。没错儿,那好像是"开后门",不妥当。如果因病毫无食欲时我没做这么件傻事,那么有谁说三道四就完全是凭空瞎编了。大概有哪个小伙子写信给你,说我挨饿。

正因如此,我请你原谅——是我的一些朋友擅自搞了这类小动作。他们废话连篇,以讹传讹。听说有这么个傻乎乎的朋友,去年找到萨尔塔诺夫同志,瞎扯一通,说我的日常生活"惨不忍睹"。倘若真有其事,而非误传,那我实在太反感了。谁给他权力,可以这么信口雌黄?这确实会在萨尔塔诺夫同志和其他同志的眼里稍稍损害我的名声。你知道,我收到了俄罗斯联邦人民委员会核准的个人特殊抚恤金,每月 120 卢布。获得这样的抚恤金,多亏了苏联列宁共青团中央的坚持要求。正如你所看出的,我无论怎样也不敢抱怨缺少来自党的,或来自同志们的关注,否则便成了诽谤。正是这个原因,偶尔有人搞些小动作,实在不值一提。在这种时候,某个人借此说事儿,打扰你,让你留下印象——我在过着贫苦的日子,等等。

你关于进休养所的建议,如果你们一旦促成此事,倒是在一定程度上为我创造了某种条件,使我和为数众多的年轻人减少接触。他们常常干扰我工作。

近数月来,我学习紧张,比如说,目前开始研析《战争与和平》第二卷,托尔斯泰有值得我学习的地方。我有个心愿,挥之不去——

返回莫斯科，度过冬季，在那儿经常获得经验丰富的大师们的指导，与在这里如同个体小手工业者似的相比，工作与学习会迅速得多，效果好得多。倘若我在莫斯科，长篇小说的第二部怎么会出得如此粗糙？比方说，你我仅有的一次面谈，如果当时以速记的方式记录下来，得写多少印张啊。不过，必须在莫斯科有个住所，这事儿却难办。基尔松同志，不久前还有绥拉菲莫维奇和扎尔卡同志，允诺在这方面出力协助。要学习，莫斯科有适宜的氛围。秋冬在那里，夏天在索契。我求你和马尔克一起出力，与上述同志联合行动，那么我的最大心愿才有望实现。

我这么个人住哪儿都无所谓，然而作为初学创作的作者，需要住在莫斯科，恰似需要呼吸空气。

绥拉菲莫维奇来过我这儿三次。老人详尽地分析了我的谬误和成绩。这样的会面对我而言是非常有益的。亚历山大·绥拉菲莫维奇留给我的印象极其美好。很遗憾的是，像高尔基和亚历山大·绥拉菲莫维奇这样我们都备感亲切的文学大师，他们找不到共同语言①。是的，绥拉菲莫维奇犯了个大错误，我身为晚辈，也对他说过这一点。可惜，问题不在于这个错误，而是存在着某种隐蔽的矛盾，这是我不便细问老人的。

昨天，门一开，马捷同志进来了。我冲着他欢呼："啊，彗星返回②！"

马捷的情形我不写了，你比我更了解他。如果你接近他，不带偏见，心胸坦荡，就像他以同样的态度接近你，那么这匈牙利人不可能

---

① 指高尔基和绥拉菲莫维奇之间关于语言问题的论争。
② 马捷·扎尔卡有一部长篇小说《彗星返回》，与尼·奥斯特洛夫斯基的《钢铁是怎样炼成的》同时连载于《青年近卫军》杂志。

不成为你的朋友。和这样的伙伴一同赴死也无憾。

  你知道吧。青年近卫军出版社的编辑史蓬特来函告知，长篇小说第二部的出版再次延期。这是在作家代表大会召开之前。不晓得他们要到什么时候才对我言而有信。听到的期限已不少于三十种，没一次兑现。真是放空炮。

  好，该打住了。就这样已经写了不少。

  你的宝贝女儿会给我来信，谈谈读后的印象吗？

  紧紧握你的手。

敬重你的尼·奥斯特洛夫斯基
5月14日
索契　胡桃大街47号

262. 给芬克利什捷因

（1934年5月14日，索契）

亲爱的米申卡：

长信刚接到。现答复你的问题。收到基尔松汇出的1500卢布，个人特别抚恤金拿到120卢布。我回答你。要在提高个人特别抚恤金的申请书上签名，我提不起手来。亲爱的，现在我不能这样做。不能，这事儿别怪我。可我真的不能，不能。你可以认为这个问题已解决，用不着再跑中央委员会或其他任何部门。你已经办到了似乎不可能办到的事情。让咱俩都放松心情，休息一阵。等什么时候食不果腹了，我或许会在这种申请书上签名，可现在我不能。当初人民委员会顽固地拒绝，这使我感受到痛苦，而且这痛苦至今尚未消失。你取得成功，这便足够了。米申卡，这么着，一步也别再往前跨。歇会儿吧。咱们胜利了，休息一阵。我有许多事情要告诉你，但一下子写不完。为了核定特别抚恤金，委员会要求提供各类收入和需赡养者情况的材料，我索要到各类可靠的证明，寄了出去。

前些日子，绥拉菲莫维奇来过我家，昨天来的是马捷·扎尔卡。他们两个答应帮我在莫斯科争取分配一套住房。

5月18日，绥拉菲莫维奇去莫斯科，将同基尔松及其他同志商谈此事。

玛莲卡娅暂时不必去出版社了。昨天接到卡拉瓦耶娃的信，她问我是否同意入住中央委员会的索契休养所，提供的条件是给一个单间，可以工作，搞创作特别适合，等等。我复函表示同意，否则花钱如流水，却没什么好吃的。这是由于投机商在集市上哄抬物价的缘故。

我的情况就聊这些了，其他以后详谈。急于发信给你。不过一般说来，写比看和讲更困难。米申卡，打起精神来吧，我们还要好好生活呢。

我亲爱的兄弟，振作起来。咱俩多半儿能见面，详谈一切，写信实在是纸短言长。你赶紧编个夏季休息计划。你怎么想的？能做什么？

全家人真诚地问候。紧紧握你的手，亲爱的朋友！

你的柯里亚

1934 年 5 月 14 日索契

263. 给波德加叶茨卡娅①

（1934年5月14日，索契）

波德加叶茨卡娅同志：

请您详告，拙著译成波兰文和摩尔多瓦文，此事目前进展如何？您信上说，摩尔多瓦文版的已在校对清样。希寄几册给我。我对熟悉的波兰文的版本尤感兴趣。这个译本，我本人可以做出评断。请函告，共青团员们为什么默不作声②？烦给我雷日科夫的住址。

紧握您的手。

尼·奥斯特洛夫斯基

---

① 波德加叶茨卡娅·安芙尼娜·伊凡诺夫娜，1934—1935年任苏联列宁共青团中央的青年近卫军出版社群众工作处指导员。

② 尼·奥斯特洛夫斯基曾要求青年近卫军出版社的共青团员们，读了长篇小说《钢铁是怎样炼成的》，给他写信，提出批评意见。

264. 给波德加叶茨卡娅

（1934年5月27日，索契）

亲爱的波德加叶茨卡娅：

大札收到。

但没见共青团员们的信，颇觉遗憾。看样子，是邮局给"弄丢"的。

这一点，请告诉青年们。让他们别生我的气，别以为我拿架子。

请您"催促"一下波兰文版的编辑——让他这就来信，写清需要我补充什么。

我已有了些构想。

第一，在波兰人枪杀我们地下组织同志的情节中，增添一件事实，即有个波兰士兵，无线电报务员，跟地下委员会有联系的，也被战地军事法庭判处死刑，并在集体屠杀的前两日被枪毙；另一个士兵，指挥部的文书，被判刑二十年。由此可见，为建立苏维埃政权而斗争并非仅仅是乌克兰人的事业。

第二，老司机波利托夫斯基·维切斯拉夫·西吉兹蒙多维奇，作为波兰革命者的形象，应在民族的层面上加以丰富，来与列辛斯基及其他类型的波兰贵族相对立。

还有两个波兰工人，参加了为建立苏维埃政权而进行的斗争。只要把粮食委员特日茨基的描述扩展一下（他也是波兰人，书中只有三言两语提及），那就能消除一种可能留下的印象——似乎波兰人全是反面角色。当然，我脑子里根本没有这种想法，而且这绝对不符合实际情况。

这是我的构想，不妨更深入地开展。我准备做所需的一切，务使波兰文的版本尽快面世。

烦把这些构想转告编辑吉贝茨①，还有一个要求——请他立即来函，详告一切。

很想知道翻译的是第一部还是两部合并的。

波德加叶茨卡娅同志，请不要中断我们之间活跃的联系！

我希望冬天去莫斯科，那时候我们当然能会面，互相紧紧握手。

致以共产主义的敬礼！

尼·奥斯特洛夫斯基
1934 年 5 月 27 日
索契市　胡桃大街 47 号

---

① 吉贝茨·约瑟夫，俄罗斯联邦中央委员会青年近卫军出版社民族文学部主任。

265. 给芬克利什捷因夫妇

（1934年春，索契）

亲爱的米申卡和济莉娅：

接到了电报和信。如果自己执笔，且给你一个人看，那我会记起一些流行的、极度夸张的俗语。然而，文学素养和妇女在场（而且是咱们尊敬的女同胞），不允许措辞"粗鲁"。我的天，那三封我寄给你的信到哪里去了？多少信件——花费大量精力写成，有的几乎如同文学作品，一而再、再而三地在老地方被丢失，或借口收件人地址不明而退还。另外给我个地址，我寄出两封复印的信，总有一封寄到吧。

我出现了一点儿症状，什么病目前不知道。市委刚决定派来三位埃斯枯拉皮俄斯，我正在等候他们。他们将摸摸按按，叫我呼吸、闭气，可实际上鬼神都帮不了我。不过没关系，米史卡，别担忧，这是老花样。春季发病，一向如此，然后，入秋以前，身体会好起来。

接到卡拉瓦耶娃的一封信。一群朋友再次提出令我非常厌烦的住所问题。

米申卡，我恳求你了：别打电话给柯里佐夫[①]，别打扰他，否则

[①] 柯里佐夫·米哈依尔·叶菲莫维奇（1898—1940或1942），俄罗斯作家，善于写切中时弊的讽刺小说、杂文。由于卡拉瓦耶娃的建议，他后来专程前往索契，探访尼·奥斯特洛夫斯基，倾心交谈。返回莫斯科后，发表特写《勇敢》（1935年3月17日《真理报》），引起文学界、评论界乃至全国各地的无数人对《钢铁是怎样炼成的》一书及其作者的极大关注。从此信看，早在1934年春，奥斯特洛夫斯基似乎有过一次与柯里佐夫相识的机会，但因他不想"打扰"而失之交臂。1936年底，他撰写了《英勇坚强的战士——怀念尼·奥斯特洛夫斯基》一文。在大清洗中，柯里佐夫不幸受迫害致死，后平反昭雪。

会很尴尬的。

接到许多很好的信,一些组织和个别同志的。总而言之,应当生活下去,需要保持精力。米申卡,你我都应该赶快复原,把责任承担起来。记住吧,一对乖孩子,我永远不会忘记你们。永远!至于我信写得少,那……是老天爷的过错。

紧紧握你们的手。

玛莲卡娅,别垂头丧气,你的好小伙子正在恢复健康。你别情绪低落,以免……一对孩子,祝你们万事如意。

你们的柯里亚

266. 给诺维科夫

（1934年6月7日，索契）

我亲爱的彼得鲁什：

刚接到你6月2日的信，欣喜不已。凡是你的信件，都充溢着浓浓暖意和深深友情。说实在话，朋友当中就数你最诚挚了。你总是希望只带给我好消息，尽可能地帮我。对于这一切，你知道的，我除了真率的友情，无以回报。愿我们的同志情谊长久保持并日益巩固。亲爱的彼得鲁什多年为我所做的一切，我期盼着不久的将来，自己能够报答，即使部分地报答也好。我相信，这很快会兑现。

现在谈谈各种情况。你讲述了如何联系出书，令我高兴。特罗菲莫夫及其助手看来会把书做得很漂亮。莫斯科也准备推出精美的第二版，多插图，硬封皮。不过，乌克兰可能在出版日期方面胜过他们。哈尔科夫的版本会早于他们面世。第二部的俄文版，在莫斯科已经印好，目前正在装订，近日我将得到最先的样书，其中的一册会寄给你。第二部的第四章里，我写了尼·尼·利西岑（1934年4月，《青年近卫军》杂志第四期）。长篇小说的第二部，我理应寄赠给他。

乌克兰文的译本，我想应当简单地签个名，送上书，比如，"赠给格·伊·彼得罗夫斯基①，致以共产主义的敬礼 尼·奥斯特洛夫斯基"。

以下同志，必须赠书：彼得罗夫斯基、安德列耶夫、扎通斯基②、

---

① 格利戈里·伊凡诺维奇·彼得罗夫斯基（1878—1958），苏联中央执委会、乌克兰中央执委会主席。

② 弗·普·扎通斯基，乌克兰教育人民委员。

科西奥尔①、波斯特舍夫②、潘科夫、特罗菲莫夫、利西岑，还有你提出的几个同志。哦，忘了，还有瓦休金斯基。总之，拿一摞书到中央委员会去分发吧。当然，不必从索契送去，而是由你代我签了名，让洛卓奇卡带到中央委员会去分发。俄文版的第二部，我将只送给你和利西岑〔缺损〕

新小说③的大致轮廓，我已有了构想，很快便可开始工作。目前则在学习再学习。研究古典文学遗产的精华。须知前行仰赖于提高，原地踏步意味死灭。如今人家不把我当作一名学徒，而当成半个作家来要求了，因此我得拼死拼活地学习。

有谁会认为我能无病无灾地寿终正寝呵。比方说，假如我此刻便无奈地意外长逝，那么无疑是死在了战斗岗位上，而并非带着残疾黯然离世。那样的话，我不应该再奢求什么了。彼佳，说说看，你想到过我会这样遽然离去吗？唉，好兄弟，你的这个朋友即使仅仅一只眼睛保存着视力，那么情况也会完全不同！

我的集体农庄，真遗憾，全体人员都在生病。生活被扰乱了。

彼得鲁什，来信说说尤罗米奇卡吧。〔缺损〕也许你打算带着小家伙来这儿歇上一阵，那千万要记住，你是我像亲属一样的好友，我家的门永远为你敞开。这是不言而喻的。只要确定如此，就来函详告吧。计划准能实现。〔缺损〕

今年夏季，我们等候拉娅来做客。

天气晴朗，丰沛的雨水已经有过几场，此处丰收自然在望了。库

---

① 斯·弗·科西奥尔，乌（共）布中央委员会书记。
② 帕维尔·彼得洛维奇·波斯特舍夫（1887—1939），苏联国务和党的活动家。
③ 新小说指《暴风雨中诞生的》。

班河一带也风调雨顺。有些地方，庄稼长得不是最好，但总的情形相当不错。望远镜送给尤罗米奇卡，你知道，我是用不着的。小男孩会感兴趣。

我们大家向你问候。

亲爱的朋友，写吧，哪怕只写明信片也好。现在正是出书的关键时刻啊。当初寄给乌克兰中央委员会的材料都已用过，他们如今不需要了。这些东西就留在我这儿存档吧。

紧紧、紧紧地握你的手。问候塔玛洛奇卡。第一本书出来，立刻寄给我，亲爱的朋友，我可等急啦。

你的尼·奥斯特洛夫斯基
1934 年 6 月 7 日
索契　胡桃大街 47 号

267. 给特罗菲莫夫

（1934年6月7日，索契）

亲爱的特罗菲莫夫同志：

　　焦急地久盼您那儿传来拙著出版的喜讯。这大概指日可待了。我再次要求您，除了样书外，卖给我五十册。书一出，请发电报，并立即寄出自购书。

　　紧紧握您的手。

　　致以共产主义的敬礼。

尼·奥斯特洛夫斯基
1934年6月7日
索契　胡桃大街47号

268. 给特罗菲莫夫

（1934年6月9日，索契）

亲爱的特罗菲莫夫同志：

刚接到诺维科夫的信——他是我的朋友和联络出版社的大使。他对我讲了你们将出一种多么精美的书。

我承认自己没奢望获得这么大、这么温暖的关注，拙著又被当成代表作品，向重要的纪念日献礼。诚挚地紧握您和您的助手们的手。

共青团领导问及与你们的关系如何，我回函说极好，好得无以复加。

今天收到您汇来的500卢布。在支付稿酬方面，您对我十分关照。我无须一再提出要求，便收到汇款。此种情形，在文学界颇为难得。

我将逐日盼着首批样书。

诺维科夫同志来信告知，您积极参与了解决一台打字机的问题——对我而言，这个问题是紧迫的。此事您若出力促成，我很感激。修改一些篇章时，打字机起的作用很大。

您的助手们进行了突击工作，请向他们转达谢忱。我愿意相信，荣幸地建立起来的联系不会出了书便中断。

现在有一点我心里已清楚了：青年近卫军出版社要出书，向作家代表大会献礼，但他们的速度太慢，被你们甩到后面去了。

他们的首批样书，我会从中取一册，热情地签了名寄上，您可自行判断，在这场出版竞赛中是谁获胜。

昨日得悉，书记处决定第三版即大众版印十万册，这是本应在1934年底问世的。

今天我在做波兰文版的增补工作。

当前我的主要精力用在学习上。大量阅读——研究古典文学遗产中一切精妙之处。同时，构想未来作品的大致轮廓。

我亲爱的朋友，祝您万事如意！

致以共产主义的敬礼！

尼·奥斯特洛夫斯基

1934 年 6 月 9 日

索契胡桃大街 47 号

269. 给芬克利什捷因

（1934年6月13日，索契）

我亲爱的米申卡：

报告新消息。昨天收到以下电报："祝贺你被接受为苏联作家协会会员。致礼。基尔松。"

与此同时，收到长篇小说第二部的头一本样书。16.5印张的原稿，缩成了10.5印张。解释是多余的。近日乌克兰要出一种精美的版本，作为对乌克兰共青团十五周年纪念日的献礼。绥拉菲莫维奇和马捷·扎尔卡允诺全力协助我在莫斯科争取分配到住所。

我睡着就梦见自己迁居莫斯科。健康状况还不错。我在工作、学习，大量阅读。咱们夏天什么时候会面？多写写自己的情况。亲爱的米申卡，我不止一次地写信给青年近卫军出版社，请他们除了送给作者的二十五册样书外，再卖给我七十五册。至少要这个数，否则不够分赠给朋友和组织。我请你打电话给出版社，问问何时可在他们那儿的配售处取到，你知道的，他们上次糊弄过我，销售一空了——跑吧，跑遍各家书店，像疯子似的搜索每一本书。

我们北高加索庄稼长势很好。常下点小雨，没什么可担心的。妈妈衷心问候你。

紧紧握你的手。

柯里亚

1934年6月13日

索契胡桃大街47号

270. 给诺维科夫

（1934年6月15日，索契）

亲爱的彼得鲁什：

刚接到你6月12日的信（明信片）。

我已收到特罗菲莫夫同志的来函。我给他发了份电报——姓是杜撰的，可更改。两个姓，苏姆斯基和奥利辛斯基，均系杜撰。当然，特罗菲莫夫同志考虑的是苏姆斯基——前教育人民委员、民族主义者，不过这只是姓的巧合。让特罗菲莫夫更换姓中的某个字母便毫无问题了。

刚接到长篇小说第二部的第一册样书。明天以保价包裹寄上，你转交给中央委员会的安德列耶夫吧。

接到了基尔松关于吸收进苏联作协的电报。

来信谈谈一切。

你的尼·奥斯特洛夫斯基
1934年6月15日
索契胡桃大街47号

271. 给芬克利什捷因

（1934年6月18日，索契）

亲爱的米申卡：

刚接到你的明信片。这儿答复你的问题。关于游击队，无论在本义或转义上，我都不是一名游击队员。

办妥此事，在索契我没办法。这必须有一场战斗的目击证人和其他事例。索契没有，到处找是困难的。因此，谈论游击队的事儿，目前没有意义。你说应该参加住房合作社，并交纳一份股金。行，是得这么做。只要股金并不大得惊人，那我会调动所有的积蓄，现有的和更多将会有的。目前，我能使用3500卢布。原本准备购置打字机。这有助于我修改作品。打字机可以和应当将来再买，而返回莫斯科对于我来说是紧迫之事。为了解决这个问题，我不惜一切代价。赴莫斯科的关键是争取住所。

给你马捷·扎尔卡同志的地址：莫斯科19区福尔马诺大街5号3楼19室（以前的纳肖金斯基巷），电话2-90-230。

扎尔卡是极好的同志，是红旗战士、族长、作家、"共产国际"人士、文学战线积极活动家，等等。他答应帮忙搞住所。你打电话给他，只要他在莫斯科，没离开，你就说明自己是我的朋友，请他谈谈这条战线的新情况。亲爱的米申卡，请你督促一下，让他们给我寄来长篇小说第二部的样书二十五册和自费购买的七十五册，共计一百册。你认为需要若干册，可从中取出，代我签了名，送交全俄中央执委会的同志们。夏季我们什么时候会面？或你要去别处吗？我曾函告，基尔松发来电报，通知我被吸收进了作家协会。

亲爱的朋友,我急迫地盼着你的信。向济莉娅问候。好兄弟,别生我的气。

紧紧握你的手。

当然,妈妈诚挚地向你问候。

你的柯里亚

272. 给绥拉菲莫维奇

(1934年6月18日,索契)

亲爱的亚历山大·绥拉菲莫维奇:

别来已有一月,但会面的记忆依然鲜活。大名也常见于报端,表明您没离开莫斯科。

怎么样?决定留到代表大会召开吗?

目前接到电报:"祝贺你被接受为苏联作家协会会员。致礼。基尔松。"这是我提前获得的褒奖。长篇小说的第二部,在乌克兰和莫斯科一出版,我就会寄上。盼您别忘了有兴致时评论几句。

向您的爱人问候。

紧紧握手。

尊敬您的尼古拉·奥斯特洛夫斯基

1934年6月18日

索契胡桃大街47号

273. 给诺维科夫

（1934 年 6 月 18 日，索契）

亲爱的彼得鲁什：

6 月 15 日寄给你包裹，是长篇小说第二部的底稿。今天早晨寄出自传。我不知道你要这些有什么用，不过，彼得鲁什，请记住，我绝不让自传放进乌克兰文本。我不允许莫斯科和克列巴诺夫以自传为前言，放入我的著作，因为我写自传，是为了布尔什维克的宣传，为了教育青少年，而并非广告。这一点，你预先告诉特罗菲莫夫。底片和明信片找到了，所以别担心。

盼来信。握手。

你的柯里亚

1934 年 6 月 18 日

274. 给诺维科夫

（1934年6月19日，索契）

亲爱的彼得鲁什：

今天刚从一封信中得悉，类似于去年的一次行动是你搞起来的。彼得鲁什，这又何必呢？我在十来封信里跟你说过，这类事情会对我产生什么样的影响，但爱我的你却再次使我感到苦恼。如果还不晚，停止行动吧。我请求，甚至恳求这样。彼得鲁什，你想象一下，中央委员会表示拒绝，我就仿佛挨一下耳光。这耳光挨得冤枉，因为不是我发起的，甚而其缘由也不清楚。我要求你，假如珍视我的友情，在这方面就连一步也别再跨了。彼得鲁什，我委实不需要这样。我现今的生活相当好，为什么要搅乱它呵。这封信你可得回复。我急着今天就寄出，因为发电报你可能不理解。赶紧答复我吧。

你的柯里亚

1934年6月19日

索契胡桃大街47号

275. 给丛刊《青年时代》责任秘书

（1934年6月21日，索契）

尊敬的同志：

一周前寄上了对波兰文版《钢铁是怎样炼成的》书稿的补充文字。

请您见告，拙著摩尔多瓦文版是否已出，并希寄来作者样书。

同时烦函告，丛刊的下一期何时出版，其中是否登出一篇关于《钢铁》的评论文章。

请转告出版社的共青团员，我并未接到他们的任何一封信。可别让他们以为我忘了他们，或者不愿意复函。

波兰文版的编辑对补充文字是否满意，亦请函告。

为什么他本人没来函详谈？

烦告尊姓大名，这儿的人都不清楚。

致以共产主义的敬礼！

尼·奥斯特洛夫斯基

1934年6月21日

索契　胡桃大街47号

276. 给利雅霍维奇

（1934年6月24日，索契）

洛卓奇卡：

刚接到来信。小姑娘，你想要我承认，是我把你给忘了，骄傲自大，等等。当然并非如此。我记性挺好，也根本演不了骄傲自大的角色。事情是这样的：要及早给朋友们复信，我缺少时间和精力。每天收到一大堆信，都写得认真，急着要求立刻回复，我却体力不支。所以，别说傻话了，这几年来，你大概已经从小孩子长成大姑娘了呀。

我把长篇小说第二部的第一册样书寄给了彼佳，要转给谢·安德列耶夫。如果中央委员会没迁往基辅，这书你去交给谢尔盖同志。

看来，你打算移居基辅这座城市，我回忆起来很愉快。我们有一些美好的岁月是在那儿度过的。长篇小说第二部第一、二、三章描写的就是基辅。

这里没什么特别的新消息。我被吸收进了苏联作协。近日会出乌克兰文版，大概是做得很精美的。莫斯科不久将出第三版。

只要得到住所，我想迁往莫斯科过冬。为了学习和进步，必须去莫斯科。何时拿到第二部的样书，我立即给你寄去。

拉娅打算8月来做客。卡佳身体不好，诊断为结核病，我想找个地方送她去"修理"一下。妈妈的健康状况同样糟糕。我会想方设法，安排她们进疗养院。父亲老态龙钟，几乎爬也爬不动了。只有卡秋莎蹦蹦跳跳，跟小山羊似的。瞧，我的环境没有形成一种动力。但这并不给人"哭天抹泪"的权利，因为生活就意味着披荆斩棘，奔向目标。

我在学习,广泛阅读。在研究古典文学遗产中的精华,因为不学习,不进步,就根本写不出比处女作更鲜亮、更有力的书来。

洛扎!我偶然听说,彼佳和我的一些党内朋友又向［乌克兰列宁共青团］中央委员会提出关于我的问题。我已给彼得去信,坚决反对这么做。我明明请求过,恳求过朋友们,让我安宁,让我静心工作。记住,我并非铁人,不妨想象一下,我得悉这些活动后心境如何。中央委员会的同志怎样看待这一切呢?何必如此?现今我的生活非常好,我的心愿已实现,由党的累赘重新变成一名战士。在我国的实际生活中,我找到了自己的位置。还要什么呢?朋友们何必做这么件事让我心烦意乱呢?虽然知道我不允许任何人这样做,却偏做,拿我生活中的一些琐事去麻烦中央委员会,而且带着那么一股韧劲儿,这种韧劲儿是大可用在更重要的工作上的。看来该就此打住了。

握你的手。

尼·奥斯特洛夫斯基
1934 年 6 月 24 日
索契胡桃大街 47 号

如果要我给你寄几张照片,多人的和绥拉菲莫维奇两个人的,那么请阿勃拉姆给我搞二十多张精致的明信片来。

我们大家问你好。

277. 给日吉廖娃

（1934年6月26日，索契）

亲爱的淑洛奇卡：

刚接到来信。一切尽知，我不生气。你正患病，我非常难过。对我们来说，患病是最糟糕、最伤脑筋的。

我这儿有什么新消息吗？

参加了苏联作协，现今这是件光荣的事情。当然，荣誉提前给了，往后得报答。我并未游手好闲。不！您，日吉廖娃同志，用不着气恼的。

我确实希望工作。没错儿，有时候受些干扰，可不能怪我。你说得对，我这儿经常有很多人来。有时累得不行，到清晨四点才入睡。这样是过头了。我重新查阅来客的身份，减掉人数的50%，可仍得为他们花费一半时间。我再减掉50%。每一个小时，在我心目中都是宝贵的。

我顽强地学习，广泛阅读，准备写长篇。健康正犹如冰雪般迅速消融，这种时候，侃大山，吹牛皮，简直等于犯罪。虽然心内稍觉不安，我依然让母亲别放我无意接待的人进来。他们成群结队，我却是独自一人。

最近几天内，我会寄上长篇小说的第二部。

不久前才得知，我在哈尔科夫的党内朋友们开展了第二次行动。在接到你来信的同时，我获悉中央委员会表示同意和采取措施的消息。淑拉，我给自己所有的乌克兰朋友发出言辞激烈的信件，恶狠狠地责骂，凶巴巴地劝他们让我安宁，让我静心工作。然而，昨天接到两个部门的决定的复印件，等等。总之，大家都忽视我的想法，自行其是。

坦率地说，面对包括你在内的朋友们，我感到惭愧。这一切是为了什么呢？难道获得一份奖状或一枚勋章，人就变得优秀些、聪明些？

不谈这些了，心里别扭。

8月1日，拉娅要来做客。

我要回莫斯科过冬。为了学习，必须如此。只要给个住所，我就去。

索契正到处大兴土木。据说，木料大量堆积，要到海边去也不行。

妈妈生病，我在考虑近日送她进疗养院。卡佳初步查出了结核病。我给她们两个办疗养证，让她们这辈子也至少疗养一回吧。

潘科夫没有信来，我正设法联络。

莫斯科7月间将出精美的第二版，届时一定寄上。年底出第三版——大众版，十万册。

真想打日吉廖夫的嘴巴。原谅我用词粗俗，这家伙是卑鄙小人，令人想起丘曼德林①的《昔日英雄》。

此处也多雨，不过暖和。边区的庄稼长势良好。有过一点旱情。

非常无奈，但我的确只到院子里去过一次，以后去户外的次数会多一些。

关于电影，我正在了解情况，有新消息就函告。看样子，我们见不了面。唉……

大家向你问候。

你的柯里亚
1934年6月26日
索契　胡桃大街47号

---

① 丘曼德林（1905—1940），俄罗斯作家，1930—1931年曾任《列宁格勒》杂志编辑，著有长篇小说《昔日英雄》。

278. 给芬克利什捷因

（1934 年 7 月 1 日，索契）

亲爱的米申卡：

怎么得不到你的消息？我这儿没有特别的新情况。在基辅，7 月 11 日，乌克兰共青团中央要召开代表大会，庆祝成立十五周年。那时候就有新闻了。

6 月 8 日，青年近卫军出版社寄来了一册书——长篇小说的第二部，仿佛给信号似的，但其余的作者样书和自购书没有寄来。编辑史蓬特说，第二版（两部合一的）已经发稿，7 月面世。当然，轻信不得，但 8 月间或许会出来。史蓬特答应 7 月来我这里。

我很有兴趣详细些了解莫斯科的住房现状，你允诺函告的。米申卡，请你探问住房问题，大概得汇些钱给你，用于某些部门吧？可来信告知。

我这"集体农庄"，所有人员都在患病。父亲老迈，步履蹒跚，妈妈和二姐需要尽快入住疗养院治病。卡佳所患的很像某种结核病，妈妈是心脏代谢失调。索契的物价高得让人承受不了。"集体农庄"的开支，6 月份达到 1200 卢布。情况如此，任何中央委员会也喂不饱我们。这还是在我食欲不振，几乎整月没吃什么的情况下的开支。

"集体农庄"内，所有这些"病症"夺去我许多精力和其他东西。你也知道，进行创作需要"心神安宁"。正因如此，我目前什么也写不出。目前在学习学习再学习。8 月 1 日，拉娅会从莫斯科来我们这儿做客。

米申卡，你给出版社打电话，探问一下，长篇小说第二部尚未寄给我的书，是应由谁负责寄发的。

亲爱的朋友，盼来信，写得多些，写所有的人，所有的事。

问候玛莲卡娅。

你的柯里亚

1934 年 7 月 1 日

索契　胡桃大街 47 号

当然，妈妈关切地问你好，向你表示最美好的祝愿。老人家养着一只母兔和九只幼兔，可凶猛的大老鼠咬过十只小东西。

279. 给诺维科娃

（1934年7月4日，索契）

亲爱的塔玛拉同志：

6月22日，我按你们给的住址汇去300卢布，并发出告知汇钱的电报。收到请确认一下。然后，我请您，亲爱的塔玛拉，盯住彼得，别让他以任何借口把这些钱退回给我。我汇出的钱，仅仅是应当还给彼得的一小部分。至于我欠下的、非物质的情分，这里就不说了。我坚信，今后自己会逐渐偿还这份人情。在最艰难的岁月里，我健康崩溃，落下终生残疾，丢失工作，离开斗争，靠着每月33卢布，和妈妈一起度日。当时，彼得鲁什，我忠实的朋友，不止一次把自己所剩不多的钱寄给我。因此，塔玛拉同志，汇上的钱绝对不要退回；倘若彼佳试图这样做，那么请您让他明白，这会使我感到委屈和伤心。

我每天等着一个包裹——乌克兰文版的长篇小说，但尚未收到，俄文版的第二部也没收到①。何时书来了，会立即寄给你们。我有兴趣知道：彼佳是亲手把一册书交给安德列耶夫，还是通过某个工作人员转交？

祝万事如意。紧握您的手。

尼·奥斯特洛夫斯基
1934年7月4日
索契胡桃大街47号

---

① 确切些说，应是刚收到一册。

280. 给特罗菲莫夫

（1934年7月7日，索契）

亲爱的特罗菲莫夫同志：

刚才接到您汇来的500卢布和通知的电报。每天邮递员来时，我都希望收到乌克兰文版的书，期限越接近，心情越急切。很想知道以下几点：

1. 书是否已经出版？
2. 是否将分赠乌克兰列宁共青团中央召开的庆祝大会的代表们？
3. 除了作者样书，将卖给我五十册吧？
4. 你们将留在哈尔科夫还是迁往基辅？
5. 关于拙著乌克兰文版于1935年出第二版——廉价的大众版的可能性，您能不能谈点什么？

请您就此事见告您个人的想法。亲爱的同志，请记住我正十分焦急地等着书，并请一拿到便立即寄来。所有的问题。盼您迅速明示。这就提笔吧，否则会务缠身，耽搁下去，一天又一天，抽不出时间，我却每天激动不安。我已被接受为苏联作协会员。

近日将出拙著的波兰文版。从青年近卫军出版社编辑史蓬特同志的来函可以看出，莫斯科认真决定，要与你们比一比出版物的质量。他们是两部合并，多插图，硬封皮。青年近卫军出版社准备把此书作为对作家代表大会的献礼。我无意说恭维话，只是不知怎么的，总相信这次乌克兰会在质量和装帧方面胜过莫斯科，如同在出版日期方面一样。

俄文版的第二部，我也会寄一册给您。已收到第一册样书，不过应安德列耶夫同志的要求，先转寄给他。在中央委员会迁往基辅之前，他会收到的。

向聂发赫同志①致意。

紧紧地握您的手。致以共产主义的敬礼！

尼·奥斯特洛夫斯基

1934年7月7日

索契　胡桃大街47号

----

① 聂发赫·伊里亚·叶夫谢耶维奇（1903—?），乌克兰列宁共青团中央委员会青年布尔什维克出版社社长。

281. 给特罗菲莫夫

（1934年7月16日，索契）

亲爱的特罗菲莫夫同志：

一天又一天，我等着大札和书。但一天天过去，无信无书。我在上一封信里向您提出一连串的问题。此信收到了吧？

请立刻回函。最主要的是，在乌克兰列宁共青团中央委员会召开大会之前，该书可以出版吗？

您该理解我的急迫心情，并请立即函复。

紧握您的手。

致以共产主义的敬礼。

尼·奥斯特洛夫斯基

P. S. 请读一下《青年近卫军》杂志上尼吉丁的文章《英雄的诞生》，还有同一杂志"语言争鸣"栏内的拙文①。

---

① 指《争取语言的纯洁》一文。

282. 给特罗菲莫夫

（1934 年 7 月 21 日，索契）

亲爱的特罗菲莫夫同志：

　　昨天收到两册最初的样书和尊函。两者都令我欢欣鼓舞。我的朋友们全说，书做得很精致，画家格鲁霍夫的画作相当成功。共同的看法是他的插图与长篇小说俄文版第一部杰格佳廖夫的插图相比，艺术性要强得多。在技术上，书做得极好。我颇感满意。青年布尔什维克出版社令人钦佩地完成了任务。我再次请您向维什涅夫斯基①、格鲁霍夫和塔塔利诺夫②等所有为此书出力的同志们转达我的诚挚问候和深切谢忱。瓦拉夫和萨拉同志那儿，我会单独去信的。

　　几乎一整夜，在读这本给我听，编辑水平、翻译质量都非常好。我觉得乌克兰文的版本胜利了，因为书中人物以令人感到亲切的语言进行对话。比如说，乌克兰文和俄文版的书，二姐和我就更喜欢前者。这并不涉及什么民族偏见。我当然是举例说笑而已。

　　特罗菲莫夫同志，恳请您委托助手把出现在乌克兰报刊上的、评论拙著的文章转寄给我。我绝无可能发觉。我的秘书班子没有能念乌克兰文报刊的。

　　克拉耶夫斯基③是谁？我不认识他。

　　中央委员会知道我的地址吗？

---

　　①　维什涅夫斯基，乌克兰文《钢铁是怎样炼成的》1934 年第一版的编辑。
　　②　塔塔利诺夫，青年布尔什维克出版社的编辑。
　　③　克拉耶夫斯基，乌克兰列宁共青团中央委员会书记。

我要等其余的七十五册书。

《青年近卫军》杂志第六期上尼吉丁的文章《英雄的诞生》，您读过了吗？

我要再次表示，拙著的出版不应意味着我们合作关系的削弱，我们有关创作的联络不会中断。

紧紧地握您的手。

致以共产主义的敬礼。

尼·奥斯特洛夫斯基
1934 年 7 月 21 日
索契　胡桃大街 47 号

283. 给芬克利什捷因

（1934 年 7 月 24 日，索契）

亲爱的米申卡：

接到了你的电报。

住房问题目前毫无进展，可我一直梦寐以求。

乌克兰文版的首批样书已收到，书做得很精致。7 月 11 日，在基辅，此书分发给了乌克兰共青团中央庆祝成立纪念日大会的代表们。就在庆祝十五周年成立纪念日的当天，乌克兰列宁共青团中央做出决定，要向我颁发奖状，奖励我打字机一台，并"要求政府提高抚恤金"。

8 月 2 日，拉娅将来我们这里做客。

米申卡，说说看，今年你我能不能在索契会面？你的治疗计划、经济状况等等怎么样？——来信详告吧。

或许你会偶然置身于沃罗夫斯基大街，苏联作协的组织委员会就在那里的 52 号。人们祝贺我被吸收进了作协，可直到现在，会员证尚未寄来。

《青年近卫军》杂志第六期刊登尼吉丁的一篇书评；在"语言争鸣"[栏]内，则有我的文章。

天气晴朗，我整天在院子里度过。

莫斯科音讯全无，唯一的信息是你的电报。

米申卡，快来信，写写自己，写写大家。

暂时就说这些吧。

"集体农庄"存在着，但成员的健康让人担忧。我打算趁着尚未彻底断裂以前，修理一下链子。

钱有的，弄到一张疗养证却很难。有了新消息，我就函告。紧紧拥抱你和济莉娅。

        你们的至死不渝的 柯里亚
        1934 年 7 月 24 日 索契

全"集体农庄"向你问候。

284. 给特罗菲莫夫

（1934年7月25日，索契）

亲爱的特罗菲莫夫同志：

　　11日（纪念日）至今，已过去了不少天，但我仍未接到乌克兰列宁共青团中央委员会的信。恳请您协助。若您去基辅就好，要不然，可否转托朋友，让团中央的决定付诸实施。团中央的负责干部日理万机，我们的生活节奏又如此快速，有时会使他们顾不上关注机关决定的贯彻情况。我仅仅告诉您——去年机关就没有把中央委员会的一封节日贺信寄给我。中央委员会委托斯维尔德洛夫①和拉夫马奇洛夫两位同志办理此事，他们却压根儿忘了。我考虑到共产主义道德标准，未就此事提醒他们。倘若这回依旧如此，就太差劲了。我正在等候书的邮包。1934年7月20日，接到最初的样书；而1919年7月20日是我入团的日子。这自然是偶然的巧合，但令人十分愉快。朋友们全说，巧合得带劲儿，书也出得带劲儿，为了刺激一下，我寄了一册给青年近卫军出版社。"青近社"的文艺编辑列薇克卡·史蓬特曾来函表示，他们要把乌克兰"甩在后面"。虽然用词不太文雅，但口气咄咄逼人。让事实来证明他们的实力吧。不过，目前他们自己被"甩在后面"，而乌克兰方面，书已出版，而且非常精致。

　　致以共产主义的敬礼。

尼·奥斯特洛夫斯基

---

　　① 斯维尔德洛夫·鲍利斯·埃马乌罗维奇，乌克兰列宁共青团中央出版处主任。

285. 给卡拉瓦耶娃

（1934年7月，索契）

亲爱的安娜同志：

正等待着索尼娅从加格拉到来，我口授了这几行字。

我的新闻：7月11日，在基辅，乌克兰列宁共青团中央委员召开了庆祝共青团成立纪念日的大会。科萨列夫、别济曼斯基①、柯里佐夫，还有乌克兰共青团的大部分老干部都参加了。这个大会开得活跃，共青团的节日过得快乐。乌克兰列宁共青团中央的青年布尔什维克出版社安排在共青团成立纪念日之前，出版两部合一的、乌克兰文的《钢铁是怎样炼成的》。书做得非常精美。出席大会的五百名代表，每人获赠一册。

在共青团十五周年成立纪念日，乌克兰列宁共青团中央曾做出决定：向我发一封节日贺信，即以美好的言辞让我回顾自身的经历。

前天，乌特金②来过我这儿。我的朋友们以游击队的方式把他拖来。他在索契三年，没想到来看看我。可惜这次会面时间短促。约瑟夫朗读了自己的新诗。

坦率地说，每次和一位新结识的作家交谈，都为我揭开作家生活的种种内情，而且并未由此产生任何欢欣之感。隐秘的小团体，确切些讲，是依然存在着小团体的残余作风——总想彼此炮蹾子。没有布尔什维克的友谊和团结，没有独到的、公正的评论。我光是听着，确实不了解真相究竟如何，但沉重的不快之感挥之不去。这像什么样子？

---

① 别济曼斯基（1898—1973），著名诗人。
② 约瑟夫·乌特金（1903—1944），著名诗人。

全是党员，在同一条战线上工作，竟然如此不负责任地互相诋毁、仇视。一位作家谈论另一位作家的优点，那会令人欣喜，然而听到得更多的，是某某这样下流无耻，某某那么溜须拍马，或者此人酒囊饭袋而已，那人只晓得往上爬。我想自己不会掉入作家之间钩心斗角的泥坑，因为它扼杀创作思想，损毁共产党人的品格。

安娜同志！我再次带着可能令人厌烦的固执劲儿告诉你，我必须返回莫斯科。对我而言，这是肯定的。莫斯科意味着进步和学习。而在此地，连必需的书籍也没办法找到。不管怎样，哪怕住地下室，只要能和你们会面、交流、沟通，并随时修正错误就好。这个问题确实关系到我的文学前途。因此我会力争返回莫斯科。很多人对我允诺过，但是一年过去了，没有谁明确地说，入冬之前我能不能分配到住房。绥拉菲莫维奇、基尔松、马捷等同志都答应出力协助，可是解决住房问题没有成功。当然，他们之间看法也不尽一致。

请你在代表大会期间和基尔松谈谈，了解一下我可有希望返回。

如果没有希望，那我只好走极端——写封信给斯大林，并求我的朋友——"党内的老人"，见到领袖时，转达我的要求，即在莫斯科获得十个平方。有此需要的不是我，我住在哪儿都无所谓——有此需要的是一个作者，他的头一本书为莫斯科所认可，因而他需要在那里居住。我将等候你的信。你在代表大会之后写吧。记住，我盼着复函，心情焦灼不安。

紧紧握手。

敬重你的尼·奥斯特洛夫斯基

索契　胡桃大街47号

286. 给普济列夫斯基

（1934年8月1日，索契）

得知你要来索契①。若途经基辅，或去基辅公干，那么我有要事相烦。你跑一趟乌克兰列宁共青团中央委员会，找书记安德列耶夫，或者找他的助手拉夫马奇洛夫和斯维尔德洛夫，帮我做件事。7月11日，乌克兰列宁共青团成立纪念日，团中央做出决定：

1. 以团中央的名义向我发出贺信；
2. 奖励我一台打字机。

这样，你探问一下，给我的信和物品是否已寄出，倘若没有，那就领取了，为我捎来，让我真正得到这份贵重的礼物。

不少日子过去了，但我并未收到信和物品。安德列耶夫同志日理万机，他的办事班子可能忘记了。打字机应该已经交给克拉耶夫斯基同志（我不知道他是谁）。关于团中央做出决定的事儿，是青年布尔什维克出版社的编辑特罗菲莫夫同志写信告诉我的。因此，萨申卡，你如果到基辅，别忘了去一趟团中央。我记取不愉快的教训。去年在庆祝苏联列宁共青团成立的日子里，斯维尔德洛夫和拉史马奇洛夫同志就曾忘了发出给我的信。如果重蹈覆辙，那可不好。期盼着和你会面，紧紧地、紧紧地握手。

致以共产主义的敬礼。

尼·奥斯特洛夫斯基

---

① 原信前缺抬头，后无日期。

287. 给芬克利什捷因

（1934 年 8 月 11 日，索契）

米申卡：

一百册书收到。编辑史蓬特打算在作家代表大会之前出第二版。我特别感兴趣的是，你曾函告有人写信给你，建议入股住房合作社，或者去房屋分配处，以便使我能在莫斯科获得住所。立刻坐下来写信告知这是怎么回事吧，人家什么时候告诉你什么了？总之，详告有关争取住所的种种情况，好吗？

我常梦见自己返回莫斯科。那么多人允诺出力协助，但事情毫无进展。

今天我致函绥拉菲莫维奇，昨天是写给卡拉瓦耶娃，还将写给各个方面，因为我在此地度过秋冬是不可以的。此地连必要的书也得不到。秘书们文化程度低，而要写出真正有益的作品来，需要环境，需要行家。

你实话实说，详告情况，即使绝无希望，也要写清楚。我甚至有个初步设想：在某处的地下室、储藏室或档案馆内找块容身之地，躲在那儿，装个电炉，着手工作，给所有美丽的许诺画上最后的句号。

我如果身体健康，那么会把这一切置诸脑后。我要进工厂，当锅炉工，暖暖和和，高高兴兴，管他什么官僚作风，心中一片宁静。可现今，有时会骂一通。总而言之，米什卡，我需要住在莫斯科，而且一定会住在那里。这是肯定的，恰似至少需要再活三年，用来为共青团写成一本有益的书。万一毫无结果，万一十多个人都没能兑现诺言，那我就走极端，给领袖写封信，要求一位党的老同志转交到"当家人"手里。

立刻来函谈谈一切吧。谈谈谁以怎样的态度，以怎样的方式，说些什么。不要让我盼得焦心。这就动笔吧。

你的柯里亚

288. 给绥拉菲莫维奇

(1934年8月11日,索契)

亲爱的亚历山大·绥拉菲莫维奇:

寄上《钢铁是怎样炼成的》第二部,不知道您是否参加代表大会,我想会的吧,毕竟代表大会意义重大。

我在继续学习,等候着原定于作家代表大会举行前问世的第二版。7月11日,乌克兰共青团中央在基辅召开庆祝大会,出席的五百名代表分发到了我的书,乌克兰文版的,装帧精美。乌克兰共青团十五周年成立纪念日当天,中央委员会决定以美好的言辞向我表示祝贺,并寄赠纪念日的奖状及奖品。

数天前,乌特金曾来做客。

《青年近卫军》杂志第六期"语言争鸣"[栏]内,刊登了一篇拙文。我曾向您提到过,记得吧?我想就这篇短文跟您说几句。该文写成并寄出于我和您会面之前,即在您的一席话使我了解文学界的某些行动方式之前。我在文中写道,论争刚刚开始,但已经出现了一些失误,包括绥拉菲莫维奇的论述在内(我觉得这是您的文字,而且并非某个钻头觅缝的文学记者的采访记述)。同时,高尔基的文章和斯杰茨基①的讲话,很多人理解为是"掘墓人"的观点。我反对乌特金的圆滑,像个故步自封的诗人,等等。

亲爱的亚历山大·绥拉菲莫维奇,即使只有一分钟时间,你以为我是那伙用各种方法向您使劲地尥蹶子的人之一,那我也会十分憋闷。

---

① 斯杰茨基,联共(布)中央委员会宣传鼓动处主任。这里指1934年3月他在苏联作协组织委员会第三次会议上的发言。

我仅仅是接受一些表面纯朴的东西，对每一句话都信以为真，可大量震耳欲聋的词语，一经检验，原来不过是最蒙人的谎言和宗派主义的货色而已。

秋日临近。我要在秋季返回莫斯科，即在那儿得到住所的愿望，至今仍然是个愿望。许多人写信给我，言辞美好，做出允诺，让我相信，可到目前为止，这一切仍是纸上谈兵。我呢，清晰地意识到，去莫斯科不只是我的心愿，而且是学习和进步的必须。

亲爱的亚历山大·绥拉菲莫维奇，我知道，您为了让我能在文学战线上发起进攻，而不至于在多雨的索契萎靡不振，已经不遗余力，做了一切。

紧握您的手。

致以共产主义的敬礼。

尼·奥斯特洛夫斯基

8月11日

索契　胡桃大街47号

289. 给特罗菲莫夫

（1934年8月16日，索契）

亲爱的特罗菲莫夫同志：

刚接到8月11日的尊函。索契邮政部门的工作混乱不堪，您的信13日到索契，而我接到已是16日了。

亲爱的特罗菲莫夫，您在信上让我把安德列耶夫同志的一封信的复印件寄给您，但我并未接到他的信。我十分担心，这封信被邮局弄得去向不明。您知道安德列耶夫同志已经寄出了给我的信吗？还是不妨再等一些天？只要您确知此信早已寄出，那么请给我发个电报，我要请求国家政治保安局追查此信，并设法在堆积如山的邮件中找出丢失的证明文件。总之，邮局无数次地使我不愉快。有时，弄丢的书信、稿件等等对我而言是极重要的。

如此，我吃不准，乌克兰文版的拙著，您是否已把其余的册数寄给我了，反正我是没有收到。一天又一天，我在等候。您的这封信，和安德列耶夫关于书的谈话，［乌克兰列宁共青团］中央的决定，都让我感到许多快乐。就是说，活着有了理由。在我们这个时代，连黑夜也变成明丽的清晨。我从未奢望过像如今已获得的这种幸福。这是个驳不倒的实例，一个人在如此艰苦的条件可以奋斗，可以工作，而置身于资本主义世界，在类似的条件下，会孤苦无告而死去。

多多麻烦您，请寄给我有论文、有书评的《乌克兰共青团员报》。我订阅了，但他们没寄来。

8月底，青年近卫军出版社的编辑史蓬特要从莫斯科来我这儿，商谈今后的工作。俄文的第二版应在作家代表大会召开之前出版，然而，看样子会超过期限。青年近卫军出版社要出硬封皮的，两部合一。

高尔基转告青年近卫军出版社的几句话，是对拙著的令人感到温暖的评说。他应允代表大会以后在《真理报》上写篇文章。何时接到他的评论文章，我将立即把复印件给您寄去；还有安德列耶夫同志来信的复印件，同样会一接到就寄上。有人函告，布哈林同志对此书也说过话，语气是肯定的。国家儿童读物出版社社长塞马史柯同志也以同样的语气评说，当时他正谈论如何为儿童改编此书。

当然，特罗菲莫夫同志，我和青年布尔什维克出版社决不会中断创作方面的联系。我还将创作，要写第二本书，描述年轻人，描述我国的新人。我非常了解他们。故事依旧发生在乌克兰——在我的故乡，我曾徒步走遍它的东西南北。我写自己印象深刻的东西，激动人心的、召唤为我们的事业战斗的，然而是在另一种情节里，在另一种构架内。我有许多工作的设想，相信甚至觉得有责任至少再活三年，为青年男女再写成一两本他们感到亲切的书。这挺难，对我而言，尤其难，正因如此，我孜孜不倦，努力工作，准备资料，勾勒轮廓。在开始创作前，大量阅读的同时，加强钻研，多做准备。所谓进步，意味着不断前行。在我的心目中，第二本书的质量是事关名声的，我将顽强地工作，怀着热爱，把自己十五年来受党教育的感悟全部倾注其中。处女作的大成功不可能使我晕头转向，因为我并不是太幼稚的小青年，而是一个布尔什维克，知道本人的处女作的大成功不可能使自己晕头转向，知道本人的处女作与完美的距离、与真正大师的距离有多么远。只要觉得合适，我会签署您寄来的、写明任何条件的任何合同。只有在大众版问世以后，年轻读者才会熟悉一种著作。如果您函告，本书廉价的大众版，青年布尔什维克出版社在1935年内出版，那么我听起来，这将是一大喜讯。

在结束此信之前，我要说接到尊函，便有一种深深的满足感，这是您能察觉的。我们素未谋面,然而在我心中,特罗菲莫夫成了可亲可敬的党内同志。这和原领导层的做派大相径庭。

紧紧握您的手。

致以共产主义的敬礼!

尼·奥斯特洛夫斯基
1934 年 8 月 16 日
索契　胡桃大街 47 号

P. S. 寄上俄文版的第二部。盼指点一下,怎样托运打字机?目前,我正非常非常需要。〔团〕中央会直接寄来,还是让基辅的某个同志办理?

莫斯科刚寄来摩尔多瓦文版的书。最近几天内,我在等候波兰文版的。

盼着您的电报或信件。

290. 给利雅霍维奇

（1934年8月19日，索契）

洛卓奇卡：

刚收到斯维尔德洛夫、安德列耶夫和你的信，全都好极了。青年布尔什维克出版社总编辑特罗菲莫夫同志在信中告诉我，前些天他在基辅，和安德列耶夫同志谈了我的书，谈了我这个人。安德列耶夫说，他写信给各级组织，要求大家研读长篇小说。太好了。安德列耶夫说，打字机由［团］中央机关提供，我只要领取即可。但我不清楚这件事该怎么着手。我有个基辅朋友普塔辛斯基，供职于国家政治保安局，但他并未答应我的要求，去一趟［团］中央。而打字机目前极其需要。我近日开始工作。

或许你能想个什么法子，把打字机搬到索契。关于在索契报户口的事儿，好像一般是报个临时户口。如果你去社会赡养人民委员部，那么告诉他们，我已经被确定由俄罗斯联邦人民委员会提供个人特别抚恤金，每月120卢布。问题不在于确认为个人特别抚恤金，而在于提高了金额。我只拜托你一件事情——尽可能在最近把打字机运到索契来，倘使这得花一笔钱，我会立即汇给你的。安德列耶夫的信很亲切，很好。

就这样，洛卓奇卡，你想方设法，动用在中央委员会内的同志关系，务必把打字机于近日运到索契。今天我给你寄去一本书。

拉娅走了。我身旁的人都患病。你劲头十足。我给彼佳写信寄书。来信吧。聊聊自己的打算，说说社会赡养人民委员部的人对你讲什么，等等。

握手。致以共产主义的敬礼。

尼·奥斯特洛夫斯基
1934 年 8 月 19 日

P. S. 以后,在社会赡养人民委员部的信函和所有证明文件的复印件,等他们不再需要时,你寄给我。带照片儿的明信片和底片没收到。

291. 给特罗菲莫夫

（1934年8月20日，索契）

亲爱的特罗菲莫夫同志：

刚接到安德列耶夫同志的信，还有乌克兰列宁共青团中央所做决定的复印件。安德列耶夫同志的信，我遵嘱寄上复印件。如果您要刊登出来，我想这必须征得谢尔盖同志的同意，以免使他处于被动的位置。这些事情，您觉得怎样妥贴，就自行决定好了。至今未收到乌克兰文的译本。我信不过邮局，工作混乱到极点，我为自己觉得珍贵的书担忧。请函告那些书是什么时候寄给我的。急切地请寄给我刊有重要文章的那期《乌克兰共青团员报》，还有刊登第二篇长文的另一期何时出版，同样也请寄来。俄文的第二版要到9月才面世。缺乏好纸。

寄上第二部。您给指点一下，我怎样领取非常需要的打字机。400卢布收到。会写信的。说您对我不关怀，那可是昧着良心说瞎话了。紧紧握手。

尼·奥斯特洛夫斯基

292. 给吉贝茨

(1934年8月21日,索契)

亲爱的吉贝茨同志:

刚接到大札。您问我是否反对译成鞑靼文、楚瓦什文以及苏联其他一些少数民族的文字。您说,哪个作者会对此表示反对呢?尊函带给我很大的满足感。

昨天接到乌克兰共青团中央书记安德列耶夫同志的来信,同样充溢着温暖和布尔什维克的关切之情。乌克兰所有的共青团组织,包括所有的小组、支部、团委,开始研读译成乌克兰文的长篇小说。凡是主要的工厂——哈尔科夫拖拉机厂、哈尔科夫轴承厂,基辅的"布尔什维克"、尼克拉耶夫造船厂,大家都在阅读、讨论这部作品。他们的重视令人激动。我承认,自己没有料到拙著会获得年轻人如此的喜爱。

今晚,索契的[团]委扩大会议在我这儿召开,准备迎接乌克兰团际青年节。当地的团组织也已开始研读长篇小说。

吉贝茨同志,我收到两册摩尔多瓦文的书,您曾答应给五册,我要求至少自购十册。索契有座少数民族图书馆,其中摩尔多瓦族读者为数不少。如果不能卖,那么请再寄三册总可以吧。

波兰文的我要求自购二十册。我和二姐会讲波兰语,能够读译本。我有许多朋友是波兰的布尔什维克,他们拿到本民族文字的书,必将很高兴。

民族出版社介绍我的书,我要向他们表示共产党人的深切谢意。

紧握你的手。我等候着波兰文的二十册、摩尔多瓦文的若干册。

书款可立即汇上,也可从俄文版的稿酬中扣除。反正你们是同一个财务处。

　　致以共产主义的敬礼。

尼·奥斯特洛夫斯基
1934 年 8 月 21 日
索契　胡桃大街 47 号

293. 给阿列克谢耶娃

（1934 年 8 月 25 日，索契）

亲爱的加洛奇卡：

今天卡佳去奥德萨，再从那儿前往基辅。

你久盼的第二本书，她会转交给你。书中有一些文字，是关于我的朋友、保尔的秘书加利娅·阿列克谢耶娃的。

我的情形，卡佳会一一详告，因此这封信是简短的。

为了冬季返回莫斯科，正在竭尽全力，但一切要由中央委员会决定。

或许，咱们冬季能会面。我们没有忘记你。

妈妈向你问好。小姑娘，休息一阵，养精蓄锐。淘气好了，但别过头。

握你的小手。

尼古拉

1934 年 8 月 25 日

索契市

294. 给特罗菲莫夫

(1934年8月27日,索契)

亲爱的特罗菲莫夫同志:

刚为我念了您1934年8月23日的来信。我打心眼儿里高兴和您会面。快来吧!

住所和其他方面,我这儿都挺好。住房就在院子里,目前我整天待在院子里。我们可以畅谈一切。来吧,趁着风和日丽、秋高气爽,到深秋这儿便不吸引人了。重复一遍,我打心眼儿里高兴和您会面,您是我尚未谋面的党内朋友。安德列耶夫同志的信,我接到就寄上复印件。国家政治保安局在堆积如山的信函中找出的。

乌克兰文的书,仍然没收到,我焦急地等候着。8月21日接到乌克兰列宁共青团中央的电报,问我:"寄什么好?疗养证还是一笔钱?"我回复了。基辅来函告诉我,安德列耶夫下了硬性指令,要求全面贯彻团中央的所有决定。

1934年8月24日,我姐姐去了基辅,她将运回打字机。

有几期《乌克兰共青团员报》,刊载着评论拙著的文章,我非常感兴趣。

8月14日,我挂号寄上俄文版的第二部。收到了吧?

请一定函告,何时可等到您。来吧,特罗菲莫夫同志,让我们彼此握手,商谈今后的友好合作。

致以共产主义的敬礼!

尼·奥斯特洛夫斯基
1934年8月27日
索契胡桃大街47号

295. 给卡拉瓦耶娃

（1934年8月29日，索契）

亲爱的安娜同志：

刚为我念了你的信。犹如阳光，晒得人暖洋洋的。你要让我迁往莫斯科的希望和努力，但愿能够成功。至于落空，我简直想也不愿意想。多少好心人承当此事，怎能不成功！

紧紧握你的手，我的好同志卡拉瓦耶娃。

敬重你的 尼·奥斯特洛夫斯基

1934年8月29日

索契胡桃大街47号

P. S. 在乌克兰，共青团中央做出决定，所有的小组、支部，所有的学校，都研读《钢铁是怎样炼成的》。我承认，自己没料到这一点。每篇发言①我都读了。我心驰神往，和你们在一起。人生在世，这已是多大的幸福呵！

---

① 指苏联作家代表大会上代表们的发言稿（这个大会于1934年8月17日至9月1日在莫斯科举行）。

296. 给芬克利什捷因

（1934 年 8 月 29 日，索契）

亲爱的米申卡：

　　刚接到两封信——你的和卡拉瓦耶娃的。她写道，共青团中央明确提出，从莫斯科市劳动者代表苏维埃的储备房屋中调拨一处给我。在代表大会上，她遇见柯萨列夫和萨尔塔诺夫，商定将做好必须做的一切工作。30 日大会闭幕后，安娜同志会毅然决然做最后的努力。她在信上表示，即使得不到一整幢住宅，那么争取一两间屋子也是好的。我抱着希望。因为我不能不抱着希望，因为我极想去莫斯科，那儿有朋友们，那儿具备良好的学习氛围，那儿可以进行创造性的劳动。米史卡，别气馁。如今是苏维埃政权，只要我们为它而生活，为它而奋斗，那么它将永远存在。

你的柯里亚

　　非常非常希望在这里——在我家里看到你。我家的门永远为你敞开，无论白天黑夜。只要你得到假期，哪怕仅仅半个月，也来吧。

　　卡佳 25 日去了基辅，乌克兰［团］中央让她前去，代我领取打字机、疗养证和其他物件，1934 年 9 月 5 日返回。近日，乌克兰的青年布尔什维克出版社总编辑特罗菲莫夫来我这儿，商讨彼此今后的合作问题。9 月间，青年近卫军出版社编辑史蓬特要来，目的相同。10 月 1 日，费杰尼奥夫到本市治病。

　　暂且就写到这里。我会再写信的。

　　我和妈妈向玛莲卡娅和你问好。

你的柯里亚

297. 给索尔达托夫[1]

（1934年9月1日，索契）

亲爱的托利亚：

我简括地汇报。基尔松、阿菲诺盖诺夫[2]、卡拉瓦耶娃去了莫斯科。这些同志都郑重允诺，要竭尽全力，甚至付出超常的能量，为我争取住宅。他们说，要让所有强大的杠杆发挥作用。

为了绝对避免失败，基尔松去找了卡冈诺维奇[3]。他们全是苏联作家协会成员，万不得已就动用文学基金购房。总之，整个战线发起进攻。

米哈依尔·柯里佐夫和妻子刚刚离开我这儿。他表示："在这件事情上，我能帮助同志。"他口气坚决地说："你会有住所的，而且会在近期内迁往莫斯科。"

亲爱的朋友，看来有整整一支布尔什维克小分队在抓这件事情，如今我也相信能够胜利。由此得出结论：必须继续等待，直至愿望变成现实。

托利亚，非常可能你暂时不会成功。朋友，没关系的。安排好手头的工作，到索契来吧。一切都会顺利解决。

---

[1] 索尔达托夫·安纳托利·达尼洛维奇（托利亚、托柳史卡、托柳沙），尼·奥斯特洛夫斯基的朋友，1934年相识于索契的文学小组。当时，索尔达托夫在黑海地区水利建筑工地任总工程师。

[2] 阿·尼·阿菲诺盖诺夫（1904—1941），俄罗斯苏维埃剧作家，1922年入党的苏共党员，俄罗斯无产阶级作家协会领导成员。

[3] 卡冈诺维奇，1934—1952年任联共（布）中央政治局委员，1934—1935年任联共（布）莫斯科市委第一书记。

你的信我收到了,很高兴你的事情已安排妥贴。

紧紧握手。

你的柯里亚

P. S. 你来时,一切会谈妥。等着你。若有必要,发个电报吧。我的"集体农庄"全体成员衷心问候。

祝你阖家安康。小伙子们焦急地等待着老爷子。

298. 给利雅霍维奇

（1934年9月5日，索契）

洛扎：

刚接到来函。卡佳8月25日去了基辅，明天返回。

遗憾，洛扎，索契不可能买到疗养证之类。书我明天寄出。

我曾把证明文件寄给社会赡养人民委员部，地址写的是工业馆；人民委员部却已迁走，好像找不到了。

我身旁的亲属都在生病。本人身体健康。

握手。

柯里亚

299. 给罗德金娜

（1934年9月8日，索契）

亲爱的瓦纽沙和玛尼娅：

卡佳6日从基辅回来了。打字机很好，只是年轻的朋友们仓促中忘了放进线轴和纸带。现在我让他们分头到处寻找。十分感谢玛尼娅出了大力。有些人在传说：玛尼娅和我发生"龃龉"，可明明那些都过去了。我一接到乌克兰文版的书，就会寄上。你们什么时候迁居，请函告新址。紧紧地握你们的手。

你们的柯里亚

1934年9月8日

索契胡桃大街47号

穆霞，你搬家前如果有空，就去一趟乌克兰社会赡养人民委员部，找一下个人特别抚恤金评定处的秘书木哈同志。这位同志的姓挺怪①。木哈曾代表乌克兰社会保障人民委员部来函，向我索取证明文件，以便核实受赡养者的人数、健康状况之类。信发自哈尔科夫，发自工业馆。凡是要求提供的证明文件，我都按照哈尔科夫的地址寄给木哈同志了。不过，前一段时间，社会保障人民委员部已迁往基辅。你大概知道的。[团]中央要求社会赡养人民委员部把我的个人特别抚恤金由120卢布提高到200卢布。这么着，社会保障人民委员部便需要这些证明文件。我担心证明文件在哈尔科夫弄丢了。若能抽时间，你去

---

① 木哈有苍蝇的意思。

探问一下，木哈是否收到过。但是，玛尼娅，除非你有空，否则这事儿并不是非办不可的。为了通气，我告诉你：读一下 1934 年第六期的《青年近卫军》杂志吧。有一篇尼吉丁的文章《英雄的诞生》，评论我的小说；然后是 8 月 22 日和 9 月 1 日的《共青团真理报》，有柯洛索夫的文章《我的同龄人》。

300. 给芬克利什捷因夫妇

（1934年9月12日，索契）

亲爱的米沙、济莉娅：

卡佳头一次使用打字机，就是乌克兰［团］中央奖给我的那一台。当然，有打错字呀什么的情形，但机器是好的。

昨天收到马捷·扎尔卡的信。他说苏联列宁共青团要求莫斯科市劳动者代表苏维埃为我提供住所。卡拉瓦耶娃来的信也谈了这件事儿。看样子，［团］中央是做出了决定，但要得到住所，还遥遥无期。还必须打通房管部门或其他管理房屋并能决定我命运的机构内的官僚主义死胡同。可谁来打通这些死胡同呢？

这是一件艰辛的、大伤脑筋而难以收效的事情。职位不低的人通常是避而远之。他们没那么多时间；小老百姓呢，说话没人听，因为在莫斯科，房子是敏感的问题。

我非常担心这件事情会长期地悬而不决。返回莫斯科的幻想使我心神不宁。这方面你要我说什么？盼来信。你觉得我目前该怎么办？

9月1日，《共青团真理报》刊出马尔克·柯洛索夫的文章《我的同龄人》，你读一下吧，还有也登在这份报上的——8月22日的专题书目"当代英雄谱"。

记住，我在等你的信。

你的柯里亚

王志冲译尼古拉·奥斯特洛夫斯基全集

书信集（下）

［苏］尼古拉·奥斯特洛夫斯基　著

王志冲·译

图书在版编目（CIP）数据

尼古拉·奥斯特洛夫斯基书信集：全二册/（苏）尼古拉·奥斯特洛夫斯基著；王志冲译. --北京：华夏出版社，2017.7
（王志冲译尼古拉·奥斯特洛夫斯基全集）
ISBN 978-7-5080-8942-3

Ⅰ.①尼… Ⅱ.①尼…②王… Ⅲ.①奥斯特洛夫斯基（Ostrovsky, Nikolai Alexeevich 1904-1936）—书信集 Ⅳ.①K835.125.6

中国版本图书馆CIP数据核字（2016）第217385号

尼古拉·奥斯特洛夫斯基书信集（上、下）

作　　者	［苏］尼古拉·奥斯特洛夫斯基
译　　者	王志冲
责任编辑	刘　晨

目 录

301. 给扎尔卡（1934年9月16日，索契） …………… 1
302. 给日吉廖娃（1934年9月17日，索契） …………… 2
303. 给芬克利什捷因（1934年9月17日，索契） …………… 3
304. 给特罗菲莫夫（1934年9月20日，索契） …………… 5
305. 给斯杰西娜（1934年9月21日，索契） …………… 6
306. 给斯杰西娜（1934年10月5日，索契） …………… 7
307. 给特罗菲莫夫（1934年10月12日，索契） …………… 8
308. 给芬克利什捷因夫妇（1934年10月，索契） …………… 10
309. 给乌克兰列宁共青团舍佩托夫卡区委书记和委员们
   （1934年10月13日，索契） …………… 12
310. 给日吉廖娃（1934年10月13日，索契） …………… 14
311. 给马尔赫列夫斯卡娅（1934年10月17日，索契） …… 16
312. 给芬克利什捷因夫妇（1934年10月21日，索契） …… 17
313. 给索尔达托夫（1934年10月25日，索契） …………… 19
314. 给特罗菲莫夫（1934年10月27日，索契） …………… 21
315. 给特罗菲莫夫（1934年10月31日，索契） …………… 23
316. 给斯杰西娜（1934年11月1日，索契） …………… 24
317. 给芬克利什捷因（1934年11月1日，索契） …………… 25
318. 给卡拉瓦耶娃（1934年11月17日，索契） …………… 26
319. 给马尔赫列夫斯卡娅（1934年11月22日，索契） …… 28
320. 给普济列夫斯基（1934年11月23日，索契） …………… 30

321. 给日吉廖娃（1934年11月23日，索契） …… 31
322. 给史蓬特（1934年11月25日，索契） …… 33
323. 给特罗菲莫夫（1934年11月25日，索契） …… 35
324. 给索尔达托夫（1934年11月27日，索契） …… 36
325. 给罗德金娜（1934年12月1日，索契） …… 37
326. 给索尔达托夫（1934年12月3日，索契） …… 39
327. 给特罗菲莫夫（1934年12月4日，索契） …… 40
328. 给乌克兰列宁共青团舍佩托夫卡区委书记和委员们（1934年12月6日，索契） …… 41
329. 给诺维科夫（1934年12月10日，索契） …… 42
330. 给史蓬特（1934年12月13日，索契） …… 44
331. 给索尔达托夫（1934年12月16日，索契） …… 46
332. 给索尔达托夫（1934年12月25日，索契） …… 48
333. 给特罗菲莫夫（1934年12月27日，索契） …… 49
334. 给卡拉瓦耶娃（1935年1月1日，索契） …… 50
335. 给芬克利什捷因夫妇（1935年1月1日，索契） …… 52
336. 给扎尔卡（1935年1月14日，索契） …… 54
337. 给索尔达托夫（1935年1月15日，索契） …… 55
338. 给日吉廖娃（1935年1月16日，索契） …… 56
339. 给芬克利什捷因夫妇（1935年1月16日，索契） …… 57
340. 给德米特里耶娃（1935年1月16日，索契） …… 58
341. 给卡拉瓦耶娃（1935年1月17日，索契） …… 59
342. 给日吉廖娃（1935年2月2日，索契） …… 60
343. 给史蓬特（1935年2月8日，索契） …… 61
344. 给谢马史科（1935年2月8日，索契） …… 63
345. 给特罗菲莫夫（1935年2月8日，索契） …… 64

346. 给德米特里耶娃（1935年2月16日，索契）………… 66
347. 给特罗菲莫夫（1935年2月18日，索契）………… 68
348. 给特罗菲莫夫（1935年2月19日，索契）………… 69
349. 给波得加叶茨卡娅（1935年2月19日，索契）………… 71
350. 给哈尔倩科（1935年2月19日，索契）………… 72
351. 给索尔达托夫（1935年2月21日，索契）………… 74
352. 给史蓬特（1935年2月28日，索契）………… 76
353. 给乌克兰列宁共青团舍佩托夫卡区委书记
   （1935年2月28日，索契）………… 78
354. 给扎尔卡（1935年2月28日，索契）………… 80
355. 给利雅霍维奇（1935年2月28日，索契）………… 82
356. 给住房租赁合作社（第30所）
   （1935年3月8日，索契）………… 83
357. 给别列兹尼克制氨厂团委和共青团员
   （1935年3月13日，索契）………… 84
358. 给索尔达托夫夫妇（1935年3月13日，索契）………… 87
359. 给卡拉瓦耶娃（1935年3月17日，索契）………… 88
360. 给芬克利什捷因（1935年3月18日，索契）………… 89
361. 给诺维科夫（1935年3月20日，索契）………… 91
362. 给索尔达托夫（1935年3月20日，索契）………… 93
363. 给日吉廖娃（1935年3月22日，索契）………… 95
364. 给特罗菲莫夫（1935年3月28日，索契）………… 97
365. 给索尔达托夫夫妇（1935年3月30日，索契）………… 99
366. 给罗德金娜（1935年3—4月间，索契）………… 101
367. 给索尔达托夫（1935年4月2日，索契）………… 102
368. 给德米特里耶娃（1935年4月2日，索契）………… 104

369. 给日吉廖娃（1935年4月4日，索契） ………… 106
370. 给费杰尼奥夫（1935年4月5日，索契） ………… 107
371. 给芬克利什捷因夫妇（1935年4月5日，索契） …… 108
372. 给罗季奥诺夫（1935年4月5日，索契） ………… 109
373. 给索尔达托夫夫妇（1935年4月9日，索契） …… 110
374. 给卡拉瓦耶娃（1935年4月11日，索契） ………… 111
375. 给德米特利耶娃（1935年4月11日，索契） ……… 112
376. 给《布尔什维克真理报》编辑部
     （1935年4月14日，索契） ………………………… 113
377. 给索尔达托夫（1935年4月15日，索契） ………… 115
378. 给史蓬特（1935年4月16日，索契） ……………… 117
379. 给索尔达托夫（1935年4月19日，索契） ………… 119
380. 给季纳莫夫（1935年4月20日，索契） …………… 120
381. 给史蓬特和别列茨基夫妇
     （1935年4月20日，索契） ………………………… 122
382. 给阿夫古斯泰季斯（1935年4月20日，索契） …… 124
383. 给特罗菲莫夫（1935年4月23日，索契） ………… 126
384. 给芬克利什捷因夫妇（1935年4月26日，索契） … 128
385. 给索尔达托夫（1935年4月26日，索契） ………… 130
386. 给索尔达托夫（1935年4月28日，索契） ………… 131
387. 给卡拉瓦耶娃（1935年4月30日，索契） ………… 133
388. 给索尔达托娃（1935年4月，索契） ……………… 134
389. 给卡拉瓦耶娃（1935年5月2日，索契） ………… 135
390. 给特列古勃和史蓬特（1935年5月2日，索契） … 137
391. 给科列斯尼科夫（1935年5月3日，索契） ……… 138
392. 给高莉娜（1935年5月4日，索契） ……………… 139

393. 给卡拉瓦耶娃（1935年5月7日，索契）·············· 141
394. 给克龙加乌兹（1935年5月7日，索契）·············· 142
395. 给索尔达托夫（1935年5月9日，索契）·············· 143
396. 给《文学报》编辑部（1935年5月11日，索契）······ 145
397. 给布别金（1935年5月20日，索契）·················· 148
398. 给列戈茨基（1935年5月21日，索契）··············· 149
399. 给索尔达托夫（1935年5月23日，索契）············· 150
400. 给芬克利什捷因夫妇（1935年5月23日，索契）······ 152
401. 给斯杰西娜（1935年5月24日，索契）··············· 153
402. 给特罗菲莫夫（1935年5月25日，索契）············· 154
403. 给卡拉瓦耶娃（1935年5月25日，索契）············· 155
404. 给阿夫古斯泰季斯（1935年5月25日，索契）········· 157
405. 给卡拉瓦耶娃（1935年5月27日，索契）············· 158
406. 给马林斯基（1935年5月28日，索契）··············· 159
407. 给季纳莫夫（1935年5月29日，索契）··············· 160
408. 给高莉娜（1935年5月29日，索契）················· 161
409. 给卡拉瓦耶娃（1935年5月29日，索契）············· 163
410. 给日吉廖娃（1935年5月31日，索契）··············· 165
411. 给索尔达托夫（1935年6月3日，索契）·············· 166
412. 给索尔达托夫（1935年6月5日，索契）·············· 169
413. 给扎尔卡（1935年6月5日，索契）··················· 171
414. 给特罗菲莫夫（1935年6月19日，索契）············· 173
415. 给索尔达托夫（1935年6月20日，索契）············· 174
416. 给柯洛索夫和斯杰西娜（1935年6月22日，索契）··· 176
417. 给索尔达托夫（1935年6月25日，索契）············· 177
418. 给特罗菲莫夫（1935年6月25日，索契）············· 178

419. 给"共产国际"马哈奇卡拉厂的共青团员
 (1935年6月,索契) ························ 179
420. 给特罗菲莫夫(1935年7月2日,索契) ········ 180
421. 给索尔达托夫(1935年7月3日,索契) ········ 183
422. 给特罗菲莫夫(1935年7月20日,索契) ······· 184
423. 给特罗菲莫夫(1935年7月26日,索契) ······· 186
424. 给高莉娜(1935年7月28日,索契) ··········· 188
425. 给特罗菲莫夫(1935年7月29日,索契) ······· 190
426. 给卡拉瓦耶娃(1935年8月2日,索契) ········ 191
427. 给先琴柯(1935年8月3日,索契) ············ 193
428. 给特罗菲莫夫(1935年8月5日,索契) ········ 195
429. 给库德林(1935年8月7日,索契) ············ 197
430. 给先琴柯(1935年8月7日,索契) ············ 201
431. 给斯维尔德洛夫(1935年8月10日,索契) ····· 203
432. 给普济列夫斯基(1935年8月10日,索契) ····· 205
433. 给博戈莫列茨(1935年8月10日,索契) ······· 207
434. 给叶泽尔斯卡娅(1935年8月11日,索契) ····· 208
435. 给鞑靼国家出版社社长(1935年8月20日,索契) ··· 210
436. 给奥德萨电影制片厂剧本部主任
 (1935年8月23日,索契) ···················· 211
437. 给亚速—黑海图书出版社社长办公室
 (1935年8月23日,索契) ···················· 212
438. 给加利佩良(1935年8月26日,索契) ········· 213
439. 给特罗菲莫夫(1935年8月26日,索契) ······· 214
440. 给叶泽尔斯卡娅(1935年8月27日,索契) ····· 215
441. 给白俄罗斯国家出版社国际部主任

(1935年8月29日,索契) …………… 217
442. 给叶泽尔斯卡娅（1935年9月5日,索契）…………… 218
443. 给叶泽尔斯卡娅（1935年9月15日,索契）…………… 220
444. 给彼得洛夫斯基（1935年9月15日,索契）…………… 223
445. 给图列茨卡娅（1935年9月16日,索契）…………… 224
446. 给日吉廖娃（1935年9月17日,索契）…………… 225
447. 给叶泽尔斯卡娅（1935年9月18日,索契）…………… 227
448. 给纳科里亚科夫（1935年9月20日,索契）…………… 228
449. 给鞑靼国家出版社社长（1935年9月21日,索契）… 229
450. 给亚速—黑海图书出版社编辑室
    (1935年9月25日,索契) …………… 230
451. 给史蓬特和别列茨基夫妇
    (1935年9月26日,索契) …………… 232
452. 给苏联作家出版社社长（1935年9月28日,索契）… 234
453. 给斯大林（1935年10月2日,索契）…………… 235
454. 给彼得洛夫斯基（1935年10月2日,索契）…………… 236
455. 给诺维科夫（1935年10月7日,索契）…………… 237
456. 给《青年近卫军》杂志的读者
    (1935年10月7日,索契) …………… 238
457. 给叶泽尔斯卡娅（1935年10月9日,索契）…………… 239
458. 给别列茨基（1935年10月11日,索契）…………… 240
459. 给彼得罗夫（1935年10月14日,索契）…………… 241
460. 给纳科里亚科夫（1935年10月16日,索契）…………… 242
461. 给芬克利什捷因（1935年10月17日,索契）…………… 243
462. 给叶泽尔斯卡娅（1935年10月17日,索契）…………… 245
463. 给安德列耶夫（1935年10月25日,索契）…………… 246

464. 给纳科里亚科夫（1935年10月28日，索契） ……… 248

465. 给日吉廖娃（1935年10月28日，索契） ……… 249

466. 给谢马史科（1935年10月30日，索契） ……… 250

467. 给叶泽尔斯卡娅（1935年10月31日，索契） ……… 251

468. 给莫洛托夫工厂（列宁格勒）的共青团员
（1935年10月31日，索契） ……… 252

469. 给父亲（1935年10月，索契） ……… 253

470. 给全苏电影大会（1935年11月，索契） ……… 254

471. 给诺维科夫（1935年11月3日，索契） ……… 255

472. 给索契市工会理事会（1935年11月5日，索契） ……… 257

473. 给索契市苏维埃主席团（1935年11月5日，索契） … 258

474. 给日吉廖娃（1935年11月6日，索契） ……… 259

475. 给费杰尼奥夫（1935年11月6日，索契） ……… 260

476. 给卡拉瓦耶娃（1935年11月17日，索契） ……… 261

477. 给叶泽尔斯卡娅（1935年11月17日，索契） ……… 262

478. 给加里宁（1935年11月27日，索契） ……… 263

479. 给卡拉瓦耶娃（1935年11月27日，索契） ……… 264

480. 给工商业人民委员部建筑大学第一建筑设计所全体
工作人员（1935年11月28日，索契） ……… 265

481. 给敖德萨共青团员电影制片厂全体编创人员
（1935年11月，索契） ……… 266

482. 给格鲁吉亚广播电台（1935年11月，索契） ……… 268

483. 给芬克利什捷因（1935年11月，索契） ……… 269

484. 给肖洛霍夫（1935年11月，索契） ……… 270

485. 给卡拉瓦耶娃（1935年12月2日，索契） ……… 271

486. 给扎茨（1935年12月2日，索契） ……… 273

487. 给别莲富斯（1935年12月2日，索契） ················ 275
488. 给切尔诺科佐夫（1935年12月4日，索契） ············ 276
489. 给普济列夫斯基（1935年12月4日，索契） ············ 278
490. 给日吉廖娃（1935年12月5日，索契） ··············· 279
491. 给杰姆琴柯和格娜坚柯（1935年12月5日，索契） ··· 280
492. 给芬克利什捷因（1935年12月，索契） ·············· 282
493. 给叶泽尔斯卡娅（1935年12月5日，索契） ············ 283
494. 给卡拉瓦耶娃（1935年12月6日，索契） ············· 284
495. 给芬克利什捷因（1935年12月6日，索契） ············ 285
496. 给阿尔特科夫（1935年12月7日，索契） ············· 286
497. 给苏联列宁共青团外高加索边疆区委员会书记
　　（1935年12月7日，索契） ··················· 287
498. 给苏联列宁共青团外高加索边疆区委员会书记
　　（1935年12月24日，莫斯科） ················ 288
499. 给格林别尔格（1935年，索契） ··················· 289
500. 给剪报服务所主任（1935年，索契） ················· 291
501. 给《青年布尔什维克》杂志编辑部
　　（1935年，索契） ························· 292
502. 给拉扎列娃（1935年12月，莫斯科） ················ 293
503. 给特罗菲莫夫和聂发赫
　　（1935年12月31日，莫斯科） ················ 294
504. 给鞑靼国家出版社（1936年1月3日，莫斯科） ········ 295
505. 给国家文艺书籍出版社编辑维利霍沃姆同志
　　（1936年1月3日，莫斯科） ················· 296
506. 给格鲁吉亚国家出版社
　　（1936年1月8日，莫斯科） ················· 297

507. 给母亲（1936年1月13日，莫斯科）·················· 298

508. 给日吉廖娃（1936年1月13日，莫斯科）·············· 299

509. 给古特曼（1936年1月13日，莫斯科）················ 300

510. 给特罗菲莫夫（1936年1月17日，莫斯科）············ 301

511. 给波罗的海水兵（1936年1月20日，莫斯科）·········· 302

512. 给苏联列宁共青团高尔基州委书记
　　（1936年1月21日，莫斯科）······················ 303

513. 给拉扎列娃（1936年1月22日，莫斯科）·············· 304

514. 给罗曼·罗兰（1936年1月29日，莫斯科）············ 307

515. 给埃普什捷因（1936年1月29日，莫斯科）············ 308

516. 给苏联作家协会主席团
　　（1936年1—2月间，莫斯科）···················· 309

517. 给聂发赫（1936年2月1日，莫斯科）················ 310

518. 给乌克兰列宁共青团舍佩托夫卡地区代表大会
　　（1936年2月1日，莫斯科）······················ 311

519. 给日吉廖娃（1936年2月5日，莫斯科）·············· 313

520. 给哥哥（1936年2月5日，莫斯科）·················· 314

521. 给联共（布）索契市党委会委员们
　　（1936年2月5日，莫斯科）······················ 316

522. 给东西伯利亚地区国家出版社
　　（1936年2月9日，莫斯科）······················ 318

523. 给"青年近卫军"列宁格勒社社长
　　（1936年2月11日，莫斯科）····················· 319

524. 给诺维科夫（1936年2月16日，莫斯科）·············· 320

525. 给拉扎列娃（1936年2月19日，莫斯科）·············· 322

526. 给巴什基尔地区国家出版社的艾达洛夫

(1936年2月25日，莫斯科) …… 323
527. 给拉祖莫夫斯基（1936年2月25日，莫斯科）…… 324
528. 给贡恰尔（1936年3月3日，莫斯科）…… 325
529. 给拉扎列娃（1936年3月7日，莫斯科）…… 326
530. 给母亲（1936年3月19日，莫斯科）…… 328
531. 给著作权保护处（1936年3月20日，莫斯科）…… 329
532. 给联共（布）医疗委员会
    （1936年3月27日，莫斯科）…… 330
533. 给母亲（1936年3月27日，莫斯科）…… 331
534. 给别尔谢涅夫和波兹尼亚克
    （1936年3月27日，莫斯科）…… 333
535. 给拉皮杜斯（1936年4月2日，莫斯科）…… 334
536. 给别尔谢涅夫（1936年4月4日，莫斯科）…… 335
537. 给布别金（1936年4月7日，莫斯科）…… 336
538. 给塔吉克斯坦国家出版社
    （1936年4月21日，莫斯科）…… 337
539. 给哥哥（1936年5月4日，莫斯科）…… 338
540. 给苏联作家协会（1936年6月1日，索契）…… 339
541. 给马尔赫列夫斯卡娅（1936年6月14日，索契）…… 341
542. 给特列古勃（1936年6月14日，索契）…… 342
543. 给叶泽尔斯卡娅（1936年6月14日，索契）…… 344
544. 给乌曼斯基（1936年6月14日，索契）…… 345
545. 给科瓦莲科（1936年6月14日，索契）…… 346
546. 给克里木共和国国家出版社社长
    （1936年6月14日，索契）…… 347
547. 给达薇多维奇（1936年6月14日，索契）…… 348

548. 给叶戈罗娃（1936年6月16日，索契） ………… 349
549. 给《共青团真理报》编辑部和《最后广播消息》编辑部
    （1936年6月18日，索契） ………………………… 350
550. 给乌克兰国家文艺书籍出版社社长
    （1936年6月18日，索契） ………………………… 351
551. 给达薇多维奇（1936年6月29日，索契） ………… 352
552. 给彼得洛夫斯基夫妇（1936年7月1日，索契） …… 353
553. 给达薇多维奇（1936年7月1日，索契） ………… 355
554. 给《共青团真理报》编辑部
    （1936年7月3日，索契） ………………………… 356
555. 给凯尔任采夫（1936年7月13日，索契） ………… 357
556. 给妻子（1936年7月25日，索契） ………………… 359
557. 给妻子（1936年7月31日，索契） ………………… 361
558. 给妻子（1936年8月1日，索契） ………………… 362
559. 给妻子（1936年8月2日，索契） ………………… 364
560. 给卡拉瓦耶娃（1936年8月3日，索契） …………… 365
561. 给格拉西莫娃（1936年8月3日，索契） …………… 366
562. 给列别杰夫（1936年8月5日，索契） …………… 367
563. 给妻子（1936年8月6日，索契） ………………… 369
564. 给妻子（1936年8月7日，索契） ………………… 371
565. 给妻子（1936年8月8日，索契） ………………… 372
566. 给特列古勃（1936年8月8日，索契） …………… 374
567. 哈巴罗夫斯克边疆区文艺处
    （1936年8月8日，索契） ………………………… 376
568. 给塔斯社（1936年8月9日，索契） ……………… 377
569. 给白俄罗斯国家出版社（1936年8月9日，索契） …… 378

570. 给乌曼斯基（1936年8月10日，索契） ·············· 379
571. 给安德列耶夫（1936年8月17日，索契） ·············· 380
572. 给法因别尔格（1936年8月17日，索契） ·············· 381
573. 给高莉娜（1936年8月17日，索契） ·············· 382
574. 给纳科里亚科夫（1936年8月17日，索契） ·············· 383
575. 给斯塔夫斯基（1936年8月17日，索契） ·············· 384
576. 给彼得洛夫斯基夫妇（1936年8月19日，索契） ······ 385
577. 给拉扎里（1936年8月21日，索契） ·············· 387
578. 给妻子（1936年8月21日，索契） ·············· 388
579. 给巴伦（1936年8月21日，索契） ·············· 390
580. 给肖洛霍夫（1936年8月21日，索契） ·············· 392
581. 给博依措夫（1936年8月21日，索契） ·············· 393
582. 给妻子（1936年8月25日，索契） ·············· 395
583. 给列日涅夫（1936年8月25日，索契） ·············· 396
584. 给阿夫古斯泰季斯（1936年8月25日，索契） ·············· 398
585. 给妻子（1936年8月25日，索契） ·············· 400
586. 给白俄罗斯国家出版社社长
　　（1936年8月28日，索契） ·············· 402
587. 给肖洛霍夫（1936年8月28日，索契） ·············· 403
588. 给斯达汉诺夫（1936年8月29日，索契） ·············· 405
589. 给矿区报《中央伊尔米诺》编辑部
　　（1936年8月30日，索契） ·············· 406
590. 给妻子（1936年9月1日，索契） ·············· 407
591. 给卡拉瓦耶娃（1936年9月1日，索契） ·············· 410
592. 给肖洛霍夫（1936年9月1日，索契） ·············· 412
593. 给巴伦（1936年9月1日，索契） ·············· 413

594. 给妻子（1936年9月5日，索契）·················· 414

595. 给妻子（1936年9月14日，索契）················· 415

596. 给特罗菲莫夫（1936年9月14日，索契）·········· 416

597. 给布尔什明尼科夫（1936年9月14日，索契）······ 417

598. 给阿夫古斯泰季斯（1936年9月14日，索契）······ 418

599. 给斯塔夫斯基（1936年9月15日，索契）··········· 419

600. 给波加特列娃（1936年9月15日，索契）··········· 420

601. 给列日涅夫（1936年9月15日，索契）············· 421

602. 给舒莉茨（1936年9月15日，索契）··············· 422

603. 给艾津别尔格（1936年9月17日，索契）··········· 423

604. 给电影爵士乐演员们（1936年9月19日，索契）······ 424

605. 给妻子（1936年9月22日，索契）················· 425

606. 给索契汽车检修服务站站长
　　（1936年9月28日，索契）······················ 426

607. 给聂发赫和特罗菲莫夫（1936年9月30日，索契）··· 427

608. 给皮片柯（1936年10月1日，索契）··············· 428

609. 给艾津别尔格（1936年10月1日，索契）··········· 429

610. 给乌克兰社会主义共和国儿童读物出版社
　　（1936年10月1日，索契）······················ 430

611. 给妻子（1936年10月3日，索契）················· 431

612. 给科夫娜托尔（1936年10月3日，索契）··········· 432

613. 给巴尔加（1936年10月4日，索契）··············· 433

614. 给弗拉季米尔斯基（1936年10月4日，索契）······· 434

615. 给联共（布）阿兹切尔边区党委书记
　　（1936年10月5日，索契）······················ 435

616. 给瓦拉夫瓦（1936年10月7日，索契）············· 436

617. 给特罗菲莫夫（1936年10月7日，索契） ············ 437
618. 给妻子（1936年10月7日，索契） ················· 439
619. 给索洛维耶夫（1936年10月8日，索契） ············ 440
620. 给达薇多维奇（1936年10月9日，索契） ············ 441
621. 给拉扎里（1936年10月10日，索契） ··············· 443
622. 给法捷耶夫（1936年10月11日，索契） ············· 445
623. 给纳科里亚科夫（1936年10月13日，索契） ········· 446
624. 给特罗菲莫夫（1936年10月13日，索契） ·········· 448
625. 给斯塔夫斯基和拉扎里
    （1936年10月14日，索契） ······················· 449
626. 给卡拉瓦耶娃和柯洛索夫
    （1936年10月14日，索契） ······················· 450
627. 给金（1936年10月14日，索契） ················· 451
628. 给妻子（1936年10月16日，索契） ················ 452
629. 给维里霍维（1936年10月19日，索契） ············ 453
630. 给《莫斯科晚报》编辑
    （1936年10月29日，莫斯科） ···················· 454
631. 给拉波波尔特（1936年11月22日，莫斯科） ········ 455
632. 给艾津别尔格（1936年12月1日，莫斯科） ········· 456
633. 给特罗菲莫夫（1936年12月1日，莫斯科） ········· 457
634. 给达薇多维奇（1936年12月1日，莫斯科） ········· 458
635. 给瓦拉夫瓦（1936年12月14日，莫斯科） ·········· 459
636. 给母亲（1936年12月14日，莫斯科） ·············· 460

附录：主要人名表 ····································· 462
译后琐记 ··· 466
译后再思 ··· 470

301. 给扎尔卡

（1934年9月16日，索契）

我亲爱的马捷：

明信片收到。可惜我没看见共青团中央的决定。如果其内容包括向莫斯科市苏维埃提出拨给我住房的要求，那么这仅仅是一项艰巨工作的开端。什么叫得到住所，你心里雪亮。这是以"苦难的历程"为题的、多场景的戏剧。这件事情上，主要是我不能亲自去打通死胡同，而这必得有一个人去做。但我身旁没有这样的"一个人"。职位不低的人工作繁忙，普通一兵呢，房管部门的大叔总是不听他的。我的心感觉到，这一切不会有任何结果。美好的言词仅仅可以留在纸上。

我写信给马尔克·柯洛索夫，要求他也投入战斗中，总之，马秋沙，我期待着云蒸霞蔚。

我亲爱的同志，倘若你得知什么消息，无论好坏，通知我吧。

紧紧握你的手。

尼·奥斯特洛夫斯基

302. 给日吉廖娃

（1934年9月17日，索契）

我亲爱的淑洛奇卡：

你为什么默不作声？得不到你的片言只字，又过去一个月了。夏去秋来，咱们没有碰面。为什么？

目前我也在"休假"，但很快要开始工作。我的朋友费杰尼奥夫近日正在索契——我们碰面的。

第二本书10月出版，会立刻寄上。何时接到你的来函，我将写封长信，现在这封只是发个呼唤的信号。回应吧，我的朋友，可别这么执拗地保持沉默。或许，我们还将会面吧？你秋天好像有一次休假？

盼来函，寥寥数行也行。

妈妈问候你，紧握你的手。

你的柯里亚·奥斯特洛夫斯基

303. 给芬克利什捷因

（1934 年 9 月 17 日，索契）

亲爱的米申卡：

五天前接到马捷·扎尔卡的明信片。他说见到过柯萨列夫。对方告知，团中央已经为我的住房问题做出一个决定，但这是个怎样的决定，我没看见。大概指的就是要求莫斯科市苏维埃拨给我一处住所。如果确实如此，那么这只是苦难历程的开始。

亲爱的朋友，给我写信吧，三言两语也好，说说听到的新消息。

你真不知道我多么想到莫斯科去，想得好苦，这种渴望整个儿地控制了我的身心。我简直一睡着就梦见莫斯科。

米沙，好兄弟，你是可信赖的人，富有经验的战斗者，打通死胡同的高手、专家。你要讲真心话，告诉我，所有这些努力会不会收到实效。抑或我必须把上路前往祖国首都的这件事儿置诸脑后，把愿望从内心逐出，撵得远远的，然后就在这秋风瑟瑟、淫雨绵绵的环境中开始工作。因为总得活着吧，也就是说，得工作，因为生命即劳动，而并非无所事事。

米沙，好兄弟，管住自己的粗手，温柔地对待妻子，因为妻子不是母夜叉，而是一个人——她使我们回归本性，待人接物谨慎而温婉。

米沙，我心头略感烦闷，因为想去莫斯科［缺损］缅杰利·马拉兰①问得好："傻瓜，你为什么没有一个当房管员的大叔？"

不要气馁，米申卡，生活就是这样的——在生活中，黑夜会变得

---

① 缅杰利·马拉兰，弗里德曼的讽刺小说《缅杰利·马拉兰》中的主人公。

烈焰熊熊,而我们还活着,两人同唱"拉希尔,你是上帝赐给我"①,或者"嗨,小盘子里的小苹果,妻子厌烦了,我们去找小女孩"。这是白白唱的。玛莲卡娅会责怪我把日常的家庭生活表现得如此粗俗。好朋友,你们打起精神来,相亲相爱地过日子吧,因为柯里亚叔叔在为工人阶级的团结而奋斗。

忠实于你们的好柯里亚,一个爱寻开心爱瞎扯而毕竟爱交友的小伙子,对你们的忠实"至死不变",虽然这样表达缺少文采,却是事实。

9月17日　索契

---

① 这是法国作曲家阿列维(1799—1862)的歌剧《红衣主教的女儿》咏叹调的一句。

304. 给特罗菲莫夫

（1934年9月20日，索契）

亲爱的特罗菲莫夫同志：

刚接到四十五册书和线轴。实不相瞒，我稍觉不快，这些书和以前从您那儿得到的两册不一样。

恳请您务必寄给我数册和头一次的两册相同的书。倘若可以，我自费购买，或者请指点一下，哪里能购得。十册或更少些也行，但为了不出错，要为我从同一个书库中提取。如今我连一册已出的书也没有了。我从您那儿收到过两册。一册寄往莫斯科，另一册寄给了舍佩托夫卡的党委会，这是应他们的要求寄去，供党组织研读的。

请理解我要获得这些书的急迫心情。实在是必须寄给扎通斯基同志、熟悉我的波斯舍夫同志，还有我党的其他领导。在涉及彼得留拉集团和波兰占领军的问题上，扎通斯基对我有所帮助。

总之，请协助，尽可能让我得到这几册书。等着您来。

紧握您的手。

致以共产主义的敬礼。

尼·奥斯特洛夫斯基

305. 给斯杰西娜

（1934年9月21日，索契）

亲爱的索尼妮：

　　安娜和马捷·扎尔卡同志来函告知，共青团中央要求莫斯科市劳动者代表苏维埃拨给我住所。你当然知道，索尼娅，在莫斯科获得住所意味着什么。这意味着赴汤蹈火，在一级级房管部门内部披荆斩棘，冲锋陷阵。为此必得是久经沙场、神经坚强的战士。正是这个缘故，索尼娅，我要求你去向安娜同志，或者其他通晓此事的人，请教在这条战线上如何全面发动攻势，还有你可以在哪儿投入自身的力量，使得我这个小伙子，在气候变冷以前，早日返回莫斯科，到你们那里去。

　　即使我不说，你也理解我要做什么。记住吧，我在盼着你回信。

　　握你的小手。

尼古拉

306. 给斯杰西娜

（1934年10月5日，索契）

亲爱的索尼娅：

刚接到你充满暖暖友谊的信。当时恰巧费杰尼奥夫在我这儿。他才从莫斯科抵达此地，是他帮我念了你的信。原来，你们都已为我的迁居做出努力。我和你们同样坚信，你们期盼中的事情会实现。

确实是在安排，要每个月汇给我2000卢布。写了你的名字的，代领会员证的委托书，我于10月9日寄出。10日，列薇克卡·史蓬特会来我这儿。我要和她洽谈一些事情。由于接到朋友们的信件，我的体质和情绪都挺好。

明天我写上你的名字，按你的家庭地址，汇去100卢布，可支付苏联作协的入会费、会员证费，以及其他七零八碎的款项，包括发电报、寄小物件之类的费用。我一直希望尽可能迅速地获得信息。

既然如今我几乎变成了"资本家"①，那就绝不能让你贴进自己的无产阶级钱款，花在像我这样的叔叔身上。

索尼娅！亲爱的小姑娘，你尽量施展拳脚，帮助我返回莫斯科吧。我将等待着你的信和电报。无论成败，都告诉我哦。

关于文学百科全书，我没能找到订购的那一册。这个问题先搁置着吧。

请向《青年近卫军》杂志的全体同志转达我的问候。

紧紧握你的小小的手。

致以共产主义的敬礼。

尼·奥斯特洛夫斯基

---

① 指有了些稿费收入。

307. 给特罗菲莫夫

(1934年10月12日,索契)

亲爱的特罗菲莫夫同志:

得悉您已迁居基辅。我不知道府上的地址,担心这封信寄不到。

昨天,青年近卫军出版社的编辑列薇克卡·史蓬特在我这里,她来商谈今后的工作。你们出得漂亮的书,我给了她一册。

10月25日出俄文的第二版,两部合一的,何时收到最初的样书,我立即寄奉一册。史蓬特同志不得不承认,青年布尔什维克出版社把书做得挺棒。青年近卫军出版社会做得怎样,我们拭目以待。

等您告知新的住址,我要给您寄去登载于俄文报刊的有关《钢铁是怎样炼成的》一书的各种评论与报道,当然是那些我搜集到的。只要您认为有用,我一定寄上。

特罗菲莫夫同志,我怕今年我们难以会面。大概马上得潜心工作,撰写已经列入出版社1935年选题计划的作品。

既然明摆着您不会前来,我极为沮丧,那就不得不简略地确定以下情况(只要有可能,您会发现这是必须的):

第一,乌克兰文的、廉价的第二版《钢铁是怎样炼成的》,列入1935年的选题计划;

第二,签约出版新书,暂定名《暴风雨中诞生的》,约15印张。作品的主题是1919至1920年间为苏维埃乌克兰进行的斗争。书是为青年一代写的,可能具有革命浪漫主义色彩。

倘若这两本书列选,我授权给您,可写出合同,寄给我签署。稿酬的数额,您自行决定就是了。

我不会对酬金提出异议。

我和您保持着美好的、符合党性的合作。不会发生矛盾冲突。

将要给您的新书稿，我是用俄文写的，因此您得估算好翻译的费用。交稿日期为1935年9月，可能提前些，但说不准。

当然，请告知您的决定吧。我在等候着邮包——您允诺的三十册细棉封面的书。然后我会向您和同志们寄赠拙著。

烦见告出版社社长的名字。

紧握您的手。

致以共产主义的敬礼！

P. S. 881卢布收到。非常感谢。

尼·奥斯特洛夫斯基

10月12日　索契胡桃大街47号

308. 给芬克利什捷因夫妇

（1934年10月，索契）

亲爱的米申卡和玛莲卡娅：

几个月了，没接到你们的片言只字。当然，也曾更糟，但希望不这样。比方说，我盼着知道你们日子过得如何，是好是差？一句话："我的小老太太，你是否还活着呢？"在最坏的情况下，教授的沉默可以原谅。整个白天，她大绞脑汁，超负荷工作，到了晚间，顾不上写信了。贪玩奇日克①的"小姑娘"，给你个教授头衔是打趣。找个什么理由来宽恕一个年幼无知的女性呵？

没办法，只能谈谈自己了。

青年近卫军出版社的编辑史蓬特来过我这儿。商定了一本新书，15印张，暂定名《暴风雨中诞生的》。《钢铁是怎样炼成的》10月25日出一万册，两部合一，做得挺漂亮的；十月革命节前还要出两万册，用普通纸张；1935年内出第二次的大众版，十万册。

现在谈迁居莫斯科之事。索尼娅·斯杰西娜在写信。一群作家——卡拉瓦耶娃、绥拉菲莫维奇、马捷·扎尔卡、柯洛索夫、克罗里，还有苏联列宁共青团中央，都已致函莫斯科市劳动者代表苏维埃的梅利巴尔德同志，要求迅速解决住房问题。柯洛索夫抓这件事。遗憾的是，卡拉瓦耶娃和萨尔塔诺夫不在莫斯科。我对近期和你会面并未丧失希望。那样的话，一对宝贝孩子，我要和你们一块儿过些日子。

哥哥米佳在哈尔科夫的一所共产主义大学读书。

---

① 奇日克，一种儿童游戏，用长棒把两头尖的短棍打入圈中。

费杰尼奥夫来过。

我的健康状况还不错——可以活着。卡佳在用团中央送的打字机工作。

当然，妈妈真挚地问候你和济莉娅。可怜她一直在生病。整个"集体农庄"也向你们致意。

一有什么新消息，我马上告诉你们。

紧紧握你们的手。

直至进"坟场"都忠实于你们的柯里亚
索契胡桃大街47号

米申卡，如果你继续沉默，我就不得不向马捷诉说……满腹气恼。别让我出此下策。

309. 给乌克兰列宁共青团舍佩托夫卡区委书记和委员们

(1934年10月13日,索契)

亲爱的同志们:

寄上一本长篇小说《钢铁是怎样炼成的》①。请向共青团积极分子介绍这本书。倘若你们觉得有必要,请在舍佩托夫卡的团组织中讨论这部长篇小说。

作品写了舍佩托夫卡,因此它在你们那儿,比在任何其他地方都更具有现实意义。乌克兰列宁共青团中央总书记安德列耶夫同志写信给我,说乌克兰的各级团组织要研读这本书。去年,据我所知,列宁共青团索契委员会在庆祝苏联列宁共青团成立十五周年之际,要求舍佩托夫卡团区委在团员中开展研读长篇小说的社会主义竞赛。索契的团员们曾为此总动员,在三十个支部,有将近一千人,讨论了这部长篇小说。可参阅索契团委的报告,刊登于联共(布)中央、苏联列宁共青团中央机关刊物《青年近卫军》杂志,1934年1月第一期。

当时,舍佩托夫卡团组织没有对此做出回应。现在,乌克兰文的译本出版了,而且很快就要推出第二次的大众版,因此我期盼着你们这里首先进行研读。

请团委讨论我的信,并函告你们的决定。

如果彼此能建立共青团式的密切联系,那将是很好的。一切取决于你们的意愿。我这方面会尽力而为。

---

① 原信的书名,写的是乌克兰文。

紧紧地握你们的手。
致以共产主义的敬礼！

尼·奥斯特洛夫斯基
1934 年 10 月 13 日
亚速—黑海地区索契市胡桃大街 47 号

310. 给日吉廖娃

（1934年10月13日，索契）

我亲爱的淑洛奇卡：

久未写信，原谅我吧，亲如家人的朋友。这样致歉，我是头一次。现在奉告新消息。你们所要求的都已办到。正在使用团中央送的打字机，其他也都照办。

费杰尼奥夫到了索契。昨天，他在我这里，同来的还有波兰共产党一位已故领导的妻子。

一天又一天，我等候着莫斯科的消息：那儿，在做出努力，要让我返回莫斯科过冬。关键在于住所。

共青团中央已做出决定，要求莫斯科市劳动者代表苏维埃拨给住房。这件事得到一群作家的支持，其中包括绥拉菲莫维奇同志。青年近卫军出版社正尽全力支持我返回，并着手创作。

前天，青年近卫军出版社的一位编辑来我这儿，谈妥了出版一本新作，书名暂定为《暴风雨中诞生的》。

《钢铁是怎样炼成的》俄文第二版将于10月25日面世——两部合一，精装本，一万册；11月7日，还有两万册，用的是普通纸张；到1935年2月，则将推出第三次的大众版，十万册。

乌克兰文、摩尔达维亚文的译本，我已经收到。乌克兰文的出得很精美。波兰文、鞑靼文和楚瓦什文的，正在印刷中。

在报刊上，我的书继续得到夸赞。这就是说，我有被捧坏的危险。幸亏这些溢美之词很难使我头脑发热，要不然真的似乎有了些理由，可以如同某些早熟的文学青年那样，两眼向上翻，自称大文豪了。

自己的事儿，好像就这么些，淑洛奇卡，看样子我们今年无法会面。

多么遗憾！

你去趟图书馆，借第五期、第六期的《青年近卫军》杂志。第五期内，可读到长篇小说的最后几章，那儿也写了你和切尔诺科佐夫。为了疯狂般地节省用纸，在书里这些全被删去了。第六期内，可读到尼吉丁的文章《英雄的诞生》及我的一篇东西。

淑洛奇卡，我确实一天天地等候着莫斯科的召唤。家人都在这里。

当然，如果和拉娅的关系是另一种样子，我会于近日，趁天气尚未变冷，就到那里去。但这不可能。

我的亲如家人的朋友，你日子过得如何？有什么好的和坏的情况？放荡的加夫利洛依旧在毒化着你的生活吗？真想知道许多另外的情形，但你只字不提。

我的哥哥在哈尔科夫市的阿尔乔姆共产主义大学读书，他留在舍彼托夫卡的孩子得由我来照顾。目前我平均每月收入1000卢布。如果减去秘书的150卢布，还公债每月150卢布（我认购了1500卢布公债），那么家庭的开支是700卢布。

家里有两个老人都在生病，他们真诚地向你问候。书稿收到了。两部合一的第二版，我一接到立刻寄上。

友善地问候沃里夫。别忘了我。

紧紧地拥抱。

你的柯里亚

1934年10月13日

胡桃大街47号

311. 给马尔赫列夫斯卡娅①

（1934年10月17日，索契）

亲爱的马尔赫列夫斯卡娅同志：

费杰尼奥夫同志转来了大札——一封这么温暖，这么友好的信。

只要我的幻想能实现，能返回莫斯科，那么我打心眼儿里高兴和您会面，听您讲生动的故事——关于难忘的昔日，关于共产国际和我们的青年一代引以为荣的人们，关于那些为无产阶级革命事业献出一生的人们。

我会全力以赴，用文学语言，描绘往昔的壮美场景，即便只反映其小小一角也好。

紧紧握您的手。

只要那些为了让我返回莫斯科而努力着的人坚持不懈，那么我们的会面指日可待。

尊敬您的尼·奥斯特洛夫斯基
1934年10月17日　索契

---

① 马尔赫列夫斯卡娅·勃罗尼斯拉娃·盖利霍夫娜，波兰著名的革命家尤·姆·马尔赫列夫斯基的妻子。尼·奥斯特洛夫斯基在创作《暴风雨中诞生的》时，向她请教波兰革命运动史方面的问题。

312. 给芬克利什捷因夫妇

（1934年10月21日，索契）

亲爱的米沙和济莉娅：

　　昨天接到你们的信。难以表达对住房方面遭到挫败的沮丧心情。就此放弃吗？基尔松、阿菲诺盖诺夫和列温①昨天来过我这儿。信是在他们离开后接到的。明天，基尔松还要来看我，我会告诉他挫败的消息。基尔松曾表示惊讶，为什么在莫斯科市苏维埃中，大家都问梅利巴尔德的态度如何。他说，住房是个困难问题，他们未必能在莫斯科取得什么结果，得我回去后亲自抓一下。现在米沙谈了要做什么。第一，文章不可写。第二，千万别给"当家人"去信，这可通过其他渠道——委托党内的老同志。记住了，你不要写信给他。第三，青年近卫军出版社已做了一切。他们的编辑来过我这里，一切谈妥，因此你可以别再为此操心。［玛莲卡娅］也用不着与某些出版单位办事拖拉者一次次地谈判，弄得神经极度紧张。

　　现在这一切已经调整好，转入正常状态，我要紧握玛莲卡娅的小手，感谢她立下汗马功劳。冬季别墅的情形，你别详细打听。这种房屋不适合我的，会让我离开所需要接触的人们，而夏季毕竟仍将在索契居住。

　　总而言之，米申卡，似乎青年近卫军出版社对堡垒般的房管部门发动进攻，第一阶段已被击退。他们对领袖关于没有布尔什维克攻不下的堡垒的言词，依然坚信。

---

①　费·马·列温，俄罗斯苏维埃文学评论家、文艺学家，1920年入党的苏共党员。

迁居莫斯科，是整个行动的最后一步——可以按计划安静地进行创作了。万一全盘失败，有什么办法呢，只能停止开展了的活动，纵然处在我目前这样的条件下，也要着手工作，无非缺乏辅助材料，缺乏必需的书籍，缺乏档案馆的文献，等等——没地方可咨询，没前辈可请教。但仍然要着手工作的，因为生活意味着不断前行。

玛莲卡娅怎么会有这类忧郁的预感？对，有许多情况不妨沟通，不过纸上谈兵没用。脱口而出的三言两语可以表露很多意思。

紧握你们的手。

我的全体"集体农庄庄员"向你们问候。

柯里亚

313. 给索尔达托夫

（1934年10月25日，索契）

亲爱的托柳史卡：

你的帆船怎么样——平安抵达了吧？你的无线电广播如此简短，如此令人担忧。

莫斯科的状况也很尴尬。所有进行此事所必须出面的同志，要么不在莫斯科了，要么刚开始打算聚集。基尔松10月23日离开索契，安娜·卡拉瓦耶娃到10月30日才能到达莫斯科。她想从休养地加格尔出发后，中途下车来看望我们。基尔松相信住所能够得到。情况一旦明朗，你发个电报吧。

我这儿寂静无声。你走后的第二天，基尔松、阿菲诺盖诺夫和列温来过。基尔松答应两天后带梅杰列夫①来，可是结果落空了。在约定的时间，梅杰列夫并未出现，基尔松和那些同志，还有电影导演普多夫基内来了，也算有告辞的意思。大家谈得畅快。

如今，这些日子全都十分郁闷，情绪坏透了。没有比等待更烦人的，何况是这种成败难料的等待。不过，得到住房的希望已扎根在心中。盼着你那儿的消息。

你家里一切都好。玛·菲②常来我这儿，有时卡佳去探望她们。我家的老人在生病，呻吟不断。气候变化无常。

---

① 梅杰列夫·亚历山大·杰尼索维奇，苏联全俄中央执委会索契市城建特派员。

② 玛·菲，即玛特列娜·菲拉列托夫娜·索尔达托娃（莫坚卡、莫卡、莫佳），索尔达托夫的妻子。

莫斯科母亲是怎样接待你的?

来信告知一切吧。

紧握你的手。

柯里亚

P. S. 向你转达我们全"集体农庄"成员的问候,还有拉尤莎的。她是在来信中表示的。

盼着你的消息。

314. 给特罗菲莫夫

（1934年10月27日，索契）

亲爱的特罗菲莫夫同志：

刚接到盼望已久的、发自基辅的大札。您提供的信息带给我满足感。

请寄来您已填好的、新的长篇小说的合同——此书暂定名为《暴风雨中诞生的》。合同自1935年1月1日起生效。

我签署后，把出版社的一份寄回给您。再次请别忘了从我的酬金中扣除翻译的费用。因为书稿将是俄文的。我自己无法把稿子译成乌克兰文，因为没有通晓乌克兰文的秘书。

我会写信给自己的朋友——奥里加·沃依采霍夫斯卡娅（她是全乌克兰中央执委会书记的妻子）。我请她当译者。她在乌克兰科学院担任译员已十年。

我将寄给她修改好的章节，让她逐步翻译。

我焦急地等着阅读《乌克兰共青团员报》的文学专栏。

我是看了作品才知道纳丹·雷巴克①的。

如果方便，请把刊登着关于长篇小说的、最早的简短书讯的那一期《乌克兰共青团员报》寄给我。

我的健康状况大大改善了，可以带着新的力量着手工作。

苏联列宁共青团中央做出过一个决定，是有关我迁居莫斯科的。一旦"青年近卫军们"准备好了住房，我就会动身，估计在12月至明年1月间。

---

① 纳丹·雷巴克（1912—1978），乌克兰作家，时任乌克兰团中央与乌克兰作协合办的《幼林》杂志副主编。

届时奉告。

在莫斯科，搜集资料和档案文献比较容易。已经和波兰共产党的一些重要的工作人员联系上了，其中包括马尔赫列夫斯卡娅同志——波兰共产党一位领导人的妻子。她来过我这里。她那儿保存着极丰富的文献资料。

今天我在等候卡拉瓦耶娃，她从加格尔出发，途经此处。

基尔松、阿菲诺盖诺夫、列温、别济缅斯基等曾在这儿，对我讲述新事儿，讲述代表大会的情形。

阿列克谢·马克西莫维奇答应过基尔松，从克里木返回后发表一篇书评。

我的收支情况还不错，这是由于青年布尔什维克出版社对我相当关照。

如果你们在 11 月 12 日间能汇给我 500 卢布，那是雪中送炭；如果你们经济紧张，那么不妨延迟到 1935 年 1 月份。这笔钱不来，我也可以尽量安排好的。

请让财务科寄给我一份支付清单，便于我核对，因为邮局偶尔会出错。

寄来的两册书收到了。我在等候四十册细棉布封皮的。正因如此，我担心失去仅剩的一册，因为第一册已经由基尔松捎去，转交给了卡冈诺维奇。

报刊上有一些书评。另有两篇是《青年近卫军》杂志第十一期发表的，我寄上这些文章的复印件。

问候聂发赫同志。

紧握您的手。

致以共产主义的敬礼。

尼·奥斯特洛夫斯基

315. 给特罗菲莫夫

（1934年10月31日，索契）

亲爱的特罗菲莫夫同志：

今天给您寄去挂号邮包，是赠给您和聂发赫同志的两册书——《钢铁是怎样炼成的》第一部（俄文第二版）。你们可以亲自判断，谁把书做得更精致些。

我焦急地等候着阅读《乌克兰共青团员报》的文学专栏（很想麻烦您寄几份来）。同时，也请寄来细绵布封皮的书四十册。

很担心您不寄来，因为此书出版已久。

前天，卡拉瓦耶娃去了莫斯科，她是顺道来我这儿商谈创作的。

我对她讲述自己新书①的内容，我们详细地讨论了种种细节。她说，我选择了一个十分困难的主题，必须殚精竭虑，必须调动年轻作者的全部创作能力。我和她达成了共识，因此我现在认真地开始工作，一整年的准备并非徒劳。

课题越困难，越复杂，就越要认真负责。写写玛莎怎样爱米沙，固然轻松，但这不是党要求我们写的。所以，必须知难而上。

紧紧握您的手。

尼·奥斯特洛夫斯基
1934年10月31日

P. S. 烦告您的家庭地址，名字和父称②。

---

① 新书指《暴风雨中诞生的》。
② 特罗菲莫夫系收信人的姓，名字是康斯坦丁，父称是丹尼洛维奇。

316. 给斯杰西娜

（1934年11月1日，索契）

亲爱的索尼娅同志：

寄上另一封信的复印件。那是与寄此信的同时寄给出版社的，你从中可得知我正对什么感兴趣。请向代列德日耶夫同志探问一下，我的新书是否列入1935年的选题计划。这是最主要的。

大概你已经知道我和卡拉瓦耶娃同志的会晤。基尔松和阿菲诺盖诺夫来过后，去了莫斯科。他们都争取在住所方面发起进攻。这是对正在行动的小分队的支持。

索涅奇卡，想想看，我给包括你在内的所有同志添了多少麻烦。我有预感，用不了多久，自己的名字会使同志们觉得郁闷，因为我让人联想到解决不了的住房问题，联想到在力争解决的道路上的种种障碍。幸福的日子何时到来？我仅仅被当作文学队伍中的一员，而不是非射进莫斯科市苏维埃大门不可的一只足球——这样的幸福日子何时到来？希望这是最后一次让你为此类事情烦心。

由史蓬特同志转去委托书，你可代表我领取100卢布，用于替我办事的各种花销。我晓得你叫索尼娅，对我来说，这已足够。然而，邮局的官员思路不同。他们须要知道你的父称，否则不接受汇款。

同样由史蓬特同志转去委托书，你可代表我领取苏联作协会员证。这些你全收到了吧？

紧握你的手。

尼·奥斯特洛夫斯基

317. 给芬克利什捷因

（1934年11月1日，索契）

亲爱的米沙：

我长话短说。基尔松、阿菲诺盖诺夫和卡拉瓦耶娃到莫斯科去了。这些同志全都郑重地许诺，为了使我得到住所，将全力以赴，甚至超常地施放能量。他们表示，要让所有强大的杠杆发挥作用。

为了不至于失败，基尔松要去见卡冈诺维奇。他们都是苏联作家协会主席团成员，实在不行就动用文学储备金买房。总之是全线出击。米哈依尔·柯里佐夫和妻子前不久才离开我这儿。他说："在这件事情上，我能帮助同志。"还口气坚决地表示："你会有住所的，而且会在近期内迁往莫斯科的。"由此可见，亲爱的朋友，整整一支布尔什维克小分队在做这件事。所以我现在相信能成功。由此得出结论——应当耐心等待，直到他们把这一切变为现实。柯里佐夫说，如果咱们解决不了这个问题，那是可笑的。既然如此，米申卡，我们就等待吧。

紧握你的手。

你的柯里亚

幸福的日子何时到来？何时方能安静地工作，不用考虑为争取住房而兴师动众？想想看，为了我，多少人卷进了这次活动呵。

318. 给卡拉瓦耶娃[①]

（1934年11月17日，索契）

亲爱的安娜同志：

刚接到你12日从哈尔科夫发出的信。与谢尔巴科夫交谈的情形，犹如一片小小的乌云，预示着恶劣的天气。

柯里佐夫来过我这儿。他明确地许诺，会竭尽全力，协助你们替我办事。这样的话，所有能起作用的人此时都在莫斯科了，我期待着问题的解决。

关于别墅，你们自行判断怎样更好些，我听从你们的意见。

当然，你说的对，这是权宜之计。

我的一位朋友[②]后天去莫斯科。我托他替我买有关我们和波兰白军交战情况的书籍。

我开始一本新著的创作，正在写各章的梗概。

安娜同志，我依旧相信你们能成功地克服一切障碍，毕竟有那么多全国闻名的人参与其事。

身体状况尚可。但我承认，情绪焦灼不安。

你的来访拉近了你我的距离，留给我友善和温暖的感觉。

当然，在由你引进圈内的文学弟子中，我是最让你操心的一个。没错儿，我给你增添许多麻烦，不过总有一天风平浪静，我再也不会让你心烦意乱，奔走呼号。

[①] 1934年11月12日，卡拉瓦耶娃函告尼·奥斯特洛夫斯基，她和苏联作协秘书谢尔巴科夫谈及莫斯科为奥斯特洛夫斯基争取住房之事。

[②] 指索尔达托夫。

紧握你的手。

我和我的"集体农庄"成员问候你和卡拉瓦耶夫同志。

敬重你的尼·奥斯特洛夫斯基

11月17日

索契　胡桃大街47号

319. 给马尔赫列夫斯卡娅

（1934年11月22日，索契）

亲爱的马尔赫列夫斯卡娅：

您的信当然已收到，感谢关心。

柯里佐夫去莫斯科之前来过我这儿。在我迁居莫斯科的事情上，他应允全力协助大家。

这样的话，所有能起作用的人聚集在莫斯科了，我期待着这个问题的解决。自然，住房问题异常复杂，解决起来，谈何容易。

不管怎样，我必须着手工作了。但一开头便寸步难行——历史资料极端缺乏，即我这儿找不到记述1918、1919、1920年间我们与波兰相互关系的、涉及军事和政治性质的书籍、小册子和文章。很久以前读到，或目睹、耳闻过一些事情，可存留在记忆中的东西，不足以作为创作一本长篇政治小说的基础。必须重新广泛阅读，反复思考，理清脉络。

您可否向布特凯维奇同志或其他懂行的工作人员探询，如何弄一份与我所感兴趣的问题相关的俄文版图书目录？若您能得到，我不胜感激。

也许，毕苏斯基①或波兰白军的某个首领有已从波兰文译成俄文的回忆录。研读这种法西斯的文字，我会获益匪浅。深入研究敌人，打击才更精准。我觉得特别重要的，是有人能为我讲述兄弟般的波兰共产党如何诞生、成长，如何集结力量。

---

① 毕苏斯基（1867—1935），波兰政治家，20世纪波兰复国运动的主要人物。

当然，无论哪一本书也无法替代健在的目击者，为我讲述一个个鲜活的人。在文学作品中，栩栩如生的人物几乎就等于一切。正因如此，我才急切地需要迁居莫斯科，需要听您叙述，需要认识您可能为我介绍的波兰布尔什维克。

如果您有加伊①同志的电话（我想您来函曾提及加伊，他以前是荣膺红旗勋章的、在波兰战线活动的、一个高加索师的指挥员），那么能不能让他为我指点一下，哪儿买得到这类书。他既然编写国内战争史，必定是全局在胸的。

我向您提出这些要求，无形中给您添了麻烦。还有我的一些朋友，正为让我迁居莫斯科而努力，他们也希望您给予协助——我请您原谅上述的打扰。

紧握您的手。

敬重您的尼·奥斯特洛夫斯基

1934 年 11 月 22 日

索契胡桃大街 47 号

---

① 加伊原名加伊克·布日什基扬（1887—1927），苏军将领，军级。

320. 给普济列夫斯基

（1934年11月23日，索契）

亲爱的萨史卡：

　　我从未忘记你，如今也没忘记。然而，可恨病魔常来纠缠。我一次次抵御，竭力不屈服。仍然抱着去莫斯科的希望，不知道能否实现。最近几天内可见分晓。看他们怎么决定吧。如果在索契过冬，非常高兴和你见面。来吧！近日天气在变坏，下雨，潮湿。不过为了你的到来，咱们特意预约一个阳光明媚的日子吧。萨史卡，萨史卡！生活多么美好！体质稍微强一点就更好了。

　　自己的情况就谈这些。有了最后的决定再函告。祝你健康。紧紧握手。

尼古拉·奥斯特洛夫斯基
1934年11月23日　索契

　　P. S. 祝阖家安好。写吧，我喜欢读你的信。

321. 给日吉廖娃

（1934 年 11 月 23 日，索契）

亲如家人的淑洛奇卡：

刚接到来信，真无法表达我感到多么委屈，你竟管我叫懒汉。没错儿，看样子我该得到这样的称呼。但有一点确凿无疑：在任何情况下，我决不会忘记你。这是最重要的。问题不在于信的多少。

我说说自己吧。心中忐忑不安，等待风云变幻，即一天又一天地盼着莫斯科传来住房问题的结果。

好些同志，像一个小分队——绥拉菲莫维奇、基尔松、米哈依尔·柯里佐夫，还有共青团中央和青年近卫军出版社，在为我返回莫斯科而做出努力。大家努力的目标集中到争取住所。

为了写新书，我需要资料、文件、书籍，需要同 1918 年至 1920 年和波兰白军战斗过的健在者交谈。新的长篇小说将是反法西斯的。这是一部政治小说，要求做大量的准备工作，要求洞悉当时的形势。在索契，我搞不到任何有用的东西，因而对莫斯科心驰神往，在那儿我会拥有档案材料、必需的书籍，而更重要的，是结识一群波兰的布尔什维克。

你问我夏天干了什么？学习、泛读，设想未来的著作的一些细节，校订第二版等，但没干什么有分量的活儿。新著将写未写，情况不明使我心神不定，快点儿见了分晓，我就要着手创作了。

什么时候收到第二版，当即寄上。

我的家属都在生病。唯一有战斗力的是妈妈——永不下岗的突击队员。

拉娅夏天来我们这儿做过客。我和她的关系依旧如此。你经常患病,真让人不放心。这对于小弟来说,是最坏的消息。我保证更多地关注,不再长时间地沉默。

一旦有了新的情况,我就会函告的。倘若沃里夫同志能写信给我,谈谈他的批评意见,那是太好了。这对我有益处。请转达我对他的问候吧。

加夫利洛现在表现得如何?

别忘了给我回信,哪怕偶尔回一封也好。当然,我们全家向你问候。

紧紧握你的手。

尼古拉
1934 年 11 月 23 日　索契市

322. 给史蓬特

（1934年11月25日，索契）

亲爱的列薇克卡同志：

刚收到你的明信片。这是来自你那儿的第一个信息。你在为我的久无音讯而纳闷，我则在为你的音讯久无而诧异。全是邮局开的玩笑。我按老地址给你写过两封信，发过一封电报。没有回音。出版社也保持沉默。我从侧面（从索菲娅·斯杰西娜处）得悉你在患病，然后接到你的明信片。原来你已经去了《共青团真理报》。说实话，这使我不大高兴，因为编辑调动，对于我们这种年轻的作者是个大麻烦——一切又得从头开始！我们已经彼此熟悉，在合作的过程中相互接近，现在却又换编辑，重新开始沟通。但已无法可想，只能面对事实。我不打算断了和你的联系，毕竟在我的心目中，对《共青团真理报》的亲切感，丝毫不亚于对青年近卫军出版社的，尤其是对你如今在工作的"文学艺术部"。请你做完关于《钢铁是怎样炼成的》一书的评论工作。的确，你时间很少，但依旧在这方面加把劲儿干吧，让这篇文章成为对我的有益处的、总括性的书评。

我是否迁往莫斯科，尚未确定：柯里佐夫、基尔松、阿菲诺盖诺夫和卡拉瓦耶娃来过我这儿，他们都郑重地允诺，为我向莫斯科市劳动者代表苏维埃要求分配一套住房。我等候着结果，勉强开始工作。主要困难是手头没有书和资料——叙述1918至1920年国际形势和我们与波兰白党之间相互关系的书和资料。

有位同志去了莫斯科，为我设法购买必需的书籍。

精美的版本我尚未收到，已收到第一部的，并非硬封皮的，只有二十册。我将会函告所有的新情况，函告在怎样写新的书。

当然，假如年内迁居莫斯科（这我已经开始怀疑），那么我们可以会面，讨论我的创作计划。

通告——是谈论这一切的最差的方式。

瓦纽沙生活得好吗？青年工人剧场在上演什么新戏？请向瓦纽沙转达衷心的问候。你自己也别忘了我。

致以共产主义的敬礼！

尼·奥斯特洛夫斯基

1934 年 11 月 25 日

索契胡桃大街 47 号

323. 给特罗菲莫夫

（1934年11月25日，索契）

亲爱的特罗菲莫夫同志：

大札和三十册书都收到。我已写信给您，表明在稿酬等方面，凡是您的决定，我都无条件接受。不知有没有哪个作者，能讲出自己得到的关照，像青年布尔什维克出版社所给予我的这种关照一样。

我将等待着答应过的数份《乌克兰共青团员报》。

特罗菲莫夫同志，我在和不少领导同志交谈以后，接受他们的意见，决定删除长篇小说《钢铁是怎样炼成的》第二部内写的柯察金遇到屈察姆老头的数行。老头反苏维埃的腔调刺耳得很——这里必须做些修改，或者干脆删去。然后是误写到底稿上的名字拉伊，应当在乌克兰文和俄文版中改正为塔伊［塔伊西娅］。这些小小的修改我自己来动手，并于近日寄上。您交印刷厂，让他们按照寄上的这册书排版。

由沃依采霍夫斯卡娅同志（全乌克兰中央执委会书记的妻子）翻译我写的新的长篇小说，您不反对吧？只要您不反对，我就和她商谈。我曾在上次的信中奉告，她担任乌克兰科学院的译员已久。

寄给您和聂发赫同志三种乌克兰文的书。

450卢布前天收到了。现在我手头不拮据，可请放心。

正要开始工作。所有情况，我将函告。

紧紧握您的手。

尼·奥斯特洛夫斯基

1934年11月25日

索契胡桃大街47号

324. 给索尔达托夫

（1934年11月27日，索契）

亲爱的托利亚：

你久不来信，如何解释？我一直盼着。你的信息，我很看重的。我们这里一切都好，可只有［缺损］严重干扰，我每天的工作比以前差得多。接到了柯里佐夫发来的电报："已采取一切措施。等候结果吧。"

如果来自拉尤史卡①的不算（她没有忘记，在写信），那么目前的消息全部来自莫斯科。我以为你还不在莫斯科。托柳史卡，写信吧，函告一切吧。我将盼着。你准知道什么叫氛围，如此过分紧张地等候着莫斯科的结果是什么滋味。卡佳去了苏呼米，天气又变化无常，才下过瓢泼大雨，现在却热得难受。恨不能把这种天气驱逐出去。你家里一切都好。孩子们嘻嘻哈哈。你爱人也心情开朗。如果你以后再沉默，我也不写信了。祝万事如意。

紧紧握手。

K②

P. S. 明天起开始创作新的小说。亚历山德拉·彼德罗夫娜执笔。我全家和彼得罗夫娜向你问好。盼来信，并告知详细地址。

---

① 拉扎列娃·亚历山德拉·彼德罗夫娜（拉尤史卡，1891—1981），尼·奥斯特洛夫斯基的秘书（1934—1936）。1937年，索契的尼·奥斯特洛夫斯基纪念馆成立，她成为该馆的研究人员。

② 柯里亚的俄文头一个字母。

325. 给罗德金娜

(1934年12月1日,索契)

亲爱的玛丽娅、瓦尼亚和沃沃奇卡:

久未写信,请不要奇怪。一直在等候迁居莫斯科。我极其迫切地希望在莫斯科居住,因为要写一本新书,所需的资料,我在索契搞不到。

爸爸去了舍佩托夫卡,到米佳那儿去过冬,因为我们这里的屋子全家合住太挤。何时莫斯科拨给了住房,我和卡佳立即去那里过冬。妈妈和小卡佳①留在索契照管。这是我们今后的计划,但能否顺利解决,尚不得而知。

目前着手写新的作品,不过由于缺乏资料,遇到了大困难。瓦尼亚,假如你那儿有什么资料和记述与波兰白军作战的文献,请寄给我。非常感谢。

人家答应从莫斯科寄来,但至今我未收到。

玛丽娅,我常常牵记你们大家。如果不写信,别以为是我忘了你们。

我身体很好。家人——我的"集体农庄"成员们,也都好。向你们致以"希利"(乌克兰语——诚挚②)的问候。米佳在哈尔科夫读书。他的地址:哈尔科夫,阿尔乔姆大街,54弄,29号,14室,德·阿·奥斯特洛夫斯基收。

我的文学工作很顺利。1935年要出十万册大众版,还打算完成一

---

① 小卡佳指卡佳的女儿卡秋莎。
② 此处为尼·奥斯特洛夫斯基自己所加的注。

本新书。

来信谈谈自己的情形吧，得到你们的消息会很开心的。

紧紧地握你们的手。

柯里亚

P. S. 等春暖花开，你们来索契休息。近日我们这儿又下雨又冷。来信吧。

326. 给索尔达托夫

（1934年12月3日，索契）

亲爱的托柳史卡：

你从莫斯科寄出的、消息丰富的信，收到了。就在同一天，还有费杰尼奥夫的一封来信，他主张"让柯里亚12月来莫斯科"。我盼望着。创作已正式开始。等候书来，然而尚未接到。天气有些变化。雨不下了，虽然早晨冷得很，但总比阴雨造成的泥泞要好些。昨天晚间，索尔达托娃来过。我们搞了个回忆晚会，彼列洛莫夫①也在。很多话是讲你、痛骂你的（当然，你该明白，责骂是假，称赞是真）。显而易见，你不在，大家觉得没劲儿。你多时没有来信，已开始引发出种种猜疑。你身体可好？要办的事情是否顺利。来信谈得详细些。

我们这儿，一切是老样子，安静、平和。第一封信里已经详谈过了。你接到没有？或者，要写另一个地址吧？盼复。

伙伴们都很健康。索尔达托娃正在康复中。总之一切都好。函告自己的情形吧。

一旦有什么消息，我会写信的。紧紧握你的手。

柯里亚

P. S. 我的整个"集体农庄"向你表示最诚挚的问候。

---

① 彼列洛莫夫·科斯坦丁（科斯佳），地形测绘员。在索契，他参加过奥斯特洛夫斯基辅导的文学小组。

327. 给特罗菲莫夫

（1934年12月4日，索契）

亲爱的特罗菲莫夫：

今天寄给您一册乌克兰文的书，修改好了的，有些增补。真为我的秘书害臊，瓦茨拉夫·特日茨基所写序言的结尾居然脱漏了。我现在补上，由于缺少这个结尾，特日茨基的序言就结束不了。

一再打搅，尚请原谅。不过我是全靠助手们的，正因如此，才造成了这么个差错。

紧紧地握您的手。

致以共产主义的敬礼。

尼·奥斯特洛夫斯基

1934年12月4日 索契

328. 给乌克兰列宁共青团舍佩托夫卡区委书记和委员们

（1934年12月6日，索契）

亲爱的同志们：

刚读了11月28日的《大路》，那儿刊载着你们关于舍佩托夫卡共青团员们研读《钢铁是怎样炼成的》一书的决定。我表示欢迎，并且为共青团的关注而深深感动。

和这封信同时，寄给你们长篇小说三册，还有几篇书评和乌克兰列宁共青团中央的青年布尔什维克出版社总编辑来信的复印件；还有一份复印件，是索契共青团寄给《青年近卫军》的信，登在这本杂志1月号上的。这封信里谈及舍佩托夫卡自觉地开展社会主义竞赛。

我已给舍佩托夫卡党委会和市苏维埃寄了书。

很遗憾，你们的信和电报我没收到，而你们做出决定，我是从报上得知的。我觉得你们不妨像索契那样，把自己的总结文字寄给苏联列宁共青团中央的《青年近卫军》杂志（莫斯科，中心区，新广场，6号，编辑部）。你们的信，会作为对索契的回应而发表出来。请把你们所做决定的复印件寄给《乌克兰共青团员报》和青年布尔什维克出版社——这将引起他们的兴趣，因为他们最近要让我们保持密切联系。我永远乐意尽可能支持你们的工作。

紧紧地握你们的手。

致以共产主义的敬礼！

尼·奥斯特洛夫斯基
1934年12月6日　索契

329. 给诺维科夫

（1934年12月10日，索契）

亲爱的彼得鲁什：

你的信和十册［书］，俄文版的第一部，硬封皮的，已收到。十分感谢。我通过青年近卫军出版社，在莫斯科的图书中心订购一百册，第二版，硬封皮的；还汇钱去买两部合一的，总共二百册［缺损］。

明天我汇给你100卢布，写斯大林诺市的地址，存局待领的，请你替我买书，只要那里还有俄文版、两部合一的，尽量买。再次要求你，在优秀青年中间、工人中间宣传宣传，让他们写出自己的评语，说好说坏都行。

让他们把评语寄给我，或者寄给《青年近卫军》杂志编辑部。了解大家在怎样议论，这对我有益。让他们别顾情面，只要觉得不合心意，就狠狠批评。

尖锐的批评有好处，尤其是对于年轻作者，可以让他不翘尾巴。

反映国内战争的书，我需要哪一些呢？需要描述1918至1919年波兰加里西亚①境内形势的，需要政治文章、文件，需要除小说外的所有资料。

波兰人的论文，比如毕苏斯基写于1920年的。我这儿有安东诺夫·奥夫谢延科的《与波兰白军作战》《1918至1921年的国内战争》《1920年第一骑兵团在波兰战线》《国内战争回忆录》。

需要下［列］图书：拉费斯的《国内战争》（两卷）、《乌克兰革

---

① 加里西亚，位于乌克兰西部。1920年7月15日至9月23日，短期存在过一个加里西亚苏维埃社会主义共和国。

命两年》和《在德帝国主义的压迫下》，梅热尼诺夫①的《1920年和波兰人开战》。不过，彼得罗，上述著作搞不到也没关系。

彼得鲁什，如果你转送给支持者们一些书，需要我签上名，那只消函告，我会签好后立即寄出。

有了消息，我将写信。目前正努力创作一本新书。就这样吧，替我买进俄文版的长篇小说，尤其是第一部的。

你的柯里亚

1934年12月10日

收到汇款，确认一下。

读一读《青年近卫军》杂志吧。第十一期，《读者对作者说》专栏。

---

① 梅热尼诺夫（1890—1937），苏军将领，军级。

330. 给史蓬特

（1934年12月13日，索契）

亲爱的列薇克卡：

来信收到。不知道你生了一场那么重的病，祝愿你如今已恢复元气，上班工作。你不会中断和《青年近卫军》的联系，这非常好。

为了自购精装本的长篇小说，最后弄得很不愉快。我再三要求为我保留一百册两部合一的，写过信，也发过电报。后来通知我，书已由图书中心寄出，结果落空了，精装本连一册也没买到。这个版本已在苏联各地售罄。

曾要求自购并非硬封皮的一百册——人家答应了，又同样食言，落得个当皮匠没有皮鞋穿。难道出版社无法保证作者买到所需数量的书吗？就算如此，那么干吗应允下来呢？否则，我当时就可以另外想办法。如今，我写信给各地的朋友，他们在跑书店，寻觅我的书。

你没回答我，关于《钢铁是怎样炼成的》一书的评论工作，目前处于怎样的情况。

我全身心地投入了新著的创作。正常情况下，每天工作六小时。找了文化高而工资也高的秘书，我支付给他每月300卢布，不过他记录得很内行。我对他的校改也放心，以前在这方面，自己花去三分之一的工作时间。

健康状况是允许多多工作，此外我也没有奢求。

我需要书籍，需要文献，叙述1918年底至1919年初波兰的政治、经济和军事态势的，但目前手边还没有。

以前自己目睹过，读到过一些东西，留存于记忆中，眼下在挖掘这种积累。

接到柯里佐夫的电报，他正想方设法为我争取住所，但我想他未必能成功。

让我们保持联系吧。有什么新消息，来函告知。

请向瓦纽沙转达问候。

青年近卫军出版社准备在哪个季度推出大众版？

握你的手。

致以共产主义的敬礼。

尼·奥斯特洛夫斯基
1934 年 12 月 13 日
索契　胡桃大街 47 号

不是你所写的 48 号。在通讯录上改正一下吧。

331. 给索尔达托夫

（1934年12月16日，索契）

亲爱的托柳史卡：

来信刚给我读了。你的运气实在太差（指患病）。其实我一直隐约感到你病着。久无音讯，我凭直觉知道你情况不妙。可怜你这小伙子，独自在外，人生地不熟。但愿你以后不再从事这类糟糕的工作。

你患病的事情，我没告诉你的爱人，因为这会使她愁肠百结。你的病可能还会受到寒气的影响，这让我忧心忡忡。也许你适合在南方居住？利用休假日，在莫斯科找一位高明的教授吧。千万记住，治病是绝对不可耽误的。日子拖久，后果会极严重。

我会给别人提建议。必须保护健康，是我的切身体会。别大意，托利亚，照我说的办，去向医学专家咨询，并写信告诉我咨询结果。

你把胡桃大街47号描述得太好了。在你眼中，它是这个样子，我的茅庐已大不相同啦。你自己赋予它那么多美好的东西，那么多勃勃的生气，优化了它的氛围。现在你想象一下隐士的独居房。

下午四点钟后我休息。很想聊天，和朋友推心置腹地谈谈，然而，唉！朋友们在遥远的、遥远的地方。我们喜欢的歌曲，确实已经不再哼唱。有时候，收音机开着，真好，为我播送来自莫斯科的乐曲，而大部分时间收音机罢工，哑了，那就只能睡觉，毫无办法。没什么可说的，无趣得很。

你说的对，工作使我振奋，也令我沉静。我以自己习惯的高速度大干，迷醉其中。

去莫斯科的希望之火熄了，光剩下一点微弱的火星在闪烁。12月

25 日，瓦莲基娜·伊奥沃夫娜要去莫斯科，或许能遇见你。她会对你讲述我的情况。莫斯科方面音讯全无，让人焦心。上回跟你谈了之后，一直没有新的消息。如果你得悉什么，告诉我。

我的健康状况没问题，允许我一天工作六小时。对秘书我不能要求太高。

已向亚历山德拉·彼德罗夫娜转达了你的问候。她也同样问候你。你的信带来一股朝气（当然，告知患病的段落除外）。

托柳史卡，反正去莫斯科之事头绪纷乱，我也曾劝说你启程前往。不过，咱们都盼望早日会面。

来信谈谈吧。可即使简短地告知一下健康状况也好的，就是千万别默不作声。

好像都谈完了（当然，一旦会面，可谈的内容会大量喷涌出来）。

祝你健康。紧紧拥抱。

你的柯里亚

332. 给索尔达托夫

（1934年12月25日，索契）

托柳沙：

信收到。

三言两语，谈谈自己的生活情形。第一章，还有第二章的一半，写出了草稿，你想知道我有哪件称心事儿吗？与曾经请过的相比，我有了最满意的秘书。是谁我不说，其实你熟悉得很①，多亏了这位秘书，第一章才写好了。否则，我每天盼着莫斯科的决定，根本没有心思进行创作。

如今我在让自己习惯于接受挫败，停止幻想。所有精力逐渐向创作方面转移，认定活动的中心将是索契……

书（二百九十册）收到。这是亲爱的索尼娅②办成的……

对于新书的质量，现在很难说什么。它尚在出生的过程中，每天工作六个半小时。以时间而论，我可以正式宣布，自己是个劳动者。

其他新闻，我的信息部——卡佳会告诉你。别为自己的家人担忧，什么时候有困难，我会伸出援手的。你要保重身体，争取少住院。你患病，是件必须重视的事情，大意不得。

紧握你的手。不要对"青年近卫军"的人盯得太紧——归根结底，这事儿并非由他们说了算的。

你的柯里亚
1934年12月25日索契市

---

① 此处指拉扎列娃·亚历山德拉·彼德罗夫娜。她和索尔达托夫一样，也曾是索契的文学小组成员。

② 索尼娅即斯杰西娜·索菲娅·玛尔科夫娜。

333. 给特罗菲莫夫

（1934年12月27日，索契）

亲爱的特罗菲莫夫：

很久没有您的音讯了。

在最后的一封信里，您答应寄来汇款清单和新书的出版合同，前者可供核对邮局送达的款项。我提及尊函的内容，并非急于要求速寄清单和合同，而只是为了让您知道，哪一封才是我接到您的最后一封来信。

我在写新书。正常情况下，每天写六小时。如果再多，精力不济。

在舍佩托夫卡城里，各区的团组织都在研读我的书。团委请我协助他们购买四百册《钢铁是怎样炼成的》①。我把手头所有的书都寄给了他们。得想想办法，让舍佩托夫卡收到足够的书——乌克兰文第二版的书。舍佩托夫卡的党委给我发来祝贺电报，还奖励我1000卢布。别列兹尼克有人来信说，在化学联合企业，各工厂的共青团员已开始普遍地研读长篇小说。

我曾寄上一册修改好的书，供出第二版用。您收到了吗？是将要修订吧？我改动得没有太晚吧？这些都是我所牵挂的。等着您赐复。

《乌克兰共青团员报》什么时候安排专页？届时请务必寄给我数份报纸。我知道您年初公务繁忙，因而无暇来信。祝身体健康、精力充沛。

紧握您的手。

致以共产主义的敬礼！

尼·奥斯特洛夫斯基
1934年12月27日

---

① 原信中，这书名是用乌克兰文写的。

334. 给卡拉瓦耶娃

（1935年1月1日，索契）

亲爱的安娜同志：

刚给我念了你12月28日发出的美好的来信。的确，纵然是挫败，也可以娓娓道来，让人听着不觉得难受。

你的信，我和我的家人都非常喜欢。字里行间，暖意浓浓，听你谈论那些大胆的憧憬，不由失笑。你和马尔克关于参加作家住房合作社的建议，我完全同意。亲如家人的朋友，你马上以我的名义办妥所有必需的手续。今天我就致函出版社，让他们按你所报的钱数拨出此事所需的款子。在他们那里，我大概还有约5000卢布。你能办成一切吧？

11月28日，我接到柯里佐夫的电报，说没有忘记我，正在着手办事。

那真是卑劣的暗杀①。这种打击使我震惊不已。想想看，安娜，季诺维也夫分子培植了什么样的恶棍。

我每天工作六个半小时。上午九点写到下午三点半，然后吃午饭，休息，晚间读书。慢慢地写，关键不在于数量。第一章，还有第二章的一半写出了草稿。我正竭尽全力，要让第二个孩子长得既漂亮又聪明。这个心愿能否实现，咱们瞧着吧。

天气恶劣，老下雨。在这样的日子里，接到你温馨的、友善的信，是件乐事。原来你不仅善于严格要求，也能够亲切鼓励。由此可见，作为编辑，你是厉害的女性，使人不由对你惧怕三分，而作为同志，

---

① 指基洛夫被暗杀。谢尔盖·米罗诺维奇·基洛夫（1886—1934），时任联共（布）中央书记，12月1日在列宁格勒遇刺身亡。

你和蔼可亲。怎么说呢,这样也挺好。

舍佩托夫卡的党委,在所有的党团组织中,倡导研读长篇小说。给我发贺电,还寄来奖金1000卢布(把我视为舍佩托夫卡优秀共青团员)。

你瞧,我正在共青团员中间活动着。不管怎样,不管你们的进攻结果如何,我又专心致志,写着新的作品了。劳动是美妙的。在劳动中,由于希望落空,由于当代人无法如愿以偿的其他许多事情所产生的烦恼、郁闷,都抛到九霄云外去了。

健康暂时还没有叛离我。

很希望寄给我那本法文杂志。

向马尔克转达我的衷心问候。如果见到马捷,代我握握他的手。

亲如家人的朋友,紧握你的手。

尼·奥斯特洛夫斯基

P. S. 我的"集体农庄"成员向你和你的丈夫致意。

青年近卫军出版社

财务科主任和总会计:

我要加入住房合作社,为了支付入社费,请拨给卡拉瓦耶娃·安娜·亚历山德罗夫娜所需的钱款。

这笔钱的数额多少,由卡拉瓦耶娃同志指明。

钱从我的稿酬内扣除。

尼·奥斯特洛夫斯基
1935年1月1日

上述内容的正文,连同给你的信,寄往出版社。

尼·奥斯特洛夫斯基
1935年1月1日
索契 胡桃大街47号

335. 给芬克利什捷因夫妇

(1935年1月1日,索契)

亲爱的米沙和济莉亚:

1935年了,新年好!

朋友,久未写信,请你们原谅。我辩解的唯一理由是这儿没有任何新鲜事情。然而,由于接不到信,谁该生谁的气还说不清呢。一句话,咱们少麻烦邮局,这总比被邮局搞得心烦意乱要好些。这么着,至少你不会因为费神劳力写了信却被弄丢了而气恼。

好啦,朋友,你们生活得怎么样?我晓得你们活着,但这还不够。

我每天工作六个半小时,在糟蹋纸张,换个说法,在写新的长篇小说。

莫斯科没有音讯。当然,我看不见她,恰似看不见自己的耳朵。事实如此。让卡佳去莫斯科奔走,你们觉得可有用?显然,卡佳很想借这个理由,到拉娅那儿做客。我寻思,她要去就让她去吧。反正去不去一个样。

我体质还不错。有个固定的秘书,写出了两章。

天气糟透了,雨水淋淋。

柯里佐夫发来电报,说他正在设法。这是11月28日。我已经对此不抱希望。

工作到全身困惫不堪,可以不至于心烦胸闷。劳动真好。必须抓紧时间生活,没工夫东拉西扯地神聊。

朋友,紧握你们的手。对爱唠叨的长辈态度温和些,用不着生气发火,这对我不起作用。写些自己的生活情形吧。其实我也知道,你们不会写什么的。

我的全家尤其是妈妈,问候米申卡。老人家一直病病歪歪。确实是不下岗的突击手。什么她都用自己的双肩扛着。

你们的柯里亚

1935年1月1日

336. 给扎尔卡

（1935年1月14日，索契）

亲爱的马捷：

目前我正在写新的长篇小说《暴风雨中诞生的》，这里寄给你其中的一个片段。这是草稿。其中有你的名字出现。只要你即使仅有一丁点儿反对把你的名字写进小说，或者希望用个杜撰的名字，请函告，我会按你的意思办。

我要返回莫斯科的心愿，正如你知道的，并未实现。莫斯科市劳动者代表苏维埃击退了所有的进攻。安娜同志建议加入住房合作社。我全权委托，让她动用我的所有款项。也许1935年秋季，我将回到莫斯科，不过目前这还只不过是一句空话。

我像水牛一样，孜孜矻矻，创作新的长篇小说。耗尽体力，绞尽脑汁。我承认，工作得很艰难。有秘书在旁的六个小时工作下来，我精疲力竭，当天再也无法继续进行创作劳动。总之，简单些说吧，皮匠烤面包，结果一团糟。

你的情况，我只听到人们在传说。老哥①，为什么你不写信？我可挺想了解你的工作和心情。

紧握你的手。全家问候你。

你的奥斯特洛夫斯基
1935年1月14日
索契　胡桃大街47号

---

① 马捷·扎尔卡比尼·奥斯特洛夫斯基年长八岁。

337. 给索尔达托夫

（1935年1月15日，索契）

托利亚：

你好！来信收到。妻子和卡佳会对你详谈一切。我只稍写几句。接到了卡拉瓦耶娃的信，她建议参加住房合作社。我让她全权动用我的钱款。你和基尔松不必去奔波了。首先，这不会有任何结果；第二，找他们商谈，虽然是通过朋友介绍的，也不会愉快。真使人腻烦。所以，你哪儿也别去，跟谁也别说吧。

我在工作，量力而行。

目前就谈这些了。

我的家人，和可能函告的相比，会叙述得详细些、清楚些。老人家，你保重身体。有关我的那些事情，既不要同任何人谈论，也不要提出任何请求。把这些事情抛到九霄云外去吧。紧紧握你的手。有新消息，我会立即写信的。

你的柯里亚

338. 给日吉廖娃

（1935年1月16日，索契）

我亲爱的淑洛奇卡：

你我的通信联系太差劲了，几个月音讯断绝。当然，我并没有忘记你，总想知道你的近况。

我们这儿没什么有意思的新消息。我去莫斯科的事儿落空了——没有得到住房。现今这个问题放置到经济轨道上去了。有些作家建议我加入住房合作社，缴纳10000卢布股金，那么今年夏季或秋季就能得到三居室的一套住所。至于希望从莫斯科市劳动者代表苏维埃获得类似的礼物是不现实的。我托同志们办必须的手续，让他们支配所有钱款，包括存放着的和将要得到的稿酬。要求只有一点——别让我本人卷入这令人心焦的操作过程。

我在创作新的长篇小说，写了两章，进度很慢。我要让新的孩子长得聪明又美丽。不过我的本行是烧锅炉，所以如果干起外行的活儿，就不能怪别人品头论足。"皮匠烤面包，结果一团糟！"

1月18日，卡佳要去莫斯科，到拉娅那儿做客。她在此地，闷闷不乐。妈妈一直在生病，但硬挺着干家务。

你的朋友什内杰尔曼得到了中央选举委员会的证明。他为什么离开了影业圈呢？加大利洛如今表现如何？沃里夫同志生活得怎样？仍在学院里工作吧？请向他转达我的问候。亲如家人的朋友，来信详谈，谈大家也谈自己吧。

紧握你的手。

柯里亚

代表全家问候你，尤其要代表妈妈，真诚地、热烈地向你问好。

339. 给芬克利什捷因夫妇

（1935年1月16日，索契）

米沙和玛莲卡娅，你们好：

我这儿一切是老样子，写出了两章。兄弟，工作挺困难的！

写作，凭着理性，而非感性……

接到卡拉瓦耶娃的信。她说加入作家住房合作社吧，夏季或秋季你能得到三居室的一套住所。这就用不着莫斯科市劳动者代表苏维埃大叔的礼物了。我让卡拉瓦耶娃全权支配我的钱款，用于这个目的。

正是这样，米申卡，对莫斯科市苏维埃和其他机构的进攻停止下来。这一切行动徒劳无益，光是刺激你我的神经。米申卡，咱们排除这所有的干扰，歇一阵吧！我将写一本书。夏季我在这儿过，你来做客吧。休息休息，养精蓄锐，秋季迁往莫斯科，去住自己的房子……

本月18日，卡佳去莫斯科。她将住在拉娅那儿。当然，她会和你见面，详谈我们的日常生活情形。因此，我用不着多讲细枝末节……

你们那儿情况如何？健康？情绪？工作？总之，生活的方方面面。

来信吧，读朋友的来信永远是高兴的。不过，我自己复函倒是少了。这是因为整天挖空心思，想点子，写妙语，到傍晚脑子就糊涂，要写信也写不成。

整个"集体农庄"，尤其是我的妈妈，向你们问好。

340. 给德米特里耶娃

（1935年1月16日，索契）

亲爱的瓦莲基娜·伊奥沃夫娜：

您的信收到了。我将等待着您辛劳地奔波的结果。让您为这摊子事儿费心出力，我实在不好意思。

我们这儿一切照常进行。写出了第二章，忽然又卡壳了。我想全是由于缺少才华。真所谓皮匠烤面包，结果一团糟！……

倘使我多少还在做有益的工作，那只是因为命运给我安排了一个古板的秘书，她在我要偷懒时，督促我遵守自己定下的规矩。

萨尔达托夫的家人，1月18日赴莫斯科，同去的还有我的姐姐①。当然，她会和您见面的。

我们对您唯一的希望，是您在那儿不要患病。其他事情都会迎刃而解的。

凡是您的朋友，无不认为您的缺席是一件憾事。您瞧，不知不觉中，您悄悄地抓住了大家的心，包括我在内。

请原谅我这封信的基调不很活泼。这是有些疲劳的结果。

等候您来函，谈谈和谢马史科②等人会晤的情形。

紧紧握手。

尼·奥斯特洛夫斯基
1935年1月16日　索契

---

① 指二姐卡佳。

② 谢马史科·尼克拉·亚历山德罗维奇（1874—1949），莫斯科国家儿童读物出版社社长。

341. 给卡拉瓦耶娃

（1935年1月17日，索契）

亲爱的安娜同志：

刚接到你告知寄来申请书的电报。我会立即复印，并作为快信寄上。明天——1月18日，我的姐姐要去莫斯科。你就让她四处奔走，办我的事情吧。

紧紧握手。

尼·奥斯特洛夫斯基

342. 给日吉廖娃

(1935年2月2日，索契)

亲爱的淑洛奇卡：

来信收到。立刻复函，三言两语，匆匆回答你最好何时来索契的问题。一般说来，3～4月间不适宜。此处下雨，连绵不断，冷飕飕的，不舒服。5月非常合适，不过最佳时段是8～9月。

我会写封长信给你的。祝
万事如意。

你的柯里亚

P. S. 我已寄给你两部合一的新版《钢铁是怎样炼成的》。原来你并未收到。明天我再寄上第一和第二部。

淑洛奇卡，恳请你去参加老布尔什维克的晚间聚会，并试试把"前辈们"的发言记录下来。这对我极其重要。

我指的是评论我的小说的发言。

我的健康状况，还差强人意。在创作新的长篇小说。卡佳去了莫斯科，到拉娅处做客。

紧紧地握你的手。

K

343. 给史蓬特

（1935年2月8日，索契）

列薇克卡同志：

你好！信收到了。你的文章写出并交稿了，我非常高兴①。你终于也落到了编辑的手里。当他们用剪刀从鲜活的躯体上剪取掉一整块一整块的时候（由于篇幅不够），你感到不舒适吧？可拿咱们的合作伙伴怎么办呢？只能算了，列薇克卡！编辑们在动用器械施行外科手术之前，都是很和善的人。然而，有趣得很……

我在创作长篇小说，写出了三章。不知道这第二个孩子会长成什么样子，但愿能聪明又美丽。

出版社寄的书，我已收到。是罗季奥诺夫②寄的，文字已做了修改，可用于第三版。这个版本，青年近卫军出版社准备于第三季度付印。

我去莫斯科之事已经告吹，没有得到住所。多数人的意见，是让我采取以下措施：加入作家住房合作社。股金18000卢布（！！！），其中5000卢布已缴纳，提光了出版社里的款子；另外5000卢布，在不久的将来支付；其余的数额，以后设法补齐。住房是答应在秋季给我。这是个模糊的期限！据行家说，要有拿不到房子的思想准备，因为比你捷足先登的"运动员"多的是。我可并非"拉关系"、走后门的冠军。总之，这一切让我烦死了。为了不自寻烦恼，为了能安心工作，我尽量把返回莫斯科这难以实现的愿望置诸脑后。有人还在为我想方

---

① 史蓬特的这篇文章后来并未刊出。
② 罗季奥诺夫·尼古拉·依利奇，青年近卫军出版社文艺部主任。

设法，但已是强弩之末。

多谢你参与到我的事情中来——帮我找一间屋子，可单单一间屋子，对我不合适。你知道，我在工作的时候，需要排除干扰。花费大笔的钱，去租两间屋子，目前我力不从心，因为钱交给了住房合作社。

尽管这令人郁闷，但看来不得不蜷缩在索契。咱们等到月底吧，那时将最终见分晓。

向瓦尼亚转达问候。他在你那儿当"贵客"。在千百个问候中添上我的吧。

我的姐姐去了莫斯科。如果方便，如果你自己不需要，请寄来有关《钢铁是怎样炼成的》一书的评论复印件。卡拉瓦耶娃在信上说，一份法国杂志（名称我不知道）刊出文章，评论《钢铁是怎样炼成的》。

有新的近况，我即函告。

为什么《共青团真理报》文艺部对年轻人的文学创作如此缺乏关注？

紧握你的手。

致以共产主义的敬礼！

尼·奥斯特洛夫斯基
1935 年 2 月 8 日
索契市胡桃大街 47 号

344. 给谢马史科

（1935年2月8日，索契）

最尊敬的尼古拉·亚历山德罗维奇：

复函收到。回应如此迅速，深表谢意。

您建议为小朋友写本书，我欣然接受。我要描述保尔·柯察金的童年，从六岁写到十一岁。保尔是长篇小说《钢铁是怎样炼成的》中的主人公。我会竭尽全力，写得让小朋友们读懂书的语言和内容。如果您认同这个选题，我的构想——以文学的形式，描写当代一个年轻人的生活史。您一定记得加林①和他的《杰玛的童年》《中学生》《大学生》《工程师》。

这本书，大约会有八个印张。我可以在1936年初脱稿。

目前我在写一部新的长篇。

只要您同意这样，那么我就和国家儿童读物出版社签订合同。当然，我要签约，并不是为了预支稿酬。钱的方面，我目前情况还过得去。

候复。

致以共产主义的敬礼！

尼·奥斯特洛夫斯基
1935年2月8日

---

① 加林，原名尼古拉·格奥尔基耶维奇·米哈伊洛夫斯基（1852—1906），俄国作家、铁道工程师。四部曲《杰玛的童年》《中学生》《大学生》和《工程师》是他的代表作。

345. 给特罗菲莫夫

（1935年2月8日，索契）

亲爱的康斯坦丁·丹尼洛维奇：

早已收到您的电报：度假方返，另函细谈。不过至今未见另外的信。我承认等得心焦了。真想知道事情进行得如何——指乌克兰文第二版的《钢铁是怎样炼成的》。数月前我寄出的样稿和增补文字，您可已收到？

我在继续写新的长篇小说，大体上弄好三章。要和您谈谈新的长篇小说的译者。我知道您异常繁忙，这个问题一直搁置着。您是否有可能译这本书呢？我可以每月寄上一章，您到8月底译完全部书稿，并准备付印。我希望此书面世早于俄文版。倘若您极难拨冗，那么请为我找一位优秀的翻译家。

我曾打算去莫斯科，此事告吹了。团中央和青年近卫军出版社为我争取住所，未能成功。如今有了新的方案：我加入莫斯科的作家住房合作社，缴纳18000卢布的巨款（这花去了我的全部稿酬和青年近卫军出版社的预付款）。股金的金额是18000卢布。秋季在莫斯科得到一套住房。我将迁去，开始为"青年近卫军"的编辑部工作。新的长篇小说要在这以前写完。

卡拉瓦耶娃同志来信说，法国文学杂志（可惜她没指明杂志的名称）登载了一篇文章，与《钢铁是怎样炼成的》有关。文章的基本内容是说，这部长篇小说记述了一个不会老朽的人。

人家告诉我，苏联列宁共青团中央的《共产主义青年》杂志第四期刊出关于《钢铁是怎样炼成的》一书的评论①。

请费神找找这份杂志。文章的内容我不太清楚。

我不知道《乌克兰共青团员报》是否实现了自己的意图?

您处如果有登在这报纸上的第一份简传,烦寄给我。

盼您来函。

紧紧握手。

问候聂发赫和纳丹·雷巴克同志。我读过他在《乌克兰共青团员报》上的《晚会》专栏,您也在那儿亮相的。

致以共产主义的敬礼!

尼·奥斯特洛夫斯基
1935年2月8日
索契　胡桃大街47号

---

① 此处不确。当时有这么一篇文字,是刊登在1934年第二十二期《共产主义青年》杂志上。

346. 给德米特里耶娃

(1935年2月16日,索契)

亲爱的瓦莲基娜·伊奥沃夫娜:

你好!

今天我不工作。第三章写完了,打算歇一下。读读文学作品,给朋友们写写信。

大札收到。已和您的侄女塔玛拉认识,成了朋友。

春天临近,您来吧。这儿的生活仍是老样子。我们在索契度过夏季。谁知道呢,或许秋天能一同去莫斯科。

您一走,文学小组活动减少,缺了主心骨。我专心致志地创作长篇小说。您搞剧本,进展如何?

我们这儿没特别值得注意的新闻。《共产主义青年》杂志第四期刊登了史蓬特的一篇文章①,是评论《钢铁是怎样炼成的》的(您似乎挺喜欢她的吧)。

谢马史科复信给我,热情之至。他建议我写一本儿童读物。我同意尝试,有意描述保尔的童年、他的漂泊、打仗游戏和其他孩子气的调皮捣蛋,要让小孩子看得懂、兴味浓浓。倘若不成功,我就把原稿"束之高阁"。

3月间,乌克兰要出我的第二版。您去作家坊吗?那里有什么令人感兴趣的?到现在尚未和亚历山大·绥拉菲莫维奇见过面?

我建议把米哈伊尔·潘科夫的短篇小说译成俄文,很想知道罗季

---

① 史蓬特的一篇文章,参见第345封信注释。

奥诺夫会怎样答复。我的朋友在等候回音。请来信告知吧。

剧本，您允诺寄给我的。兴致勃勃地盼着您寄来这剧本的第一幕。

作家代表大会的全部速记发言稿，您有办法买到吗？

来封长信，什么都谈谈。接到尊函，总是非常高兴。只要有值得关心的新情况，我立即奉告。

妈妈向您问好，当然，还有想起您就感到温暖的同志们也问候您。

紧紧握手，我的亲如家人的朋友！

您的尼·奥斯特洛夫斯基

347. 给特罗菲莫夫

（1935年2月18日，索契）

电　报

函悉。当然同意您的修订，也同意与国家儿童读物出版社合作。

奥斯特洛夫斯基

348. 给特罗菲莫夫

（1935年2月19日，索契）

亲爱的康斯坦丁·丹尼洛维奇：

收到您的信了。久无音讯，令我很不安，以为您身体欠佳。现在放心了。

得悉第二版将于3月面世，深感满意。我一再表示，每当收到青年布尔什维克出版社的，即您的信件时，我便猜带给我的准会只有快乐。我们的相互关系是布尔什维克式合作的范例，其基础是彼此信任。

我和莫斯科的联系要差些。没错儿，那里对我非常关切，然而我从来不晓得任何期限、任何具体情况。允诺归允诺，做的是另一套，没有一次兑现承诺，令人遗憾。

他们对其他作者是怎么样的呢？反正很不喜欢这种样子。我们都是布尔什维克，习惯了相信诺言。在我的心目中，兑现诺言，事关名声。我没有一件讲不出口的、欺骗了谁的事情。说这些并非抱怨，只不过是指明事实。总体上看，他们是挺好的年轻人。

焦急地等候着您关于译者的答复。《暴风雨中诞生的》这部长篇的创作，每天有所进展。今天接到乌克兰国家儿童读物出版社的来信，建议我写一本儿童小说，并为孩子们改写《暴风雨中诞生的》。此信是巴伦①同志写的。莫斯科国家儿童读物出版社的谢马史科也来函，向我提出完全相同的建议。我表示同意，打算完成了长篇小说后着手进行。特罗菲莫夫同志，总而言之，生命短促，时日紧迫。我居然成

---

① 巴伦·罗扎·玛尔科夫娜，哈尔科夫儿童读物出版社社长。

了个幸福的小伙子。活着有奔头儿。但愿［团］中央，作为严正的法官，认定新的长篇小说值得出版，因为年轻的一代需要高质量的读物。我正殚精竭虑，要让新的孩子长得聪明又美丽。亲爱的朋友，请寄来杂志和报纸。基辅市团委来信告知，帕·彼·波斯特舍夫对我的书做了好评。这是个好消息。

祝您健康。请记住，我心情愉悦地盼着您来信。问候聂发赫同志。紧紧握您的手。致以共产主义的敬礼。

尼·奥斯特洛夫斯基

349. 给波得加叶茨卡娅[①]

（1935年2月19日，索契）

波得加叶茨卡娅同志：

您好！我的老熟人，原来您又在青年近卫军出版社了……人家告诉我，您患病，离开了"青近社"。您在上班，太好了。您来信说，年轻人反映，他们读我的书感到亲切，这使我心中欣喜，我因而更觉幸福……

我全神贯注，创作新的长篇小说《暴风雨中诞生的》。已经写出数章。这也是一本给青年看的书，也是描写动荡的1918年的。8月间，书将写成，[团] 中央，严正的法官，会对它做出评价。

乌克兰 [团] 中央函告，各级团组织开展群众性研读这本书的活动。别列兹尼亚克和列宁格勒也是这么个情形。在我们这幸福的时代，活在世上有奔头儿！可惜时日短促，精力不足，世界之大，要拥抱其万分之一也有心无力。当然，我很高兴和有意相见的同志们会面。

请向他们转达我的问候。

我很感兴趣，波得加叶茨卡娅同志，您是否保存着拙著的读者反馈资料？是否全部集中在您那儿了？对我而言，这种资料意义重大！我早就该有所了解的。

不应中断联系。给我来信吧，谈一切有意思的事情。别忘了寄来《共产主义青年》杂志第四期，其中刊载着史蓬特的一篇文章。

紧紧握您的手。

致以共产主义的敬礼。

尼·奥斯特洛夫斯基

[①] 波得加叶茨卡娅·安东尼娜，在苏联列宁共青团中央的青年近卫军出版社工作，时任群众工作指导员。

350. 给哈尔倩科①

（1935年2月19日，索契）

哈尔倩科同志：

您好！

在青年近卫军出版社转给我的信件中，有您的一封。我不能不给予答复。您抗议《钢铁是怎样炼成的》这部长篇小说的作者如此狠心地摧残主人公之一的保尔·柯察金。您的抗议呼声我是理解的。一个充满活力和热情的青年理应这样表示。我们国家的英雄们，应该是身心都健强的人。如果我按照愿望写，也就是凭着想象来创造保尔·柯察金，那么我会把他塑造成一个既健康又英勇的人物。

然而我深感烦恼，因为保尔·柯察金是按照真人塑造的，而且我正在他的房间里写这封信。此时，我在他家做客。保尔·柯察金是我的伙伴和战友。正因为如此，我才能这样贴切地写他。

此刻，他正在我面前躺着，脸含微笑，雄心勃勃。

这个小伙子被钉在床上已有六年。他目前在写新的长篇小说。不久我们便会见到这本书。

这个长篇的主人公都是些年轻、俊美、朝气蓬勃的人，是我们杰出的一代青年！

保尔要我代他向您问好。他说：

"告诉她，让她为自己创造美好的生活。幸福就在于创造新的生

---

① 哈尔倩科长期珍藏这封信。后来，她成了一名记者、编辑。她心中永远珍藏着英雄的美好赠言——"愿您成为一名优秀战士"，也永远珍藏着奥斯特洛夫斯基的可亲形象。

活,在于进行斗争,重新塑造和教育一代新人——这是已经成为国家主人的、社会主义时期聪慧的优秀青年。为实现共产主义而奋斗。真挚的友谊、爱情和青春——这便是能使人幸福的一切。"

哈尔倩科同志,愿您成为一名优秀战士。

致以共产主义的敬礼。

你的尼古拉

351. 给索尔达托夫

（1935年2月21日，索契）

托利亚：

你好。来信刚刚收到。我毫不耽搁，立刻函复。

记住，托利亚，你临走时，咱们讲好的，你不搞游击活动，即只要我不知道、不同意，你就什么事儿也别干。

再一次郑重其事地请你不要去找高尔基，不要去！我觉得这没必要，也不愿意。理解吗？

无论是卡拉瓦耶娃、罗季奥诺夫，还是索尼娅，你都别和他们商谈我出书方面的事务。

[团] 中央已对这些事情做出决定，我感到满意。问题解决了。

因此，我相信你再也不会搞游击活动，给我带来不愉快。

我觉得你能理解，我的要求十分坚决。

相信你不会为此和我争论一番。

我将不再提及一些不愉快的事情。

我活着，身体也可以说挺好。

全部体力和脑力，都用在一本新的书上。

写着第四章。

这儿也没什么特别有意思的新情况。

我不让科斯佳来看我。

这样做，我想没必要解释原因。此人在我这儿无事可干。

不写是因为卡佳会讲述一切，比信上写要详细得多。

普·奥①的信,请挂号寄来。我会回复的。

瓦莲基娜·伊奥沃夫娜在莫斯科。你在那儿,到克鲁泡特金胡同的克鲁泡特金纪念馆去看望他吧。

你所有的熟人都身体健康,向你问候。

写肖洛霍夫的诗②,质量不怎么样。第二首要好些。

我怀疑米史卡会跳狐步舞啊什么的。

据传闻你在那儿表现得很谦和,与其说像个勇悍的青年,还不如说更像一头顿河小牛。

钱的事儿,你别担心。

这话我似乎已对你说过二十次。

为自己考虑吧,不要替我烦心,我过得去。

就此打住。紧紧握手。

你的尼古拉

---

① 普·奥指普拉斯科夫娅·阿历克谢也夫娜·奥列霍娃,1934 年,她在索契和尼·奥斯特洛夫斯基相识。

② 指索尔达托夫所写的关于肖洛霍夫伦敦之行的诙谐诗。

352. 给史蓬特

（1935年2月28日，索契）

列薇克卡：

来信刚刚收到。我毫不耽搁，立刻函复。你讲的对：登出一篇被删改得面目全非的文章，没什么意思。有人写信给我，说《共产主义青年》杂志已经刊载了亚历山德罗维奇的文章。我没读到。在第几期？你读过吗？

我把自己所有的钱都缴纳给作协住房合作社了，现在人家让我"高兴高兴"，说这事儿还悬着呢，等你到了莫斯科，恐怕还只能得到"空中楼阁"。好哇，我没有力气和时间怄气发火。在我们作协的一些机构中，因循拖延、形式主义如此盛行，这类恶习蔓延之迅猛，着实令人惊讶。

算了，不破坏你我的情绪了。关于"苦难历程"的种种想法，我都置诸脑后。我把全部精力倾注于创作。这样，官僚主义顿时销声匿迹。一天干十个小时。

写六小时，读四小时。总之，我急急忙忙地生活。趁着心脏在搏动、头脑没糊涂，绝对不打瞌睡，否则谁知道会出现什么状况。我的健康会背叛我的，保不定什么时候暗中使坏。总之，我踏踏实实地工作，不懒懒散散。至于有人糊弄我，随他去吧。重要的是，在我自己的岗位上不退缩。其余的种种挫折，在我心目中都微不足道。

罗季奥诺夫和我签了约，出第二版，印两万五千册。列薇克卡，你说说看，为什么是两万五千册，而不是十万册呢？你熟悉出版一本书的全过程。我承认，自己在这方面一窍不通。也许，两万五千是个虚设的数字，计划中写着十万吧？那么何必这样故弄玄虚呢？如果不想先给钱，我也并不要求。总之，这种事情你的想法如何，来信详告吧。列薇克卡，倘若你保存着一些评论文章，请寄给我复印件。向瓦纽沙问好。

  我会写信，告诉你有意思的新情况。夏季我们大概又可以见面。紧紧握手。

尼古拉·奥斯特洛夫斯基
1935年2月28日
索契　胡桃大街47号

353. 给乌克兰列宁共青团舍佩托夫卡区委书记

（1935年2月28日，索契）

亲爱的同志：

写信给您的是尼古拉·奥斯特洛夫斯基。我希望和您建立积极的联系。至今仅仅是我给您写信，而您就是没有回应。不过我想这是偶然性，我们终究会加强友好联系的。

《乌克兰共青团员报》编辑部告诉我，他们近期要安排活动，让大家研读长篇小说《钢铁是怎样炼成的》，将会刊登共青团员的一组文章和信件。我知道，舍佩托夫卡区委已开展活动，让各级团组织研读长篇小说。看来您掌握着年轻人对这本书的评论资料。如果是这样，那么请转给《乌克兰共青团员报》，我要求他们把这些材料，连同区委关于研读长篇小说的决定，一起刊载。3月间，基辅要出乌克兰文的《钢铁是怎样炼成的》第二版——两万五千册。

我和乌克兰列宁共青团中央谈妥，由团中央指示青年布尔什维克出版社向舍佩托夫卡发送足够数量的书。

我本人给团区委寄去二十册。

乌克兰杂志《少先队辅导员》上，也出现了对这本书的评论文章①。

请给我写信。我甚至还不知道您的大名。我能做什么，为您效劳？

目前我正在创作长篇小说《暴风雨中诞生的》，描述1918至1919年的西乌克兰和加利西亚地下党团组织的建立。乌克兰的无产阶级和

---

① 指特罗菲莫夫的文章《布尔什维克的坚韧》，刊于《少先队辅导员》杂志1935年第一期。

赤贫的农民反对波兰贵族（莫格利尼茨基伯爵、扎莫伊斯基公爵、波托茨基伯爵①及其鹰犬）。书中描写革命的无产阶级的国际主义精神。

在地下团组织中，与地主老爷们战斗，甚而牺牲生命的，是不同民族的青年工人——乌克兰人、波兰人、犹太人、捷克人和俄罗斯人。写了四章。到8月应该脱稿。只要团中央认为值得付印，那么年底就会以乌克兰文和俄文版面世。

等待着您的信。

紧紧握手。

向团区委的干部们致意。

致以共产主义的敬礼！

尼·奥斯特洛夫斯基

1935年2月28日　索契

---

① 都是长篇小说《暴风雨中诞生的》中的人物。

354. 给扎尔卡

（1935年2月28日，索契）

亲爱的马捷：

来信早已收到。那么现在我就和扎尔卡中尉讨论这个片段。我希望对事件了解得更准确些。

是这么个情形。

1915年，奥地利军队中的一名士兵，波兰人梅契斯拉夫·普希戈德斯基①，从利沃夫过来，被我军俘虏。他被送往远东的集中营。1918年初，集中营内发生了所描述的事件，即陷入一片混乱，逮捕了中尉扎尔卡和带头闹事的一些战俘。正在这时候，布尔什维克到来，从狱中解救了扎尔卡和其他被捕者，并建立了赤卫军国际纵队。这一切发生在1918年初。按时间算，这正确吗？如果正确，请函告。

我这儿的事件按以下途径发展。遵从扎尔卡的指令，国际纵队留在远东打游击，而其中的一名战士——梅契斯拉夫·普希戈德斯基，渴望靠近祖国，由作者安排，辗转来到乌克兰战线，在此处被德军俘获，等等。

我等着你答复头一个问题：铺排集中营内的事件，时间放在1918年初，是否正确？

我并未把扎尔卡的整个纵队，而是仅仅把他的一名战士，安排到1918年底的乌克兰。候复。只要你认可，那么就这样了。

这里没有特别的新闻。在写第四章。莫斯科那边没有佳音传来。

---

① 梅契斯拉夫·普希戈德斯基，长篇小说《暴风雨中诞生的》中的人物。

我沉迷于工作，无暇烦恼。

但愿夏季咱们在索契相遇。

亲如家人的朋友，来信谈谈你的近况好不好，在写什么作品？围绕你的名字的一片喧嚣已消停下来。乐此不疲的人大概也胡乱叫嚷得厌烦了。

盼回答问题。

紧握你的手。

你的尼·奥斯特洛夫斯基
1935 年 2 月 28 日
索契市　胡桃大街 47 号

355. 给利雅霍维奇

（1935年2月28日，索契）

洛扎：

你好！信写得少，惹你生气，但请相信，这完全情有可原。我一心一意写新书，总是工作到疲倦万分，一点力气也没有。所以你消消气吧。有个要求：请寄来我的全部证明文件和社会保障人民部斯维尔德洛夫的信。

我们这里一切老样子。妈妈会写信的。

握手。

柯里亚
1935年2月28日
索契　胡桃大街47号

356. 给住房租赁合作社（第30所）

（1935年3月8日，索契）

申 请 书

鉴于我近期必须赴莫斯科，然后去国外接受手术治疗，现要求将我的住房转至我的母亲奥斯特洛夫斯卡娅·奥里加·奥西波夫娜名下，为的是当我不在时，任何人都不能以形式主义的借口，刁难我的母亲。和我母亲同住在我的房子里的，尚有我的姐姐索科洛娃·叶卡捷丽娜·阿列克谢耶夫娜及她的女儿。

要求将租赁凭证上我的名字改为我母亲奥里加·奥西波夫娜·奥斯特洛夫斯卡娅。

我申请的缘由，是1930年我去莫斯科接受手术治疗时，和当我躺在克里姆林诊疗所生命垂危时，我的母亲在这里受到种种惊扰。有人企图强迫她迁出，然后又要紧缩住房面积，借口是承租者没在这里居住。当时不得不由国家检察部门干预，把不法分子送交法庭，让老母亲过安生日子。今后她本人将成为住房承租者。

尼·奥斯特洛夫斯基

357. 给别列兹尼克制氨厂团委和共青团员

(1935年3月13日,索契)

亲爱的同志们:

你们的信,兜了个大圈子,终于到了我手里。这封信热情洋溢,充满着共产主义团结精神,太棒了。

朋友们,你们请我多谈些本人的情况。现寄上一篇文章,是登载于苏联列宁共青团中央机关刊物《共产主义青年》上的。它会告诉你们很多。

目标的一致把我们大家联成一体,鼓舞并召唤我们去奋斗、去劳动。我们是宏伟的社会主义建设者的大军,其中一名战士的胜利就是大家的胜利,而共同的胜利给我们当中的每一个人带来喜悦。这是可诅咒的旧世界所无法理解的。

我的小说《钢铁是怎样炼成的》并非杜撰。它写的是真实的人。小说反映了我们波澜壮阔、灿烂辉煌的现实生活的小小一角。

我和你们生活在这样的时代,老朽而依然凶残的资本主义世界临近了末日。资本主义这嗜血的妖怪,感觉到了自身不可避免的败亡,它准备和自己的掘墓人——无产阶级,做最后的决斗。它抛掉所有民主的小饰物,露出朽烂而有毒的牙齿。谁举起为世界共产主义而斗争的旗帜,它就消灭谁。法西斯主义是资本主义的最后阶段。世界各国革命的无产阶级正在和法西斯主义进行斗争。法西斯主义必定试图摧毁我们的国家。而你们,共青团的第二代,不得不与这种人渣在最后的殊死斗争中正面交锋。我们,早期的共青团员,几乎尚是孩童,便和父辈一起,为苏维埃政权而作战。我们最自豪的,莫过于意识到在这场斗争中，自己是本阶级当之无愧的儿郎。我们曾目睹敌人的种种卑劣与残暴。我们学会了仇视。在这血战中，我们的心经受了锤炼。每当我们进入得到解放的城市，看见绞架上吊着一些同志布满刑伤的尸体时，我们的战刀便砍杀得更不留情。为了永远不再爆发战争，为了建立全世界各族人民的兄弟友谊，在资本主义国家里，无产阶级最终必须走革命起义的英雄道路，我们则必须捍卫苏联——全世界无产阶级的支柱和希望。

我在写的第二本书，正是描述这种反法西斯的斗争的。

事件发生在加里西亚和乌克兰。1918年底和1919年初，在里沃夫市，波兰法西斯夺取了政权。党团地下组织的建立。他们抗击波兰地主的英勇斗争。地下团支部兄弟般的国际主义精神。波兰人、乌克兰人、俄罗斯人、捷克人、犹太人——这些青年工人，全都团结一致，反抗莫盖尼茨基家的伯爵、扎莫依斯基和波托茨基家的公爵，巴兰克维奇、史皮利曼、阿卜拉马海尔等工厂主。

在阶级斗争中，没有民族之分，只有阶级之别。

在阶级斗争中，没有腐烂的自由主义的一席之地，因为敌人决不会不战而降。

我希望没见过活的宪兵和地主的年轻一代，能够认清敌人的面目。这种敌人是年轻一代必定要与之相遇厮杀并将其彻底歼灭的。

我打算到8月写完书稿。只要团中央认为值得付印，那么年底便可面世。

你们在信中告知，大家研读了长篇小说《钢铁是怎样炼成的》，并认定这是一本自己的书。我听了，感到十分欣慰。

这是对作家的最大褒奖。也就是说，活在世间有个目标。在咱们都已当家做主的、伟大的祖国，即便是一个盲人，并且长年缠绵病榻，也可以成为一名战士，成为一个幸福的人。不仅国内战争时期，而且在我们伟大的当代，同样是英雄辈出的。谁如果当年作战勇敢，今天却不能成为先进工作者，那么他就不配英雄的称号。劳动，已经成为光荣、豪迈和英勇的事业。它正催生出英雄——他们的豪情壮志，丝毫不亚于国内战争的英雄。

只要领悟自身所做工作的英雄主义性质，那么任何艰难困苦都压不垮我们。在自己的国家里，我们已经取得彻底的胜利。挡住我们道路的人——富农、托洛茨基和季诺维也夫的党徒，已被击溃和歼灭。我们正乘胜前进。

年轻的朋友，我向你们致敬！你们在战斗，并不比我们逊色。一旦需要拿起武器，你们就会获得永不黯淡的荣光，亲手把鲜红的军旗牢牢地插在华沙、柏林。这是我们在二十年代未能如愿的。斗争在继续。我们中的每一个人都在各自的岗位上努力。

紧紧地握你们的手。

忠实于你们的尼·奥斯特洛夫斯基
1935年3月13日
索契市　胡桃大街47号

358. 给索尔达托夫夫妇

（1935年3月13日，索契）

亲爱的托利亚和玛·菲：

你们好！

给你们写过两封信。一封已退回，另一封看样子丢失了。

我这儿没什么新的消息。生过十二天病，目前在工作。这阵子你们接不到信，别奇怪，我给谁也没写。少气无力。而且没有什么可写的。卡佳讲了你们的日常生活情形。托柳史卡，我能理解，不过这一阵自个儿也同样心绪不佳，说不出什么宽慰的话。有了新的消息，我即函告。记住我的要求吧，托利亚，别去任何地方找任何人。什么也别管了。常来信谈谈自己吧。没有我的消息可不要诧异。

同志们都向你致意。

情况正常了，我会通通告知的。

真诚地、友善地问候你们。

紧紧地握你们的手。

柯里亚

P. S. 玛特列娜·菲拉列托夫娜，你答应写信的，把这承诺忘到哪儿去了？

盼来信。

359. 给卡拉瓦耶娃

（1935年3月17日，索契）

亲爱的安娜同志：

新的长篇小说，我写了四个印刷页。亲如家人的朋友，回答我吧，你有没有时间，主要是健康状况允许不允许，看看这部书稿的开头部分，并把自己的评论告诉我。倘若可以，那么我寄上这些章节，你做出最严格的评论，因为我需要在写完书稿之前就得到扫射般的猛烈批评。

我相信你，敬重你，你不仅是我的编辑，而且是朋友，希望首先从你那儿获知对这本书开头部分的真切论断。

盼迅速回函。

看样子，在工作和学习上，我把劲儿使过了头，所以生了一阵子病，结果头昏脑胀，神经系统也出了问题。

十来天无法写作，不过这种状况过去了。附上别列兹尼克团委的一封信。

紧紧握手。

致以共产主义的敬礼！

尼·奥斯特洛夫斯基

索契　1935年3月17日

360. 给芬克利什捷因

（1935年3月18日，索契）

亲爱的米沙：

刚接到你的电报，还有挂号信。

久无音讯是由于患病。十三天没有工作。

这种状况过去了。昨天傍晚收到费杰尼奥夫的加急电报，告知《真理报》3月17日刊出柯里佐夫的文章。

卡佳返回，谈了一切。总之，主要的战斗延迟到秋季进行。搞住房的种种麻烦事儿让我厌烦透顶。所以，我觉得自己现在是不因胜利而快乐，不因挫败而难受了。这一切令人憎恶，而且带来害处，因为妨碍创作。我生活的目标是文学，如果连这个也干不成，其他还有什么意思呢？我想，与其花两年时间弄到一处住房，因而什么也写不出来，倒不如栖身于厕所而进行写作更好些。何况驰心旁骛是要不得的，因为我的生命——所剩的时日已经有限。

每一次挫败仿佛打我的脸，思考受阻，心理失衡。这是昂贵的代价。我准备把这档子事儿全狠狠地抛到九霄云外，保持宁静，一页一页地写，继续做自己的工作。让对手们去钻头觅缝，占据住房，我可不眼热。战士的位置在前线，而不是后方的一些闹哄哄的洞穴。

我担心自己的名字变成一只足球，由成群的同志顽强地竭力奔跑，要把球踢进莫斯科市苏维埃或其他房管机构的大门，然而守门员的顽强劲儿并不稍弱，他们把娴熟的技能发挥到极致，灵敏地击退了所有的进攻。这种游戏我厌倦了。米沙，我劝说、要求、恳求，珍惜我的名声，别再烦扰愚蠢的官僚主义者。只要想到不可贬损自己的尊严，你就会正确地行动。

  生活的目标决非住房。一定不要辜负党的信任和期望。趁着还有能力,应当为年轻人写两本书。

  夏季咱们当然能会面。

  我的一份创作情况报告,近日送交市党委。看过11月那期的《共产［主义］青年》杂志吗?我这里没有特别的新闻。一有什么,我就函告。得悉你在住院,我很忧急。但愿你尽快痊愈。

  米舒特卡,祝早日康复。

  紧紧握手。

你的柯里亚
索契　3月18日

向玛莲卡娅致意。

妈妈真诚地问好。

361. 给诺维科夫

(1935 年 3 月 20 日,索契)

亲爱的彼得鲁什:

你的明信片收到了。我确实不常给你写信,但写是在写的。没有忘记,将来也不会忘记。

从 1 日起,生病十九天,谁知道怎么搞的。一天天白白浪费掉,真让人着急。

第二部长篇小说写成四章。

莫斯科出第二版,基辅出第四版①。

《真理报》3 月 17 日上的文章——柯里佐夫的《勇敢》,你看到没有?这是写你的朋友的。

卡佳从莫斯科返回了。我加入了苏联作协住房合作社。他们允诺 1935 年秋或 1936 年冬,提供在莫斯科的住房。交过 4000 卢布的入股金。

没有特别的新闻。有了什么的话,会立即函告。我收到一些团组织寄来的、对书给予好评的信件。

夏季将至,我到院子里去,会觉得舒畅些。一个冬天可衰弱了许多。

妈妈和卡佳真诚地向你问候。妈妈讲到你总是神情和悦,口吻亲热,如同讲亲生儿子。在她的相册里,你的一张小照片置于显眼的地方。就该这样,因为你的名字是在我最亲近的朋友们中间的。

---

① 这里指《钢铁是怎样炼成的》。

倘若有时我写信不勤,别生气。我整个身心投入创作,倾注全部精力,累坏了。

紧握你的手。

你的柯里亚

1935 年 3 月 20 日

362. 给索尔达托夫

(1935年3月20日,索契)

亲爱的托利亚:

久无音讯,你怎么解释?一切顺利吗?身体都好吧?卡佳来了以后,我给你发过两封信。现在,由于没接到复函,就寄第三封了。有了新情况,不能不告诉你。

3月17日,收到费杰尼奥夫祝贺性的加急电报,告诉我柯里佐夫的文章已发表于3月17日的《真理报》。你读到了吗?我觉得你会感兴趣的。其中也包含着你的一份顽强劲儿。来函告知读后的想法吧。主要是谈谈你自己的近况。我可生怕你不理解我最近两封信中的激烈措辞而感到吃力不讨好。其实,我的朋友,是被我气坏了,所以想方设法要你和米沙从"苦难的历程"中抽身而出。托柳史卡,仅仅是由于希望这样,我才给你和米沙写了那样的信。亲爱的朋友,别恼火,还跟以前一样来信吧。

我的健康状况挺糟的,但简直不敢找医生。你知道这是为什么吗?我必须恢复工作能力,毕竟已经二十天没有写什么,在我看来,这等于死亡。我要尽量减少患病的日子。写吧,你的信总是让我大大振奋。如今我觉得这是难能可贵的。最初的两封信内,我曾寄上几张别尔谢涅夫①的照片,你收到了吧?玛·菲为什么没信来?最热烈地问候

---

① 别尔谢涅夫·列夫·尼古拉耶维奇(1895—1940),尼·奥斯特洛夫斯基的挚友。他们相识于1929年。别尔谢涅夫常去奥斯特洛夫斯基家,参与未来作家关于创作构思的讨论。他以本名出现于《钢铁是怎样炼成的》一书中。

你们俩。

紧紧握手。

你的柯里亚

1935 年 3 月 20 日　索契

P. S. 不要等待我一再提醒——你们写信吧。

363. 给日吉廖娃

（1935年3月22日，索契）

亲爱的淑洛奇卡：

刚接到来函。不晓得我们邮局出了什么情况。我曾寄给你几封信，也曾寄上（很久前了）一册小说第二部的单行本；然后，得悉你未收到，便寄出两部合并的一册；得悉你又未收到，便第三次寄出第一部和第二部。都是作为挂号印刷品寄的。邮局内有人偷去了这些邮寄的书。在我们伟大的国家里，小偷尚未绝迹，活像跳蚤，还在蹦跶。我这人脾气犟：第四次以挂号印刷品寄上第一部和第二部。难道会再次被偷走？……

你猜着了，我生过病。从3月1日起，一行字也没写出来。

神经系统出问题，贫血、乏力、感冒。在世上白活了二十一天。近日必须恢复工作。必须。

4月初，联共（布）市委将听取我的创作情况汇报。

对我作为一名党员的生活，你即使产生一丁点儿担忧也是不必要的。十五年前，一个小男孩在迅跑时绊了一跤，立即站起来；在随后的十五年内，在自己的生活中，再也没有摔倒过一次，再也没有偏离过一分钟。党会计较很久前的那次失误吗？当然不会。

如果你的信迟一天写，那就好了，我想你所有的疑惑都会云消雾散。看一下3月17日《真理报》上柯里佐夫的文章《勇敢》吧。

既然几封信你都没有收到，我就重复说一下，你来此处的最佳时节是6月、7月、8月、9月。

亲如家人的朋友，来信告知我们应于何时在索契迎候你吧。

你找一本杂志——1934年11月的《共产主义青年》,读一下亚历山德罗维奇的书评。

卡佳从莫斯科返回,一无所获。

我参加了作家①住房合作社。预付股金3875卢布,金额为18000卢布。答应秋季给房子。

妈妈真诚地向你问好。她自己会给你写信。

请函告你来索契的行期。一定要来哦。我们盼着。

亲如家人的朋友,紧握你的手。

你的柯里亚

---

① 数封信中,有称"作家"的,有称"作协"的,不尽一致。

364. 给特罗菲莫夫

（1935年3月28日，索契）

亲爱的康斯坦丁·丹尼洛维奇：

刚收到您的快信，内有合同。我不能不再次表示，大札总是让我精神振奋，决没有一次使我心情沮丧。这些信件有助于我的工作。这是真正的、符合党性的合作。合同我立即签署寄回。毫无疑问，我赞同每一项内容。

烦寄我复印件（归档之用）。

长篇小说《暴风雨中诞生的》（暂定名）前面四章，修改完毕，十至十二天可打印出来。约莫四个半印张。

第一，您可以对新书的开头部分先行做出评估，倘若发现什么缺点等，请提出意见，来函见告。只要我及早得知高见，就能加以改正。

第二，如果您认为书稿的开头部分没什么大毛病，那么不妨立刻开始翻译。其他各章，我逐月寄上。假如年底便能成书面世，那就太好了。

当然，这取决于未来的书是否具有政治和艺术的价值。如果没有，谈不上什么出版。对我来说，创作失败的危险是完全存在的。正因如此，您和聂发赫同志的帮助和及时提醒，在我看来，至关重要。当然，我永远打心眼儿里高兴和您会晤，可您工作紧张，未必能抽身吧。

我意外地生病，有二十天时间，生活全乱了套。前一阵猛干过头，结果为此付出代价。现在慢慢地恢复工作了。

关于个人生活的状况，我以后专门写封信谈。

请向聂发赫同志转达我的问候。

我将函告一切。

致以共产主义的敬礼!

尼·奥斯特洛夫斯基

1935 年 3 月 28 日

索契　胡桃大街 47 号

365. 给索尔达托夫夫妇

（1935年3月30日，索契）

亲爱的托利亚和玛特列娜·菲拉列托夫娜：

我让人读了你们的信。托柳史卡，首先你得记住，我绝对认为你是个好小伙子。然而，友谊并不妨碍自我批评，甚至也不排斥适度的争执。

当然，你有权表明自己的看法，不过还是舍弃"苦难的历程"吧。这样的话，我们之间就是一片平和的气氛，令人舒畅。我想，托柳史卡，我们再也不要回到这个话题上来了。

《真理报》3月17日刊出柯里佐夫的文章《勇敢》，你读过没有？我在上次信中要求你复函谈谈读后的感想。

别为我几封信的语气感到诧异。我生过一场病，而且很厉害。卡佳会函告详情。得到我的全权委托，她可以向我的朋友们披露创作进度和健康状况，因为我口授这寥寥数行也颇感吃力。如果她不履行职责，那你怪她吧。

我一直没有忘记你们，但请相信，我前一阵没给谁写信。

好不容易完成了四章。脑子里迷迷糊糊，干不成事儿，医生也不让干。托柳史卡，你想象一下，渴望完成长篇小说，如今却又得久久地推迟，这让人有多懊恼。

要是能听到你弹奏吉他，听到我们柔和地哼唱喜爱的歌儿，那该多么高兴。虽然在小照片上，你看得见年轻人围着我，可这是仅有的一次，没有谁接替你弹奏吉他。断了弦的吉他挂在墙上。

昨天，沃多普扬斯卡娅①来过，哼了《为我歌唱吧》，可惜随着她一块儿唱，我没有力气，嗓子也不行了。不过没关系，你们别担忧，我正在复原。在写完自己的长篇小说之前，我不能死，没有权利死。因此必须振作，前一阵太放松了。

　　接到许多让人感动的信件。值得活着。我会抗击各种疾病，活下去。

　　目前正在继续工作，身子有些虚弱。卡佳会函告详情。亚·彼②向你们问好。写吧，你们的来信是我所珍视的。

　　紧握你们的手。

你们的柯里亚

　　P. S. 一点也不要为钱操心，我有。

---

① 沃多普扬斯卡娅，尼·奥斯特洛夫斯基在索契时的朋友。
② 亚·彼，即亚历山德拉·彼得罗夫娜·拉扎列娃。

366. 给罗德金娜

（1935年3—4月间，索契）

亲爱的瓦尼亚和玛丽娅：

你们好。

玛丽娅，你的信收到。获知你们的音讯，颇感欣喜。但不知怎么的，一想起了患病——这太糟糕了，因为从3月1日起，我也身子不适，发高烧，虚弱不堪——正在努力摆脱这种状况。在此以前，正写着一本新书。写了四章，但全被这场病搅乱了。不过我依旧不服输，如今虽然进度缓慢，工作总算在继续了。

妈妈也病痛不断，所以卡佳难以外出工作。然而从1日开始，她出去了，可能是去了一家疗养所。老爸住在舍佩托夫卡，在塔尼娅那儿，因为我们这里住房紧张，太挤。米佳在学习。其实他很希望直接工作，但我坚决反对他放弃学习。他觉得学习非常困难，可大家都不轻松，都仍在努力。从你的来信中，从你的热情中，我认出了昔日的玛丽娅，并向你问候。

打字机挺管用。这减轻了我的劳动。身强力壮就好了，出版的合同是签不完的。只要短短一年能猛猛地干，可以写出多少有益的作品呵。不说也罢。

请来信谈谈自己的情形。我，还代表我的"集体农庄"全体成员，问候瓦尼亚和你。

紧握你们的手。

柯里亚

来信谈一切吧。

367. 给索尔达托夫

（1935年4月2日，索契）

亲爱的托柳史卡：

卡佳给的消息完全正确。这回我真是倒了大霉喽，可能会长期倒下去。它（这种疾病）还从未像现在似的困扰着我。朋友，你要理解，我接到多少写得挺棒的信，这些信召唤我工作，投入创作，但突然乱了套。然而我不顾一切，奋起抗击，惊动了所有高明或不太高明的埃斯枯拉皮俄斯。竟然得知患了双侧胸膜炎、心脏神经机能症，还有左肺也出现病灶。你瞧，征兆不太妙。可用不着担心哦，托柳史卡！随他去吧，只要继续活着，即便仅仅一年，我也要尽到自己对党的责任，然后就死而无憾。对了，我们还将前往莫斯科呢，准保可以会面。

你为什么责难柯里佐夫？因为他管我叫木乃伊吗？没关系的，托利卡，他的文章出来了，随后，《女共青团员》近日也将载文应和。我会立即寄上乌克兰文的复印件。瞧，多棒，他们要让保尔上银幕！工作得到这样的鞭策，关键时刻，却出现了可恶的障碍——病魔也不看看什么当口，说来就来。让我干完了工作再生病有多好……

在上一封信里，我口授，由卡佳记录的，提到我和你约定，别再回想过去的争吵。心平气和，体健神定。别恼火，别多思多虑吧，你这个老人家。你没有必要把自己归入"天真烂漫的一帮子"。在我心目中，你有着特别的位子，我珍视你的价值。要是你的身价化为金钱，可以把整个儿外宾商店①买下。如果你在这儿，连我的健康状况也会

---

① 外宾商店，指苏联20世纪30年代要求顾客用黄金支付的外宾商店。

好些，因为有时开开玩笑，引吭欢唱，即使没有伴奏，也会心胸舒畅的。

甚至关于来信的事儿也得补充一句：今天收到了你们的第二封信。

我真诚地问候玛·菲。亚历山德拉·彼得罗夫娜也向你们夫妇致意。"集体农庄"的情形，卡佳会函告的。

亲爱的朋友，保重。写写信吧。

紧握你们的手。

你们的柯里亚

P. S. 关于电影剧本，由于瓦莲基娜·伊奥沃夫娜患病，我打算找人协助①。若得到赞同，工作尽可能不拖延。

---

① 指德米特里耶娃·瓦莲基娜·伊奥沃夫娜曾根据长篇小说《钢铁是怎样炼成的》写过剧本，但未完成。

368. 给德米特里耶娃

（1935年4月2日，索契）

亲如家人的瓦莲基娜·伊奥沃夫娜：

您好！

尊函收到。我生病了，而且病得厉害。信写得简略又杂乱，请原谅。我绝对不会忘记您。这一点，您自己也知道的。

接到列薇克卡·史蓬特的来信。她在《共青团真理报》工作。近日《共［青团］真［理报］》要披露为数不少的资料，并提出把《钢铁是怎样炼成的》改编为话剧和电影剧本的问题。

今天我收到乌克兰电影制片厂少年部的信，建议依据《钢铁是怎样炼成的》，为他们编写电影剧本。得到我肯定的答复后，他们打算派代表来我这儿。他们提议委托一位经验丰富的编剧来帮我。他们这样做，是乌克兰共青团中央书记安德列耶夫建议的。

下面谈话剧剧本。我有意让您和史蓬特的丈夫——莫斯科青年工人剧场的经理建立联系。既然他们提出了剧本的问题，那么我要写信给史蓬特，表明希望剧本的作者是您。没错儿，是您。您不太喜欢史蓬特，然而问题不在于她，而在于剧本，在于您正在写的剧本。我乐意"看到"您写的话剧上演于莫斯科的舞台。

请马上来函，告知您对此事的想法。我不会自己写剧本。我没有精力。我一肚子怒火。创作进行到最紧张的时候，身体背叛了我。背叛哟，恶劣！我无法工作。这可能是我生活中最可怕的事情……

当然，我会击败它的。可是目前很糟糕。

您和绥拉菲莫维奇"讲和"了，我感到高兴。

我的好友，请记住，我永远不会忘记您。让我们保持联系的是真挚的友谊。如果我久不写信，也绝对不能否定这一点。管我叫柯里亚吧。

就此打住。

紧紧握手。

请读一下柯里佐夫写给薇拉·尼古拉耶夫娜的文章。您去她那儿时，烦转达我十分诚挚的问候。

您的尼·奥斯特洛夫斯基

1935年4月2日　索契

369. 给日吉廖娃

（1935年4月4日，索契）

亲爱的淑洛奇卡：

数天前，寄给你信和一册两部合并的长篇小说。是否收到，来函告知——这已是第四次寄书了。

亲如家人的朋友，立即函告，你何时来索契，我们何时会面吧。你真不知道，我多么想见到你。淑洛奇卡，快些来。

不久前接到来自基辅的一封信，现附上此信的复印件。这下要出现一部电影了。

紧握你的手。妈妈和卡佳真诚地问候。

你的柯里亚

1935年4月4日

P. S. 函告你何时到来。

我意外得病。双侧胸膜炎，发高烧，还有其他"令人舒适的"症状。亲爱的朋友，我盼望见到你。医生不准工作，甚至不准阅读，而目前创作正进行到最紧张的关头。你想象一下我多么恼火。似乎在开始好转了。

握你的手。

柯里亚

370. 给费杰尼奥夫

（1935年4月5日，索契）

亲爱的因诺肯季·帕夫洛维奇：

我突然患病。双侧胸膜炎、发高烧、心动过速、失眠以及其他"令人舒适的"症状。医生绝对不准我工作，连阅读也不准，偏偏正是在创作最紧张的当口。你想象一下，我多么恼火。曾接到乌克兰电影制片厂的一封信，现附上此信的复印件。周围所有的人在召唤我工作，召唤我行动，我却被困住了。在和病魔做斗争。医生吩咐什么，我通通遵嘱照办，只求早些恢复工作。柯里佐夫的文章见报后，我这里反馈如潮。

亲如家人的朋友，我紧握你的手。

但愿很快能向你报告，我已复原，并重新工作。

你的柯里亚

1935年4月5日

371. 给芬克利什捷因夫妇

(1935年4月5日，索契)

亲爱的米申卡和济莉娅：

我的病尚未好转。医生绝对禁止工作，甚至不准阅读，而目前创作正进行到最紧张的阶段。你想象一下，我多么恼火。曾接到乌克兰电影制片厂的一封信，现附上此信的复印件。在和病魔做斗争。医生吩咐什么，我通通遵嘱照办，只求早些恢复工作。柯里佐夫的文章见报后，我这里反馈如潮。

来信谈谈你们的健康状况吧。

紧握你们的手。

柯里亚

妈妈和卡佳向你们问好。

372. 给罗季奥诺夫

（1935年4月5日，索契）

青年近卫军出版社编辑
尼古拉·依利奇：

　　和这封信同时，寄上长篇小说《钢铁是怎样炼成的》第二部，其中我完全摈弃了第一章的开头部分，此处讲述保尔·柯察金参加反对派，对共青团员的正面人物而言，是缺乏典型性的。当代英雄，就是那些决不偏离党的路线的人们。这个事件是我为了使情节曲折而想出来的，看来在政治上和艺术上都不正确。

　　这是党内同志们普遍的看法。删除一个半印刷页毫不可惜，我们要把书做得更好，更加体现出布尔什维克的倾向。

　　罗季奥诺夫同志，恳请您依据收到的长篇小说第二部，在您手头的、我修改过的那一册上，把此次寄去的书上被删的部分也给删掉。

　　有文字需要删除的，是以下各页：15、50、57、118、119、121、145、154。

　　您删改完毕，烦函告。

　　我意外患病。双侧胸膜炎、发高烧、心动过速、夜间失眠，以及其他"令人舒适的"症状。在和病魔做斗争。但愿能很快恢复工作。

　　致以共产主义的敬礼！

尼·奥斯特洛夫斯基
1935年4月5日　索契

373. 给索尔达托夫夫妇

（1935年4月9日，索契）

两位亲爱的朋友：托柳史卡和玛特列娜·菲：

刚为我念了你们的信。我感受到亲人般的关切与温暖。托利卡，我眼前如此清晰地呈露出你来我处和我们一同唱歌的场景。老弟，你这人花样百出，谁如果赞同就上当了，是吧？

你确实说的对，我还没到寿终正寝的时候……我从那令人厌恶的棺材边逃离，又一次跟埃斯枯拉皮俄斯们开了个玩笑。卡佳说，她今天写过信，把我的健康情况告诉你们，写的是旧住址。因为有这么一封信，我只能紧跟着也发一封，代表我自己，最诚挚地向你们问候，并期盼着尽快和你们会面。只要那些强盗不骗人，那么入冬以前可以实现愿望——莫斯科的住房可能安排妥贴，尤其是医生们建议，居住地要气候干燥些。那样的话，老弟，我们会在一起了。我不能等到允许我开始工作的日子。接到大量信件和文章，召唤我劳动。近日我寄给卡拉瓦耶娃四章手稿，供审阅之用。我这倾注了心血的孩子会是什么模样呢？

工作多极了，就是健康状况不佳。一旦计划中的创作走上正轨，我立即会变得生龙活虎。目前则疲惫不堪。

紧紧地握你们的手，而你，托柳史卡，我还要吻你，为了你的花样百出和引吭高歌。你是我可爱的老弟，继续写信吧。

柯里亚

P. S. 阿·彼特洛夫娜和文学小组的老朋友们向你问好——他们发过信的，你去老房子问问。

374. 给卡拉瓦耶娃

（1935年4月11日，索契）

电 报

读了戴列德日耶夫的庸俗文章，心里难受。但我要对《文学报》上的这篇文字回砍它一马刀。信的复印件寄一份给你们。

奥斯特洛夫斯基

375. 给德米特利耶娃

（1935年4月11日，索契）

亲爱的瓦莲基娜·伊奥沃夫娜：

我忘了把史蓬特的地址写给您。她在《共青团真理报》工作，文艺部副主任。如果您有此愿望，请去编辑部找她，谈谈剧本的事儿。我已曾函告，《共青团真理报》提出了根据长篇小说《钢铁是怎样炼成的》编写电影剧本和话剧剧本的问题。电影将由乌克兰电影制片厂拍摄。我已接到他们的电报，近日会派代表来我处，讨论这个问题。

写剧本之事，最好商定，以免有谁白花力气。史蓬特的丈夫是青年工人剧场的经理，不妨和他谈妥。我已给史蓬特去信，表明本人希望剧本由您来写。

4月5日《文学报》上戴列德日耶夫的庸俗文章《亲爱的同志》，您看了吗？

我今天针对这个差劲的批评家撰文猛烈反击。或许，《文学报》会不刊登我的这封信，但《青年近卫军》肯定会用。

我正在复原。危险期过去了。体温正常，只是极度疲惫。就此打住。紧握您的手，亲如家人的好朋友。

您的尼·奥斯特洛夫斯基

4月11日

376. 给《布尔什维克真理报》编辑部

(1935年4月14日,索契)

乌克兰共产党(布)

文尼察州机关《布尔什维克真理报》编辑部

亲爱的同志们:

昨天收到你们的信。你们建议我寄上新的长篇小说中的一个片段,并谈谈正在进行创作的情形。我立即遵命照办。寄给你们长篇小说《暴风雨中诞生的》(暂定名)第四章的草稿。我建议依据贵报可能拨出的篇幅,发表本章的结尾部分。

在这封信里,我略谈一下长篇小说的题材,这也不妨当作那个片段的前言。

《暴风雨中诞生的》是反法西斯的长篇小说。时间——1918年。事件发生的地点——乌克兰西部的一个城市和东加里西亚。德国占领军被红色游击队追击,正从乌克兰逃离。波兰的贵族——地主、工厂主、银行家,正攫取政权,准备抗击向城市推进的革命队伍。波兰法西斯分子的头头脑脑们,是莫格利尼茨基家的伯爵、扎莫伊斯基公爵、糖厂主巴然科维奇、地主扎雍奇寇夫斯基、上尉弗罗纳、中尉扎列姆巴和神父叶罗尼姆。

共产党员们也在准备进行斗争。地下的州委员会在建立。党的忠实助手——共青团也在建立地下的基层组织。在反对嗜血成性的波兰法西斯分子的酷烈斗争中,父子两代人肩并肩地前进。抽水塔的司机——一位地下工作者的女儿奥列霞是如此,波兰共产党中央委员拉耶夫斯基的儿子莱蒙德也是如此。年轻的司炉工安德里·普达哈也是如此，地下工作使后者经受锻炼，纪律性增强。

　　致以共产主义的敬礼！

尼·奥斯特洛夫斯基

1935 年 4 月 14 日

索契　胡桃大街 47 号

377. 给索尔达托夫

（1935年4月15日，索契）

朋友：

你好！来信给我读了，我决定以战斗的姿态来响应召唤，听从你的建议，把各种疾病驱逐到"老妖婆"那里去，让康复的时段压缩到最短。

从4月12日起，自我感觉好些了，体温比较正常，所以我已经开始工作。没办法，被迫还击。看来，纵然是死人，也不得不撰文回答4月5日《文学报》上的一篇短文，或者更明确地说，是戴列德日耶夫的一篇书评——《亲爱的朋友①》。

如果你读过此文，那很好。我要认真答复。倘若《文学报》刊登出来，我会函告。总之，一件麻烦事儿开始了。那篇书评，逻辑极为混乱，只有这种人才想得出来。他跟《青年近卫军》过不去，从我这儿找由头，对《青〔年〕近〔卫军〕》杂志尬蹶子，可连我也给伤着了。要么捧上天，甚至为我举起指路牌，让我的小说进入"世界一流"的文学作品之列；要么建议伏谢·伊万诺夫②替我的书选音定调，即加之润色。如此胡言乱语瞎折腾，难道不是个无知妄为的家伙吗？照他的方法做的话，这算是谁的著作了呢？

总而言之，现在我鄙视这个人。等寄出了反击的文章，我会觉得

---

① "朋友"系笔误，应为"同志"。

② 伏谢·伊万诺夫（1895—1963），苏联作家。主要著作有：《游击队员们》《铁甲列车14—69》《有色的风》《魔术师的奇遇》《帕尔霍缅科》和《罗蒙诺索夫》等。

心头轻松些，毕竟《青年近卫军》杂志的人们也遭受粗暴的伤害。

我还得寄篇文章给乌克兰的报纸，并且在5月1日前寄出长篇小说的片段。

四章修改完毕，寄给了卡拉瓦耶娃，正等着结果。

就这些啦，老弟，我体力非常差。开始晒到一点太阳了。我盼着能够直接沐浴在温暖的阳光中的时日。但愿五一节前完全复原。

你使我想起去年，想起伙伴们。托利卡，你要知道，我如今是孑然一身。好伙伴，我确实思念你们，可不晓得自己还能不能像去年那样欢笑呢？没错儿，列夫①是我接待过的，可他一头扎进工作，每个月只出现一次，总是累得不行，来歇息个把小时。小伙子哪来的干劲？一副精疲力竭的样子。

接到过米沙的信——他躺在医院里，情况不妙。可怜他真不走运。或许，医生会把他撑到索契来。入夏前，我在院子里盖一座挡雨的小亭子，以后就可以整日整日待在室外。

托柳史卡，好兄弟，多么希望和你叙谈。话题多得很，纸短言长。不过，我期盼着秋季以前，莫斯科的情况会明朗化，因为肺科专家捷尔济扬博士坚决反对我在这里过冬。我的病并非仅为突发的感冒，而是索契潮湿的冬季渐渐引发的合并症。因此，我每年春季病得厉害。

你们的柯里亚

1935年4月15日　索契

---

① 即别尔谢涅夫·列夫·尼古拉耶维奇。

378. 给史蓬特

（1935年4月16日，索契）

列薇克卡：

你好！

建议写篇文章的来信收到了。正巧病得厉害，是肺炎。病危四天，过去了。虽然很虚弱，工作已开始。和这封信一起，文章寄上。简明扼要的——目前只能如此。

关于工作中的困难，关于手头缺少参考资料——描述1918至1919年波兰形势的政论、文件和书籍——这些我就不写了。影响不好，像在抱怨似的。反正这方面你也帮不上忙……远离莫斯科，没有机会接触参加过一些事件的、健在的波兰共产党人。不得已而求其次，我在利用记得起来的、曾经见过或读过的东西。残缺的场景，零星的材料，为我所用。

我曾函告，根据《钢铁是怎样炼成的》改编的影片，将由乌克兰电影制片厂响应乌克兰共青团中央的倡议而拍摄。总之，需要剧本。

列薇克卡，有件事情你多半能帮一把——促使出版社增加《钢铁是怎样炼成的》一书的印数（计划印十万册，可他们只印两万五千册）。你办这件事吧。我不是花季少年，前面尚有几十年时光。我在用月来计算自己的生命，希望见到这青年们正等待着的十万册书。从工厂，从边区，从州的各级团委接连不断地有信寄来，要求我帮助他们购得此书，以便组织阅读。

青年近卫军出版社为什么对年轻人的这种呼声固执地置若罔闻呢？我无意为这件事情致函青年近卫军出版社。这会引来我不愿听到的话语。既然人们认为用不着这样做，作者决不能强求。

顺便说说，第一次有人在媒体上冲我炮蹶子——戴列德日耶夫在《文学报》发表《亲爱的同志》一文。他认为必须痛斥我一顿，说我借书来抱怨周围的现实生活，等等，等等。最后，他邀请伏谢·伊万诺夫进行改写。我得好好地回敬他。

如果你能成功，让印数增加上去，那就太棒了。我还很虚弱，所以信写得简短。

你提出，假如我去莫斯科，可在你处寄居，我十分感谢。但是对不起，我无意接受这个邀请。只要他们不给住房，我就不到莫斯科去。

给我写信吧。向瓦尼亚致意。

倘若你们在《共［青团］真［理报］》上能拨出篇幅，我可寄上新小说的一个短短片段。

尼古拉
1935 年 4 月 16 日
索契　胡桃大街 47 号

379. 给索尔达托夫

（1935年4月19日，索契）

亲爱的托柳史卡：

我急于和你分享自己的喜悦。好兄弟，我的一本书，在西方也读得到了。这难道不是一种成功吗？乌拉①！！！

我的体质仍然虚弱，但这样的消息不能烂在肚子里。我们这儿的其他情况还是老样子。

你来信多谈谈自己。工地上怎么样？

最热切地问候你和玛特列娜·菲拉列托夫娜。一有新情况，我立即函告。相信你总是打心眼里为我的成绩感到高兴的。

紧紧握你的手。

柯里亚

1935年4月19日

---

① 乌拉（ypa），感叹词。此处表示热烈欢呼。

380. 给季纳莫夫

（1935年4月20日，索契）

《世界文学》编辑部主任

亲爱的季纳莫夫同志：

您的信，在念给我听的时候，令我回想起那些记忆犹新的岁月。骑兵的队伍排列得紧密。七百个人肃静无声。连战马也服从命令，肃立不动。旅长这个久经沙场、处变不惊的人，正宣读着命令，字句显得朴实无华。然而，他的心在欢跳，话有感召力："由于作战中勇敢机智，现在嘉奖……"随即报出某个大家熟悉的名字。攥着缰绳的手都发疼了。这样的话催人奋进……我希望您给我的信不是仅有的一封。年轻人在寻觅其经验，这是初学者所需要的大师——这些年轻人中，我是心情最急迫的一个。我知道，您会告诉我，你们关于翻译拙著的决定将如何付诸实施。您可以想象出，我将多么焦躁地等待着您这样的函件。《钢铁是怎样炼成的》正在跨出国门，这使我心潮翻腾……

我几天前才恢复工作。丑陋的病魔闯来，使我一个半月无法劳作。目前我沉迷于创作，这很艰难，却又是极为美好、令人欣喜的。

乌克兰电影制片厂近日将派出一个小组，从基辅到我这儿来，要根据长篇小说《钢铁是怎样炼成的》编写剧本。白俄罗斯共青团中央通知我，他们会把我的书译成白俄罗斯文。这将是我的书在苏联译成的第六种文字。后天，联共（布）索契市委的一次会议要在我的住所召开，听取我的创作汇报[①]。

[①] 实际上这个会议于5月16日召开。参见后面的第397封信。

我从未想到，生活会使我感到如此巨大的幸福。严酷的悲剧被摧毁、被消灭了，整个生活充满着节节胜利的创作之欢愉。谁知道我什么时候更幸福些——当还是个花季少年之时，抑或是现今？

　　但愿您感觉到我在握您的手。

您的尼·奥斯特洛夫斯基
1935 年 4 月 20 日
索契　胡桃大街 47 号

381. 给史蓬特和别列茨基[①]夫妇

（1935年4月20日，索契）

列薇克卡和万尼亚：

你们好！

列娃[②]，你寄的信和报纸收到了。谢谢。得悉同志们牵念着我的健康状况，十分欣悦。病危期已过去，体温正常。身体极其虚弱，不过已经有力气稍微做点工作。重又归队了（重归正在战斗的队伍）。

首先办你们叮嘱的事儿。文章已寄出，不要苛求高质量。这是急就篇（脑袋晕晕乎乎）。

我曾函告，乌克兰方面决定根据长篇小说《钢铁是怎样炼成的》拍电影。

瓦·伊·德[③]是一位年老的作家，几本长篇小说（《红色庄园》《曾经如此》等）的作者。她一向接近俄罗斯的地下革命组织，苏维埃时期没有写出什么，所以你们不知道她。她能否写好描述共青团的剧本，我说不准，但她确实经验丰富、才华横溢。她是苏联作家协会会员、国家个人特别退休金领取者。让瓦尼亚本人决定是否采用她的剧本。

附上季纳莫夫来函的复印件（作为提供信息）。谢谢你为了我的事情在出版［社］里忙于打交道。别忘了看看他们是否说话算数。承诺容易兑现难。

---

① 别列茨基·伊万·费多洛维奇（万纽沙），莫斯科青年工人剧院经理。
② 列娃，即列薇克卡·史蓬特。
③ 瓦·伊·德，即德米特里耶娃·瓦莲基娜·伊奥沃夫娜。

4月24日，我要在联共（布）索契市委的会议上汇报创作情况。这个会议将在我的住所召开。我已在写新的小说，总算又有所进展了。想起白白地浪费掉一个月，不由心火直冒。这一切过去了，真好，我又成了个棒小伙子。列娃，和我保持联系吧，凡是有意思的事儿，全给我讲讲。

如果你们认为有需要，我可寄上新小说的片段。请向特列古勃①转达问候。他的文章是带着共青团式的热情写成的，令人欢欣鼓舞。

紧紧地握你们的手。

尼古拉

1935年4月20日 索契

---

① 特列古勃·谢苗·阿道依福维奇，作家，文学评论家，1934至1938年为《共青团真理报》文艺部主任。他是尼·奥斯特洛夫斯基的挚友。后著有回忆录与特写集《活生生的保尔·柯察金》一书。这里指他发表于1935年4月3日《共青团真理报》上的一篇文章。他写道："为保尔·柯察金治病的医生问他的坚毅精神是从哪里来的，他回答：'您读读《牛虻》就明白了。'那么，后来有许多表现出英雄主义的年轻人，如果别人问他们仿效的是谁，他们将回答：'您读读《钢铁是怎样炼成的》就明白了。'"

382. 给阿夫古斯泰季斯[①]

（1935年4月20日，索契）

亲爱的阿夫古斯泰季斯同志：

您的充溢着温暖和友爱精神的信，已给我读了。它是正在进攻的队伍中战友伸来相握的手。这样的信，召唤斗争，召唤劳动。我希望它并非仅有的一封。您让我和白俄罗斯列宁共青团中央出版社的同志们建立友好的关系。他们会遵照团中央的决定翻译我的书。在青年近卫军出版社将于年内推出的俄文第三版中，我做了些修改，有删有增。但愿白俄罗斯文版以修订本的面貌问世。

请嘱咐同志们和我联系，我要尽快为他们寄去两册修改好的书，可据此翻译。

我要奉告，由于乌克兰团中央的倡议，《钢铁是怎样炼成的》改编为电影的工作已经开始。近日，我正等候着一个小组的人员从基辅来到这里，以便编写剧本。

与您的来信一起，我还收到另一封信，令我感到不亚于大札的喜悦。来信者是《世界文学》杂志的编辑季纳莫夫。他告知，长篇小说正在译成英文、德文，也就是走出国门……您准能理解我的激动心情吧？……

我直至日前才恢复工作。丑陋的病魔夺去了我进行创作的一个月时间……

后天，我要在联共（布）索契市委的会议上汇报创作情况。

[①] 阿夫古斯泰季斯·亚历山大·维肯季耶维奇，白俄罗斯共青团中央第一书记。

当地的报纸开始刊登我新写的长篇小说，作品的锐利矛头直指毕苏斯基分子。

我会寄上这几期的报纸。

夏天您可能来到我们这一带。我由衷地乐意和您会晤。

紧紧握您的手。

忠于您的尼·奥斯特洛夫斯基
1935 年 4 月 20 日
索契 胡桃大街 47 号

383. 给特罗菲莫夫

（1935 年 4 月 23 日，索契）

亲爱的康斯坦丁·丹尼洛维奇：

请您注意一下，亲爱的朋友，乌克兰文第一版上漏了译者的姓名——奥列克西·瓦拉弗瓦。如果还不晚，如果是偶尔疏忽，那么得在第二版订正。

这种脱漏，只恐会使瓦拉弗瓦感到不快。

我焦急地等待着第二版的第一批书。请像第一次那样卖给我五十册。这事儿您嘱咐过了吧？

前不久，我身患重病。目前还虚弱，但已在工作。我请姐姐向您函告我遇到的新鲜事儿——《钢铁是怎样炼成的》译成法文、德文、英文和白俄罗斯文。

接到乌克兰电影制片厂发来的电报，说他们的代表将于五一节前来我这里洽谈。

我特别感兴趣的，是您对新的长篇小说前四章有何看法。

同时，应《青年近卫军》杂志编辑部的要求，我把这几章的第二份复印件寄往莫斯科，给了安娜·卡拉瓦耶娃。我期待着你们的反馈。

要有啥说啥，不留情面，对我从严批评！我是个硬邦邦的小伙子。什么都扛得住。当然，依据作品的三分之一，很难对全书下结论，不过做出初步判定还是可以的。我只能预先透露，在以后的各章中，将展开两个阶级之间你死我活的惨烈斗争，这一斗争在前面几章内仅粗现轮廓。

戴列德日耶夫发表于《文学报》的那篇刁滑的、庸俗的文章，还有1935年4月14日《真理报》刊出的反击文字，谅必您已看过？

紧紧握您的手。问候聂发赫同志。

致以共产主义的敬礼！

您的尼·奥斯特洛夫斯基

1935年4月23日

索契　胡桃大街47号

384. 给芬克利什捷因夫妇

（1935年4月26日，索契）

亲爱的米沙和玛莲卡娅：

我还活着。疾病，置诸脑后；在工作，如同勤恳的公牛。从清晨到深夜，直至使完最后一点力气，才觉得这一天过得不错，安稳地入睡。

两位朋友，别责怪我久不写信。

我的情报局——卡佳和妈妈，看来工作得很差劲。我是托他们把我的一切告诉朋友们的。

你们准知道书在翻译的事儿——正由《世界文学》杂志译成德文、法文和英文。在明斯克，正在译成白俄罗斯文。5月3日，乌克兰电影制片厂的导演和编剧要到我这儿来，共商如何编写《钢铁是怎样炼成的》电影剧本。

我全身心地投入了工作。一切为工作。社会主义国家里的劳动万岁！

好朋友，要知道我永远不会忘记你们。老天爷只要还没瞎眼，那他一定看到我不是懒汉。

正在抓紧时间生活。的确如此，我恰似一匹好战马，要在用完最后的力气之前，争分夺秒，跑向终点。

我是个幸福的小伙子——活到了这样的时代，每分钟都宝贵，舍不得喘口气。往昔的一切失而复返——斗争、劳动、参加建设，胜利的喜悦、挫败的苦恼。难道这不是幸福吗？

请把手按到我的心上，它每分钟搏动一百二十次——我们生活在世上真是太好了。

米申卡,别病倒哦。夏季临近了,莫斯科的太阳照耀得百花亮丽、大地复苏。

热烈祝贺五一节。握你们的手,两个乖孩子。

干杯,为我们的斗争、幸福和友谊。

尼·奥斯特洛夫斯基
1935 年 4 月 26 日

385. 给索尔达托夫

（1935年4月26日，索契）

亲爱的朋友：

近况如何？

托柳史卡，久无音讯，我已在引颈企盼你的来信。你们身体好吧？我可是努力常常函告一切的。天气并不特别对我们友好，不过往往第二天就阳光暖暖的，把沼泽晒干。索契的小伙子们，如今发觉他们这儿有个奥斯特洛夫斯基，于是开始夸赞。我担心这样的夸赞最终变成责骂。

五一节前奖给我一台留声机。总之我没什么可抱怨的。只有一件事挺没劲儿，没有谁来一块儿度过休息时间。我想着和你们在一起，或者见到你再次施展魔法，出人意料，前来看我。热情似火地向你们表示五一节的问候。

紧紧握手。

尼·奥斯特洛夫斯基
1935年4月26日

何时得到奖金，咱们尽情玩儿一回。

386. 给索尔达托夫

（1935年4月28日，索契）

亲爱的托柳史卡：

刚给我念了你的信。好朋友，你是值得永远信任的。凡是你的来信，每封都至少有点儿逗笑之处，令人开颜。这些信函传送来你的乐观和活力，所以我听得开心。

哦，托利卡，托利卡，可惜五一节我们无法在自己友好的家里会面。不过，老弟，你别写什么了，就互不找茬儿吧。讲到你们的成就，你何必这么过分谦虚呢？《消息报》在报导泄水闸的启用。无论如何，你得把这项工程看作是对罗斯托夫事件的一种将功补过①。我们需要谈论的内容是如此之多，在信中无法全部写出，双方都已经在心里积存了大量的话语，需要在友好的叙谈中倾吐。不管怎样努力，靠通信是表达不尽的。

关于戴列德日耶夫，我上次回忆了一下。你别考虑给他写信，用不着，随他去吧。我好好地回复过了。够啦。你知道，一堆臭狗屎，你越搅动，它发出的味儿越臭。老弟，原谅我这么形容。我当然可以讲得平和些……你瞧，女性在写，可能念的也是女性。你知道的，我对她们的态度十分谦和。借此机会，我向玛特列娜·菲拉表示最热情的问候，她的信使我好感动，虽然并非直接寄来，而是转交的。非常感谢她的友善祝愿，我正在百分之百地努力。为了证实这一点，必须夏季前来看看，检查我的许诺是否在兑现。

---

① 索尔达托夫曾在罗斯托夫质检部门工作，负责检查泄水闸的建造。一次意外的暴雨冲毁了索契河畔的所有设施，索尔达托夫也因而被撤职。

确实如此，两位亲爱的朋友，如今我一心一意工作。感觉到体力不支，不过仍然可以这样工作。30日要完成第五章。暂时没能顾及质量，只觉得非写不可。费杰尼奥夫来信，责怪我劳累过度。然而朋友们，理解我吧，我不能换一种方式。托柳史卡，你对我应该是能理解的。你有一颗敏感的心，对我尤其关切，这是我所珍视的。5月上旬，你得从基辅赶来，帮忙应对编写电影剧本的事情。我要养精蓄锐，所以从1日起休息一两天，我有权这样做吧？朋友，你提到阳光。你知道的，我们这里的阳光很吝啬。没错儿，并不冷，但潮湿——雨经常淅淅沥沥地下，雷鸣电闪。我还没冒险到院子里去，不过有太阳的日子，房间的窗户敞开着，我感觉到暖意（虽然是由窗户传入的）。

行了，似乎全写到了。如果忘记什么，很快就再函告吧。

诚挚地问候你们。

热烈地亲吻。

欢迎你们来信。

你的幽默挺出色，我已经讲给许多人听了。

柯里亚

1935年4月28日

387. 给卡拉瓦耶娃

（1935年4月30日，索契）

电 报

亲爱的安娜·亚历山德罗夫娜：

五一节的热烈问候。《共青团真理报》编揖部发来电报，要我寄去写成的数章。希以电报告知意见，是否应许。

你的奥斯特洛夫斯基

388. 给索尔达托娃

（1935年4月，索契）

可爱的亲如家人的莫坚卡：

我①和妈妈恢复精神了。柯里亚正在复原中，而且开始晒晒太阳。我一直忙着工作。主要在医院里干活（和病员打交道，比和健康人打交道容易些）。现在说说基斯利科娃。她真的非常希望探访文学小组，她也实在需要帮助。应该帮帮她，可我没有时间，后来我们再也没见过面。一个冬天，她瘦了些。她说过要给你写信。亲爱的莫卡，只要你那儿有可能离开，那就来这儿歇一阵吧。还可以洗洗海水浴。我正感受着这种气候的变化。明媚的阳光快照临吧。那时我将真正活跃起来。

祝你身体健康。在我心目中，你的来信替代着（当然，是在一定程度上）我们的直接交谈，因此，每当别人念的时候，我总是听得很高兴。

好朋友，写吧，谈谈一切。

紧握你的手。

尼古拉

P. S. 问候我真诚的朋友玛特列娜·菲拉列托夫娜，并表示最美好的祝愿。五一节你们玩儿个痛快吧，同时也为祝愿我康复而干上一杯。我不会落后的。

祝万事如意。

柯里亚
1935年4月

---

① 此信开头部分，显然是代笔者——尼·奥斯特洛夫斯基的二姐卡佳以自己的口吻写的。

389. 给卡拉瓦耶娃

（1935年5月2日，索契）

亲爱的安娜·亚历山德罗夫娜：

你的电报已收到。我把你所应许的一段文字寄给《共青团真理报》了。接到《共青团真理报》的两份急电，执意要我寄去新小说已写成的数章，以便在《共青团真理报》上连载。我今天复函，说他们如果要这么做，请取得你的允许，未经同意不可刊登。当然，他们的建议非常诱人。然而，第一，我是"青年近卫军"的人，首先要讲纪律性；第二，书尚在生产过程中，还没经过你们的"扫射"。这些情况，我已函告《共青团真理报》的同志们。

盼着你来信评价前几章。

我这儿五一节过得挺好。市委的全体领导、边防部队的指挥员、边区报纸《铁锤》的编辑，当天示威游行后，都在我这里度过节日。电影导演和编剧，从基辅到来了，要一同依据长篇小说《钢铁是怎样炼成的》改编成剧本。

我接到乌克兰共青团中央常委会的会议记录（摘要），其中记述了关于拍摄影片何人应对何事负责的决定。

休息时间短，我匆匆写信。马上会来客人——共青团的积极分子。我们要乐上一阵。党市委由于我"在文学战线上的突击工作"而奖励了一台留声机。

昨天，给柯里佐夫发去电报，内容如下：

"莫斯科。《真理报》。米哈依尔·柯里佐夫。

"五一节的热烈问候。党中央机关的《真理报》给予布尔什维克式的关切卫护,我感激不尽。敬重您的(签名)。"

紧紧握你的手。我全家向你诚挚地问候。

你的尼·奥斯特洛夫斯基

1935年5月2日

胡桃大街47号

390. 给特列古勃和史蓬特

（1935年5月2日，索契）

亲爱的特列古勃和史蓬特同志：

你们的电报收到了。还在这之前，我已为你们寄去新小说第四章的文稿。由于已向《青年近卫军》杂志编辑部做出共产主义式的承诺，即新小说将在《青年近卫军》杂志上发表，我非经安娜·卡拉瓦耶娃同意，不能接受你们诱人的建议——在《共青团真理报》上刊载我已写成的新小说的第五章。不言而喻，我本人乐于赞同这令人感到荣幸的建议。经由全苏联的大量报纸，我收到数以千计的读者来信——我想这是每一个作家所企盼的。我给卡拉瓦耶娃发去电报，她的回音来了："你可交一章给《共青团真理报》。"只要你们和《青年近卫军》谈妥，我极愿提供已写完的各章。顺便奉告，这数章已在卡拉瓦耶娃同志那儿（我是寄去供审阅的）。因此，你们可以全文刊登我寄上的第四章。倘若你们希望换一章，我可寄上第一章。顺便奉告，这一章已在索契的多家报纸刊出，我觉得当地这类简朴的小报不可能成为你们的"竞争对手"。

五一节过得挺好。本市的积极分子、边防部队的指挥员、边区报纸《铁锤》的编辑，当天都来我这儿。

我们不要中断友好的联络。

紧紧握你们的手。

致以共产主义的敬礼！

尼·奥斯特洛夫斯基
1935年5月2日
胡桃大街47号

391. 给科列斯尼科夫[①]

（1935年5月3日，索契）

亲爱的科列斯尼科夫同志：

《共青团真理报》转来一批信件，其中有您的这封。

非常感谢您告知《共青团真理报》，我的长篇小说在塔甘罗格市成了禁书。由于这种目无党纪的荒唐行为，犯罪者会受到相应的惩处。

情况是这样的，昏庸的蠢货们把我的《钢铁是怎样炼成的》和布瑟金的《百炼成钢》[②]当成同一本书了。该书是吹捧反革命分子托洛茨基的。

谢谢通知。正在采取相应的措施。

致以共产主义的敬礼。

奥斯特洛夫斯基

请十天后函告，各图书馆内我的书是否已重新上架。

---

① 科列斯尼科夫·华西里·彼特罗维奇，一位读者，尼·奥斯特洛夫斯基与他有信函往来。

② 长篇小说《钢铁是怎样炼成的》的俄文书名与另一本书《百炼成钢》仅一词之差。

392. 给高莉娜①

（1935年5月4日，索契）

尊敬的高莉娜同志：

您的信收到。那么，罗季奥诺夫是离开出版社了。在我与青年近卫军出版社合作的四年当中，他是和我联系的第十一位编辑。真像走马灯。不难想象，这种情形会对工作产生怎样的影响。高莉娜同志，请弄清楚，罗季奥诺夫对您交代了什么。

我曾寄给他长篇小说《钢铁是怎样炼成的》第一和第二部，我在其中改正了一些错误，有删削，有更动。然后又补寄过第二部，其中剔除了第一章（保尔·柯察金参加1921年的"工人反对派"，还有因为剔除了与"反对派"相关的事件而在此后各章中必须做出的修改）。许多共产党员建议我删去第一章的开头部分。不必让一个坚定的共青团员陷入反对派的混乱圈子。事件是偶然性的。

这补寄的、修改过的第二部，在不在您手头？如果在（那上面我写明"经作者补充修改的"），那么凡是其中修改和删节的，都必须移入此前我寄给罗季奥诺夫的第二部。如果不在，请速函告，以便我寄上一册新的。

总之，高莉娜同志，如果《钢铁是怎样炼成的》第三版、第四版的编辑到我这儿来两三天，讨论该书，最后审订，那就很好，甚至是非如此不可，因为这几年来，每位编辑都曾使出各自的解数，施行手术。这样做的结果，长篇小说创口累累。整章整章有很抢眼的，可

---

① 高莉娜·伊达·阿尼西莫夫娜，青年近卫军出版社编辑。

"缝合处"没弄妥贴。一句话,这种状况得跟领导层谈谈。只要可能,就来一位同志吧。

我恳请您告诉我出版的进程。至今这个进程尚未结束。最好您本人来。认识一下,商议一切,这该多好。我们可以一同读新小说已写完的数章。顺便奉告,乌克兰的电影剧作家扎茨要来我处,一起根据长篇小说《钢铁是怎样炼成的》改编成电影剧本。

等候您的回音。请更经常地来函。这必定大大有助于活跃的沟通。

致以共产主义的敬礼。

尼·奥斯特洛夫斯基
1935年5月4日　索契

393. 给卡拉瓦耶娃

（1935年5月7日，索契）

亲如家人的安娜·亚历山德罗夫娜：

盼着你来信评价前四章。每天在盼。寄上第五章。我全身心地投入工作。可是，亲如家人的朋友，体力实在所剩无几，力气小得没办法用言语表达。

电影《钢铁是怎样炼成的》将是一部有声片。

我接到大量来信，每一封都非常美好，充满朝气，催人战斗。我的生活变得幸福无比，但就在这时候，医生们说：至少休息一个半月，否则要一命呜呼。

党内的领导们和我的关系陡然变化，我得到关注和照顾。

亲如家人的朋友，你说我秋季能不能返回莫斯科？（你瞧，《文学报》没有刊登我的信，这些家伙！）

两章的草稿已出来，得稍稍歇一阵了。

罗季奥诺夫果真离开了《青年近卫军》。为什么？确实像走马灯。他是《钢铁是怎样炼成的》第十一位编辑。现在是高莉娜。

写信吧。

紧紧握手。

致以共产主义的敬礼！

尼·奥斯特洛夫斯基
1935年5月7日　索契市

《接班人》要求登些东西。我寄去，让他们登吧。反正都是咱们共青团的。

394. 给克龙加乌兹

（1935年5月7日，索契）

《接班人》编辑部副主任
亲爱的克龙加乌兹同志：

　　尊函已经给我读了。今天寄上我目前正在创作的长篇小说《暴风雨中诞生的》（暂定名）第五章。只要适合于杂志，您不妨在最近数期的《接班人》上全文连载这一章。为此写了一段简短的前言。如今我满足了《接班人》很久前的要求——寄上一张照片。我是《接班人》的忠实读者，是它最老的读者之一。您的嘱托我永远乐于照办，唯一的要求是请刊登片段的各期杂志寄我五份。

　　紧紧握手。

　　致以共产主义的敬礼！

尼·奥斯特洛夫斯基

1935年5月7日

索契　胡桃大街47号

395. 给索尔达托夫

（1935年5月9日，索契）

亲爱的朋友：

叫我拿你怎么办？你干吗不肯真正地理解我？为什么不按我所要求的做？怎么汇来了这笔钱，而且是在你们都正患病的时候？托柳史卡，你得相信，这会让我气恼的。用不着，别这样做，求求你啦。希望到此为止，下不为例，行吗？这是我作为好友的第二次请求。你别再惹我生气了，还是告知你们全家的健康状况吧，我非常牵挂。你们在那里怎么会染上寒热病的？这些症状简直是对人们的嘲弄。我总算摆脱了一场大病，只是身子虚弱，无可奈何。

寄上所有在报纸上登载过的章节，想听听你的意见。你猜对了，为了形成对比，这个家庭暂时描述成这样才好。已发表于《索契真理报》。《共青团真理报》也刊登了。《接班人》也要连载。乌克兰同样在开始刊出。老弟，在这条战线上是捷报频传。大家在召唤我劳动，可偏偏体力只剩下一丁点儿了。真想拿定主意，自己给自己放个假，稍微喘口气。

青年近卫军出版社的编辑高莉娜近日要来我这里，基辅那边也有位电影剧作家要来。这么个情况，如何歇得下来，却又实在想偷一会儿懒。感觉到有这样的需要。

你的第一封信，我还没打算回复。老弟，在这个问题上，我是坚定不移的，或许不正确，但我别无选择。我根本不信能改善这小伙子的心理状态，而且他也不需要听我的观点。

我担心拉尤史卡把你当成我和她之间的传话人。这也同样不需要。

你我讲定了，咱们不着手这样做。位置要由自己来确定。我理解，书引起她的许多苦痛。在以后的版本中，我会尽可能把一切区分开来。关于我们的休闲，我和你意见一致。有什么能比大自然，即不加任何点染雕饰的大自然更美妙的呢？可惜并非所有的人都珍惜这一点。

我给卡拉瓦耶娃去了信，等候她就住房的事儿给个明确的回音。他们在这方面出过大力。

写了不少，大概可以就此搁笔了。秋天，我无论如何要在莫斯科居住。莫斯科让人想得好苦，但愿有个满意的结果。

我忙于工作和患病，冬季一晃而过，料峭的春季也瞬息即逝，夏季也不会姗姗来迟。

好兄弟，真遗憾，夏季你获得假期的希望微乎其微。我盼着米沙来休息一阵。这小伙子老是生病，躺在医院里，刚刚有些好转。多棒的小伙子，太让人懊丧了。

朋友，来信谈谈你家的一切情况吧。你的信件都使我高兴，只是不要汇钱。记住，托柳史卡，别使我恼火。可能还会需要你的帮助，那么我将自己开口。你要相信我。

诚挚地问候玛特列娜·菲拉列托夫娜，并表示最美好的祝愿。

紧握你的手，并吻你。

你的柯里亚

1935 年 5 月 9 日　索契

P. S. 有新情况，我会立即函告。你们来信吧。

396. 给《文学报》编辑部[①]

（1935年5月11日，索契）

今天刚读了《文学报》4月5日刊出的、鲍里斯·戴列德日耶夫的文章《亲爱的同志》全文。虽然近期患了重病——肺炎，但我仍不得不拿起笔来，撰文答复这篇文章。我将写得简短。

首先，我是《钢铁是怎样炼成的》这部长篇小说的作者，坚决反对把我和小说主人公之一的保尔·柯察金视为同一个人。

我写的是长篇小说。批评家的任务，是指出其缺点和优点，断定其是否有助于我们对青年的布尔什维克教育事业。

批评家戴列德日耶夫在文章的后半部分，偏离了在此范围内研析该书的正道，写出一些令我无法保持缄默的东西。例如："但我们在这里必须指出《青年近卫军》编辑部的错误。问题在于，保尔·柯察金就是奥斯特洛夫斯基。（他的经历，不久前柯里佐夫在《真理报》发表访谈录《勇敢》，加以描写。）长篇小说则是他本人的记述。由于瘫痪又失明的奥斯特洛夫斯基被铁箍困住，与世隔绝，保尔·柯察金和妻子那市侩般的娘家进行斗争，这种家庭纠纷便在长篇小说的最后部分占了中心位置。卧床不起的奥斯特洛夫斯基没有觉察到，在这场斗争中，保尔·柯察金变得何等浅薄。保尔·柯察金的典型特征逐渐消损，变为奥斯特洛夫斯基通过主人公所发的个人牢骚。该书编辑史蓬特和杂志编辑部相比，显示出较为灵敏的政治嗅觉。她把有关家庭纠纷的情节缩减到最低限度，强调了这场斗争的政治实质。相形之下，

[①] 俄文版《尼古拉·奥斯特洛夫斯基文集》（1—3卷）把这篇文字列于第二卷的《文章、演讲、谈话》中，但显然这是一封信，故收入本书。

杂志却整个儿刊登长篇小说这冗长的部分,从而损害了保尔·柯察金花岗石般的形象。"

戴列德日耶夫为什么要如此耸人听闻地宣称,保尔·柯察金就是柯里佐夫在《真理报》上写的那个奥斯特洛夫斯基呢?

这些话多么刺耳!戴列德日耶夫为什么要对长篇小说的作者和保尔·柯察金(这两者是被视作同一人的)出言不逊(我费力地克制自己,不用比较尖锐的言辞)?戴列德日耶夫所提及的、最末一章的结尾部分,在书中并未发表。然而,批评家赏给《青年近卫军》杂志编辑部的一脚,恰恰踹在我的脸上,我不得不回击。

如果您,戴列德日耶夫同志,并不深刻理解保尔·柯察金与侵入他家庭的小资产阶级自发势力及市侩习气所做斗争的党性内容,而把这一切归结为家庭内的无谓争吵,那么您的政治嗅觉哪里去了呢?无论是保尔·柯察金还是奥斯特洛夫斯基,都从不怨天尤人,像戴列德日耶夫所妄言的那样。任何铁墙也根本无法把保尔·柯察金与生活隔离开来,党也没有忘记过他。在他的周围,经常有一些党内朋友和共青团员,而且他从党和党的代表人物身上汲取力量。不管是故意还是无意,戴列德日耶夫既侮辱了身为布尔什维克的我,也侮辱了《青年近卫军》杂志编辑部。

接着,戴列德日耶夫公开要求作家伏谢·伊万诺夫负责为这本书"选音定调",加工润色。这样的话,"它才能达到社会主义时代杰出作品的水平"。我非常敬重作家伏·伊万诺夫。我相信他也会由于戴列德日耶夫的戏剧性姿态而觉得尴尬。

我们这些刚刚进入文学界的青年作家,渴望向世界上的和苏联的文学大师学习,从他们的经验中汲取菁华。他们教诲我们。

绥拉菲莫维奇把自己一次休假的全部时间都花在了我的身上。大师向年轻的学子传授经验。回忆起和绥拉菲莫维奇的数次会面,我总是感到十分充实和满足。安娜·卡拉瓦耶娃即使缠绵病榻，也审读我的原稿，做了独到的指点和修正。马尔克·柯洛索夫把这原稿带到共青团中央去，交给萨尔塔诺夫①同志，后者由于白天抽不出时间，便在百忙中利用整个夜晚审阅原稿。

根据他们的点拨，我做出判断，亲手删除所有的冗词赘言。亲手！布尔什维克是这样进行协助，对书稿"加工润色"的。书存在着许多缺点，远远够不上完美。可如果由尊敬的伏谢沃罗德·伊万诺夫重写一次，那么这将算谁的著作呢——他的还是我的？我准备向伏谢沃罗德·伊万诺夫学习。但要修改自己的书，非得吸纳文学大师们的指导性见解，融会贯通，然后亲自动手。这些指导和建议，在我们年轻人的心目中，如同空气一般需要。他们的帮助是同志式的、创作上的，是布尔什维克式的批评。这些，在戴列德日耶夫那里丝毫也没有。

致以共产主义的敬礼。

尼·奥斯特洛夫斯基

1935 年 5 月 11 日　索契胡桃大街 47 号

我要求《文学报》编辑部刊登此信。

---

① 萨尔塔诺夫·谢尔盖·亚历山德罗维奇，1929 年至 1936 年任苏联列宁共青团中央书记。

397. 给布别金①

（1935年5月20日，索契）

亲爱的布别金同志：

　　刚接到您的电报。这么迟，很遗憾。四十五分钟后，去莫斯科的列车便要驶离。因此，我写信只有十分钟。此刻不寄，信就迟发了。拍电报吧，将简略、枯涩。我抓紧时间……寥寥数语，奉告以下情况——

　　5月16日，联共（布）索契市委常委会在我的住所召开会议，听取了我的创作汇报。速记稿两天后整理好。我给您寄一份去。如有必要，可在《共青团真理报》上刊出。

　　紧紧握您的手。

　　致以共产主义的敬礼！

尼·奥斯特洛夫斯基
1935年5月20日

---

① 布别金·弗拉基米尔·米哈依洛维奇，《共青团真理报》主编。

398. 给列戈茨基

（1935年5月21日，索契）

尊敬的同志：

我和您是邻居。我房间的窗和您家的门相距三米。疾病缠身，长年卧床，不过在忙于工作。我的职业是作家。这种劳作要求殚精竭虑，尤其必须安静。

由于我无法从这个房间转到那个房间，或者去别处工作，您的器乐练习使我完全无法进行创作。咱们是近邻，关上窗户也无济于事。

结果是我接连数小时中止工作。去年整个夏天便是这样。

昨天，又开始听到长笛或单簧管（我吃不准）的乐声，因此决定给您写封友好的信，要求想个什么办法，解决双方不同职业所造成的矛盾。

再次说明，如果我能避免这种情况，当然就不会写信了。

向您表示同志的问候。

尼古拉·奥斯特洛夫斯基
1935年5月21日
索契 胡桃大街47号

音乐家列戈茨基接到此信，便停止在家中练习器乐。后来，早晨出门前，他还帮着把柯里亚抬送到院子里。

——拉·奥斯特洛夫斯卡娅

399. 给索尔达托夫

（1935年5月23日，索契）

亲爱的好友、亲如家人的托利亚：

有好一阵没写信，但我的忠实通讯员卡佳，依照我的嘱咐，函告过这段时日的所有新闻。

朋友，是这样的，遵从党市委的决定，自下月1日起我休假。本月20日起应当歇下来，可仍然并非一切事情都能告个段落。一天天紧张得疯了似的。从基辅来了位电影剧作家。访问的人川流不息——全说有要事急事。感觉到需要休息了，下月1日开始，凡是前来洽谈事务的人，都得拒之门外。正是在这种时候，托柳史卡，我很想和你会面，听到你的声音。歇会儿，太棒了。有人函告，边区要寄送收音机和留声机，只是尚未寄到——我正等着。

我妈妈已于20日进了疗养院，休息一段日子——住的是单间。叶卡捷丽娜干不了活，疟疾使她浑身没力气。你想想看，这状况有多糟糕。接连三天，她体温超过40度，人瘦成了皮包骨。目前在医治。妈妈回来后，要让她去疗养。好朋友，情况便是如此。

目前你不在索契，我依旧感到惋惜。天气仍然冷，我还一次也没有到院子里去。答应我26日之前搭建个小亭子，那时我就要去院子里了。

来信谈谈工作、健康，谈谈一切。休息的计划，我赞成，努力实现吧。任何时候会面，我都高兴。米沙应允近日到来。拉娅也打算1日动身前来，我不知道她是怎么这样决定的。

气候稳定，暖和、干燥。好像需要什么呢？休息一阵，只要在院子里就行。好兄弟，我仍希望和你会面，握握你的手，唱唱咱们久藏心头的歌曲。确实如此，你能办到吗？咱们期待着吧。

诚挚地问候玛特列娜·菲拉列托夫娜。

你的尼古拉

1935 年 5 月 23 日　索契

400. 给芬克利什捷因夫妇

（1935年5月23日，索契）

亲爱的米沙和济莉娅：

我拍了电报，因为超负荷工作，未能及早发信。米申卡，我等着你。天气暖和了。可以在院子里舒适地晒晒太阳。关于工作情况，我特别不想赘述。你来了，咱俩面谈。手头的活儿多得要命。应该从20日开始休假，但工作还难以告一段落。编辑高莉娜来了。我和她审阅《钢铁是怎样炼成的》全部原稿，要让第二次的普及版（一万册）出得完全符合我本人的意愿。

下月1日起休假。虽然电影剧作家已从基辅到来，但我不会干得过猛的。

好兄弟，你来吧，神聊一切。妈妈在疗养院，边休息边治病。卡佳得了疟疾，不过也已在好转。我的"集体农庄"指挥部整体涣散了。这并不碍事，有些曲折变化是必定的。有位女性帮助我们，诸事顺利。任何处境都会有好的和坏的方面，当前也是。从1日开始，我绝对不工作了。你来吧，我盼着。

诚挚地问候。紧握你俩的手。

你们的柯里亚
1935年5月23日

401. 给斯杰西娜

（1935年5月24日，索契）

亲爱的索尼娅：

　　数月过去，可你那儿一直没有音讯。这是为什么？莫非我不知怎么一来得罪过你？我向许多朋友打听你，问索尼娅目前怎么样。他们说，索尼娅在岗位上。我知道，你是专心致志地工作，我这几个月也忙得分秒必争。寄上党市委常委会议速记稿，此次会议听取了我的创作汇报。

　　索尼娅，你给苏联作协打电话，探问一下我的会员证的事儿。

　　近些日子，我这儿总有意外的事情发生。下月1日开始，我应该休假了，来访不尽的人流也将中止。那时我会写长些的信给你。目前我健康状况不佳，疲惫不堪，简直没有力气集中精神函告一切。

　　亲爱的索尼娅，紧紧握你的手。

尼·奥斯特洛夫斯基

402. 给特罗菲莫夫

（1935年5月25日，索契）

亲爱的康斯坦丁·丹尼洛维奇：

久无来自您处的音讯。我得不到自己感兴趣的新消息。第二版情况如何？还有其他许多事情。盼函示。

电影剧作家扎茨来了。我们着手编写电影剧本。

曾补寄上第五章。收到了吗？

嘱咐我休假一个月。我遵命。过几天我给您写长信。

亲爱的朋友，请记住，我在等您的来信。

紧紧握您的手。

问候聂发赫同志。

请别忘了寄来我自费购买的五十册第二版。

致以共产主义的敬礼！

尼·奥斯特洛夫斯基

1935年5月25日

索契　胡桃大街47号

403. 给卡拉瓦耶娃

（1935年5月25日，索契）

亲爱的安娜·亚历山德罗夫娜：

今天党市委给你们杂志寄去了联共（布）市委常委会议的速记稿，此次会议听取了我的创作汇报。如果你认为必要，可在杂志上刊登①。

我的生活节奏逐日加快。火热的现实生活执拗地、不可阻拦地闯来，不容违抗地要求为它做出贡献，直至绞尽最后一滴脑汁。你说这不好，左倾了。然而我没有力量抵拒它。比如，我收到共青团组织和个别同志寄来的大量信件。他们都要求函复。那是些多么美好、多么令人感奋的信函！直至如今，我才深切地感触到自己的书在青年的内心所激活的、圣洁的思绪。寄上其中的两封。

你知道，我被命令停止工作一个月。不晓得那些医生用什么话吓唬同志们。我遵命。

可是电影剧作家来了。必须写剧本。在这个行当里，我是刚进门的学徒。然而，乌克兰［共青团］中央坚持要我参与写作。这是光荣的任务。应当把共青团的影片拍得光彩夺目、激动人心。这都是必须投入精力的。我的精力却已消耗殆尽，需要养精蓄锐。得休息一阵。但人流如潮，几乎无法避开。

即便如此，安娜同志，我仍然幸福无限。我从来没敢奢望，自己的生活中会有这样的转折。

---

① 有关文字，后刊登于《青年近卫军》杂志1935年第六期。

等到休假，我会写得多些、具体些。此刻，思想集中不起来。
向大家问好。

我亲如家人的朋友，紧握你的手。

尼·奥斯特洛夫斯基
1935 年 5 月 25 日
索契市，胡桃大街 47 号

我基本上赞同你的批评意见①。已根据这些见解修正，剔除了偷偷钻入的糟粕。

---

① 指卡拉瓦耶娃对长篇小说《暴风雨中诞生的》前面数章的批评意见。

404. 给阿夫古斯泰季斯

（1935年5月25日，索契）

亲爱的阿夫古斯泰季斯同志：

寄上我的长篇小说（暂定名为《暴风雨中诞生的》）前数章。其余各章，也将寄上。我等候着你的工作人员——白俄罗斯共青团中央出版社工作人员的来信。

我为他们准备好了修改过的两部①。如果你到了我们这一带，请来做客。我由衷地高兴和你会面。

命令我停止工作，休息一个月。我遵命。

问候你们大家。

紧紧握你的手。

致以共产主义的敬礼。

尼·奥斯特洛夫斯基

1935年5月25日

---

① 指《钢铁是怎样炼成的》第一、第二部。

405. 给卡拉瓦耶娃

（1935年5月27日，索契）

亲爱的安娜·亚历山德罗夫娜：

昨天傍晚，乌克兰中央执委会主席格利戈里·伊凡诺维奇·彼得洛夫斯基来探望我。

在我心目中，这是一次难忘的会面。格里高利·伊凡诺维奇对我的态度那么亲切，那么关切，使我内心深处激奋不已。我们交谈一个半小时。

临别他吻了我，说："继续活下去，燃旺心中的火焰吧。"

对于这次会面，等我理清了思绪，再多写一些①。

尼·奥斯特洛夫斯基

你的长信和明信片都已收到。目前，我一天天忙得像发疯，不过很快就会写封长信的。我保证，再也不把片段提供给任何人，可是请原谅《索契真理报》吧。我这样做，是接受联共（布）索契市委的嘱托，要提高读者对报纸的兴趣。再也不提供给任何人。句号。倘若你们8月刊出，我将很高兴。我不提出期限。

---

① 相同内容的信，同一天还写给了诺维科夫、绥拉菲莫维奇、扎尔卡、费杰尼奥夫、特罗莫夫，并有简短补充："我在等第二版的书。下一封信详谈。紧紧握你的手。"

406. 给马林斯基[①]

（1935年5月28日，索契）

马林斯基同志：

昨天接到您的电报，内容如下：

"文学事务代办处的创立，是为了办理苏联作家的著作在国外的出版事宜。要求同意给予我处将《钢铁是怎样炼成的》译成多种外文在国外出版的特别权利。一旦您来函表示认同，双方即可签约。文事办，马林斯基。"

我有意与文学事务代办处签约，以多种外文翻译我的长篇小说《钢铁是怎样炼成的》。不过，我希望在苏联作家协会知晓并允准的情况下办妥此事。

所以，马林斯基同志，要求您和苏联作协理事会联系，让谢尔巴柯夫[②]了解此事，并就这个问题和他达成共识。

这以后，我将签署得到谢尔巴柯夫同志认可的合同。

致以友好的敬礼！

尼·奥斯特洛夫斯基

1935年5月28日

索契 胡桃大街47号

复印件给谢尔巴柯夫同志。

[①] 马林斯基·阿勃拉姆·帕夫洛维奇，文学事务代办处主任。
[②] 谢尔巴柯夫，苏联作家协会书记。

407. 给季纳莫夫

（1935年5月29日，索契）

《世界文学》杂志编辑部

亲爱的季纳莫夫同志：

寄上我给文学事务代办处回信的复印件，该处建议我签约，同意长篇小说《钢铁是怎样炼成的》以多种外文在国外出版。

面对这类事情，我是个新手；而作为党员，一般地说，我不认为自己有权未经苏联作协主席团党组的允准，未经你们委员会的认同，可以擅自行事。

烦来函示知，您对这个代办处是否有所了解，而一个党员作家遇到这类事件，一般是怎样应对的。

我十分希望您给我写信，谈谈《钢铁是怎样炼成的》在你们杂志上登载译文的计划。你们打算什么时候做成此事？这将是一些片段抑或整个长篇？还是长篇的缩写？凡此种种，我极想知道。

急迫地盼您复函。

紧紧握您的手。

致以共产主义的敬礼！

尼·奥斯特洛夫斯基

1935年5月29日　索契

408. 给高莉娜

（1935年5月29日，索契）

亲爱的伊达同志：

很难描述这些天的生活状况。这是来访的人流，络绎不绝，像走马灯。这是电报、信函、"惊天动地的"新闻。这是工作和日益逼近的"休假"。

这样的生活节奏再持续一个月，我要呜呼哀哉了。不仅是我，哪怕是个健壮的人也顶不住的。可感觉还是挺好，挺舒坦的。人就是这种样子——或喜或悲，都会心潮汹涌。我觉得这份喜乐无边无沿，以致唯恐招来什么意外，即某种极乐或如同库兹玛·普鲁特科夫所说的"乐极生悲"……

收到了乌克兰文《钢铁是怎样炼成的》第二版的样书（印两万册）。

寄上复印件一份，是我给文学事务代办处的一封信。请了解一下这是个怎样的机构，写信告诉我。对这类事情，我一窍不通。

当然，如果您认为速记稿单独出小册子有好处，那就请这样做吧。不过，我个人觉得未必。市委的全体成员都会赞同你的。

看样子，下月1日开始我得休假了。届时给你写封特别长的信，像一篇完整的小说。

保尔·柯察金不会忘记、永远不会忘记市委的一次具有历史意义的会议。

有些不幸的人，一叶障目，无法理解生活的美好。幸亏我不属于有此缺陷的一类人。

电影剧作家来了，是个快快乐乐的小伙子。

我们大体上决定，依据《钢铁是怎样炼成的》第一部缩写剧本，结尾的情景是保尔出现在会场上，说："在这种时候，我怎么能死呢！"

关于彼得洛夫斯基登门探望的文章，是他的秘书杜宾斯基[①]写的。我不负文责。他这样写，似乎我说过："我要拍成一部像《恰巴耶夫》那样的影片。"这不正确。我执意划掉这一行，并补上确实说过的话。真没办法！显然，我的话还将不止一次地被曲解。看来命该如此。

每天等候着你的信，其实我也知道，这太过分，缺乏同志态度，很自私的。可事实的确如此。我忘了你的桌子上等待校改的稿子堆积如山，忘了你如今独当一面，就像你忘了我并非是个身强力壮的人。

不过，我生活上心满意足。

这封信，你别给任何人看。写得杂乱无章，谁看了都不会相信我有文学才能。

紧紧握你的手。

向安德列[②]问候。

尼古拉

1935 年 5 月 29 日

索契　胡桃大街 47 号

---

① 伊·杜宾斯基（伊柳沙），彼得洛夫斯基的秘书。
② 安德列，高莉娜的丈夫。

409. 给卡拉瓦耶娃

（1935 年 5 月 29 日，索契）

亲爱的安娜·亚历山德罗夫娜：

你的长信，还有 5 月 18 日寄出的第二封信，都收到了。

明信片看来已丢失。我曾函告，基本上同意你关于前五章的批评意见。废话通通让我涂掉了。

再次向你保证，我决不把片段文字提供给任何人，哪怕受到四面八方的、包括广播电台的进攻，也会顶住。当然，我曾提供给《索契真理报》，你是会谅解的。这是党市委向我建议，目的在于使报纸的版面活泼起来。你本人无疑是了解的，我这样做并非为了私利，没有任何意图。实在是人们拍来电报，发来信函，不断进攻，我便做出这些让步。

市委常委会的会议速记稿已经寄上。我没有说自己的汇报有什么特殊的价值。这只是一次党内的、友好的座谈。速记稿已经节缩了一半。

你瞧，夸赞的话挺多，却没人批评。

近些日子，我这儿来访者川流不息，跟走马灯似的。

我在结束手头的工作，6 月 1 日开始休息。我累坏了。

年迈的妈妈在疗养院里。她一辈子操劳，头一回休息，幸福、开心。

紧紧握你的手。

我将函告一切。

问候马尔克、索尼娅和《青年近卫军》全体同志。

若有机会去苏联作协，请探问一下我的会员证怎么了。领取时要缴纳费用（入会费和会员费），我可汇去。

别忘了给我写信，偶尔来一封也好。

致以共产主义的敬礼！

尼·奥斯特洛夫斯基

410. 给日吉廖娃

（1935年5月31日，索契）

今天是最后一个劳动日，明天休假。我的一切文学活动暂告段落。我在给朋友写信。整整一个月，不准我正经八百地工作。我必须"身心俱歇"。

这段时间，我的信少，请别奇怪。我希望收得多，写得少。

边区委员会给我送来一台高质量的收音机。全欧洲在我的屋子里了。

就这样吧，等着你来信，谈所有的人和所有的事。

紧紧握手。

尼·奥斯特洛夫斯基
1935年5月31日
索契　胡桃大街47号

411. 给索尔达托夫

（1935年6月3日，索契）

亲爱的托柳史卡：

转眼已是我休假的第三天了。我整日整日待在院子里，脸上的苍白在褪去——晒黑了，但愿成为俊男（身强力壮）。

简直无法相信，我能躺着，什么正经活儿也不干。连报纸也仅仅稍微浏览一下。好兄弟，多么需要有你这样的朋友做伴。我空闲下来了，我们大可唱唱久藏心头的歌曲，你还可以跟我大开其玩笑，就像昔日一般。别看如今来的人挺多，但这种发自内心的打趣话，并不是跟谁都能说的。你走了，我有很大的失落感。

我们在等候拉尤史卡5日回来。女孩儿能休息一阵，我非常高兴。为了这个，我会尽力替她创造一切条件。值得如此。妈妈在疗养院里歇着，偶尔回来看看我们。她每次回来，都已休息得很好，神清气爽，我很为她高兴。我和卡秋莎听听广播，每晚消磨时间，直到深夜12点。音乐棒极了。特别是布拉格的，妙不可言（或者是我们体内的捷克血液在起作用），听起来能心领神会，甚至地板也在震颤，仿佛乐队就在窗户外演奏。留声机耽搁在半路上了——我等待着。允诺为我配置一台口述录音机。我们在罗斯托夫的大科学家们正研究着这东西，他们那边已经有了。这东西我可实在需要。

好像新的消息全讲了，哦，不，忘记了一件重要的。依照原稿修订的第三版即将面世，一万册。没错儿，编辑是年轻人，坚决主张如此，实际上这占了一个季度纸张储备的三分之一。

乌克兰寄来了第二版的样张。没问题，会是一本精美的书。如今必须休息,不知能不能办到?

电影剧作家来了——我们说说笑笑地工作,或者确切些,是在交谈着,构思轮廓,休假结束后要全力以赴地工作。瓦莲基娜·伊奥沃夫娜到过我这儿。总之,别说朋友们了,来访者跟走马灯似的,络绎不绝。只能适当调节。

托柳史卡,总算找到了彼列洛莫夫。地址还不清楚,但他在克拉马托尔斯克干过活儿。工程完成得出色。他们很多人被送进休养所。他也在其中。不过仍在继续寻找。至于他的地址,米利亚什么时候告诉我,我立即给你写信。

好朋友,来信谈谈吧。

你日子过得怎么样?身体可好?友善地问候玛特列娜·菲拉列托夫娜。我接受她的劝告,在晒晒太阳。女士们的话,我洗耳恭听。两位年轻的朋友,来这儿歇一阵吧,还可以证实一下我是说到做到的,甚至开始发胖了。仿佛要喂饱了宰杀似的。

好朋友,尽可能写写信,我对你的工作挺感兴趣。这么大的工程,要求投入大量的人力物力。不过,竣工庆典也必定格外隆重。工程的每个参加者都有自豪感。只要抽得出个把小时,你就来信谈谈,别忘了我很高兴读你的信。

曾答应我入秋前在莫斯科安排好住所。不知怎么的,反正我已不像去年那样,心心念念地牵挂着这件事情。希望多了些,等着瞧吧。也只能等着瞧了,你说是吗?

电影的头一部分,我这儿简直像要搞完了(保尔病愈后出现在大会上)。结尾处,保尔说:"在这种时候,我怎么能死呢?"当然,目前这只是雏形。唉,可惜你不在,对于这件工作,你若能参加讨论,那准保会有不少宝贵的意见。我将函告全部经过。

来信告诉我,《暴风雨中诞生的》到第几章为止,你都已收到,我会寄上之后的各章。完成了五章。卡拉瓦耶娃那儿已有反馈。她最喜欢第五章。你和玛特列娜·菲拉列托夫娜的意见如何？来信详谈吧。请真心实意地批评——我将感到高兴。

有新消息，我都会函告。代表我的"集体农庄"全体成员向你俩问好。

紧紧握你俩的手。

你们的柯里亚
1935 年 6 月 3 日

412. 给索尔达托夫

（1935年6月5日，索契）

亲爱的托柳史卡：

深切地感受到你的痛苦。这确实太不走运。然而，朋友，要坚强，别胆怯。其实，我的身体好起来过吗？你转告莫坚卡，让她把病魔撵得远远的。两位朋友，生病多么糟糕。记得我在病中，你们来信劝慰，要我振作起来。真没想到，你们也会被可恶的病魔缠住。太糟糕了。

此时此刻，实在想去你们身边，做些对你们有益的事情。可有什么办法呢？或许到了冬季，居住在莫斯科的幻想有望实现，至少是人家允诺了的。我们有个夏季休息的计划。托柳史卡，你得答应我，万一受挫，一定要像告诉哥哥一样，写信告诉我。说定了？你决不要惹我生气。

今天接到马捷·扎尔卡的信。关于人们行动的正义性，他谈了许多，还热情洋溢地强调你对我的友善态度。他向你问候。

托柳史卡，即使没有他的这番话，我也毫不怀疑你对我的发自内心的同胞般的眷念。不过显而易见，你为我向他说了些不真实的话，抨击对我的不公正态度。原本想附上马捷·扎尔卡的这封写得非常好的信，但暂且留一留吧。我会给你详细描述的。

在上次的信里，我说自己在休息，可是卡佳把我给彻底暴露了。由于啰里啰嗦讲得口干舌燥，每到傍晚才默不作声，躺一会儿。这种样子，卡佳当然不高兴。拒绝来访可不行，我会寂寞死的。要有你在这里，那就是另一回事了。

昨天，我这儿来了一伙客人——作家拉希尔洛、诗人谢尔盖·瓦西里耶夫和评论家基里扬诺夫，畅谈作家圈子里的情形。瓦西里耶夫念了自己写的、美丽的诗篇①。和他们的交谈十分活跃——全是些性格开朗的人。

好朋友，这样写的话，真想多谈些，可一封信里哪能详述一切？

第三版印行两次——二十万册。简直不敢相信，这可已是出版社一个季度计划的全部纸张储备。十万册准保会出——7月份面世，这已经定了，第二个十万册是［苏联列宁共青团］中央预定的。瞧着吧。

《钢铁是怎样炼成的》要在国外出版。我的事业总算顺利了。

亚历山德拉·彼特洛夫娜刚来看过我。她最诚挚地问候你们。我们开了收音机，你想象一下我的惊讶：在唱我们喜爱的一支歌——《路漫漫，路漫漫》。这是驿站车夫的歌。我们回忆起和你的交谈。我多么需要你，这种感觉充满我的心间。托柳史卡，函告一切吧，什么也别隐瞒，作为朋友，我有权这样要求你。

气候正常了，我整天整天待在外面，晒得相当黑。必须养精蓄锐，今后工作量很大。已经答应给我送来乌克兰档案馆所藏的资料。他们真能言而有信，那就太好了。

祝愿你们健康，别再生病。卡佳患了疟疾，尚未痊愈，不过大体上她自我感觉已经好得多了。

紧紧地握你们的手。

你们的柯里亚

1935年6月5日索契

P. S. 妈妈、卡佳和卡秋莎向你们问好，祝你们健康。

---

① 指瓦西里耶夫的长诗《我童年的鸽子》。

413. 给扎尔卡

(1935年6月5日,索契)

亲爱的马捷:

紧紧握手。你的信刚给我念了。你猜着了。"尊敬的同志"确实来过我这儿,就像在奥德萨说的那样,谈了五个小时。他要我去里维埃拉海边休息、康复。可提供好的房间,朝向大海的。关怀备至,爱护有加。我表示感激并谢绝了。那儿热闹,我这儿院子里安静些。

时光流逝了不多,但不少事情已在好转。

谢尔巴柯夫发来友善的电报。他祝愿我创作成功。

你完全有权对人们做出自己的判断。昨天我这儿来了一伙性格开朗的客人:作家拉希尔洛、评论家基里扬诺夫和诗人谢尔盖·瓦西里耶夫。畅谈作家圈子里的种种事情。令我苦恼的是有些文章一再提到我的生理缺陷,而对文学创作方面的缺陷,却没有只言片语的批评。

目前我休息,其实也在讲许多废话。晒黑了,甚至体质在改善,我想甚至会让姑娘们喜欢。关于治疗,我是考虑,不过这得在莫斯科进行。正在此地休养的教授们,不久将到我这儿来做一次会诊①。我会听到结论。瞧着吧,什么样儿的结论都可能得出。说实话,我讨厌对我的病残提出各种各样新的名堂,因为我害怕丧失仅剩的那么一点儿精力。总之,咱们瞧着吧。

马捷,还有一个新消息。长篇小说《钢铁是怎样炼成的》正要在国外出版。老哥,这是捷报。

---

① 这次会诊,后于1935年8月22日进行。

这下似乎全写完了。在这些空闲的日子里，要是能和你会面，谈谈心，那该多么惬意。你今夏能否到这里来，请函告吧。聊聊自己的近况。我珍视你的信件，永远高兴看到。

紧紧握你的手。

你的柯里亚

P. S. 我妈妈向你问好。她操劳一生，首次进疗养院休息。还有我姐姐也问你好。现在我和她在一起度过休假的日子。外甥女作为学习标兵，6月15日要去露营地。总之诸事顺遂。由于住房拥挤，父亲暂住于乌克兰的哥哥那里。写下这样整整一段附言，是为了让你熟悉我的"集体农庄"。

柯里亚

扎尔卡同志：

你的信写得真好，和我的心意十分契合，使我这附言写到此处，无法打住。没错儿，人们总是如此，身上带着一些缺陷，但如此急剧转折的少见。

向你致敬。

柯里亚·奥斯特洛夫斯基
1935年6月5日　索契

我回忆着莫斯科的冬季，以及求助于各个部门的境况。

414. 给特罗菲莫夫

(1935年6月19日,索契)

电 报

一章尚未完成。市委决定,非休息一个月不可。

您的奥斯特洛夫斯基

415. 给索尔达托夫

（1935年6月20日，索契）

亲爱的托柳史卡：

原谅我这么迟才复函，实在是大量工作把我的秘书（卡佳）给累垮了。她没法儿坐定下来，为我给朋友们写回信，何况善良的人们一再使我们中断工作。今天我们从早晨就定下目标，非写信不可，为你的爱人恢复了健康而高兴。你们只要小心避免伤风感冒。其实，我在索契也不能自夸体质尚佳。我的休假期不久便要结束，可力气一点儿也没有。显而易见，大脑忙着的时候和闲着的时候相比，感觉要良好些。夜里常受失眠的折磨，天气又闷热。盖小亭子的年轻人走了，油漆味熏得我难受。

你想象一下，这样的小事儿拖了个把月，令人厌烦。休假也没休好。敲敲打打，嘻嘻哈哈，使我得不到需要的安静。我如果同意去里维埃拉海边，恐怕倒会舒适些，至少那里有清新的海风。文学方面的事务几乎停顿了。莫斯科那边没有任何音讯传来。电影剧本在写。还没有构思好鲜明的场景，接近完成时，我会写信告诉你。

妈妈仍在休养。米沙的妻子济莉娅来了，下月1号前米沙会来，是病后前来休养的。写信说说莫佳①的健康状况吧。我在继续晒黑，正进行努力，要百分之百地完成她布置的任务，等待检查。关于她来这儿的事情，你们是怎么计划的？何时抵达？目前，她病后特别需要休息。还有你，经受的曲折艰难也真够多的。幸亏你居然全都挺过来

---

① 莫佳即索尔达托夫的妻子。

了。换个人处在类似的境地，准会一蹶不振。哦，好兄弟，千万留神，别再生病。必须积聚力量，迎接严冬。

向莫佳和你表示最美的祝愿。写写信吧。

紧紧握手。吻你。

你的柯里亚

P. S. 来信告知你的情况吧。彼列洛莫夫来过。依然那副样子，但稍稍变好了些。他会给你们去信，谈自己的情形。

416. 给柯洛索夫和斯杰西娜

（1935年6月22日，索契）

亲爱的马尔克和索尼娅：

刚收到电报。你们多半知道，我接到命令，要休息至7月1日。健康状况不太妙。

你们在杂志上一小段一小段地连载［长篇小说］吧。我已经和安娜·卡拉瓦耶娃同志谈过8月份印刷的事儿。休假结束后，我每个月交给你们的不会超过一点五印张。第一部写完，总共将有十印张。初稿尚需加工修改，以便与从乌克兰政府获得的文献资料相符合（我说的并非前五章，而是正在写的几章）。7月间，我可交给你们加工修改完毕的一点五至两印张。8月交出两印张，9月是最后的一点五印张。我特意写得不紧不慢。当然，我的工作量会很大，可重要的不是印张多少，而是质量如何。亲爱的朋友，请函告对我的计划有何意见。你们认为应该怎样，我会照办的。高莉娜同志那里有我们修改过的五章文稿。

紧握你们的手。马尔克，我等候过你，但你没来。

你们的尼·奥斯特洛夫斯基

6月22日

索契　胡桃大街47号

发电报地址：索契，奥斯特洛夫斯基

417. 给索尔达托夫

（1935年6月25日，索契）

亲爱的朋友：

莫佳的健康状况如何？你们为什么不写信？目前接到一份谜团似的电报："我祝贺奥利亚。"我和柯里亚横猜竖猜，怎么也猜不透是怎么回事。文末署名并非奥利亚，而是托利亚吧，可祝贺什么呢？倘若正是这样，请你们来信讲清楚。

拉娅在治病。济莉娅闲着，傍晚我们听听总算送到的留声机。唱片少得很。柯里亚的健康没什么问题。他工作起来就自我感觉良好。妈妈在治病，卡秋莎还没去露营地。估计要从7月1日开始。妈妈刚从疗养院来。她，还有我们"集体农庄"的全体成员，向你们表示诚挚的问候。别尔谢涅夫方才在院子里为我们拍了照。瓦西亚来了，尤史卡和卡佳在马采斯塔。人没到齐。接到照片，就会寄上。你们来信谈谈生活情形。我们这儿热得厉害，整整一个月没下雨。

祝你们健康。使劲地吻你们。

近况如何，希函告。

柯里亚和卡佳[①]

[①] 原信未注日期。具名是尼·奥斯特洛夫斯基和二姐（卡佳）。执笔者在称谓方面比较含混。例如，开头"亲爱的朋友"，用的是复数，指索尔达托夫夫妇。"我和柯里亚"，又显然是卡佳本人的口吻。

418. 给特罗菲莫夫

（1935年6月25日，索契）

亲爱的特罗菲莫夫同志：

　　日前我接到杜勃洛夫斯基的信，要求寄去我已写好的《暴风雨中诞生的》五章文字，以便译成乌克兰文。

　　为了避免重复翻译，请您发个电报，见告您那儿是否已在译长篇小说，抑或要不要委托杜勃洛夫斯基同志去译。

　　我将等候您的告知。在这以前，我不会把供翻译之用的原稿寄给杜勃洛夫斯基同志。

　　可有什么新情况见告？我仍在休息，不改稿子，变得懒散了。

　　等着您的通知。

　　紧紧握手。

　　致以共产主义的敬礼。

尼·奥斯特洛夫斯基

1935年6月25日

419. 给"共产国际"马哈奇卡拉厂的共青团员

（1935年6月，索契）

我接到了你们美好的、真挚的、令人激奋的信。只有这样的信件，才是对作家劳动的最高褒奖。如果书能激励人，能召唤大家奋起斗争，能激发大家的英勇精神，那么这种书是在履行党的宣传员、鼓动员的任务，那么这种书是真实的，因为唯有真实才会使社会主义建设者心潮澎湃。

这样的信件也在召唤我投身于斗争，它们恰似军号长鸣。

有时，语言是多余的。列宁的伟大的党，锤炼我们，培养我们，把我们团结在一起。我们方向一致，目标一致。斗争在继续。我们每个人都必须坚守各自的岗位。

紧紧握你们的手。

你们的尼古拉·奥斯特洛夫斯基
1935年6月　索契

420. 给特罗菲莫夫

(1935年7月2日,索契)

亲爱的康斯坦丁·丹尼洛维奇:

尊函收到。我发过电报。现详述一切。当然,我接到了乌克兰作家协会的信。我给杜勃洛夫斯基和理事会秘书鲁勃列夫斯基回过信,表明《暴风雨中诞生的》这部长篇小说的翻译和出版事宜,全都由你们掌控,相关问题均须和你们联系。

乌克兰的不少出版社和刊物向我提出要求,希望寄去《暴风雨中诞生的》,以供发表。但我复函,一律请他们和您联系。

看来,乌克兰作协理事会的同志们不清楚我已是苏联作协会员。当然,我非常感激他们的关注。

如果某些地方同时发表了我的作品,那么你们多半也知道,这不是我的过错。我婉谢所有的建议和许诺。全部权利掌握在你们手中。凡是你们认为必要的措施,我都同意你们采取。

你问我能否用乌克兰文写《暴风雨中诞生的》。

不,这对我来说是困难的。我用俄文写作八年,改弦更张并非易事。因此,瓦拉弗瓦同志来一趟并无必要。他的工作纯粹是翻译,那么我不在旁边,他也能搞。

您表示乌克兰文的《钢铁是怎样炼成的》第三次要出精装版。我自然是赞同的。

俄文的《钢铁是怎样炼成的》第三次要出增订版,7月10日可见样本。

7月13日至14日,我会接到样本。这一版没有什么新的内容——

乌克兰文的第一版中都已添入。不过，这第三版中，依据我的要求，删除了保尔陷入工人反对派泥坑的情节（第二部第一章的开头部分）。

乌克兰文的第三版，按照第三次新加工过的俄文增订版加以订正，那是必须的。

我收到这一版的样本，会立即寄上一册供校订。样本中修改和增补得并不多，但在政治上十分重要。例如：删去保尔参加工人反对派的情节，还删掉了以后若干篇页中与此相关以及使人从这个或那个角度联想到上述内容的文字。我是为了让当代年轻革命人的形象无懈可击，保尔不必陷入反对派的泥坑。更何况，我在这儿不背离真实。

这样的话，乌克兰文的第三版就将与俄文的第三版相一致。

这是一些最后的修改。在以后的版本中，这些地方我不再更改。

当然，俄文第三版中没有与"冒牌大学生"相关的情节，您在第二版中便删去了这个情节是正确的。

我很想知道，您是怎样成功地做这个新版本的。相信会出得挺棒。

《钢铁是怎样炼成的》正在译成苏联多个民族的文字，白俄罗斯、鞑靼等。特此奉告。

从7月1日开始，我恢复工作，只是病体仍很虚弱。然而生活在召唤。医生们又是反对、又是吓唬。但来自全苏联四面八方的信函、电报，在召唤劳动。

在花一小部分精力搞电影剧本。今天我会见黑色冶金工业方面的知名人士。此刻等候着的是三十五人的代表团——突击手和勋章得主们。

承问经济状况。这方面我还算过得去。

请函告我感兴趣的种种情况。很高兴读到大札。

问候聂发赫同志和贵社全体人员。

凡是在乌克兰文的报刊上与我有关的评论文章，恳托您全部收集并寄给我。

哈尔科夫州书刊出版局给了我答复,称威尔哈茨基①的评论文字现存于书刊出版总局,他们那里没有复印件。倘若您能在总局搞到,十分感谢。了解一下敌人在攻击我们之时采用何种手法,这对我们至关重要。

紧紧握您的手。

等候着大札,希见告第三版何时印行。

致以共产主义的敬礼!

您的尼·奥斯特洛夫斯基
1935 年 7 月 2 日于索契市

P. S. 我从彼得洛夫斯基的秘书和杜勃洛夫斯基那儿得到了米基坚科②有关《暴风雨中诞生的》这部长篇小说的信和评语。小说是由乌克兰作协理事会送交政府的。其实,长篇小说连送交也不值得。我近日把这评语寄上,作为信息沟通。

尼·奥

---

① 威尔哈茨基评论乌克兰文版《钢铁是怎样炼成的》一事,读者几乎毫无所知。他的评论以下述文字为结语:

"小说展露着被丑化的生活。作为工具,它扭曲赤卫军战士那种年轻人特有的充盈活力、革命激情、信念和精力,正是他们,无畏地从剥削者、资本家和地主手中夺取、捍卫和净化了世界的六分之一,为的是今天——以坚定不移的信念实现着伟大列宁的党的思想的今天。

"当前托洛茨基分子和民族主义者积极活动的种种事实,以及在这样的情势下出现的这部小说,在告诉我们,诽谤、动摇和曲解我们的现实生活的企图依然存在,必须毫不留情地消灭其残渣余孽。至于本文正在抨击的这本书应予禁止。"

② 米基坚科(1897—1937),乌克兰作家,时任乌克兰作协副主席。

421. 给索尔达托夫

（1935年7月3日，索契）

亲爱的朋友：

你们的来信刚为我念了。可干吗不谈谈你们是怎样摆脱疾病的？就说我吧。7月1日起，我把自己所有的"病痛"都置诸脑后了。看样子，我不适合休息。今天寄上其余的三章。不过，你们什么时候看呢？反正请抽空看看，函告批评意见。

米沙的妻子近日在我这里做客，尤史卡本月20日也将到达。20日后，我们的米佳会来。但是，玛特列娜·菲拉列托夫娜用不着因此而犹豫不定。空间足够，挤点儿吧，可不会遗憾。目前还是夏季，我妈妈从疗养院回来了，休息得很好。接连许多日子，几乎看不见我家的两个女疗养者啦。晒得黑黝黝的。玛特列娜·菲拉列托夫娜，您来吧，咱们一块儿晒晒黑。见信便能断定，是分两次写的。

就此搁笔。祝万事如意。衷心问候。

紧紧握你们的手。

柯里亚

1935年7月3日

422. 给特罗菲莫夫

（1935年7月20日，索契）

亲爱的康斯坦丁·丹尼洛维奇：

我接到了乌克兰作协的信，说为了满足对《钢铁是怎样炼成的》一书的大量需求，必须由贵处和国家文学出版社同时出版，因为由于纸张匮乏，一家出版单位无法承担大的印数。

［乌克兰］作协正在这方面采取必要措施。从信的口气可猜出，是格·伊·彼特洛夫斯基的授意。

无论如何，反正我本人不反对同时出版。换个说法，我十分希望看到书有极大的印数。

亲爱的朋友，这些事情全部委托给您，而且相信您会以最佳的方式处理。

俄文第三版的样本，修改和增补过的，我明天寄上一册，供校订你们的第三版之用。

恳请见告，你们何时开始搞第三版。据您的估计，何时印行？

我曾致函贵社财务科，要求寄我一份《钢铁是怎样炼成的》第二版的付酬清单，以便让我能核对一下我所收到和贵方所汇出的款项。不过，我的要求没有实现。

听说乌克兰作协曾拟于7月15日举办文学晚会，讨论我的创作，但并未如期举行。

我本来希望您参加这个晚会。该活动本该由电台实况转播。我原本要极其感谢现场录音和把主要发言稿寄给我的人。

我的健康状况曾急剧变糟。目前，我听命于医生，他们在设法让我得到徒具外表的健康，但暂无成效。这种强塞硬喂的措施扰乱了我的创作计划。工作进度缓慢了。原先是十二小时。现在只干三小时，而且非常劳累。

亲爱的朋友，请来函见告一切。

向聂发赫问候。

紧紧握手。

致以共产主义的敬礼。

尼·奥斯特洛夫斯基

1935 年 7 月 20 日　索契市

423. 给特罗菲莫夫

（1935年7月26日，索契）

亲爱的康斯坦丁·丹尼洛维奇：

刚接到大札。刚接到莫斯科寄来的俄文第三版样本。依照我们所讲定的，明天我以快邮寄上。这一册样本，是我送给您的礼物。

我从乌克兰书刊出版总局得到了威尔哈茨基的狗屁文章。

倘若您那里没有，请函告，我寄上复印件。这是很有意思的文件夹。我们需要了解敌人怎样攻击我们。例如，书中保尔讲过一句话："夜色愈浓，星光愈亮。"我不知道这是马伊柯夫的诗，后面还有"痛苦愈深，离上帝愈近"，可敌人找到了。于是我百口莫辩，占下风了。总之，评论得仔细看，书中那些只要敌人稍有可能（曲解原意，）用来攻击我们的字句，就应删去或改得本意显豁些。例如110页，第六章第一节，彼得留拉说："要和布尔什维克斗争到底。他们消灭了自由的乌克兰！"——这应当删除。面对藏身于评论界的连连失败的破坏者，我要求您做这个工作。

刊载《暴风雨中诞生的》四章的《幼林》①收到了。您汇出的1860卢布也收到了。麻烦您提醒财务科，寄来第二版的付酬清单，供我与自己的记录核对之用。

目前我的健康状况明显恶化。每天只能工作三小时。

来访者川流不息，既令我激奋不已，也使我疲惫不堪。

我将函告一切，第六章匆匆交出。电影剧本在继续编写。第七章

---

① 《幼林》杂志1935年4月、5月、6月共3期，连载了长篇小说《暴风雨中诞生的》前四章。

的三节已草草写成。

我的朋友,紧握您的手。我将函告一切。

致以共产主义的敬礼!

尼·奥斯特洛斯基

1935 年 7 月 26 日　索契

P. S. 奇怪,为什么《幼林》上是由另一位译者重译的。

424. 给高莉娜

（1935 年 7 月 28 日，索契）

亲爱的高莉娜同志：

《钢铁是怎样炼成的》第三版的样本收到。我的朋友们一致认为做得挺棒。装帧好漂亮，好光鲜，这可只是大众版啊。一眼就看得出，编辑对书的态度是关切的、喜爱的。我再次重复一下对编辑部的要求。除了作者样书之外，烦请寄给我自购的一百册。

凭数年的经验，我知道这种事情往往会拖延时日。请别相信应承的话，亲自督促这些书的发送。

明天我以快邮寄上威尔哈茨基攻击《钢铁是怎样炼成的》一书的反革命评论文章，作为信息沟通。

请读一读吧。您会看出，第四版（列宁格勒版）中，哪些地方需要删除，使得敌人无法利用这些文字，或误读或曲解原意，对我们进行攻击。尤为重要的，是删去彼得留拉的一段话（第六章第一节）和保尔·柯察金的一种说法，"夜色愈浓，星光愈亮"（柯察金不知道原诗紧接着尚有一行"痛苦愈深，离上帝愈近"，但敌人利用了作者的笔误）。

简短的信息。某个威尔哈茨基，民族主义者，库尔巴斯[①]的跟班，隐藏在哈尔科夫州书刊出版局内部。他针对《钢铁是怎样炼成的》写了评论，即我寄上的这篇。

哈尔科夫书刊出版局的局长把这篇东西寄给乌克兰书刊出版总局，

[①] 库尔巴斯（1887—1942），乌克兰导演、演员、戏剧活动家。

又转寄给相关部门,于是,事情清楚了。哈尔科夫的局长被撤职,等等,基本情况就是这样。

紧紧握手。

致以共产主义的敬礼。

尼·奥斯特洛夫斯基

425. 给特罗菲莫夫

（1935 年 7 月 29 日，索契）

亲爱的康斯坦丁·丹尼洛维奇：

寄上威尔哈茨基的反革命评论文章。

乌克兰文第三版中，烦请对该文涉及的字句进行修改。

紧紧握您的手。

致以共产主义的敬礼！

尼·奥斯特洛夫斯基

426. 给卡拉瓦耶娃

（1935年8月2日，索契）

亲爱的安娜·亚历山德罗夫娜：

全苏作协理事会通知我，即将开一次文学晚会，专门研讨尼·奥斯特洛夫斯基的创作，并由你做报告①。十分急迫地等待着收到会议的速记稿。很久没写信给你，亲如家人的朋友，希原谅。

由于我的不懈努力，生活把幸福还给了我。这种幸福是无边的、美好的、令人惊异的。我呢，也忘了自己的埃斯枯拉皮俄斯们的一切告诫和恐吓。我忘了自个儿的体力所剩无几。《钢铁是怎样炼成的》把年轻的共青团员、厂矿的知名人物、我们幸福生活的建设者们，吸引到我这里来，恰似一股湍急的人流。他们燃旺了我胸中仿佛在渐渐熄灭的火焰。我重新成为热情洋溢的宣传员、鼓动员。我甚至常常忘了自己在队伍中的位置，即应该少用舌头多用笔地工作。

叛逆的健康再次背叛了我。身体状况曾达到病危的程度。整整一个月，医生们往我体内注入大量的各类药水，试图阻止这种恶化。然而病情仍未好转。想起不久前还能一昼夜工作十五个小时，不由心头郁闷。如今精力少到光是听三小时的乌克兰内战史以及搞搞电影剧本就够累的了。

来自苏联东西南北的、数以千计的信件，都召唤我去战斗，我却在忙于肃清内部的叛乱。尽管险象环生，但我当然不能死去。这次更

---

① 这个研讨会于1935年11月召开。安娜·卡拉瓦耶娃缺席，因此由马尔克·柯洛索夫做报告。1936年第一期的《青年近卫军》刊登全文，标题为《作家奥斯特洛夫斯基的力量所在》。

不会死去，因为连党交给的任务也没完成呢，我非要写完《暴风雨中诞生的》不可。

岂止写完，更要把内心的烈焰注入这本书。必须完成（即参与）依据长篇小说《钢铁是怎样炼成的》而进行的电影剧本创作。要为孩子们写一本《保尔的童年》。还一定写一本书，描述保尔·柯察金的幸福：即便以布尔什维克的精神紧张地工作，也得花五年时间才能完成。这就是我要活着的最低年限，我必须考虑一点，你笑了吧？可不这样不行哪。医生也在笑我，他们感到困惑，不理解。总之，责任要摆在第一位。因此，我至少得订个五年计划。

安娜，你说说看，哪儿有这样的傻瓜，置身于我们这种令人惊叹的时代，却愿意舍弃生命？对于国家来说，这简直等同于叛离。我请你以我的名义，吁求批评家们，对前五章进行布尔什维克式的严格批评，不要害怕使用苛刻的词语，唯求有益于我们。只要是正确的，那就可以和应该对我直言不讳。你就先做个榜样，批评自己的学生和朋友的作品吧。

紧紧握你的手。

希望今秋返回莫斯科，和你们在一起。但看样子，这个幻想难以实现。

问候马尔克和美丽的索尼娅，问候《青年近卫军》的全体人员。

忠于你们的尼·奥斯特洛夫斯基

1935 年 8 月 2 日

索契胡桃大街 47 号

427. 给先琴柯①

（1935年8月3日，索契）

亲爱的先琴柯同志：

久未写信，请原谅。理应自责的是我大病了一场。医生坚持他们的基本态度，并如此这般地对付我这背叛的躯体。联共（布）党市委的同志们答应我写信给你们，详述我们在建屋方面所做出的决定。

我承认，起先是想怀着感激之情婉谢你们厚重的礼物。然而，边区党委的同志们要我"守规矩"。尤其是我得悉了其中有格·伊·彼得洛夫斯基的意思。对我们每个人而言，这就已经并非个人的事情了。

顺便说一句，令人厌烦的住房问题，大大地损耗着我的健康。

当然，如果我是个"腿脚利落的年轻人"，那么这些都是鸡毛蒜皮的小事。如今却不然，一直隔着薄薄的板墙，听立式钢琴弹奏的"犬吠圆舞曲"，每次四小时……隔着三步之遥，住着一位萨克管演奏家，每天至少练三小时（这么些才能不同的艺术家比邻而居，往往形成悲剧性的巧合）。此外，再加上房间低矮、憋闷，窗户朝着死胡同，没有新鲜空气进来，所以不大舒适。

我们觉得屋子得造在索契市，但不要在霍斯特区。联共（布）市委书记和苏联中央执委会疗养区事务特派员，会同市苏维埃主席决定积极参与此事。他们选中一块造屋的平地，那是在城区的高地上，在一条不闻市声的、寂静的胡同里，离大海不远。目前，那儿的大果园中有一幢破旧的小屋。他们看中的，主要是寂静和大果园。似乎同志

---

① 先琴柯·安东·格科戈里耶维奇，乌克兰作家协会书记。

们连具有足够力量的承建单位也找到了，他们会向您函告详情的。

最主要的是要高速度建屋。否则毫无意义。

亲爱的先琴柯同志！如果您相信住房可能在明年春季以前造好，而不至于更晚，那么只有在此前提下，钱款才会支付。我有权对您说这话，因为被损毁的健康状况根本不允许我年复一年地活下去。这儿按部就班的进度必须改成高速。

鲁勃列夫斯基同志和我保持着密切的、友善的联系。尊函使我们更加亲密。

苏联作家协会理事会主席今天来函告知，莫斯科的作家协会将于8月5日至10日召开晚会，研讨尼·奥斯特洛夫斯基的创作。报告人是安娜·卡拉瓦耶娃。这将是莫斯科文学家和共青团积极分子的一次大聚会。发言会速记下来。

我将给您写信。请以我的名义，向我在文学战线上所有的战友表示友好的问候。

紧紧握您的手。

致以共产主义的敬礼！

尼·奥斯特洛夫斯基

1935年8月3日　索契

428. 给特罗菲莫夫

（1935年8月5日，索契）

亲爱的康斯坦丁·丹尼洛维奇：

刚收到斯维尔德洛夫关于将要出版乌克兰文第三版的来信。与此相关连，我要奉告以下情况。这是我写给您的私人信件。请别一笑置之。

在我们合作的最初阶段，我和您谈论过收支状况。至今我没有任何收支的计划。我一直并不确切地知悉本人当年有多少收入，然后如何陷入窘境。目前我恰恰处于这样的境地。为了今后避免类似情况，我决定计算一下自己可能有的收入。因此，请您和我单独签订一份出第三版的合同（包括了三万册普及本和一万五千册精装本，总共四万五千册。您可推出两种版本，反正这是一样的）。要求您这次在合同内写明，稿酬每印张不低于500卢布，即第三版我的收入不低于10000卢布。倘若以你的权限做不到这一点，那么烦劳您接到此信便函复见告。那样的话，我可告知乌克兰列宁共青团中央，予以解决，让您不至于招致诸多麻烦。

请迅速函复。亲爱的朋友，原谅我这番令人生厌的絮叨。我想是只此一遭，不会有第二次的。今年，我各方面都很艰难——全家在治病，等等，使我入不敷出。算了，先不谈这些吧。昨天收到格·伊·彼得洛夫斯基的一封美好的、友善的信。近日我会寄上复印件。当然，这并未征得格·伊的同意。

9月15日我们将写完电影剧本梗概。要寄给乌克兰列宁共青团中央审查。在搞电影文学剧本前的一段休息时间，我正写着《暴风雨中诞生的》。

请来信,亲爱的朋友,紧紧握您的手。

致以共产主义的敬礼!

尼·奥斯特洛夫斯基

1935 年 8 月 5 日　索契

429. 给库德林[①]

（1935年8月7日，索契）

亲爱的伊万·米哈伊洛维奇：

　　收到了您的电报。感谢帮助。您表示有意了解工作进程。目前我们正搞电影剧本的梗概，而且这份梗概绝非简略到只有几根筋。已经接近于文学剧本。当然，尚未最后议定。昨天，我们自行审读了已完成的文字（梗概的四个部分）。在工作过程中，我们明显地感到，长篇小说第一部和第二部的内容，我们怎么也没办法放在通常的一部电影中，否则只能草率地表明主题思想。因此，我们认为必须依据长篇编成上、下两集电影。关于这个问题，我们非常希望得到您的权威性意见，只要您不反对搞成两集，我们当然十分高兴。如果您认为必须只搞成一集，那么我们将领会您的见解，遵命只写一集。

　　上集的情节以什么为基础？它反映保尔·柯察金生命中的哪个阶段？按照我们的设想，影片应当描述1919年的共青团员，描述年轻人在帝国主义战争期间开始过有觉悟的生活，他们在党的帮助下，在阶级斗争中，在为无产阶级专政的胜利而自觉进行的斗争中，认清了自身的位置。由此可见，电影剧本的主角和长篇小说一样，乃是保尔·柯察金。自然，情节的主线是保尔·柯察金思想觉悟的提高。由一个在车站食堂干活的小男孩，通过做团的地下工作，通过国内战争，成长为一名修筑窄轨铁路的工人和组织者——这便是柯察金的道路。长篇小说中有一个情景，保尔在大会上高喊："在这种时候，我怎么能死

[①] 伊万·米哈伊洛维奇·库德林，乌克兰电影制片厂厂长。

呢?"影片到此结束。在情节的简述中这样提示。

我们让电影从序曲开始。帝国主义战争期间的舍佩托夫卡。保尔·柯察金在车站食堂工作,尝遍了资本主义压迫和残酷剥削的种种滋味。这是为了表明1919年入团的是一些怎样的青年。影片讲述烧水工保尔·柯察金与他的同志丽塔和布鲁扎克,还有他的哥哥——被渐渐引入斗争的阿尔乔姆。

我们从彼得留拉匪帮占领期间舍佩托夫卡车站上的罢工写起,那时发电厂由于正在该厂工作的柯察金的一些自作主张的行动而参加了斗争。就在当夜,老布尔什维克朱赫来,这个铁路罢工的组织者、正在被彼得留拉匪帮追捕的人,来到了柯察金家里。

正是这时候,保尔第一次明白了只有和布尔什维克一起,并在他们的领导下,才是唯一正确的斗争道路。朱赫来开导保尔,单枪匹马地闹不行,必须召集最勇敢的无产阶级的孩子们,组织起来干。舍佩托夫卡第一个团组织就此诞生。但朱赫来被捕了。这是保尔下班回家时意外地发现的,那会儿遭拘捕的朱赫来正被押解着走在公路上。保尔奋不顾身,救下了朱赫来,而朱赫来也没撇下保尔。他俩一起奔跑,小贵族列辛斯基(保尔的母亲在他的父母家里做厨娘),目击保尔的救人行动,出卖了保尔。保尔被逮捕了,面临着死亡的威胁。彼得留拉匪徒力图在总头目彼得留拉到来之前,从保尔的嘴里弄清楚朱赫来去了哪里,然而他们无论怎样威胁都白费力气,保尔坚强不屈。而他的伙伴们,在朱赫来的领导下,准备"好好地"欢迎彼得留拉,并趁此机会从敌人手中救出保尔。

保尔被判处死刑。不过,由于彼得留拉要来,警备队和囚犯被清理,这使保尔有机会死里逃生。但彼得留拉匪徒发觉保尔从他们手中逃脱,便在舍佩托夫卡开始疯狂搜捕。朱赫来和保尔的伙伴们决定送保尔穿越战线。然而,保尔和朱赫来会面,断然拒绝脱离地下工作,提出的理由是既然朱赫来认为自己尽管面临死亡的威胁,仍能留在本地,那么他也并非胆小鬼。可朱赫来向他解释,自己留在此地,不是愿意做无谓的牺牲,而为了险中求生。也正是为了脱险,保尔应当越过战线,找到科托夫斯基,向他传送一些情报。于是,保尔执行党的决定——穿越战线,完成交给他的任务,并就在当地参加了红军的队伍……

保尔·柯察金转战各地,已有一年。在乌克兰土地上的,已不是彼得留拉匪帮,而是波兰人了,在舍佩托夫卡,保尔的伙伴已不是两个,而是二十九个了,这二十九个年轻人被波兰宪兵逮捕,判了死刑。

在胜利的进行曲中,红色的骑兵向华沙进击。日托米尔城被拿下,因禁在狱中的布尔什维克们获救了。这时参加营救的保尔和丽塔相逢。在空空的牢狱中,丽塔向他讲述两个怎样发展成二十九个,他们又怎样为了让我们好好地活着而死去了。保尔把伙伴们牺牲的情形告诉自己部队的战友。红军战士们怒满胸膛。红军骑兵挥舞马刀,更加英勇地砍杀波兰小贵族,为二十九个共青团员复仇,为贡献出生命的青年布什维克复仇。在这场战斗中,保尔遇见了一名波兰军官,这正是出卖他的维克托·列辛斯基。保尔不可能不跟他算总账。他朝前猛冲,在这次仇人相见中,列辛斯基的背叛行为得到了惩罚……

然而,保尔冲杀过头,落了单,一个排的波兰兵向他扑来,逼他投降。共青团员怎么会投降呢?他把手榴弹扔到马腿旁。手榴弹爆炸,震倒了保尔,有十个敌人和他倒在一起。赶来救助的战友发现保尔身负重伤。当保尔在逐渐复原时,大规模的战事已不存在。在基辅,在寒冷的基辅,他找到了领导和战友朱赫来同志。基辅由于缺少燃料而死气沉沉。木柴就在近处,但没有通路。于是,伤愈的保尔投身于基辅共青团员为修筑窄轨铁路而进行的战斗,帮助遭到波兰白匪破坏的基辅恢复元气。至于保尔·柯察金如何为修筑窄轨铁路而努力工作,我们没有描绘,因为长篇小说中的这段情节,几乎是照搬过来,未做更改。

有关几个次要人物(阿尔乔姆、朱赫来、扎尔基)的情节发展线,我们不为您描述。原想离开本题,向您报告情节所依据的提纲。不过我们得承认,保尔与冬尼娅、丽塔与谢廖扎·布鲁扎克之间的爱情线,在我们自己心目中尚不十分明晰。这种困难但愿能克服。

昨天接到来自奥德萨电影制片厂的一封美好的信。他们在信中说您把影片《钢铁是怎样炼成的》转给了共青团员电影制片厂。这是可以赞同的,特别是在基辅电影制片厂已针对我们的工作有所行动之后,与该厂合作毕竟不会非常愉快。就这个问题,我和扎茨同志交谈过。他从自身的角度出发,原则上也不反对把这个电影剧本转给奥德萨。

紧握您和莫尔杰列尔①同志的手。

敬重您的尼·奥斯特洛夫斯基

1935 年 8 月 7 日　索契

---

① 莫尔杰列尔,苏联列宁共青团中央驻乌克兰电影制片厂代表。

430. 给先琴柯

（1935年8月7日，索契）

亲爱的先琴柯同志：

您发来电报，见告苏联作家协会乌克兰分会确认在索契修建别墅，我已收到。

您的电报在联共（布）市委的会议上讨论过，并委托几位同志与承建单位商定。明后天我给您发个电报，告知承建单位的地址，以便您汇钱过去。即将动工。得到您和同志们的关切，我感激不尽。

卡扎科夫来到索契，负责为我治疗。我继续工作。根据长篇小说《钢铁是怎样炼成的》改编的电影剧本，将于9月15日完成，然后我接着写长篇小说《暴风雨中诞生的》。

格·伊·彼得洛夫斯基日前给我寄来一封美好的、友善的信，对乌克兰文版的长篇小说《钢铁是怎样炼成的》做了分析。这封信是光辉的范例，表明政府领导人对初出茅庐的作家的成长和学习关怀备至。乌克兰列宁共青团中央做出决定，《钢铁是怎样炼成》出第三版，印四万五千册。

鲁勃列夫斯基同志和我保持着友好联系，告诉我所有的情况。

俄文第三版《钢铁是怎样炼成的》共十万册，刚刚出版。我寄给您和米基坚科同志。

我心中洋溢着创作的激情，渴望工作。可体力所剩无几，徒唤奈何。

但愿别的医生束手无策的事情，卡扎科夫同志能够做到。

按照您的意思建造的屋子，将坐落于一个大果园内，在本市的高处、远离喧嚣、靠近大海，清新的空气可吹送过来。房间宽大、明亮，这一切对我的健康大有裨益，并为安静地从事创作提供良好的环境。遵照卫生人民委员部卡明斯基同志的意见，进行了一次教授会诊。这次会诊首先提出的就是立即改变居住条件——造成目前状况的主要原因是居住条件不佳。您做出决定之日，正巧是格·伊·彼得洛夫斯基来函告知"乌克兰作协答应我尽力帮助您"之时，我去信向格·伊汇报，您的决定已经在实现中。

向米基坚科同志致敬。

紧紧地、紧紧地握你们大家的手。

我们要在文学战线上继续共同做好工作！

致以共产主义的敬礼！

尼·奥斯特洛夫斯基

1935年8月7日

索契　胡桃大街47号

431. 给斯维尔德洛夫

（1935 年 8 月 10 日，索契）

乌克兰列宁共青团中央出版处处长
亲爱的斯维尔德洛夫同志：

　　接到了你友善的信和书记处决议的摘录，全都令人愉悦。我唯有紧紧地握你的手。这是又一个范例，表明乌克兰共青团对我的、亲切友善的关注。

　　目前我和扎茨正在根据长篇小说《钢铁是怎样炼成的》编写电影剧本，这个工作约再过一个月便可完成。

　　最近，我这忽好忽坏的健康状况有急剧恶化的危险。这和六个月的紧张工作有关。我陷入了埃斯枯拉皮俄斯们的掌控之中。他们从各个角度向我袭击，宣布我已病势沉重。总之，再往下说太没意思了。不准工作、思索、讲话。除了呼吸和进食，几乎什么都不准。"懒懒散散，打发日子"。我当然不大听他们的。我和亲属谈。她们对我说，如果这样自行其是，我明天就会死去，对这类说法，我表示怀疑。

　　近日，健康状况的恶化停止了。是的，尚无改善的趋势，不过也不再忽好忽坏。

　　你问我可有精力发表广播演说。遗憾的是目前没有。等稍稍有些力气，我会马上函告，那时再做这个工作。

　　照片我托人去取，然后寄上。

　　或许，你们那里已经有与 1918—1920 年间乌克兰共青团史相关的一些小册子？对我来说，在创作新长篇小说《暴风雨中诞生的》时，这大可参考。

斯维尔德洛夫同志，让我们保持紧密的联系。

向团中央全体委员致意。

尼·奥斯特洛夫斯基

1935 年 8 月 10 日

索契胡桃大街 47 号

432. 给普济列夫斯基

（1935年8月10日，索契）

亲爱的萨沙：

你终于来回音了。跟你通信，我真吃亏！但是算了，不咎既往，心宽体胖。

如今写信给你得小心谨慎了，因为你以游击队作风对待信件。给你写了句俏皮话，一瞧，哎哟，上了墙报啦！那时乱眨眼干着急也没用了。你呀，若无其事，开个玩笑嘛，可我呢？

萨沙，咱俩早该碰碰头了。时光流逝如水，经历了许多事儿，聊起来内容有的是。

可记得你这样说自己："我干了二十个年头了，你们这帮小鬼呀，只怕会开小差的吧。"

好在你错了。萨沙，独自硬撑，确实不行：我这回不是重新跃上马背，腰挎马刀，如同往日一样，冒着枪林弹雨冲杀。显然我也驱赶不了波兰小贵族。把他们淹死在波罗的海中，显然得靠你和刚从流鼻涕孩子中成长起来的英雄青年。萨沙，真是无可奈何呀。咱们的坐骑可全是骏马……

有什么办法呢，每个人有自己的"命运"。我用另一种军刀砍杀，你也为我狠狠地杀敌吧。

昨天我以印刷品给你寄去一册书。

我的这封信，是对你呼叫的回音。肩负着重任，精力却所剩有限，真急人。我精神好一点儿，会给你多写些的。

问候你全家。

我在根据长篇小说《钢铁是怎样炼成的》编写电影剧本。到1936年，你会看见一个活动的保尔·柯察金。

紧紧握你的手。

尼·奥斯特洛夫斯基

1935 年 8 月 10 日

索契　胡桃大街 47 号

433. 给博戈莫列茨[①]

（1935年8月10日，索契）

亲爱的万尼亚：

接到你的信和照片。十分感谢。你组织人民委员部年轻的共青团员开一次研讨会，我满怀兴趣地等着你来函谈谈相关的情况。

本月5日至15日间，莫斯科要在作家坊开一次晚会，研讨新的长篇小说《暴风雨中诞生的》。一些作家和共青团积极分子相聚一堂。如果你有时间，请去《青年近卫军》杂志编辑部（新广场6弄8号），找到编辑部秘书索尼娅·斯杰西娜，问清楚研讨会哪一天开，并可以向她索取一份请柬（你说是我邀请的）。我真希望你参加这个会。

你我要增强友好的联系。倘若我秋季能返回莫斯科，那么又能重新互相握手了。

我在稍微做些工作。根据长篇小说《钢铁是怎样炼成的》编写的电影剧本即将脱稿。是上下集的第一集。

我的健康状况停止恶化了。这已经上上大吉。

万尼亚，我们会面的情景历历在目。请记住，亲爱的朋友，假如你有反映1918—1920年间与波兰人交战情况的书或小册子，希寄给我。科库林写的《与波兰白军作战》，还有《马尔纳·维斯拉·士麦纳》，这两种除外，我手头有。

紧紧握手。

同志，谢谢寄来照片！

你的尼·奥斯特洛夫斯基
1935年8月10日

[①] 博戈莫列茨·伊万·约瑟福维奇（万尼亚），1923年别列兹多夫区党委书记，其时与尼·奥斯特洛夫斯基相识。后来，他在人民委员部任要职。

434. 给叶泽尔斯卡娅[①]

（1935年8月11日，索契）

亲爱的安尼娅：

来信收到。我久不复函，失礼了。你们和伊达[②]希望很快便有好消息（迁居莫斯科），可以让我感到高兴。你这样说，令我不禁苦笑。办不到的。住房的事情过于错综复杂，简直像迷魂阵！但目前希望还没被完全击碎。只是我不敢相信。如果秋季我确实能返回莫斯科，那可太好了。所有的朋友都到我家里聚会，作为殷勤好客的主人，我脸带微笑，紧握你们的手。通宵神聊，直到天明，甚至放浪形骸，喝点儿酒，为祖国的幸福而干杯。我们还要唱《快乐伙伴》进行曲。情景虽然有点儿乱，进行曲却悦耳动听。

"歌声帮助我们去建设，去生活……"

卫生人民委员部的卡明斯基同志发来电报，敦促召集正在索契的教授们为我做体检，并向他汇报。

已经决定，索契将于8月13日召开党团积极分子会议，讨论文学问题。届时出席的，有奥格涅夫、鲁戈夫斯科依、阿尔戈、拉希尔洛……尼古拉·奥斯特洛夫斯基通过广播发言。我竭力推辞，但没什么用，因为是市委的命令。

我把钱——200卢布——汇到你本人的住址。两三天以后可收到。用不着一本正经地寄给我可作报销凭证的发票。这毫无用处。我焦躁

[①] 叶泽尔斯卡娅·阿格尼娅·谢苗诺夫娜（安尼娅），莫斯科州图书馆馆长，帮助尼·奥斯特洛夫斯基选配私人藏书。

[②] 伊达，即高莉娜。

地等着你们的信。

我的健康状况停止恶化了。谁知道呢？或许真能得到住房，于是返回莫斯科。于是傍晚你会常来我家，选一些文学作品念念。

紧紧握手。

尼古拉
1935 年 8 月 11 日　索契市

P. S. 唱片不必买，会寄给我的。关于立式钢琴——说得对。我来了就买。

这儿天气特好。暖和，有阳光……代表全家向你问候。

别忘了来信，要常写、多写。

435. 给鞑靼国家出版社社长

（1935年8月20日，索契）

尊敬的同志：

今天偶然从寄给我的报纸《红色鞑靼》上剪下的文字中获悉，鞑靼文的长篇小说《钢铁是怎样炼成的》已出版，译者为符·布尔纳史和阿·沙莫夫。

当然，译成鞑靼文我是赞成的。不过，假如您预先告知此事，那么就有可能依据青年近卫军出版社出的增订第三版进行翻译。

如果您有意把第二部也译成鞑靼文，那么劳驾您，即使仅仅出于对作者的礼貌，也预先通知我一下。这样的话，我可寄奉俄文的最新版本。只有依据这个版本，才可翻译第二部。

烦请寄我数册第一部的作者样书。有新的版本面世，我是极感兴趣的。

致以共产主义的敬礼。

盼着您的信和书。

尼·奥斯特洛夫斯基
1935年8月20日

436. 给奥德萨电影制片厂剧本部主任

（1935年8月23日，索契）

尊敬的科里克同志：

敬复尊函。我和扎茨同志于9月10日前写成电影剧本。请审阅后确定由哪位前来。等待着贵厂代表惠临。

致以共产主义的敬礼。

尼·奥斯特洛夫斯基

437. 给亚速—黑海图书出版社社长办公室

(1935年8月23日,索契)

尊敬的同志:

8月20日贵社的一位秘书来访,转达了贵方的建议——出版我的长篇小说《钢铁是怎样炼成的》。

当然,我赞同这一建议。每个作者都希望自己的书行销全国,印数尽可能多些。我只能欢迎每一种新的版本。何况,我的书印得很少,而在我们边区几乎没有。共青团组织的大量来信,诉说他们无法找到这本书,供青年人阅读。单单青年近卫军出版社一家,满足不了年轻人的所有需求。

然而,重复出版有一个困难。这便是青年近卫军出版社对此书的全权。"青年近卫军"执拗地不愿意再有别家出这本书。我觉得这种带有本位主义色彩的爱国主义是费解的。但我不能和你们签合同,以免被指责为鲁莽行事。

所以,你觉得有必要就进行吧。若能出版那很好。不过在正式场合,请责任自负。比如说,在基辅,乌克兰共青团中央做出决定,由两家出版社同时出版此书,以便满足年轻人的需求。

您瞧,那里就是没有征得我的同意,这样做了。

紧紧握您的手。

致以共产主义的敬礼。

尼·奥斯特洛夫斯基
1935年8月23日

438. 给加利佩良[①]

（1935年8月26日，索契）

亲爱的加利佩良同志：

刚和高莉娜同志一起写信给您。她告诉我，《钢铁是怎样炼成的》一种很好的插图本，印数两万至三万册，将由您处出版。我因此感到高兴，并有意此刻和您商定。

1. 本文即青年近卫军出版社最新（第三）版。
2. 具体的装帧情形，具体的出版日期，请您尽快见告。

我个人非常希望（我想这也在您的计划之中吧？），这是向共青团代表大会（1935年12月）献礼的一个版本。因为所剩时间不多，请您抓紧此事。

急切地等着回音。

紧紧握您的手。

致以共产主义的敬礼。

尼·奥斯特洛夫斯基
1935年8月26日

[①] 加利佩良，青年近卫军出版社列宁格勒分社社长。

439. 给特罗菲莫夫

（1935年8月26日，索契）

亲爱的康斯坦丁·丹尼洛维奇：

接到了斯维尔德洛夫同志的信，还有乌克兰列宁共青团中央书记的一份关于出版乌克兰普及版与精装版的决议摘录。普及版三万五千册，精装版一万五千册。我表示赞同。烦劳您函复，你们何时能操作到位。希详告计划。我极感兴趣。当然，要依照俄文第三版排印。

曾寄上威尔哈茨基的狗屁评论。您收到没有？

每天等待着您的回音。

青年近卫军出版社的编辑伊达·高莉娜来过我这儿。

目前我的主要工作是写电影剧本。但愿9月10日能写出上集的初稿。

我的健康状况停止恶化，这已经是上上大吉。近日将有一次教授会诊。他们想方设法，要让我恢复劳动能力。

请给我写"大字"信。我很喜欢念，不再想到自己难以读信。

紧紧握您的手。

致以共产主义的敬礼。

尼·奥斯特洛夫斯基
1935年8月26日

440. 给叶泽尔斯卡娅

（1935 年 8 月 27 日，索契）

亲爱的安尼娅：

我尽量简略地谈谈我们的生活。汇上 200 卢布，由你酌情购书。

借给我阅读的书籍，暂时不要寄来。我正在读你已经寄来的书，等把这些归还了，再寄我下一批吧。

因诺肯季·帕夫洛维奇今天去莫斯科。他将和你会面，详谈一切。伊达住在疗养院。她常来我处。

我的健康状况停止恶化了，这已是上上大吉。教授们会诊过。要再会诊一次，近日正在索契休养的卡扎科夫医生也将参加。

寄上第八期《探照灯》。

9 月 10 日我们写成电影剧本的初稿。

顺便告诉你一个目前还非常机密的消息。接到莫斯科一位朋友发来的电报："23 日电台播出，中央执委会决定授予奥斯洛夫斯基列宁勋章。"我没有接到相关的正式通知，无论是书面，还是通过其他途径。而且，很可能这是一个和我同姓的人。

烦劳你一得知此事的正式消息，就发电报给我。

记住，安尼娅，这可能是巧合，所以别告诉任何人……

从电话里听见你的声音，太棒了。身旁站着伊达和卡佳。她俩都听不清，以后也听不明白电话里谈什么。我的全家人都向你问好。伊达是颇具个性的人。你会喜欢她的。我的两个朋友成为朋友，那是一件惬意的事情。

我的思绪飘忽不定，请原谅。

抽出几分钟时间向你问候。我难得独自待着的。

常来信，多写些吧。我久未回复，别见怪。

紧紧握手。

尼古拉

P. S. 刚从苏联作协获悉，我的创作研讨会将于9月上旬举行。因诺肯季·帕夫洛维奇希望在这个晚会上和你见面。

441. 给白俄罗斯国家出版社国际部主任

（1935年8月29日，索契）

亲爱的同志：

图列茨卡娅①同志告知，您有意出版犹太文的拙著《钢铁是怎样炼成的》。此举我赞同。请来函详述您打算如何操作，例如此书可印多少等。

必须根据青年近卫军出版社的俄文第三版进行翻译。

倘若您确认出版此书的愿望，我会寄上此书俄文第三版的样书。

盼着大札。

致以共产主义的敬礼。

尼·奥斯特洛夫斯基
1935年8月29日

---

① 图列茨卡娅，白俄罗斯国家出版社青年部主任。

442. 给叶泽尔斯卡娅

（1935年9月5日，索契）

亲爱的安尼娅：

昨日接到你的航空信。谢谢你对广播发言的解释。

寄给你一个包裹（小箱子里有三册书，其中包括《奥尔良姑娘》）。因此，我这儿目前没有你的书了。现在你得给我寄关于波兰战线的书籍。

会诊的结论将于近日寄上。

我的健康状况又不稳定了。

关于你提出的住房计划，眼下我无法确切地答复。

前不久，我这儿来过一批作家——奥格涅夫、斯维特洛夫·列温和拉希尔洛。他们告诉我，正在为作家建造的住宅中，已经确定了有我的一套房子。他们非常了解内情。列温在那里是革委会成员，拉希尔洛是特派员。1935年12月至1936年2月，即可迁入居住。住房独门独户，设备齐全。我渴望得到一套独门独户的住所，让自己的生活不受任何干扰。在公共住房中难以做到这一点。

我的状况要求宁静，浴室等都独用。

同志们说我会在拉普鲁辛斯基胡同得到一套居所，我不知道在多大程度上可以相信这一点。多少回了，人家对我做出美丽的承诺。这一切实在使我累坏了……

昨天我接到一封美好的信，是正在加格洛休养的格·伊·彼得洛夫斯基寄来的。他答应，只要抽得出时间，就在返回基辅时来看看我。

安尼娅，你可不要误解我的意思。总之我并不反对你的住房计划。

但这是一条曲折的路,复杂又艰难。何况,我怎么能搅乱你的日常生活呢?我有一群知心朋友,每一个都为我敞开自家的大门。然而,这并不意味着我可以坦然接受。

倘若得不到合适的居住条件,我便不回莫斯科。

倘若你有办法获悉拉普鲁辛斯基胡同那处房屋的分配情形,能打听到我是否有希望分到其中的一套,那我十分感谢。

替我办事的所有费用,要让我自己来支付。我会再汇给你的。记住,我比你宽裕。在这件事情上,你别隐瞒不报。信写得枯燥、简略,请原谅。

我勉强控制着自己的神经,不让病魔得逞!十三天没入睡。不过这是暂时现象。我很快就能克服……

紧紧握你的手。

永远会因收到你的信而快乐。

尼古拉
1935年9月5日

443. 给叶泽尔斯卡娅

（1935 年 9 月 15 日，索契）

亲爱的安尼娅：

你本月 11—12 日的来函刚刚收到。无论从修辞还是内容看，这都是一封美好的信……

目前我过着猛打强攻般的日子。仿佛悬在一根游丝上的躯体，居然还有不可思议的力量。这些力量不知藏于何处，但我目前确实工作得挺好，热情高涨，进度迅速。

有声电影剧本的初稿写成了。

昨天，乌克兰电影局和奥德塞电影制片厂的领导来了。

开始讨论电影剧本。政府的决定是 1936 年 7 月播放影片。

你瞧，我没有闲着发呆，开始写《暴风雨中诞生的》第六章了。

卡扎科夫持乐观态度，允诺治好我的许多病，让我做许多事儿。我小心谨慎地听他说话。咱们瞧吧。卡扎科夫赞同我迁往莫斯科过冬。他答应，到了莫斯科，会让一名经验丰富的助手给我护理，并在他监控下，重复进行系列治疗。这样的话，我便不一定要躺在医院里。就我而言，这才是主要的。

格·伊·彼得洛夫斯基寄给我一封美好的、友善的信，对长篇小说《钢铁是怎样炼成的》做出评价。

今年 9 月 10 日，《真理报》刊登过乌克兰人民委员会为我修建住所的决定。

前些日子，苏联列宁共青团中央书记韦尔史科夫①同志和团中央的其他成员，以及跳伞纪录创造者尼娜·卡姆涅娃等，曾到我这儿做客。柯萨列夫将于近日来访。

索契已在动工修建别墅。请你不要为我寄来任何书籍。我得到了有关波兰战线的图书，正在专注地研读。

俄文第三版（一千册）至今尚未上柜。老牛破车慢腾腾。

伊达本月25日去莫斯科。当然，我会寄去你要的一切——书和照片等。

信写得简略、枯燥，请原谅。我趁着没人干扰，匆匆地写。我在等候电影专家们。

现在谈谈我的事情。读着你的信，心里不是很踏实。尤其不相信博布诺夫等人。他们是许诺大王，但最后一刻可能食言。我不愿意轻信。或许他们是极好的同志，然而一再骗了我。倘若事情的结果，确实如你信上所说的，12月至明年1月我能拿到住房，那是非常圆满了。在这儿，在索契，我有个同志，彼索钦斯基，是我的朋友的朋友。他在纳晓金斯基胡同的作家坊有一套小小的居所——二十平方米的房间，四楼、朝阳、明亮，独用小厨房、浴室，小小的前厅，有电话、煤气灶。总共二十七平方米，独门独户，独用过道。彼索钦斯基不是作家。他依据合同得到这套居所。他另外有房子，老婆住着。那房子大。他建议我从10月20日起迁入他在纳晓金斯基胡同的居所，一直住到获得位于拉普鲁辛斯基胡同的房屋。这段时间，他本人则住到老婆那里去。没错儿，虽然只有一个房间，却是独门独户，极安静的。如果你依旧相信我冬季便能拿到住房，而彼索钦斯基又可以提供自己空闲的

---

① 韦尔史科夫·彼得·阿发纳西耶维奇（1906—1938），1934至1938年任苏联列宁共青团中央书记。后遭镇压，死后平反。

居所，那咱们就用不着惊扰格·伊了。

这样的话，我有可能于 10 月 25 日和卡佳一起前往莫斯科，住进彼索钦斯基的居所。能这么解决就够好了。你十分愿意帮助我，对此我再次深表感谢。

当然，有一件事儿，除了你没有谁能帮得上忙，那就是帮我选配图书，建立个人图书室。

这样的话，亲爱的朋友，似乎一切都预示着咱们今秋将相会于莫斯科，彼此紧紧握手。

我在莫斯科过冬，5 月初到索契，那时已可入住新居，宽敞而明亮，不会因缺乏清新空气而憋死。

这样的话，就如同地平线上没了乌云，碧空如洗。但是老练的水手常说："不要被这诡谲的假象所迷惑！狂风暴雨随时可能袭来……"

瞧着吧。谁知道呢，也许转眼咱们大家就在莫斯科相会了？

工作，休息，还有好书。谁说生活不惬意？……

紧紧握手。

你在电话里给因诺肯季·帕夫洛维奇念念这封信。请转告他，马尔赫列夫斯卡娅同志来过我这里。

伊达向你热情地问候。

尼古拉

1935 年 9 月 15 日

索契　胡桃大街 47 号

444. 给彼得洛夫斯基

（1935年9月15日，索契）

亲爱的格利戈里·伊万诺维奇：

　　我已收到您的一封美好的信。有时候，言语难以完全表情达意。但我确实感觉到你的抚爱的手在我胸前。我得到了一个人所能得到的最大幸福。纵然巨大的肉体痛苦一刻也没放过我，但我依旧一觉醒来便高高兴兴，充满幸福感，热情洋溢地工作一整天，然后疲惫地、安恬地入睡。那使我双目视而不见的黑暗，我并不在乎。在我的周围，生活以太阳般灿烂的光芒辉映着。我有一个宏愿，要把全部激情、心头的全部烈焰，倾注到这部未来的书的字里行间，让它召唤年轻人去奋斗，对我们伟大的党忠诚不渝。

　　读着报纸和信函，得悉我国的青年布尔什维克、远东军的战士们要求政府奖给我列宁勋章，我心里就思忖，他们不知道我已经获得最高的奖赏——领袖的赞扬——您的信给我带来滔滔不绝的力量。还有什么比这更珍贵呢？我在我们会面时对您的承诺，今已兑现。根据长篇小说《钢铁是怎样炼成的》改编的有声电影剧本写好了。乌克兰电影业的人员到我这儿来，为的是讨论这个剧本。明年中期，影片即将放映。

　　紧紧地、紧紧地握您的手。

忠诚于您的尼·奥斯特洛夫斯基
1935年9月15日
索契　胡桃大街47号

　　您寄来的书——有您签名的乌克兰社会主义共和国法规汇编一册，我已收到。谢谢。

445. 给图列茨卡娅

（1935年9月16日，索契）

尊敬的图列茨卡娅同志：

我非常希望了解，您是否考虑把我的长篇小说《暴风雨中诞生的》列入你们1936年的出书计划。

拙著献给为在乌克兰及白俄罗斯土地上建立苏维埃政权而进行的斗争，献给布尔什维克和由他们所创建的首批共青团支部的地下工作。烦尽快给我答复，以便万一您由于这样那样的原因未能将长篇小说《暴风雨中诞生的》列入你们1936年选题，我可把这个问题请白俄罗斯共青团中央讨论。

紧紧握您的手。

致以共产主义的敬礼。

尼·奥斯特洛夫斯基

烦劳您在回信中告知，长篇小说《钢铁是怎样炼成的》一书如何翻译和出版。希鼎力协助，使这个版本早日面世。

如能赶在共青团第十次代表大会召开前出书，那就太好了。

请不要迟复！

446. 给日吉廖娃

（1935年9月17日，索契）

亲如家人的淑洛奇卡：

来信收到……

你说我变了，变得不好了，把你给忘了，我愤愤地不接受你的看法。这些都不正确，而且你明明知道，如果谁该生气，那么只能是我，因为你半年音讯全无。但我不说你变了。我仅仅解释一下，自己以前有许多空闲时间，所以常写信，写得多，如今工作紧张，整天忙得不亦乐乎，简直连吃饭睡觉也顾不上。相信我吧，我在工作，并非懒懒散散。你不能说我忘了你，跟从前比，对你差些了。听到你这样说，我感到委屈。

这不，乌克兰电影业的人员刚从我这儿离开。他们来接受并讨论根据长篇小说《钢铁是怎样炼成的》改编的电影剧本。这剧本被认为写得挺好，也做了些修改和补充。

这将是一部有声影片，投入150万卢布。

政府确定了放映的期限：1936年7月。

你看，什涅杰尔曼同志以为书无法改为电影，他讲错了。

我可能于10月20日去莫斯科。

明年1月，在新建的作家坊中，会给我一套居所。此前，我先住在一位同志那儿。他有空屋。

目前忙于继续写第二部长篇小说《暴风雨中诞生的》。

收到1935年第七、第八期的《青年近卫军》杂志了吧？你读一下这个长篇的开头部分。

卡扎科夫医生负责替我治病，不晓得结果会怎样。正在打针。卡佳住在疗养院。

乌克兰苏维埃社会主义共和国人民委员会做出决定，为我在索契修建别墅。

亲爱的淑洛奇卡！想一切办法，让你可以在年内来索契疗养吧。

昨天我已给你汇去 500 卢布。

在我艰难困苦的年月里，你曾经常以共产主义的精神资助我，相信你不会拒绝我微小的回报而让我十分难堪。

亲如家人的朋友，你保重身体。稍空些我写信给你。我会多写些，写一切。

先紧握你的手。

你的柯里亚

1935 年 9 月 17 日

447. 给叶泽尔斯卡娅

（1935年9月18日，索契）

亲爱的安尼娅：

古特曼①同志来过我这里，念了你信中的一段。他打算照办。不过情况是这样的。我在上回信中已说过，有位同志要把他位于纳晓金斯基胡同的独用居所提供给我，可以住到我获得一套房子。这样的话，前述问题似乎解决了。我再次麻烦你，因为不想拿这件事儿惊扰格利戈里·伊万诺维奇。

如果有希望得到拉普鲁辛斯基胡同的房子，那么10月20日我去莫斯科。

会诊结论寄给你也毫无用处，因为教授们写明了我绝对不可去莫斯科，甚至说我活不长了。他们老这样，你别担心，这是"一派胡言"。

本月25日，伊达去莫斯科。电影剧本被小组接受了——是的，还得用一个半月加工。剧本获好评。

我累了，要歇一下。

亲如家人的朋友，常来信吧。

代表大家问候。紧紧握手。

柯里亚

1935年9月18日　索契

卡拉瓦耶娃已经在霍斯特。此信你在电话里给费杰尼奥夫念念。近日我会寄上拙著第三版。

---

① 阿勃拉姆·古特曼，联共（布）索契市委书记。

448. 给纳科里亚科夫①

（1935年9月20日，索契）

尊敬的纳科里亚科夫：

目前，苏联列宁共青团中央书记来过我这里，跟我谈了如下情况：团中央常委会讨论了拙著《钢铁是怎样炼成的》出版二十万册的问题。决定十万册由青年近卫军出版社印行，十万册转由国家文艺书籍出版社印行。

您对此事意下如何，烦请回函告知。这个长篇贵社能不能于1936年内出版？赞同与否，请及早赐复。

紧紧握您的手。

致以共产主义的敬礼。

尼·奥斯特洛夫斯基

---

① 纳科里亚科夫·尼古拉·尼坎德罗维奇，俄罗斯联邦国家文艺书籍出版社社长。

449. 给鞑靼国家出版社社长

（1935年9月21日，索契）

尊敬的同志：

我于8月20日曾发一信，要求您寄给我几本作者样书——拙著《钢铁是怎样炼成的》第一部由你们出的鞑靼文版样书。

此信至今尚未见回复。如果贵社有意翻译长篇小说的第二部，那么请务必告知此事。我重复一遍：必须根据我修改和增补过的俄文第三版，方可翻译。届时，这个版本的样书，我将寄奉一册。

贵社出版拙著的第一部，我是偶尔得知的。希望第二部不再如此。

致以共产主义的敬礼。

尼·奥斯特洛夫斯基

450. 给亚速—黑海图书出版社编辑室

（1935年9月25日，索契）

亚速—黑海图书出版社文艺编辑室：

来函收悉。此外，和总编辑通过电话了。

昨天，苏联列宁共青团中央总书记亚历山大·科萨列夫同志给我来了信。他说你们获得了独立出版拙著《钢铁是怎样炼成的》一书的权利。此事他们将知照青年近卫军出版社。

既然如此，朋友们，那就请尽可能快出多出吧。务必把这个版本列入1936年的选题。

科萨列夫同志信上对我说："这本书印数越多，对我们的益处越大。"

现在谈谈对版本的具体意见。

你们这个版本是俄文的第四个版本了。因此，烦标明：第四版。

你们打算以柯里佐夫同志的《勇敢》一文替代序言。抱歉，我不得不反对这个做法，理由如下。我一向反对在长篇小说前加上作者自传性的序言。在报刊上，有不少同志把长篇小说视作我的传记，视作真实的记述。那不确切。柯里佐夫同志在那篇文章中也出了同样的错，把长篇小说当成真实的记述。

正因如此，我反对放入一篇自传性质的序言。本人的经历比保尔·柯察金简单得多，否则我可能被指责为缺少布尔什维克的谦逊态度。就让书没有序言好了。

请告诉我出版的进程。

现在我们双方得安排好紧密的合作关系。

紧握你们的手。

致以共产主义的敬礼!

尼·奥斯特洛夫斯基
1935 年 9 月 25 日
索契　胡桃大街 47 号

451. 给史蓬特和别列茨基夫妇

（1935年9月26日，索契）

亲爱的万尼亚和列薇克卡同志：

刚收到列薇克卡的信。我等着你们从加格拉启程。

首先谈剧本。我同意和布鲁什坦①同志一起搞剧本。近期她来一趟索契，是否值得？我准备10月20日去莫斯科。有一位同志愿意把自己坐落于纳晓金斯基胡同作家坊内的一套房子暂时让我居住。明年1至2月，我有望得到位于拉普鲁辛斯基胡同作家坊内的一套房子。这样的话，离我去莫斯科只剩二十五天。倘若我因故不去莫斯科了，那么布鲁什坦同志来我这里是适宜的。当然，倘若她目前正在我们边区，那么顺便来我这里甚好。我们将一同工作——这事儿看来已决定了。我不久前和扎茨合作，完成了根据《钢［铁］是［怎样］炼［成的］》改编的有声电影剧本。我中止《暴风雨中诞生的》这部长篇小说的写作，全副精力投入了这件事儿。

依据乌克兰政府的决定，影片须在1936年上映。为其投入资金150万卢布。

亚历山大·科萨列夫寄给我一封友善的、美好的信。他说，共青团中央认为，有必要在所有的出版社出版此书，以满足年轻人的需求。

昨天，纳科里亚科夫同志来访。他出十万册。在国家文艺出版社。

我的健康状况确实一度恶化。目前尚未稳定。因此，必须什么事儿也不干，只管治病。但这是不可能的。

---

① 布鲁什坦·亚历山德拉·雅柯夫列夫娜（1884—1968），苏联俄罗斯作家。

很快会有一份资料——《钢［铁］是［怎样］炼［成的］》作者与读者通信汇编——寄到《共［青团］真理报》。如果发现需要的，请刊登吧。

特列古勃的文章①极好。我完全赞同他的观点。此信也转给他看看吧。我不直接回答他了，因为工作紧张得达到争分夺秒的程度。

这不，《世界一日》文集的编辑部建议我描述自己的9月27日这一天。②

近日我在等候梅赫利斯③同志。

这样吧，万纽沙，你和布鲁什坦板上钉钉地确定下来，让她准备材料吧。不久，在莫斯科，我将和她会面，着手工作。

非常遗憾，《共青团真理报》没有登载团代会和国防人民委员部指挥员中的读者评述《钢［铁］是［怎样］炼［成的］》一书的资料。让我们更紧密地联系吧，最近一段时间的确稀疏了。

紧紧地握你们的手。

致以共产主义的敬礼。

尼·奥斯特洛夫斯基

1935年9月26日

索契 胡桃大街47号

---

① 指《忠实的同志》一文，刊登于1935年8月24日《共青团真理报》。
② 尼·奥斯特洛夫斯基应约写成《我的一天》。
③ 梅赫利斯·列夫·扎哈罗维奇（1889—1953），苏联国务和党务活动家。1918年入党的苏共党员，1930年起任职于《真理报》。

452. 给苏联作家出版社社长

（1935年9月28日，索契）

尊敬的同志：

　　为了满足年轻人对《钢铁是怎样炼成的》一书的需求，苏联列宁共青团中央认为，应准许所有的出版社出版这部长篇小说。由于纸张紧缺，苏联列宁共青团中央的青年近卫军出版社无力以足够的印数出版此书。

　　我要求您见告，是否认为有可能将长篇小说《钢铁是怎样炼成的》列入1936年的选题计划。

　　恳请及早赐复。

　　致以共产主义的敬礼。

尼·奥斯特洛夫斯基

453. 给斯大林

（1935年10月2日，索契）

敬爱的、亲如家人的斯大林同志：

领袖和导师，我心目中最亲的人，我要告诉您这几句烈火般的肺腑之言。政府奖给我一枚列宁勋章。这是最高的奖赏。

党的忠实助手——列宁共青团，培育了我。只要我的心脏尚在搏动，直到它的最后一跳之前，我的全部生命将献给我们社会主义祖国青年一代的布尔什维克教育事业。

想到在对法西斯主义的最后鏖战中，自己不能置身于战斗的行列，我深感痛苦。残酷的疾病把我束缚。然而，列宁—斯大林的党把我这个粗通文字的青年工人培养成苏维埃作家。党让我掌握了另一种武器，我会运用这种武器打击敌人。

奥斯特洛夫斯基

454. 给彼得洛夫斯基

（1935年10月2日，索契）

电 报

亲爱的格利戈里·伊万诺维奇：

为政府给予的最高奖赏深深感动。我承诺，怀着全部布尔什维克的激情，更刚毅地协助亲爱的党，培育像钢铁般经受锤炼的、年轻的苏维埃人。

紧紧拥抱并如儿子般亲吻。

您的尼古拉·奥斯特洛夫斯基

455. 给诺维科夫

（1935 年 10 月 7 日，索契）

亲爱的彼得鲁什：

别责怪我久无声息。好朋友，相信吧，我实在累死了。真的，这些天，是我一生中的喜庆日子，可也在大量消耗精力。

详情我让卡佳和妈妈函告，她们准会叙述所有的细枝末节。

打算 10 月 20 日去莫斯科。只要健康状况不太恶劣，就一定去。

我等过你，希望见到你，聊聊。

一天天事情多得不得了，过得真快哟。身体似乎略微好些。卡扎科夫在替我治病。莫斯科那边许诺给予认真治疗。我再也不冒险了。但虚弱把我折磨得好苦，我决定接受打针。

为什么你探问自己要不要来？相信吧，我永远高兴和你会面。住的问题容易解决。这事儿卡佳和妈妈会帮你的。

彼得鲁什，看样子我又要去莫斯科了。在充满文化气息的环境中生活，纵然仅仅一个冬季，也在吸引着我。

我和卡佳一同去。启程还有个条件——等候稳定的干燥天气。

瞧瞧，不让我把信写完。我这就打住。热烈地问候塔玛拉、卡拉锡等所有的朋友。

紧紧握手。

柯里亚

1935 年 10 月 7 日

索契　胡桃大街 47 号

P. S. 妈妈和卡佳近日一定会写信。

洛扎是一位极好的同志。她突然去世，令我万分悲哀。

456. 给《青年近卫军》杂志的读者

(1935年10月7日,索契)

《青年近卫军》杂志的读者

我的朋友们:

亲爱的读者,我在你们面前是欠了情的!从苏联的四面八方,我收到成百上千封信,大家问我什么时候写完长篇小说《暴风雨中诞生的》。

只有在我们的国家里,作家与读者之间才存在着如此密切的、友好的联系。

我们苏联作家当中,从来都没有谁忘记过对读者所负的责任。

长篇小说《暴风雨中诞生的》第一部应于1935年11月完成。我尚未兑现这一承诺。

乌克兰共青团中央突然做出决定,要根据长篇小说拍摄有声电影,并建议我和电影剧作家扎茨合作,写出电影剧本。这个紧张的工作花去了四个月。

《暴风雨中诞生的》一书的创作,不得不搁置。如今我又回到长篇小说上来了。四个月后,第一部即可完稿。

紧紧地握你们的手。

尼·奥斯特洛夫斯基

1935年10月7日 索契

457. 给叶泽尔斯卡娅

（1935年10月9日，索契）

亲爱的安尼娅：

久未写信，请原谅。工作如山崩，压得我喘不过气来。我的屋子好像大举进攻阶段的指挥部。

已经允许我去莫斯科。

卫生人民委员部副主任叶果列维奇·苏里莫夫①和梅赫列斯来过我这儿。大家同意我启程，答应帮助。不过，他们劝我稍晚些，莫斯科开始初寒就回来。

给我写信吧。我却连给朋友们写信也没力气。

紧紧握手。

寄过书给你，收到了吧？

尼古拉

---

① 苏里莫夫·达尼尔·叶果列维奇（1890—1937），苏联国务和党务活动家，1905年入党的苏共党员。1930至1937年任俄罗斯联邦人民委员会主席。1937年遭镇压，后获平反。

458. 给别列茨基

（1935年10月11日，索契）

亲爱的万尼亚：

　　昨天我和布鲁什坦同志会面了。这是一位令人产生好感的同志、挺出色的女性。不过她听觉很差。我给她全权，依据长篇小说《钢铁是怎样炼成的》写话剧，但无法应允经常参与工作。这首先是在体力上承担不了。请想象一下，我看不见，她听不清。这场面有多尴尬！无论是我还是她，都无法参加导演工作，或者你们管这叫什么来着？

　　11月我去莫斯科，我们可以见面交谈。

　　紧紧握手。

　　致以共产主义的敬礼。

尼·奥斯特洛夫斯基

459. 给彼得罗夫①

（1935年10月14日，索契）

尊敬的彼得罗夫：

刚接到今年10月9日的大礼。我同意寄上《暴风雨中诞生的》手稿。不过先寄给您前面的五章，让杂志的读者读完整部长篇小说吧。三四天后我寄出稿子，以后逐渐寄上新的各章。

今天，电影剧作家扎茨·蒙塞·包利索维奇来我这儿。他是和我合作写电影剧本的。

明后天，序言将作为航空邮件给您寄去。

一笔款子——2000卢布，已收到。

让我们保持密切联系吧。一切请详告。我将回函。

紧握您的手。

向贵社全体员工致意。

尼·奥斯特洛夫斯基

---

① 彼得罗夫，亚速—黑海出版社社长。

460. 给纳科里亚科夫

(1935年10月16日,索契)

亲爱的纳科里亚科夫:

会面时我忘了奉告,贵社出版拙著《钢铁是怎样炼成的》,将是第七个版本。

除了我曾告诉您的那个差错(删去第一部第六章中彼得留拉的发言),我要求改正以下一处差错。

在保尔给哥哥阿尔乔姆的信中(第三版第二部第八章,第371页),有一句"研读所有的古典文学",应改为"研读主要的古典文学作品"。

打算11月15日动身去莫斯科。如果您能于明年第一季度出版《钢铁是怎样炼成的》,我将十分满意。

紧紧握手。

致以共产主义的敬礼!

尼·奥斯特洛夫斯基
1935年10月16日

461. 给芬克利什捷因

（1935年10月17日，索契）

米沙：

你好！

我打算11月的上半月到莫斯科。

我的健康状况很糟糕。累坏了。为了迁居，现在我必须养精蓄锐。必须想尽办法，让莫斯科的任何人都不知道我住在哪儿。

要不然，我无法摆脱络绎不绝的访问和交谈。我变成了"可敬的喋喋不休者"。我在做党所交付的工作，不能从中抽出哪怕一分钟的时间。这一点，是联共（布）中央的两位委员①向我郑重表明的。他们还建议我专注地工作，关闭通道，拒绝络绎不绝的访问者。我照办了。封住了通道。在莫斯科也必须照此办理。

你别以为我骄傲自大了，或者变得接近于这类人了。其实是我的体力所剩无几，浪费在耍嘴皮子上是一种犯罪。再也不这样了。

这样的话，极有可能一个月后我将抵达莫斯科。如果方便，请为我买个小电炉，我可以放在彼索钦斯基的房子里，当作备用的取暖设备。你了解的，对我的健康构成最大威胁的是寒冷，是着凉感冒。

卫生人民委员部副主任叶果列维奇应允，为我派一辆救护车到火车站。他甚至要亲自来接我。

索契的气候很恶劣。多雨。我躺在屋子里。

---

① 指格·伊·彼得洛夫斯基和列·扎·梅赫利斯。

其他，一切老样子。

祝事事如意。

柯里亚

1935 年 10 月 17 日　索契

462. 给叶泽尔斯卡娅

（1935年10月17日，索契）

安尼娅：

你好！

来函收到。久未写信，希原谅。你晓得的，我连一分钟的空闲时间也没有。

和一些编辑部和出版社通信，往往占去一整天。这种和官僚作风打交道的事儿，我不久便可摆脱掉，转而干有意义些的活儿。

我变成了"可敬的喋喋不休者"，党交付给我要完成的工作也中止了。为了结束这种情况，采取果断行动，关闭通向居所的通道，使得访问者，甚至朋友们也无法入内。必须休息，即便稍稍喘口气也好。否则心脏狂跳，危及生命。得想办法，让莫斯科谁也不知道我将住在何处。不然的话，我依旧做不成工作。以后得制定严格的规则，除非和我商定，否则任何人都不准到我这儿来，连我的朋友们也不行。要不然，我的生活会变成废话一堆。

你们，我所有的朋友，在这一点上，要竭力帮我。

去莫斯科，我只带上极少的几册书，希望你协助我建立一个真正的图书室。

你的痛苦心情，我毫无所知。只晓得问题出在哪个方面。来信谈谈是怎样一回事吧。

我相信你对党的忠诚是无懈可击的，因而认定一切都将圆满解决。

紧紧握手。常来信，谈一切吧。

尼古拉

1935年10月17日

索契　胡桃大街47号

463. 给安德列耶夫

（1935年10月25日，索契）

乌克兰列宁共青团中央总书记安德列耶夫同志
亲爱的谢尔盖同志：

接到你友好的信。得知你在跳伞，我颇为担忧，不知结果如何。但这天正巧来我这里的飞行员——与格罗莫夫同飞的斯皮林等，都嘱我放心。

他们说你准能康复，平安无事。

你听了广播发言①，我很愉快。我的发言原本可以好得多的，不过对着这样的观众，又处于一种异乎寻常的氛围，我可是头一次讲话。这就出现了如此这般的困难。

你问我考虑在什么地方过十月革命节。我自己也还不知道。应当10月20日去莫斯科的，但本市的党委挽留我，希望列宁勋章在这里颁发。我打算10月28—30日动身。如果他们再挽留我，那就在这里过十月革命节。当然，我非常高兴和你信上写到的乌克兰青年朋友会面，并共度佳节。不过你瞧，我自己也不知道，那时身在何处。和你相见，我将十分高兴。咱们一定能如愿的。

你准知道，乌克兰政府决定，为我在索契修建别墅。科西奥尔同志也已核准建筑设计方案。这一切使我觉得意外，感到受之有愧。你了解的，谢廖扎，我是普通的老共青团员，这样的人数以千计。不错，或许在与命运抗争方面，我比别人执拗些。不过，青年们把我抬得过

---

① 指尼·奥斯特洛夫斯基1935年10月12日发表的广播演说（索契、基辅和舍佩托夫卡三市联播）。

高。是你们,乌克兰的年轻人,最先称我为英雄。回想自己简单的经历,我坦诚地认为,自己当不起如此崇高的称号。你了解的,谢廖扎,尽管我写过几十封信,还有一些文章,来进行争辩,然而《钢铁是怎样炼成的》一书仍旧被说成是我的生活史、从头至尾的真实记述。它得到认可,并非作为长篇小说,而是作为真实的记述。因此,保尔·柯察金的生活便也成了我本人的了。而且我怎么也无法反对这种说法。

我写这本书时,并不知道会出现此类情况。促使我工作的仅仅是一种愿望——创造出当代年轻人可视为楷模的青年战士形象。是的,这个形象中我注入了一些自身的生活内容。

为什么我给你写这一点呢?这么说吧,谢廖扎,如果您指责我不谦虚,"个人英雄主义",我会十分委屈,心头沉重。我已经对我们党的许多领导干部谈过这一点。他们要我放心,说决不会发生这种情形。然而不知怎么的,我总觉得憋闷。

请向乌克兰列宁共青团中央的全体同志转达问候。

真挚的友谊联系着你们和我。我随时准备执行你的命令。

紧紧地握你的双手。

尼·奥斯特洛夫斯基

1935 年 10 月 25 日

索契　胡桃大街 47 号

464. 给纳科里亚科夫

（1935年10月28日，索契）

亲爱的纳科里亚科夫同志：

尊函刚收到。对您所写的一切，深感满意。《钢铁是怎样炼成的》在《长篇小说报》上发表，甚好。何况，如此迅速。

我只有紧紧地握您的手了。11月10日，打算去莫斯科。我将由衷地高兴和您会面。钱暂且不要汇给我。唯一的要求，是请寄来我自费购买的至少二百册书。可以的话，寄三百册吧。我的各种朋友、熟人正从四面八方向我进攻。我不好意思拒绝送书给他们。

为了出版的高速度和大印数，再次表示共产主义的谢忱。

您的尼·奥斯特洛夫斯基
1935年10月28日
索契　胡桃大街47号

465. 给日吉廖娃

（1935年10月28日，索契）

亲爱的、家人般的淑洛奇卡：

友善而亲切的来信收到了。当然，你我一定会在莫斯科会面。

我准备11月10日去莫斯科。

最近这些日子，我过得跟发疯似的，你简直无法想象。从清早到深夜，我连一分钟的空闲时间也没有。好朋友，我久未问候，千万不要生气。我永远不会忘记亲近的淑洛奇卡。只是咱们的生活多么欣欣向荣，正在突飞猛进，简直抽不出时间吃顿饭和独处片刻。

我在莫斯科的住址，会及时告诉你的。我们这儿一切老样子。大家由衷地向你问好。

代我拥抱阿洛奇卡·别洛娃。近日我会寄本书给她。

紧握你的手。

柯里亚

1935年10月28日

索契　胡桃大街47号

466. 给谢马史科

（1935年10月30日，索契）

亲爱的尼古拉·亚历山德罗维奇：

联共（布）中央学生部主任沃林同志昨天来我这儿做客，谈及有必要尽快出版供小朋友看的中篇小说《钢铁是怎样炼成的》。沃林同志建议我不必亲自改编长篇小说，而要求您委托国家儿童读物出版社一位经验丰富的编辑，在我抵达莫斯科之前，做好必要的修改与压缩。这可使儿童版面世的时日大大提前。我打算11月12日赴莫斯科，并在那里度过整个冬季。

恳请您委托你们的某位编辑做好这项准备工作。我一到莫斯科就和编辑会面，最终完成此项任务。

这样一来，孩子们最近便能读到书了。他们以后终究会阅读成人看的版本。

恳请您，亲爱的尼古拉·亚历山德罗维奇，接到此信便赐复见告，您对我的建议是否赞同——即便三言两语也好。紧紧握您的手。

深深敬佩您的尼·奥斯特洛夫斯基

1935年10月30日

467. 给叶泽尔斯卡娅

（1935年10月31日，索契）

亲爱的安尼娅：

请抓紧时间，派你的庶务主任去一趟全苏广播委员会（彼得洛夫街12号），找凯尔任采夫①同志。

他会在那儿拿到一只3K11-34型的收音机。这是我要求你去取，在自己家里保管到我抵达之时的。

今天已接到凯尔任采夫同志的信，他让我把收音机寄去好了。

只是希望你的庶务主任在节日前办妥此事。

柯里亚

---

① 凯尔任采夫（列别杰夫）·普拉东·米哈依洛维奇，全苏人民委员部艺术事务委员会主席。

468. 给莫洛托夫工厂（列宁格勒）的共青团员

（1935年10月31日，索契）

亲爱的同志们：

你们美好的、友善的信收到了。

工作紧张，使我不可能给你们写长信。但让这寥寥数行向你们传达我有力的握手吧。祝愿你们在布尔什维克式的工作中获得成就。坚持不懈吧，勇往直前吧，胜利永远属于我们！

致以共产主义的敬礼。

尼·奥斯特洛夫斯基

469. 给父亲

（1935 年 10 月，索契）

爸爸：

你好！

我写得简短，谈主要的。

今天汇去 2000 卢布，这是预付到 1936 年 6 月为止的、你的生活费。也就是说，你每个月可以花费 250 卢布。记住，你每个月的收支是 250 卢布。记住，爸爸，在 1936 年 7 月 1 日以前，我不能再汇钱给你了。

现在听听我的安排吧。你一拿到汇款，就把所有的钱存入储蓄所。记住——存入储蓄所。只拿当月要花的 250 卢布，其余的放在储蓄所里，否则可能会被偷掉的。一星期后我要查看是不是已照办。

除了你的这 2000 卢布，我再汇去 200 卢布。你不妨以自己的名义给济娜和格利沙，让他们帮你做些事情。传话给他们，只要他们关心你，我会奖励的，如果不关心，就什么也得不到。

五天后你去提取汇款吧。

吃的方面，别舍不得花钱。舍佩托夫卡市工会理事会主席在来函中说，他们对你关怀备至。你写信告诉我，他们做了什么。来信告知一切。生活得怎样，健康状况如何？父亲，一切按我的意思办吧。

紧紧握手。

柯里亚

1935 年 10 月　索契

470. 给全苏电影大会

（1935年11月，索契）

向苏维埃影片《航空运输中心》《农民》《马克西姆的青春》的编创人员致以布尔什维克的热烈问候！朋友们，我看不见你们的电影，然而借助于同我们瑰丽的国家和优秀的人民的千丝万缕的联系，我听说了你们的成就，并和你们一同欢欣鼓舞。

你们和你们的领导获得了政府的最高奖。这告诉我，电影艺术已成为万众瞩目的艺术。

我无法想象，一个作家能和这种美妙的艺术格格不入。

我睁大眼睛看世界。每一个工作日、每一行新的文字，都令我欢愉。

目前，我正和电影剧作家米哈伊尔·扎茨一起，要写完电影剧本《钢铁是怎样炼成的》。

尼·奥斯特洛夫斯基

471. 给诺维科夫

（1935年11月3日，索契）

亲爱的彼得鲁什：

你完全有权责怪我久无音讯。不过别责怪吧，因为理由太多了。主要的一点，是连一分钟的空闲时间也抽不出。

如果没有什么事情干扰，我打算11月10日和卡佳一起去莫斯科。

你在上次的信里向卡佳提过几个问题。我自己来答复一下。

医生的书面诊断（虽然很多），我手头没有。他们口头说的，和五年前说的一样，没有任何新的东西，也并未采取什么新的疗法。

卡扎科夫负责替我治病。我接受了二十五次注射，毫无疗效。什么化验也没进行，治疗后体内也没出现切实的变化。

眼睛也非常糟糕，甚至建议摘除右眼。因此，这事儿还没完没了。为了应对未来的斗争，我还需要不断地付出精力。

医生们坚决反对我去莫斯科，说是怕我着凉感冒。我呢，只是由于工作繁忙才滞留于索契。

十月革命节那天，共青团中央的成员、一群乌克兰的朋友，将从基辅前来。我很高兴会见年轻的朋友们。

怎么样？老兄，你打算来还是不来？工作怎么样？全家健康状态如何？

你问，为什么不给潘科夫去信？也是由于超负荷的工作。另外，我曾发信到莫斯科，提出关于他工作调动的几个问题。那边官僚主义作风严重，迟迟不复。我不知道这种情况怎么写信告诉他，自己怎样做才对他有所帮助。出出主意吧，彼得罗，我乐于照办。

你的信件令我心中波澜迭起。你怎么找到这些话题的？

接待和交谈已减少到最低限度。只有十月革命节得说说话，随即赴莫斯科，"关起门来，默不作声"。

我开始工作，手边将堆着资料。哪天启程，我会发电报告知。

你和卡拉锡〔合〕写的信收到了。卡拉锡有了回音，我打心眼儿里高兴。

祝你健康。不要责怪吧。

我的"集体农庄"向你和你全家问好。

紧紧地握你的手。

柯里亚

1935 年 11 月 3 日　索契

卡佳给你寄去我的照片和索契为我造屋消息的剪报。其他报纸，人家一拿到就准会寄来。

关于诊断，算了吧，他们再也不会向我提供什么。刚刚宣告即将呜呼哀哉，那就没什么可说的喽。我却反其道而行之，活着，犟劲十足！

472. 给索契市工会理事会

（1935年11月5日，索契）

索契市工会理事会
尊敬的同志们：

我向你们提出一个要求。

你们停止支付养老金给老妇人坎采里玛赫尔·柳德米拉·瓦西里耶夫娜，理由是她所提供的有关昔日职务的证明文件不足。坎采里玛赫尔有一个卧床九年，而且双目失明的重病女儿，需要她的照料。

坎采里玛赫尔曾每月从社保银行领取50卢布。你们拒付养老金，便使她和患病的女儿陷入了走投无路的境地。

1930年我和一些同志曾为老教师坎采里玛赫尔向教育人民委员会申请一份养老金。我们好不容易才得到一些与她的职务相关的证明文件。当时，中央政治教育委员会向索契的相关机构说明发养老金给她的缘由。她领取到了养老金。但是数月前，你们停止向她发放。原来，我们好不容易才得到的证明文件被社保银行丢失了。坎采里玛赫尔无法重新得到这样的证明文件——一些老单位里已经没什么人认识她了。

数月来，母女俩孤苦无依。同志们，我请求你们不要以形式主义的观点对待这件事情，继续向坎采里玛赫尔支付一份养老金吧。即便是朴素的无产阶级及人道主义感情，也不允许我们像那些至今态度冷漠的人似的，如此对待这对母女。

相信你们会做出这样的决定。

致以共产主义的敬礼！

尼·奥斯特洛夫斯基
1935年11月5日
索契 胡桃大街47号

473. 给索契市苏维埃主席团

（1935年11月5日，索契）

亲爱的同志们：

你们让索契市青少年图书馆冠上我的名字，这给了我很大的荣誉。我非常乐意地肩负起文化协助的责任，而朝这方面跨出的第一步，是向你们提出一个大的要求——为图书馆提供与其任务相适应的房屋，否则图书馆不可能开展工作，培育我们的接班人。

我深信，为此你们会尽全力的。

紧紧地握你们的手。

致以共产主义的敬礼！

尼·奥斯特洛夫斯基

随函附上图书馆馆长的一封信，希在会上宣读。

474. 给日吉廖娃

（1935年11月6日，索契）

亲如家人的淑洛奇卡：

此刻是深夜。明天我们庆祝自己美丽的苏维埃国家十八周年纪念日。

向你，我亲近的人，热烈地问候。这个纪念日，是我生命中最幸福的一天。就在近日，共和国要把列宁勋章佩戴到我的胸前，正是在心脏跳动着的地方。多么美好的生活。

紧紧地拥抱和吻你。

你的柯里亚

代表我妈妈和卡秋莎由衷地问好。

475. 给费杰尼奥夫

（1935 年 11 月 6 日，索契）

我亲爱的因诺肯季·帕夫洛维奇：

　　此刻是深夜。明天我们庆祝自己美丽的苏维埃国家的十八周岁。向你，我亲近的人，热烈地问候。这个纪念日，是我生命中最幸福的一天。就在近日，共和国要把列宁勋章佩戴到我的胸前。多么美好的生活！

　　紧紧地拥抱和吻你。

你的柯里亚
1935 年 11 月 6 日

　　代表我妈妈和姐姐由衷地问好。

476. 给卡拉瓦耶娃

（1935年11月17日，索契）

亲爱的安娜·亚历山德罗夫娜：

刚收到你们的电报。我立即发电报到敖德萨，给合作者扎茨，让他寄出电影剧本，因为他带走了剧本的草稿。但愿他及早寄上。

第一个电报我无法回复，因为还不知道自己何时启程。过些天，一位政府官员要来我处颁发勋章。这推迟了我的行期。另外，赴莫斯科还必须得到允许，因为身体又有些不舒服。

等一切情况明朗，我会写信详述，并告知确切的日期。亲爱的安娜，可谈的事情很多，但纸短言长，我期待着会面。向青年近卫军的成员致以热烈的问候。紧紧地握马尔克的手。拥抱并吻索涅奇卡。热情地向你可爱的塔托奇卡问好，我承认欠着她的情。我亲爱的朋友们，祝万事如意。

忠实于你们的尼·奥斯特洛夫斯基
1935年11月17日

代表我"集体农庄"的全体成员表示问候。

477. 给叶泽尔斯卡娅

（1935年11月17日，索契）

亲爱的安尼娅：

来信收到。我的行期又延迟了，甚至可能要到11月底。近日在等候一位贵客，他要来颁发列宁勋章。

我的健康状况一度有些不妙，但福大命大，转危为安。反正不管怎样，月底我会知道去不去莫斯科。去的话，铁道办公室会提供专用车厢。关于收音机，同志们建议用ЭКЛ-34型。在这类事情上我并非专家。我觉得全差不多，只要是好的收音机，能听就行，至于牌子——无所谓。我手边是ЭЧС-3型的。

请向因诺肯季·帕夫洛维奇和其他同志转达热情的问候，让他们原谅我久不去信。我在把一分钟掰成一百六十秒使用，筋疲力尽。要讲的话还很多，但已是深夜。紧紧地握你们大家的手。

你，安尼娅，别难受，工作吧。娜杰日达·康斯坦丁诺夫娜①称赞你。她是我们的杰出女性。

愿我们很快会面。

柯里亚

1935年11月17日

索契市　胡桃大街47号

---

① 娜杰日达·康斯坦丁诺夫娜·克鲁普斯卡娅（1869—1939），苏联国务和党务活动家，列宁夫人。

478. 给加里宁①

（1935年11月27日，索契）

亲爱的、深深敬佩的米哈伊尔·伊凡诺维奇：

在我一生中最庄严的时刻，格利戈里·伊万诺维奇以政府的名义，把列宁勋章佩戴在我的胸前，为我宣读了您父亲般的、慈爱的信。

这些难忘的瞬间，充溢于心的所有思想和感情，我难以向您表达。

我的生命和我的工作是如此短促、如此平凡，令我对革命政府授予我勋章从内心感到愧疚不安。往往有时候，一个人无法用文字表露所有的感情。此刻我也这样，虽然身为作家，理应通晓文字。

我唯有以今后全部的生命和劳动来回报您的信任。

在您六十华诞之际，谨表示儿子般的热烈庆祝，并祝愿您更加长寿，生活得更加美好。

十分忠诚于您的尼·奥斯特洛夫斯基
1935年11月27日

---

① 米哈伊尔·伊凡诺维奇·加里宁（1875—1946），1925至1946年期间，任联共（布）中央委员会政治局委员。

479. 给卡拉瓦耶娃

（1935年11月27日，索契）

亲爱的安娜·亚历山德罗夫娜：

正当授予勋章之时，你们的电报和乌里扬诺夫家的电报①同时到达。这两份亲切的问候使我的幸福平添十倍。此刻我很难复函。宾客成群——青年工人、斯达汉诺夫工作者代表团。我将写一封长长的信，也可能近日抵达莫斯科。

现在说两句电影剧本的事儿。我的合作者扎茨恳请你稍等，让他加工润色，约十天后，可完成这项工作。

尼·奥斯特洛夫斯基
1935年11月27日

---

① 指德米特里·伊里奇和玛丽娅·伊里奇娜发的贺电。

480. 给工商业人民委员部建筑大学第一建筑设计所全体工作人员

（1935年11月28日，索契）

为我在索契市居所的设计工作，你们完成得既出色又迅速，已获得政府的确认。是苏联中执会主席格·伊·彼得洛夫斯基亲自为建屋奠基。

告诉你们这一点，是为了向这幢美丽房屋的直接参与设计和精心绘制施工图纸的人员表示本人同志式的感谢。上述人员包括：马尔科温科夫教授、卡利史副教授，利金副教授，共青团员建筑队的斯米尔诺夫、罗其娜、梅津采夫同志，托洛克诺娃技术员、多马史涅夫建筑工程师……建筑设计所所长尼古拉耶夫教授、副所长谢尔盖耶夫，大学校长谢列任金工程师。我特别感谢克拉夫丘克同志。

尼·奥斯特洛夫斯基

481. 给敖德萨共青团员电影制片厂全体编创人员

(1935年11月，索契)

亲爱的同志们：

在我一生中最欢欣的时刻，我接到了你们的贺电。我想就你们将摄制影片《钢铁是怎样炼成的》一事，对你们说几句话。

自从把拍摄这个电影的工作交付给你们的最初日子开始，我便感觉到，你们是把它当作一项光荣的任务来接受的。而且我一直认为，你们会竭尽全力让影片拍得精彩。我和蒙塞·包利索维奇·扎茨与贵厂以斯克维尔斯基和维利科罗德内同志为代表的领导层会过面了，当时心里就明白，这个电影剧本交到了可信赖的、友善的同志们手中。你们知道，电影剧本只是这项创造性工作的三分之一。现今整个儿重担和所有的困难都压到了你们的肩上，只有全体人员的出色劳动才是影片胜利的保证。我无法去你们那里，在友好的集体中，共同摄制这个共青团员的电影。

让每一位同志，从导演到电工，热情地对待这项任务。请青年演员——将使小说和剧本中的人物活跃起来的青年演员们，深切地思考所扮演的角色，使得数百万观众在银幕上看到真实可信的、活力四射的、激情澎湃的、对党无限忠诚的第一代共青团员，看到国内战争时期及随后的年代中的老一辈布尔什维克。

请记住，保尔·柯察金是个活得乐观、爱得热烈的年轻人。正是因为热爱生命，他时刻准备着为祖国献身。保尔不应一脸严肃，虽然他想这样。生命力十分旺盛，透过外表的严肃，散发出勃勃英气。在朋友的圈子里，他常常笑声朗朗，富有感染力。然而，和敌人相遇，他便成了令对方畏惧的人。面对武装之敌，他决不手下留情……

我非常激动地期待着影片的上映。衷心祝愿取得大成功！

紧紧地握你们的手。

你们的奥斯特洛夫斯基

482. 给格鲁吉亚广播电台[①]

（1935年11月，索契）

1. 《布琼尼进行曲》
2. 《那灰杜鹃叫了》
3. 格林卡《幻想》华尔兹
4. 格林卡《女旅伴》
5. 柏辽兹进行曲
6. 里姆斯基—科萨科夫歌剧《萨特阔》中印度客人的歌
7. 歌剧《多勃雷尼亚·尼基季奇》中阿廖沙·波波维奇的歌
8. 歌剧《五月之夜》中的列夫科咏叹调
9. 歌剧《卡门》中霍泽（在小酒馆内）咏叹调

所有这些我都听得津津有味。当然，你们不妨换成因故未能演奏的曲子，比如乌克兰歌曲。

1935年

索契　胡桃大街47号

[①] 格鲁吉亚广播电台向尼·奥斯特洛夫斯基询问，在授予他列宁勋章时，为他演奏过哪些曲子。这是他的回复。

483. 给芬克利什捷因

（1935年11月，索契）

十月革命的敬礼。

根据中执委的决定，一位委员到索契来探望我，授予勋章。我的行期再次延迟数日。抵达的日子一定下来，我会提前发电报告诉你的。

紧紧地握手。

我全家向你问好。

柯里亚

484. 给肖洛霍夫①

（1935年11月，索契）

亲爱的米沙，肖洛霍夫同志、我心仪的作家：

紧紧地握您的手，愿您在《静静的顿河》第四卷的创作上获得大成功。

诚挚地祝您胜利。

让哥萨克——布尔什维克成长起来，令我们心向往之。

致以共产主义的敬礼！

尼·奥斯特洛夫斯基
1935年11月　索契②

---

① 米哈依尔·罗维奇·肖洛霍夫（米沙，1905—1984）苏联俄罗斯作家。重要作品有《静静的顿河》、《顿河故事》、《新垦地》（《被开垦的处女地》）、《一个人的命运》等。

② 尼·奥斯特洛夫斯基赠给肖洛霍夫一册《钢铁是怎样炼成的》。此信实为扉页上的题词。

485. 给卡拉瓦耶娃

（1935年12月2日，索契）

我们亲爱的安娜·亚历山德罗夫娜：

来信收到。此刻我很难归拢和理清自己的思想感情，领悟多多。不过正如俗话说的，幸福不嫌多。在庄严的时日，我大把大把地挥洒精力，目前正在一点一点地积聚。反正打算快些和你们会面。那时向你们讲述一切。

咱们等一等，瞧瞧捷克斯洛伐克人会想出什么来。正是前些天，有个捷克斯洛伐克代表团，赴苏联参加十月革命庆典的，到我这儿来过。这么着，我妈妈有机会大讲捷克话啦！

包利索维奇·扎茨把电影剧本寄给了你。我们请你，如果可能，就暂缓发表。这还半生不熟。他近期内会修润，最后加工完毕。这样发表出去，才可安心。

你提到 В. И 写的言论。非常遗憾，安娜同志，她把倒霉的编辑人员和戴列德日耶夫之流混为一谈，还搅混了某人和你的名字，还有，比方说，伊达·高莉娜的名字，搅混了一些我所敬重并视为朋友的人的名字。

如果我的记性没有出问题，那么当 В. И 在这里时，我并未和她谈论过这个话题。你瞧，这又是一个例证——我们的文学家庭中，和道德、真实以及其他必需的品格相关的状况，有多么糟糕。

我确信，安娜同志，"青年近卫军"成员中没有任何人，首先是你，马尔克和高莉娜，会疑心我在某种情况下对某个人把你们说得一无是处，你们连一分钟也不会疑心的。因此，每当冒出这样的言论，你就可以把它作为一种诽谤而加以驳斥。

"青年近卫军"——在我心目中,是个亲切的名称。它引领我进入文学,我绝对不会中断与"青年近卫军"的亲密联系。

有一点我确实搞不懂,为什么有人觉得这些是空口说白话呢？亲爱的安娜,你是位老战士了,领教过各种各样的攻讦！你用不着为每一阵聒噪而不快。正如你所看到的,围绕着我的名字,总会有某个人胡说八道,在一定程度上,也是利用了我的弱点——无法挺身而出,登上讲坛,狠狠地回击。

有一点应该是你心里雪亮、坚信不移的,那便是我对你由衷的友谊和尊敬……

我打算八到十天以后去莫斯科。亚速—黑海铁道部门为我提供单独的车厢。但愿一路顺风,直抵莫斯科。

工农红军总指挥部和"国内战争史"编辑部应允鼎力支持,提供研究关于抗击波兰白匪战争的资料。埃德曼①和伏罗希洛夫②同志的秘书来过我这儿。他们确认兑现这个承诺。在这种条件下,长篇小说可望有确凿的文献资料作依据了。

就此打住。

余言面谈。那比写信好。

问候大家。

你的柯里亚
1935 年 12 月 2 日　索契市

---

① 埃德曼（1895—1937）,苏军将领,军级。
② 伏罗希洛夫（1881—1969）,苏联元帅。

486. 给扎茨

（1935年12月2日，索契）

亲爱的米申卡：

你好！

你的两封信收到。我已致函安娜·卡拉瓦耶娃，说电影剧本尚需修润，请她暂且不要刊载。

给《人民电影》杂志和敖德萨电影制片厂的信，昨天已发出。我急切地等待着你寄来修润完毕的上、下两集电影剧本。打算近日赴莫斯科。

经过一番激烈的斗争，终于使医生表示"准许"出行。他们原本是不肯放的。斗争很艰难，但胜利属于我们了。不过，他们仍然常在我耳边说："您会在半路上死去的。"铁道部门为我提供专用车厢（沙龙）。你要知道这些日子是令人难忘的——感触很多，精力花去不少。好在幸福不会嫌多。此刻领导我们冲锋陷阵者的形象正紧靠着我的心脏……

如果我不常写信，请别见怪。抽不出时间。

记住我正焦急地等待。最初几份印好就赶紧打包，以快递邮件寄出吧。你来信谈电影制片厂里是如何对待第二个文本的，但写得少，写得粗略。

写些长信吧，细枝末节全写出来。我会读得兴味浓浓。

写吧，老兄，常来信！

三言两语，像一道命令，言简意赅也好的。

我的健康状况吗？耐力硬是经受住了严酷的考验。

如今对我说来，唯一的危险在于旅途。万一出事，那可丢脸喽！真要如此，谁都会责怪我。

正因为这样，我才必须毫发无损地抵达。

我全家和亚历山德拉·彼德罗夫娜向你问候。

你的尼古拉
1935 年 12 月 2 日

让电影制片厂别为钱担心。我这儿一切正常——"经济繁荣"。

487. 给别莲富斯

（1935年12月2日，索契）

柳茜：

我的秘书从大堆的信件中挑出您的这一封。顷刻间，往事在脑海中一一浮现。

十三年了！多长的时日。但仿佛才是昨天的事儿。

这少年时代的纯洁友谊多么美好。回想起和年轻的女孩子在火车站分手的情景，立时感到一阵惆怅。回忆那美妙的、无法复制的少年时光，总会如此。我不知晓你别后的生活道路。只要您叙述一下，如同第一封信那样令人感到温暖和诚挚，那就会立刻使我们互相了解。现在，您对我的生活状态了如指掌，我对您却一无所知。

近日邮局应该为我送来您的新消息。

尼古拉

1935年12月2日

488. 给切尔诺科佐夫

（1935年12月4日，索契）

我亲爱的赫利桑夫·帕夫洛维奇：

电报送来了你的些许信息。多年过去，我们没找到你——你像我的家人，像可爱的老爷子。

终于来了几句亲切的话……我接到电报，何等欣喜！

无论是我，还是我的家人，都没有忘记你。多么牢固的情结维系着我和你——一位布尔什维克老一辈近卫军的杰出代表。

记得起吧，亲如家人的老朋友，当初你写信给［联共（布）］中央，说奥斯特洛夫斯基对党还有用，说这个小伙子的生命之火尚未熄灭，不会熄灭。你比谁都相信我的创作能力。铭记着你的信任，如今我感到自豪，因为自己证实了这份信任是正确的。

我一点也不知道你的生活情形，甚至不知道你在哪儿工作。身体可好？"妈妈"和你疼爱的罗佐奇卡生活得怎样？你应该写，不能不写这一切，当然，我知道你不喜欢写信，或者说你抽不出时间。让"妈妈"写吧。赶快把你的住址和工作单位地址告诉我。我要寄本自己的书给你。我在被授予列宁勋章时的发言，你读到过没有？这也是对你，对一位老布尔什维克、我的栽培者之一所说的话。

如今我满怀创作的激情，渴望工作。

最近我打算赴莫斯科，为的是研究有关国内战争的资料。我5月返回索契，届时将要进入政府为我修建的住房。

倘若你明年到索契，那我无法想象，你抵达的头一天会不会立即成为我家的客人。总之,亲如家人的朋友,我盼着你的信。

向"妈妈"问好。紧握你的手。

你的尼·奥斯特洛夫斯基

1935 年 12 月 4 日

索契　胡桃大街 47 号

489. 给普济列夫斯基

（1935年12月4日，索契）

亲爱的萨沙：

在通信方面，咱俩都表现得大大不佳。但重要的一点是存在着友谊。虽然久久不通音信，友谊依旧牢固。

你的信由铁路员工捎到了我这儿。你要求做的，我已一一照办。

我打算近日去莫斯科，在那儿工作一个冬天，为创作新的长篇小说而研究档案资料。

5月间返回索契，届时将要进入在此期间造好的新居。

这将是乌克兰政府赠予的漂亮的厚礼。

我会把节日那些天的索契报纸全按州委会的地址寄出。如今我所有的思想都专注于今后，专注于一些遥远的活动。

党信任我，我必须不辜负这种巨大的信任。

你应当从新的工作单位来信，告知准确的通讯地址。我会寄上新作中有意思的章节。

亏你想得出，居然发表我的信函。这下，我简直不敢写信给你啦（开个玩笑）。

萨史卡，不久前洛扎·利雅霍维奇去世了。

希望明年夏季和你会面。

你得"修理修理"了。记住，萨沙，今后还有许多工作要做。别累病了，落下残疾。

我的全家向你问候。

紧紧握你的手。

你的尼古拉·奥斯特洛夫斯基
1935年12月4日　索契市

490. 给日吉廖娃

（1935 年 12 月 5 日，索契）

亲如家人的淑洛奇卡：

我打算近日和卡佳一同赴莫斯科。在那里工作到 5 月，然后返回索契。届时已可进入在此期间造好的新居。

在莫斯科，我们应该能会面的。那时，你紧紧地拥抱我，从而不再怪怨我忘了你，曾使你深感不快。

但愿一路顺风，抵达莫斯科，我所有亲属和朋友的悲观预测不至于应验。他们全说，我会在途中着凉感冒而死去，等等。

到了莫斯科，我将潜心研究军事档案，为的是写好第二本小说——《暴风雨中诞生的》。

夏季，你当然要来索契治病和疗养，并到我的新居做客。

我全家向你热烈问候。

紧握你的手。

你的柯里亚
1935 年 12 月 5 日

491. 给杰姆琴柯和格娜坚柯[①]

（1935年12月5日，索契）

亲爱的姑娘玛丽娅和玛利娜：

我在《乌克兰共青团员报》上读到了你们给我的友好的信。在你们那些喜庆的日子里，我原想发个电报，讲几句热和的、亲切的话。然而，索契的邮电人员很不熟悉地理，在他们的单子上找不到你们的村庄。不过，你们看见了，这没有切断我们的友谊。

我无意回一封干巴巴的信，而宁肯握握你们年轻人有力的、长着茧子的手（你们手上有老茧吧？准保有，"五百"[②] 可绝非轻易能达到的）。

近日我要去莫斯科，在那儿工作一个冬季，写新的长篇小说《暴风雨中诞生的》。

春天，当索契百花开放，艳阳爱抚着大地之时，我回到这里，已该是住进乌克兰政府赠给我的新居了。届时我邀请你们来我家做客，休息一阵，洗洗海水澡。这儿挺好的。我们互相谈谈，想说什么全都说出来。这一邀请，也转告你们中间最年轻的甘娜·什薇德科。

这个英勇的女孩子，出生于我们参加共青团的年代。我们大家都是在乌克兰共青团的培养下长大成人的。

国家让我们胸前佩戴起列宁勋章。不辜负革命政府的这种高度信

[①] M. 杰姆琴柯（玛丽娅）和 M. 格娜坚柯（玛利娜），都是集体农庄的劳动突击手。

[②] 指每公顷收获五百公担甜菜。

任，乃是我们的光荣任务。我们正为此努力。不可能不这样。

亲爱的姑娘，可爱的小妹妹，我紧紧地拥抱你们。

尼·奥斯特洛夫斯基
1935 年 12 月 5 日
索契　胡桃大街 47 号

492. 给芬克利什捷因

（1935年12月，索契）

亲爱的米申卡：

你好。

启程前的准备工作均已完成。在对埃斯枯拉皮俄斯们狠狠地施加压力之后，终于让他们"准许"我赴莫斯科。

此事也取得了格·伊的同意。我在等候不下雨的晴朗日子，拨给我单独的车厢。主要是在莫斯科我可以不受干扰。住到彼索钦斯基的房屋里，不知能否经常保持不低于二十二至二十三度的室温。电炉会不会让人窒息？在我进入前先升温是非常重要的。电费算在我的账上，全部费用由我承担。何时动身，我会发个电报，不过你得保密，以免为我安排任何欢迎仪式。

我的生命看来将取决于能否高速转移和"温室花朵"① 能否按址送达。铁道员工保证把我经由专用车厢的窗口送入和卸下。这可太好了。他们说，这节车厢可以在莫斯科停留十五天。可以把它转到备用线上，而且不妨在那儿卸人。

就此打住。我体温正常。

你的柯里亚

代表全"集体农庄"向你问候。

---

① 此为幽默语。"高速转移"指乘火车赴莫斯科，"温室花朵"指奥氏本人。

493. 给叶泽尔斯卡娅

（1935年12月5日，索契）

亲爱的安尼娅：

一切准备就绪，即将启程。但索契在下雨。我盼着晴天。

纵然遭到众多的反对、叫嚷、威吓、阴郁的预测，甚至要我保持理智、坚持党性，可我仍旧要于近日出发。

说两句收音机的事儿。许多本地的专家终于承认，从使用等方面看，3qc-4型是最好的收音机。因此，你派庶务主任去一趟吧。让他取了收音机，放到你的居所。

所有从你那儿借的图书，我都随身带去。

有必要只让最亲近的人知道我的抵达。我用不着任何欢迎的仪式，因为我的迁移是闪电式的。

就这样吧，很快便能会面。我承认，不知检查结论如何，令人忐忑。主要是看文化部怎么说。

握手。

尼古拉

1935年12月5日 索契市

494. 给卡拉瓦耶娃

（1935年12月6日，索契）

电　报

亲爱的安娜·亚历山德罗夫娜：

　　关于住房的信收到。12月9日我占用单独的车厢赴莫斯科。11日晚抵达。亲爱的朋友，发个电报，告知有无可能立即得到新住房。紧紧拥抱。

尼古拉·奥斯特洛夫斯基

495. 给芬克利什捷因

（1935年12月6日，索契）

电 报

9日启程，11日到达。等着动身时的电报吧。

尼古拉

496. 给阿尔特科夫

（1935年12月7日，索契）

乌兹别克斯坦共青团中央书记
亲爱的伊斯拉伊尔同志：

尊函收到。您问要把《钢铁是怎样炼成的》译为乌兹别克文，应该依据哪种版本。

我的答复是：只能依据青年近卫军出版社1935年的俄文第三版。

我要求您，阿尔特科夫同志，亲自关注此事，使得翻译只依照这个我本人细阅过的版本进行。

其中改动不大，但在政治上很重要。我要说明，这个本子里，有几处被以前的编辑删除的，我又添入了，因为对于教育年轻人具有很大意义。

顺便说说，这种情形第一部里不多，第二部多些。

昨天，按照您提供的地址，寄了一本长篇小说《钢铁是怎样炼成的》给乌兹别克国家出版社的青少年部。在这本书里，勾掉了彼得留拉的讲话（第110页），这段话是不该发表的，第371页还做了一处小小的修改。

请您指示青少年部，让他们和我联系，并开始务实的通信联系。

寄上一份《索契真理报》，其中刊登着苏联中央执委会和乌克兰中央执委会主席格·伊·彼得洛夫斯基为我的长篇小说撰写的序言。您可以把这篇文章放进乌兹别克文版中。

紧紧握您的手。

此信可供乌兹别克国家出版社青少年部的同志一阅。

致以共产主义的敬礼！

尼·奥斯特洛夫斯基
1935年12月7日　索契

497. 给苏联列宁共青团外高加索边疆区委员会书记

（1935年12月7日，索契）

亲爱的格奥尔吉：

你给我的信，我在《青年工人报》上读到了，深感惬意。与此信同时，寄上三份《索契真理报》，其中刊登着苏联中央执委会和乌克兰中央执委会主席格·伊·彼得洛夫斯基为我的长篇小说撰写的序言。

这篇文章，你们可以收入长篇小说的少数民族文字版本。

请你指示将要出书的各出版社少数民族部，让他们和我建立务实的通信联系。我会在他们的工作上给予帮助。让他们马上和我联系吧。

近日我将赴莫斯科。在那里，我们多半能在大会期间相遇。

向所有的外高加索的同志们致意。

紧握你们的手。

你们的尼·奥斯特洛夫斯基
1935年12月7日
索契市　胡桃大街47号

498. 给苏联列宁共青团外高加索边疆区委员会书记

（1935年12月24日，莫斯科）

亲爱的同志：

寄上三册长篇小说《钢铁是怎样炼成的》。烦请转给各相关的出版社，供翻译和出版外高加索的少数民族文字版本之用。

与此同时，请介绍这些出版社与我联系。亚美尼亚出版社已和我建立了联系。

致以共产主义的敬礼！

地址：莫斯科9区，高尔基大街40号2楼。

尼·阿·奥斯特洛夫斯基

499. 给格林别尔格[①]

（1935年，索契）

电 报

我和米哈伊尔·包利索维奇·扎茨合作，编写了有声影片《钢铁是怎样炼成的》剧本。扎茨是九个已拍成电影的剧本的作者。例如《夜间的马车夫》《外交信使的提包》和《严惩》等。

工作从学习开始。扎茨教我懂得电影艺术的种种特点。然后，紧张地工作了四个月。

主要的困难［在于］创造充满戏剧性的情节。必须压缩长篇小说所占有的十五年，摒弃新闻记录般的方式，在电影剧本的六个部分中，再现小说内最亮丽的精华。剧本必须把时间和行动缀连得天衣无缝，保护作为完整作品的长篇小说，保存其思想内容。

主要人物是保尔·柯察金、阿尔乔姆·柯察金、他们的母亲、费奥多尔·朱赫来、丽塔·乌斯季诺维奇、扎尔基、布鲁扎克、萨洛梅加等。

开始便是1919年。舍佩托夫卡火车站的铁路工人举行反对彼得留拉的大罢工。这是布尔什维克的地下组织领导的。

保尔、丽塔、谢廖扎和扎尔基，帮助朱赫来。保尔救出被捕的朱赫来，自己被抓进牢房，英勇地经受住拷打，宁死也不招出自己的引路人。他意外逃脱，穿越战线，参加红军。留在共青团地下组织的人，被波兰白匪逮捕、处死。丽塔入狱。布琼尼的部队冲来，驱逐了波兰

[①] 格林别尔格，《电影》杂志的编辑。

白匪。保尔〔和〕获救的丽塔、朱赫来相逢。然后是保尔在战斗中负重伤。战争结束。在窄轨铁路修筑工地上，共青团员〔与〕恶劣天气斗，与土匪斗，与暴风雪斗，为基辅提供木柴。在这里，当筑路工程接近尾声时，保尔病倒了。他被送至母亲身边。大家以为他已死去，但他挺过来了。隆重的祝捷时分，全城迎接运抵的木柴，他喊出："……我怎么能死呢！"

敖德萨电影制片厂的厂长办公室接受了供拍摄用的电影剧本。他们来到索契，讨论创作，然后我和扎茨同志在剧本的第二部分，补充保尔的悲剧和胜利。过一个月，电影剧本将完全写成。

尼古拉·奥斯特洛夫斯基

500. 给剪报服务所主任

(1935年,索契)

尊敬的同志:

烦请告知,我以怎样的方式才能得到与我、与我作品相关的剪报。

自我介绍如下:

我是作家,《钢铁是怎样炼成的》这部长篇小说的作者,正在写长篇小说《暴风雨中诞生的》。

盼望从贵处得到苏联报刊上所有与我的作品相关的评论、简讯和选登的片段。

希按下列地址告知规章:

索契　胡桃大街47号

尼古拉·阿列克谢耶维奇·奥斯特洛夫斯基收

致以共产主义的敬礼。

尼·奥斯特洛夫斯基

501. 给《青年布尔什维克》杂志编辑部

（1935年，索契）

尊敬的戈利德门同志：

您所嘱之事已照办。原稿烦寄回，以便使用。您向我转告舍佩托夫卡区委会的要求，现遵嘱寄上本人的照片。烦请寄来您提及的4月8日的报纸，还有5月1日的两份。千万别忘了！我将很感谢。和我保持联系吧。我随时准备接受编辑部的建议。

您多半知道，根据列宁共青团中央委员会的倡议，影片《钢铁是怎样炼成的》① 正在拍摄。

紧紧握手。

致以共产主义的敬礼。

尼·奥斯特洛夫斯基

---

① 原信中此书名为乌克兰文。

502. 给拉扎列娃

（1935年12月，莫斯科）

亲爱的亚历山德拉·彼德洛夫娜：

没写信，请原谅。莫斯科——这可不是一个普通的地方。没错儿，她和蔼可亲地接待了我。但我尚未从被人们团团围住的气氛中解脱出来。从1月开始，怎么也得接受一种平静的、务实的转换。

我们这儿是一套三居室的房子，很好的，暖和，舒适。目前，我让自己和编辑们进行事务性的交谈，1月起着手工作。

紧紧握您的手。常来信吧。

您寄的报纸已收到，十分感谢。列夫·尼古拉耶维奇近日返回索契。我身体挺好。心脏稍微有点不舒服，其他都相当不错。我觉得，而且相信，《暴风雨中诞生的》会写成的。几个月匆匆过去，待到春暖花开，我将重返阳光明媚的、可爱的索契。

向斯维亚托斯拉夫①和咱们所有的朋友问候。

致礼！

尼·奥斯特洛夫斯基

P. S. 不好意思，我不知道您家的门牌号码，所以寄往检察院了。

---

① 斯维亚托斯拉夫，拉扎列娃的丈夫。

503. 给特罗菲莫夫和聂发赫

（1935年12月31日，莫斯科）

电 报

亲爱的朋友，等着你们的信和精美的第三版书。致以共产主义的新年敬礼。

奥斯特洛夫斯基

504. 给鞑靼国家出版社

（1936年1月3日，莫斯科）

    鞑靼州党委的同志告诉我，《钢铁是怎样炼成的》鞑靼文版第一部在贵社出版了。我已不止一次请你们寄给我这个版本的样书，但看来你们无暇赐复。

    是的，这不太礼貌，但显然在你们那里，这种做法已成习惯。我还是抽出几分钟时间来写这封信。如果再次石沉大海，我方只能和鞑靼州党委中比较关注此事的同志交谈。

尼·奥斯特洛夫斯基

复函请寄：

莫斯科市9区高尔基大街40号2楼3室

尼·阿·奥斯特洛夫斯基收

505. 给国家文艺书籍出版社编辑维利霍沃姆

(1936年1月3日,莫斯科)

我接到瓦拉夫瓦同志的来信。他要我写信给您,奉告《钢铁是怎样炼成的》哪个版本,是我认为最适合用来译成乌克兰文的。

寄上俄文第四版的《钢铁是怎样炼成的》一册。你们校订时可使用这个版本。特罗菲莫夫同志是"青年布尔什维克"总编辑,他那儿近期出版乌克兰文第三版。你们这个版本,有可能得到这个校阅得最妥贴的文本。然而,如果没能得到,你们不妨根据乌克兰文第二版,同时依照我寄上的俄文版加以补充和修改,便可印行。

若依据"青年布尔什维克"的乌克兰文第一版印行,则不妥。

请来函详告一切,并保持与我的务实的联系。

紧紧地握您的手。

致以共产主义的敬礼。

尼·奥斯特洛夫斯基

P. S. 你们的版本已是乌克兰文的第四版。

506. 给格鲁吉亚国家出版社

（1936年1月8日，莫斯科）

亲爱的同志们：

今年1月7日，我接到发自梯弗里斯的一份电报，具名是加斯维阿尼同志，告知要把长篇小说《钢铁是怎样炼成的》译成格鲁吉亚文。

猜测上述电报是你们发出的，因此寄上一册《钢铁是怎样炼成的》，请依据此书进行翻译。

与此同时，希和我建立务实的联系。

我的住址：莫斯科9区高尔基大街40号2楼3室

致以共产主义的敬礼。

尼·奥斯特洛夫斯基

507. 给母亲

（1936年1月13日，莫斯科）

亲爱的妈妈：

我的好朋友一样的老妈，紧紧地拥抱你，吻你。

你应该给我写信，详告你们那儿发生的一切。我在工作。明天要完成第七章。第六章跳过了。

照我的意思办吧，清理掉破烂的衣物之类，这些东西只会把住处塞得满满的。

妈妈，记住，我对你说：不要拿笨重的东西，不要干累活儿。别忘了你患着严重的心脏病，得认真医治。所有的治疗费用，我都会支付的。

亲爱的妈妈，保重身体。我们回来的时候，你要健健康康，快快乐乐。

来信说说父亲的健康状况，你们在那里过得怎么样？我们这儿身体都好。这可是最主要的。

紧紧握你的手，拥抱你。

问候大家。

柯里亚，即尼·奥斯特洛夫斯基
1936年1月13日　莫斯科

508. 给日吉廖娃

（1936年1月13日，莫斯科）

亲如家人的淑洛奇卡：

我也成了莫斯科人啦。正在使出浑身的劲儿工作。

莫斯科和蔼可亲地接待了我。市苏维埃给我一套房子，三个房间，有厨房，家具齐全。卡佳、拉娅和我，三个人一块儿住。妈妈、父亲，还有小卡秋莎留在索契。我们全都盼着你来做客，你答应过的。来吧，亲爱的好友，不过请告知哪天来，几点钟列车到达，我们让小车去车站接你，这就可以会面了。来吧，我们可以无拘无束，畅谈一切。紧紧拥抱。

你的柯里亚

我们大家向你诚挚地问候。

509. 给古特曼

（1936年1月13日，莫斯科）

阿勃拉姆和列娜：

你们好！

别责怪我音讯全无。我没有忘记你们，没有，然而一天天都那么短促。午夜到来，那么迅速……阿勃拉姆，我进入队列，又成了一名诚实的工人。这就是说，我在干活，用笔多于用嘴。称我为劳动者，我当之无愧。明天要结束第七章，随即写第六章。这样跳跃着写，你别惊讶。同志们为我觅得必须的文献资料。我全身心投入这项工作，由此获得绝妙的自我感觉。在这里，疲倦是惬意的，是一种工作之后的劳累，而并非缘于无所事事。总之，但愿春季我回到你们那儿时，你们挑不出什么错儿来指责我不注意身体。

我说的是文字的数量，至于作品的质量，只有真主才知道。如果质量不怎么样，那就不能印行，以免丢人现眼。我在竭尽全力，让你至少在读到令人惊愕的评论和评论家的哀歌时，不会眨巴两眼，感到困惑。瞧，我不是个开玩笑时言词锋利的人。这样的幽默只能博人一笑。

阿勃拉姆，你什么时候到莫斯科？

我们在这里老想着你们会把列娜带上，让她来做客。

你们自己开个家庭会议，做出符合这一条的决定吧。

紧握你们的手。

卡佳热情地问候。

你们的尼·奥斯特洛夫斯基

来信详谈一切吧。我盼着。

请告知家庭地址。

510. 给特罗菲莫夫

(1936年1月17日,莫斯科)

亲爱的康斯坦丁:

来信刚收到。请立刻寄给我样书。记住我的要求吧,除了作者样书,再寄来我自费购买的二十五册,包括两种版本,即普及本和精装本的。寄到这里,寄到莫斯科。

我全身心投入创作《暴风雨中诞生的》。你讲的对,只有健康状况才是决定一切的,因为工作——我工作的愿望是没边没沿的。我觉得从文字数量看,活儿干得挺棒,质量则跟过去一样,自己并不十分满意。你能理解的,这是一种无法让自己满意的愿望。文学家的愿望是做得完美无瑕。

莫斯科和蔼可亲地接待我。这里为我提供了一切工作条件。我在准备参加共青团的大会,要在乌克兰团代会发言,谈论我国年轻人的形象①。

问候聂发赫。

致以共产主义的敬礼。

尼·奥斯特洛夫斯基
1936年1月17日
莫斯科 高尔基大街40号2楼3室

---

① 1936年4月6日,尼·奥斯特洛夫斯基借助于无线电通话,从莫斯科向正在基辅召开的乌克兰共青团第十一次代表大会发言。

511. 给波罗的海水兵

（1936年1月20日，莫斯科）

我年轻的波罗的海水兵朋友们：

亲爱的同志们！你们的一位战友为我捎来一份文学讨论会的简报。这个会讨论了我的长篇小说《钢铁是怎样炼成的》。我紧紧地握你们年轻人的强健的手。我感觉到，也相信，敌人在喀琅施塔得撞上的，将不仅是钢筋水泥的红色堡垒，而且是钢铁的人，你们会把这可诅咒的旧世界葬入海底。不可能是别种样子。

我的信写得简短，请谅解。反正关键不在于字的多少。我整个身心投入了《暴风雨中诞生的》这本新的长篇小说的创作。希望我们社会主义祖国优秀的年轻一代尽快地从我这儿得到又一本书。

生活和我们的斗争万岁！

忠于你们的尼·奥斯特洛夫斯基
1936年1月20日　莫斯科

512. 给苏联列宁共青团高尔基州委书记

（1936 年 1 月 21 日，莫斯科）

亲爱的同志：

我向您提出以下建议。

你们地区的大量共青团组织，还有许多团员，要求我为他们的集体阅读，为俱乐部、图书馆提供长篇小说《钢铁是怎样炼成的》。

这方面，我心有余而力不足。根据一些地区共青团的申述，柯萨列夫同志取消了青年近卫军出版社的独家出版权，并允许那些拥有纸张资源而且有意出版《钢铁是怎样炼成的》以供应本地区的出版社出版这本长篇小说。

倘若你们认为出版这本书是必须的、有益的，那么我授予你们这个权利。只有通过这种方法，年轻人对这本书的需求才能得到满足，因为莫斯科一些出版单位的印数，即使今后也满足不了此种需求。

请函告您对此事的高见。

致以共产主义的敬礼。

尼·奥斯特洛夫斯基

513. 给拉扎列娃

（1936年1月22日，莫斯科）

亲爱的亚历山德拉·彼德罗夫娜：

这封信会写得杂乱。我是在自我批评的冲动下写的。久久不通音讯，真感到不好意思。我总共只给您去过两封信。您的来信是今天才送达我这儿的。1月17日到的莫斯科，写信的日期则是12月29日。这怪谁呢？我不知道您的住址。这些恼人的事情，咱们暂且忘掉，来倾心交谈吧。

我正在全身心投入地进行创作。您说的对，莫斯科和蔼可亲地接待了我。我所渴求的，莫斯科都为我提供了。我工作得舒心惬意。倘若生活没有设置数十种大大小小的障碍，倘若生活比较温良一些，不在心脏部位不断向我攻击的话，我的文学创作可能会突飞猛进的。

请不要在意我这封信的文体。我以极快的速度口述，打字机便如同冲锋时的机枪，哒哒地响个不停。因此，所有文体上的缺陷和一个作家所不该有的其他失误，大概都会得到宽谅吧。

写完了第八章。这是跳过了第六、第七两章，颠倒了吗？是的，但我喜欢这样。第八章有四十二页。此刻，普希戈德斯基的悲剧出现在我面前。一名战士，精通刀法，不苟言笑，有一颗温软的心，在个人生活里找不到幸福。在一场场战斗中、一次次急行军中，他常常回忆娇柔的女友——胸部丰满的美人弗兰奇斯卡，想起她的小鸟依人、她的温存体贴，想起她随时准备爱抚自己心仪的、不苟言笑的男子汉。这种时候，他总是心头隐隐作痛。别的女人吸引不了他。对弗兰奇斯卡温存体贴的记忆依然新鲜清晰，普希戈德斯基一手攥紧刀柄，把嘴唇咬得发疼。"我的可爱的宝贝。"他喃喃自语。

我还无法切实地决定普希戈德斯基的命运,还有他和弗兰奇斯卡的相互关系。对于作家,这是一道难题。我思索,也感觉到,普希戈德斯基是找不着另一个女性的,不过他难以相信,自己与弗兰奇斯卡的爱情能重新燃起昔日般的烈焰,温暖他的生命。咱们往后看吧。一切取决于他是否在战斗中牺牲。您知道的,长篇小说里的这个矛盾曾使我煞费苦心,那么想必也能理解,我为什么现今在这方面绞尽脑汁。说来也怪,为此我心里挺不好受,仿佛普希戈德斯基是我的一个亲近的人,其实他仅仅是我长篇小说里的人物之一而已。

我没能说服您和我一同赴莫斯科,深感遗憾。开始的两个星期,我没能和一位秘书配合默契,只觉得此间极为需要有你在。请尽快复函,告知住址,也别忘了我这个"首长"牵挂着你。

在这儿,我过着十足的隐居生活。只接待和我的工作有密切关系的人,适量地消耗精力。

明天要灌制唱片。我将亲自朗读《钢铁是怎样炼成的》中的两个片段①。

我的书房里放着一架立式钢琴。当我疲乏的时候,秘书托尼娅②同志为我弹奏一曲。

寄上两册书——《钢铁是怎样炼成的》新版本。第三版已出,是豪华版、礼品书。将寄给您所有的版本。您在对待熟人提意见方面,态度是悲观主义的,我不赞成。您出言吐语,应当满口乐观主义。当然,这是开个玩笑。不过开玩笑也得开开心心。苦涩的玩笑难以让人

---

① 灌制唱片是在1936年1月24日,尼·奥斯特洛夫斯基亲自朗诵《钢铁是怎样炼成的》第二部第八章的片段。此信末尾的日期(29日)有误。
② 济比娜(托尼娅),尼·奥斯特洛夫斯基在莫斯科的秘书。

一展愁眉。

来信谈谈您生活得怎样，在忙什么。念念这样的信，我会十分惬意的。

祝您一切顺利。学学我，快快乐乐地过日子吧。

紧紧握手。问候斯维亚托斯拉夫。

尼·奥斯特洛夫斯基
1936年1月29日　莫斯科

514. 给罗曼·罗兰①

（1936年1月29日，莫斯科）

亲爱的罗曼·罗兰：

但愿这些话语，恰如我们对您的倾慕之感一样，充满暖意，又十分显豁。

数年前，我心潮激荡地听着您在宣言中热情似火的言词。一位博学的、勇敢的精英人物，在宣言中，向全世界表明他爱谁恨谁。

罗曼·罗兰把爱献给了我们——我们是劳动人民的儿女，我们挣脱了资本主义的桎梏，在以诚实的、顽强的劳动建设美好的新国家。这份爱给了我们——我们是这片土地的真正主人，成了获得解放的人民所拥有的文化的保护者和创造者。至于对人类的仇敌——法西斯主义和资产阶级，您劈头盖脸讲出愤恨的言语。

这是准备作战的斗士的宣言。

在我国，您的名字被看成是一切被压迫者的朋友的名字。

我们亲爱的朋友，我国年轻的战斗者和建设者，是工人阶级的儿女。我代表他们，紧紧地握您的手，并在您七十华诞之日，向您表达诚挚的庆贺和祝愿。我们知道，罗曼·罗兰不仅是伟大的艺术家，而且是勇往直前的人，敢于以自己真诚的双眼洞察实情。

让您的声音今后依然热情洋溢，召唤大家为全人类的解放而斗争。

您的尼·奥斯特洛夫斯基
1936年1月29日　莫斯科

---

① 罗曼·罗兰（1866—1944），法国作家。重要作品有十卷长篇小说《约翰·克利斯朵夫》《母与子》《莫斯科日记》等。他是诺贝尔文学奖得主，1936年曾应高尔基的邀请，访问苏联。

515. 给埃普什捷因

（1936年1月29日，莫斯科）

尊敬的埃普什捷因同志：

　　您的电报我收到，并回复了，这里不过是确认一下本人赞同由你们出版长篇小说《钢铁是怎样炼成的》。与此信同时，寄上一份勘误表（列入我在《钢铁是怎样炼成的》俄文第四版内发现的舛误），还有赠送给您的两本书，供校阅之用。

　　烦寄来合同，我好签署。埃普什捷因同志，请尽力促使贵处的版本早日问世。按次序排下来，这是第十五版。

　　希函告一切。

　　这样吧，请别忘了在卷首页标明"第十五版"，以免乱了版次。

　　致以共产主义的敬礼。

莫斯科　高尔基大街40号2楼3室

P. S. 款子目前不必汇来。

烦告您的准确地址。

516. 给苏联作家协会主席团

（1936年1—2月间，莫斯科）

今天偶然读到《文学同时代人》杂志第一期（1936年）上画家阿纳托利·亚尔-克拉夫琴科的文章《在尼古拉·奥斯特洛夫斯基家做客》。

我以最坚决的态度表示反对这篇谤文。《文学同时代人》编辑部怎么能刊载这种诬蔑我的烂文章呢？其中，从第一行到最末一行，通篇都是荒谬的曲解、臆造和胡言乱语。真没想到，来给我画肖像的画家会写出如此低级趣味的文字。高明的画家和低能的撒谎者集于一身。

我感到蒙受了耻辱，因为《文学同时代人》的数以万计的读者会读到这篇垃圾文字。尼古拉·奥斯特洛夫斯基，一个朴实的年轻人，会以丑陋的形象出现在他们面前。十分荒唐的主张"扣"在我的头上。我无意一一列举：这种文章，从头至尾，我整个儿不予认可。只有一个渺茫的希望——读者不相信阿纳托利·亚尔-克拉夫琴科。但这个希望太渺茫了。

我要求苏联作家协会理事会谴责《文学同时代人》的编辑刊登了[这篇]有损于我作为一名党员声誉[的文章]。

已经不止一次了，因为有些杂志刊载这类短文，我感到郁闷。任何人心血来潮，就可以写出并登出和我会见的"回忆文章"，在文中抛出各式各样的无稽之谈甚或无耻的谎言，而杂志编辑部乐于效劳，刊载这类狗屁文章，而不屑于检查一下是否符合事实。

我要求发表这封信。

尼·奥斯特洛夫斯基

517. 给聂发赫

（1936年2月1日，莫斯科）

亲爱的伊柳沙：

刚收到你附有格·伊①序言的信，明天我着手把它译为俄文。这个工作我不委托给任何人去做，否则又可能出现令人烦恼的差错。等我译成了俄文，就发表一下，并把这篇俄文的序言寄出，可发个信息，也好据以检查译文的正确与否。

我顺便告知，格·伊的序言将收入：国家文艺书籍出版社的版本（莫斯科，十万册）、青年近卫军出版社的版本（十万册）、北高加索的版本、鞑靼文版（喀山）、亚美尼亚文版、奥塞梯文版、格鲁吉亚文版、乌兹别克文版、塔吉克文版和突厥文版。

财政人民委员部已给青年布尔什维克出版社寄出相关税务法规的复印件。

来信告知一切吧。我的全家向你问好。

多·费②，非常感谢你的问候！十分高兴将在莫斯科和你们重逢！

国防人民委员部，确切些说，是工农红军革命军事委员会政治部，让我回归部队，发了高级政工人员的军人证，列入革命军事委员会政治部的特别编制，因此我被承认是一名军人，战斗需要时占有一个岗位，即军事报纸的编辑人员。这么着，你可以祝贺我这个新任"旅政委"了！

紧紧地握你的手。问阿列娜好！

尼·奥斯特洛夫斯基

---

① 格·伊即格利戈里·伊万诺维奇·彼得洛夫斯基。
② 多·费即多米妮卡·费多洛夫娜·彼得罗夫斯卡娅，彼得洛夫斯基的妻子。

518. 给乌克兰列宁共青团舍佩托夫卡地区代表大会

(1936年2月1日,莫斯科)

亲爱的同志们:

希望你们感觉到我手的紧握和心的搏动——这颗心是忠实于你们的,我年轻的朋友。

我向你们表示火一般热情的问候。舍佩托夫卡区派我以代表的身份参加你们这个大会,我引以为荣。为了给我的荣誉和对我的信任,谢谢!

我无法从你们的讲台上向你们说出这番热烈的话语,然而我和你们在一起,在你们的队伍里。作为一名战士和共青团员,我参加共青团第十次代表大会。这是列宁共青团员崇高的荣耀称号。我以在共青团内和为共青团所做的工作来护卫这一称号。我的党员证旁边,有其钟爱的小儿子——列宁共青团的团员证。这是我整个共青团生活的见证。我珍藏着。

1919年,17年之前,在舍佩托夫卡,我们是五个共青团员。林尼克①和伊萨耶娃②同志所领导的舍佩托夫卡党委会和革委会在自己的周围建立了这个团组织。他们进入我的长篇小说《钢铁是怎样炼成的》,林尼克更名为多林尼克,任革命委员会主席,伊萨耶娃更名为伊格纳季耶娃,任党委会书记。如今,你们是数以百计,甚至数以千计了。我们伟大的党所领导的列宁共青团壮大了,巩固了。当年尚是孩童的青年战士成长起来了。无限忠于共产主义思想的年轻一代在壮大在发

---

① 林尼克,当时现实生活中的舍佩托夫卡革委会主席。
② 伊萨耶娃,当时现实生活中的舍佩托夫卡党委会书记。

展。舍佩托夫卡第一代共青团员曾英勇地战斗，反对波兰贵族、彼得留拉匪帮以及各种各样的盗寇。以你们为代表的第二代共青团员也将如此英勇地进行斗争。

作为无产阶级革命的前哨，边境的共青团员肩负着特别重要的任务。

让党的忠诚助手们目光敏锐吧！

向我的故里的共青团员们致以兄弟般的敬礼！

我们通过和人民之敌的酷烈斗争而获得的幸福生活万岁！

引导我们走向胜利的、伟大的列宁—斯大林的党万岁！

尼古拉·奥斯特洛夫斯基
1936年2月1日　莫斯科

519. 给日吉廖娃

（1936年2月5日，莫斯科）

亲爱的淑洛奇卡：

我曾发信邀你来莫斯科到我家做客，但没得到回复。难道你又不搭理我了？亲爱的淑洛奇卡，怎么会这样的呢？盼来封长信，详述自己的生活状况。

两周前，奥里加·沃依采霍夫斯卡娅来过我这儿。跟你看到她的那些日子相比，她身体好多了。生活比较乐观，精力比较充沛。

我整个身心投入创作。干劲十足。文学工作正顺利进展。

我们一起住着的是三个人——卡佳、拉娅和我。寓所有三个房间、厨房、浴室等。

亲如家人的朋友，来吧，我们等候着你。别生我的气了。我没有做过任何于心有愧的事儿。

紧紧地握你的手。

你的柯里亚，即尼·奥斯特洛夫斯基
1936年2月5日
莫斯科9区高尔基大街40号2楼3室

520. 给哥哥

（1936年2月5日，莫斯科）

亲爱的哥哥：

你的来信都已收到。你问关于奥①的事情吧？我这样思考。

我们过着幸福的生活。如果要挣脱旧的羁绊，那么必须非常小心、留神——得保持警惕，别重犯某种错误。因此，这里需要自制和沉静。必须创造新的生活——美好的、灿烂的生活，而为了这个，在决定之前，一定得考虑周全。如果像兄弟间应该的那样，对你实话实说，那么不知怎么的，确实不知什么缘故，我没把这件事情放在心上。这是一种下意识的感觉，因为我确实对人缺乏了解。

我赞成建立基于共产主义道德和友谊的新生活，但是哥哥，咱们要谨慎，以免后悔。

对于你，无论何时何事，我都会伸出援手的。这你知道，用不着多说什么。眼下重要的是学习。必须学成，然后进入作战部队。

我整个身心投入创作。干劲十足。文学工作正顺利进展。2月20日晚8点30分，我将作为舍佩托夫卡的代表，通过广播，在共青团全乌克兰代表大会开幕典礼上发表演说。

国防人民委员会让我回归军队。现今我是工农红军革命军事委员会在编的政工人员，旅政委的军衔。这口袋里的军人证，在我心目中

---

① 这里指的是奥里加·达舍夫斯卡娅。她和德米特里·阿列克谢耶维奇·奥斯特洛夫斯基存在着婚姻关系（在此提及婚姻，即用的俄文词语 гражданскийбрак，有两种含义：1. 世俗婚姻，即在政府部门登记而不举行宗教仪式的；2. 非婚自由同居。此处相关文字似比较含混）。

极为珍贵。

近日将有一辆汽车送往索契，放置于新居的车库①。欢迎夏季来做客，治治病，休息休息。

紧紧地握手。来函详告一切吧。手风琴音色如何？

你的朋友和弟弟柯里亚　即尼·奥斯特洛夫斯基
1936年2月5日
莫斯科9区高尔基大街40号

---

① 尼·奥斯特洛夫斯基获赠的小车，在卫国战争初期，即由作家的母亲奥里加·奥西波夫娜·奥斯特洛夫斯卡娅捐献给卫国基金会。

521. 给联共（布）索契市党委会委员们

（1936年2月5日，莫斯科）

亲爱的同志们：

自从为了创作，离开索契，出差来到这里，两个月过去了。

请允许我简略地汇报工作情况。莫斯科为我提供了进行创作所需的一切条件，我潜心钻研材料——国内战争的档案资料。

我在制定长篇小说《暴风雨中诞生的》总体计划，与此同时，在写第六章。写成并修改了第七、第八章，如今又回到未完成的第六章。打算5月前结束长篇小说的第一卷，并确定总体计划，勾勒出整部长篇小说的轮廓。这个工作，我将于5月返回索契后完成。

正开足马力工作着，一天"上两班"，平均每天干十二个小时。就在既紧张又快乐的劳动中，我迎接苏联列宁共青团第十次代表大会。我竭尽所能，为的是不辜负党和政府的高度信任。［苏联列宁共青团］舍佩托夫卡的组织推选我为代表参加全乌克兰的代表大会；2月20日晚8点30分，我要做大会发言，谈我们社会主义时代年轻人的形象。1月6日，我已通过广播，在乌克兰共产主义报业以尼古拉·奥斯特洛夫斯基命名的中等技校的校庆大会上发过言。正如你们所知道的，乌克兰苏维埃社会主义共和国政府已将哈尔科夫中等技校冠上我的名字。

此外，我通过广播，向我国的青年一代发表过新年贺词。还有一次讲话——朗读长篇小说《钢铁是怎样炼成的》片段，灌制了留声机唱片。

所有这些讲话活动，是我遵照党的嘱托而进行的。亲爱的同志们，我能够向你们保证，自己没浪费精力和能量，讲些谁也不需要的空话而是在尽心尽力,诚实地劳动,因此长篇小说的创作进展顺畅。

还有一个令人愉快的新消息。工农红军革命军事委员会政治部让我回归部队了(也已十年之久,我因完全不适宜担任军职而被除名)。如今我归队了。这对于一个共和国的公民是十分重要的。我得到了政工干部的军人证,军衔是旅政委。

朋友们,我紧紧地握你们的手。不久我们便将会面,我要更详细地向市委汇报正做着的一切,要使你们不必为我而脸红。

假如你们中有谁来到莫斯科,请来我家做客。你们谈谈咱们的工作吧——候选人的检查工作进行得如何,其他许多事儿的情况怎么样。

致以共产主义的敬礼。

你们的尼·奥斯特洛夫斯基

1936年2月5日

莫斯科9区高尔基大街40号2楼3室

522. 给东西伯利亚地区国家出版社

（1936年2月9日，莫斯科）

尊敬的古巴诺夫同志：

您的电报刚收到。今天以快递邮件寄上俄文第四版《钢铁是怎样炼成的》两册。

请据此排版。给您寄去一份勘误表，是我在这个版本中发现的差错，还有一篇格·伊·彼得洛夫斯基的序言，这是格利戈里·伊万诺维奇允许刊登于所有版本的。

你们这一版将是俄文的第十八个版本。这一点，请在该书的卷首页上注明。

烦寄来合同，我好签署。稿酬方面，我方不会有异议。对我来说，重要的是读者尽快得到书，至于其他问题，全是次要的。

收到我的信和书，请确认一下。希鼎力相助，使书尽早面世。

紧紧地握您的手。

致以共产主义的敬礼。

尼古拉·奥斯特洛夫斯基

523. 给"青年近卫军"列宁格勒社社长

(1936年2月11日,莫斯科)

尊敬的同志:

我在等候加利佩里内同志应承的、贵社出版的长篇小说《钢铁是怎样炼成的》"礼品"版七十五册。我们谈妥的,除了二十五册作者样书,还要寄来五十册我自购的。麻烦您关注此事,等第一批书出来,立刻办理。

请向正为出版我的长篇小说而劳作的全体人员转达我的谢意。书会非常漂亮,我是希望能说一声已经出得非常漂亮。

盼着不久便收到书。

致以共产主义的敬礼。

尼·奥斯特洛夫斯基

524. 给诺维科夫

（1936年2月16日，莫斯科）

亲爱的彼得鲁什：

你大概已经在责怪我杳无音信。可别忘了，我许多事情得依靠身旁的秘书，她们经常来不及做完我托办的所有工作。卡佳应当多受些责怪，给我的每一个朋友写信，是交给她的任务。

我渴望你来函，在莫斯科仅接到一封。你身体好吗？身边有什么新鲜事儿？详细写写吧。

我全身心投入了创作。两个秘书疲惫不堪。已写成两章，并为往后的写作收集材料。但愿5月前结束《暴风雨中诞生的》第一卷，并准备好写第二卷的资料。

身体目前还支撑得住。夏季要在索契好好歇一阵。在准备向乌克兰年轻人的代表大会发言。

接到许多共青团组织的委任状，包括哈尔科夫的：乌克兰人没有忘记自己的老乡。我在努力不辜负他们的信任。你可以祝贺我回归军队。我被列入工农红军革命军事委员会政治部的编制，还得到了军人证。

这使我心花怒放，再次证实，一旦需要，我能有所作为。

我这边的新消息似乎通通告诉你了。哦，还有寓所的事儿。纵然天寒地冻，我成功地保持着室温二十四度，很稳定，没时起时伏——这是在索契未能办到的。幸亏如此，我的健康状况在这儿也比较正常。

老弟，写信谈谈自己吧。爱人和儿子身体可好？

向你全家表示热情的问候。

紧紧握你的手。

柯里亚
1936 年 2 月 16 日

代表卡佳问好。她求你别太责怪我。全怪时间不够。干家务活儿就累得她够呛。

525. 给拉扎列娃

（1936年2月19日，莫斯科）

亲爱的亚历山德拉·彼得罗夫娜：

一开头就托您办事情是唐突的，但我正是在这样做。麻烦您去胡桃大街47号我的小小居所，按作者姓名字母的排列，抄下我的藏书。我需要这样，以便自己在莫斯科可以购置所需要的全部图书而不致重复。杂志不要，只要书。假使您抽不出空，那么请代我委托一位图书馆工作人员来做。当然，他付出辛劳，我会酬谢的。这份清单，最好尽快交到我手里。

我正在紧张地工作。

列武什卡和淑拉·日吉廖娃来过。

有意思的新消息我这儿好像没有了。

试图自己，本人，亲手给您写信，不知结果如何。文字简略，请别惊讶。

在长篇小说①中，普希戈德斯基的复杂问题，我已在乐观的提纲内解决。怎么可能是另一种样子呢？他应当和自己的弗兰奇斯卡相遇。美好的重逢。

紧握您的手。

尼·奥斯特洛夫斯基

1936年2月19日

莫斯科9区高尔基大街40号3室

---

① 指《暴风雨中诞生的》。

526. 给巴什基尔地区国家出版社的艾达洛夫[①]

（1936年2月25日，莫斯科）

尊敬的艾达洛夫同志：

由您的苏联列宁共青团州委书记签名的信已收到。今天以快递邮件寄奉亚速—黑海出版社出版的第四版《钢铁是怎样炼成的》两册，若尚有可能，请依据此书校阅。只要书还没有排印，那么务必依据寄上的勘误表订正。

此外，我寄上格·伊·彼得洛夫斯基的序言和照片。倘使已经排印，无法进行校改，那就毫无办法了。

译成巴什基尔文，只能依据这个第四版。

你们出的俄文本将是第二十三版，烦在卷首页上注明。

我信得过你们的校对。书一出来，请立刻寄给我作者样书，让我触摸得到。

请寄来合同，我会签名，认可贵社的条款。

希函告出书的过程。

紧紧握手。

致以共产主义的敬礼。

尼·奥斯特洛夫斯基

[①] 艾达洛夫，巴什基尔自治共和国国家出版社干部。

527. 给拉祖莫夫斯基

（1936年2月25日，莫斯科）

亲爱的拉祖莫夫斯基同志：

你建议出版《钢铁是怎样炼成的》这部长篇小说的信，我收到了。今天以快递邮件寄奉亚速—黑海出版社出版的《钢铁是怎样炼成的》两册，你们可以依据此书校对。然后我寄上勘误表，其中是我在第四版中发现的舛误。请你们在自己的版本内一一订正。

此外，寄上格·伊·彼得洛夫斯基的序言和照片。你们的版本将是俄文第二十二版。

请寄来合同，我会签名，认可贵社的所有条款。希鼎力相助，使得小说尽快面世。等书一出，烦立即寄给我作者样书，让我触摸得到。

紧紧地握您的手。

致以共产主义的敬礼。

尼·奥斯特洛夫斯基

528. 给贡恰尔[①]

（1936年3月3日，莫斯科）

您建议把长篇小说《钢铁是怎样炼成的》配上插图第二次印刷的信，已经收到。我这方面对出插图本没有任何异议。当然，简直不可能找到像科洛利科夫（肖洛霍夫最近一版《静静的顿河》的插图作者）那样的画家来完成这项工作。

至于选择长篇小说的哪些瞬间和情景来配插图，依我看，这个问题最好让接受此项任务的画家去决定。

谢谢寄给我书和纸。请向费奥多尔转达我的问候。

尼·奥斯特洛夫斯基

[①] 贡恰尔，亚速—黑海国家书籍出版社干部。

529. 给拉扎列娃

（1936年3月7日，莫斯科）

亲爱的亚历山德拉·彼得罗夫娜：

祝贺三八节！

为了庆祝国际妇女节，为了表示对伟大女性的尊敬和友善，我明天要首次穿上自己的政委服，向在我家占多数的女性展示一名军人、一名未退伍的游击队员的风采。让政委服上的红星、金纽扣和荣耀的菱形肩章，以及其他所有令美女怦然心动的物件，在她们眼前闪闪发光吧。请别见笑。

我这儿很少有使人兴高采烈的新消息。

关于克拉夫琴科的文章，您可在一些报纸上看到。随后，眼科医生阿维尔巴赫来过。他固执地提出要摘去右眼。您瞧，我尚未受尽苦难。生活要请我尝的苦药丸还不止一颗。看样子，躯体上不断地失去些东西成了我的专业。好在创作生涯带给我的精神收获百倍地补偿了这类"丧失"，因而我始终不会有失落感。病魔把我掠夺一空是枉费心机。

书正在被翻译成荷兰文、捷克文、希腊文和保加利亚文。在英国和法国出版的洽谈，日内即将完成。在瑞典、挪威和丹麦，也可望出书。

您寄来了我在索契的藏书清单。这只是文学艺术方面的。

烦劳您去找我母亲，抄下其余所有的图书。刊物除外。

近日我要把几箱新书寄往索契，因此需要知道现有哪些，以免重复。这次又托办事情，希谅解。

紧紧握手。

问候斯维亚托斯拉夫。

尼·奥斯特洛夫斯基
1936年3月7日
莫斯科高尔基大街40号3室

530. 给母亲

(1936年3月19日,莫斯科)

电　报

亲爱的妈妈:

　　我们即将回到你身边,老妈。

　　祝健康,好妈妈。

你的柯里亚
1936年3月19日　莫斯科

531. 给著作权保护处

（1936年3月20日，莫斯科）

　　我们，信末署名者，尼古拉·阿列克谢耶维奇·奥斯特洛夫斯基和蒙塞·博利索维奇·扎茨，是电影剧本《钢铁是怎样炼成的》（依据尼·阿·奥斯特洛夫斯基的同名长篇小说改编）的作者。我们要求得到按照著作权保护法支付的稿酬，所得款项，两人均分。

　　电影剧本已由敖德萨共青团员第一电影制片厂投拍。

尼·奥斯特洛夫斯基
蒙·扎茨

532. 给联共（布）医疗委员会

（1936年3月27日，莫斯科）

假如可能，我要求把我和我的家人登记于医疗委员会，必需时给予全面的治疗帮助。

致以共产主义的敬礼。

尼·奥斯特洛夫斯基

533. 给母亲

(1936年3月27日,莫斯科)

亲爱的妈妈:

你所有的来信,全都读给我听了。能带给你的快乐虽然只有一丁点儿,我也非常高兴。我要一本正经地跟你谈谈。求你,我的老妈,请求你,甚至央求你,再也别干任何重活儿了。我重复一遍,别干任何重活儿了!我知道,这种事情你从来不听我们的,总是自个儿想怎么着就怎么着,即依然从早到晚做繁重的、得不偿失的家务。如今,你的健康状况极其糟糕,绝不能继续这样干。近日我电汇给你1000卢布,这笔钱你得用于改善全家人的伙食,也就是想买什么吃就买什么吃。这笔钱一定要仅仅花在改善伙食上。你找个女工帮忙,我搬家会有许多活儿得干。我写信给列夫①和波兹尼亚克②,让他们在搬迁新居时绝对不让你加重心脏的负担。好妈妈,听从我的嘱咐吧。用不了多少日子,我们便回来了。不久,汽车和钢琴会送至新居。我已寄去的书箱,不要启封,那样搬运方便些。等我到了,可以在图书室里摆放得井井有条。最重要的,是你保重身体。和你的健康相比,其他都微不足道。

亲爱的妈妈,你以为如何,是不是进疗养院去更好些?只要你愿意这样,立刻给我拍个电报——我马上安排妥帖。考虑一下,赶紧通知我。所有的事情都会按照你的意思办好。然后你来封信,说

---

① 即别尔谢涅夫·列夫·尼古拉耶维奇。
② 波兹尼亚克·安纳托里·尼基福洛维奇,尼·奥斯特洛夫斯基建造新居的施工队长。

说在我抵达的那天，你希望我送你什么礼物。别舍不得让我花钱，来信吧。

紧紧地拥抱你，我的了不起的女劳动者。

你的柯里亚，即尼·奥斯特洛夫斯基
1936年3月27日　莫斯科

534. 给别尔谢涅夫和波兹尼亚克

（1936年3月27日，莫斯科）

亲爱的列夫·尼古拉耶维奇和安纳托里：

我写得简略。请你们办妥下面的事情：

1. 于4月15日以前造好一座木结构的汽车库，费用由我负担。请函告何时汇给何人——我会迅速电汇钱款。汽车提货单，苏呼米的汽车销售分行已经接到。这辆轿车将于4月25日运抵索契。

2. 请于近日从胡桃大街把亭子迁往新居的园子，置于那儿最适宜的地方，不必花钱造新亭子。

3. 安装好无线电粗电线。我会在最近几天内把ЭЧС-4型收音机寄到新居母亲处。

4. 波兹尼亚克同志，恳请尽快完工，因为4月28日我便到索契了。

5. 与"南方作物国营农场"签订关于绿化地块的协议，要在我到达之前完成橘子树和其他"亚热带植物"的栽种工作。

6. 如今最重要的，是我恳请你们多多关照我那老母亲，别让她在新居整理破旧衣物、劳累不堪。她非常衰弱，这样要累坏的。安排人帮她——我全部会付工钱的。别让她为这些事情操劳。

你们的柯里亚

1936年3月27日　莫斯科

535. 给拉皮杜斯

（1936年4月2日，莫斯科）

亲爱的拉皮杜斯同志：

4月6日晚9点至10点，我将在共青团全乌克兰代表大会上发言，谈当代青年男女的形象。

我在工作。正考虑5月1日赴索契。

我的发言将由共产国际电台进行实况转播。

你的奥斯特洛夫斯基

536. 给别尔谢涅夫

（1936年4月4日，莫斯科）

电　报

6日晚9点40分我发言，广播中心三台实况转播。转告妈妈。安排收听。

柯里亚

1936年4月4日　莫斯科

537. 给布别金

（1936年4月7日，莫斯科）

《共青团真理报》编辑部
亲爱的布别金同志：

请把这封信发表于《共青团真理报》。我们的报刊上出现一些消息，称某些剧院正在依据我的长篇小说《钢铁是怎样炼成的》改编为话剧和歌剧剧本，并说好像我已授予这些剧院特殊的上演权。

我认为有必要就此事讲清情况。

依据长篇小说《钢铁是怎样炼成的》编写成话剧或歌剧剧本的工作，我本人没有可能参与。我请苏联列宁共青团中央行使权利，监督并选择能在歌剧和话剧中反映长篇小说主旨的、最优秀的作品。凡是有意编写剧本者，都应先了解这个权利。能够对青年一代进行布尔什维克主义教育的、最好的作品，将获得认可。

致以共产主义的敬礼！

尼·奥斯特洛夫斯基
1936年4月7日

538. 给塔吉克斯坦国家出版社

（1936年4月21日，莫斯科）

从报刊获悉，你们出版了我的长篇小说《钢铁是怎样炼成的》塔吉克文版，烦请寄来作者样书二十册。

地址：莫斯科9区高尔基大街40号3室　尼古拉·阿列克谢耶维奇·奥斯特洛夫斯基收。

致以共产主义的敬礼。

奥斯特洛夫斯基

539. 给哥哥

（1936年5月4日，莫斯科）

亲爱的米佳：

今天我写你的名字，汇到妈妈那儿5000卢布。这项款子我给你，是让你用于自己的个人消费。你就存放着这笔储蓄金吧。我为全家的成员——妈妈、卡佳和拉娅做这样一件事，使其中的每个人都可以文明地生活，个人的文化需求可以得到满足。

我打算5月15日离开莫斯科，17日抵达。令人哀伤的是，老爷子没能活到幸福的日子。不过，有些事情我们无力阻止。关于聚首，如果你行，就多待几天，如果不行，咱们另做安排。

紧紧握手。

尼·奥斯特洛夫斯基

540. 给苏联作家协会

（1936年6月1日，索契）

苏联作家协会

党组书记马尔琴科同志：

偶然读到从《乌兹别克斯坦共青团员报》剪下的一段文字，是今年5月18日的——《激动人心的音乐组曲》一文，内容如下：

"文学音乐组曲，是根据尼·奥斯特洛夫斯基的长篇小说《钢铁是怎样炼成的》创作的。

"尼·奥斯特洛夫斯基的长篇小说《钢铁是怎样炼成的》是苏联年轻人所喜爱的一本书。长篇小说教育年轻人要勇敢，要爱祖国，培养青年一代的爱国主义感情。

"5月15日，在塔什干的红军之家，观众们聆听了根据共青团员作家、勋章得主尼·奥斯特洛夫斯基的长篇小说《钢铁是怎样炼成的》创作的文学音乐组曲。在贝多芬的奏鸣曲声中，开场白介绍了尼·奥斯特洛夫斯基的创作，然后演员列别杰夫朗诵小说的片段。关于组曲及其表演者的优点，奥斯特洛夫斯基本人在发来的电报中讲得很好：

"'莫斯科（电报原文）。基列耶夫和列别杰夫依据我的《钢铁是怎样炼成的》一书所创作的文学组曲非常精彩。保尔·柯察金生活与工作的一条线十分鲜亮。列别杰夫的表演激情洋溢，连我这个熟知书的内容、是该书作者的人，也一再被感动了。这部组曲需要和应该加以宣传。奥斯特洛夫斯基。'

"组曲的演出，塔什干的年轻人理应观赏。团市委应该组织大家集体聆听依据煌煌巨著创作的音乐组曲。"

  我在此声明,这样的电报,我没有在任何时候向任何人发过。显而易见,主持者造出这份电报是为了自身的广告目的。

  如果可能,应当追究他的责任。

  致以共产主义的敬礼!

尼·奥斯特洛夫斯基
1936 年 6 月 1 日

541. 给马尔赫列夫斯卡娅

（1936年6月14日，索契）

亲爱的勃罗尼斯拉娃同志：

您连想都不应该想我把您给忘了。那样的话，可太冤枉啦。您知道的，搬到一个新地方，得操多少心，会忙成什么样儿。目前在整理档案资料和文学藏书——耗费大量的时间和精力。

我的健康状况一度恶化，但我及时发觉，使其恢复到平衡。明天打开原稿，着手工作。

索契方面正想方设法，阻止那些好奇心强的女士、无所事事的疗养者来干扰我——住所旁有一位民警站着，客客气气地挡住好奇者，只放有事要联系的人去见我的秘书。开头数日，好奇者每天有几百人，现在知道很难通过，才安静些了。

此刻我躺在敞亮的阳台上，呼吸着来自海面的新鲜空气。

明天要为我更换党证。但愿市委书记把我看成积极的党员。

关于斯拉德科夫斯基的书，我说两句。如果您能用俄文摘录最有意思的数段，尤其是他精彩地描述"总头目"性格的数行，我会非常感谢你的。我等待您短短的几段译文。

您寄来《在国外》杂志，太谢谢了。假如又发现什么我感兴趣的，请再寄来。预先表示谢意。

紧握您的手。我全家诚挚地问您好。

请在电话中把我的信念给因诺肯季·帕夫洛维奇听，向他致以最热诚的敬礼。

您的尼·奥斯特洛夫斯基
1936年6月14日
索契　奥斯特洛夫斯基大街4号

542. 给特列古勃

（1936年6月14日，索契）

亲爱的谢苗：

来信收到。谢谢寄来报纸。我在这里选出一些最值得阅读的、可能你在工作中用得着的报纸。我久未写信，你不要感到诧异。我得整理档案资料、个人藏书，处理文学事物，等等。此间气候又正处于异常恶劣的时段，温度骤升骤降，湿度85%—90%。

我的健康状况一度恶化，但我及时发觉，并使其恢复了平衡。明天又要打开书稿，着手工作。

索契想方设法，不让好奇心强的女士、无所事事的疗养者干扰我。采取了非常措施——住所旁站着一位民警，客客气气地挡住好奇者，只放有事要联系的人去见我的秘书。开头数日，好奇者每天有几百人，现在知道很难通过，才安静些了。

此刻我躺在敞亮的阳台上，呼吸着来自海面的清新空气。

谢苗，写信吧。只要你高兴写，时间总抽得出的。我想到你，心里热乎乎的。

法捷耶夫[1]和李别进斯基[2]来过我家。

心情愉快地读着你们的《文学生活》。你们通过图书馆借阅记录的真情实况来抨击，这很好。倘若你下达任务，去中央书库了解一下

---

[1] 法捷耶夫·亚历山大·亚历山德罗维奇（1901—1956），苏联俄罗斯作家，重要作品有《毁灭》《青年近卫军》等。

[2] 尤利亚·尼科拉耶维奇·李别进斯基（1898—1959），苏联俄罗斯作家，主要作品有《政委们》《山和人》《曙光》等。

人们所喜爱的书籍的印数，并把五十至六十种书名公之于众，这就更好了。那样一来，作家们会得知他们在队伍中的位置。这会是一种促使进步的因素。

我正焦灼不安地关注着阿列克谢·马克西莫维奇的健康状况。

紧紧握手。

尼·奥斯特洛夫斯基

1936 年 6 月 14 日

索契 尼·奥斯特洛夫斯基大街 4 号

543. 给叶泽尔斯卡娅

（1936年6月14日，索契）

安尼娅：

　　你好！

　　久未写信，你不要生气。实在是事出有因，情有可原。你自己也知道，在新居有多少事儿得操心。尤莉娅①已给你去过信，让你以快递邮件，寄来你挑选的书籍清单。我们在此地查点清楚，随即以航空邮件告知，哪些书要，哪些不要。

　　向希佩罗维奇探问一下，大仲马全集的出版情况怎么样。

　　明天我开始写长篇小说。

　　我们大家向你问好。常来信，多写些。

　　紧紧握手。

尼·奥斯特洛夫斯基

---

① 尤莉娅·诺维科娃，尼·奥斯特洛夫斯基的秘书。

544. 给乌曼斯基①

（1936年6月14日，索契）

电 报

同意您和卡拉瓦耶娃一起完成必需的英译本节缩工作。致礼。

尼古拉·奥斯特洛夫斯基

---

① 乌曼斯基·德米特里·亚历山德罗维奇，文学事务处的干部，管理苏联作家的著作在国外的出版事宜。

545. 给科瓦莲科[①]

（1936年6月14日，索契）

列里娅：

您好！

不要责备我久无音信——您自己知道的，在新的地方，单单把档案资料整理妥帖，就能让人老掉十岁。明天我打算试试臂力，看看是否还剩下一丁点儿。明天我要回过头来，继续创作《暴风雨中诞生的》。列里娅同志，我期盼着您立刻给我一个明确无误的答复，孩子们什么时候为同龄人出书。让孩子多写写自己的生活。谁说得定呢，或许有个小姑娘将会寄来新出的、油墨飘香的作者样书吧。

握您的手，获得解放的女性。

尼·奥斯特洛夫斯基

---

① 科瓦莲科（列里娅），俄罗斯联邦儿童读物出版社社长。

546. 给克里木共和国国家出版社社长

（1936年6月14日，索契）

尊敬的同志：

请您见告，长篇小说《钢铁是怎样炼成的》克里木鞑靼文的翻译和出版进展情况。州党委的同志很久前已来信，说这件事决定要紧急办理。我等着您的函复。如果书已面世，请寄来作者的样书。

致以共产主义的敬礼。

尼·奥斯特洛夫斯基

547. 给达薇多维奇[①]

（1936年6月14日，索契）

萨帕同志：

您好！请函告俄文版《钢铁是怎样炼成的》目前情况如何。

同时烦了解一下为什么至今还没出版犹太文版。早在1935年12月，少数民族部的同志们就非常肯定地向我允诺，要出犹太文版的长篇小说。

盼您来信，告知白俄罗斯文第二版的前景如何。

致以共产主义的敬礼。

尼·奥斯特洛夫斯基

[①] 萨帕·达薇多维奇，白俄罗斯国家出版社青少年部主任。

548. 给叶戈罗娃[①]

（1936年6月16日，索契）

亲爱的玛丽雅·帕夫洛夫娜：

您的信我收到了。我觉得很难回复。当一个人心头被最亲密的人伤害而感到痛苦时，所有安慰的语言往往无法减轻苦楚。我不能对您讲些老套的话。我可以说的只有一点：在自己的生活中，我也尝到过背信弃义的痛苦。但有一条挽救了我：我心中始终有着生活的目标和自我宽解的理由——为实现社会主义而奋斗。这是最高的爱。假如个人的东西在心中占着好大的位置，公众的东西占着微乎其微的一角，那么个人生活的迷乱便几乎等于大祸天降。那时，这个人面临问题——活着为什么？这问题绝对阻挡不住一名战士。没错儿，遭到亲密的人的背弃，战士也感到痛苦，然而与所丧失的相比，他永远留存下来的，要多得多，美好得多。

看看吧，我们的生活何等灿烂，为了国家的复兴和繁荣而进行的斗争，即为了新人而进行的斗争，具有多大的魅力。为它而献身吧，那么太阳会重新爱抚着您！

尼·奥斯特洛夫斯基
1936年6月16日
索契 尼·奥斯特洛夫斯基大街4号

[①] 叶戈罗娃·玛丽雅·帕夫洛夫娜，一位女读者。

549. 给《共青团真理报》编辑部和《最后广播消息》编辑部

(1936年6月18日,索契)

莫斯科。《共青团真理报》编辑——致特列古勃 莫斯科,高尔基大街,17号。

《最后广播消息》编辑部:

惊悉这无可挽回的损失,五内如焚。

高尔基与世长辞了。想到此事,痛彻肺腑。昨天他还生活着,思考着,和我们一起为祖国的辉煌胜利而欢欣鼓舞。他已把自身全部的创作天才献给祖国。如今,苏联文学由于其组织者、激励者的逝世,要担负起怎样的重任呵。

永别了,亲近的人,我们永志不忘的阿列克谢·马克西莫维奇!

尼古拉·奥斯特洛夫斯基

1936年6月18日 索契

550. 给乌克兰国家文艺书籍出版社社长

（1936年6月18日，索契）

亲爱的切列德尼克同志：

尊函收到。我将等着你们第四版的首批样书。烦在卷首页标明第四版。

您在信上说，今年年初，青年布尔什维克出版社印行十万册。这并不很确切。共青团第十次代表大会期间，聂发赫同志曾来我处——他们仅出版三万八千册。再多的话，他们缺乏纸张。至于十万册，这是他们愿望的最高数。

紧紧地握您的手。

尼·奥斯特洛夫斯基

551. 给达薇多维奇

（1936年6月29日，索契）

刚在《工人报》上读到，我的长篇小说《钢铁是怎样炼成的》已由你们印行三万册，并准备印至四万册。

现在我奉告，印四万册的这个版本将是第33版，烦在卷首页标明。

请尽快寄来已出长篇小说（三万册）的样书。

致以共产主义的敬礼。

尼·奥斯特洛夫斯基

552. 给彼得洛夫斯基夫妇

（1936年7月1日，索契）

亲爱的格利戈里·伊万诺维奇和多米妮卡·费多洛夫娜：

我这个浑人久未写信，尚希原谅。唯一的理由是我不想惹得你们厌烦。纠缠不休者最糟糕……

我整天整天在敞亮的阳台上躺着。海面吹来清新的风，柔和而温暖。我贪婪地吸，怎么也吸不够。这新地方真好。清晨居然有黄莺婉转啼鸣。原来就在我窗边的松树上，它安了家，然后硬让我听它鸣唱。不过它唱得太早——早晨5点钟，我还得睡觉呢。

我在稍微做点工作。你们的嘱咐，我是遵命照办的。如果实话实说，我必须承认，自己根本没有精力多做工作。《暴风雨中诞生的》第一卷将于一个月后完稿。

我会寄上原稿，若有可能，请读一读，并不吝赐教。

希望批评用词从严。

我心中悲痛万分。阿列克谢·马克西莫维奇的逝世令我极度忧伤。我日不安宁，夜不能寐。直至他死后，我们才意识到，在我们大家的心目中，他是多么亲切、多么珍贵，而这个损失又是何等沉重。失去了他，我们便成为孤儿。我在思索我们这些初入文学界的青年作家，如今每个人承担着怎样的责任。我心头浓郁的悲哀尚未消释。前天，拉胡蒂①告诉我，4月底他去阿列克谢·马克西莫维奇家做客时，高尔基正在撰写评论《钢铁是怎样炼成的》这部长篇小说的文章。他对此

---

① 拉胡蒂·阿巴利卡西姆（1887—1957），苏联塔吉克诗人，苏联作协书记。

书持怎样的见解,我不知道。这篇对我来说是珍贵的、需要的文章,会保存在文学遗产中的。

无论大文豪如何严肃地批评我,这仍然是对我的成长和进步最珍贵和需要的文件。

我和全家盼着你们光临。亲如一家的客人,快来吧。

紧握你们的手。

忠诚于你们的尼·奥斯特洛夫斯基
1936 年 7 月 1 日
索契　尼·奥斯特洛夫斯基大街

553. 给达薇多维奇

（1936年7月1日，索契）

您于1936年6月25日发出的信收到了。非常好，你们印行了那么多的俄文版书。太棒了！现在我希望人们不再向我诉说买不到书。关于为孩子们出一种版本——我授权给你们，你们认为怎么好就怎么做。不妨依据儿童读物出版社的印行，也可以自行改编。

长篇小说《暴风雨中诞生的》约一个月后脱稿。确切些说，是写完了第一卷。其余各章，一完稿我便寄上，这至少得过两个月。

有关酬金之事，我的秘书会写信给您的。

尼·奥斯特洛夫斯基

554. 给《共青团真理报》编辑部

(1936年7月3日,索契)

电 报

赞成发行新公债。我认购5000卢布。

尼古拉·奥斯特洛夫斯基

555. 给凯尔任采夫

（1936年7月13日，索契）

苏联人民委员部

艺术事务委员会主席

亲爱的普拉东·米哈伊洛维奇：

  我向您求助。情况如下。

  有这么个不负责任的戏班子，自称为列宁格勒文学剧团。他们给我寄来了自行根据长篇小说《钢铁是怎样炼成的》搞的文学舞台剧脚本。我明确地断定，他们搞出来的是垃圾，并强烈反对搞诸如此类的东西。我把他们的废品转给列宁共青团中央艺术部的尼基金同志，要求他从自己的角度对这伙人施加影响，让他们往后别再对长篇小说乱改瞎编。

  尽管我断然反对，这伙人显然得到某人的纵容，开始在莫斯科进行巡回演出。观众纷纷给我来信，表示愤慨。

  看到莫斯科容忍他们，他们又去了哈尔科夫。在那儿，他们吹嘘自己的表演，而无视八百位大学生被他们演出所激起的义愤。阿尔捷姆共产主义大学的这些学生被他们招徕生意的广告画所吸引，上了当，所以写出充满愤怒的文字，抨击乱改瞎编的作品，要求禁止这种糟蹋长篇小说的行径。

  我向您求助。必须采取某种行动，使各种坏蛋无法损害我的名声。

  这伙强盗疯狂地卖票敛钱，应该有个办法约束他们。

  我该怎样自我保护，免受这伙冒险家的侵害，盼赐教。

  不久前，我从塔什干的报纸——《乌兹别克斯坦共青团员报》上得悉，那里有一伙演员在活动，演出根据长篇小说改编的、支离破碎的文学音乐剧。我没有弄错的话，那是演员列别杰夫及其追随者。他们在干什么呀？海报上登着"奥斯特洛夫斯基的电报"，电报中在替他们的演出做宣传，说如何精彩，应当到各处公演，等等。

当然，我并未给他们拍过这类电报。我心知肚明，这绝对不属于成功的作品。人们赤裸裸地行骗，只为捞钱。

这一切都抬出我的名字做掩护。凯尔任采夫同志，请给予帮助。

紧握您的手。

致以共产主义的敬礼。

您的奥斯特洛夫斯基
1936 年 7 月 13 日

556. 给妻子

(1936年7月25日,索契)

亲爱的拉娅:

信和电报收到。

装修的事情,你亲手抓吧,要独自负责。我只有一个要求——进展迅速。

油漆无疑应当立刻进行,使得在我到达之前,油漆味儿已消散。阳台门立即打开吧,否则无法通风。

我等着回电。

尤莉娅在整理图书室吧?如果没在搞,你催促一下,让她快些做完这项工作。

屋子要消毒。你和在这条战线上奋战的部门联络。

我寄过两封信给你,并附去别人写给你的信件。确切些说,第一次夹有一份电报,另一次夹着一封信和一张明信片。

今天是25日,可还没见你的电报。这类事情应当做得细致些。即使拍两份电报,告知情况尚不明晰,也比沉默不语好。

我在专注地工作了。健康状况缓慢地,但确实在好转。第六章又写出三十四页,或许8月1日前能成功地结束第一卷。

盼着安德烈·纪德[①]来访。他途经索契,前往莫斯科。

中央委员会曾做出决定,要出《钢铁是怎样炼成的》五十万册。

---

① 安德烈·纪德(1869—1951),法国作家。主要作品有《地粮》《伪币制造者》《窄门》《访苏归来》等。他是诺贝尔文学奖得主。1936年曾访问苏联。

这一决定，别告诉任何人。目前印数已是一百零七万两千册。

新的版本正陆续寄来。积存数种，我会寄给你的。

没有别的让人感兴趣的新消息了。

两个外甥①来了。天气非常好。

紧紧握手。

尼古拉

1936 年 7 月 25 日　索契

---

① 指尼·奥斯特洛夫斯基的大姐娜杰日达·阿列克谢耶夫娜的两个儿子——亚历山大和阿尔卡季。

557. 给妻子

（1936年7月31日，索契）

亲爱的拉娅：

回电收到。

我给尤莉娅发过一份电报（请她告知图书室的事情）。没见回音。这样不太礼貌。然而提高文化素养是难以一蹴而就的。哦，算了。

这封信里附上廖①的电报。我回过了（"来吧，你从这里去莫斯科。"）。我觉得详细情况不需要给你写了。我只能如此行事。

我在工作，全部精神和体力都扑了上去。已写出第六章的五十四页。我的身体背信弃义，忽好忽坏。每分钟都可能崩溃。因此我急急匆匆，争分夺秒。现已弄清楚，我上回是胆囊破裂，与死神擦肩而过。但这回恐怕要付出更大的代价。说来也怪，我得的病正是让济莉娅丢了命的那种［缺损］。

近日我会寄出一箱书。其中我的一些版本充实你的藏书，另一些归入我的图书资料，尤莉娅倘若正在整理图书室，你把我的图书资料交给她。

我已不写什么应该向我函告一切了。这没意思。

学习情况如何？这是头等大事。其余的一切，包括装修之类，全是琐事。这个问题，我等着既迅速又实在的回答。

握手。

尼古拉

1936年7月31日 索契

---

① 廖，指拉娅的姐姐廖利娅。

558. 给妻子

（1936年8月1日，索契）

亲爱的拉娅：

刚接到你的第二封信。若是三天前到的，我就不会责备你久不写信了。看来，装修工作在进行，质量好，钱也省，等等。我嘱咐过，第三个房间要布置停当，别忘了。我再次坚持这个要求，提醒你要积极地抓好这件事。雇一些工匠、油漆工［缺损］。破旧的东西全扔掉，腾出空间，好摆放新家具。你把这一堆事儿全安排妥帖后，就去乐器店挑选两架苏联制造的立式钢琴买下（售价在2500卢布左右）。然后买个和我在索契的相同的书柜；然后买沙发、枝形吊灯、小书桌。你花这些钱，可以从"特别储蓄"中提取，我到了莫斯科后会补充进去的。把无线电转播设备安装好吧。你总得把房间装修得适合屋主居住。

凡此种种，女孩儿，我要求你积极地做好，别拖拖拉拉。

就这些了。我在激情满怀地工作，全力以赴。一天干十二小时，分两班（我这儿已经有两个秘书，一个顶不住）。若问进度多快，十三天写成六十七页，你可以由此推断。记不得有过这般速度。累得不行。必须完成第一卷。

后天，安德烈·纪德和他的同行者将来我这里。

莫斯科图书馆的图书卡片，你打个包作为保价包裹寄来。还有新旧图书的清册，还有个人档案资料的清册，通通寄给我。

看样子，高尔基大街上依旧喇叭声不断？

现在谈最主要的，即学习问题。等着你函告，在这方面已开始行动。

祝一切顺利。

握手。

尼古拉

放了些邮票,以免不时之需,怕你在家中,手边没有。

559. 给妻子

（1936年8月2日，索契）

亲爱的拉娅：

刚收到你的第三封信。请付钱给尤莉娅，每个工作日15卢布。昨天我寄给你一封写得详细的信。说实话，我的健康状况一塌糊涂。不过仍在工作，一天两班，十二个小时。五天后完成第一卷。

［缺损］我的整个生命确实就是一场斗争。我唯一的幸福确实就是创作。

那么呼喊吧，顽强精神万岁！要节节胜利，只有靠坚毅的心志。决不做不善于美丽地、快乐地、对人有用地生活的人。决不做哭天抹泪、怨天怨地的人。再一次高呼：创作万岁！

握手。

尼古拉

8月2日　索契

560. 给卡拉瓦耶娃

（1936年8月3日，索契）

电 报

函悉。工作正忙。第一卷即将完成。不久我写长信。紧紧握手。拥抱你可爱的小女儿。

你的柯里亚·奥斯特洛夫斯基

561. 给格拉西莫娃[①]

(1936年8月3日,索契)

电 报

亲爱的瓦莉娅同志：

充满友谊的信和书收到了。不久我会写信。目前工作正忙。第一卷即将完成。轻轻拥抱。

您的尼古拉即柯里亚

[①] 格拉西莫娃·瓦列莉娅·阿纳托利耶夫娜（瓦莉娅，1903—1970），苏联俄罗斯作家。

562. 给列别杰夫

（1936年8月5日，索契）

列别杰夫同志：

我对您的来信感到不满。我将简复。

1. 我曾赞同的，仅仅是改编作品第一部分的文字（第二部分您没读过）。是文字，而非演出。您草草地读一下而已。只有两三处，您的诵读带有艺术味道。可问题不在这里。您告诉我，将会把文字修改好，两三个月后演出便会结束。

2. 您向我承诺要接受公开的审查，只有在获得同志们的赞许后，才开始巡回演出。这一承诺，您并未兑现。

3. 公民基列耶夫找到我的秘书，擅用我的名义，让她收集我的全套照片。只是由于偶然的原因，基列耶夫才并未搞到手。我并没有允准他这样做。

4. 至于所谓我拍的电报，那简直是胡闹。

5. 基列耶夫或其他人的任何解释，我都不接受。他们从我这里也并未得到任何表示认可的答复。

看样子，您又在糊弄人，但这回已经是糊弄凯尔任采夫同志。

凡此种种，我能从中得出怎样的结论呢？

奉劝您今后诚实地兑现自己的诺言，让聚集在身边的是一群诚实的人，而不是各式各样的骗子，他们只会把您作为演员的声誉彻底毁掉。

学学人家——学学演员伊格纳季耶夫和女钢琴家玛凯多诺娃吧。他们没有大肆炫耀和诈骗，而是出色地工作。我对他们的改编作品确实深表满意。

可见，才能不需要有任何令人生疑的狡诈伎俩。

尼·奥斯特洛夫斯基

1936 年 8 月 5 日

索契　奥斯特洛夫斯基大街 4 号

563. 给妻子

（1936年8月6日，索契）

亲爱的拉娅：

原谅我写得简短。简直一分钟的空闲也没有。我全线出击，拼命进攻。写完八十三页。第一卷即将脱稿。白天静不下来，晚上睡不着觉。房间里有两名女打字员。嗒嗒声从早响到深夜。有两位女秘书。这整个部队投入了猛攻。

你给廖发去"加急"电报，我觉得多此一举。结果成了这样：我邀请，你拒绝。其实我已经去除了所有的障碍。哦，算了。这个问题就到此为止。但愿它不再干扰我们。我把情况告诉你，仅仅是让你知道一下而已。我的名声必须保护，不能受到任何形式的指控。

你的"加急"已收到。我最近的两封航空信为你解释了一切。

祝一切好。

如果我写信给米高扬同志，要求他帮助你进入工业研究院，你认为如何？快和社会科学学院①的领导谈谈这件事。

定下神来，写信说说一切吧。

两个月后，我返回莫斯科。当然，这得有个前提——我没有莫名其妙地患病，像胆囊破裂之类的，因而一命呜呼。

后天我会见安德烈·纪德。

照我的嘱咐办。来信吧。

---

① 社会科学学院是为国民经济部门培养干部的。1936年，拉依萨在这里学习。

如果我为柳芭①取得一套住房,并非靠吵闹得来,两个房间,有厨房等,你以为可好?此事你考虑一下。秋季可拿到房子。

握手。

给你写信,该往哪边寄?

你的尼古拉

8月6日 索契

---

① 指尼·奥斯特洛夫斯基的岳母柳保芙·伊万诺夫娜·玛秋克。

564. 给妻子

（1936年8月7日，索契）

亲爱的拉娅：

寄给你十四册书。《钢铁是怎样炼成的》有两种。这批书都供你个人收藏。寄出三十盒空白的图书卡片，你把所有的书全登记下来。卡片不够的话，去高尔基大街拿。

我想知道哪些书你已有了，才好充实你的藏书。

祝健康、愉快。

补充两种《钢铁是怎样炼成的》，还有其他四种。总共二十册。

565. 给妻子

（1936年8月8日，索契）

亲爱的拉娅：

安德烈·纪德和他的旅伴——几位法国作家和一位荷兰作家，刚刚离去。

我们的会面友好而热情。我心里激动。安德烈·纪德是极好的人。虽然通过译员交流，然而我仍能感受到这位天才作家的襟怀坦白、宅心仁厚。我在自己的手上，此刻仍感觉出他犹如工人般的大手的温热。

拉尤莎，原谅我信写得简略。如果接连数日，大约到8月18日为止，我可能根本无法写信，你也别着急。

现在工作最紧张。正在写最后几页。整卷校阅一遍。亚历山德拉·彼得洛夫娜和我的整个作战部都转为两班制工作了。房间里坐满了女打字员。我不时地催促她们所有的人。她们准保在期待我这个发疯般的小伙子什么时候安静下来。

这阵儿还有一些传闻，说市委很快就要做出决议，命令我休假。我得赶在这个决议做出之前抓紧干，完成第一卷，因为这样的决议我无权不服从。

你的信和电报都收到了。拉皮杜斯替我念了你的信。现在你应该平静下来。所有的担心全是多余的。信件陆续送达。这些邮政部门真有本事引起争吵。

紧紧握手。

近日会寄给你一整箱书籍，可充实你个人的藏书。关于奖章的信件，我已函告储蓄所，让他们通过内务人民委员会的机要联络处转给我。他们自己就应当这样做。否则，即使你收到了，邮寄过来也不保险。

来信告知廖如今在哪儿。尽量做到一切，使她不要依旧对我怀着怨气。所有的事，你对她说说吧。只要她是位通情达理的年轻女性，那就会相信和理解的。其实我不希望你给她拍电报。其实我是不顾一切阻力，郑重地赞同她的。把她的准确地址写给我。虽然你说没这个必要，我依旧想去函，把告诉过你的情况告诉她。我认为应当这样。我就怕让她感到委屈。

祝一切好。常来信，写得多些，什么都谈吧。

尼古拉
1936 年 8 月 8 日

向莫斯科的所有同志问候。

亚·约①和他朋友们的一张照片，我收到会立即寄出。

---

① 亚·约，即普济列夫斯基·亚历山大·约瑟福维奇。

566. 给特列古勃

（1936年8月8日，索契）

亲爱的谢苗：

安德烈·纪德和他的同行者们刚刚离去。这次会面令我兴奋、激动。我手上还感觉到这位老人双手紧握留下的温热，感觉到偶尔掉落在我手上的泪滴……

我没想到，他以充满人性的诚恳感动了我。于是我的心扉打开了。我相信，自己感触到了他全部动作的真挚。他有一双大手，劳动者的手。我对他讲了这一点。他高兴得笑了起来。

"感谢您的盛情邀请。不过即使并非如此，我也非来拜访您不可。"他说。

我听着他那轻柔、浑厚而亲切的语言，他的激动也感染了我。

"我和我的朋友们返回法国，要竭尽全力，把您的著作介绍给法国青年，并且让这本书在他们中间找到像在您的祖国那样多的热心读者。"他的这番话语由译员译给我听了。他的手紧紧地捏着我的手。

他谈作家的使命。

"不错，为千百万人而写作的快乐是无可比拟的。我打算多写爱，少写恨，但这是将来的事。而当前，我们西方作家必须写的，不仅是拥护什么，还有反对什么。"他说。

"当然，富有才华的作家为人民写作，会招来人民的敌人——法西斯分子的仇视。但这一点点毒汁与爱和友谊的海洋相比，显得微不足道。这爱和友谊是劳动人民慷慨地奖给把自己的才能献给人民的、坦诚而正直的作家的。"我回答。

"哦，对！"他感叹，"这一点，我比任何时候都理解和感受到了。"

在交谈中，安德烈·纪德温柔地抚摸着我的手，他说：

"有时候语言是多余的。我们手上的温热可以代替语言。况且，您这愉快的笑脸，比最美好的、充满友谊的话语所能告诉我的还要多。"

他感情深沉地谈论高尔基。他讲了阿列克谢·马克西莫维奇之死使他何等震惊。

"我内心悲痛地站着，注视这人的海洋、这不见尽头的洪流，他们是前来向敬爱的朋友，不仅仅属于苏联的作家诀别的。这表明人民和文学巨匠之间的广泛联系。这种场面我在哪儿也没见过，而且永远不会忘却……"

一个小时过去了。安德烈·纪德担心我是否疲劳。我说不累。我们又谈开了。他问我正在写什么。临走时他深情地吻了我的额头。我们要分手了。

他在自己的著作《刚果之行》扉页上题了词。别人把他的题词念给我听："1936年8月8日赠给奥斯特洛夫斯基同志。兄弟般的安德烈·纪德。"

再见吧，安德烈·纪德同志！一路顺风！愿苏法人民之间的友谊日益巩固……一路顺风！

"再见！"他用俄语说。在我家人的相送下，他们离去了。

尼·奥斯特洛夫斯基
1936年8月8日

567. 哈巴罗夫斯克边疆区文艺处

（1936年8月8日，索契）

电 报

我允许演员依格纳季耶夫和马凯多诺娃演出根据长篇小说《钢铁是怎样炼成的》改编的文学音乐剧。请向他们转达我的电报和问候。

尼古拉·奥斯特洛夫斯基

568. 给塔斯社

（1936年8月9日，索契）

电　报

三位勇敢的人①，凭着钢铁的意志和火热的心，犹如雄鹰，展开强大的翅膀起飞，跃向难以攀升的高度，为祖国争了光——我向你们致以兄弟般的敬礼，并表示钦佩。

尼古拉·奥斯特洛夫斯基

---

① 指试飞员、苏联英雄契卡洛夫（1904—1938）和他的两位战友拜杜科夫、别利亚科夫。

569. 给白俄罗斯国家出版社

（1936年8月9日，索契）

尊敬的同志：

我听说，长篇小说《钢铁是怎样炼成的》译成犹太文的任务交给了公民敦茨。这是个政治上声名狼藉的人；而译成白俄罗斯文的任务交给了一个昔日的托洛茨基分子（姓名记不得了）。为什么必须第二次翻译成白俄罗斯文，我不得而知。然而，即便有此必要，我也请求把这个任务交给政治上无可指责的人。

等待着您的复函。

致以共产主义的敬礼。

尼·奥斯特洛夫斯基

570. 给乌曼斯基

（1936年8月10日，索契）

电　报

莫斯科，列昂季耶夫斯基大街24号，文学事务处乌曼斯基同志。

同意英文版长篇小说更名为《英雄的诞生》。在某处提一下俄文书名吧。

致礼。

尼古拉·奥斯特洛夫斯基

571. 给安德列耶夫

（1936年8月17日，索契）

亲爱的谢尔盖·伊利奇：

与此信同时，我按照我们所约定的，以航空邮件方式，寄给你《暴风雨中诞生的》第一卷原稿。见面时我忘了告诉你，在敖德萨共青团员电影制片厂，《钢铁是怎样炼成的》这部影片进展不顺利。简略些说吧——根本没进展，在原地动弹不得。请你推动一下乌克兰电影制片厂的青少年部，让他们抓紧些。

紧紧握手。

你的尼·奥斯特洛夫斯基

1936年8月17日

索契　奥斯特洛夫斯基大街4号

572. 给法因别尔格[①]

（1936年8月17日，索契）

亲爱的任尼亚：

今天我把《暴风雨中诞生的》第一卷寄往团中央，请您审阅。恳请您本人尽可能快地通读一遍，然后向亚历山大·瓦西里耶维奇转达我的要求，请他抽得出时间的话，也读一遍。等待着你们公正的、严格的评价，不要以种种托词而七折八扣地提意见。

请记住，任尼亚，我十分激动地期待着这种评价。前一段时间，我在创作，紧张之极。现在命令我休假。看来，医生们认定我的健康状况一塌糊涂，而市委同志们听信了他们。

打算10月底返回莫斯科。

"索契的共青团员"、不安分的小伙子，向你们大家致敬。

您的柯里亚　即尼·奥斯特洛夫斯基

1936年8月17日

索契　奥斯特洛夫斯基大街4号

[①] 法因别尔格·叶夫盖尼·利沃维奇（任尼亚），苏联列宁共青团中央书记。

573. 给高莉娜

（1936年8月17日，索契）

亲爱的伊达同志：

寄上书稿《暴风雨中诞生的》，收到烦函告。与此同时，有一份稿子的复印件寄给法因别尔格同志。

我要求您通读一遍，写出公正的评价。这段时间在索契，我工作得极其紧张。如今，显然蓄电池快把电放完了。一昼夜工作十八小时。市委命令我立即休假。你读着信，也感觉到"小伙子"在玩儿命吧？

等候你的批评的长信。

紧紧握手。

尼·奥斯特洛夫斯基
1936年8月

574. 给纳科里亚科夫

（1936年8月17日，索契）

亲爱的纳科里亚科夫：

您那美好的、充满友谊的信，我早已收到。直至《暴风雨中诞生的》第一卷最末一页的书稿写完，我才函复。

在索契，这数月我一直工作得极为紧张，消耗着精神和体力。我的健康在以令人懊丧的快速度崩溃着，致使创作越来越艰难。然而，第一卷终究完稿了。写得是好是差，您亲自评断吧。希严格和公正。请不要以种种托词而有所保留。我先告诉您，亲爱的朋友，书稿尚未得到中央的评定。与此同时，我把稿子寄往联共（布）中央，寄给格·伊·彼得洛夫斯基和帕·彼·波斯特舍夫同志，也寄给了苏联作协主席团。最多过一个月吧，我将得到他们的，包括人民委员部方面的结论。假如反馈是肯定的，那就付印。假如需要修改，那么在奉命休假以后，我立刻着手做这件事。

请您马上写信告诉我读后的意见。您确认推出了《钢铁是怎样炼成的》特别普及版，我非常高兴。

准备10月底返回莫斯科。

领导同志们就《暴风雨中诞生的》书稿提出批评意见后，我会全部函告。届时可以做出结论：第一卷是否值得付印。如果值得，您就像在来信中建议的那样，发表于《小说报》吧。

紧紧地握您的手。致以共产主义的敬礼！

尼·奥斯特洛夫斯基

1936年8月17日

索契　尼·奥斯特洛夫斯基大街

575. 给斯塔夫斯基①

（1936年8月17日，索契）

亲爱的弗拉基米尔同志：

与此信同时，我以航空邮件寄给你长篇小说《暴风雨中诞生的》第一卷的书稿。唯一的要求是，和同志们尽快通读一遍，并函告严格的、公正的批评意见。我将急不可耐地期待着你们的信。

来函已收到。我将于10月底返回莫斯科。

紧紧握手。

向大家问候。

尼·奥斯特洛夫斯基
8月17日

索契　尼·奥斯特洛夫斯基大街4号

---

① 斯塔夫斯基·弗拉基米尔·彼得洛维奇（1900—1943），苏联作家协会理事会书记。

576. 给彼得洛夫斯基夫妇

(1936年8月19日,索契)

亲爱的格利戈里·伊万诺维奇和多米妮卡·费多洛夫娜:

与此信同时,寄上长篇小说《暴风雨中诞生的》第一卷书稿。如果抽得出时间,请通读一遍,函告意见。

现在,反正危险已经过去,我不妨告诉你们自己在这儿,在炎热的索契的一次遭遇。出现于体内的新仇敌,使我差点儿丢了命。

不知怎么搞的,胆囊里出现结石后,堵住通道,胆囊破裂,结果溢血了,中毒了。医生们认为病情已糟到无可挽回。我肤色暗黑,恰如黑人一般。就连我这个患病经验丰富的人,也觉得难逃一死了。我为了求生而进行斗争。我不让亲属和同志们向你们透露这种情况,以免惊扰。

这回总算又死里逃生,我正在慢慢恢复。创口痊愈了。不仅病体复原,而且奋力工作,专注得忘了世间的一切。

我的全家人和助手们都被我动员起来了。家变得跟作战指挥部似的。打字机嗒嗒响,一份份稿子打成了。我们每天干两班,没有休息日。

这么干的结果是《暴风雨中诞生的》第一卷完稿。字数可观,质量则要你们评说。

今天市委做出决议,禁止我工作,为期一个半月。

我理应服从,执行这一决议。

我由衷地高兴,诚心诚意地盼着在这里,在炎热的索契和你们会面，并怀着希望，让多米妮卡·费多洛夫娜慈爱地抚摸我，而不至于揪着我的耳朵，责怪我干得过火。

紧握你们的手。

由衷地忠实于你们的尼·奥斯特洛夫斯基
1936 年 8 月 19 日

577. 给拉扎里[①]

（1936年8月21日，索契）

尊敬的拉扎里同志：

您寄来的《钢铁是怎样炼成的》十册，收到了。谢谢。

书出得真漂亮。我的朋友全部认为，在三十六种俄文版中，这是最棒的。

除去二十五册作者样书，麻烦您再寄二十五册自费购买的来。

现在，拉扎里同志，谈谈下述情况吧。我写完了《暴风雨中诞生的》第一卷。原稿已寄往苏联列宁共青团中央，供审阅。

只要同志们认定这本书值得出版，那么我们就在青年近卫军出版社、国家文艺书籍出版社和贵处出版——如果你们能为此搞到好的纸张，并且能像《钢铁是怎样炼成的》一样出得漂漂亮亮。

他们推出普及版，你们则是精装版。当然，这一切有个前提，即书稿获得赞许。

假如您希望看看，我可寄上一份原稿，供您通读。

请发来电报。

致以共产主义的敬礼！

尼·奥斯特洛夫斯基
1936年8月21日
索契　尼·奥斯特洛夫斯基大街4号

[①] 拉扎里·格里戈利·马尔科维奇，苏联作家出版社社长。

578. 给妻子

（1936 年 8 月 21 日，索契）

亲爱的拉娅：

今天写完了长篇小说《暴风雨中诞生的》第一卷。

从 7 月 17 日到 8 月 17 日，写成一百二十三页。这是前所未有的紧张和进度。

累坏了，然而第一卷完稿啦！是好是坏，很快便知分晓。联共（布）市委做出决议，让我停止工作一个半月。今天我开始休假。

昨天寄给你一个邮包。是二十册书，其中有四册《钢铁是怎样炼成的》，以备不时之需。假如要用，我发电报告诉你地址，你就按地址送去。

一份原稿已寄请苏联列宁共青团中央审阅。

杜宾斯基来这儿休假，住在疗养院。费杰尼奥夫也一样。

你所提及的、我给你的那些信件，是我外甥写的。他们是局外人，这倒也好。你不妨把自己的信寄给亚历山德拉·彼得罗夫娜，她会念给我听的。

尤莉娅整理莫斯科的图书室，你付给她工资了吧？

我想知道，装修方面你是否按照我的意思做了？

学习情况怎么样？有关廖的事情，你根据我的嘱咐办了吗？她的反应如何？

编好的莫斯科图书室书目卡片，放在小箱子里寄给我。如果没有小箱子，请尤莉娅赶紧设法找一个。为了充实莫斯科的图书室，需要这些卡片。我无法依据购书单查核。

只要不发生什么不幸,我打算 10 月 25 日赴莫斯科。

你有没有可能去看对杀人犯——那些法西斯疯狗的公审?

常来信,告诉我种种事情进行得怎样。

我想知道,尤莉娅是否已把你们从索契带去的书籍添进了图书目录?高尔基大街禁止鸣笛了吗?

你身体怎样?情绪好吧?

可需要我的什么帮助?

目前就这些问题,赶快明确地回答吧。

握手。

柯里亚

1936 年 8 月 21 日

索契　尼·奥斯特洛夫斯基大街 4 号

P. S. 别忘了答复有关工业研究院的事儿。

P. P. S. 从这封开始,我为自己的信件编号。这是第一号。告诉我,给你的信可按哪个地址寄?

579. 给巴伦

（1936年8月21日，索契）

亲爱的罗扎同志：

尊函我早已收到。工作紧张，使我无法立即回复。现在，长篇小说《暴风雨中诞生的》第一卷脱稿了（十三印张）。原稿寄给了中央——寄往莫斯科和基辅，要求审定。如果书稿被认为值得出版，那咱们就付印。

罗扎同志！我没有忘记我们去年的一次交谈，也没有忘记自己承诺过为孩子们改编长篇小说《暴风雨中诞生的》。

如今咱们怎么办呢？罗扎同志。

亲自为孩子们改编《暴风雨中诞生的》，我力不从心。这样做，行不行：一旦原稿获得赞许，我即可寄上，您找位优秀的作家，让他通校一遍，供孩子们阅读。

第一卷内有令孩子们感兴趣的情节（有个九岁男孩瓦西列克）。

请函告您这方面的想法。此外，我为孩子们改编了长篇小说《钢铁是怎样炼成的》第一部，确切些说，并非改编，而是校阅，把某些地方改得畅达易懂。这个工作，我是和莫斯科的国家儿童读物出版社的编辑叶莲娜·科瓦莲科同志一块儿做的。此书国家儿童读物出版社印行两万五千册。

这个修订本，或许在某种程度上可供您参阅。那样的话，请函告。我寄上第一部，您可据以查对乌克兰文版，并进行相应的修正。需要更改的地方并不多。

盼及早来函，回应我的建议。但愿能为您出一点力。

当然，您在《共青团真理报》上读到了那则简讯，似乎我已在为亚速—黑海地区出版社着手写一本儿童读物《保尔的童年》。这是又一次搞错了。其中涉及的是改编《钢铁是怎样炼成的》第一部。记者们以讹传讹。

等候来信。紧紧握手。

致以共产主义的敬礼！

尼·奥斯特洛夫斯基
1936 年 8 月 21 日
索契　尼·奥斯特洛夫斯基大街 4 号

580. 给肖洛霍夫

（1936年8月21日，索契）

电　报

您的友善的来信收到了。今天写完了自己可恶的书①。稍稍休息一下后写信。但愿早日会面。

向丽达②、玛利娅③同志问好。

---

① 可恶的书指《暴风雨中诞生的》第一卷。
② 丽达，肖洛霍夫的大姨子。
③ 玛利娅，肖洛霍夫的妻子。

581. 给博依措夫

（1936年8月21日，索契）

亲爱的博依措夫同志：

烦在贵报最近一期上刊登我的这篇短评，仍用笔名"阿·斯捷波维"（免得引起大惊小怪）。

您瞧，不得不关注"狗"的问题。这些可恨的狗［既］不让人工作，也不让人安睡。我家屋前屋后足足有上百条。您帮个忙吧！

握手。

致以共产主义的敬礼。

尼·奥斯特洛夫斯基

短评　请让人免受狗骚扰！

每到晚上，索契上空便充斥着犬吠声——刺耳的尖叫，震耳的吵闹。数千条狗在嗥叫，以酷烈的咬架，撕扯着疗养中的病人和正在休息的人们的神经。

每个院子里有几条狗，它们的数量尚在令人恐惧地增添。狗无人照管。它们惊扰行人，以突然袭击吓得人晕头转向，结果是行走于索契的街巷失去了安全感。

索契市苏维埃在与疗养地的噪声做斗争，采取了非常措施，禁止车辆鸣笛，禁止公共场所设置高音喇叭，禁止飞机在城市上空掠过，等等。

然而，市苏维埃的同志们把狗给遗忘了。看来，这些同志具有坚强的神经，使得千百个病人和休养者无法安睡的、狂野的狗的嗥叫打扰不了他们。

索契的《疗养报》不止一次地掀起反对"狗暴力"的浪潮,但是人们——数以千计相信在静养和康复方面会获得关切的辛勤劳动者,得到的却仅仅是许诺。

在索契,该解决狗的问题了。

阿·斯捷波维

582. 给妻子

（1936年8月25日，索契）

电　报

祝贺你进入斯维尔德洛夫大学。非常好。23日托一位同志给你捎去书稿。接到就告诉我。

尼古拉

583. 给列日涅夫[①]

（1936年8月25日，索契）

《真理报》评论与书刊简介部主任
亲爱的列日涅夫同志：

与这封信同时，我通过机要联络处寄给您新作《暴风雨中诞生的》第一卷的原稿。

这是我构想中三大卷作品的第一卷，描绘我国对波兰白匪的战争。

我请求您亲自通读，写出独到的评语。必要的话，请批评从严，而不要以种种托词有所保留。

如果《真理报》员工们的意见是书写得枯燥乏味，不吸引人，无助于我们青年一代的布尔什维克教育，那就让《真理报》赶在我印行这本书之前向我坦言。

我没有必要让一本枯燥无味的书"出生"。

我仅仅请求您尽可能迅速些做出评价。

假若书稿给您留下良好的印象，那么请您从哪儿也尚未刊载过的第六或第七章中选取最引人入胜的片段（照我的意见，可取事件——第六章，从第138页开始），转交给《真理报》文学部。

如果同志们认为需要，那么他们不妨把这个片段发表于《真理报》。

紧握您的手，并盼迅速回复。

请记住我的要求——近日通读［原稿］。

[①] 列日涅夫，《真理报》评论与书刊简介部主任。

就此打住。

遗憾的是,目前我病得不轻。

麻烦您读毕原稿后,按下列地址寄回:苗尔特维胡同12号2楼,拉依萨·鲍尔菲里耶芙娜·奥斯特洛夫斯卡娅。

致以共产主义的敬礼!

尼·奥斯特洛夫斯基
1936年8月25日

索契　尼·奥斯特洛夫斯基大街4号

584. 给阿夫古斯泰季斯

（1936 年 8 月 25 日，索契）

亲爱的阿夫古斯泰季斯同志：

与这封信同时，我通过机要联络处寄上长篇小说《暴风雨中诞生的》第一卷的原稿。

烦劳您近日百忙中抽空，通读一遍。这原稿的复印件，我已寄往列宁共青团中央、给法因别尔格，寄往《真理报》，寄往乌克兰列宁共青团中央，寄给格·伊·彼得洛夫斯基；更早些，还曾寄请伏罗希罗夫审阅。何时得到关于书稿的反馈，我便知道值不值得出版。我决不能让一本枯燥的、索然无味的书面世。

请记住，第一卷仅仅是一部三至四卷的长篇小说的开头部分。这部作品描绘 1918 至 1920 年我们与波兰白匪的斗争。

我将等待着您的复函。何时我获得反馈，会立即写信给您。

倘若反馈良好，咱们就出书。您把原稿转给白俄罗斯国家出版社青少年部，我们有个协定，一旦得到好评就出书。白俄罗斯出版社青少年部已把前面五章译成白俄罗斯文。他们只需翻译其余的四章。

这么着，我们谈妥了：只要书稿给人的印象良好，您就转给白俄罗斯出版社青少年部。一个月后，我们便将得知，它是否能出版。

萨帕·达薇多维奇同志提醒我，《钢铁是怎样炼成的》被交给了托洛茨基分子，去翻译成犹太文和白俄罗斯文。对于她的抗议，领导层反应相当冷淡。她来信要求我在这场斗争中给予支持。这以后，白俄罗斯国家出版社副社长函告，翻译工作已转交给正派的作家去完成。达薇多维奇同志警惕性高，我感谢她。对于接受翻译任务者的情况，我委实毫不知晓。

紧紧地握您的手。盼着您来信提出批评意见。

致以共产主义的敬礼!

尼·奥斯特洛夫斯基

1936 年 8 月 25 日

索契　尼·奥斯特洛夫斯基大街 4 号

白俄罗斯国家出版社的青少年部太棒了!它出版《钢铁是怎样炼成的》俄文版,两次印刷,即达七万册。

585. 给妻子

（1936 年 8 月 25 日，索契）

亲爱的拉娅：

你写着亚历山德拉·彼得罗夫娜的名字而寄给我的第二封信，她刚刚为我读了。

你进入了斯维尔德洛夫大学，我由衷地高兴。今天已发了一封简短的电报给你。

前天，即 8 月 23 日，我托作曲家卡茨给你捎去《暴风雨中诞生的》第一卷的原稿。他应该会亲手交给你的，或者在高尔基大街，或者在苗尔特维胡同。

你收到就来信告知。

数天前，我曾给你寄去一包书。关于装修、买钢琴等等的事儿，你至今沉默着。请来信简单地说说。

返回莫斯科，应该是在 10 月 25 日。

我的健康状况一塌糊涂。休假开始得非常糟糕，跟去年一样。由此我可以得出结论，当我尚在工作时，自有一股劲头，而一旦完全停止工作，就百病缠身了。

我写过信给薇拉，但她没有回复片言只字。这令人生气。虽然她是英勇的工农红军的一名上尉，我可不能原谅她接信不复。

你没写天线的事儿、第三个房间里转播器械的事儿、消毒的事儿，以及大街上鸣笛的事儿。

凡此种种，全是琐事，可你写写吧。高莉娜的妹妹已经很久没来我们这儿了。因为我一直在患病，家里不那么快乐了。

你必须开始学弹钢琴。这件事儿你安排一下。

《钢铁是怎样炼成的》目前的印数是一百十四万四千册。

今天得悉，书在巴黎出版俄文版。

莫斯科图书室的图书卡片，请装箱寄来。如果可能，把收音机的灯泡也寄来，不过要预先妥善包扎。就是留在那边的几只灯泡。

你生过一场什么病？

先写到这儿吧。

尼古拉
1936 年 8 月 25 日
索契　奥斯特洛夫斯基大街 4 号

P. S. 凡是你所收到的、给我的信函，你都寄到我这里来。

——尼

请把卡茨同志捎给你的《暴风雨中诞生的》原稿转到《共青团真理报》，交给特列古勃同志。你想读就自己先读一遍，只是要快。

——尼

586. 给白俄罗斯国家出版社社长

（1936 年 8 月 28 日，索契）

尊敬的同志：

今年 8 月 25 日，我把长篇小说《暴风雨中诞生的》第一卷原稿寄给了白俄罗斯列宁共青团中央书记阿夫古斯泰季斯同志，为的是让白俄罗斯列宁共青团中央在长篇小说尚未发表之前便了解其内容。原稿复印件寄送给苏联列宁共青团中央和乌克兰列宁共青团中央，还寄给了党组织的一些领导干部。他们的评论意见，我会告诉您。

只要对第一卷的反馈是肯定的，咱们就出书。我已要求阿夫古斯泰季斯同志在中央了解内容后把原稿转交给您。

请您把这封信的复印件转给达薇多维奇同志。看来她目前正在休假。烦告她的地址。

我很想知道你们出的俄文第二版的情况如何，确切些说，是您通知我的、增订版四万册的情况如何，是一下子出七万册，抑或暂时只出四万册？

致以共产主义的敬礼。

尼·奥斯特洛夫斯基

587. 给肖洛霍夫

（1936 年 8 月 28 日，索契）

亲爱的米沙同志：

我要问你的第一件事是，你什么时候带上自己的一伙人到我们索契来？夏季可说去就去喽！不受欢迎的秋季没羞没臊，跟贼似的溜到我们这儿，气候一下子凉飕飕了，还潮乎乎的。当然，这老女巫会离开一两个月，然后卷土重来。但你别等候着这段天气温和的日子，而是尽可能快些启程吧。米沙，你记住，我这个小伙子是没有希望活多少年的。所以，你若是想握握我的手，那就来吧，别拖到明年。

当然，我这人很固执，像个真正的"一簇毛"。我会坚持到最后的，不过你别对我抱太大的希望。我老老实实地把话讲在头里，免得你到时候说："瞧这个尼古拉，不打招呼就咽了气。我上当啦！"

序言到此结束。

接着咱俩私下聊聊。你说"无力自助的姑娘"，那是太偏颇了。据我从"确凿可信的文献资料"中获知，你的这些"无力自助的姑娘"极能折腾，连一个膀粗腰圆的大叔也对付不了。你瞧，绝对谈不上无力自助。你自己知道的，哥萨克女子厉害着呢，而且决不是安分的。

我有意给你寄去《暴风雨中诞生的》第一卷，不过有个条件，你得通读一遍，对这作品怎么想就怎么说。总之要说真话，只要不喜欢就骂吧："什么果羹，甜不甜，苦不苦。"总之，不妨像 20 年代所流行的那样，骂一声："瞎扯淡。"

米沙，你知道的，我在寻觅一位诚朴的同志，有话能当面直说的。

我们的作家同行都学得不会讲心里话了,朋友们生怕得罪对方。其实这样不好。夸奖只会损害一个人。纵然是心志坚毅者,被捧得头晕目眩,也会偏离正道。真正的朋友必须说真话,无论怎么尖锐都行;写出来,要多谈缺点,少谈优点。人们不会由于书写得好而责怪作者。

瞧,米沙,你收下加了硬封皮的原稿吧。

米沙,记住,我是正宗的锅炉工。摆弄锅炉,称得上一个不差的师傅。但成为文学家,我就"差点儿"了。干这一行需要很高的天赋。捷克的古老谚语这样说:"山里不生长的,药铺里也买不到。"

明白了吧,维辛斯克村的小熊!

现在告诉我,该怎样把你从维辛斯克村拖出来?我看,没有丽达和玛利娅的协助,就无法让你挪动。

10月25日我去莫斯科,过整个冬季。

米申卡,拿出年轻时的劲头,乘车来吧!如果不来,写信直言相告。

紧紧握你的手。

向丽达和玛利娅问好。温柔地抱抱你可爱的小女儿。

你的尼·奥斯特洛夫斯基
1936年8月28日
索契　奥斯特洛夫斯基大街

588. 给斯达汉诺夫

（1936年8月29日，索契）

电　报

卡季耶夫卡市。

阿列克谢·斯达汉诺夫：

您的友好的电报收到。您的关心令我感动。请接受我兄弟般的敬礼。紧握您粗壮的、长满老茧的手。

尼古拉·奥斯特洛夫斯基

589. 给矿区报《中央伊尔米诺》编辑部

(1936年8月30日,索契)

电 报

值此斯达汉诺夫运动一周年,向《中央伊尔米诺》矿区英勇的矿工集体致敬。

愿你们感觉到我的手的紧握。兄弟般地恭贺你们。

由衷地忠实于你们的尼古拉·奥斯特洛夫斯基

590. 给妻子

（1936年9月1日，索契）

亲爱的拉娅：

昨天接到你的信。正在按照你的嘱咐办事。先答复几个问题。

1. 书籍的清册收到（新的和旧的）。也收到了个人的藏书。

2.《列宁致高尔基的信》一书，还有小册子《高尔基》都收到。

3. 你接到的信函，请迅速转给我。

4. 来自萨拉托夫的汇款尚未收到，从亚美尼亚汇来的一千卢布则收到了。亚美尼亚汇款单上的地址是由你改的。

5. 准备于10月25日前后动身赴莫斯科。

6. 自我感觉不好。胆结石发作，毒害着生命。频繁发作，使我感受到威胁。

7. 近日我这儿没什么客人。伊达的妹妹早在8月6日便走了。舍佩托夫卡从前的革委会主席林尼克（多林尼克）来过。他住了三天也走了。目前，除了华西亚·邦达列夫就没有谁了。我在等待梅耶荷德[①]和齐兰达·拉伊赫[②]到来。我们将朗读定稿的剧本[③]。

8. 只要不出现什么阻碍，亚历山德拉·彼得罗夫娜会随我一同去莫斯科（我说服她，即使只待两星期也好，免得我跟去年一样，又没

---

① 梅耶荷德（1874—1940），苏联杰出的导演和人民演员，曾为把长篇小说《钢铁是怎样炼成的》搬上话剧舞台而做出努力，并与尼·奥斯特洛夫斯基积极沟通，建立友谊。他无辜遭镇压，死后获平反。

② 齐兰达·拉伊赫（1894—1939），苏联女演员。

③ 指剧作家拉发洛维奇根据长篇小说《钢铁是怎样炼成的》改编，准备供梅耶荷德剧院演出之用的话剧剧本。

有秘书了）。另外，卡佳，也许还有瓦西亚（假如此前未去莫斯科的话），也会同行。

大致上就这样。

9. 在青年近卫军出版社里，将由谁当《暴风雨中诞生的》一书的责任编辑，我不知道；在其他出版社如何，同样不知道。这个问题，只有在被认定值得出书以后，我才会提出来。

这便是对你所有问题的答复。

现在简略地谈谈我们的新情况。昨天收到从日本寄来的一册《钢铁是怎样炼成的》。它由日本科学出版社在东京出版。这可真没想到。是用象形文字印的。一点也不懂，不过政府的决定和格利戈里·伊万诺维奇的序言印的是俄、日两种文字。

关于在巴黎出版的问题，我写过了。

[缺损] 我们都在生病，甚至包括康斯坦丁·伊万诺维奇①。

你去订《消息报》《真理报》《共青团真理报》《莫斯科晚报》。图书室的书柜全打开，让书籍透透风。

现在轮到我向你提出几个问题。

1. 你房间里的电线是否已经接到同一个电表上？
2. 无线电转播器械已经接通了吗？
3. 装修的事情进展如何？为什么你执拗地只字不提？
4. 你进入斯维尔德洛夫大学一事已最终确定了吧？
5. 我的信件你都收到吗？

信件编了号——这是第三封。

问题就这么些。

叶泽尔斯卡娅应当转几本书给你，让你充实个人的藏书。

---

① 康斯坦丁·伊万诺维奇，尼·奥斯特洛夫斯基的司机。

请你整理好自己的藏书，使我对它有个概念，以便补充新书。

我刚发过一份电报给你，请你告知进入斯维尔德洛夫大学的情况，结尾处向你祝贺第二十二届国际青年节——我毕竟仍是一名共青团员，也就是说，如果不以体质而以心灵和精神来论，我是青年。

柯里亚，即尼古拉
1936年9月1日　索契

现在我将寄至高尔基大街。

591. 给卡拉瓦耶娃

（1936年9月1日，索契）

亲爱的安娜·亚历山德罗夫娜：

你好！

昨天我把《暴风雨中诞生的》第六章寄给了《青年近卫军》杂志编辑部。打字机上打的一百二十四页，这是很长的一章，几乎有六个印张。

我寄去这一章，只是为了请你们看看，如果觉得必要，不妨刊登。

当然，我丝毫没有勉强你们登载的意思。不过写完了第一卷，就把尚未发表于报刊的一章寄上，让你们自行酌情处理。

目前我病得很重。被迫休假一个半月。

原谅我写的信如此平淡无味。

昨天收到日文版的《钢铁是怎样炼成的》，是科学出版社在东京出版的。可惜根本认不得象形文字。

如今，《钢铁是怎样炼成的》在境外以下一些国家出版：英国、法国（"社会国际版"）、荷兰、捷克斯洛伐克和日本。而纽约，《钢铁是怎样炼成的》是在日报上连载的。

我打算10月25日赴莫斯科。要立即着手创作第二卷。材料已经收集好。但愿健康不背叛我。这个坏家伙，我接连三次诅咒它！

你大概知道的，约两个月前我险些儿活不成。结石使胆囊破裂出血、胆汁毒化。当时医生异口同声地说："唉，这下性命难保了！"但他们又没猜准，我死里逃生，再次搅乱了一些医学定理。

怪不得俗话说："经验再丰富，出错也难免。"

现在,《暴风雨中诞生的》原稿已寄给不少领导同志,征询意见。只要他们表示书值得出版,那就付印。如果认为不值得,那就束之高阁吧。

我绝对不能让一本枯燥乏味的书"出生"。

读着报上的消息,得知文学界出现了谢列勃利亚科娃①和谢利瓦诺夫斯基②等叛徒和败类,感到非常憎恨。

问候我们所有的同志。

尼·奥斯特洛夫斯基
1936 年 9 月 1 日
索契　奥斯特洛夫斯基大街 4 号

---

① 谢列勃利亚科娃·加莉娜·约瑟福夫娜(1905—1980),俄罗斯苏维埃作家,1919 年起的苏共党员。她无辜遭镇压,后获平反。

② 谢利瓦诺夫斯基·阿列克谢·帕夫洛维奇(1900—1938),俄罗斯苏维埃文学评论家,1926 年起的苏共党员,俄罗斯无产阶级作家协会领导人之一。他遭非法镇压,死后获平反。

592. 给肖洛霍夫

（1936年9月1日，索契）

电 报

亲爱的米哈伊尔：

何时可在莫斯科等你？问候大家。

你的尼古拉·奥斯特洛夫斯基

593. 给巴伦

（1936年9月1日，索契）

罗扎同志：

　　你好！

　　今天以保价邮包寄上《暴风雨中诞生的》第一卷原稿。出《钢铁是怎样炼成的》之事，稍后再谈。

　　来信说说一切吧。握手。

尼·奥斯特洛夫斯基

594. 给妻子

（1936年9月5日，索契）

电　报

函悉。在复原。为你的学习高兴。特列古勃应将原稿交还给你。我收到了柯南道尔①。

尼古拉

---

① 柯南道尔（1859—1930），英国小说家，以写侦探小说闻名全球。这里指他的著作。

595. 给妻子

（1936年9月14日，索契）

亲爱的拉娅：

你的两封信同时收到，其中一封，内有［书籍］清单。

我们这里没有特别的新消息。明天我寄两箱书给你，充实你的藏书。包裹寄到高尔基大街。

飞行英雄①曾来我这儿做客。

气候寒冷。我待在室内。身体状况还过得去。我们大家都在害病，尤其是妈妈。列夫②在"红旷地"病倒，被送来这里，已病势沉重。伊柳沙·杜宾斯基乘车转道基辅去莫斯科。费杰尼奥夫和马尔赫列夫斯卡娅在此处治病。

我在处理文学方面的事情，在读书，在写些务实的信。

请你学习音乐。找个女教师，迅速进行此事。

愿你快乐、强健，学习吧。别让任何琐事搅扰你。必须发起猛攻，拿下主要的堡垒，其他全是鸡毛蒜皮。

这些年来，你第一次开始正规的学习，我很高兴。要不然，那种小手工业式的学习方法只会弄得神经紧张。

祝愿一切顺利。

只要不出意外，10月25日开始北征，直达莫斯科。

尼古拉

1936年9月14日 索契

---

① 飞行英雄指契卡洛夫一行。
② 即别尔谢涅夫·列夫·尼古拉耶维奇。

596. 给特罗菲莫夫

（1936年9月14日，索契）

亲爱的特罗菲莫夫同志：

8月19日我寄给您长篇小说《暴风雨中诞生的》第一卷原稿。非常希望得到您和聂发赫同志对拙著的意见。请写几句吧。

日前接到安德列耶夫的电报。内容如下："原稿通读了。很好。详细意见将函告。格利戈里·伊万诺维奇同样表示赞赏。"

其他同志的反馈，至今尚未得到。

所有意见，我都将函告，主要是列宁共青团中央的评语。这里，在索契，许多领导同志在读原稿。此刻，三位英勇的飞行员也在读。

紧握您的手，并盼来信。

你的尼·奥斯特洛夫斯基
1936年9月14日 索契

P. S. 这是私人信函。

597. 给布尔什明尼科夫

（1936年9月14日，索契）

尊敬的布尔什明尼科夫同志：

二十天前，我以航空邮件寄给您长篇小说《钢铁是怎样炼成的》一册——第八版（苏联作家出版社），供您据以校订普及版。8月19日，给您寄去长篇小说《暴风雨中诞生的》第一卷的原稿。不知纳科里亚科夫同志目前是否在莫斯科。他曾来信通知我，要出五十万册《钢铁是怎样炼成的》。此事现在如何，烦劳您见告。这么多的印数，令人激动。我希望了解具体情况。

等着您迅速回复。

致以共产主义的敬礼。

尼·奥斯特洛夫斯基
1936年9月14日　索契

598. 给阿夫古斯泰季斯

（1936年9月14日，索契）

亲爱的阿夫古斯泰季斯同志：

1936年8月19日，我寄上长篇小说《暴风雨中诞生的》第一卷的原稿，要求通读并函示高见，然后把原稿转给白俄罗斯国家出版社。

要求您百忙中再为我个人添忙，祈谅。等着您的信。

致以共产主义的敬礼。

尼·奥斯特洛夫斯基

599. 给斯塔夫斯基

（1936年9月15日，索契）

亲爱的弗拉基米尔同志：

你好！

我转给你盲人翻译家舒莉茨的一封信。请读一读，并为这位同志在苏联作协翻译部安排一份工作。

在我们这儿，不该出现有才能的盲人翻译家找不到工作的事例。只要这是个诚实的人，就应当坚决地、快速地给予帮助。

我期待着你的回复。

致以共产主义的敬礼。

尼·奥斯特洛夫斯基

600. 给波加特列娃[1]

（1936年9月15日，索契）

农娜·索洛莫诺夫娜：

你好！

提供给星火出版社的《暴风雨中诞生的》第八章和第九章，今天才［寄出］，希原谅。佐祖利亚[2]同志或许曾考虑发表。这一点，但愿没打搅你。我决不会勉强谁刊登这些章节。

我仅仅是要兑现自己的诺言——启程之前寄原稿给你。

第一卷脱稿，此时我在"休假"。准备10月25日赴莫斯科，在那里住到5月。

紧紧握手。

尼·奥斯特洛夫斯基

---

[1] 波加特列娃·农娜·索洛莫诺夫娜，《世界一日》文集编辑部的工作人员、柯里佐夫的秘书。

[2] 佐祖利亚·叶菲姆·达维多维奇（1891—1941），俄罗斯苏维埃作家。

601. 给列日涅夫

（1936年9月15日，索契）

寄上长篇小说《暴风雨中诞生的》第一卷原稿，要求通读一遍，提出高见。

盼来信。

致以共产主义的敬礼。

尼·奥斯特洛夫斯基

602. 给舒莉茨

（1936年9月15日，索契）

舒莉茨同志：

您好！

今天读到您的来信。我已立即致函弗拉基米尔·斯塔夫斯基，恳挚地要求，为您在苏联作协翻译部安排一份工作。

在我国，不应出现有才华的人没工作的事例。您可能在人生旅途中，遇到过麻木不仁者，但这是暂时现象。只要您是位诚实的同志，我指的并非政治上的忠诚，那您肯定会得到一份工作。

在这件事情上我将坚持要求。

一旦有了最初的结果，请马上告诉我。

振作起来吧，不要精神委靡。用不着郁郁闷闷。

终归会有出路的。

尼·奥斯特洛夫斯基

603. 给艾津别尔格①

（1936年9月17日，索契）

尊敬的艾津别尔格同志：

今年9月14日的大札已收到。您提议出版长篇小说《暴风雨中诞生的》第一卷五万册，并说以一个月为期，完成这项工作。

的确，我喜欢您的坚毅和果决。你们在如此之短的期限内出版了《钢铁是怎样炼成的》，可为许多中央出版社的楷模。

任何人，包括我在内，都不喜欢随口吹牛和办事拖拉者，这种人废话连篇却什么也干不成。瞧我，跑题了。

原则上我同意由你们出版长篇小说《暴风雨中诞生的》第一卷。我会给您原稿，但并非目前，而是稍待时日。问题在于数份原稿复印件我已寄给一些领导干部，要求回复，给予严格的批评。我刚开始得到反馈。因而必需延缓些日子，以便综合所有的意见，做必需的修改。只有在原稿被认定值得出版以后，我才会寄上。

估摸尚需过一个月。

假如您有意和我面议，我不反对会见。

而如果您正十分忙碌，那就别让形式主义的东西搅扰您。

大概您自己也感觉到，我与出版者没什么矛盾。

致以共产主义的敬礼。

尼·奥斯特洛夫斯基

---

① 艾津别尔格·拉扎里·利沃维奇，库尔斯克真理出版社副社长。

604. 给电影爵士乐演员们

(1936年9月19日,索契)

亲爱的朋友们:

我深感抱歉,因为叛逆的健康不允许我再次和你们会面。我留存着首次会面的美好印象。

衷心祝你们在创造性的劳动中获得更大的成就。愿你们优美的歌谣和乐曲旋律欢快、感情饱满。

紧握你们的手。

尼·奥斯特洛夫斯基

605. 给妻子

（1936年9月22日，索契）

亲爱的拉娅：

你9月14日至16日的来信接到了。尤莉娅收到的钱，你拿着自己花吧。柯南道尔的书刚收到。萨木伊尔①来过又走了。手提箱转交给了我。

我完全赞同薇拉从敖德萨到我们这儿来。从这儿，很可能我们大家一块儿去莫斯科。萨木伊尔也会于10月20日至21日参加到这个队列中来。届时我们一同出发，那多快活，多带劲儿。

萨木伊尔转达了伏罗希洛夫同志对《暴风雨中诞生的》第一卷的赞赏反馈。传来同样反馈的［还有］格利戈里·伊万诺维奇和安德列耶夫。

妈妈一直在患病，躺着。

再次请你找位女教师，开始学习音乐。

叶泽尔斯卡娅挑选的书籍，我已写信嘱咐她，一部分转交给你，其余的寄到此处。

请快把所有写给我的信函寄来这里。

就这些了。

紧紧握手。

安心学习吧，争取"良"和"优"。

柯里亚

近日《真理报》上会出现对我的创作的短评，或许还会刊载《暴风雨中诞生的》片段。

---

① 萨木伊尔·拉比诺维奇，伏罗希洛夫的秘书。

606. 给索契汽车检修服务站站长

（1936年9月28日，索契）

尊敬的同志：

如有可能，请帮助我解决以下一事。

苏联人民委员部赠我一辆"M-1"汽车。这辆结构新颖的汽车需要经验丰富的技工进行检测。如果您同意将此车送至你们的检修库，由您推荐一位经验丰富的技工检测一次，并以专业知识，协助我的司机一同定期检修，则我十分感谢。

当然，所有的费用会迅即支付。

目前汽车停放着，需要尽快检测。

致以共产主义的敬礼。

尼·奥斯特洛夫斯基

607. 给聂发赫和特罗菲莫夫

（1936年9月30日，索契）

两位亲爱的朋友：

  为什么未见赐复？盼着你们批评性的长信，评价《暴风雨中诞生的》第一卷。

尼古拉

608. 给皮片柯①

（1936年10月1日，索契）

亲爱的皮片柯同志：

寄上我的两张照片。请寄给我舍佩托夫卡边区乌克兰列宁共青团的团员证。

林尼克和普利霍季科同志曾来我这里做客。他们会向你讲述我们交谈的内容和我的种种计划。

紧紧握你的手。如果我能为你做点有益的工作，来信吧。我随时乐于完成。

致以共产主义的敬礼。

尼·奥斯特洛夫斯基

---

① 皮片柯，舍佩托夫卡边区团委书记。

609. 给艾津别尔格

（1936年10月1日，索契）

尊敬的艾津别尔格同志：

应您的要求，寄上《暴风雨中诞生的》第一卷的原稿，供了解。

在最近的十至十五天内，我想一些同志对长篇小说的最终评价如何，该见分晓了。一部分反馈我已得到。因此我请您暂缓出版长篇小说，让我如有必要，能做些修改。

等到最后见了分晓，我们就出版长篇小说。届时我给您拍电报，你们可着手印行。

目前无须退回原稿。

倘若修改是大量的，我拍电报奉告。倘若不多，我寄上一份勘误表，指明页数与行数，你们可自行审阅。

希竭尽全力，于1937年初成功出版《钢铁是怎样炼成的》。这将是非常好的。

要求以后寄回《暴风雨中诞生的》第一卷原稿。需归档。第八章、第九章的原稿，您寄给图书馆，供首批读者阅渎，不需寄回。

丛刊一出版，烦寄来十册。

祝万事顺利。

尼·奥斯特洛夫斯基

610. 给乌克兰社会主义共和国儿童读物出版社

（1936年10月1日，索契）

罗扎同志：

您好。

今年9月1日寄上《暴风雨中诞生的》第一卷的原稿。请函告意见。日内我会寄出为孩子们加工好的《钢铁是怎样炼成的》第一部。

希尽早复函。

收到了安德列耶夫同志赞赏《暴风雨中诞生的》原稿的电报。他答应来信详谈细节。

希函告你们出版社与我有关的计划。

握手。

尼·奥斯特洛夫斯基

611. 给妻子

（1936年10月3日，索契）

亲爱的拉娅：

来信收到。9月29日我满三十二岁了。格利戈里·伊万诺维奇还没有到来。英国自由派报纸《新闻纪事》的一位驻莫斯科记者登门访问过我。交谈了三小时。

编辑问题尚未决定。在寻找一位资深的文学人。这事没必要和费杰尼奥夫谈。

陆续获得关于《暴风雨中诞生的》书稿的肯定性反馈。

拉发洛维奇来过。两天时间，讨论剧本。特列古勃来过。

最近四天，秋高气爽。我被推送到空阔的阳台上，整天整天地待着。柯南道尔的书收到，并已在给你的信中提及。

萨木伊尔当天就和妻子一起去了苏呼米。

我的健康状况还算可以。后天正式开始工作。市委极其勉强地同意我赴莫斯科。准确些说，是基本上没同意。因此我仍得为此竭力争取。

先就谈这些。明天我自己写几句。

柯里亚

612. 给科夫娜托尔[①]

（1936 年 10 月 3 日，索契）

尊敬的科夫娜托尔同志：

大札收到。赞同您的修改。

1924 年与 1936 年之间——差别巨大，而艺术家应当看得更远。

请您告知出版《钢铁是怎样炼成的》这部长篇小说的基本情况。

纳科里亚科夫同志来信说，决定出五十万册。麻烦您详告出书的印数和期限。

请在卷首页上注明，你们这个版本将是第三十八个俄文版。这一标注，请务必加上。

然后，我会寄给您长篇小说《钢铁是怎样炼成的》第二部第三章一个不长的片段，这是以前因疏忽而脱漏的。它仅见于青年近卫军出版社的第十一版。这个片段，得放在"好，老大娘，你跳吧。我和穆拉还是马上要走的"之后。接下去是："有一天傍晚，奥库涅夫……"（苏联作家出版社第八版第 264 页）。

盼告你们的书用不用照片。

倘若要用，我把最后一张寄上。等着您速复。

致以共产主义的敬礼！

尼·奥斯特洛夫斯基

1936 年 10 月 3 日

索契，奥斯特洛夫斯基大街 4 号

[①] 科夫娜托尔·拉希里·阿洛诺夫娜，国家文艺书籍出版社的编辑。

613. 给巴尔加①

（1936年10月4日，索契）

巴尔加同志：

您好！大札收到。

您希望得到长篇小说《暴风雨中诞生的》片段，供贵报刊用。现应您的要求，寄上哪儿也没登载过的一个片段。除了贵报，这个片段请不要在任何地方刊出。

刊登这一片段的报纸，烦寄给我十份。很感谢。

致以共产主义的敬礼。

尼·奥斯特洛夫斯基

---

① 巴尔加，阿迪格的报纸《集体农庄报》的责任编辑。

614. 给弗拉季米尔斯基[①]

（1936年10月4日，索契）

弗拉季米尔斯基同志：

您好！

8月9日的尊函收到。您希望给您寄去长篇小说《暴风雨中诞生的》片段。现应您的要求寄上。除了杂志，请决不要在任何别处刊载。

若需我的照片，烦发个电报，我可寄奉。

登载我的片段的杂志何时出版，烦寄我十册。

您请我撰文，谈谈自己如何创作长篇小说《钢铁是怎样炼成的》。抱歉，目前我无法应允。以后也许有可能。

致以共产主义的敬礼。

尼·奥斯特洛夫斯基

P. S. 寄上的片段，未在任何地方发表过。

[①] 弗拉季米尔斯基，《军刀》杂志编辑。

615. 给联共（布）阿兹切尔边区党委书记

（1936年10月5日，索契）

亲爱的米哈依尔·马尔科维奇：

我准备10月20日赴莫斯科，过整个冬季，创作长篇小说《暴风雨中诞生的》第二卷。

亲爱的同志，如果方便，想麻烦您和铁道局的头儿沃西洛夫斯基谈谈，为我出行提供一节沙龙式的车厢。

倘若他们能办到此事，请于10月20日把车驶至索契，因为要考虑万一遇上阴雨天气，可能得在此地停一两天。

以这类要求打搅，尚希谅解。

盼赐复。紧紧地握您的手。

致以共产主义的敬礼。

尼·奥斯特洛夫斯基

616. 给瓦拉夫瓦

（1936年10月7日，索契）

瓦拉夫瓦同志：

您好！

您的信和电报收到。关于《暴风雨中诞生的》翻译的问题，我曾有信给特罗菲莫夫同志。

我不了解拒绝的原因。我在信中全权委托，由特罗菲莫夫同志选择译者。但我相信，除非有重大的障碍，您是可以得到翻译任务的，因为我觉得，特罗菲莫夫同志在这个问题上并无偏见。

由于您所理解的种种原因，在这个问题上，我不便对出版社坚持己见。

现在谈一下歌剧的事儿。情况如下。如果您正动手写脚本，而作曲家配上音乐，那么您必须知道，这将是一项有竞争的工作。列宁格勒小歌剧院的同志们在写这样的歌剧，作曲家是来自罗斯托夫的索特尼科夫。

据我所知，他们或许尚未着手，但也可能很快就要着手做这件事。反正您得知晓并承认一个事实：除了你们在工作，还将有其他人出现。

任何人，其中也包括您，我不会授予独家编演权的。工作吧。谁的成绩更好，谁就将获得认可。这一点，也请向作曲家转达。

我想这不会使您感到沮丧，您将着手工作。

祝万事如意。

尼·奥斯特洛夫斯基

617. 给特罗菲莫夫

（1936年10月7日，索契）

亲爱的康斯坦丁·丹尼洛维奇：

转去翻译家瓦拉夫瓦的一封电报。我完全相信您的选择。只要您把任务交给另一位翻译家是有原因的，那我就没有理由反对。您看得更清楚。我对瓦拉夫瓦不熟悉，不能袒护。

我等着尊函，对《暴风雨中诞生的》做出反响。

接到原稿的同志，他们的反馈正纷纷传到我这儿。迄今为止，全是肯定的意见。然而，还不是所有的人都已表明看法，或许有谁会责备的。

前些天，苏联列宁共青团中央的几位委员到过我这里。同来的是《共青团真理报》副总编佩列利史捷因和特列古勃。

他们对《暴风雨中诞生的》的评说令人感到温暖。在列宁共青团中央的会议上，他们提出，如果《共青团真理报》版面允许，是否可以连载《暴[风雨所]诞[生的]》。这事儿未必可行，因为它要占用大量篇幅，要连载一个半月，占去整个底栏。对于在《幼林》杂志上连载整个长篇小说①，您有何看法？

去年，拉史马奇洛夫来我这儿时，提出这个要求。你和他谈谈此事吧。

盼来函。

紧紧握手。

---

① 乌克兰杂志《幼林》于1935年至1936年连载长篇小说《暴风雨中诞生的》。

致以共产主义的敬礼!

P. S. 我于 10 月 22 日赴莫斯科,过整个冬季。老地址:莫斯科 9 区高尔基大街 10 号 2 楼 3 室。

尼·奥斯特洛夫斯基

618. 给妻子

（1936年10月7日，索契）

拉尤莎：

请你不要来接我。何时动身，我不确知。别中断了学习。你不要来。这是我的要求。

出发日期的迟早，我以平静的心态对待，可如果你非来，而这儿由于发车或气候方面的原因把行期推迟，那我就会为你荒废学业而忧急。

因此，女孩儿，你留在莫斯科，准备好一切，迎接我们吧。不要为此事感到委屈。

这是我个人的要求。此间有足够的人手。

我写信困难。请原谅。很快就见面了。

请安心学习。学习吧，成长吧。这使我快乐。

要记住，除了个人生活，我们拥有广阔得多的东西——这便是斗争和祖国的荣誉。

你的柯里亚

619. 给索洛维耶夫[①]

（1936年10月8日，索契）

索洛维耶夫同志：

您好！

寄上长篇小说《暴风雨中诞生的》第一卷的原稿，但有个必须的条件。

这原稿是我手头仅有的一份。请您马上交办。用好的纸张印成六册。不过务必印得每一页都和原稿相同。换句话说，每一页开头和末尾的字句要与寄给您的原稿一致。对我而言，这至关重要，因为在修改时能减轻劳动。如此，您那儿的应该同样是三百零六页。

印成的每一册必须装订得跟寄上的一个样。

六册中的两册，您自己留下，四册交给我本人。10月22日我启程赴莫斯科，10月23日我们可在罗斯托夫车站会面。在那儿，我接过曾寄上的原稿，同时也接过您印好的四册。

收到原稿，请即告知。恳请您不要耽误稿子的印成。我必须从您手中接过四册经过精心核对的作品。

致以共产主义的敬礼。

尼·奥斯特洛夫斯基

P. S. 我将乘一节沙龙般的车厢，挂在车尾的。

[①] 索洛维耶夫·费多尔·阿列克谢耶维奇，亚速—黑海边区出版社编辑。

620. 给达薇多维奇

（1936年10月9日，索契）

萨帕同志：

你好！

今年10月4日来函收到。您谈及编辑《暴风雨中诞生的》一书的事情。

这部长篇小说需要一位资深的文学编辑来当责编。所有的修正与更改（如果是重大的，而并非鸡毛蒜皮的），他应该详细地写出，寄给我，征求同意。我会立即一一审查，复信告诉他自己的意见。

只要这些修改得到我的认可，那么我会自动地引入所有的版本，使其不至于相左。关键在于这些修改必定经过我的审查，并予以确认。唯有如此，我们才能保持文体的一致。比如此刻，我正在审读原稿，做一些细小却必要的修润。勘误表我随信附上，请您，萨帕同志，趁热打铁，对原稿进行修正，否则小小纸片容易丢失。

请答复我，你们是否存有足够的纸张，同时也出俄文版的《暴风雨中诞生的》。

现在谈《钢铁是怎样炼成的》。您信上说，你们没有纸板。我个人认为，可以和必须出版并无硬封皮的《钢铁是怎样炼成的》。您和领导层商讨一下。只要不缺纸张，那就不用硬封皮也出书。

这件事情，您近日也来信说说。

顺便我得告诉您，关于《暴风雨中诞生的》书稿的反馈，我已陆续收到不少。

其中之一，是昨天来自纳科里亚科夫的（俄罗斯联邦国家文艺书籍出版社)。

所有的反馈都是表示满意的。

《共青团真理报》的工作人员都投了"赞成票"。总之《暴风雨中诞生的》获得了出生证。所以,我们有权出书了。

《真理报》最近会发表选自第六章、第七章的一些片段。我想,您也可来函谈谈对长篇小说的独到见解。

10月22日我去莫斯科,住整个冬季,写《暴风雨中诞生的》第二卷。

10月22日起,凡是邮件请寄下列地址:莫斯科9区高尔基大街40号,2楼3室。电话4-85-52。

所有向您提出的问题,盼迅速赐复。

致以共产主义的敬礼!

尼·奥斯特洛夫斯基
1936年10月9日
索契　奥斯特洛夫斯基大街4号

621. 给拉扎里

（1936年10月10日，索契）

苏联作家出版社社长

亲爱的拉扎里同志：

您好！

昨天以保价邮件寄上长篇小说《暴风雨中诞生的》第一卷的原稿。

烦劳您把这原稿交给一位资深的文学编辑。这方面我有权提出要求。

在审阅时我需要聪慧的助手，可以互相商讨所有粗糙之处，进行必要的修改。

现在，我从许多同志那里得到了赞许书稿的反馈，因此有权对您说，这书获得了出生证。

它可以出版。假如您抽得出时间，亲自通读一遍原稿，并函告印象如何，我将很感激。

现在谈谈《钢铁是怎样炼成的》。我等候着你们以快递邮包寄来其他版本的样书。

书里标明印数一万册。

拉扎里同志，您曾在信中告知，要出三万册。

我很想知道，你们的这个意向是否会落实。

凡此种种，烦来函略告一二。

10月24日我赴莫斯科，在那里度过整个冬季。倘若在我抵达之前，您能熟悉一下原稿，那就太好了。咱们可以商谈你们出版这本书的计划。

　　致以共产主义的敬礼!

尼·奥斯特洛夫斯基

1936年10月10日

索契　奥斯特洛夫斯基大街4号

622. 给法捷耶夫

（1936年10月11日，索契）

电　报

莫斯科，沃洛夫斯基大街52号，苏联作家协会
亲爱的亚历山大·法捷耶夫同志：

　　请在斯塔夫斯基［处］取长篇小说《暴风雨中诞生的》第一卷。读一遍吧，10月24日我来莫斯科。我们会面，友好地讨论拙著的所有缺点。

　　紧紧拥抱。

你的尼古拉·奥斯特洛夫斯基
1936年10月11日　索契

623. 给纳科里亚科夫

（1936年10月13日，索契）

亲爱的纳科里亚科夫：

您的信和维克多·金①反馈的复印件收到了。

准备10月22日赴莫斯科，以便加速长篇小说的审定。

我已经咨询了要一节车厢的情况。

这儿，同志们反对我离去。然而我不能在此地静静地等到冬季。生命的每一天都珍贵。我一定要动身。

在那儿，我们组织一个大型研讨会②，我要撇开所有的工作，修改第一卷，争取在最短的时间内出版，因为青年们不会容忍久久拖延。

您问，你们是否得在我抵达之前做好主要的校订工作，让我有个印象，书稿哪些地方不行，为什么，编辑建议如何一一改进。

这件事，请您务必安排好。同时，亲爱的纳科里亚科夫同志，《暴风雨中诞生的》必须有一位资深的文学人——党内人担任责编。我多说两句，这必须是您的一位最优秀的编辑。我有权提出这个要求。

维克多·金是长篇小说《在那边》的作者（我虽然不赞赏其结

---

① 金·维克多·帕夫洛维奇（1903—1937），俄罗斯苏维埃作家，1920年起的苏共党员。无辜遭镇压，死后获平反。他编辑过尼·奥斯特洛夫斯基的长篇小说《暴风雨中诞生的》。

② 应尼·奥斯特洛夫斯基的请求，1936年11月15日，苏联作协理事会主席团到尼·奥斯特洛夫斯基位于莫斯科的寓所召开会议，讨论长篇小说《暴风雨中诞生的》。会后，奥斯特洛夫斯基修改原稿，搞成"最终定本"。这项工作，他完成于1936年12月14日。同年12月22日，尼·奥斯特洛夫斯基逝世。

尾，但仍是喜欢这本书）。如果选定的是他，那么将是我感到最亲近的编辑。

无论如何，前期工作得在我抵达之前做好。

为了批评性的、实话实说的来信，谢谢您。我可能不赞同您的某些论点，但这基本上是一封聪慧的、友善的信，以诚恳坦率，以没有陈腐的吹捧和甜蜜的空话而令我欣喜。

多一些清新的风吧，我们会呼吸得更舒畅。以虚与委蛇来搪塞，会使人很难发现自己的缺点，而缺点肯定并非寥寥无几。种种情况让我首先觉得有责任尽可能地减少缺点。

正因如此，您和金同志信中的意见，我乐于接受。

相信您将会积极地处理《钢铁是怎样炼成的》特别普及版的面世问题。

友好地问候金同志。

您的尼古拉·奥斯特洛夫斯基

1936年10月13日

索契　奥斯特洛夫斯基大街4号

624. 给特罗菲莫夫

（1936 年 10 月 13 日，索契）

亲爱的康斯坦丁·丹尼洛维奇同志：

我觉得有必要再次提醒您，我曾寄上的长篇小说《暴风雨中诞生的》第一卷的原稿，是供了解内容的，不能付印。要等我审阅完毕，做了必需的修改补充等等之后，方能出版。

这全部工作何时结束，我会请您把寄上的原稿连同您的高见寄还给我；我亲自审订，出了定稿，再寄奉完全可以付印的原稿。只有到了那时，你们才可出书。

为了保持文本的一致，非这样做不可。希望您别不顾我的禁阻，把曾寄上的稿子原封不动地出版。

我寄奉一份原稿，是切盼从您那儿得到评价和反馈，绝对不是供出版之用的。

您收到这封信，烦迅即告知。

最终审定原稿，约需一个月至一个半月。

紧紧握您的手。

致以共产主义的敬礼！

尼·奥斯特洛夫斯基
1936 年 10 月 13 日
索契 奥斯特洛夫斯基大街 4 号

625. 给斯塔夫斯基和拉扎里

（1936年10月14日，索契）

电　报

拟于10月24日抵莫斯科。恳请做好准备，在我抵达后的最近数日内，由苏联作协理事会主席团会同《真理报》、《共青团真理报》、共青团中央，[在]我莫斯科的寓所开会，研讨长篇小说《暴风雨中诞生的》。

致以共产主义的敬礼。

你们的尼古拉·奥斯特洛夫斯基

626. 给卡拉瓦耶娃和柯洛索夫

（1936年10月14日，索契）

电 报

亲爱的朋友，请你们做好准备，参加由苏联作协理事会主席团［在］我莫斯科的寓所召开的长篇小说《暴风雨中诞生的》研讨会。我拟于10月24日抵达。

你们的尼古拉

627. 给金

（1936年10月14日，索契）

电　报

亲爱的金：

　　苏联作协主席团将［在］我莫斯科的寓所讨论长篇小说《暴风雨中诞生的》。请准备好批评意见，以便［参加］讨论。

　　友好地握手。

尼古拉·奥斯特洛夫斯基

628. 给妻子

（1936年10月16日，索契）

亲爱的拉娅：

请开始接通电炉，让各个房间，尤其是我的房间热起来。

我们十天内出发。试试发个电报和你说话。

尼古拉

629. 给维里霍维

（1936年10月19日，索契）

维里霍维同志：

您好。尊函收到。请发表时继续以史科连科替代舒姆斯基。至于鲁斯苏利巴斯这个姓，我们把它去掉。在把共产党员们召集到步兵学校的场景中（青年布尔什维克出版社出版的乌克兰文第三版第283页），有一段话"朱赫来、鲁斯苏利巴斯和阿基姆……"，其中的"鲁斯苏利巴斯"改为执委会主席。发言的也是这个执委会主席。第二章开头（第二部）鲁斯苏利巴斯这个姓也去掉。何时出现这个姓，都照此办理。顺便说说，我是从您这里头一次得知鲁斯苏利巴斯的情况。如今我知道了，他的老婆是托洛茨基分子……但显而易见，不仅是她。

在以后的俄文版中，这些我都将一一改正。

紧紧握手。

致以共产主义的敬礼。

尼·奥斯特洛夫斯基

630. 给《莫斯科晚报》编辑

（1936 年 10 月 29 日，莫斯科）

尊敬的同志：

1936 年 10 月 25 日的《莫斯科晚报》上有篇文章——《尼古拉·奥斯特洛夫斯基在莫斯科》，其中出现了不准确之处。一位英国旅游者今年 7 月在索契访问我，发表了看法——其实写访问记的是英国自由派报纸《新闻纪事》的一位记者。

由于我没在文章登出之前看到，未能预先防止这一差错。为了真实无误，烦请在《莫斯科晚报》上刊载此信。

尼·奥斯特洛夫斯基

631. 给拉波波尔特[①]

（1936年11月22日，莫斯科）

亲爱的拉波波尔特同志：

我向您提出一个大的要求。请准许伏尔加工程处领导的速记员先凯维奇·娜杰日达·安托诺夫娜离职，因为她作为秘书和速记员，经常在我这里工作。

这段时间，我正在紧张地修改长篇小说《暴风雨中诞生的》，需要她的协助。

希望您不会拒绝我的这个要求。

致以共产主义的敬礼。

尼·奥斯特洛夫斯基

[①] 拉波波尔特·雅柯夫·达维多维奇，苏联内务人民委员部伏尔加工程处处长。

632. 给艾津别尔格

（1936年12月1日，莫斯科）

拉扎里·利沃维奇：

您好！

与此信同时，以快递邮件寄给您审订完毕的长篇小说《暴风雨中诞生的》第一、第二章。

同时寄上这两章的校样。

校样并不完好。其中，开头部分有些修改，随后出现一些补充，某些地方删除了又恢复。总之，校样显然是有损伤的。已经是这种样子，请原谅。过几天还将寄出两章，不过将由你们自己搞。前面两章和后面的相比，更改得多些。恳请您亲自关注，让寄上的审定文本不要再做哪怕一处改动。

钱已收到。

祝万事顺遂。

接到原稿，烦速复。

尼·奥斯特洛夫斯基

1936年12月1日

633. 给特罗菲莫夫

（1936年12月1日，莫斯科）

电　报

基辅。青年布尔什维克出版社编辑特罗菲莫夫。

我已最后审定《暴风雨中诞生的》开头两章。有大量变更。烦电告，为了修改，审定的两章可寄给哪位——您还是译者。由于译者得付出大量劳动，需支付补充酬金。

二十天后，我将把全书修改完毕。寄上数章，是否妥帖，希函告。致以共产主义的敬礼！

尼·奥斯特洛夫斯基

634. 给达薇多维奇

（1936年12月1日，莫斯科）

白俄罗斯国家出版社青少年部主任

亲爱的达薇多维奇同志：

与这封信同时，以快递邮件寄给您长篇小说《暴风雨中诞生的》第一、第二章最终审定稿。这是供付印之用的。

请迅速转交给译者，让他能及时根据我所标明的——改正或更动。

修改之处毕竟颇多。

过几天我再寄上两章原稿等。

这样一来，我们可以加速翻译，等我最终审定最后一章时，您那儿就已有了译稿。

您接到原稿，请即函告，并表明高见——原稿是否值得两章一寄，抑或不妨一个月之后完整地寄上。

犹太文版的《钢铁是怎样炼成的》情况如何，您可了解？

祝诸事顺利。

致以共产主义的敬礼！

尼·奥斯特洛夫斯基
1936年12月1日

635. 给瓦拉夫瓦

（1936年12月14日，莫斯科）

电 报

12月16日，25次车，第七车厢，25座——我的秘书拉扎列娃前往索契。

您务必在车站上和她见面，接取原稿的最终文本。

奥斯特洛夫斯基

636. 给母亲

（1936年12月14日，莫斯科）

亲爱的好妈妈：

今天小说《暴风雨中诞生的》第一卷的定稿工作大功告成。我对共青团中央许下的诺言——于2月15日前改定书稿的诺言，兑现了。

这整整一个月，我做"三班"。这段时间里，我让自己所有的秘书吃足苦头，剥夺了休息日，硬让她们从早晨工作到深夜。可怜巴巴的姑娘们！我对她们确实狠心，不知道她们怎样看我。

如今一切都过去了。我累得不行。好在书到底写成了。三个星期后发表于印十五万份的《小说报》，然后由几家出版社推出单行本，总印数约五十万册。

后天，16日，亚历山德拉·彼德罗夫娜返回索契。她乘坐25次车，在第七车厢，于18日抵达索契。

亲爱的妈妈，请你派出我们的小车去车站接亚历山德拉·彼德罗夫娜，途中可带上她的丈夫。他们家的电话是3-08。

亚历山德拉·彼德罗夫娜带去一些书，可充实我的藏书。如果你有空，身体也还好，那就去车站接一接。但不是非得这样。亚历山德拉·彼得罗夫娜自己会送书来，在藏书中放妥的。

你大概已从报刊上读到安德烈·纪德背叛的消息。他当时把我们蒙骗得好苦！妈妈，有谁能料到，他会干得如此卑鄙恶劣？！这个老头儿将为自己的行为感到羞耻！他所蒙骗的，不仅是我们，还有曾把他当作朋友接待、友善地伸手给他的、我国全体强大的人民。如今，他那本叫作《访苏归来》的书，被我们所有的敌人用来反对社会主义，反对工人阶级。在这本书里,我被安德烈·纪德写得"很好"。他说,我如果生活在欧洲,会成为"圣徒"等等。

不过,我再也不想谈这件事情了。这种背叛行为使我心情沉重,因为我那时真诚地相信他的话语、眼泪,相信他曾为我们的一切成就和胜利欢欣鼓舞。

现在我将休息整整一个月。稍微做些事儿,当然,还要看身体是否吃得消。妈妈,我们俩的性格真是一模一样。不过,我终究要休息了:读读书,听听音乐,多睡点觉,否则,五六个小时,是睡得少了些。

你听到了领袖在第八次苏维埃代表大会上的讲话吧?

告诉我,咱们的收音机可好使?

新住户让我惴惴不安。只怕这会影响你的静养。这些事情使我对米佳很不满意。健壮的年轻人应该自己解决面临的困难,而不是全都压到我们妈妈的柔弱肩膀上去。应该想到你有心脏病。在个人的生活中,你是我唯一的财宝。正因为这样,我反对任何使你的生活复杂化,让你烦躁和忙乱的企图。

亲爱的妈妈,原谅我近几个星期没给你写信,其实我从未忘记你。

保重身体吧,打起精神来。冬季的几个月很快就过去,我会和春天一起回到你身旁。紧紧握你的手——圣洁的、勤劳的手,深情地拥抱你。

你的尼·奥斯特洛夫斯基
1936 年 12 月 14 日　莫斯科

附录： 主要人名表[①]

上　册

阿列克谢·伊凡诺维奇·奥斯特洛夫斯基（1）

别莲富斯·柳德米拉·弗拉季米罗夫娜（柳茜、柳茜克）（2）

尼古拉·阿列克谢耶维奇·奥斯特洛夫斯基（柯里亚）（2）

奥斯特洛夫斯卡娅·奥里加·奥西波夫娜（7）

奥斯特洛夫斯卡娅·叶卡捷丽娜·阿列克谢耶夫娜（卡佳、卡图尼娅）（7）

德米特里·阿列克谢耶维奇·奥斯特洛夫斯基（米佳、米秋哈）（7）

伊万·索科洛夫（瓦尼亚、万卡）（7）

韦格涅尔（8）

米哈伊尔·伊万诺维奇·西坚科（11）

娜杰日达·奥斯特洛夫斯卡娅·阿列克谢耶夫娜（娜佳）（11）

罗德金娜·玛丽娅·玛尔科夫娜（玛尼娅、穆霞、玛丽卡、玛涅奇卡）（13）

玛尔克西娜（13）

彼得·库希（彼佳）（13）

伊凡·普塔幸斯基·尼基福洛维奇（瓦尼亚、瓦涅奇卡、瓦纽沙）（14）

沃沃奇卡（沃涅奇卡）（14）

达维多娃·安娜·帕夫洛夫娜（加洛奇卡、加利娅、加尔卡）（15）

玛丽娅·帕夫洛夫娜·达维多娃（穆拉）（15）

亚历山大·普塔幸斯基（舒拉、舒尔卡）（17）

波利亚科夫（18）

亚历山大·西卓夫（18）

托霞·戈罗德茨卡娅（27）

凡娜·叶夫谢叶夫娜·埃利亚什别尔格（27）

诺维科夫·彼得·尼科拉耶维奇（彼得鲁什卡、彼佳、彼得鲁尼、彼得鲁什、彼得鲁沙、彼得罗、彼杰奇卡、彼士巧克、彼图首克）（28）

弗洛尔·瓦西里耶维奇·鲁卡舍夫（28）

瓦利娅·劳琳（29）

尼古拉·尼古拉耶维奇·利西岑（30）

[①] 本表收入的均为信函中重复出现的人名，括号中的数字为人名首次出现的信函序号。——编者

蒙塞·卡拉锡·叶非莫维奇（蒙西卡、木夏、卡拉西克）(34)

玛尔塔·普琳 (34)

廖利娅·马秋克（廖莲卡）(37)

柳保芙·伊凡诺夫娜·马秋克 (37)

霍鲁任科·德米特里·帕夫洛维奇（米佳）(43)

维克多·潘琴科 (43)

拉依萨·奥斯特洛夫斯卡娅·鲍尔菲里耶芙娜（拉娅、拉英卡、拉耶切克、拉耶奇卡、拉彦卡、拉尤莎）(58)

叶莲娜（莲诺奇卡）(60)

亚历山德拉·阿列克谢耶夫娜·日吉廖娃（淑拉、淑拉奇卡、淑洛奇卡、淑琳卡、淑洛切克）(65)

米哈伊尔·瓦西里耶维奇·潘科夫 (65)

沃利梅尔·科斯坚科 (66)

切尔诺科佐夫·赫利桑夫·帕尔洛维奇 (67)

叶曼利扬·雅罗斯拉夫斯基 (69)

索菲娅·斯米多维奇 (69)

塔尼娅 (84)

利雅霍维奇·洛扎·包里索夫娜（洛卓奇卡、洛宗卡）(95)

奥里加·沃依采霍夫斯卡娅 (97)

马雷舍夫 (106)

阿维尔巴赫 (109)

芬克利什捷因·米哈依尔·齐诺符杳维奇（米沙、米申卡、米史卡、米舒特卡）(110)

诺维科娃·塔玛拉·鲍莉索夫娜（玛拉、玛洛奇卡、塔玛莉娅、塔玛洛奇卡）(123)

阿别兹加乌兹·济莉娅·包里索夫娜（玛莲卡娅）(124)

普济列夫斯基·亚历山大·伊奥西福维奇（萨沙、萨申卡、萨史卡）(132)

费杰尼奥夫·因诺肯季·帕夫洛维奇 (132)

高尔基，原名阿列克谢·马克西莫维奇·彼什科夫 (149)

柯洛索夫·马尔克·鲍利索维奇 (161)

安娜·卡拉瓦耶娃·亚力山德罗夫娜 (168)

阿列克谢耶娃·加利娜·马尔特诺夫娜（加洛奇卡、加鲁申卡、加琳卡）(176)

斯杰西娜·索菲娅·玛尔科夫娜（索尼娅、索涅奇卡）(181)

安德列耶夫·谢尔盖·伊利奇（谢廖扎）(183)

济娜·奥斯特洛夫斯卡娅 (189)

沃里夫 (190)

日吉廖夫·加夫利洛（加沃利洛）(190)

柯萨列夫·亚历山大·瓦西里耶维奇（萨沙）(191)

萨尔塔诺夫·谢尔盖·亚历山德罗维奇 (191)

克列巴诺夫 (208)

尤尔卡（尤罗奇卡、尤罗米奇卡）(208)

布琼尼（213）
德米特利耶娃·瓦莲基娜·伊奥沃夫娜（217）
基尔松（220）
符拉兹里维（228）
菲格纳·薇拉·尼古拉耶夫娜（薇洛奇卡）（229）
阿尼西莫夫（229）
雷日科夫（233）
什内杰尔曼（241）
特罗菲莫夫·康斯坦丁·丹尼洛维奇（246）
亚历山大·绥拉菲莫维奇（260）
马捷·扎尔卡（马秋沙）（261）
波德加叶茨卡娅·安芙尼娜·伊凡诺夫娜（263）
吉贝茨·约瑟夫（264）
柯里佐夫·米哈依尔·叶菲莫维奇（265）
格利戈里·伊凡诺维奇·彼得洛夫斯基（266）
弗·普·扎通斯基（266）
斯·弗·科西奥尔（266）
帕维尔·彼得洛维奇·波斯特舍夫（266）
聂发赫·伊里亚·叶夫谢耶维奇（280）
克拉耶夫斯基（282）
斯维尔德洛夫·鲍利斯·埃马乌罗维奇（284）
约瑟夫·乌特金（285）
索尔达托夫·安纳托利·达尼洛维奇（托利亚、托柳史卡、托柳沙）（297）
阿·尼·阿菲诺盖诺夫（297）
卡冈诺维奇（297）

下　册

马尔赫列夫斯卡娅·勃罗尼斯拉娃·盖利霍夫娜（311）
费·马·列温（312）
玛·菲，即玛特列娜·菲拉列托夫娜·索尔达托娃（莫坚卡、莫卡、莫佳）（313）
纳丹·雷巴克（314）
毕苏斯基（319）
拉扎列娃·亚历山德拉·彼德罗夫娜（拉尤史卡）（324）
彼列洛莫夫·科斯坦丁（科斯佳）（326）
谢马史科·尼克拉·亚历山德罗维奇（340）
罗季奥诺夫·尼古拉·依利奇（343）
巴伦·罗扎·玛尔科夫娜（348）
别尔谢涅夫·列夫·尼古拉耶维奇（362）
伏谢·伊万诺夫（377）
别列茨基·伊万·费多洛维奇（381）
特列古勃·谢苗·阿道依福维奇（381）

阿夫古斯泰季斯·亚历山大·维肯季耶维奇（382）
高莉娜·伊达·阿尼西莫夫娜（392）
布别金·弗拉基米尔·米哈依洛维奇（397）
谢尔巴柯夫（406）
伊·杜宾斯基（伊柳沙）（408）
安德列（408）
米基坚科（420）
先琴柯·安东·格科戈里耶维奇（427）
叶泽尔斯卡娅·阿格尼娅·谢苗诺夫娜（安尼娅）（434）
图列茨卡娅（441）
阿勃拉姆·古特曼（447）
纳科里亚科夫·尼古拉·尼坎德罗维奇（448）
布鲁什坦·亚历山德拉·雅柯夫列夫娜（451）
梅赫利斯·列夫·扎哈罗维奇（451）
凯尔任采夫（列别杰夫）·普拉东·米哈依洛维奇（467）
米哈依尔·罗维奇·肖洛霍夫（484）
伏罗希洛夫（485）
斯维亚托斯拉夫（502）
多·费，即多米妮卡·费多洛夫娜·

彼得罗夫斯卡娅（517）
波兹尼亚克·安纳托里·尼基福洛维奇（533）
法捷耶夫·亚历山大·亚历山德罗维奇（542）
尤莉娅·诺维科娃（543）
乌曼斯基·德米特里·亚历山德罗维奇（544）
科瓦莲科（列里娅）（545）
萨帕·达薇多维奇（547）
安德烈·纪德（556）
法因别尔格·叶夫盖尼·利沃维奇（任尼亚）（572）
斯塔夫斯基·弗拉基米尔·彼得洛维奇（575）
拉扎里·格里戈利·马尔科维奇（577）
巴伦·罗扎·玛尔科夫娜（579）
丽达（580）
玛利娅（580）
列日涅夫（583）
拉发洛维奇（590）
艾津别尔格·拉扎里·利沃维奇（603）
萨木伊尔·拉比诺维奇（605）

译后琐记

（一）

尼·奥斯特洛夫斯基真会写信。

当然，我理解。他病残严重，通信是联系外界的主要渠道，在某些时段，甚至是唯一渠道。二十年间，居然留存下来六百余封之多。无疑，尚有不少未被保藏或未能收集到的。

恰似一部异乎寻常的自传。

信函原是写给至亲好友的，写给师长、领导、编辑、同行、读者等的，当时并无发表的意愿和可能。因此，或直露欢悦，或一吐块垒，或畅叙友情，或痛斥陋习，或渴求援手，或深谢护持……一封封都真真实实。

奥斯特洛夫斯基的喜怒哀乐、苦辣酸甜，思绪言行，乃至遣词行文，无不浸染着特定时代的风云和气息。

星移斗转，世事巨变。于是，这些书信成了生动的宝贵资料。如今读来，人们会不时因有所发现而惊异，而震撼，而遐思悠远。

《钢铁是怎样炼成的》一书中的有些人物，其原型的身影，每每在书信的字里行间闪现。

对《钢铁是怎样炼成的》及其作者，原本有所了解、形成观点的，进一步考量探究便获得更坚实的依据和更丰厚的资源。

确实也有些人与事，孤立地冒出，旋即隐去，且缺乏相关注释。这仿佛是憾事，其实正袒露了特色——自然、质朴，决无雕琢、掩饰。

有幸翻译这样源于心坎的文字，仿佛千日神游于另一个真实的时空。

（二）

身为资深重残者，我或靠特制桌椅，坐姿笔挺，或凑着床头灯，卧姿奇特，日复一日地研读、书写。虽较艰辛，可习以为常，倒也甘之如饴。

妻子郑懿，早已从学校退休，但与我为伴，长期繁忙并更其劳累。耄耋老人照料耄耋老人，还誊写全部书稿，如今……

上海档案馆的同志曾来索要《钢铁是怎样炼成的》译作的底稿，听说稿纸上的字迹一概为郑懿的手笔，也欣然"笑纳"。大概由于别具一格吧。

佳音传来，拙著《还你一个真实的保尔——尼·奥斯特洛夫斯基传》已告售罄。

责编登门告知，拙译《钢铁是怎样炼成的》合同期满，续签再出新版。

欣慰、振奋，继续潜心研习。

（三）

《尼·奥斯特洛夫斯基书信集》，以下称《书信集》，收入书信，包括少量电报，共六百三十六封。

依据的是苏联青年近卫军出版社出版的《НИКОЛАЙ ОСТРОВСКИЙ》(《尼古拉·奥斯特洛夫斯基文集》)，以下称《文集（俄）》。

《文集（俄）》共三卷。第一卷为长篇小说《钢铁是怎样炼成的》，第二卷为长篇小说《暴风雨中诞生的》和《文章、演讲、谈话》。这两卷于 1989 年问世。

第三卷专收书信，出版于 1990 年。

《文集（俄）》第三卷的书信，从 1915 年至 1936 年，共六百三十四封。

《书信集》由译者增添两封——

第 376 封，即 1935 年 4 月 14 日给《布尔什维克真理报》编辑部的信；第 396 封，即 1935 年 5 月 11 日给《文学报》编辑部的信。两段文字，见于《文集（俄）》的"文章"部分。译者觉得分明是两封信，故译出，按日期嵌入。

信函的日期、地点，每封都出现两次。一在信尾，偶有缺失，系原信如此；一在信首圆括号"（　）"内，系编委会所加。若有参差，以后者为准。

《文集（俄）》第三卷，附有注释三套——

按全部信函日期的先后加注；

按收件人姓名（俄文）首字的次序加注；

按收件人姓名（俄文）首字的次序，再按给同一收件人的信函日期先后列成一套"索引"。

为方便我国读者，《书信集》把三者捏合，内容稍作增减，直接附于信末。

少数信件，因年深岁久，或放置欠妥，有纸页损毁不全、字迹模糊难辨等状况，均以方括号"[　]"加"缺损"字样表示。若有明显的文字脱漏，则在方括号内补入。

六百多封信函，约四分之一，曾译成汉文。

（四）

那是1956年，中国青年出版社出版《奥斯特洛夫斯基两卷集》。第二卷收入从1926年至1936年的书信一百六十一封。

另有两封，致斯大林与加里宁的，被置于"演讲·论文"部分，若加上，则为一百六十三封。

这次翻译，参阅过中青社的译文（书信译者为孙广英先生），获益匪浅。自然也发现了一些无意或有意的删略、不慎的误译以及似可商榷的译法。我如果仗着出世晚了些年头，自诩高明，那是轻狂。这里面有译者个人的因素，也有时代的缘由。

我应对前辈同行表示敬意，同时把自己的译文推敲得准确些，琢磨得贴切些。

照我的理解，译文永远难以完美无瑕。即便当时近乎完美，也可能随着时光的推移而渐显老化。假定，比如半个世纪后，有谁重译这些信函，肯定将觉察到拙译存在着诸多谬误。

2010年1月写定
2017年1月改毕

译后再思

拙译《尼古拉·奥斯特洛夫斯基书信集》由东方出版社于2010年11月出版,这激发了我强烈的评介愿望。然而,病残之躯偏偏迫使我耽耽搁搁,竟拖了很久。其间,此书责编鲁静撰文介绍(《私人信件中的保尔》,2011年1月2日《光明日报》),上海作家陆其国也发表了评论(《异乎寻常的自传》,2011年4月22日《文汇读书周报》)。我查找摘录,反复思考,似有些新的体悟。现试作本文,简述己见,与读者、专家共同探析。

(一)信仰、意志、生死

尼古拉·奥斯特洛夫斯基具有坚定的政治信仰、钢铁般的惊人意志和个性鲜明的人生观,这已众所周知。这里,从他写的信件中略举数例。

"在我的心目中,党几乎等于一切。"(第44封——指共收636封信函的《尼古拉·奥斯特洛夫斯基书信集》内的第44封。下同。)

"若不是把战斗到最后这个坚定理念当作做人的根本,那我早已开枪打死自己了。"(第44封)

"党的忠实助手——列宁共青团,培育了我。只要我的心脏尚在搏动,直到它的最后一跳之前,我的全部生命将献给我们社会主义祖国青年一代的布尔什维克教育事业。"(第453封)

在他荣获列宁勋章、乌克兰政府为他建造别墅时,他觉得"意外","受之有愧"。"我是普通的老共青团员……或许在与命运抗争方面，我比别人执拗些。不过，青年们把我抬得过高……回想自己简单的经历，我坦诚地认为，自己当不起如此崇高的称号。"（第463封）

1935年9月中旬，他对乌克兰中央执委会主席彼得洛夫斯基说："我已收到您的一封美好的信……我确实感觉到您的抚爱的手在我胸前。我得到了一个人所能得到的最大幸福。纵然巨大的肉体痛苦一刻也没放过我，但我依旧一觉醒来便高高兴兴，充满幸福感，热情洋溢地工作一整天，然后疲惫地、安恬地入睡。那使我双目视而不见的黑暗，我并不在乎。在我的周围，生活以太阳般灿烂的光芒辉映着。"（第444封）

同年10月初，他更是无比激奋地吐露心声："我承诺，怀着全部布尔什维克的激情，更刚毅地协助亲爱的党，培育像钢铁般经受锤炼的、年轻的苏维埃人。"（第454封）

寥寥数例，已足见尼·奥斯特洛夫斯基信仰之毫不动摇、意志之坚不可摧，是确凿无疑的。不过，他在这些方面达到如此高的境界，决非一蹴而就。他也曾显得稚气、笨拙，乃至有些令人忍俊不禁的地方。

1922至1924年，即未满二十岁之时，他写信给别莲富斯，说："昨日的学生，现今的共青团员——我热爱党。是党在动员千百万赤贫如洗而心地纯洁的群众。""我本人是无产者、工人的儿子，生命虽短促，却全身心地投入党的活动……目前，我主持一个党小组，人数虽少却团结紧密。"他倾吐衷曲："我们睽隔已久，而且或许将永难重逢。相遇、相识，是那么糊里糊涂的；确切些说，因为糊里糊涂，彼此才并不相知……冥冥之中有什么东西，让我们糊里糊涂地靠近，随即又远离，只留下回忆。我记得那火车站，记得您如何离去，记得平生头一次的苦涩心情。您的身影远去，眼前一片空茫……还记得一些什么，但相当模糊，相当浅淡。我记得您的头发黑黑的……若不是来了个您，我大概永远不会体悟到一种感觉，那么隐隐约约，那么朦朦胧胧，只在脑海中留下您在车站上离去的身影，还有在您临行前的短促时刻，姑娘仅有一次的爱抚。遗憾的是仅有一次。"（第4封）

又是苦涩、空茫，又是糊里糊涂、隐隐约约、朦朦胧胧，他对自己当时的心理描摹得相当准确，活脱脱一个陷入初恋、似乎还有些单恋意味的小青年。

这个阶段，其实他身心尚未完全"成熟"，不过年纪轻轻，已进过部队，打过仗，负过伤，所以在同样年轻的女孩子眼里仿佛是成熟的。正因如此，我们才不会太责怪他以下的两段诉说：

"我不知道您的思想（大概，您置身于敌对的阵营），然而我的信不是写给顽固的资产者或小市民，而是写给那个当初从车站离去的、可爱又可亲的柳茜（即别莲富斯）的。"（第4封）

"此地众多的同志把我视为伙伴，视为干部，如果他们当中有谁得悉我这个才二十岁、平时硬气得和年龄不相称的人，竟写信给某人，给可能身在另一营垒的远方姑娘，而且在如此谈论，那人家会怎么想呵……那是我个人生活中的一幕情景，完全成了我的隐私，很多人并不知情。"（第5封）

别莲富斯（柳茜）本是别尔姜斯克疗养院主任医生的女儿，奥斯特洛夫斯基住院治疗期间和她认识，在当时主流思想的影响下，自然而然地觉得，作为知识分子甚至是高知子女的对方，可能"置身于敌对的阵营"。不过尽管如此，他还是写信给"唯一的、遥远的柳茜"，而且禁不住地表示："最亲爱的，我给您写信，是最惬意之事。"（第4封）

复杂吗？矛盾吗？不，这恰恰凸显出奥斯特洛夫斯基身上的重要特质之一——纯真。在这个年龄段如此，年长些（他总共只活了三十二岁）以后仍然如此，只是外在的表现有所不同罢了。

别莲富斯和奥斯特洛夫斯基在分别十三年后才又联系上，再次通信。不过这个姑娘给奥斯特洛夫斯基留下的印象是美好的,难以忘怀的。1935年,奥斯特洛夫斯基在信中感慨地说:"十三年了,多长的时日,但仿佛才是昨天的事儿……这少年时代的纯洁友谊多么美好。"(第487封)。十年后创作《钢铁是怎样炼成的》时,姑娘的音容笑貌会在脑海中映现。别莲富斯应该是《钢铁是怎样炼成的》一书中冬妮亚的原型之一,或者说,至少有她的影子在。

以上摘录的一些信函片断,还有两点很容易引起我们的注意。一、非常清楚,在奥斯特洛夫斯基看来,党、祖国、人民、领袖人物、苏维埃政府,是绝对意义上的五位一体。这样的见解和观点,无疑是那个特定时代先进青年的共识。二、当时的正统思想是狠抓阶级斗争,这有利于新生政权的巩固。在时代思潮的裹挟下,奥斯特洛夫斯基的言行带有鲜明的烙印。我们看到了激情、率直、朝气,也发现了天真、单纯、稚气。于是,我们的目光会由仰视改为平视。这样,保尔·柯察金及其原型尼古拉·奥斯特洛夫斯基,在我们的心目中,就愈发显得真实、亲近。

《钢铁是怎样炼成的》中的保尔·柯察金,作为以社会主义现实主义方法创造的一个人物,是一种艺术的真实;《尼古拉·奥斯特洛夫斯基书信集》收入的是奥斯特洛夫斯基二十年间写给家人、朋友、师长、领导、编辑、同行、读者等的信件。在这里,他直抒胸臆,没有任何顾忌,是一种生活的真实。两相对照,读者必会浮想联翩,感慨良多。

至于奥斯特洛夫斯基的生死观,显然和独特的个人经历、艰辛的文学创作,关联十分密切。我们知道,在他短促而光辉的生命旅程中,几乎有三分之一的时间是与严重伤残相伴的。瘫痪九载、失明八年,同时,轮番向他猛攻的有肺结核、肾结石、胸膜炎、胃炎、尿毒症、支气管炎、大量骨刺和神经衰弱症等。医生多次发出病危通知,他自己也这样说:"健康状况,确实无可奈何地在变坏……不久前左臂和左肩丧失了活动能力……关节火烧火燎地疼啊疼啊,然后便僵化了……有时我不得不紧紧地咬着牙,以免像狼似的拉长声音狂叫。"(第40封)"我从1926年开始仰面卧床,动弹不得……"(第80封)"健康状况不佳——脆弱得像卷烟纸,1932年差点儿死于肺炎。"(第237封)1934年又这样表示:"健康正犹如冰雪般迅速消融。"(第277封)

面对这样的现实,他却告诉挚友:"带着斗争硝烟和建设热情的生活太吸引人,真让人无法轻生。"(第30封)于是,他着手创作《钢铁是怎样炼成的》。他曾给全力支持他写书的《青年近卫军》杂志主编卡拉瓦耶娃去信说:"我要把十三年来党赋予我的力量全部调动起来,写好作品……我的生命活动没有停息。"(第178封)

《钢铁是怎样炼成的》成书非常曲折。1932年2月,他在信上表示:"关于我的书稿……它在编辑们那里的漫游尚在继续……行家们说,要初次走通这条路,比变驴为马还难。"(第160封)

但庆幸的是,书出版了,并且大获成功。

他继续努力,要写《暴风雨中诞生的》,同时对于生死问题,也有了进一步的思考:"假如我此刻便无奈地意外长逝,那么无疑是死在了战斗岗位上,而并非带着残疾黯然离世。"(第266封)"生命短促,时日紧迫,我居然成了个幸福的小伙子,活着有奔头儿。"(第348封)

读者的大量来信也使他增添勇气。"接到许多让人感动的信件。值得活着。我会抗击各种疾病,活下去。"(第365封)正因为病残严重,吃苦不少,他将生死问题看得很透,而且怀着紧迫感:"疾病,置之脑后;在工作,如同勤恳的公牛。"(第384封)"我不是花季少年,前面尚有几十年时光。我在用月来计算自己的生命。"(第378封)在去世前约一年零四个月的时候,他再次阐述了对幸福和生命的理解:"由于我的不懈努力,生活把幸福还给了我。这种幸福是无边的、美好的、令人惊异的。""哪儿有这样的傻瓜，置身于我们这种令人惊叹的时代，却愿意舍弃生命？"（第426封）"我在把一分钟掰成一百六十秒使用……"（第477封）

奥斯特洛夫斯基的生死观，也就是他的生命观、幸福观、人生观、世界观。他结合自身的状况，讲述得如此实在、积极、昂扬。也有豪言壮语，但不空不虚，如钢似铁。难怪半个多世纪来，几代读者激动地摘抄一句句名言，当作座右铭，受益终生。

（二）票子、房子、车子

奥斯特洛夫斯基出生于一个多子女的贫困家庭。作为少年战士，他负伤致残，到地方工作，又处处带头，致使伤病日益严重，直至离职，辗转治病，却只领取少得可怜的抚恤金。

"伙食和冬季取暖费，以及种种零星开支，需要45卢布，其中没有任何文化方面的需要（书籍报刊之类）。这是无产者的最低生活水准……我挨过最近一年的日子，全是靠着变卖仅剩的东西，即大衣、衬衫、裤子、皮鞋、藏书……"（第70封）如此窘迫的处境，加之有战友贫病而死，他才曾产生"仇富"情绪，过分激烈地宣称："我个人憎恨金钱。按照我的看法，这些纸币是人类最可耻的发明……我曾百思不得其解，怎么自己一些战友的生命——极其美好的生命，相继毁灭，只是由于缺少几张肮脏的、沾满病菌的纸币。"（第72封）

他住在索契，那里的物价比莫斯科还昂贵。"我家四口人（母亲、二姐及其女儿），每月开销少于800卢布就难以维持。"（第253封）"索契的物价高得让人承受不了。'集体农庄'（指他全家）的开支，6月份达到1200卢布……这还是在我食欲不振、几乎整月没吃什么的情况下的开支。"（第278封）而此时，每月的抚恤金仅120卢布。朋友们准备"集体行动,向政府或党中央提出申请",增加他的抚恤金,可他写信告诉朋友:"我以最坚决的态度反对这样做。"(第214封)他已能每月拿到稿费,"我无论如何都不能喊穷。"(第261封)

后来,收入渐高,他很知足,有感恩之心,懂得知恩图报,也有孝心。

他对卡拉瓦耶娃表白:"凡是大家得到的定量供应的东西,我的家属也都分配到一份。至于提出获得领导干部所享受的优惠供应,我是没有权利的。我不奢望,也不追逐,因为现今我的收入已比党的区委书记多一倍。"他还讲了一件事儿:"有过一次,我接受共青团员的建议,由他们设法,让我在'里维埃拉'疗养院搭伙,哪怕只吃一个月也好。前些日子,由于食物质量太差,得了厉害的胃病,险些儿丢了命,所以我有意搭伙。'里维埃拉'的食物味道鲜美,营养丰富,一个月付450卢布,值得。他们让我吃了十天便中止了。这使我久久后悔借人家的光。没错儿,那好像是'开后门',不妥当。"(第261封)

1934年7月,他给诺维科娃(挚友诺维科夫的妻子)去信:"我按你们给的住址汇去300卢布……请您,亲爱的塔玛拉(即诺维科娃),盯住彼得(即诺维科夫),别让他以任何借口把这些钱退回给我。我汇出的钱仅仅是应当还给彼得的一小部分。至于我欠下的、非物质的情分,这里就不说了……在最艰难的岁月里,我健康崩溃,落下终生残疾,丢失工作,离开斗争,靠着每月33卢布,和妈妈一起度日。当时,彼得鲁什(即诺维科夫)不止一次把自己所剩不多的钱寄给我。"(第279封)奥斯特洛夫斯基给日吉廖娃汇去500卢布,并在信上说:"你曾经常以共产主义的精神帮助我,相信你不会拒绝我微小的回报而让我十分难堪。"(第446封)父亲年迈多病,他寄去2000卢布生活费,并叮嘱:"你每个月可以花费250卢布……吃的方面,别舍不得花钱。"(第469封)

1936年3月，奥斯特洛夫斯基住在莫斯科，给留守索契的母亲去信，更是字字句句充满着亲情与爱心："求你，我的老妈，请求你，甚至央求你，再也别干任何重活儿了……今日我电汇给你1000卢布……想买什么吃就买什么吃……亲爱的妈妈……是不是进疗养院去更好些？只要你愿意这样，立刻给我拍个电报——我马上安排妥贴。"（第533封）1936年5月，他给了母亲、哥哥、二姐和妻子各5000卢布。这些亲属并不都缺钱花，但他是从艰难窘迫中过来的，因此希望他们"个人的文化需求可以得到满足"。（第539封）

他的文友——作家德米特利耶娃在回忆录中透露："他能支配较多的钱时……资助过经济上遇到困难的人，这些人到一定时候可能会讲出来的。"（第217封）

奥斯特洛夫斯基虽然瘫痪失明又多病，但家里的经济"大权"由他掌管着，这多半是母亲病病歪歪，二姐时来时走的缘故。对于票子的看法，他有个渐变的过程。书信中并无高谈阔论，而从一些做法上可以看出他的认识由粗砺到缜密、由片面到周全的痕迹，从中散发出绵绵的情意。他既未被贫困击倒，也没沦为金钱的奴隶。

我们对现实生活中的他会平视，但更会怀有钦佩之意，更会仰视。奥斯特洛夫斯基为了写好第二本书——《暴风雨中诞生的》，需要接触一些事件的目击者、知情人，需要寻觅相关的参考资料，这在莫斯科要方便得多。但当时莫斯科的住房问题十分困难、突出。因此，他热切地希望能在首都分到房子。朋友们，包括一些知名的作家、记者、编辑，纷纷出力帮忙。于是，一场使我们感叹的悲喜剧拉开了帷幕。

他曾问卡拉瓦耶娃："对于就我而言是那么重大的住房问题，你是否觉得有希望解决？"（第175封）1933年1月，"《青年近卫军》把这个问题提交给团中央了"。（第194封）1934年5月，他又写信说：

"基尔松同志，不久前还有绥拉菲莫维奇和扎尔卡同志，允诺在这方面出力协助。"（第 261 封）

久久地没有消息、没有结果。这使得他郁闷、恼火，可也于事无补。他回答一位朋友："你说应该参加（作家）住房合作社并缴纳一份股金。行，是得这么做……我会调动所有的积蓄，目前，我能使用 3500 卢布。"（第 271 封）同年 7 月，"毫无进展，可我梦寐以求"。（第 283 封）同月，以近乎绝望的心情表示："我再次带着可能令人厌烦的固执劲儿告诉你，我必须返回莫斯科……哪怕住地下室，只要能和你们会面、交流、沟通，并随时修正错误就好……如果没有希望，那我只好走极端，写信给斯大林。"（第 285 封）"我甚至有个初步设想：在某处的地下室、储藏室或档案馆内找块容身之地，躲在那儿，装个电炉，着手工作……"（第 287 封）次年 2 月，他告诉编辑朋友史蓬特："据行家说，要有拿不到房子的思想准备，因为比你捷足先登的'运动员'多的是。我可并非'拉关系'、走后门的冠军。总之，这一切让我烦死了。"（第 343 封）他确实心烦胸闷，毛焦火辣。"我担心自己的名字变成一只足球，由成群的同志顽强地竭力奔跑，要把球踢进莫斯科市苏维埃或其他房管机构的大门，然而守门员的顽强劲儿并不稍弱，他们把娴熟的技能发挥到极致，灵敏地击退了所有的进攻。"（第 360 封）"令人厌烦的住房问题，大大地损耗着我的健康。"（第 427 封）

与此同时，悲喜剧有一条副线蜿蜒伸展，由暗而明，而清晰，而亮丽，给他温暖，令他感奋，使他毫不气馁，能"把这档子事儿全狠狠地抛到九霄云外，保持宁静，一页一页地写……"（第 360 封）这条副线便是乌克兰地方政府对他十分关注，把他在索契的居所由九平方米增至十八平方米，直至后来赠予他一幢别墅。当然，这与他 1935 年 10 月荣获列宁勋章有关。多方设法也没在莫斯科争取到住房，后来却获得了三室户的居所。其间的喜怒哀乐,令读者感慨系之。

无论居住于莫斯科或索契,他始终怀着感恩之心,拼命地工作,直至生命的尽头。

仿佛锦上添花,他还曾获赠一辆小轿车——这可称得上奢侈品。但他本人是否坐过,或派过什么用场,尚不得而知(以他的病体,恐怕已经很难坐车了)。只晓得在他去世后,二战爆发,他的亲属立即把车子捐献了出去。

由此看来,奥斯特洛夫斯基生活中的的苦辣酸甜,大多是普通人所能体会到的。我们似乎目睹一位"邻家大男孩"在烦恼、挣扎、探索、拼搏、失败、成功。《尼古拉·奥斯特洛夫斯基书信集》里,就有一位"邻家女孩"可以笑嘻嘻地出来证实我的推断。而奥斯特洛夫斯基得到她的理解与切实帮助,感激之余,甚至把她作为一个人物,写进了《钢铁是怎样炼成的》第二部。她叫阿列克谢耶娃,曾在奥斯特洛夫斯基最困难、最需要的时候,为他记录了《钢铁是怎样炼成的》第一部的数章。1932年7月,他从索契写信给这位"志愿秘书":"如今我身旁没有你那样的女孩子,一张巧嘴能祛除我的痛苦。"1933年5月又去信说:"我一再想到你,想到你的一双金子般的手……第二部一出版,就会寄给你的。最后一章内会有一些话语涉及加利娅·阿列克谢耶娃,是她帮助柯察金创作了《钢铁是怎样炼成的》。"

(三) 纯真青年、生命英雄

奥斯特洛夫斯基常年累月卧床,但他竭尽全力,和外界保持联系。除了交谈、通信、听收音机,还"爱管闲事"。

1935年11月,他致信索契市工会理事会:"你们停止支付养老金给老妇人坎采里玛赫尔……理由是她所提供的有关昔日职务的证明文件不足。坎采里玛赫尔有一个卧床九年，而且双目失明的女儿，需要她的照料……你们拒付退休金，便使她和患病的女儿陷入了走投无路的境地……1930年我和一些同志曾为老教师坎采里玛赫尔向教育人民委员会申请一份退休金……我们好不容易才得到一些与她的职务相关的证明文件……她领取到了退休金。但是数月前，你们停止向她发放……原来，证明文件被社保银行丢失了。坎采里玛赫尔无法重新得到这样的证明文件——一些老单位里已经没什么人认识她了。数月来，母女俩孤苦无依。同志们……继续向坎采里玛赫尔支付一份退休金吧。即便是朴素的无产阶级人道主义感情，也不允许我们像那些至今态度冷漠的人似的，如此对待这对母女。"（第472封）。他以这般热切和急迫的的口气为弱者提出要求，可见内心充满着义愤。

早在1928年11月26日，这个"动弹不得、双目失明的"残疾人做过一件简直令人难以置信的事情。他自己也"情感冲动，亢奋不已"，当天便写信告诉好友日吉廖娃："就在几分钟之前，有个使用同一走廊的邻居，共产党员（红旗勋章获得者），殴打自己的妻子——女工卓雅。她为了躲开拳头，逃进了我的屋子。她把这里当作躲开凶狠丈夫的唯一避难所。丈夫也立刻追赶到这儿，但我请他退出去。没错儿，我还补充一句，如果他在这里打人，那么我的'勃朗宁'会向他连续射击……这正是我以前的信件内提及的、在此居住的党员中的一个……他们的思想实质，通过一贯殴打妻子——无自卫能力的女工——这样的事实，你便看得清清楚楚了……殴打妻子的状况，我写信反映到妇女部和监察委员会，但石沉大海，毫无回音。这倒也不奇怪。正是这个打老婆的坏党员（他管着一个赌场），手里拿着勋章，把醉醺醺的索契地区委员会的特派员送出赌场……"（第82封）看来，当时的社会情况非常复杂，党内的腐败分子很猖狂。奥斯特洛夫斯基目光敏锐，不惧权势和报复。尤其是突然之间，弱者和强者相继出现在他面前时，这个独自在家、瘫痪在床、只有一只手稍能动弹的年轻人，毫不犹豫，抽出手枪，正气凛然地斥责。此情此景，如同电影画面，在我这个译者的脑海中定格了。我想不少读者也会肃然起敬。

当然，生活中的奥斯特洛夫斯基还有另一面。

"只要我活着，你就不会闲着……有各种活计，各类任务，运送患病者呀，救助垂危者呀，以及多种多样的的苦差事。没什么快乐可言，反正你命该如此啦。"（第250封）这是1934年他对一位挚友说的话。作为重残者，他经常需要朋友们的帮助；患病者、垂危者，指的都是他自己。这段话算是致谢，当然，只有哥们儿之间才能这样措辞，相当幽默，多么开朗！

1935年2月，他劳累过度，体质日益衰弱，干劲却越来越大，写着《暴风雨中诞生的》。在大量读者来信中，有位年轻的女读者哈尔倩科提出抗议，说《钢铁是怎样炼成的》一书的作者不该"如此狠心地摧残主人公之一的保尔·柯察金"。奥斯特洛夫斯基回函表示："您的抗议呼声我是理解的……一个充满活力和热情的青年理应这样表示……如果我按照愿望写，也就是凭着想象来创造保尔·柯察金，那么我会把他塑造成一个既健康又英勇的人物。然而我深感烦恼，因为保尔·柯察金是按照真人塑造的，而且我正在他的房间里写这封信。此时，我在他家做客。保尔·柯察金是我的伙伴和战友。正因为如此，我才能这样贴切地写他……这个小伙子被钉在床上已有六年。他目前在写新的长篇小说……这个长篇的主人公都是些年轻、俊美、朝气蓬勃的人。"（第350封）这份诙谐，源自一个既瘫痪又失明的青年作家的内心，怎不令人动容。

奥斯特洛夫斯基是保尔·柯察金的原型。《尼古拉·奥斯特洛夫斯基书信集》恰似一部异乎寻常的自传。《钢铁是怎样炼成的》中的许多人物与情节，思绪与名言，都能在《书信集》内找到根源、线索或痕迹。看了书信，重读长篇小说，可以清楚地观察到，生活的真实如何凭借社会主义现实主义的创作方法转化为艺术的真实。各种创作方法应该拥有各自的存在与发展的空间。唯我独尊，排斥其他，才是不可取的。著名作家巴别尔，生活遭际、创作方法与奥斯特洛夫斯基迥异，并自称"属于那种特别苛刻的读者"，但他毫无门户之见，毫不吝惜对《钢铁是怎样炼成的》一书的赞美："这本书里刻画了坚强、热情、完善的人，他清楚自己在做什么，并且理直气壮地讲出口。这正是我们所需要的——这就叫典范。"

《钢铁是怎样炼成的》被翻译成七十三种文字，行销四十七国，印数已超过四千万册，然而它并非仅仅是一本畅销书，更是一部红色经典。它所描绘、歌颂的苏联已成为一段抹也抹不去的历史。苏联解体了，《钢铁是怎样炼成的》却留存了下来，正如巴黎公社失败了，《国际歌》却留存了下来……

奥斯特洛夫斯基无疑是无神论者，但有位东正教徒参观了奥斯特洛夫斯基纪念馆，居然这样表示："他是耶稣，真正的耶稣！"研究人员戏答："实际上他比耶稣受的难还要多。他在自己的十字架上吊了九年，耶稣却只吊了一昼夜。"

奥斯特洛夫斯基无疑是共产党人，他明确表述：要将全部生命献给"布尔什维克教育事业"，"党让我掌握了另一种武器，我会运用这种武器打击敌人"。（第453封）优秀的文学作品一旦面世，便踏上了自己的生命之旅。《钢铁是怎样炼成的》以其独特的魅力，超越国界，超越民族，超越时代，赢得了数以千万计的读者。

《书信集》并非文学创作，却能以璞玉浑金般的本真之美吸引读者。保尔和他的原型奥斯特洛夫斯基血肉相连。他们既是纯真的青年，又是生命的英雄。他纯真到什么程度？他的朋友洛扎一语中的："心灵如水晶般纯净。"他是怎样的英雄？如果说，在国内战争和经济恢复时期,他的经历与表现,和同时代的千百万先进青年大同小异,那么在病残日益严重的岁月中的磨砺与拼搏,则更多地具有了他个人的一些特质,其崇高理想、钢铁意志、无私奉献和生命不息奋斗不止的精神,已经成为全人类的宝贵财富。

1998年,俄罗斯文学史家格罗兹诺娃指出,他的命运是"人类的一个极为罕见的现象"。1999年,格奥尔基耶娃在她所著的《俄罗斯文化史》中,认定《钢铁是怎样炼成的》是"对人类产生巨大影响的光辉文献"。世界著名电缆技术专家、爱因斯坦大金质奖章得主、俄罗斯科学院院士梅先什尼克这样评说:"奥斯特洛夫斯基为全世界树立了伟大的自强与勇敢精神的榜样。"第一位宇航员尤里·加加林则如此赞叹:"这样的人,人民是永远不会忘记的。"

诚然,以21世纪的目光回顾,保尔·柯察金和其原型奥斯特洛夫斯基身上,时代局限性十分明显(如认为共产主义很快就会在全球实现,对已露端倪的个人崇拜问题毫无觉察,对乌克兰历史上的重要政治人物的描述与现今乌克兰人的观点大相径庭等等),但瑕不掩瑜。而以"共青团式的昂扬文体"写就的《钢铁是怎样炼成的》一书,无论男女老少,无论身处乱世盛世、烽火年代或和谐社会,无论学习中面临多少困难,工作上遇到什么挫折,生活里出现何种意外,无论沉溺于怎样的困惑、烦躁、悲苦、怨怒甚至绝望的泥潭,看看它,也许能换个新的角度审视现实。若有时间和兴趣,再看看《尼古拉·奥斯特洛夫斯基书信集》,那么必定会因发觉两者珠联璧合而兴味倍增——那里有多少文学之珠、思想之璧,使读者惊喜、沉思、比照、振奋甚或顿悟,在精神上、情绪上都将会受到或强或弱的积极影响。

研究《钢铁是怎样炼成的》,未必能形成一门"钢学",但只要健康状况允许,我个人会在这方面继续开掘与思考的。

这篇评介曾由《博览群书》刊登于2012年第2期,但万字过长,压缩一半。此处为全文,提出了一个可能是较新的观点:苏联解体了,《钢铁是怎样炼成的》却留存了下来,正如巴黎公社失败了,《国际歌》却留存了下来。

2017 年改毕